新譯呂氏春秋（上）

朱永嘉 注譯
蕭木
黃志民 校閱

三民書局

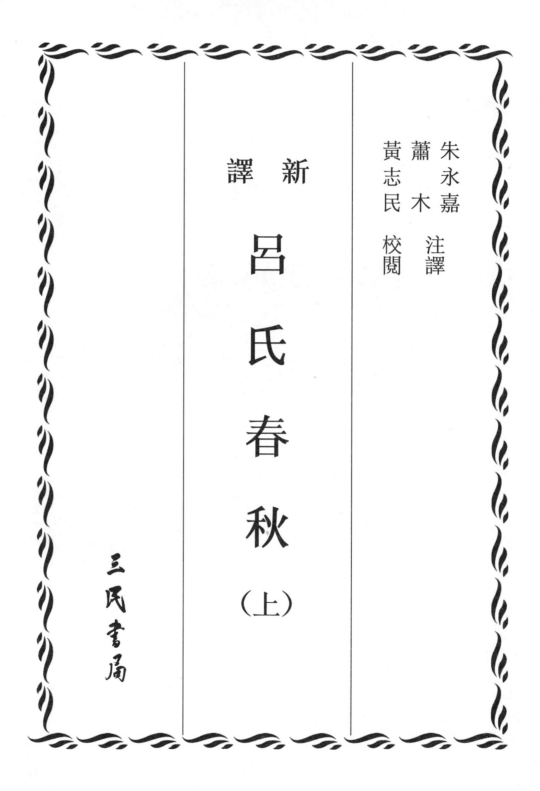

刊印古籍今注新譯叢書緣起

劉振強

人類歷史發展，每至偏執一端，往而不返的關頭，總有一股新興的反本運動繼起，要求回顧過往的源頭，從中汲取新生的創造力量。孔子所謂的述而不作，溫故知新，以及西方文藝復興所強調的再生精神，都體現了創造源頭這股日新不竭的力量。古典之所以重要，古籍之所以不可不讀，正在這層尋本與啟示的意義上。處於現代世界而倡言讀古書，並不是迷信傳統，更不是故步自封；而是當我們愈懂得聆聽來自根源的聲音，我們就愈懂得如何向歷史追問，也就愈能夠清醒正對當世的苦厄。要擴大心量，冥契古今心靈，會通宇宙精神，不能不由學會讀古書這一層根本的工夫做起。

基於這樣的想法，本局自草創以來，即懷著注譯傳統重要典籍的理想，由第一部的四書做起，希望藉由文字障礙的掃除，幫助有心的讀者，打開禁錮於古老話語中的豐沛寶藏。我們工作的原則是「兼取諸家，直注明解」。一方面熔鑄眾說，擇善而從；一方面也力求明白可喻，達到學術普及化的要求。叢書自陸續出刊以來，頗受各界的喜愛，使我們得到很大的鼓勵，也有信心繼續推廣這項工作。隨著海峽兩岸的交流，我們注譯的成員，也由臺灣各大學的教授，擴及大陸各有專長的學者。陣容的充實，使我們有更多的資源，整理更多樣化的古籍。兼採經、史、子、集四部的要典，重拾對通才器識的重視，將是我們進一步工作的目標。

古籍的注譯，固然是一件繁難的工作，但其實也只是整個工作的開端而已，最後的完成與意義的賦予，全賴讀者的閱讀與自得自證。我們期望這項工作能有助於為世界文化的未來匯流，注入一股源頭活水；也希望各界博雅君子不吝指正，讓我們的步伐能夠更堅穩地走下去。

新譯呂氏春秋 目次

卷第五　仲夏紀第五（凡五篇）

卷第六　季夏紀第六（凡五篇）

下冊

卷第十七 審分覽第五（凡八篇）……六四九

卷第十八 審應覽第六（凡八篇）……七一一

卷第十九　離俗覽第七（凡八篇）……七七三

導讀

在先秦諸子中，《呂氏春秋》至少有三個方面，堪稱「獨一無二」：

一是內容的廣泛性。從浩瀚無垠的天體運行，到耕作壟溝各該多少尺寸；從蒙昧時代的初民生活，到未來社會的理想藍圖，一一網羅其中。不妨說，古代社會到那時為止的全部認識成果，它幾乎都作了檢閱和評說。因而如果把它稱之為那個時代的百科全書，大概也不至於過分吧？

二是學派的兼容性。凡道、儒、墨、法諸家，兼收並蓄；五行之說、兵家之術，以至農家之言，眾長博採。因而自漢代以來，多被視為雜家。其實，它自有其既定的取捨標準，力圖在融會貫通的基礎上，建構一個屬於自己的獨特體系。

三是構制的規整性。全書〈紀〉、〈覽〉、〈論〉三個部分固然各有側重而又緊密相連，卷與卷、篇與篇也大多「鉤心鬥角」，渾然一體；而三個部分中每卷所轄的篇數完全一致，連每篇的字數也大體相等。這使得人們讀時會產生一種感覺：彷彿面對的是一座嚴格按照預定藍圖，然後集百工智慧而由一人運籌帷幄營造而成的建築物。

這樣一部奇書，對於有興趣探究、抑或只是想瀏覽一下中華民族古代豐富的文化寶藏的人來說，都應當是與《論語》、《孟子》、《老子》、《莊子》等一樣，不可不讀的。

(一)《呂氏春秋》與呂不韋

【書的作者】據《史記・呂不韋列傳》記載，《呂氏春秋》是呂不韋召集門下賓客學士集體編寫而成的。可以說，它基本上反映了呂不韋本人的思想。

呂不韋，濮陽人，是陽翟的富商。一次在邯鄲經商時，見到了在趙當人質的秦公子子楚，認為「奇貨可居」，便利用子楚進行政治投機，主動到秦國去以千金替子楚遊說於已立為太子的安國君(子楚之父)及華陽夫人，使子楚得以立為嫡嗣。昭襄王五十六年(西元前二五一年)，安國君即位，為秦孝文王，立子楚為太子。次年，孝文王卒，子楚即位為秦莊襄王，以呂不韋為相，封文信侯。莊襄王即位三年就死去，秦王政(即後來的秦始皇)即位，尊呂不韋為相國，號稱仲父。當時秦王政只有十三歲，呂不韋成了秦國實際的執政者，前後長達十三年之久。秦王政十年(西元前二三七年)，即秦王政親政的次年，藉口呂不韋與嫪毐作亂案有牽連，免去其相位，讓他回河南封地去閒居。過了一年多，秦王政又下令呂不韋遷居蜀地，在赴蜀途中，呂不韋被迫飲酖死去。

雖然這本書是集體編寫的，但作為主持者的呂不韋，其功績將與世長存。可能由於中國傳統社會長期實行重農抑商政策，歷代知識界對商人出身的呂不韋不免存有偏見，對其以計謀而得以執掌秦國國政更認為大謬而不然，因而常常有人對他在中國古代思想文化史上的貢獻採取一筆抹煞或默而不認的態度，這顯然有失公正。設想，在當時的歷史條件下，呂不韋能把這麼多人集合在一起，以力圖兼容百家、囊括時空的氣度，按一定的綱目和步驟分頭寫作然後彙編成書，這項工作本身就具有開創意義。《管子》的成書雖也是集體性並帶有一定的兼容性，但在規模與體系上還無法與本書並論。劉安的《淮南子》或可與之相當，但那是晚了將近一百年以後的事了。

【成書年代】《呂氏春秋》是先秦著作中唯一有可能推算出確切著作年代的一部書。儘管學術界對此依然爭議頗多，限於篇幅，這裡只能介紹認同者較多的一說。這一說有一個可信的根據，那就是本書〈序意〉篇中下面這段話：「維秦八年，歲在涒灘，秋，甲子朔，朔之日，良人請問〈十二紀〉。」涒灘是「太歲在申」之名。這個申年便是秦王政六年（西元前二四一年）。如果從秦莊襄王滅周的第二年算起，那麼秦王政六年也就是「維秦八年」。既然門下學士向呂不韋「請問〈十二紀〉」時間是在秦王政六年，那麼《呂氏春秋》成書時間也總在這一年，或此後的一段短時間內。其時，秦王政剛滿十八歲，還未親政；呂不韋則處在其政治生涯中的鼎盛期。

【書的編排次序】《呂氏春秋》一書包括〈十二紀〉、〈八覽〉、〈六論〉三個部分。這本書三部分排列的次序，在《史記》的〈呂不韋列傳〉和〈十二諸侯年表〉裡，都是〈八覽〉在前，次〈六論〉，再次〈十二紀〉。現在通行的東漢高誘注釋本，則正好與《史記》所載相反：〈十二紀〉在前，次〈八覽〉，再次〈六論〉。其間變化的細節，已無史實可據，我們只能作一些大體的推測，以為這可能與秦漢之間社會思潮的交替起伏有關。儘管從思想內容上看，〈八覽〉應是全書的主體，但漢代自董仲舒以後，陰陽五行之說日趨興盛，〈十二紀〉，特別是各紀的紀首以陰陽五行附會於天象、地理、人事的月令篇的地位，自然也隨之提高。很可能就是在這種情況下，全書的編排次序便變成了我們現在所看到的這種格局：前〈十二紀〉，中〈八覽〉，後〈六論〉。

全書共二十六卷，子篇一百六十篇。分篇極為規整。〈十二紀〉每紀（卷）各五篇；〈八覽〉每覽（卷）各八篇，只有第一覽〈有始覽〉是七篇；〈六論〉每論（卷）各六篇。〈序意〉是獨立的一篇，放在〈十二紀〉之末。〈序意〉所闡明的「上揆之天，下驗之地，中審之人」的〈十二紀〉撰寫宗旨，事實上也是全書的總綱。因而有學者認為，它可能是一篇全書總序的殘文，也許還有論及〈八覽〉、〈六論〉的內容，惜因脫漏不得而知。如果此說能成立，那麼按照古人著書序文殿後的習慣，〈序意〉當置於全書之末。

【書的篇章結構】全書〈紀〉、〈覽〉、〈論〉各卷，大體都圍繞一個總主題，每一子篇在這個總主題的統轄下，又各有自己的篇旨；而各個子篇之間，都有一定的聯繫或層次關係。各篇篇幅大致相等，〈十二紀〉、〈六論〉每篇在六、七百字之間；〈八覽〉稍長，一般為八、九百字。全書一百六十篇皆以二字為篇名，大多用以標明該篇主旨，少數幾篇徑取篇首二字為標題，與全篇內容無涉。各篇結構大體是首章闡述全篇題意，然後列舉史實、典故或寓言來證明和闡述題意，有時還在故事之後，加上幾句點題的話。全文綜合起來，有論有史，有理有事。文字樸實無華，好用類譬，不堆砌辭藻。在論與史的關係上，以論帶史，重義輕事。故書中事實的記載，多處與史籍有出入，這可能是作者因論旨需要而對史實作了改易。還有不少是史籍所不載的古史舊聞，很可珍貴；更多的則是諸子互見的寓言。由於全書是眾手所修，有個別篇章前後內容重複或雷同。如〈務大〉第一章與〈務本〉同，第二章以下多同於〈諭大〉，可說是〈諭大〉與〈務本〉的合篇。吳起治西河的故事，在〈長見〉與〈觀表〉都各自成章，文字也基本相同，只是立論的側重點略有區別。又如全書之末的〈上農〉、〈任地〉、〈辯土〉、〈審時〉四篇都是論農事的，後面三篇應是完整的一篇，大概為了限定一篇的字數，或者湊足〈六論〉每卷都是六篇的體例，人為地分而為三。儘管這樣，本書在構制上的整齊劃一，還是如我們在本文開頭提到的那樣，在先秦諸子中堪稱「獨一無二」。

二從「圜道」與「應同」看《呂氏春秋》的宇宙觀

【圜道——周而復始】圜道觀是中國傳統文化中的根本觀念之一。圜道觀的正面論述，始於本書的〈圜道〉篇，而圜道意識的萌生和形成，則要古遠得多。《周易》揭示周而復始的變化，亦可說就是圜道。〈圜道〉篇便是把天體（日、月、星辰）的運行，四時的更迭，氣象的變化，生物的生、長、壯、衰、殺，自然界的水、氣、雲、雨、江、河、海的物質循環，人體的九竅，以及國家管理上君、臣、民的關係都納入圜道的範疇。圜道的思想貫穿於全書，〈十二紀〉更是圜道觀念的具體演化。在〈十二紀〉裡，圜道既表現為一定的時間結構，周而復始；又表現為一定的空間結構，東、西、南、北、中五方來回往返，並有一定的物質承擔者在這時間和空間中展開。再進一步就是以五季（其中一季無時間）與五方相配的統一的時空為框架，然後是農事、政事、民事、王事，以至整個天地宇宙在其中有秩序地運行。不僅整體是圜道，局部也是圜道。具體到某個王命的從下達到實現，也是圜道，即是一條具有信息反饋和自我調節的閉合回路。〈圜道〉說：「令出於主口，官職受而行之，日夜不休，宣通下究，瀸於民心，遂於四方，還周復歸，至於主所，圜道也。」這種圜道觀的影響，可從全書的各個方面看出來。

【天人合一】「天人合一」是戰國、秦漢間流行的一種社會思潮。在《易經》裡已有天—地—人三位一體和諧的宇宙觀念，通過宇宙、自然來論證人事關係。《呂氏春秋》在這方面有著更進一步的發展，認為人的自然肌體和五臟運行與自然界存在著對應性的聯繫。所以說：「天地萬物，一人之身也，此之謂大同。」（〈有始〉）不僅如此，〈十二紀〉描繪的宇宙圖式，更表明在農業佔支配地位的社會條件下，人的社會活動與周圍自然狀況亦有著共同的運動週期。人是宇宙系統的一個有機組成部分，人與自然相互影響，相互作用。因而認為：「古之治身與天下者，必法天地。」（〈情欲〉）這就是要求人們自覺地將自己的外在行為和內在心理，都與自然界諧調統一，以達成「天人合一」。作為中國傳統文化之一的這種天人合一的觀念，同時包含著積極和消極兩個方面。在人與天地的關係中，從人法天地出發，企圖從自然界的狀態直接推論出人與社會的行為準則，結果往往是以人與人的關係類比物與物的關係，將自然現象擬人化，反過來又作為社會公理的依據，由人法天地變成了天地法人。如〈貴公〉認為「陰陽之和，不長一類；甘露時雨，不私一物」，推論出「萬民之主，不阿一人」；從自然的「大公無私」推出人間君主要貴公去私。又如〈貴信〉便是從社會倫理中「信」的範疇，推廣去觀察自然界，天地以信成物，再反過來證明，人間以信成事，因而信能貫通天人，人能以信動天。凡此種種，如果止於作為比喻，當也不失為一種使論說文采斐然的技巧，但若要把它上升為普遍理論，那就未免過於牽強。〈制樂〉所謂「今室閉戶牖，動天地，一室也」，講的就是君王即使室閉於戶牖，其所作所為亦能感動天地。不僅如此，人事還能直接影響天命：「見祥而為不善則福不至」，「見妖而為善則禍不至」（〈制樂〉）。這就用神祕主義的交互感應代替了天人之間的客觀聯繫，由此前行，離荒謬已經不遠。

【陰陽五行】陰陽五行之說，戰國末期經騶衍倡導，行於秦而盛於漢，亦是中國傳統文化的一個重要組成部分。這種思想，在流傳至今的先秦典籍中，表述得最集中和完整的，便是本書〈十二紀〉。它同時還貫穿於全書各個方面。

推本溯源，陰陽與五行並不是一回事，陰陽在前，而五行在後。陰陽的原始觀念在原始社會即有，它起源於男女之別，類而推之天地、日月、晝夜、動靜、剛柔、禍福，集中起來，以陰陽來解釋萬事萬物。《易經》中一切變化都是由陽爻（⚊）和陰爻（⚋）這兩個十分簡單的符號組合而成。它是八經卦、六十四別卦的基本結構，同時亦被視為宇宙萬物的基本因素。《老子》第四十二章便有「萬物負陰而抱陽，沖氣以為和」的論述。意思是萬物的背後（北面）是陰氣，胸前（南面）是陽氣，陰氣和陽氣的交流成為和氣。戰國時的〈繫辭〉就有「一陰一陽之謂道」的說法。《呂氏春秋》也是把陰陽的變化，作為萬物生成的過程來看待的；自然中一切循環往復的變化，都是陰陽變化的結果。它說：「萬物所出，造於太一，化於陰陽。」本書〈十二紀〉就是根據上述觀點，來說明從天象到人事的種種紛繁的事物。如對氣候變化的說明：仲夏月，有夏至，日長至極而轉向逐漸日短，陽氣開始由盛而轉衰，陰氣由衰而轉盛，所以說這個時候是「陰陽爭」；據此，人們此時宜靜不宜動，以待「晏陰之所成」（〈仲夏〉）。仲冬月，有冬至，日短至極而轉向逐漸日長，陽氣開始由衰而轉盛，陰氣由盛而轉衰，所以此時也是「陰陽爭」；據此，同樣要「事欲靜，以待陰陽之所定」（〈仲冬〉）。再如對十二音律的說明：逢奇數的為陽律，逢偶數的則為陰律。以十二律分別與十二月搭配，這樣不僅音律的十二個稱名都有陰陽變化的含義，而且音律的功用也似乎遠遠超出了音樂的範圍。在〈音律〉篇中就是這樣說的：「應鐘之月，陰陽不通，閉而為冬。」「黃鐘之月，土事無作，慎無發蓋，以固天閉地，陽氣且泄。」「太蔟之月，陽氣始生，草木繁動。」「蕤賓之月，陽氣在上，安壯養俠。」「林鐘之月，草木盛滿，陰將始刑，無發大事，以將陽氣。」等等。在本書的〈士容論〉中，陰陽觀點還直接用來說明農事。如〈辯土〉篇說：「晦欲廣以平，甽欲小以深；下得陰，上得陽，然後咸生。」上得陽光故稱陽，下得地氣，故稱陰。陰陽是事物對立的二個側面，兩者之間的盛衰互相依存、互相轉化，由此循環往復而衍生出萬事萬物。那麼陰陽本身又是從何而來的呢？回答是由天地造化自然產生，即「造於太一」（〈大樂〉）。這便是《呂氏春秋》書中所反映出來的陰陽觀念。

五行的前身是商代的五方位，在甲骨文中便有東、南、西、北、中這五個方位的記載。周代出現了五材說，即以金、木、水、火、土五種物質為構成和孳生萬物的基礎。如《國語・鄭語》：「先王以土與金、木、水、火雜，以成百物。」最早提出五行理論的是《尚書》中的〈洪範〉，當在《呂氏春秋》之前，《呂氏春秋》引用了〈洪範〉。〈洪範〉對五行的論述是：「一曰水；二曰火；三曰木；四曰金；五曰土。水曰潤下；火曰炎上；木曰曲直；金曰從革；土爰稼穡。潤下作鹹；炎上作苦；曲直作酸；從革作辛；稼穡作甘。」這裡把五行與五味相配，它從五種物質屬性昇華為五種功能屬性，可說五行說已初具規模。在《呂氏春秋》中，這五種功能屬性已被抽象為五個相互關聯的方面，成為一種特定的結構模式，然後充分展開，建構起一個獨特的自然理論體系，這樣便形成了完整的五行學說。在五行說中，金、木、水、火、土，與它們原來各自的具體物質屬性已相當遙遠，它們成了某種功能結構屬性的符號，可以涵蓋一切。五行之間相生相尅，相生即滋助、養長、促進的意思；相尅或相勝，則包含尅制、壓抑、約束的意思。就這樣，在古代天文、地理、氣象、生物、物理、哲學知識基礎上，五行說成了一切事物普遍適用的整體結構模型。在〈十二紀〉的紀首月令篇中，我們看到它把涉及天、地、人的十多項事物，依陰陽的消長，四時季節的轉換，配以五行、五方、五色、五帝、五神、五祀、五數，構成一個統一的無所不包的體系。如春季配以木、東、青、角、太皞、句芒、戶、八；夏季配以火、南、赤、徵、炎帝、祝融、竈、七；秋季配以金、西、白、商、少皞、蓐收、門、九；冬季配以水、北、黑、羽、顓頊、玄冥、行、六。但四時與五行相配，必然會出現一個空缺。為了填塞這個空缺，於是又人為地設置了一個沒有時間的「季節」，安排在季夏與孟秋之間，並配以五行中的土，其位中央，其色黃，其音宮，其帝黃帝，其神后土，其祀中霤，其數五。

把陰陽和五行結合起來，並用以說明和預測王朝興衰嬗替的，大概始於騶衍。《史記・孟子荀卿列傳》說騶衍：「深觀陰陽消息，而作怪迂之變，〈終始〉、〈大聖〉之篇十餘萬言。其語閎大不經。」還說他：「稱引天地剖判以來，五德轉移，治各有宜，而符應若茲。」這裡說的「五德轉移」，亦稱「五德終始」。《史記・封禪書》又說：「騶衍以陰陽〈主運〉顯於諸侯。」說明騶衍還拿他的「五德終始」論向諸侯遊說過。但他的〈終始〉、〈大聖〉等著作早已散佚，關於「五德終始」具體說法，流傳至今只有本書的〈應同〉篇。〈應同〉是論述五行生尅、天運轉移、物類感召的。這一篇的首章說，黃帝代表土德，夏禹代表木德，商湯代表金德，周代表火德。而當時代表周的火德氣數已盡，代火而起的將是誰呢？「代火者必將水，天且先見水氣勝，水氣勝，故其色尚黑，其事則水。」（〈應同〉）。文章不言卻已自明，代表水德的唯有秦。因為早在秦文公時秦就曾獲黑龍，龍屬水。所以這段文字既是向六國宣告唯有秦才有資格代周而興，同時也是提醒秦王政：「水氣至而不知，數備，將徙于土。」（〈應同〉）就是說時不我待，必須緊緊抓住，切莫眼睜睜看著水的氣數盡了，再轉到土去。《史記・封禪書》的記載說明秦始皇後來的改制正是接受了這個「五德終始」的說法，宣告秦以水德代周之火德。此後，每一次王朝的更迭，幾乎都有賴五德終始論來為自己尋找天命所歸的根據。這種理論既為中國古代王朝的興廢嬗替蒙上了一層神祕的面紗，而它自己，也得以藉著王權的支撐而順利地推行。從此陰陽五行在二千多年的傳統社會中被泛化為一條思維定則，幾乎成為處於支配地位的一種心理狀態。

【宇宙觀——思維方式】把《呂氏春秋》的圜道論、天人合一論、陰陽五行說綜合在一起，便可以看到中國古代觀察宇宙萬事萬物的一個基本模式，既是一種宇宙觀，也是一種思維方式。它與古代社會生活各個方面保持著直接的聯繫。它自然也推動著思維向前發展，但既不是向縱深的抽象、分析、推理的純思辨的方向發展，也不是向觀察、歸納、實驗、純經驗論的方向發展，而是橫向鋪開，向事物之間相互聯繫、整體把握的方向開拓，形成一個完整的體系；依照它自己獨特的認知網絡，可以把許許多多不同的事和物有秩序地組織安排在一個系統形式之中。如果我們從理性的高度去把握它，不妨說它具備某種程度素樸的原始的系統思維的特徵。不是個別功能而是整體系統才是決定性因素。整體不等於諸功能之和，而是大於部分之和。不是簡單的線性因果關係，而是諸功能相互作用，包括反饋作用在內，才是維持系統的關鍵。這個系統也不是靜止不變的，而是在動態中不斷謀求自身的調節和適應。儘管也有變化發展，卻是周而復始，循環無端；從而能保持自身穩定。這樣一個系統觀念，還是處在直觀、原始、素樸的狀態。按照皮亞傑的發生認識論，那是處於從兒童到少年時期，屬於形象思維的那種尚未成熟的思維方式。圜道、天人合一、陰陽五行，都可以看作是一種認知圖式。當然，這樣構建起來的基本模式，在人類社會的某個發展階段，對人們認知客觀世界曾經起過積極作用。那時，它可以得心應手地應用於各個方面，其中不少領域還獲得過輝煌的成就。如中醫理論就是在這一套認知方式的基礎上形成的系統理論，到現在為止，任何別的理論都還無法取代它的地位。當然在其他方面，無論農業、音樂、天文、曆法，由於科學技術的發展，它已逐漸退出歷史舞臺，因為它畢竟不能科學地說明世界。但作為一種思維方式，它仍在不知不覺中影響著人們。從消極方面看，傳統的機祥、災祲、迷信都離不開陰陽五行的認知框架。所有迄今流傳的命相、風水一類書籍，仍以陰陽五行為圭臬。這就難怪梁任公先生要頗為激憤地指斥其「為二千年來迷信之大本營」（梁啟超：〈陰陽五行說之來歷〉）了。

三從「知化」與「貴因」看《呂氏春秋》的認識論

《呂氏春秋》是一部寫給國君看的書，它並不一般地論述宇宙觀或認識論，我們所以這樣介紹，只是為了便於讀者從整體上去把握這部書。並且全書一以貫之的宗旨，是在「紀治亂存亡」和「知壽夭吉凶」（〈序意〉），而為了從總體上說清楚這個具體目的，它不能不從自己獨特的角度出發，涉及到宇宙觀與認識論。它談論認識問題，主體對象當然還是君主；但君主也是人，因而必然也會涉及到一般人的認識問題。由於它是通過國家治亂存亡中的一個個實際問題展開論述的，因而明顯地傾向於經驗性和可操作性，論述的系統性和理性的抽象往往顯得不足。然而這也未嘗不是它的長處：淺近、實際、蘊涵著豐富的生活體驗和歷史內容。

【知故與知化】本書反覆強調要做到一個字：「知」。知，就是認識主體與客體的接近和統一。著重表現在二個方面，一是知故；二是知化。關於知故，它說：「凡物之然也，必有故。而不知其故，雖當與不知同，其卒必困。」（〈審己〉）這裡所謂故，也就是指事物的因果關係；知其然而不知其所以然，還是等於不知。它還說：「國之存也，國之亡也，身之賢也，身之不肖也，亦皆有以。聖人不察存亡賢不肖，而察其所以也。」（〈審己〉）知的主要任務不在於知道存與亡、賢與不肖的具體事實，而在於知道其所以如此的根本原因。這個觀點，還散見於多篇對不同事物的論述上，反映了作者不滿足於浮光掠影的現象認識，而注重於尋根究底地揭示本質的求實精神。即使對於先王之法，本書亦抱同樣態度。如〈察今〉說：「凡先王之法，有要於時也，時不與法俱至。法雖今而至，猶若不可法。故擇先王之成法，而法其所以為法。」這段論述的可貴之處，還在於它體現了科學的分析精神。先王之「法」乃先王之「時」

的產物，「時」與「法」不可能一起流傳下來，因而那些成文教條當在捨棄之列，但它「所以為法」的基本原則仍有可供效法之處。應當說，這個結論的意義已經超越了它的具體論題，具有相當寬泛的認識和應用價值。

如果說「知故」是指對已然事物的探究，那麼「知化」便是對事物未然狀態的預測。但這個預測絕非憑空臆想，而是隨著事物發展必然會到來的一種變化趨勢。這便是《呂氏春秋》使用「化」這個概念的特殊含義。「凡智之貴也，貴知化也。」（〈知化〉）「化未至則不知，化已至，雖知之與勿知一貫也。」（〈知化〉）不能預知，等於不知。這是本書作者對「知」提出的一個高層次的要求。子列子不接受鄭子陽的餽贈，是「先見其化也」（〈觀世〉），也就是預見到鄭子陽的必敗。吳起為佞臣所譖離開他所治理的西河時，回望西河而泣，也是因為有「先見」（〈長見〉、〈觀表〉）：他已預見到西河不久將落入秦人之手。顯然這樣高的認識要求，只有少數賢者、智者才能達到，智能低下的人是無由企及的。「智者其所能接遠也，愚者其所能接近也。所能接近而告之以遠化，奚由相得？無由相得，說者雖工，不能喻矣。」（〈知接〉）這個愚者可能是有先天智能條件的限制，也可能是受後天生活遭際的制約。基於此，《呂氏春秋》認為處於尋常巷陌的平民百姓，是與「知化」無緣的，他們只能坐享其成。〈樂成〉說：「故民不可與慮化舉始，而可以樂成功。」這個說法當然有相當大的片面性。說到君主，本書認為也有智愚之分，但無論何種情況，都不可以「自以為智」：「自以為智，智必不接。今不接而自以為智，悖。」（〈知接〉）那樣的君主「國無以存矣」；如果能「自知弗智，則不聞亡國，不聞危君」（〈知接〉）。這樣，在認識的長河裡經過一番遊歷，又回到了非常實際的此岸，即本書反覆倡說的一個主題：既然君主自知弗智，那就必須選賢任能，接納賢者的意見。

【自知與去尤】人要認識外部事物，首先必須認識自己。對於君主來說，那就是：「存亡安危，勿求於外，務在自知。」（〈自知〉）認識自己當然包括自身的各個方面，但作為認識主體，首先要認識的是自己的「不知」。〈謹聽〉：「太上知之，其次知其不知。」〈別類〉：「知不知上矣。」這裡把「知」自己的「不知」也列為一種「知」，是很深刻的。「不知則問，不能則學。」（〈謹聽〉）只有認識到自己「不知」，才能促使自己永不停息地去接近「知」，去獲得「知」。

認識自己不知，「虛己以待」，這是認識前的準備。而在認識過程中，要想獲得正確的認識，還必須排除主觀上的好惡與偏見。書中〈去尤〉、〈去宥〉二篇，就是專論這個問題的。「尤」同「宥」，即「囿」，都是指認識上的拘礙。「世之聽者，多有所尤，多有所尤則聽必悖矣。所以尤者多故，其要必因人所喜，與因人所惡。」（〈去尤〉）文章舉了二個寓言故事。「人有亡鈇者，意其鄰之子，視其行步竊鈇也，顏色竊鈇也，言語竊鈇也，動作態度無為而不竊鈇也。相其谷而得其鈇，他日復見其鄰之子，動作態度無似竊鈇者。」（〈去尤〉）亡鈇者在認識上之所以偏頗，是由於先入之見的拘宥。又如：「齊人有欲得金者，清旦，被衣冠，往鬻金者之所，見人操金，攫而奪之。吏搏而束縛之，問曰：『人皆在焉，子攫人之金，何故？』對吏曰：『殊不見人，徒見金耳。』」（〈去宥〉）利慾熏心，使得這個齊人見物而不見人。作者由這個帶有荒誕色彩的故事，得出了一個嚴肅的結論：「故凡人必別宥然後知。」（〈去宥〉）

【貴因與遇合】人的認識的完成，既不是停留於主體，也不是歸結於客體，而是主客體之間相互作用而後獲得，亦即主觀目的性與客觀因果性的統一。這個相互作用的過程也就是認識活動。這種認識活動在嬰兒是出於本能，是一種感知運動；在成人則是有意識的實踐活動，既有明確的目的性，又必須服從客體自身的因果關係。在先秦一些著作中，曾提出過「因」的概念，可以看作是試圖用來概括地表述這個過程的。如《管子．心術》上有：「因也者，無益無損也。以其形因為之名，此因之術也。」「因者，因其能者言所用也。」前一句中的因，指要尊重客觀存在的事物及其因果關係；後一句中的因則是要求憑藉客觀的因果關係來為自己達到一定目的。《呂氏春秋》對此又作了系統的發展，不僅把因的概念廣泛運用於各個方面，而且內涵也愈益豐富。在這裡，因，既是認識範疇，也是實踐範疇，是認識與實踐之間的一座橋樑。如〈貴因〉說：「三代所寶莫如因，因則無敵。禹通三江、五湖，決伊闕，溝迴陸，注之東海，因水之力也。舜一徙成邑，再徙成都，三徙成國，而堯授之禪位，因人之心也。湯、武以千乘制夏、商，因民之欲也。如秦者立而至，有車也；適越者坐而至，有舟也。秦、越，遠塗也，竫立安坐而至者，因其械也。」這段論述概括起來是二個方面：一是憑藉自然的因果規律，如利用大水之力，舟車之利；一是憑藉社會的發展趨向，如要「因人之心」，「因民之欲」。在〈十二紀〉一組軍事論文中，講得尤為精闢。如說：「凡兵，貴其因也。因也者，因敵之險以為己固，因敵之謀以為己事。能審因而加勝，則不可窮矣。」（〈決勝〉）那就是充分利用敵方的各種條件，以資我用，把主觀目的論與客觀因果規律高度統一了起來。當然，對於本書作者來說，把「因」運用於君道，亦即君王南面術，才是他的主要的或最高的目的：「因者，君術也。」（〈任數〉）於是「因術」也就成了君王南面術的別名。君王盡可虛靜無為而「因」百官以為，天下卻得到「垂拱而治」。

把認識導向社會實踐，《呂氏春秋》還從君主、士人建功立名這樣一個特定要求出發，進一步提出了「時」、「遇」、「合」等範疇。書中〈遇合〉等一組文章，把三代帝王作為範例來分析，提出凡屬成功之舉，都必須具備主觀與客觀二方面的條件。客觀條件便是「時」，所謂「時」，也就是機會。而機會的遭遇帶有很大的偶然性：「凡遇合也，合不可必。」（〈勸學〉）所以時機條件不具備，即使聖人亦不能成功，所以「若使湯、武不遇桀、紂，未必王也」（〈長攻〉）。在這種情況下，也只能坐以待時。它說：「聖人之於事，似緩而急，似遲而速以待時。」（〈首時〉）「有道之士未遇時，隱匿分竄，勤以待時。」（〈首時〉）有了時機，便要掌握和利用好時機：「事之難易，不在小大，務在知時。」「天不再與，時不久留，能不兩工，事在當之。」（〈首時〉）要能掌握住時機，君臣雙方還必須具備一定的主觀條件。不能以僥倖之心得之。它說：「亂則愚者之多幸也，幸則必不勝其任矣。任久不勝，則幸反為禍。」（〈遇合〉）亂世提供的機會多，這是事實；但能否掌握好這個機會，還得看各人的主觀條件。所以「有桀紂之時而無湯武之賢亦不成」(〈首時〉)。僥倖得逞，不僅終究反而成禍，而且「其幸大者，其禍亦大」(〈遇合〉)。總之，成事在天，謀事在人，「湯遇桀，武遇紂，天也；湯武修身積善為義，以憂苦於民，人也」(〈慎人〉)。從成事在天這個意義來說，遇合無常，帶有很大的偶然性，自己很難把握；但如果把著眼點放在加強自身修養、常備不懈上，那麼便可以主動去適應或迎合時機而獲得成功。所以「必在己無不遇矣」(〈必己〉)。這樣既尊重客觀的必然性，又加強主觀的能動性，就可使自己立於不敗之地。

【說辯與類推】這裡介紹的說辯與類推和下一節討論的言意與刑(同「形」)名，是屬於《呂氏春秋》裡的認識形式問題。

說辯亦稱辯說，統指推理和論辯。分別地說，說指推理，辯指論證或辯駁。戰國時代正是「處士橫議」，辯說成風的時代，各家都力圖通過辯駁去建立本學派的觀點，但在口頭上卻又大多諱言自己好辯。公都子對孟子說「外人皆稱夫子好辯」，孟子趕快辯解說：「予豈好辯哉？予不得已也。」(《孟子・滕文公下》)《呂氏春秋》也是這樣。一方面它實際上不斷地在論辯，另一方面作為秦國統治集團代表的本書編撰者可能出於亟欲取代周天子一統地位的考慮，在〈執一〉、〈不二〉等篇中反覆強調集中統一，因而一般不提倡論辯，〈當務〉、〈離謂〉等篇甚至還提出了「有辯不若無辯」的主張。這樣，在書中「辯」幾乎成了一個貶義詞。當然它也不能一概排斥辯，而是給辯加上了二個先決條件。第一，辯必須當理，要以理作為判斷是非的標準：「理也者，是非之宗也。」(〈離謂〉)「所貴辨者，為其由所論也。」(〈當務〉)這個論也就是理，即古代聖王所已論定之理。所以它說：「辨而不當理則偽，知而不當理則詐，詐偽之民，先王之所誅也。」(〈離謂〉) 第二，辯的目的必須是為了論道：「時辨說，以論道。」(〈尊師〉) 不能為辯而辯；「不苟辨，必中法。」(〈尊師〉) 言論要合乎法度。此外，在教學中，只許教者一方有說辯的權利，學者只有虛心靜聽而已。本書對詭辯可謂深惡痛絕，以〈離謂〉、〈淫辭〉等多篇組成了一組抨擊詭辯的專文。它說：「天下之學者多辯，言利辭倒，不求其實，務以相毀，以勝為故。」(〈察今〉) 它又說：「察士以為得道則未也。雖然，其應物也，辭難窮，其為禍福猶未可知。」（〈不屈〉）但從書中所舉實例來看，它所反對的不僅是詭辯，而是把詭辯與以鄧析、公孫龍、惠施為代表的名家學說劃上等號，然後加以一概排斥。因反對詭辯而走上否定名家並進而對全部論辯都持取消的主張，顯然失當。其實論辯是推動邏輯發展的動力，無論在古希臘、古印度與我國古代都是如此。合乎邏輯的辯固然是推動邏輯發展的動力，即使詭辯也能從反面促進邏輯科學的發展。《呂氏春秋》在這一點上，不僅違反它自己力圖兼容百家的初衷，而且對中國古代認識史的發展也帶來了不好的影響。

類的概念是邏輯推論的基礎。有了類概念的內涵與外延，才能進行邏輯推理，無論歸納或演繹，都是如此。《呂氏春秋》中廣泛使用的類概念，其內涵與外延都與現代邏輯學大異其趣。如〈應同〉提出：「類固相召，氣同則合，聲比則應，鼓宮而宮動，鼓角而角動。」這樣的分類方法，幾乎是先秦兩漢許多思想家共同採用的。《易經．繫辭上》有一句名言：「方以類聚，物以群分。」這句話還見於《禮記》的〈樂記〉。這說明事物的聚與分，由其類的屬性同或異來決定。把這句話倒過來說，也就成了類的內涵：相感、相從、相召、相動，即相互有聚合趨向的事物，便是同類。〈十二紀〉紀首的月令篇，就是按照這種分類方法，把帝、神、色、蟲、畜、數、音、律、臭、味、牲、事、臟等等物質屬性雖互異，但在五行歸屬中被認為是同一的，便歸成為一類。這樣一種依整體按動態和功能的分類格局，曾應用於我國古代社會生活的眾多方面，產生過巨大影響。但這種分類方法，畢竟因為沒有明確規定類之間的同一關係、屬種關係、交叉關係、全異關係（矛盾關係，反對關係），而往往不能確切地說明事物，也不見得有普遍效應，據此作出的類推，難免給人一種隔靴搔癢之感，有時甚至是南轅北轍。也許作者也已經感覺到了這一點，因而在〈別類〉提出了「類不可推」的命題。文中列舉了不少有關自然的、社會的或思維本身的「類然而不然」的現象，來支持它的「物固不必，安可推」的結論。那些列舉的現象，自從有了現代科學實驗和認識方法後，早已成為常識性的東西，但在當時卻是對傳統的認識習慣的一個挑戰。譬如其中一例是魯國有個能治半癱瘓的醫者，依據類推法竟然認為只要藥劑量再加大一倍，便能救活全死人。正如作者指出的：「物固有可以為小，不可以為大；可以為半，不可以為全者也。」（〈別類〉）但由此得出的結論應當不是「物固不必，安可推」，而是「必先明確類的概念，方可類推」。因為「半癱」與「全死」原本就不屬一個類，它們不能成立類推。基於這種認識，我們在閱讀〈別類〉時，對它產生了極大的興趣。興趣不在它的結論，而是古人留在這裡的困惑。那應是當時思想界最先進的人們，他們最先感受到隨著社會生活的日趨繁複，自己的認識體系已出現了某些矛盾。不無遺憾的是他們沒有由此走向科學的邏輯思維。

【言意與刑名】言指言詞或言辭，亦即語言。意指人的思想觀念，是人們內心的意向，所以書中亦稱之為「心」。在言與意或與心的關係上，《呂氏春秋》認為：「言者，以諭意也。言意相離，凶也。」（〈離謂〉）這就提出言以諭意的命題，言是形式，意是內容，形式與內容不能分離。理由是：「夫辭者，意之表也。鑒其表而棄其意，悖。」（〈離謂〉）辭與意是表和裡的關係，聽言的目的，是為了瞭解對方真實的思想觀念，因而竭力主張「言不欺心」（〈淫辭〉）。如果言心相背離，那麼在實踐上便會帶來極大的混亂：「言心相離，而上無以參之，則下多所言非所行也，所行非所言也。言行相詭，不祥莫大焉。」（〈淫辭〉）儘管這些論述，都是為反對名辯之學而發的，但從倡導言意相當、心口一致等方面說，還是有它的積極意義。不過以《呂氏春秋》獨特的認識體系的要求，做到言意相當、心口一致還是低層次的；它的最高要求是「相諭不待言」（〈精諭〉），或「得其意則舍其言」（〈離謂〉），亦即「不言之言」。這已涉及到這個認識體系的總的特徵問題，我們將在本章最後一節中去說明。

刑與名是先秦名辯學家常用的二個專用術語。刑通形，泛指客觀事物；名指名稱，即反映該事物的概念。研究刑名關係的學問，叫作刑名之學，如《史記·老子韓非列傳》說韓非：「喜刑名法術之學，而其歸本於黃老。」《呂氏春秋》關於刑名的觀點，大多源於黃老與法家。它說：「今有人於此，求牛則名馬，求馬則名牛，所求必不得矣。」（〈審分〉）這裡刑是第一性的，名是第二性的；名由刑產生，並為刑所決定。所謂正名，也就是求得名和實的一致。從君臣關係的角度來討論刑和名的關係，那麼它不僅是具體事物的名實關係問題，還包括著有意志的人的活動的名與實是否相當的問題。在這裡，名，不只是名稱，還有臣子的主張、理論、職位等含義；刑，也不單指事物，還包含著臣子的事功、實效、政績。《韓非子．二柄》對此作過這樣論述：「審合刑名者，言與事也。為人臣者陳而言，君以其言授之事，專以其事責其功。功當其事，事當其言，則賞；功不當其事，事不當其言，則罰。」這段話可視為本書刑名論之所本，但《呂氏春秋》的表述似更為簡潔、明確。它以善駕車者能控其轡而使其馬為喻，認為君主手裡也有一條駕馭臣下的轡，這轡便是「正名審分」。具體做法是：「按其實而審其名，以求其情；聽其言而察其類，無使放悖。」（〈審分〉）並進而指出：「名正則治，名喪則亂。」「凡亂者，刑名不當也。」（〈正名〉）如果出現「刑名異充而聲實異謂」的情況，那就勢必賢與不肖、善與邪辟、可與悖逆完全顛倒了，那麼「國不亂、身不危奚待也」（〈正名〉）？所以「至治之務，在於正名。名正則人主不憂勞矣」（〈審分〉）。

【察微與疑似，察今與知古】在認識方法上，本書沒有作泛泛的論述，而是選擇實際生活中常常遇到的一些矛盾現象，加以揭示分析，找出其中的交接點，從中引出由個別到一般的普遍認識意義。如〈疑似〉篇就是專論如何分辨處於真與僞之間相似之物的：「玉人之所患，患石之似玉者；相劍者之所患，患劍之似吳干者；賢主之所患，患人之博聞辯言而似通者。」如何去鑒別此類相似的人和物，書中提到有二條。一條是要破除一種習慣心理，或者叫作思維定勢：以為自己已經知道的、從不懷疑的人和事總不會出錯。而事實往往恰好相反：「莫過乎所疑，而過於其所不疑；不過乎所不知，而過於其所以知。」（〈謹聽〉）所以對於自己知而不疑的人和事，仍然必須「察之以法，揆之以量，驗之以數」（〈謹聽〉）。再一條就是向確實懂得其中實情的人請教。書中舉例說，即使像堯、舜、禹這樣的聖人，如果他們來到水澤之地，也還得問問牧童和漁師。「奚故也？其知之審也。」（〈疑似〉）還有倒與順的矛盾現象，也須特別精審。因為事物常常會以「似倒而順」、「似順而倒」（〈似順〉）的顛倒面目出現在我們面前。〈察微〉篇論顯與微的矛盾，頗給人啟發。文章指出：如果治亂存亡的跡象「若高山之與深谿，若白堊之與黑漆」那樣明顯，那還要智力幹什麼呢？事實恰恰相反：「治亂存亡，其始若秋毫。」只有不因其細微而疏忽，認真加以細察，才能做到「大物不過矣」。文中以楚國由於對楚、吳邊界細事處理不慎，魯國因為對鬥雞糾紛決斷不當，竟至雙雙釀成巨禍為訓，提醒君主：「凡持國，太上知始，其次知終，其次知中。三者不能，國必危，身必窮。」

書中概括的「察己知人」、「察今知古」、「以近知遠」的認識方法，可能是這一節中介紹的最光彩處。〈察今〉說：「先王之所以為法者人也。而己亦人也，故察己則可以知人，察今則可以知古，古今一也，人與我同耳。有道之士，貴以近知遠，以今知古，以益所見，知所不見。」確實，人們對現實的認識需要藉助於歷史反思；而對歷史的認識也有賴於對現實的觀照。許多事物往往要經過若干時日以後，才能看清其原先因人為或非人為的緣故而被或多或少遮掩了的本相。經歷過時代巨瀾跌宕起伏的人去觀察歷史上的治亂興亡，自有其切膚之感，他能夠體味到常人所無法體味到的歷史的沉重和艱辛。

【直覺思維】在這一章的最後一節裡，我們想總括地說幾句話。

《呂氏春秋》在認識上的最高目標就是得道。這個道有時又稱之為「太一」，執「一」便是得道。那麼什麼是道呢？它說：「萬物所出，造於太一，化於陰陽。」（〈大樂〉）這個道也就是本體的象徵，包含著宇宙天地萬有。這樣一個抽象的包含萬有的宇宙本體，當然不能靠感覺器官直接地去把握它，所以書中說：「道也者，視之不見，聽之不聞，不可為狀。」（〈大樂〉）同時這個道，作為天地萬物自然社會生存變化的本體，不是一個方面，而是全方位的；不是靜態，而是變化不居的；不是外部現象，而是內部本質的；不是轉瞬即逝，而是永恆長存的。所以也沒有辦法直接用語言去表述它，用「太一」，也只是指其無所不包而已。如果具體去表述它，就失去了它的本來面目。要把握這樣一個宇宙本體，只能靠書中並未給予稱謂卻可以意會到的那麼一種思維方法。這種方法也很難從現代認識論中找到一個與之完全相當的名稱，但為了盡可能把它說清楚，我們姑且就稱它為直覺思維。通過直覺即內省的直觀的辦法，去體驗這個道，或者說不是靠任何認識工具，而是靠人的本性與宇宙本性的直接契合。因為「天地萬物，一人之身也」（〈有始〉），而這種契合是極其精微神妙的。身當其時時，就能「神通乎六合，德耀乎海外，意觀乎無窮，譽流乎無止，此之謂定性於大湫，命之曰無有」（〈審分〉），「若此則能順其天，意氣得游乎寂寞之宇矣，形性得安乎自然之所矣。全乎萬物而不宰，澤被天下而莫知其所自姓」（〈審分〉）。這是一種心靈與萬物相融時的精神境界。此時人的心靈可以隨萬物浮沉，與變化共遊；而從人的外表看，卻處於如聾如盲、如醉如痴，身心進入了一種所謂入神入定的狀態。這樣一種體道境界，大致來源於《莊子》。莊子在〈齊物論〉中提出了「天地與我並生，而萬物與我為一」的境界。〈逍遙遊〉中說：「乘天地之正，而御六氣之辯，以遊無窮。」「乘雲氣，御飛龍，而遊乎四海之外。」在〈應帝王〉中又說：「乘夫莽眇之鳥，以出六極之外，而遊無何有之鄉，以處壙埌之野。」不同的是，在《莊子》那裡是個人人生理想境界的追求，《呂氏春秋》則是為了達到君道無為而無所不為的要求；《莊子》是出世的，《呂氏春秋》則是入世的。

要獲得上述所說的體驗，作為認識主體的人，必須處於一種虛靜的狀態，排除一切欲念，無思無慮，身心絕對寧靜。這也就是老子所說的「致虛極，守靜篤」（《老子》第十六章）的功夫。本書在〈論人〉中提出「太上反諸己」，也可說就是內省直觀，目的是要使自己達到「虛極」與「靜篤」。什麼是「反諸己」？它說：「適耳目，節嗜欲，釋智謀，去巧故，而游意乎無窮之次，事心乎自然之塗，若此則無以害其天矣。」（〈論人〉）這可說是要求「虛極」；「得道者必靜。靜者無知，知乃無知，可以言君道也。故曰中欲不出謂之扃，外欲不入謂之閉。既扃而又閉：天之用密，有准不以平，有繩不以正；天之大靜，既靜而又寧，可以為天下正。」(〈君守〉)這可說是強調「靜篤」。怎樣來達到這虛極與靜篤呢？〈有度〉篇有一長段論述：「通意之悖，解心之繆，去德之累，通道之塞。」接著列舉了悖意、繆心、累德、塞道四個方面共二十四種不良情感或心理，然後說：「此四六者不蕩乎胸中則正。正則靜，靜則清明，清明則虛，虛則無為而無不為也。」這就是說，必須排除自己的一切欲求和雜念，使自身成為無形無名、無所作為的狀態，才能臻於虛與靜的境界。在這裡，它既不依靠感性認識，也不依靠理性思維，而是憑藉恬淡無欲的心靈通過直覺與萬物的本體融合為一。

也許是為了說明所謂得道的體驗雖是那樣宏廓精微，莫可名狀，但卻並不虛妄，《呂氏春秋》還通過一些容易與實際生活聯繫起來的帶有寓言意味的故事，來闡釋這種特殊思維的具體應用。如〈精通〉說到鍾子期夜聞擊磬覺得聲音很悲，派人一問那擊磬者，果然因有多起不幸遭遇，擊磬時心中充滿悲苦。鍾子期於是嘆嗟說：「悲夫，悲夫！心非臂也，臂非椎非石也。悲存乎心而木石應之。」鍾子期的感嘆說明擊磬者擊磬時的精神世界是可以與物質世界合一的，木石的聲音可以傳達人的感情：「豈必彊說？」在這種情況下，語言反而失去了交流思想感情的功能。至於鍾子期為什麼能做到這樣，在本書作者看來，這是由於二人精氣相通的緣故。實際上這是一種通過直覺，感知者與被感知者的相互契合，也就是〈應同〉所說的「類固相召」的現象。還有〈本味〉篇中鍾子期與伯牙的故事，〈精諭〉篇中孔子見溫伯雪子的故事，以及〈精通〉篇中申喜聞歌而知母的故事，或者因為「天符」(即道)相同，或者由於精氣相得，都達到了「相諭不待言」。這種主客一體的情景，通過直覺認知客體的心理體驗，被近代心理學家馬斯洛概括為高峰體驗，它包括宇宙體驗、審美體驗、創作體驗、頓悟或靈感體驗、性體驗、父母情感體驗，還有像上面提到的申喜那種赤子之情的心理體驗。這類現象大多是通過直覺取得某種感受的一種心理反應。通常是由於長期的經驗與願望的沉積，忽然意外地受到客觀外界某種刺激所激發，在瞬息之間閃現出來的。

思維形式大體上可以分成二類，一類是抽象的邏輯思維，通過線性的嚴格的邏輯推理，從已知推求未知；一類是非邏輯思維，以直覺為基礎的思維形式。非邏輯思維其中又可分成二種，一種屬於形象思維，通過形象來思考和表述，藉助形象的類比和寓意，指示某種真理的方向；另一種屬於靈感，它強調的是通過直觀的領悟去把握真理。這二類思維方式，在運思過程中都是需要的，它們是互補關係，不是排斥關係。從《呂氏春秋》這部書我們可以看出中國古代傳統的思維方式，更傾向於非邏輯性思維方式，強調整體性、直覺性、意象性、內省性，去直接把握客體。這些特徵在思維過程彼此溶合滲透，而且作為思維方法沉澱在人們心中，潛移默化地在意識的深層發揮作用。諸如第六感覺、預感，大體上也都屬於這個範疇。它雖然是一種躍遷的創造性的思維方式，但畢竟又是粗疏的、模糊的、不精確的，有它虛幻的一面。從直覺得到的靈感和啟迪，需要理性思維來充實、補正和提高，停留在初始階段就難以繼續前進。作家和藝術家的靈感或者直覺，畢竟要通過語言、文字或者色彩、音響、動作等外界工具表現出來，才能引起人們的共鳴；科學家的靈感更要通過計算、實驗才能得到驗證。由此可見，要使由直覺得到的靈感轉化為人們共同的精神財富，終究離不開嚴密的邏輯推理。隨著社會生活的不斷加速發展，嚴密的邏輯思維正在日益顯示它的主導作用，單靠直覺思維則更加暴露出自己的不足，而且這種思維方式還很容易滑向神祕主義宗教體驗那一方面去。事實上在《呂氏春秋》中我們也已經可以找到這種傾向的表現。如〈制樂〉篇中宋景公因出現「熒惑在心」的異常天象而三出善言，結果得到天的三次善報。這裡的天已不再是自然的天，成了有意志、愛憎並主宰著人間一切的人格神。緊接〈制樂〉的〈明理〉篇，正是依據這一觀點，列出了種種妖祥之徵，以為人主警戒。

《呂氏春秋》的思想，大體屬於被漢代人稱之為黃老思想的範疇。這種烙有明顯時代特徵和帶有濃重政治色彩的學說，至漢初而達到它的全盛期後，隨即衰落。反映於其中的那種獨特的思維方式，歷經秦漢數百年的社會湧動，則逐步沉澱下來，在以後的思想發展中，在人們的日常思維過程中，成為一種習慣，一種定勢。又經過漫長的時間，有的被淘汰了，有的還被保存著，有的已積澱成了無意識，有的則被吸收進了新的思維方式。不管它的變化如何，迄今我們還能從人們思維方式中看到它的一些影響。這也正是我們重讀《呂氏春秋》這部書的現實意義之一。

人類是一個歷史過程，人的思維發展也是一個歷史過程。上二個世紀的義大利哲學家維柯，在《新科學》一書中，把人類史劃分為神、英雄和人三個時代。與此相應的三個時代的智力或者思維特點，便是本能、形象思維和抽象思維（哲學和科學思維）。反映在《呂氏春秋》中的思維方式，不妨說正處於形象思維向抽象思維轉變的起始階段。而從社會歷史發展階段看，《呂氏春秋》的社會觀已進入到了英雄時代的鼎盛期，但卻始終難以完全跨入以人的獨立的個體為主體的人的時代，難以擺脫英雄支配一切的羈絆。

(四)從「二源」說與「方圜」論看《呂氏春秋》的社會歷史觀

【國家觀——二源說】關於國家和君主的起源，《呂氏春秋》從當時相對於中原的邊遠地區的原始群落狀況，認識到那是人類發展到一定階段以後才產生的。〈恃君〉稱：「昔太古嘗無君矣，其民聚生群處，知母不知父，無親戚兄弟夫妻男女之別，無上下長幼之道，無進退揖讓之禮，無衣服履帶宮室畜積之便，無器械舟車城郭險阻之備，此無君之患。」這一方面生動地描述了原始初民群居生活的情況，同時又強調了從沒有國家到國家的建立是一個歷史的進步。

關於國家權力建立的根據，亦即國家的起源，本書有二個說法。一為利群說。認為君主制的出現，是合群的需要，君道的中心是利群，而不是為了君王的私利。聖人之所以設置天子、國君，「非以阿天子也」、「非以阿君也」（〈恃君〉）。還說：「凡君之所以立，出乎眾也。」（〈用眾〉）有君以來，「而君道不廢者，天下之利也」（〈恃君〉），並且尖銳地指出：如果違反了利群這一根本原則，那就應當「廢其非君，而立其行君道者」（〈恃君〉）。所謂「非君」之君，即不行君道的君王，也就是「國君利國」（〈恃君〉）：以國家政權謀取一己之私利。而這，正是「國所以遞興遞廢也，亂難之所以時作也」（〈恃君〉）的根本原因。另一個是爭鬥說。認為國家權力是在爭鬥中形成的。它說：「未有蚩尤之時，民固剝林木以戰矣，勝者為長。長則猶不足治之，故立君。君又不足以治之，故立天子。天子之立也出於君，君之立也出於長，長之立也出於爭。」（〈蕩兵〉）這裡說明：第一，人們所以要「剝林木以戰」，是出於利害衝突；第二，從「長」、「君」到「天子」是爭鬥規模、範圍不斷擴大的結果；第三，每次爭鬥是一個實力較量的過程。上述二說，似乎是矛盾的，但如果聯繫起來作一番細想，也可說是從不同側面闡述了國家權力產生的根據，反映了國家職能固有的二重性，即既是一個保護公眾、為他們謀利的機構，同時又是實施暴力壓迫的工具。這二種功能形似矛盾而實為互補。各個國家，也包括一個國家的各個不同時期，在這二種功能之間倚輕倚重，千差萬別，但卻始終缺一不可。

在象徵國家權力的王位的繼承問題上，《呂氏春秋》也有二說。在理想上，主張傳賢說：「堯、舜，賢主也，皆以賢者為後，不肯與其子孫。」（〈圜道〉）但現實生活卻是「今世之人主，皆欲世勿失矣」（〈圜道〉）。為了防止王位的爭奪，於是又有了立嫡說：「先王之法，立天子不使諸侯疑焉，立諸侯不使大夫疑焉，立適子不使庶孽疑焉。疑生爭，爭生亂。」（〈慎勢〉）所以要確定嫡庶的名分，才能防止爭紛生亂。在〈當務〉篇講到紂的父母在立紂還是立紂之兄微子啟的問題上，由於微子啟是其母尚為妾時所生，而紂則其母已為后時所生，據此，太史進諫說：「有妻之子，而不可置妾之子。」這樣便立了紂為後。但作者卻因紂後來成了暴君而倒過來評論當時的做法說：「用法若此，不若無法。」（〈當務〉）照此說法，立賢比立嫡更為重要。問題在於立君時，你怎麼能斷定他未來究竟是賢還是不肖呢？所以在專制集權制度建立之初，在王位繼承問題上已經埋下了一個永遠無法化解的死結。

在國家管理體制上，雖然當時已經出現了郡縣制，分封制還是郡縣制的爭論要到秦始皇兼併六國後才發生，然而本書則竭力倡導分封制。認為：「天下之地，方千里以為國，所以極治任也。非不能大也，其大不若小，其多不若少。」（〈慎勢〉）不主張集中統一的大國，而主張在天子權威處於壓倒優勢的基礎上，與諸侯並立，用現代話來說，就是以天子為中心的多層次的管理系統聯合體。根據當時的社會發展進程和實際管理水平，選擇適中的管理規模，採取分級管理的辦法，可能要比秦始皇那種單一的高度集中統一，更為合理一些。

【亡國論——先己說】探究治亂興亡之道，是《呂氏春秋》的中心主題。為了治，必須警惕亡；論亡國可能比論治國更能激醒人。書中多處描畫著「亡國相望，囚主相及」（〈觀世〉）這類怵目驚心的景象。它說：「周之所封四百餘，服國八百餘，今無存者矣，雖存皆嘗亡矣。」（〈觀世〉）從大量亡國實例中，作者引出了若干規律性的教訓。如「五盡」說（〈先識〉）：一個國家到了信盡、名盡、親盡、財盡、功盡的地步，「無幸必亡」。「亂未嘗一」說（〈原亂〉）：禍亂一旦開端，有它自身發展規律，往往會引起連鎖反應，不可能一次而止。內亂與外寇關係說（〈召類〉）：內亂必然招來外寇，「獨亂未必亡也，召寇則無以存矣」。這些總結都包容著豐富的歷史內容，因而具有相當的普遍意義。

但那時所謂一個國家的滅亡，從嚴格的意義上說，不是整個國家的滅亡，而是掌握國家機器的統治家族或統治集團的滅亡，有時只是一個君主的被戮或被逐。根據這一客觀事實，本書反覆強調國家治亂興亡，包括君主自身的榮辱安危，首先都必須從自身尋找原因。除了散見於全書的論述，單是專文就有〈先己〉、〈審己〉、〈必己〉、〈自知〉等多篇。對君主提出的要求首先是「治身」。〈先己〉引了湯與伊尹關於如何取得天下的一次問對，伊尹的回答是：「欲取天下，天下不可取。可取，身將先取。」本書作者解釋說，這個「身將先取」就是「必先治身」。書中一再用實例來說明君王的德行可以感動天、地、人的道理，即所謂「聖人組修其身，而成文於天下矣」（〈先己〉）。

其次是要求「自知」：「存亡安危，勿求於外，務在自知。」（〈自知〉）這個「自知」有二層含義，第一層是就認識論的意義說的，我們已在上章作過說明；這裡取的是第二層含義，即要有自知之明，要允許臣民指摘自己的錯失，要廣開言路，通暢視聽。〈達鬱〉篇對此作了專門論述，文中引用著名的周厲王弭謗的故事，對君主提出了「防民之口，甚於防川」的告誡。〈審己〉、〈過理〉都提到的五國聯軍滅齊後逃亡到衛的齊湣王，是被作者譏為「不知其所以」的典型。齊湣王問他的寵臣公玉丹自己所以失敗的原因，公玉丹的回答是因為天下君王皆不肖，憎惡齊湣王獨賢，所以「相與合兵而攻王，此王之所以亡也」（〈審己〉）。至於這個亡國之君賢在哪裡，公玉丹的回答更是一篇阿諛奉承的妙文：「臣聞古人有辭天下而無恨色者，臣聞其聲，於王而見其實。王名稱東帝，實辨天下。去國居衛，容貌充滿，顏色發揚，無重國之意。」（〈過理〉）這正中齊湣王的下懷：「甚善！丹知寡人。」（〈過理〉）一個人到了這個地步，自然不可能再有任何自知之明。

鑒於驕恣妄為常常是導致國亡身戮的重要原因，書中對君主提出的又一個要求是戒驕。它說：「亡國之主，必自驕，必自智，必輕物。自驕則簡士，自智則專獨，輕物則無備。無備召禍，專獨位危，簡士壅塞。」（〈驕恣〉）〈過理〉和〈壅塞〉中的宋康王是一個驕恣妄為的典型。他叫人用木㯶做成天帝模樣，再用皮囊盛血當作天帝心臟，高高掛起，由他在下面向上射箭，名為「射天」。一箭射中，血流滿地，左右齊聲歡呼，說是湯武只能「勝人」，大王今能「勝天」。康王聽了大喜，下令設宴狂歡。近臣中忽然有人叫了一聲「萬歲」，於是「堂上盡應」。堂上一應，跟著「堂下盡應」。堂上、堂下既已盡應，「門外庭中聞之，莫敢不應」。這樣朝堂上上下下、裡裡外外都已為一片山呼萬歲聲浪所淹沒。這些萬歲聲實際上是宋康王自己製造出來的，他亦在這聲浪中昏頭昏腦地走向了滅亡。事情到此還沒有完，這幕悲劇在〈行論〉中還有個續集。宋康王是被齊湣王攻滅的。得勝了的齊湣王很快也變得驕橫無理。他無端枉殺了燕國派來的使臣，而當燕昭王作為一種韜晦之計，含垢忍辱倒過來向齊國表示「甚恐懼而請罪」時，他越發不可一世，以在百官面前奚落燕使來誇耀自己。但不到二年，正是表示過「甚恐懼而請罪」的燕昭王，聯合五國一戰而下齊七十城，齊湣王被逼得只好出亡衛國。作者總結「湣王以大齊驕而殘」的深刻教訓時，頗有感慨地引了四句逸詩：「將欲毀之，必重累之；將欲踣之，必高舉之。」確實的，人們都知道失敗是成功之母，卻似乎很少有人想到，成功也很可能成為失敗之母啊！

【君臣民關係之一——「主執圜」】在國家治理上，《呂氏春秋》是圍繞著如何處理好君民臣三者關係來展開論述的。三者的中心自然是君主。三者關係中最重要的是君臣關係。上述三個方面，是全書的主體。至於君民關係，則側重於如何正確使用民力上，在〈離俗覽〉有〈用民〉等一組專文集中作了論述。

在國家權力運轉過程中，君王行使的是決策與指揮的職能；臣子，也就是行政機構行使的是為實施決策而具體啟動運行的職能。這二種不同的職能，本書運用自己獨特的語彙作了這樣的表述：「主執圜，臣處方，方圜不易，其國乃昌。」（〈圜道〉）這個「圜」與「方」原是效法「天道圜」、「地道方」而來：天道之所以「圜」，是因為「精氣一上一下，圜周復雜，無所稽留」（〈圜道〉）；地道之所以「方」，是因為「萬物殊類殊形，皆有分職，不能相為」（〈圜道〉）。應用到君臣關係上，那就是君主應「無所稽留」，不需任具體職事；臣下須「皆有分職」，按職盡能。〈審分〉對這種分工作了一個極通俗的比喻：「人與驥俱走，則人不勝驥矣；居於車上而任驥，則驥不勝人矣。人主好治人官之事，則是與驥俱走也，必多所不及矣。」君主是駕車的人，臣子是拉車的馬，在駕車的過程中，各有分職，「方圜不易」。如果君主棄「圜」就「方」，越俎代庖地包攬了該是臣子做的事，那就是「與驥俱走也，必多所不及矣」。

書中認為君主必須執圜，是由於個人智慧畢竟有限，只能群策群力，擇善而從。它說：「十里之間而耳不能聞，帷牆之外而目不能見，三畝之宮而心不能知。」（〈任數〉）憑著個人如此短淺的見識，卻要治理「東至開梧、南撫多顙、西服壽靡、北懷儋耳」如此廣闊的天下，「若之何哉」（〈任數〉）？所以君主不應事必親躬。〈勿躬〉列舉了上古二十位官員的創造發明，來說明「聖王不能二十官之事，然而使二十官盡其巧、畢其能」的道理。〈分職〉反覆強調為君者應當謹守「無智」、「無能」、「無為」，即必須深藏而不是顯耀自己的智慧、才能、作為。只有這樣，才能「使眾智」、「使眾能」、「使眾為」（〈分職〉），充分發揮眾多臣下的作用。總結起來便是一句話：「大聖無事，而千官盡能。」（〈君守〉）

這種以「無為」為特徵的君道，突出地表明君主主要職能應是選賢任能。本書反覆倡說的一個觀點便是：「得賢人，國無不安，名無不榮；失賢人，國無不危，名無不辱。」（〈求人〉）這就是說，君王的安危榮辱決定於他身旁是否形成一個足智多謀提供決策的智囊團，以及一個幹練而忠於職守的行政班底。〈求人〉以堯之於舜，舜之於禹，禹之於五位賢佐等為例，反覆和詳盡地論述了求賢、訪賢、禮賢、任賢的具體操作過程，強調君主態度必須謙恭，為訪求賢者應不避偏僻荒遠，〈知度〉以商湯之於伊尹、文王之於呂尚、桓公之於管仲、秦穆公之於百里奚為據，提出要敢於「任庖人釣者與仇人僕虜」，即只要是真正的賢者，應不計其原來出身的卑賤，或竟是自己的仇敵，直接委以重任。這絕不是為了獲得一個「好士」的虛名，而是出於「持社稷立功名之道，不得不然也」（〈知度〉）。

這種以「無為」為特徵的君道，對於君主自身來說，還包含著下面二層用意：一是它可以幫助君主藏愚掩拙，使臣下莫測高深。如果相反，「人主自智而愚人，自巧而拙人，若此則愚拙者請矣，巧智者詔矣。詔多則請者愈多矣，請者愈多，且無不請也。主雖巧智，未無不知也。以未無不知，應無不請，其道固窮。為人主而數窮於其下，將何以君人乎？」（〈知度〉）再一層用意是防止為臣的反過來利用君王「有為」來投其所好，鑽營謀利。它說：「凡姦邪險陂之人，必有因也。何因哉？因主之為。人主好以己為，則守職者舍職而阿主之為矣。阿主之為，有過則主無以責之，則人主日侵而人臣日得。」（〈君守〉）

由此看來，所謂「主執圜」的核心，便是在行使國家權力時，必須把指揮職能與實施職能嚴格區別開來。君主只提出任務和選擇方案，收集情況與擬訂策略方案一類事全都放手交給信用的大臣去辦。這樣君主就處於二線，既保留君權的至高無上，又使自己始終處於主動地位。

【君臣民關係之二——「臣處方」】臣的前身是士。本書對君主必須「好士」、「知士」、「求士」的論述，可謂連篇累牘，這反映了那個特定時代，隨著世卿制度的崩潰和專制官僚制度的形成，對士的需求量越來越大的客觀趨勢。所謂「士所歸，天下從之」(〈下賢〉)，是書中反覆倡說的一個觀點。士，當時是各諸侯國的爭奪對象。士自身，在取得其主子信用前，有相當的自由度，君可以擇士，士亦可以擇君。士與某個君主的君臣關係一旦確立，便變成無條件的依存和隸屬關係，「臣處方」的要求便是在這種情況下提出的。〈處方〉篇闡釋「處方」的要義為「定分」；君臣與父子、夫婦關係一樣，首先要定的是人的「身分」。〈不侵〉說：「天下輕於身，而士以身為人。以身為人者，如此其重也。」所謂「以身為人」，也就是已經作為臣子的士對君主要以身相許，生死不渝，這是高於一切的「君臣之義」。〈務本〉篇引了「雨我公田，遂及我私」的詩句，來論證「先公後私」，也即先君後臣的道理。〈諭大〉篇則藉燕雀不知竈突決而焚棟，禍將及己的寓言，得出了「天下大亂，無有安國；一國盡亂，無有安家；一家皆亂，無有安身」的結論。這些都說明：作為臣子，不應該、也不容許離開君主去謀求自身的利益。他必須懂得，他的「安危榮辱之本在於主」(〈務本〉)。在平時，他應該盡力竭智為君主效力，一旦君主有難，那就要「當理不避其難，臨患忘利，遺生行義，視死如歸」(〈士節〉)。書中對北郭騷、要離、弘演、豫讓等作了熱烈頌揚，就因為他們都是能以死殉主的壯烈之士。

「臣處方」又一層意思是要確定「職分」。所謂「百官各處其職、治其事以待主」(〈圜道〉)，就是要限定百官只能干預其職責範圍以內的事務，不得超越職位去說話行事。這樣，君主便可「循名責實」以考察臣下。「有職者安其職，不聽其議；無職者責其實，以驗其辭。此二者審，則無用之言不入於朝。」(〈知度〉)職分一旦確定，既不許失職，也不許越職。〈處方〉篇中舉了韓昭釐侯一次出獵回來對沒有調適好靷帶的車令和代為調適的車右同時作了處罰的故事：車令是失職，車右是越職，所以都受到了處罰。同篇中又有齊王與章子的故事：章子受齊王之命率兵攻楚，兩軍對壘六月卻不交鋒。齊王嚴詞促戰，章子卻說：殺我、免我，這是君上的職權，但戰或不戰則是我的職分。硬是抗命不戰，直到在條件具備的情況下才星夜出擊，終獲大勝。作者評論章子「可謂知將分矣」（〈處方〉）。

【君臣民關係之三——「適威與為欲」】《呂氏春秋》對君民關係的論述，在總體上吸收儒家若干民本思想，如主張「主之本在於宗廟，宗廟之本在於民」（〈務本〉）；強調要順應民心：「先王先順民心，故功名成。夫以德得民心以立大功名者，上世多有之矣。失民心而立功名者，未之曾有也。」（〈順民〉）但在具體論述中，突出的則是如何役使民力為己所用，很有它自己的特色。書中首先對「士」與「民」在品格上作了區分：「諸眾齊民；不待知而使，不待禮而令。若夫有道之士，必禮必知，然後其智能可盡。」（〈謹聽〉）據此，役使的方法也應不同：「凡使賢不肖異；使不肖以賞罰，使賢以義。」（〈知分〉）在作者看來，對於賢士，既不能用「利」去驅使他們，也不能用「威」去禁止他們，因為他們是當時少數具有高度自覺的精英，「動必緣義，行必誠義」（〈高義〉），唯有義，才是他們一切行為的指歸。

其次，對普通平民百姓的役使，主張舉綱引紀：「用民有紀有綱，壹引其紀，萬目皆起，壹引其綱，萬目皆張。」（〈用民〉）這個綱和紀，就是人的欲望和厭惡這兩種相反的感情，特別是民眾的欲望，正是君主可以利用來使民眾心甘情願為其所用的依據。「人之欲多者，其可得用亦多；人之欲少者，其得用亦少；無欲者，不可得用也。」（〈為欲〉）所以，「善為上者，能令人得欲無窮，故人之可得用亦無窮也」（〈為欲〉）。針對「欲榮利，惡辱害」（〈用民〉）這兩種相反感情而採取的具體措施，便是賞與罰：「辱害所以為罰充也，榮利所以為賞實也。賞罰皆有充實，則民無不用矣。」（〈用民〉）

第三，役使民力必須適度，不可濫用。〈用民〉篇中用了宋人對馬施威過度的寓言故事，來說明「威不可無有，而不足專恃」的道理。國家威懾力量（主要指施行懲罰的暴力）的使用，「譬之若鹽之於味，凡鹽之用，有所託也，不適則敗託而不可食。威亦然，必有所託，然後可行。惡乎託？託於愛利。」（〈用民〉）這裡「威」與「愛利」相比，愛利——即對百姓的愛護並使其獲得利益——才是根本的。頻繁地使用威力和動用民力，結果就會出現「威愈多，民愈不用」（〈用民〉）的逆反現象。〈適威〉記述的魏武侯與李克的問對，是很有規箴意義的。魏武侯提出的問題是：吳國何以會亡？李克認為是「驟戰而驟勝」，即多次攻戰而又多次勝利是吳國所以滅亡的原因。魏武侯不明白：「驟戰而驟勝」那不是國家的大好事嗎？怎麼會導致亡國呢？李克的回答是：「驟戰則民罷，驟勝則主驕。以驕主使罷民，然而國不亡者，天下少矣。」作者據此引出了一個普遍性的規律：「禮煩則不莊，業煩則無功，令苛則不聽，禁多則不行。」（〈適威〉）所謂「煩」、「苛」、「多」也就是不適度，不適度就會招致「不莊」、「無功」、「不聽」、「不行」的反效果。

【諫諍與災異】諫諍是古代國家政治生活中的一種特殊現象。據《廣雅・釋詁》諫是「正」，即「以道正人之行」。從這個意義上說，諫諍是對具有至高無上權力的君主的一種制約。在《呂氏春秋》所論述的那個時代，還沒有設置專門的諫議機構或諫官，因而諫諍既是所有能夠接近君主的臣子的權利，又是他們的義務。但這卻是一項危險的權利和義務。《韓非子》的〈說難〉曾以「逆鱗」為譬作過這樣一番論述：「夫龍之為蟲也，柔可狎而騎也，然其喉下有逆鱗徑尺，若人有嬰之者，則必殺人。人主亦有逆鱗，說者能無嬰人主之逆鱗，則幾矣。」

作為提倡，或者說作為一種理想，本書主張「極言」和「直諫」。並且認為：「聖王之貴豪士與忠臣也，為其敢直言而決鬱塞也。」（〈達鬱〉）然對君王極言直諫，談何容易：「至忠逆於耳、倒於心，非賢主其孰能聽之？故賢主之所說，不肖主之所誅也。」（〈至忠〉）這世上畢竟還是賢主少而不肖主多，於是書中寫到的狐援、子胥、葆申、申公子培等直臣，就因此而被殺被戮，或險險丟了命。〈至忠〉篇寫了一個文摯為齊王治病的故事。齊王患的是一種痏症，一定要激怒他，疾才可治。為此，文摯故意三次違約不往，去後又「不解屨登牀，履王衣，問王之疾，王怒而不與言。文摯因出辭以重怒王」。這時便出現了奇蹟：「王叱而起，疾乃遂已。」齊王的怪疾是治好了，文摯卻因此而被丟進了鼎鑊。燒了三天三夜竟然還是「顏色不變」，而且開口說道：「誡欲殺我，則胡不覆之，以絕陰陽之氣。」結局是：「王使覆之，文摯乃死。」在這個具有神話色彩的故事裡，隱含著作者這樣一個嚴肅的警告：拒絕極言直諫，那就等於自絕「陰陽之氣」！

但極言直諫畢竟是代價太大而收效極微，因而本書談得更多的則是進諫的技巧，即所謂「順說」：「善說者若巧士，因人之力以自為力；因其來而與來，因其往而與往；不設形象，與生與長；而言之與響；與盛與衰，以之所歸。」（〈順說〉）這就是要順著君主的心意以至感情起伏變化去說，也即要做到像上述〈說難〉引文中所告誡的那樣「無嬰人主之逆鱗」。書中翟黃說文侯釋任座，惠施說太子延葬期，還有田贊衣補衣說楚王，包括著名的伊尹以至味說商湯等，用的都是這類辦法。

《呂氏春秋》提到的制約君主的另一個辦法便是示之以災異。把災變或某些異常的天象地貌看作上天對人間的儆戒，這種思想十分古老，書中就記錄了三王時代的不少傳說，說明當災異徵兆出現時，只要君王能罪己改過，便能消災降福，即所謂「祥者福之先者也，見祥而為不善則福不至；妖者禍之先者也，見妖而為善則禍不至」（〈制樂〉）。不同的是在遠古時代，說者與聽者雙方大概都是深信不疑的；而在本書裡，說者一方至少已經不那麼深信不疑，更多的還是把它作為一個保護自己和懾服對方的「方法」來使用了。這一點，可從〈先識〉篇屠黍向周威公的一番答話中得到證明。屠黍是晉國太史，眼見「晉公之驕而無德義」，便示以「日月星辰之行多以不當」作為規諫。周威公問他為什麼要借天象做幌子，他的回答是：「臣比在晉也，不敢直言。」運用這種方法，保護自己這一點是做到了，效果如何，還是難說。見於本書記載的，除了三王時代那些傳說以外，僅有一例：〈制樂〉篇的所謂宋景公三善言得三賞。至於上面引的屠黍那一例，晉公的回答是：「是何能為？」——老天爺又能把我怎麼樣呢？他照舊是我行我素。這種做法的負面效應倒是十分明顯的：它為漢初盛行起來的圖讖、符命那一套摻雜著大量荒誕迷信的東西，大開了方便之門。

歷史不能超越，後人不應苛求於前人。我們的上述介紹，絲毫沒有貶抑《呂氏春秋》之意。恰恰相反，我們認為它對這個問題的記載和論述，反映了歷史的真實。問題的癥結在於：一個至高無上的權力卻沒有（當時也還遠遠不可能有）相應的制約機制。結果是歷史走了這樣一條路：這個不受制約的權力，常常把自身推向極端，接著是一次又一次的崩潰、解體、重組，然後再推向新的極端——這大概也算是一種「自我調節」吧？

【聖賢與暴君】尊奉聖賢，是先秦諸子的共同特點，《呂氏春秋》自然不會例外。但讀完全書會有一個感覺：聖賢所以在書中據有如此崇高的權威地位，多半還是作者為了要取得與大權在握的帝王平等對話，有時還是居高臨下地說話的資格。為此，〈觀世〉要強調天下治亂興衰決定於聖人是否出世，而「治世之所以短，而亂世之所以長」，就由於「累世而有一聖人」、「千里而有一士」，還算是多的緣故。〈恃君〉更認為就連天子、君主這種設置本身，也是由聖人為終止原始人群日夜相殘的禍患而率先創建起來的。書中聖賢之名隨處可見，〈尊師〉還列了張十聖六賢的排名表。十聖是：神農、黃帝、帝顓頊、帝嚳、帝堯、帝舜、帝禹、商湯、周文王、周武王。六賢是：齊桓公、晉文公、秦穆公、楚莊王、吳王闔閭、越王句踐。這些聖賢，特別是聖人，被認為既是天命的化身，又是理想人格的象徵，同時還是一切治國方略、典章制度的創始者。書中有時稱之為聖人，有時稱之為先聖王。天、王、聖三位一體。這樣一個全知全能、至高無上的聖人群體，就成了本書立論的前提和依據。當門下學士請示〈十二紀〉編寫要旨時，呂不韋回答的第一句話便是：「嘗得學黃帝之所以誨顓頊矣，爰有大圜在上，大矩在下，汝能法之，為民父母。」（〈序意〉）遵此，書中立論之前，總要先搬聖人經典，引聖人語錄，然後舉聖人行事以為證。有時明明是自己的言論，也硬要託名上古聖王，藉以提高權威。大概在當時，也非如此不足以立言。孔子就說過：「君子有三畏：畏天命，畏大人，畏聖人之言。」（《論語·季氏》）所以儒、道、墨、法諸家，無不要藉聖人以立言。不同的是，諸家各尊各的聖人，或者同一聖人，也是各家各說。而力圖兼容百家的《呂氏春秋》，則要寬容得多，書中的聖人，多數情況下是泛指的，多元的，還沒有出現獨定一尊的狀態。

與聖賢相對立的是暴君，也就是歷史上那些國亡身戮的君主。〈當染〉也開了一張排名表，那就是：夏桀、殷紂、周幽王、厲王，以及范吉射、中行寅、吳王夫差、智伯瑤、中山尚、宋康王。除此十人以外，經常被提到的還有齊湣王。聖賢—暴君，是善與惡的兩極。特別頭號暴君夏桀與商紂，簡直是集罪惡、過錯之大成。

但聖賢也好，暴君也好，早已成為歷史，本書作者面對的卻是現實的君主。因而對歷史人物的或褒或貶都不可能是目的，而只能是一種形式或載體，真正的目的是通過它們以證明自己所要倡導的主張的正確和所要排斥的觀點的錯誤。正反兩方面的話都是說給當世君主聽的。對他們，《呂氏春秋》用了一個中性的詞，叫「中主」或「人主」。這就是說，他們是處於陰陽交接的兩面人：既可以為善，亦可以為惡。下面是本書在做結論時的一種典型的論證格式：「人主之不肖者亦驕有道之士，日以相驕，奚時相得？」「賢主則不然，士雖驕之，而己愈禮之，士安得不歸之？」（〈下賢〉）中性的人主，既可以成為賢主，亦可以成為不肖者；前者通向聖賢，後者通向暴君。何去何從，任君選擇。

應當說，在先秦典籍中，聖賢和暴君都還沒有被推到極端地步。《呂氏春秋》就有多篇論及（儘管只是順便，並非專門）聖賢既非完美無缺，暴君也不是一無是處。如說若以理義標準嚴格評判，「神農、黃帝，猶有可非，微獨舜、湯」（〈離俗〉）；而如果從全面看，則「雖桀、紂猶有可畏可取者」（〈用眾〉）。〈長攻〉甚至還對歷史的不公表示了某些不平：「若桀、紂不遇湯、武，未必亡也；桀、紂不亡，雖不肖，辱未至於此。若使湯、武不遇桀、紂，未必王也；湯、武不王，雖賢，顯未至於此。故人主有大功，不聞不肖，亡國之主不聞賢。」但漢唐以後，兩極不斷地向各自的方向升級，為暴君說好話固然要視為異端，非薄聖賢更會遭來殺身之禍。「竹林七賢」之一的嵇康，就是既為歷來被視作「頑惡顯著」的管叔、蔡叔翻案，又「輕賤唐虞而笑大禹」（〈卜疑〉），「非湯武而薄周孔」（〈與山巨源絕交書〉），而走向斷頭臺的。這時的聖賢與暴君已經超越了原初勸諫君主的本義，而被擴展為具有覆蓋全社會的普遍的意義，引導人們去敬仰和警戒。這種聖賢與暴君的對立，一如西方宗教教義中的上帝與魔鬼的對立，儘管那裡是彼岸的，這裡是此岸的，但就其社會效果看，同樣被烙上了宗教的印跡。這種對立妨礙了對歷史及其人物的科學評價，並帶來了至今還難以完全清除的消極影響。

(五)《呂氏春秋》的思想淵源與歷史地位

【《呂氏春秋》與先秦諸子關係——上】本書與先秦各個主要學派在思想上明顯存在著承續關係，書中有不少思想資料或直接或間接來自諸子典籍。其中，尤以道、儒、墨、陰陽四家為最。

道家：作為本書最高範疇的「道」（有時稱「一」、「太一」），直接取自道家經典《老子》。道家的「無為」思想，更是本書關於君道的全部論述的核心，統貫全書。本書〈序意〉中提出的「法天地」這個全書編寫總則，也源於《老子》的「人法地、地法天、天法道、道法自然」（第二十五章）。其他《老子》中表達的以柔克剛、因循為用、重生輕利等觀點，本書中都有反映，對「因」的思想還作了很大發揮。

莊周的不少思想觀點和寓言故事，也為《呂氏春秋》吸收或援用。其中，《莊子．讓王》中的子州支父、王子搜、顏闔、伯夷、叔齊、石戶之農、北人無擇、卞隨、務光等故事，幾乎全被收入本書〈貴生〉、〈誠廉〉、〈離俗〉、〈慎人〉等篇。〈圜道〉篇中關於天道圜、地道方，君執圜、臣處方的思想，與《莊子》中「天道運而無所積，故萬物成」（〈天道〉）、「主者天道也，臣者人道也」（〈在宥〉）、「上必無為而用天下，下必有為為天下用」（〈天道〉）等論述，也明顯存在著聯繫。《莊子》〈逍遙遊〉、〈齊物論〉、〈大宗師〉等篇所鼓吹的「乘天地之正，而御六氣之辯，以遊無窮」的「至人」、「神人」體道境界，被《呂氏春秋》

稍作點化用以作為聖人、君王修養的最高境界。只是《莊子》原有的那種遨遊無際的出世色彩已被抹去了，強調的是經世治國的現實意義。

儒家：儒家思想在《呂氏春秋》中有較多吸收。〈處方〉等篇提出了類同儒家的三綱五常主張：「治亂之紀」在於明「同異之分，貴賤之別，長少之義」（〈處方〉）。〈孝行〉篇強調「為天下，治國家」要以孝為本，可以視為《論語．學而》「君子務本，本立而道生。孝弟也者，其為仁之本與」的演繹，而〈愛類〉所說「仁也者，仁乎其類者也」，則是孔子「仁者愛人」命題的延伸。〈十二紀〉中有論教育、論音樂專文各一組，基本觀點與儒家相類。收在〈孟夏紀〉卷中的〈勸學〉、〈尊師〉、〈誣徒〉、〈用眾〉四篇是論教育的，對《荀子．勸學》以及孔子的「有教無類」思想都有所吸收與發揮。收在〈仲夏紀〉、〈季夏紀〉二卷中的〈大樂〉、〈音律〉等七篇論音樂專文，秉承儒家公孫尼子《樂記》主旨並有所闡發，強調的是音樂的社會功能，所以君子「反道以修德，正德以出樂，和樂以成順。樂和而民鄉方矣」（〈音初〉）。在論述音樂起源和音律規則時，還運用了陰陽家的某些觀點。而對墨子「非樂」（《墨子．非樂》）和老子對音樂持取消主義態度（《老子》第十二章：「五音令人耳聾。」），本書都是拒絕的。

儘管《呂氏春秋》對道、儒二家思想都比較重視，但它們在書中所處地位有明顯不同。前者多處於指導地位，且通貫全書；後者則多為局部性的，只在教育、音樂等方面起主導作用。儒家主張「主倡而臣和，主先而臣隨」（《史記．太史公自序》）。本書恰好相反，一再倡說君主應虛靜無為，在與臣下對應時，須「無唱有和，無先有隨」（〈任數〉）。至於對儒家的「事死如事生」（《荀子．禮論》）的主張，從〈節喪〉、〈安死〉等篇看，本書實際上持否定態度。此外，《呂氏春秋》中凡老子、孔子並提時，總是老前而孔後。〈當染〉篇更認為「孔子學於老聃」；〈貴公〉篇「荊人遺弓」故事中，稱老聃之公為高於孔子之公的「至公」。由這些處理不難看出，在《呂氏春秋》中，道家的思想地位比儒家要更高一些。

墨家：孔墨並提，在《呂氏春秋》中屢見。有些篇章，其內容分量和推崇程度，墨超過了儒。如〈當染〉，主要篇幅均來自《墨子・所染》；〈愛類〉中強調的「上世之王者眾矣，而事皆不同。其當世之急、憂民之利、除民之害同」，〈用民〉、〈適威〉中的「託於愛利」的思想，和〈節喪〉、〈安死〉中的反對厚葬等等，都源於墨家或是對墨家思想的闡發。儒、墨都主張尚賢，但墨家尚賢不像儒家那樣以親親為前提，正是在這一點上，《呂氏春秋》的尚賢思想更接近於墨家，〈知度〉等篇甚至還一再強調不妨從「庖人釣者與仇人僕虜」中選拔人才。墨家尚義，義在仁之上；《呂氏春秋》也認為「義者百事之始也，萬利之本也」（〈無義〉），因而要求君子「動必緣義，行必誠義」（〈高義〉）。《呂氏春秋》對墨家獨特的家法也持肯定態度。如〈去私〉中的墨者鉅子腹䵍，在秦惠王已經下令赦免的情況下，他仍然堅持墨者家法，處死自己違法殺人的兒子。〈上德〉中的墨者鉅子孟勝為陽城君事而殉死，其弟子隨著為其殉死的竟達一百八十人之多。文字描述頗為慷慨悲壯，作者頌揚之情溢於言表。從〈孟秋紀〉、〈仲秋紀〉二卷中的論兵專文對惠施、公孫龍所倡導的偃兵之說作了猛烈抨擊看來，則墨子的非攻說當也在反對之列，如〈振亂〉就點到了一句：「今之世，學者多非乎攻伐。」有意思的是，〈愛類〉又錄有那個著名的墨子止公輸般攻宋的故事，並對墨子為「免宋之難」而不辭艱辛星夜跋涉的精神作了熱情的歌頌。這似乎不應被視為是自相矛盾，而是取義有別。於此也可看出，《呂氏春秋》對諸子的取捨並非宥於一隅或出於隨意，而是自有其既定標準的。

陰陽家：陰陽五行之說，對《呂氏春秋》思想體系的形成起了頗大的作用。對此，我們已在第二章中作過一點介紹。其中最明顯的是〈十二紀〉那樣一個幾乎無所不包的龐大體系，便是以陰陽五行的基本觀念作為框架建構起來的。〈十二紀〉的月令上承〈夏小正〉和《管子・四時》，但比它們要完整系統得多；它下啟《淮南子・時則》、東漢崔寔的〈四民月令〉，而後演化成為中國傳統的曆書。本書的〈明理〉篇，按照陰陽家的觀念，集中記載了當時所能觀察到的天象、天氣的種種變異現象，開了此後歷朝史書〈五行志〉的先河。本書的〈應同〉篇則保留了陰陽家騶衍學派關於「五德終始」的論述。

【《呂氏春秋》與先秦諸子關係——下】《呂氏春秋》還涉及到其他先秦諸子，或有所汲取，或有所評述。主要有：

法家：法家的主要代表人物，是申不害、慎到、韓非。在《史記》中，司馬遷都把他們歸本於黃老思想。韓非關於君道無為的論述，確也可以從黃老思想中找到根據，而法家主張的術和勢，只不過是君道的運用。本書〈審分覽〉的八篇文章，是專門論述君道無為的，其中〈任數〉，便是大段引錄申不害的話，論述君主如何運用術數，如何「去聽」、「去視」、「去智」的。結論是：「因者，君術也；為者，臣道也。」〈慎勢〉發揮的是慎到關於君主如何運用權勢的觀念，強調：「位尊者其教受，威立者其姦止，此畜人之道也。」並特別指出：「王也者，勢無敵也。」作為君王，一刻也不能離開手中的權與勢。至於韓非的法治思想，書中雖未直接提到，但〈察今〉論治國必有法，法必隨時而變，與《韓非子・五蠹》「世異則事異」，「事異則備變」，還是可以看到某種承續關係。《韓非子》的許多論述，直情徑行，清晰明白有其長處，但難免嚴苛而寡恩，不如《呂氏春秋》一書那麼雍容大度。但韓非主張的「尊主卑臣，明分職，不得踰越」這一點，卻又是《呂氏春秋》極力在全書貫穿的一個基本思想。

兵家：春秋戰國時期各國間戰爭連綿更迭，各派兵家學說應運而生，異彩紛呈，它們為《呂氏春秋》建立具有自己特色的軍事理論提供了豐富的素材。書中有〈孟秋紀〉、〈仲秋紀〉兩卷共八篇文章專論軍事，目的是為秦在軍事上兼滅六國提供理論依據。文章多具有論戰色彩，其對立面便是惠施、公孫龍等主張的偃兵說和墨子的非攻思想。正面觀點則有不少可以從著名兵家孫武、孫臏等著作中找到對應。如〈蕩兵〉、〈振亂〉、〈禁塞〉諸篇強調對戰爭是支持還是反對，應以其義與非義為前提，這一觀點，在《孫臏兵法・見威王》中已有雛形初具的表述。孫臏以湯放桀、武王伐紂等為據指出：堯舜非不欲「禁爭奪」，「不可得，故舉兵繩之」，戰爭有時是無法避免的。〈論威〉篇倡說應慎於殺伐而注重以威勢懾服敵方，認為「敵懾民生，此義兵之所以隆也」，這與《孫子兵法・謀攻》的「不戰而屈人之兵，善之善者也」，也可相通。此外，《孫臏兵法·篡卒》論簡選精良，《孫子兵法》論「不勝在己，可勝在敵」（〈形篇〉），「視卒如嬰兒」、「視卒如愛子」（〈地形〉）等，在本書的〈簡選〉、〈決勝〉、〈愛士〉等篇中都有相應論述。但這些摭取都是局部的、個別的，不處於主導地位。這是因為體現在《呂氏春秋》的軍事思想，與通常側重於謀略的一般兵書不同，它以政治為視角，著重分析戰爭的精神因素，諸如戰爭的性質、民心的順違、士氣的高低以及軍隊的組織訓練等。其中〈懷寵〉篇，總結歷史經驗，規定軍隊進入敵國前後必須採取的各項政策、措施，更富有實際感和可操作性。因而不妨說《呂氏春秋》表述的是一種軍事政治學。

楊朱：《呂氏春秋·不二》提到「陽生貴己」。陽生當即楊朱。《淮南子·氾論》對楊朱學說有一個概括，認為是：「全性保真，不以物累形。」本書〈本生〉、〈重己〉、〈貴生〉、〈情欲〉諸篇主旨亦與此相類，可能有部分就取自楊朱。如強調「聖人之制萬物也，以全其天也」（〈本生〉），並把出車入輦比作「招蹷之機」，「肥肉厚酒」比作「爛腸之食」，「鄭、衛之音」比作「伐性之斧」（〈本生〉）。養生的目標是全生，「所謂全生者，六欲皆得其宜也」（〈貴生〉）。因而要節制人的欲望，「辨萬物之利以便生」（〈盡數〉）。從這裡我們也還能大體窺見楊朱「全性保真」的養生之道。楊朱重視個人生命的保存，既反對別人對自己的侵害，也反對侵害別人，反映了古人對自身價值的最初體驗和認識。孟子認定「楊氏為我，是無君也」（〈滕文公下〉）；「楊子取為我，拔一毛而利天下不為也」（〈盡心上〉），並不能反映楊朱學說全貌，當是辯論中的偏激之辭。

名家：《史記·太史公自序》對名家作了個「一分為二」的分析，認為它「苛察繳繞（猶「纏繞」）」、「專決於名」是不好的，但「控名責實，參伍不失」，則「不可不察」。《呂氏春秋》對待名家的態度，幾乎與此完全一致。一方面，它在〈正名〉、〈審分〉等篇中，把「控名責實」應用於君臣關係，強調「人主必審分，然後治可以至」（〈審分〉）；另一方面對於名家的「苛察繳繞」、「專決於名」，即因注重名實關係和邏輯推理有時不免脫離實際的現象，幾乎深惡痛絕，激烈抨擊了名家代表人物鄧析、公孫龍、惠施等。〈離謂〉篇指斥鄧析的「兩可推論」為亂國之源，甚至主張君主欲治其國，非得誅殺鄧析之類不可。在〈淫辭〉篇則以「言心相離」來喻指公孫龍關於「藏三牙（羊三耳）」的辯論，並把整個名家論辯譬作「鄭、衛之音」。在〈不屈〉、〈應言〉篇中把惠施之辯說成「無所可用」，其辯察只是為了「飾非惑愚」。如此偏激地攻訐一個學派，在力圖兼容百家的《呂氏春秋》中，可說是破例的。

此外，本書還採用了據後人研究為先秦農家之言的〈上農〉等四篇文章，置於全書末尾。它主張先農業、次工商，與商鞅「困末作而利本事」的重農抑商政策有所區別。

【《呂氏春秋》與〈六家要旨〉】司馬遷在〈太史公自序〉中說到他的父親司馬談，因「愍學者之不達其意而師悖」，所以對先秦六個主要學派作了概括性評論，即所謂〈六家要旨〉。〈六家要旨〉沒有提到《呂氏春秋》，但細讀全文，發現它本身就與《呂氏春秋》（特別是〈用眾〉、〈不二〉、〈執一〉三篇）有著某種內在的特殊聯繫。

第一，二者都認為諸子「殊塗同歸」，均可為治所用。〈六家要旨〉指出：「夫陰陽、儒、墨、名、法、道德，此務為治者也，直所從言之異路，有省不省耳。」《呂氏春秋》同樣認為：「善學者，假人之長以補其短。故假人者遂有天下。」（〈用眾〉）聖君賢人應「齊萬不同」，「如出乎一穴者」（〈不二〉）。這實際上宣布了諸子及其門徒各執一家之言相互攻訐的時代已經過去，延續數百年的百家爭鳴局面也已到了該做一總結的時候。先秦諸子見異不見同，各自在相互辯駁中開拓和發展自己的「異」，使之自成體系並日臻完備，從而共同構造了那樣一個永使後人神往不已的輝煌時代。但是社會歷史和思想文化自有其自身的發展規律。戰國末期社會出現了大統一的趨向，思想文化也到了採摘收穫的季節。此時處於時代前列的少數人，慧眼獨具，首先從異中看到了同。正如〈六家要旨〉引《易・大傳》語所指出的那樣：「天下一致而百慮，同歸而殊途。」這個「歸」，便是「務為治者也」。確實的，先秦諸子儘管主張各異，議論有別，但其主觀動機大都不外干求時君的重用，因而其學說的核心都離不開君道。無論王道霸道，抑或無為而治，說到底都是為君主提供一種南面術。正是這一共同點，為兼容綜合提供了客觀可能。

第二，對諸子的取捨標準，二者基本相同。《呂氏春秋》在〈不二〉篇中列了十家，分別用一個字來概括它們的側重點：「老耽貴柔，孔子貴仁，墨翟貴廉，關尹貴清，子列子貴虛，陳駢貴齊，陽生貴己，孫臏貴勢，王廖貴先，兒良貴後。」目的是捨其所短，取其所長，融合為一，然後「王者執一，而為萬物正」（〈執一〉）。其中老、孔、墨三家與〈六家要旨〉相重，所概括的要點也相似。〈六家要旨〉對所評論的六家，除道家外，各有褒有貶，肯定其認為應該肯定的，否定其認為應該否定的。如果與《呂氏春秋》全書對這五家的取捨標準作一比較，就會發現二者有驚人的相似之處。如〈六家要旨〉肯定的，包括陰陽家的「序四時之大順」，儒家的「序君臣父子之禮，列夫婦長幼之別」，墨家的「彊本節用」，法家的「明分職不得相踰越」，和名家的「控名責實，參伍不失」，亦正為《呂氏春秋》所贊同和吸取。〈六家要旨〉所否定的，其中儒家的「六藝為法」，法家的「嚴而少恩」，和名家的「苛察繳繞」、「專決於名」，同樣也為《呂氏春秋》所揚棄或反對。只是另二家的情況有所不同。如〈六家要旨〉認為陰陽家「四時、八位、十二度、二十四節，各有教令，順之者昌，逆之者不死則亡」那套說法「未必然」；《呂氏春秋》則深信不疑，在〈十二紀〉的每紀月令篇末章，都列有政令錯時將引起的種種天災人禍，以示警告。對墨家的「土階三等」、「桐棺三寸」等節儉、節喪要求，〈六家要旨〉認為「儉而難遵」；而《呂氏春秋》則在〈召類〉、〈節喪〉等篇中加以肯定和提倡。

第三，〈六家要旨〉中的道家是一種新思潮。在其所評價的六家中，作者唯一不置一貶詞，並用近半篇幅加以鋪陳推崇的便是道家。根據作者描述，這個道家兼有諸家之長：「其為術也，因陰陽之大順，采儒墨之善，撮名法之要。」它的特點是「與時遷移，應物變化，立俗施事，無所不宜，指約而易操，事先而功多」；它的核心是「去健羨，絀聰明，釋此而任術」；它的功用是「使人精神專一，動合無形，贍足萬物」。顯然，這樣的道家，已非〈不二〉中「老耽貴柔」所能包容。據此，我們是否可以這樣說：

《呂氏春秋》所稱道的老耽是原初的道家；〈六家要旨〉所推崇的道家，則是秦漢時期的新道家。它以原初道家思想為基礎，兼採諸家之長，構成大致為〈六家要旨〉所概括的那樣一個全新的思想體系，目的是想為即將到來或剛剛出現的大統一的新社會提供一種統治思想。由於代表這種新思潮的思想家，為了提高自己著作的權威性，紛紛託名黃帝而立言，以致一時出現了「百家言黃帝」（《史記・五帝本紀》）的局面，因而漢代人稱其黃老思想。〈太史公自序〉稱司馬談「受易於楊何，習道論於黃子」。《集解》稱黃子「好黃老之術」。可見司馬談本人也是一位黃老學者。〈六家要旨〉沒有提到《呂氏春秋》；通過以上比較，我們大致可以認定，原來《呂氏春秋》正屬〈六家要旨〉中所說的道家，是盛行於秦漢之際的黃老思想的先驅。

如果上述說法能夠成立，那麼我們不妨把《呂氏春秋》看作是架於秦漢之際的一座橋樑：它的一端盡力按它的方式總結了先秦諸子的成果；另一端則開啟了盛行於漢初的黃老思想的先河。它的這種歷史作用應是一個客觀存在，但由於後面我們將要介紹的原因，前人極少論到。不過正像我們可以從樹木斷面的年輪認定外界氣候轉換曾經有過的影響一樣，通過對漢初幾位思想家著作的分析，還是不難看到《呂氏春秋》的這種作用的存在。

【《呂氏春秋》與劉、董、司馬】 漢初陸賈、賈誼匆匆而過，著作多為總結秦亡漢興其中成敗得失，留給後人的嘆惋多於思考。至漢武一代，劉安、董仲舒、司馬遷三位大家接踵並起，產生了《淮南子》、《春秋繁露》、《史記》三部皇皇巨著，不僅對漢代，對我國整個思想文化的發展，都產生了深遠的影響。

《淮南子》與《呂氏春秋》，前後相隔近百年。雖然《淮南子》中無一處提到呂不韋或《呂氏春秋》，但兩書在思想觀點上承續相因，脈絡清晰，以致幾乎可以稱它們為姊妹篇。《淮南子》的〈要略〉與《呂氏春秋》的〈序意〉，同為闡述編撰宗旨，前者的「則天地之理究矣，人間之事接矣，帝王之道備矣」，明顯地是從後者「上揆之天，下驗之地，中審之人」演化而來。《淮南子》的〈時則〉則是把散於《呂氏春秋・十二紀》紀首的月令篇歸納、刪簡、補綴而成，連文字也基本相同。〈天文〉關於節氣與呂律的對應關係，基於《呂氏春秋》之〈音律〉；〈地理〉中的地理概念則採自《呂氏春秋》之〈有始〉。〈道應〉引《呂氏春秋》共二十多處；〈說山〉中的「粹白之裘」等七、八條，皆源於《呂氏春秋》。〈兵略〉則吸取了《呂氏春秋》〈孟秋〉、〈仲秋〉兩紀中八篇論兵專文的一些論點，補充了秦漢間的戰爭經驗，二者融合而成。其他如〈原道〉、〈俶真〉、〈主術〉、〈詮言〉，分別採擷了《呂氏春秋》中「法天地」、「因則無敵」、「君道無為，臣道有為」、「氣同則合，聲比則應」等等觀點。《淮南子》引用的許多歷史典實、寓言故事，也大都可在《呂氏春秋》中找到原型。此外，就連成書的方式、過程，編撰者遭遇，也都驚人地相似。《呂氏春秋》和《淮南子》分別是呂不韋、劉安憑藉自己權位，招攬眾多賓客集體撰寫而成；書成後，二人又分別受秦皇、漢武迫害含恨死去。儘管二書都在問世後不久即被打入冷宮，但經過一番曲折，都還能完整地流傳了下來。當然，後來者總是常常居上。無論在宇宙觀、認識論、社會歷史觀，以及天文、曆法、地理等方面，《淮南子》都比《呂氏春秋》前進了一大步。但後來者所以能居上，正是因了前驅者的開拓。從這個意義上我們可以說，沒有《呂氏春秋》，也就不可能有《淮南子》。

如果說劉安的《淮南子》是對《呂氏春秋》的全面繼承的話，那麼董仲舒的《春秋繁露》與《呂氏春秋》則是擇取式的關係。董氏以天人感應為軸心，以儒家《春秋》的《公羊傳》為經，擇取《呂氏春秋・十二紀》的陰陽五行體系為緯，來建構他的龐大的思想體系，以為漢帝國提供從政治、人事直到倫常關係的理論依據。本書〈十二紀〉每紀月令篇末章都指出如若政令錯時，便會出現天變和災異，天下多事，人民怨憤，王朝的統治便會遭遇凶險。書中又有多處提到天人感應現象，〈制樂〉稱：君王「窒閉戶牖，動天地，一室也」。這裡的「天」，原已有雙重屬性：一方面它是自然規律的化身，另一方面又是有意志的人格神。這些觀念，被吸收進董氏體系後，前一種屬性已被淡化，後一種屬性則不僅被強調到了首位，而且經豐富發展，成了籠罩、涵蓋一切的主宰天上人間的至高之神。這就使得他的整個體系具有了濃厚的神學色彩。董氏還對《呂氏春秋》所反覆倡導的君道無為思想，作了重要修正。漢武帝提出策問：儘管虞舜與周文王同樣治理好了天下，但為什麼前者可以「游於巖郎之上，垂拱而治」，而後者卻要忙得「日昃不暇食」呢？董仲舒的回答是：「所遇之時異也。」這就是說，能否實行無為而治，要由時勢而定。接著，他對堯、舜、禹和夏、商、周作了詳細的對比分析，然後得出一條根本規律：「道之大原出於天，天不變，道亦不變。」據此，很自然地可以推出「繼治世者其道同，繼亂世者其道變」的結論。既然漢是繼秦大亂之後建立起來的一個王朝，那就必須有所改變，「舉其偏者以補其弊」，以使「道」恢復過來（以上均見《漢書·董仲舒傳》）。應當說，董氏的對策是極其高明的，難怪劉向要稱讚他具有「王佐之材」（《漢書·董仲舒傳》）。他不僅看準了經歷高、惠、文、景四朝休養生息後的漢帝國的新形勢、新矛盾，又摸準了其時正雄心勃勃想要為所欲為的漢武帝的心思。於是便出現了「罷黜百家，獨尊儒術」的局面，曾經一度佔據統治地位的黃老思想就這樣敗下陣來。但其實這時的儒家也已非孔孟原初面目，而是經董仲舒改造並吸取了諸家若干理論，其中包括《呂氏春秋》陰陽五行說的新儒家。它的天人感應學說、三綱五常理論，十分完整地統一在一個體系內，在君權至上的前提下，上至天子下至庶民，都可以從中找到自己的位置和行為準則。在緩慢行進的自然經濟社會裡，確也可以起到所謂「長治久安」的作用。它能為列代帝王所尊奉，並延續千餘年之久，絕非偶然。

我們在上一節把《呂氏春秋》與〈六家要旨〉作比較時說到，在對待先秦諸子態度上，〈六家要旨〉與《呂氏春秋》是基本一致的。司馬遷對父親的學問、品格都十分敬仰，對其教誨更終身服膺。因而由司馬遷轉述的〈六家要旨〉，大致也可以代表他本人的觀點。我們當然不能就此輕率論定司馬遷也屬黃老，但至少可以說這種盛行於當時的思潮是他樂於吸取的思想營養之一。距司馬遷不遠的班固就曾以儒家的是非標準指摘《史記》有三個方面「頗繆於聖人」，其中第一條便是「論大道則先黃老而後六經」（《漢書·司馬遷傳》）。由此不難看出，司馬遷率先對《呂氏春秋》作出那樣高的評價，並非單是出於對「不韋遷蜀」這種遭遇的同情，而是基於理性的思考，即兩人在思想上有某些相通之處。當然，司馬遷是偉大的歷史家、思想家和文學家，博大精深，自成一家之言。他對《呂氏春秋》的關係是擷取式的，即擷取他認為對自己有所補益的內容，融合到整個宏偉的體系中去。不過如果我們細心作些對照，也還可以找到某些形跡。司馬遷的《史記》是以「究天人之際，通古今之變」自許的，這與《呂氏春秋》「上揆之天，下驗之地，中審之人」的宗旨亦相通。他說：「三王之道若循環，周而復始。」（〈呂太后本紀〉）多少有《呂氏春秋》「圜道」的影子。他把陳涉歸入王侯之列的世家，正是體現了《呂氏春秋》在〈恃君〉篇提出的「廢其非君，而立其行君道者」的思想。他說：「國之將興，必有禎祥——君子用而小人退；國之將亡，必有妖孽——賢臣隱、亂臣貴。」（〈楚元王世家〉）正是《呂氏春秋》中關於災異說和尚賢思想的結合。《史記》中有不少歷史事件與傳說可能也參考了《呂氏春秋》的相關記載。當然，它在史實的考核推究，敘述的細緻生動，以及觀察的深刻性上，都要遠勝《呂氏春秋》。

《淮南子》、《春秋繁露》、《史記》，都是里程碑式的著作。《淮南子》是道家思想的高峰；《春秋繁露》代表著儒家的新階段；《史記》是我國第一部通史和紀傳體史書，為歷代修史必遵之圭臬，更具有劃時代的意義。如果不帶偏見，應當承認它們都程度不等地接受了《呂氏春秋》的影響。單是這一點，就應當給予《呂氏春秋》以應有的歷史地位。

【歷代對《呂氏春秋》的評價】在歷史上，《呂氏春秋》是一部有爭議的書。爭議主要是圍繞著以下二個方面來進行的：

學派歸屬：《漢書》在〈藝文志〉中第一次把《呂氏春秋》歸入「雜家」一類。所謂雜家，它的概括是：「兼儒、墨，合名、法，知國體之有此，見王治之無不貫，此其所長也。及盪者為之，則漫羨而無所歸心。」長處是綜合儒墨名法，短處是無所依歸，不名一家。贊同這種說法的人不少。如清代汪中，在《述學補遺》的〈呂氏春秋序〉中便認為「《呂氏春秋》出，則諸子之說兼有之」。又有認為它是以道家為主的。如第一個為《呂氏春秋》作訓釋的東漢高誘，在序文中指出：「此書所尚，以道德為標的，以無為為綱紀。」明代方孝孺在他的《遜志齋集・讀呂氏春秋》一文中也說它「論德皆本黃老」。也有認定《呂氏春秋》以儒家為主的，最有代表性的是清《四庫全書總目提要》，認為它「大抵以儒為主，而參以道家、墨家，故多引六籍之文與孔子、曾子之言」。還有主張它是以墨家為主的。如清代著名學者盧文弨在《抱經堂文集・書呂氏春秋後》中提出：「《呂氏春秋》一書，大約宗墨氏之學，而緣飾以儒術。」

總體評價：司馬遷在《史記・太史公自序》把《呂氏春秋》與《周易》、《春秋》、《國語》等並列為「聖賢發憤」之作，評價是很高的。至東漢高誘，也還認為可與《孟子》、《荀子》、《淮南子》相表裡，甚至稱它「大出諸子之右」（〈呂氏春秋序〉）。但此後數百年，對此書評價日趨低落，訓詁家們也大多因此而表示冷淡，長期只有高氏一部注本傳世。以致到了宋代，韓彥直不禁要發出「愈久無傳，恐天下無有識此書者」（黃震《黃氏日抄》引）的感嘆了。究其原因，多半是「因人廢書」。明代方孝孺曾具體列出了呂不韋的過錯：「以大賈乘勢市奇貨，致富貴而行不謹，其功業無足道者。」（《遜志齋集・讀呂氏春秋》）但也有一些學者（包括方孝孺在內），覺得《呂氏春秋》這部書還是有些可取之處。如何做到廢人而不廢書，學者們頗費斟酌地提出了二說。一是「區別」說，主張把人與書區別開來。如清《四庫全書總目提要》就說：「論者鄙其為人，因不甚重其書，非公論也。」清代徐時棟以蜜蜂毒而蜂蜜可食用、衣工賤而衣服可暖身為喻，說明不能因人廢書的道理：「惡蠭而傾其蜜，賤工而裂其服，則豈不悖矣。」（《煙嶼樓文集・呂氏春秋雜記序》）二是「無與」說，即認為呂不韋沒有參與編寫《呂氏春秋》，因而與此書無關。如宋代蔡伯尹（黃震《黃氏日抄》引）、清代盧文弨的《抱經堂文集》卷十〈書呂氏春秋後〉等均持此論，但對「無與」的根據則無說。徐時棟的〈雜記序〉中有一句話，勉強可作此說的依據：「其書瑰瑋宏博，幽怪奇艷，上下鉅細事理名物之故，粲然皆具……豈陽翟大賈與奔走於其門下者之所能為哉？」不管怎麼樣，有了這二說，人們總算可以較為放心和客觀地評論這部書了。此後多數學者認為它的成就在於：一，能夠綜合諸家，而且持論頗為醇正；二，書中時寓箴砭之旨，而且即使對酷苛的秦王政也未有半點迎合之意；三，保存了不少先秦文獻資料。汪中在《述學補遺・呂氏春秋序》中說：此書「所采摭，今見於周漢諸書者，十不及三四。其餘則本書已亡，而先哲之話言，前古之佚事，賴此以傳於後世」。

【我們的幾點認識】上述回顧告訴我們，「因人廢書」論即使在古代也沒有多少市場，姑且擱置勿論。剩下的問題是：是否「不韋固小人」（《四庫全書總目提要》），一無可取呢？就以方孝孺列出的那三條來說吧。第一，「以大賈乘勢市奇貨」。「市奇貨」，大概是指呂不韋以子楚進行政治投機。但運用智慧、計謀以至陰謀而得以躍居高位的，在當時、後來直至當今都大有人在，為何獨獨對呂不韋要提出這種苛刻的指責呢？看來，問題還在於他的「大賈」這個身分上。既做過媵臣、又當過庖人而後成為商湯賢佐的伊尹，幾千年來一直為人們所傳頌，而唯一以商賈出身而同樣成為相國的呂不韋卻被視為不齒。這個對比說明，商賈地位遠比媵臣、庖人低賤，此中原因只能從傳統社會長期實行重農抑商政策中去尋找。至於第二「致富貴而行不謹」，我們如果把司馬遷的〈呂不韋列傳〉讀一遍，實在挑不出他有多少「行不謹」的地方。本傳的結語對呂不韋為人總的評價是：「孔子之所謂聞者，其呂子乎？」孔子的所謂「聞者」，是次於「達者」的一種修養境界（參見《論語・顏淵》）。呂不韋沒有做到「達者」，但也不至於就是「小人」吧？恐怕主要還在第三條：「其功業無足道者」。確實，呂不韋是一個失敗者。在嬴政成為一統天下的「始皇帝」前十餘年，便被迫飲酖死去。任何失敗者自然都有其個人原因，但總不能據此偏廢他曾經有過的成就。然而千百年來以成敗論英雄的偏見，卻冷落、抹煞了多少本是有成就的古人，「出身不好」的呂不韋自然更難倖免。

本世紀以來，隨著時代的變遷和社會的發展，商賈之譏、飲酖之嫌已逐漸為論者所摒棄，因而對《呂氏春秋》的研究有所深入，評價有所提高。四十年代中期問世的郭沫若的《十批判書・呂不韋與秦王政的批判》，第一次提出呂不韋「在中國歷史上應該是一位有數的大政治家」；《呂氏春秋》「含有極大的政治上的意義，也含有極高的文化史上的價值」。大陸「文革」期間，因毛澤東說了一句「《十批》不是好文章」，連及對呂不韋的歷史評價也跌入了低谷。這種有失公允的評論是在不正常的情況下作出的，一九七六年後很快有了改變。近幾年來，可作為代表的是任繼愈主編的《中國哲學發展史・秦漢卷》，在肯定呂不韋是一位重要的政治家、思想家的同時，對《呂氏春秋》也作了新的評價。認為它是先秦思想文化的一次重要總結，具有繼往開來的意義；不僅是漢初黃老之學的先聲，還對有漢一代的學術哲學，乃至實際政治，都產生過重大影響。我們認為這是比較符合實際的評價，是《呂氏春秋》應有的歷史地位。如果還有什麼補充的話，那就是它的社會歷史觀如同我們在第四章介紹的那樣，有不少地方要比諸子高明。其中譬如有關分封制度及與此相關的一系列寬容大度政策，就充滿著求實精神。當然歷史不能倒轉。作為失敗者，《呂氏春秋》的這類主張只能是「紙上談兵」。但從思想文化史角度看，還應是一個頗值得研究的課題。

隨著對《呂氏春秋》的肯定性評論的不斷面世，它的學派歸屬問題又再度提出，並引起人們爭議與趣。四十年前，郭沫若在他的《十批判書》中認定《呂氏春秋》為儒道兼取而以儒為主。此說近年來支持的較少，而贊成高誘以道家為主說的，則日漸增多。如任繼愈主編的《中國哲學發展史》即持此論。熊鐵基在〈從呂氏春秋到淮南子〉中提出本書應為「新道家」。陳奇猷蹊徑獨闢，認為它的「指導思想為陰陽家」，並把這一觀點貫徹於他的一百七十餘萬字的《呂氏春秋校釋》中。此外，也有仍贊同雜家說的，如方立天、葛榮晉的〈論呂不韋〉。

我們覺得，要論定《呂氏春秋》的思想歸屬，用分析各家在書中所佔比例多少的辦法，恐怕不應是主要的。一定的思想文化總是一定時代的產物。我們還是要把這部書放到戰國後期至秦漢初期整個社會及其思潮的發展變化中去考察。在那個時代，歷經數百年分裂、爭戰之後，一種新的經濟秩序初步形成，一種謀求新的統一的意向也隨之萌生，一個以道家為核心、力圖兼容諸家之長、意欲為新的統一提供理論工具的新學派，也就這樣應運而生。這個新學派後來被漢代人稱之為黃老學派。它濫觴於戰國時期。如《管子》的〈心術〉上下、〈內心〉、〈內業〉等篇，便是齊地稷下黃老學者留下的著作。《莊子．外雜》中的〈天道〉、〈天運〉、〈天下〉、〈天地〉等七篇，則出自莊子後學中轉向黃老的一派。一九七二年在長沙馬王堆出土的帛書《老子》乙本卷前有〈經法〉、〈十六經〉、〈稱〉、〈道原〉四篇古佚書，大致可以認定就是《漢書．藝文志》著有書目而亡佚了近二千年的《黃帝四經》，從內容看，當是屬於楚地的黃老思想。呂不韋及其門下學士正是吸取了齊、楚二地的黃老思想，加以綜合條貫，用以通觀古今，整合成一部百科全書式的巨著的。我們認為，從前面「《呂氏春秋》與〈六家要旨〉」、「《呂氏春秋》與劉、董、司馬」二節分析中，已經有相當根據可以論定本書不僅是黃老學派的先驅，也是這個學派的最主要的著作。黃老著作的一個外在特徵是託命黃帝。呂不韋在書中雖也稱引黃帝之言，並在〈序意〉中以總編撰者的身分宣稱自己「嘗得學黃帝之所以誨顓頊矣」，以示其學有所本，但全書仍堂而皇之地冠以「呂氏」之名。所以沒有託名黃帝，是因為當時秦國虎視八荒的地位和他自己炙手可熱的權勢，都使他自我感覺「天低吳楚，眼空無物」，認為根本沒有必要那樣做。倒過來卻也反襯了另外那些黃老學家，其論固然滔滔，其行事卻未免拘謹得近乎膽怯，以致非要請一尊神出來壯聲威不可。如果為了區別這種情況，那麼我們想，逕稱本書為呂學，似也可作為一種考慮。

(六)我們現代人與這部古老的書

讀者諸君對我們上面介紹的內容有個大概瞭解後，就不難認識這部古老的書對我們現代人特別是青年人具有的意義了。在這裡，我們還要引一段許維遹先生的概括得很好的話。許先生在三十年代問世的

《呂氏春秋集釋》，是在整理訓釋這部先秦典籍上起到連接古今兩個時代重要作用的力作。他在序言中說：「夫《呂覽》之為書，網羅精博，體製謹嚴，析成敗升降之數，備天地名物之文，總晚周諸子之精英，薈先秦百家之眇義，雖未必一字千金，要亦九流之喉襟，雜家之管鍵也。」的確是這樣。如果你認真通讀了這部書，那就等於掌握了先秦諸子的「喉襟」和「管鍵」，不僅對那個時代的政治、歷史、軍事、倫理、民俗會有許多瞭解，對那時的天文、曆法、地理、農工業生產以及建築、園林、服飾、器物、禮儀、巫祝等等，亦會留下難忘印象。借用本書的話來說，非獨「察今則可以知古」（〈察今〉），同樣，「知古則可知後」（〈長見〉）。瞭解一些古代社會的知識，有助於更好地把握今天現實。

我們讀一本書的收穫，不僅有賴於這本書所包含的內容，還要取決於讀者自身的選擇。書本只是作為客體而存在，閱讀的過程，則是主體與客體交流的過程。客體是不變的，可變的是閱讀主體。因而我們也可以說，收穫的大小主要取決於你的如何選擇、理解、思索和如何展開自己聯想的翅膀了。倘若你是準備或正在研究中國歷史的，如能把二千多年來歷朝歷代興衰成敗的事跡融鑄在一起去讀這本書，必然會使你的思潮若噴泉翻湧，久久不已。如果你是準備或已經在從政的，那麼本書將成為你的不開口的智囊團，其中所列那麼多治亂興亡故事中，必能找到你所需要的啟迪；或者你在政治上經歷了滄桑巨變，那就更能從本書中獲得許多難以言傳的體驗。假使你將準備從商或已經是一個企業家，那麼本書編撰者呂不韋這個「千古奇賈」會使你感到異常親切，而書中論述的種種充滿著智慧的帝王之術，無論從為君還是從為臣的視角，都能讓你從中獲得某種感悟，進而也許還能演化出在管理或商戰中的新招。當然不能照搬，畢竟時代已經大不相同。從哲學上說，本書的思維方式側重於形象性和直覺性，說理常常藉助於歷史典實、形象類比和寓言故事。它所提供的形象大多有一定深度。而越是有深度的形象，其包含的可闡釋的意蘊就越是廣泛，往往能超越時空，使不同時代、地域，不同地位、經歷的人，都能從各自的角度去吸吮它，從中引出自己的體驗和感悟來。由於這類形象大多具有模糊性、多義性或象徵性，它給讀者留下了二度創造的廣闊餘地，這就要看你自己悟性和耐心如何了。不久前，二位美國教授合寫了一本《日本的管理藝術》。書中說到日本有個企業家去拜訪一位著名的禪師，討教參禪與管理的關係。雙方行禮後，禪師奉上清茶。訪客的杯中已滿，禪師還繼續斟茶，任杯水外溢而斟茶不止，企業家為此很驚訝。禪師這才說：「杯已滿，不能再斟。如今你自己的想法也像這杯茶一樣滿，如果不先把杯子倒空，我怎麼能引你去見禪呢？」所以開始讀這本書時，還要有一個虛靜的主觀條件，才能慢慢領略、體味書中的一切。

我們這個注譯本，是以有高中以上學歷或相當閱讀能力的青年讀者為主要對象的。從導讀、卷旨、篇旨、章旨到注釋，所以做這樣安排，就是盡力想為讀者提供一點方便，理解時有所依憑，思考時有所藉助。基於職業原因，多年來，我們與初次閱讀先秦典籍的青年人有較廣泛的接觸，熟知他們的要求不外二條：第一自然先要讀懂，第二還要讀得有味（即能夠有所融會貫通，讀出一點意味來）。在注譯過程中，我們力圖能滿足這二條要求。從工作量來說，我們幾乎把近一半的時間和精力，都用在只有短短幾百字的卷旨和篇旨上。往往討論再三，數易其稿。漸漸形成一個想法，覺得我們做著的是一件如何使「死」的古文字「復活」起來的工作。即嘗試使它與它的作者寫作時的內心溝通起來，與全書各篇章之間呼應起來，與當時諸子、當時社會聯繫起來，以致與從那以來的數千年直到今天的歷史連接起來。我們自己這樣做的時候，覺得其味甚濃。至於讀者讀時是否也會覺得有點味道，還得有待諸君的鑒定。如果你果然讀出了味道，並進而引起了深入研究《呂氏春秋》或整個中國古代燦爛文化的興趣，那會使我們感到莫大的榮幸。如果我們的介紹、注譯有什麼不妥之處，從而引起你廣泛的閱讀、深入的思考然後提出批評、校正，那同樣是在我們期待之列。《詩經・淇奧》中有一句詩：「有匪君子，如切如磋，如琢如磨。」讓我們一起來這樣做吧。

最後說明一下：我們這個注譯本，原文是以一九八四年上海學林出版社出版的陳奇猷先生的《呂氏春秋校釋》為底本的。陳本廣集前人注釋、校釋百二十餘家，是迄今內容最宏富、翔實的集校本。原本各篇均不分章，為方便讀者，我們注譯時，將每篇分成了若干章節。語譯則參考了張雙棣、張萬彬、殷國光、陳濤合著的《呂氏春秋譯註》（一九八四年吉林文史出版社）。同時還吸收了附錄中列出的大量先哲時賢的研究成果，才使我們得以完成此書。在這裡，向先哲表示我們的敬意，向時賢謹致我們的謝忱。

卷第一　孟春紀第一

孟春　本生　重己　貴公　去私

本卷載〈十二紀〉中的第一紀：〈孟春紀〉。

〈十二紀〉依照春生、夏長、秋收、冬藏的要旨，組織安排了一年四季總數達六十篇的系列文章。每季分孟、仲、季三紀，各紀之首篇為月令，以陰陽五行之說為據，記述該月的天象、物候、祭祀和政令；後附論文四篇，分別闡述與月令相關的主題。這樣每月五篇、每季十五篇，按時序組成了一部完整的全紀，甚至不妨說，它就是一部順應天道運行、通鑒古今得失而構想出來的施政綱領。雖不免時有牽強附會之處和某些神祕色彩，但其內容之宏富，體制之規整，含蘊天地萬物之氣度，實為前所未有，在一定程度上反映了秦統一六國前那種恢宏的時代風貌。

根據春主生的題旨，本卷著重論述養生之道。東風吹蘇大地，萬物生機勃發，人應當安時處順，從而有〈本生〉、〈重己〉之作；天地化育萬物至公無私，治國者應效法天地，故而作〈貴公〉、〈去私〉之篇。文中論到養生之要時，提醒人們「適欲」、「節性」（〈重己〉），對聲色滋味應抱「利於性則取之，害於性則舍之」（〈本生〉）的態度。談及治國之道時，提出「天下非一人之天下也，天下之天下也」（〈貴公〉），因而作為臣子，應當像祁黃羊那樣「外舉不避讎，內舉不避子」（〈去私〉），像腹䵍那樣「忍所私以行大義」（〈去私〉）；而作為「萬民之主」的人主，更應以「至公」的堯舜為楷模，做到「不阿一人」（〈貴公〉）。這些論述既可看作是對當時君主的進諫，亦可視為作者自己的理想。

孟春

【題解】本篇按照陰陽五行格式，記述孟春之月的天象、物候，並分別從五蟲、五音、五味、五臭、五祀中配以相應的一種。根據月令要求，具體規定了天子當月的起居、車乘、服飾以至飲食。這個月天子要親率臣子舉行迎春、祈穀和躬耕籍田的儀式，命令田官督導農民及時春耕。為了保護萬物生長和不違農時，禁止捕殺幼獸雛禽，並規定本月不得藉故聚眾和發動戰爭。從這些規定和禁令可以看出，當時農業生產居於何等重要地位。一個國家的全部活動，甚至包括戰爭，都要以是否合乎農時為前提。篇末警告，若政令錯時，將引起種種天災人禍。

各紀中的每篇題目，原本皆在篇末，現一律置於篇首，以便讀者。

〔一〕一曰——

孟春❶之月：日在營室❷，昏參❸中，旦尾❹中。其日甲乙❺。其帝太皞❻。其神句芒❼。其蟲鱗❽。其音角❾。律中太蔟❿。其數八⓫。其味酸⓬。其臭羶⓭。其祀戶⓮。祭先脾⓯。東風解凍。蟄蟲始振。魚上冰。獺祭魚⓰。候雁北⓱。天子居青陽左个⓲，乘鸞輅⓳，駕蒼龍⓴，載青旂㉑，衣青衣，服青玉，食麥與羊㉒。其器疏以達㉓。

【章　旨】記述孟春正月月令，並據此對本月中天子的住、行、衣、食都作相應的明細規定。

【注　釋】❶孟春　指夏曆正月。❷日在營室　太陽運行的位置在營室宿。營室，即室宿，二十八宿之一。二十八宿是我國古代天文學中的恆星分群系統。分布於天球黃道和赤道帶周圍，常常據以確定太陽和月亮在天空中的位置。二十八宿又分四大星區，用動物命名稱四象，即東方蒼龍，包括角、亢、氐、房、心、尾、箕七宿；北方玄武，包括斗、牛、女、虛、危、室、壁七宿；西方白虎，包括奎、婁、胃、昴、畢、觜、參七宿；南方朱雀，包括井、鬼、柳、星、張、翼、軫七宿。室宿屬玄武七宿之第六宿，在今飛馬座。❸參　二十八宿之一，西方白虎七宿之末宿，在今獵戶座。❹尾　二十八宿之一，東方蒼龍七宿之第六宿，在今天蠍座。❺其日甲乙　五行說把四時、十天干與五行（水、火、木、金、土）相配，春季屬木，甲乙亦屬木，故稱「其日甲乙」。其，代指孟春之月。日，指十天干（甲、乙、丙、丁、戊、己、庚、辛、壬、癸）。❻太皞　即伏羲氏，傳說中的五帝之一。五帝有多種說法，其一為：太皞、炎帝、黃帝、少皞、顓頊。太皞死後祀於東方，被稱為木德之帝，故與春季相應。❼句芒　少皞之裔子，木德之佐，名重，傳說中的五神之一。五神是：句芒、祝融、后土、蓐收、玄冥。❽其蟲鱗　蟲，古代對動物的總稱。有五蟲，或稱五大類，即羽、毛、甲、鱗、倮。據陰陽五行說，冬蟲為甲，至春，陽氣升，動物離開太陰，甲散而為鱗，故稱「其蟲鱗」。❾角　五音之一，在五行中屬木，在五方中屬東，故與春相應。五音為宮、商、角、徵、羽。❿律中太蔟　意謂孟春之月在十二音律中相應的為太蔟律。律，古代的定音管。十二音律由低至高依次為黃鐘、大呂、太蔟、夾鐘、姑洗、仲呂、蕤賓、林鐘、夷則、南呂、無射、應鐘。十二音律陰陽相間，各為六律。太蔟屬陽律。據高誘注：孟春之月太陰氣衰，少陽氣發，萬物動生，蔟地而出，故曰「律中太蔟」。⓫其數八　按陰陽五行說，奇數（一、三、五、七、九）屬天，偶數（二、四、六、八、十）屬地，依次與五行相配，便形成如下情形：天一、水；地二、火；天三、木；地四、金；天五、土；地六、水；天七、火；地八、木；天九、金；地十、土。單有天或地都不能生育萬物，只有天地和合才有這種可能。以木為例，就是由天三與地八所生。這樣地八之數就與春季相應（屬木），故稱「其數八」。⓬其味酸　酸，五味之一，春主木，木味酸。五味為酸、苦、甘、辛、鹹。⓭其臭羶　臭，氣味。羶，五臭之一，春屬木，木有羶氣。五臭為羶、焦、香、腥、朽。⓮戶　即戶祀，五祀之一。古人認為春天蟄伏的動物開始活動，出由戶，故須行戶祭。五祀為戶、竈、中霤、門、行。⓯祭先脾　祭祀時要把犧牲的脾陳列在前面。脾，五臟之一。按陰陽五行說，脾屬土，春屬木，木勝土，故先食所勝的。五臟為脾、肺、心、肝、腎。⑯獺祭魚　水獺入水捕魚，將魚陳列於水邊，好像獻魚祭神的樣子。⑰北　由南向北而飛。⑱青陽左个　古代天子起居和宣布政令的地方通稱明堂，其制中方外圓，不同方位有不同名稱：東為青陽，南為明堂，西為總章，北為玄堂。四堂各有一個正室稱太廟；二個側室，左側為左个，右側為右个。个，即隔，間隔。⑲鸞輅　飾有青銅鸞鈴的車。鸞，青色的鳳鳥。⑳蒼龍　指青色的駿馬。㉑青旂　指繪有龍紋的青旗。按陰陽五行說，春屬木，在五色（青、赤、黃、白、黑）中主青，故此月天子所用器物皆為青色。㉒食麥與羊　麥為五穀之一，五穀為稻、黍、稷、麥、菽。羊為五畜之一，五畜為雞、羊、牛、犬、豕。按陰陽五行說，麥屬木，羊屬火，均與春季相應。㉓其器疏以達　宗廟所用器物上面刻鏤的花紋，疏朗而剔透。

【語　譯】孟春正月，太陽的位置在營室宿；黃昏時，參宿出現在南方中天；黎明時，尾宿出現在南方中天。孟春在天干中屬甲乙，主宰的天帝是太皞，佐帝之神是句芒。應時的動物屬鱗族，應時的聲音是角音，相應的音律是十二律中的太蔟。本月的序數是八。應時的味是酸味，氣是羶氣。舉行五祀中的戶祭；祭祀時要把犧牲的脾臟陳列在前面。東風和暢，大地解凍，冬眠的動物開始蘇醒活動。魚兒從深處上浮到貼近冰層游弋，水獺把捕到的魚陳列在水邊，候雁由南向北飛行。天子居住到青陽堂左側室，乘坐飾有青鳳鑾鈴的大車，車前駕著叫蒼龍的青色駿馬，車上插著繪有龍紋的青色旗幟。穿著青色的衣服，佩戴青色的玉器，吃的是麥食與羊肉，使用的器皿上面刻鏤的紋理疏朗而剔透。

〔二〕是月也，以立春❶。先立春三日，太史❷謁之天子曰：「某日立春，盛德在木❸。」天子乃齋❹。立春之日，天子親率三公九卿❺諸侯大夫以迎春於東郊❻。還，乃賞公卿諸侯大夫於朝。命相布德和令❼，行慶施惠❽下及兆民❾。慶賜遂行，無有不當。迺❿命太史，守典奉法⓫，司天日月星辰之行⓬，宿離不忒⓭，無失經紀⑭，以初為常⑮。

【章　旨】言立春日天子要舉行迎春儀式和慶賞典禮，命令太史準確測度天象。

【注　釋】❶立春　節氣名稱，在冬至後四十六日。❷太史　周代官名，其職務為管理圖籍、記載史事、觀察天象和制訂曆法等。❸盛德在木　陰陽五行說認為，春在五行中屬木，木德當令。❹齋　整潔身心。❺三公九卿　三公為太師、太傅、太保；九卿為少師、少傅、少保、冢宰、司徒、宗伯、司馬、司寇、司空。❻東郊　按陰陽五行說，春在五方中屬東，春之序數為八，故迎春應至邑東八里，其處稱東郊。❼布德和令　布告德教，宣讀禁令。❽行慶施惠　舉行慶典，賞賜財物。❾兆民　天下百姓。兆，謂其多。❿迺　「乃」之異體字。⓫守典奉法　遵奉六典八法。典謂六典：〈治典〉、〈教典〉、〈禮典〉、〈政典〉、〈刑典〉、〈事典〉；法即八法：〈官屬〉、〈官職〉、〈官聯〉、〈官常〉、〈官成〉、〈官法〉、〈官刑〉、〈官計〉。六典八法皆為治理官府的典章制度。⓬司天日月星辰之行　由太史負責測度日月星辰的運行。司，掌管。星辰，指五星，包括東方歲星（木星），南方熒惑（火星），西方太白（金星），北方辰星（水星），中央鎮星（土星）。是當時已測度到的五大行星，因與五行、五方相配，故稱五星。⓭宿離不忒　日月星辰的軌道沒有差錯。宿、離分別為太陽、月亮經行的位置。忒，差錯。⓮經紀　日月星辰運行的度數。⓯以初為常　以冬至起自牽牛星座初度為制訂曆法之常則。

【語　譯】這個月，依曆象訂定立春日。立春前三天，太史向天子稟報：「某日立春，木德當令。」天子於是齋戒身心，到了立春那天，天子親自率領三公、九卿、諸侯、大夫到東郊去迎接春氣。禮畢回來，在朝中賞賜三公、九卿、諸侯、大夫。同時命令相國宣布教化和禁令，舉行慶祝典禮和賞賜財物，恩惠普及億萬百姓，而嘉獎和賞賜又非常恰當。於是命令太史遵奉六典八法，負責測算日月星辰的運行，太陽月亮的位置，五星運行的度數，都要沒有一點差錯和失誤。制訂曆法仍以冬至點起於牽牛星座一度為常則。

〔三〕是月也，天子乃以元日❶祈穀於上帝。乃擇元辰❷，天子親載耒耜❸，措之參于保介之御間❹，率三公九卿諸侯大夫躬耕帝籍田❺，天子三推❻，三公五推，卿諸侯大夫九推。反。執爵❼于太寢❽，三公九卿諸侯大夫皆御❾，命曰「勞酒」。

【章　旨】敘述天子祈穀和躬耕籍田的儀式。

【注　釋】❶元日　吉日。日指十天干（甲、乙、丙、丁、戊、己、庚、辛、壬、癸）。有事於天用天干。❷元辰　良辰。辰，指十二地支（子、丑、寅、卯、辰、巳、午、未、申、酉、戌、亥）。有事於地用地支。❸耒耜　農具。耜為耒耜的鏟，耒為耒耜的柄。❹措之參于保介之御間　據陳奇猷校釋，此句當讀作「措之參于保、介、御之間」。即把耒耜放在保、介、御三者之間。措，放置。之，於。參、保、介，訓釋不一，姑取一說：參同三；保、介皆為站在車上保護君主的武士；御是駕車的人。❺籍田　天子禮儀田，種植祭祀天帝的黍稷。❻推　指推耒耜入土。❼爵　古代酒器。❽太寢　祖廟。❾御　陪侍。

【語　譯】這個月，天子選擇吉日向天帝祈求五穀豐登，選擇良辰舉行耕作籍田的儀式。天子親自把耒耜放到車乘的二個武士和駕車者三人之間，並率領三公、九卿、諸侯、大夫親耕籍田。推耒耜入土時，天子推三下，三公推五下，卿諸侯大夫推九下。禮畢回來，在祖廟舉行酒宴，三公、九卿、諸侯、大夫都去陪席。這宴飲的名稱叫「勞酒」。

〔四〕是月也，天氣下降，地氣上騰，天地和同，草木繁動❶。王布農事：

命田❷舍❸東郊，皆修封疆❹，審端徑術❺，善相❻丘陵阪險原隰❼，土地所宜❽，五穀所殖❾，以教道❿民，必躬親之⓫。田事既飭⓬，先定準直⓭，農乃不惑。

【章　旨】天子及時命令田官督導春耕農事。

【注　釋】❶繁動　萌生發動。繁，古與萌同音，假為萌。❷田　指田畯，主農之官。❸舍　住。❹封疆　農田的界限。❺徑術　田間溝路。術，同「遂」。遂為田間小溝，溝上行道稱徑。❻相　考察。❼阪險原隰　高低不平的坡地、廣闊平坦的地面和低窪潮濕之處。阪，山坡。險，高低不平。隰，低窪濕地。❽所宜　指宜於種植的農作物。❾所殖　指宜於生長的土地。❿道　即導。⓫躬親之　親自去做。⓬飭　申明。⓭準直　指平準之法。直與平同義。

【語　譯】這個月，上天之氣下降，地面之氣上升，天地之氣和諧感應，草木萌發。天子宣布農事的命令，責令田官住到東郊去，督促全體農民整治農田的疆界，查看和整修田間的溝路，仔細考察丘陵、山坡、平原、窪地的地勢、土質，確定什麼土地種植什麼作物，並用以教導農民。這些，田官都必須親自去做。田事命令既已申明完畢，還可先行確定「平賦準輸」的平準之法，這樣農民沒有了「賤穀傷農」的顧慮。

〔五〕是月也，命樂正❶入學習舞❷。乃修祭典，命祀山林川澤，犧牲❸無用牝❹。禁止伐木，無覆巢❺，無殺孩蟲胎夭飛鳥❻，無麛❼無卵，無聚大眾，無置城郭❽，揜骼霾髊❾。

是月也，不可以稱❿兵，稱兵必有天殃。兵戎不起⓫，不可以從我始。無變⓬天之道，無絕⓭地之理，無亂人之紀⓮。

【章　旨】為保護幼雛和不違農時而作出的規定、禁令。

【注　釋】❶樂正　樂官之長。❷入學習舞　學子入學館練習舞蹈。❸犧牲　供祭祀用的牲畜。❹無用牝　禁用母畜做祭品。無，通「毋」。牝，雌性禽獸。❺覆巢　搗翻鳥巢。❻孩蟲胎夭飛鳥　幼小的動物、母腹中的小獸、初飛的鳥。尚在腹中的稱胎，初出生為夭。❼麛　小鹿。❽無聚大眾二句　此二句都是為了保證春耕的及時完成，因而不准將勞動力移作他用。❾揜骼霾髊　揜霾，覆藏。骼，白骨。霾，通「埋」。髊，帶肉的屍骨。❿稱　舉；發動。⓫兵戎不起　「不起」疑為「之起」，這樣才可以接下文「不可以從我始」。意謂兵戎之起，必係人先加兵於我，非自我始。⓬變　違逆。⓭絕　斷絕。⓮紀　綱紀。

【語　譯】這個月，要命令負責音樂的樂官，進入太學教學子學習舞蹈。於是修訂祭祀的典則，命令祭祀山林川澤，祭品不可用母畜。禁止砍伐森林樹木，不許搗翻鳥巢，不許捕殺小獸、胎畜和雛鳥，不許捕捉幼鹿和掏取鳥卵，不許聚集眾人、興建城郭。要掩埋暴露在外的屍骸枯骨。

這個月，不可以舉兵發動戰爭。興兵征戰的必遭天災。即使萬不得已進行戰爭，亦不能由我方挑起。政令不能違背天道法則，不能無視地理條件，不能亂逆人倫綱紀。

〔六〕孟春行夏令❶，則風雨不時，草木早槁，國乃有恐。行秋令❷，則民大疫，疾風暴雨數❸至，藜莠蓬蒿竝興❹。行冬令❺，則水潦為敗，霜雪大摯❻，首種❼不入。

【章　旨】言政令錯時會引起天象變異和各種災害。

【注　釋】❶孟春行夏令　陰陽五行說認為，春屬木，夏屬火，孟春行夏令，火性炎上，會使風雨不調，草木枯槁。

❷行秋令　春屬木，當行仁政；秋屬金，主殺戮。故若行秋令，亦會出現天災人禍。❸數　多次。❹藜莠蓬蒿竝興　各種野草一齊猛長。竝，同「並」。❺行冬令　春主陽，冬主陰，春行冬令，便會引起水潦和霜雪之災。❻摯　至。❼首種　指先種先收之作物，當為麥。

【語　譯】孟春之月如果推行夏季的政令，那麼風雨便不按時節，草木會提前枯黃，於是國內就發生恐慌。如果推行應在秋季實施的政令，瘟疫將在百姓中流行，狂風暴雨不時而至，各種野草在農田裡一齊猛長。如果推行冬季的政令，水潦為災，霜雪大起，這一年的麥子就不可能有收成。

本生

【題解】此篇論天子應遵守的養生之道。篇名「本生」，就是提倡把保全生命視為根本。文章一開始對「天子」訂了一個頗為新穎的條件：「能養天之所生而勿攖」，也即能「全天」之人才可以做天子。因而天子的一切舉動，包括自身的起居飲食和設官治天下，都須以「全生」為務。

文章認為要做到「全生」，最重要的是要處理好人與外物的關係。應該「以物養性」，不能「以性養物」。對於聲色滋味必須是「利於性則取之，害於性則舍之」。做到全天、全性，那就能成為「上為天子而不驕，下為匹夫而不惛」的「全德之人」。

文章對驕奢淫逸的「惑主」和富貴者提出警告：出車入輦實為「招蹷之機」，肥肉厚酒實為「爛腸之食」，美女淫樂實為「伐性之斧」。他們貪得無饜，日夜追求聲色滋味的享受，卻不知這正如「萬人操弓共射一招」那樣，傷敗就在眼前。這些論述都很能發人深省。

〔一〕二曰——

始生之者，天也；養成之者，人也。能養天之所生而勿攖❶之謂天子。天子之動也，以全天❷為故❸者也。此官❹之所自立也。立官者以全生❺也。今世之惑主，多官而反以害生，則失所為立之矣。譬之若修❻兵者，以備寇也，今修兵而反以自攻，則亦失所為修之矣。

【章　旨】言天子須為「全天」之人，故天子的一切舉措包括設置官吏，都須以順應自然保全天賦於人之本性為務。

【注　釋】❶攖　違逆。❷全天　保全天賦於人之本性。❸故　事。❹官　官吏。❺全生　保全生命。❻修　興建。

【語　譯】初始化育生命的是天，養護生命成長的是人。能夠保養天所化育而不違逆的人，才可以做天子。天子的一舉一動都應以全生養性為其要務。這就是天子之所以要設置官吏的目的。設置官吏是為了全生養性。如今世上昏庸的君主，設立眾多的官吏反而用來坑害生命，這就喪失了當初設置官吏的目的了。譬如興建軍隊，原是為了防備內盜外寇，如果反讓軍隊來攻伐自己，這也就失了興建軍隊的意義了。

〔二〕夫水之性清，土者抇之❶，故不得清。人之性壽，物❷者抇之，故不得壽。物也者，所以養性也，非所以性養❸也。今世之人，惑者多以性養物，則不知輕重❹也。不知輕重，則重者為輕，輕者為重矣。若此，則每動無不敗。以此為君悖❺，以此為臣亂，以此為子狂。三者國有一焉，無幸❻必亡。

【章　旨】言養生處世與外物之間的輕重本末關係。

【注　釋】❶抇之　使之混濁。抇，當作「汩」，通「滑」。❷物　指貨賄、聲色滋味等一切身外之物。❸性養　以性養物。即以損耗生命為代價去追求對外物的欲望。❹輕重　輕喻物，重喻身。❺悖　違背事理。❻幸　僥倖。

【語　譯】水本來是清澈的，泥土使它混濁，所以不能清澈。人本來是長壽的，外物使它迷亂，所以不能長壽。外物是用來養生的，並不是來接受生命養護的。現在世上的糊塗人卻大多在耗損生命追求物欲。

他們不知道外物為輕、生命為重的道理。既不知輕重，則不免以重為輕，以輕為重。這樣下去，無論做什麼沒有不失敗的。抱這種想法去做君主，就會違背常理；做臣子，難免違綱亂紀；就是做人的兒子，亦必然狂妄無禮。這三種情況，只要出現一種，國家無可幸免地必然滅亡。

〔三〕今有聲於此，耳聽之必慊❶，已❷聽之則使人聾，必弗聽。有色於此，目視之必慊，已視之則使人盲，必弗視。有味於此，口食之必慊，已食之則使人瘖❸，必弗食。是故聖人之於聲色滋味也，利於性則取之，害於性則舍之，此全性之道也。世之貴富者，其於聲色滋味也多惑者，日夜求，幸而得之則遁❹焉。遁焉，性惡❺得不傷？

【章旨】言對聲色滋味應以是否有利於天賦人性為取捨，不知自禁者必傷身心。

【注釋】❶慊　滿足；快意。❷已　既；已經。❸瘖　啞。❹遁　通「循」。流連忘返不能自禁。❺惡　怎麼。

【語譯】如果有一種聲音，耳朵聽的時候感到很快意，但聽了以後會變聾，那人們一定不會去聽。如果有一種顏色，眼睛看的時候感到很適意，但看了以後會變成瞎子，那人們一定不會去看。如果有一味菜餚，嘴巴吃的時候感到很愜意，但吃了以後會變成啞巴，那人們一定不會去吃。因此聖人對於聲色滋味這三者，凡有利於生命本性的就吸取它，反之則捨棄，這是保全生命本性的根本辦法。然而世上富貴之人，對於聲色滋味大多是迷惑的，他們日夜追求不休，有幸得到的，便流連忘返，不能自已。這樣，身心怎能不受傷害呢？

〔四〕萬人操弓共射一招❶，招無不中。萬物章章❷，以害一生，生無不傷；以便❸一生，生無不長。故聖人之制萬物也，以全其天❹也。天全則神和矣，目明矣，耳聰矣，鼻臭矣，口敏矣，三百六十節❺皆通利矣。若此人者：不言而信❻，不謀而當，不慮而得；精通乎天地，神覆乎宇宙；其於物無不受❼也，無不裹❽也，若天地然❾；上為天子而不驕，下為匹夫而不惛❿；此之謂全德之人。

【章旨】言能制約萬物養性全生者，可稱為與天地合一的「全德之人」。

【注釋】❶招　箭靶。❷章章　繁盛貌。❸便　利。❹全其天　保全人之天性與生命。❺三百六十節　指人周身所有關節。❻不言而信　不用言說就能取信於眾。❼受　承。❽裹　囊括。❾若天地然　指其神思德智猶若天無不覆，地無不載。❿惛　通「悶」。憂悶。

【語譯】成千上萬的人手執弓箭射向一個目標，那這個目標沒有不被射中的。品類繁盛的萬物齊來戕害一個生命，這個生命不可能不遭受傷殘。反過來，如果使萬物來便利一個生命，那麼這個生命沒有不長壽的。因此聖人制約萬物，目的就在於保全天性。天性若得保全，那麼便會精神和諧，耳聰目明，嗅覺敏銳，口齒靈巧，全身三百六十個關節都暢通順達。像這樣的人，不用言語亦能贏得信賴，無需謀劃便會百事得當，不經思慮就可洞察一切。他的精氣貫通天地，他的神思含蘊宇宙。對於外界的萬事萬物，既無不承受，又無不包容，就像天地上無不載、下無不覆那樣。這樣的人貴為天子不會驕橫，賤為平民亦不憂悶。這真可稱之為「全德之人」。

〔五〕貴富而不知道❶，適足以為患，不如貧賤。貧賤之致物也難，雖欲過❷之奚由？出則以車，入則以輦❸，務以自佚❹，命之曰招蹷之機❺。肥肉厚酒，務以自彊❻，命之曰爛腸之食。靡曼皓齒❼，鄭、衛之音❽，務以自樂，命之曰伐性之斧。三患者，貴富之所致也。故古之人❾有不肯貴富者矣，由重生故也，非夸以名❿也，為其實也。則此論之不可不察也。

【章　旨】論貧富與禍福的關係，言人富貴易受「三患」，故古人因重生而不願富貴。

【注　釋】❶道　據高誘注，係指持盈止足之道。❷過　謂貪欲過度。❸輦　使用人力推挽的車，秦漢後專指帝王所乘的車。❹佚　安佚。❺招蹷之機　招致痿蹷之症的原由。蹷，一種不能行走的腳病。❻彊　即強。❼靡曼皓齒　細嫩的肌膚，潔白的牙齒。代指美女。❽鄭衛之音　鄭國男女相悅的情歌，以及衛靈公命樂師以琴摹寫的殷紂王時代的〈朝歌〉、〈北鄙〉等曲，喻指靡靡之聲，亡國之音。❾古之人　指堯時許由、舜時雄陶、周時伯夷等。❿非夸以名　不是以淡泊名利為誇飾企求虛名。

【語　譯】一個人富貴而不懂守成止足之道，那富貴恰好成了他的禍害，還不如貧賤的人。因為貧賤的人要獲得豐厚的物質享受是很困難的，即使有過分的欲望，也無從尋求滿足；富貴的人，出入有車輦代步，務求舒適安逸，但是這種車和輦卻成了招致腿腳萎縮的根由。醇酒過量，肥肉過飽，還硬要逞意自強，那麼這些酒肉就成了糜爛腸胃的東西。沉溺淫樂，迷戀女色，追求一時快活，卻不知道這聲色正是砍伐生命的利斧。這三種禍患都是由富貴招致的啊！所以古代有不願富貴的人，他們倒並非想以淡泊自守的虛名來誇飾自己，而是為了保全生命的實惠。由此看來，前面那些道理，凡是想全生養性的人們不可不明察啊。

重己

【題解】本篇從「重己」角度，繼續談養生之道。文中運用種種巧喻，反覆說明生命的重要。作者提出了一個值得注意的命題：「吾生之為我有。」我的生命為我自己所有；亦唯有自己的生命，才能真正為我所有。而生命的為我所有又是一次性的：「一曙失之，終身不復得。」因而生命比一切身外之物：尊貴的爵位，天下的財富，以至天下本身都更為重要。這種把個人生命（指貴族，而非指平民百姓）尊為至上的思想，與當時儒、法、墨諸家的學說大異其趣，卻與被孟子斥為「禽獸之言」的楊朱的「為我」（參見《孟子‧滕文公下》），可以相通。公平地說，它是否應被視為古人開始專注於對自身價值的思考，具有某種啟蒙意義呢？

關於如何「重己」，文章強調要通達「性命之情」，即依照生命本性，謹慎處之，做到「順生」、「適欲」，以求「長生」。文中對兩種人提出了警告。一是由於不懂生命本性，導致「慎之而反害之者」，說他們猶如瞎子、聾子那樣，往往好心辦壞事。二是作為重點指摘的「弗知慎者」，他們常常弄到是非顛倒的「大惑」地步，結果以此治身身死殃，以此治國國殘亡。篇末，以古代聖王為楷模，從衣、食、住、行、樂五個方面，提出了如何達到「節性」的要求。

〔一〕三曰——

倕❶，至巧也。人不愛倕之指，而愛己之指，有之利故也❷。人不愛崑山❸之玉、江漢❹之珠，而愛己一蒼璧小璣❺，有之利故也。今吾生之為我有，而利我亦大矣。論其貴賤，爵為天子，不足以比焉；論其輕重，富有天下，不可以易之；論其安危，一曙❻失之，終身不復得。此三者❼，有道者之所慎也。有慎之而反害之者，不達❽乎性命之情也。不達乎性命之情，慎之何益？是師者❾之愛子也，不免乎枕之以糠❿；是聾者之養嬰兒也，方雷而窺之于堂；有殊⓫弗知慎者。夫弗知慎者，是死生存亡可不可，未始有別也。未始有別者，其所謂是未嘗是，其所謂非未嘗非，是其所謂非，非其所謂是，此之謂大惑。若此人者，天之所禍也。以此治身，必死必殃；以此治國，必殘必亡。夫死殃殘亡，非自至也，惑召之也。壽長至常亦然⓬。故有道者，不察所召，而察其召之者⓭，則其至不可禁矣⓮。此論不可不熟⓯。

【章　旨】言既要認清自己生命無與倫比的價值，又要懂得如何才是真正愛惜生命的方法。

【注　釋】❶倕　傳為堯時著名巧匠。❷有之利故也　能佔有它的好處的緣故。之，與其通。❸崑山　崑崙山的簡稱。古書說，那裡出產的玉石，用炭爐燒三天三夜也不會改變色澤。❹江漢　指長江漢水交匯地區，傳說那裡出產夜光珠。❺蒼璧小璣　喻指質量不好的玉石和珠子。蒼璧，石多玉少之璧。璣，不圓整的珠子。❻曙　通「旦」。❼三者　指貴賤、貧富、安危。❽達　通達。❾師者　即瞽師。古代樂官，由盲人擔任。❿枕之以糠　把兒子枕臥在穀糠中。⓫殊　甚；超過。⓬壽長至常亦然　意謂「壽長」的來到，與不知謹慎而導致死亡殃殘，同樣都是有原因的：壽長常從「不惑」得來。⓭不察所召二句　此句言因果關係。意謂不怎麼留意所招致的結果，卻特別注重辨察造成結果的原因。⓮則其至不可禁矣　此句言必然性。意謂各有原因，所以那結果的到來是不可阻擋的。⓯熟　深知。

【語譯】倕是古代著名的工匠，有一雙絕頂靈巧的手。但是人們不會去愛倕的手指，卻愛自己的手指，因為這是屬於自己所有而有利於自己的緣故。人們不愛崑山的美玉、江漢的明珠，卻愛自己含石的玉塊和並不圓整的珠子，也是因為這畢竟屬於自己所有並有利於自己的緣故。我的生命屬於我自己，它給我的利益是最大的啊。從貴賤上講，縱然貴為天子，也無法與它比擬；從貧富上講，即使富有天下，也不能同它交換；從安危來說，一旦喪失它，就永遠不可能再得到。正是由於這三方面的原因，懂得養生之道的人，對關係到自己生命的事情總要特別謹慎。但也有看起來非常謹慎，實際上卻反而傷害了生命的，原因就在於他們不通達生命本性之情。不通達生命本性之情，即使處處小心留神，又有什麼好處呢？這正如盲人雖然愛自己的孩子，卻因目無所見而不免把他枕臥在穀糠裡，反而弄傷了孩子的眼睛。又如聾子的養育嬰兒，天空正打著響雷，他卻因耳無所聞，反而抱著孩子到堂上往外窺望，結果使得孩子受到驚嚇。這些做法帶來的害處，比之不知謹慎的人有過之而無不及。通常不知謹慎小心保護自己生命的人，對於死生、存亡、可為與不可為，是從來不知有所分辨的。這種不知分辨的人，他們所謂的「是」未嘗是真是，所謂的「非」也不一定是真非。他們往往把非當作是，把是當成非，這就叫大惑。像這樣的人，正是上天降臨災禍的對象。以這種態度去養生，必定戕害自己甚至死亡；以此來治理國家，必然弄得國家殘破甚至滅亡。大凡死亡、災禍、殘破、滅亡，都不是無緣無故自己來到，而是由「惑」招致的。反之，長壽的來到，同樣有自己的原因，那就是「不惑」。所以，懂得養生之道的人，並不怎麼留意於所招致的結果，而特別注重辨察造成結果的原因。有什麼樣的結果，必有什麼樣的原因，它的到來原是不可阻擋的啊！這個道理不可不深知。

〔二〕使烏獲❶疾引牛尾，尾絕力勯❷，而牛不可行，逆❸也。使五尺豎子引其棬❹，而牛恣❺所以之，順也。世之人主貴人❻，無賢不肖❼，莫不欲長生久視❽，而日逆其生，欲❾之何益？凡生之長也，順之也；使生不順者，欲也；故聖人必先適欲。

【章　旨】欲達長生目的，必須順生、適欲。

【注　釋】❶烏獲　古代大力士。❷勯　借為殫。竭盡。❸逆　指違反事物本性。❹棬　同「桊」。牛鼻上的環。❺恣意　謂縱牧童之所欲至。❻人主貴人　人主，指王者，諸侯。貴人，指公卿大夫。❼不肖　周秦典籍，包括本書，多以「賢、不肖」對舉。故一般辭書均解「不肖」為「不賢」。但肖即似，本無賢意。若解為「不似」，又不明其所指。王充的《論衡》從「君道」的角度對賢、不肖作了對比解釋，認為：「至德純渥之人，稟天氣多，故能則天，自然無為（無為，道家用語，意為效法天地，順應自然，不任意妄為——引者）。稟氣薄少，不遵道德，不似天地，故曰不肖。不肖者，不似也。不似天地，不類聖賢，故有為也。」錄此以備一說。語譯徑用原文。下同，並不再注。❽長生久視　意為長壽，古代成語，生則有視，死則無視。❾欲　指希望長壽。

【語　譯】如果讓古代的大力士烏獲用力去牽引牛的尾巴，即使牛尾拉斷，氣力用盡，牛還是不動，這是違反牛的習性的緣故。倘若叫一個小小的童子牽住牛鼻上的環，那麼牛就會乖乖地隨那孩子牽著走，這是順應牛的習性的緣故。世上的王公貴族，無論賢不肖，沒有不想長壽的；然而他們每天做的事卻全都拗逆自己生命的本性，這樣空有長壽的願望又有什麼好處呢？大凡生命能長久，是順著它的緣故，而最使生命不順的東西，便是過度的情欲。所以聖人首先要節制自己的情欲，使之適度。

〔三〕室大則多陰，臺高則多陽，多陰則蹷❶，多陽則痿❷，此陰陽不適之患也。是故先王不處大室，不為高臺，味不眾珍，衣不燀熱❸。燀熱則理塞❹，理塞則氣不達❺；味眾珍則胃充❻，胃充則中大鞔❼；中大鞔而氣不達，以此長生可得乎？昔先聖王之為苑囿❽園池也，足以觀望勞形❾而已矣；其為宮室臺榭❿也，足以辟⓫燥溼而已矣；其為輿馬衣裘也，足以逸身煖骸⓬而已矣；其為飲食酏醴⓭也，足以適味充虛而已矣；其為聲色音樂也，足以安性自娛而已矣。五者，聖王之所以養性也，非好儉而惡費也，節乎性⓮也。

【章　旨】古代聖王住、行、衣、食、樂五個方面養生節性的做法。

【注　釋】❶蹷　一種腳病。此處指手腳發冷，古人認為是陰氣太盛所致。❷痿　一種肢體萎弱無力的病症，古人認為是陽氣太盛所致。❸熚熱　熾熱如燃火。熚，火起貌。❹理塞　指脈理閉結。❺達　通暢。❻充　滿。❼中大鞔　胸腹悶脹。中，指胸腹。鞔，借為懣。❽苑囿　畜養禽獸、種植花草的場所。大為苑，小為囿。❾勞形　活動身體。古人的一種養生方法。❿臺榭　高而平的土方稱臺，建於臺上的亭屋為榭。⓫辟　通「避」。⓬逸身煖骸　安逸身心，暖和體軀。煖，同「暖」。骸，形體之總稱。⓭酏醴　酏，《說文》釋為黍酒。醴，濁而甜的酒。⓮節乎性　意為和適情性。節，猶和。

【語　譯】房屋太大了，陰氣就多；臺太高了，陽氣就多。陰氣太盛會患蹷疾，陽氣過旺會得痿病。這是陰陽不調帶來的禍害。所以古代聖明的君王不住大屋，不築高臺，飲食不求豐盛珍奇，衣服不求太厚過暖。穿得太厚過暖就會使脈理閉結，脈理閉結會造成體氣不通暢。吃得豐盛珍奇就會使腸胃過於飽滿，腸胃過於飽滿就會引起胸腹悶脹，胸腹悶脹同樣會導致體氣不通暢。用這種方法求長生能求得到嗎？古代聖君造作苑囿園池，只要足以遊覽觀望、活動形體就可以了；他們修建的宮室臺榭，只要足以遮太陽、避雨露就可以了；他們使用的車馬和穿著的衣裘，只要能安體暖身就可以了；他們享用的飯食酒菜，只要適合口味、填飽飢腸就可以了；他們觀賞的歌舞音樂，只要能使性情安適自娛就已滿足。以上五個方面之所以如此，聖君是出於修養身心的需要，並非愛好儉嗇、厭惡耗費。總之，一切都要適合自己生命之本性啊。

貴公

【題解】此篇論述君主治理天下必須公正無私。文中以天地、陰陽、雨露都不私一物為規範，揭出全文主旨：「天下非一人之天下也，天下之天下也」；因而作為「萬民之主」的人主，也必須「生於公」，「不阿一人」。

為闡釋上述主題，文中舉了兩個實例。一是本書一再提到的典範，即所謂「三皇、五帝之德」，認為他們做到了「生而弗子，成而弗有，萬物皆被其澤、得其利，而莫知其所由始」。另一個是既有得又有失的齊桓公，他先用管仲「而為五伯長」，後用豎刀「而蟲出於户」，從而論證了「其得之以公，其失之必以偏」的道理。值得注意的是其中有個「荊人遺弓」的寓言，把荊人、孔子、老子三種不同層次的「公」作了對比，讚頌後者為「至公」。這是否透露了一點作者對當時儒、道兩個主要學派的不同評價呢？

本篇表達的治天下必以公的思想，與《禮記・禮運》所倡說的「大道之行也，天下為公」一樣，在我國歷史上曾經產生過深遠影響，以致在二千數百餘年後的二十世紀初，孫中山先生還以「天下為公」來激勵同志和國民。本篇題旨與後〈恃君〉、〈長利〉等篇相類，不妨相互參讀。

〔一〕四曰——

昔先聖王之治天下也，必先公❶，公則天下平❷矣。平得於公。嘗試觀於上志❸，有得天下者眾矣，其得之以公，其失之必以偏❹。凡主之立也，生於公❺。故〈鴻範〉❻曰：「無偏無黨❼，王道蕩蕩❽；無偏無頗，遵王之義❾；無或作好❿，遵王之道；無或作惡⓫，遵王之路。」

【章　旨】言君主欲治天下必先以公。

【注　釋】❶公　無私。❷平　治。❸上志　泛指古代的記載。❹偏　私。❺生於公　意謂立君之本義，出於為公。❻鴻範　一作〈洪範〉，《尚書・周書》中之一篇，秦漢時頗為風行，五行之說最初就出於這一篇，本書〈十二紀〉中有關論述即本此。❼黨　朋黨。❽蕩蕩　平易。❾義　通「議」。猶言所訂之法則。❿無或作好　不肆意於個人的偏愛。或，有。⓫無或作惡　不肆意於個人所惡。上二句中作好與作惡，都是以私害公。

【語　譯】古代聖王治理天下，必定把公正無私放在首位，真正做到公正無私，那天下也就治理好了。所以天下的長治久安，取決於君主的公正無私。試翻閱一下古代的歷史記載吧，曾經取得過天下的人夠多的了，其中，能夠治理好天下的，依靠的都是自己的公正；那些喪失統治地位的，則必然由於他們的偏私。大凡天下所以要立君，就出於維護公正的需要。因此〈鴻範〉寫道：「不偏私、不結黨，先王之道平坦寬廣；不私祖、不偏頗，先王法則遵循不苟。不逞意於個人之偏好，才能遵奉先王之正道；不逞意於個人之私惡，才能走上先王之正路。」

〔二〕天下非一人之天下也，天下之天下❶也。陰陽之和，不長❷一類；甘露時雨，不私一物；萬民之主，不阿❸一人。伯禽❹將行，請所以治魯，周公❺曰：「利而勿利❻也。」荊❼人有遺弓者，而不肯索❽，曰：「荊人遺之，荊人得之，又何索焉？」孔子聞之曰：「去其『荊』而可矣。」老聃❾聞之曰：「去其『人』

而可矣❿。」故老聃則至公矣。天地大矣，生而弗子，成而弗有，萬物皆被⓫其澤、得其利，而莫知其所由始，此三皇、五帝⓬之德也。

【章　旨】此章言天下乃天下之天下，非一人之所有，故治天下必須效法天地之至大至公。

【注　釋】❶天下之天下　指天下萬物之天下，非為通常意義的天下人之天下。❷長　生長。❸阿　意同偏私。❹伯禽　周公旦之子，成王封之於魯。❺周公　姬姓，名旦，周武王之弟，助武王滅商，武王死，輔成王。❻利而勿利　意謂應遵循道法而利之，不可以私心的愛惡而利之。❼荊　古代楚國別名，因其原建國於荊山一帶，故名。❽索　求。❾老聃　即老子，《史記》稱其為楚國苦縣厲鄉曲仁里人，姓李氏，名耳，字聃，曾為周守藏室史官。相傳《道德經》為其所著，是道家的創始人。❿去其人而可矣　意謂得之失之，皆在天地之中，無所謂得與失。故文中稱其為「至公」，亦即大公。⓫被　承受。⓬三皇五帝　多屬傳說中的遠古帝王。說法不一。據此處文意，三皇指夏禹、商湯、周文王。五帝指黃帝、高陽、高辛、唐堯、虞舜。

【語　譯】天下不是某一個人的天下，是天下萬物所共有的。試看陰陽的和洽，不是只長養某一類生物，甘露時雨亦從不偏私某一個物種，所以，作為萬民之主的君主，亦不應偏私於任何個人。

伯禽受封去魯國，臨行問周公如何治理魯國。周公回答說：「要遵循至公之道，行利民之政；不要以個人好惡作為利害標的。」

荊國有個人遺失了一張弓卻不肯去尋找，他說：「丟失的是荊人，拾到的亦總歸是荊人，何必去尋找呢？」孔子聽到以後說：「去掉那個荊字就好了。」老聃聽到以後更進一步說：「再去掉那個人字才行啊。」所以只有老聃才達到了公的最高境界。

天地多麼偉大啊！養育萬民，而不把他們作為一己的子息；造就萬物，而不佔據為己有。萬物皆叨庇其恩澤，得到他賜予的好處，卻不知道這一切是從哪兒來的。天地這種至公至大的本性，就正是三皇、五帝的盛德。

〔三〕管仲❶有病，桓公❷往問之，曰：「仲父之病矣❸，漬甚，國人弗諱❹，寡人將誰屬國❺？」管仲對曰：「昔者臣盡力竭智，猶未足以知之也，今病在於朝夕之中，臣奚能言？」桓公曰：「此大事也，願仲父之教寡人也。」管仲敬諾，曰：「公誰欲相❻？」公曰：「鮑叔牙❼可乎？」管仲對曰：「不可。夷吾善鮑叔牙❽，鮑叔牙之為人也：清廉潔直，視不己若者，不比❾於人；一聞人之過，終身不忘。」「勿已❿，則隰朋⓫其可乎？」「隰朋之為人也：上志而下求⓬，醜⓭不若黃帝，而哀不己若者；其於國也，有不聞也⓮；其於物也，有不知也⓯；其於人也，有不見也⓰。勿已乎，則隰朋可也。」夫相，大官也。處大官者，不欲小察⓱，不欲小智⓲，故曰：大匠不斲⓳，大庖不豆⓴，大勇不鬭㉑，大兵不寇㉒。桓公行公去私惡㉓，用管子而為五伯長㉔；行私阿所愛，用豎刀㉕而蟲出於戶。

【章旨】以管仲不私知交鮑叔牙而舉隰朋任相為例，說明「萬民之主，不阿一人」的道理；以桓公前後用管仲與用豎刀的不同結果，證實「其得之以公，其失之必以偏」的教訓。

【注釋】❶管仲　春秋齊國名相，佐助齊桓公成霸。❷桓公　指齊桓公。姜姓，名小白，為春秋五霸之首，在位四十三年（西元前六八五～前六四三年）。❸仲父之病矣　此句似應為「仲父之病病矣」。意謂仲父的病已經很重了。仲父，桓公對管仲的尊稱。後一「病」字，為病甚重的意思。❹瀆甚二句　意謂管仲病情嚴重，齊國所有的人都不再諱言死，即知道管仲已不久人世。瀆，病。❺將誰屬國　意謂將國家託付給誰。❻公誰欲相　欲擢用誰為相。❼鮑叔牙　齊國大夫，管仲知友，因鮑的竭力推舉，管仲才得以免死並為相。❽夷吾善鮑叔牙　意為我深知鮑叔牙。夷吾，管仲的名。古人自稱名，表示謙遜；對稱字，表示尊敬。善，意為知。「管鮑之交」，歷史上一直為人稱道。據《史記・管晏列傳》記載，管仲曾列數在他各個困厄時期鮑叔牙所給予他的真誠的理解和幫助，他說：「生我者父母，知我者鮑子也。」❾比　親近。❿勿已　不得已。⓫隰朋　齊大夫，協助管仲輔佐齊桓公成就霸業。⓬上志而下求　記識上世的賢人作為效法的楷模；求教於在下位的人，用以補己之不足。⓭醜　羞恥；羞慚。⓮其於國也二句　隰朋對於國事，只是總其大綱，有所不過問，不專斷。聞，即問。⓯其於物也二句　非其職事範圍的事，有所不知，不包攬。物，即事。⓰其於人也二句　對別人的有些過失，裝作沒有看見。說明隰朋待人寬厚，不苛求。⓱小察　過於苛細的考察。⓲小智　意即玩弄小聰明。⓳大匠不斲　大工匠只要規劃示範即可，不必親自砍削。⓴大庖不豆　大廚師的要職是調和五味，不必親自宰割。豆，當為剅，宰割。㉑大勇不鬬　大勇者職在統率軍隊，不必親自毆鬥。㉒大兵不寇　正義之師不侵害百姓。寇，指危害百姓之兵。㉓私惡　私仇。此言管仲曾射桓公，中帶鉤，因而與桓公有私仇。事詳後〈貴卒〉、〈贊能〉篇。㉔五伯長　指為春秋五霸之長。伯，通「霸」。春秋五霸為齊桓、晉文、秦穆、宋襄、楚莊。㉕豎刀　亦作豎刁。齊桓公的近侍，得桓公寵信。桓公卒，豎刀與易牙、開方乘機作亂。桓公五子爭位，無人主喪，屍體在床上停放六十餘天，以至屍蟲爬出門外。事又見後〈知接〉篇。

【語　譯】管仲有病，桓公去探問他，說：「仲父的病已很重了，萬一不幸的話，我將委託誰來治理這個國家啊？」管仲回答說：「過去我盡心盡力，也還沒有物色到合適的人選，如今我已經病到朝不保夕了，又怎麼能談論這事呢？」桓公說：「這是一件大事啊，還是希望仲父能開導我一下。」管仲恭敬地允諾，問：「您想擢用誰為相？」桓公說：「鮑叔牙是否可以？」管仲回答說：「不行。我是深知鮑叔牙的。鮑叔牙的為人，清明、廉潔、正直。他對不如自己的人，往往不屑與之為伍；一旦發覺別人的過失，便會一直記著。」桓公說：「不得已的話，隰朋是否可以？」管仲接著說：「隰朋的為人，既善於上追古昔聖賢，又能夠不恥下問。對自己常常因為不如黃帝而感到羞慚；對旁人，發現不如自己的，總是體恤幫助。對於國家大事，有不必管的，就不去與問；對於日常公務，有不須他去瞭解的，他從不包攬；對於別人可以原諒的缺失，裝作沒有看見。不得已的話，隰朋是可以任用的。」國相是大官啊！做大官的人，不必過細苛察，不可玩弄小聰明。所以說：大工匠不必親自動手砍削，大廚師用不著自己動手宰割，大勇的人不去參加私鬥，正義之師不會去寇害百姓。桓公能行公正去私惡，任用對他曾有一箭之仇的管仲為相，所以能成為五霸之首。但是晚年行不公，私所愛，重用豎刀，結果招致豎刀之亂，死後多日屍蟲已爬出門外，還沒有人去殯殮。

〔四〕人之少也愚，其長也智，故智而用私，不若愚而用公。日醉而飾服❶，私利而立公❷，貪戾而求王❸，舜❹弗能為。

【章　旨】言公私對立，無法假公飾私。

【注　釋】❶日醉而飾服　天天醉飲而欲衣著整齊、儀態端莊。飾，通「飭」。整飭。❷私利而立公　既為私利而又欲建立公正。❸貪戾而求王　貪圖私利而欲求王者之業。❹舜　傳說中的古代聖王，姚姓，有虞氏，名重華，史稱虞舜。相傳因四岳推舉，堯命他攝政。他巡行四方，除去鯀、共工、三苗、驩兜等「四凶」。堯死後繼位。又諮詢四岳，選拔治水有功的禹作為繼承人。

【語　譯】人年少時，總是比較愚昧，長大後就顯得富有智慧。但如果憑藉這點智慧而逞意偏私，那倒還不如保持渾樸狀態而行公正的好。成天酗酒而想有端莊的儀態，一心謀求私利而又要假借公正，貪婪暴戾卻要建立王者之業，即使是舜也做不到啊！

去私

【題解】〈去私〉是〈孟春紀〉最後一篇，承上篇〈貴公〉題旨，續論王霸之道。

篇首提出「天無私覆」、「地無私載」、「日月無私燭」、「四時無私行」，作為全篇立論的依據。這種以天地運行比類人事的思想，源於道家（如《老子》第五章「天地不仁」；第七十九章「天道無親」等），在本書被提升為「君道」的根本原則，貫串全書，後文〈圜道〉等篇中更有詳盡發揮。本篇則據此要求天子、國君治理天下、國家也必須效法天地，本於無私。文中列舉了數則範例：堯與舜授賢不授子，各自達到了「至公」的境界；祁黃羊「外舉不避讎，內舉不避子」，和腹䵍「忍所私以行大義」，也都做到了「公」。

末章以庖人調和而不敢食為喻，提醒欲王欲霸者必須「誅暴而不私」，即認為不應把獲得的天下據為一己私有，而應「以封天下之賢者」。從這個表述中，大致可以看出，呂不韋是主張在秦兼併六國後實行較為寬鬆的分封制，不贊成像後來秦始皇所建立的高度集中的封建專制體制。本篇的這個思想，在後〈慎勢〉篇中還有更具體的描述。

〔一〕五曰——

天無私覆❶也，地無私載也，日月無私燭❷也，四時無私行也，行其德而萬物得遂❸長焉。

【章　旨】言天地無私。

【注　釋】❶覆　覆蓋。❷燭　光照。❸遂　成。

【語　譯】上天覆蓋萬物沒有偏私；大地承載萬物沒有偏私；日月普照萬物沒有偏私；四時運行對萬物也沒有偏私。天地、日月、四時無私地行其德澤於萬物，使萬物得以成長。

〔二〕黃帝言曰：「聲❶禁重❷，色禁重，衣禁重，香禁重，味禁重，室禁重。」❸

【章　旨】言聲色香味不能過分。

【注　釋】❶聲　音樂。❷重　甚；過度。下同。❸黃帝言曰句　按：此章與前後文義不相關，通篇亦無此意，放在這裡顯得突兀。據蘇時學考訂，原係〈重己〉篇內所引，後人轉抄時溷入此篇。

【語　譯】黃帝說：「音樂不能聽淫靡之音，色彩不能強烈和眩目，穿衣不能過於厚重，香味不能過於濃郁，飲食不能過於豐盛，宮室不得奢侈。」

〔三〕堯❶有子十人，不與其子而授舜；舜❷有子九人，不與其子而授禹❸；至公也。

【章　旨】言堯舜行禪讓，以天下為公。

【注　釋】❶堯　上古傳說中推行禪讓的聖王。史稱唐堯，名放勛，傳曾設官掌管時令，制定曆法。諮詢四岳，推選舜為其繼位人，對舜進行三年考察後，命舜攝位行政，他死後，即由舜繼位。❷舜　參見前〈貴公〉四章注❹。❸禹亦稱大禹、夏禹，姒姓，因治水有功而成為舜的繼位人，傳說曾鑄造九鼎。後其子啟建立了中國歷史上第一個國家，即夏代。

【語　譯】堯有十個兒子，帝位不傳給兒子而傳給了舜；舜有九個兒子，帝位不傳給兒子而傳給了禹。他們都達到了公的最高境界。

〔四〕晉平公❶問於祁黃羊❷曰：「南陽❸無令，其誰可而為之？」祁黃羊對曰：「解狐❹可。」平公曰：「解狐非子之讎❺邪？」對曰：「君問可，非問臣之讎也。」平公曰：「善。」遂用之。國人稱善焉。居有間❻，平公又問祁黃羊曰：「國無尉❼，其誰可而為之？」對曰：「午可。」平公曰：「午非子之子邪？」對曰：「君問可，非問臣之子也。」平公曰：「善。」又遂用之。國人稱善焉。孔子聞之曰：「善哉！祁黃羊之論也，外舉不避讎，內舉不避子。」祁黃羊可謂公矣。

【章　旨】以祁黃羊薦賢「外舉不避讎，內舉不避子」為據，論證治理天下應去私行公。

【注　釋】❶晉平公　春秋晉國國君，晉悼公之子，名彪，在位二十六年（西元前五五七～前五三二年）。❷祁黃羊　晉大夫，名奚，字黃羊。祁，同「祈」。後〈開春〉篇作祈奚。祈奚薦賢一事，據《左傳》記載應在晉悼公四年，此處則為平公，恐有誤。❸南陽　今河南濟源一帶。❹解狐　晉大夫。❺讎　仇敵。❻間　一段時間。❼尉　軍隊長官。

【語　譯】晉平公問祁黃羊說：「南陽缺少一個縣令，有誰可以擔任這個職務？」祁黃羊回答說：「解狐可以。」平公說：「解狐不是你的仇敵嗎？」祁黃羊說：「你問的是誰可以擔任南陽的縣令，不是問誰是我的仇人。」平公說：「好。」於是就任用解狐為南陽縣令。國人知道後，都稱讚說好。過了一段時間，平公又對祁黃羊說：「國家缺少一個軍尉，誰能勝任這個職務？」回答說：「午可以。」平公說：「那午不是你的兒子嗎？」祁黃羊回答說：「你問的是誰可以擔任這個職務，不是問誰是我的兒子。」平公答應說：「好。」於是又讓午做了軍尉。國人知道後又交口讚譽稱好。孔子聽了以後說：「祁黃羊的這些話，說得太好啦！他這是做到了：薦舉外人不迴避自己的仇敵，薦舉親屬不迴避本人兒子。」祁黃羊可稱得上公正無私了。

〔五〕墨者❶有鉅子❷腹䵍❸，居秦，其子殺人，秦惠王❹曰：「先生之年長矣，非有它子也，寡人已令吏弗誅矣，先生之❺以此聽寡人也。」腹䵍對曰：「墨者之法曰：『殺人者死，傷人者刑。』此所以禁殺傷人也。夫禁殺傷人者，天下之大義也。王雖為之賜❻，而令吏弗誅，腹䵍不可不行墨者之法。」不許惠王，而遂殺之。子，人之所私也，忍❼所私以行大義，鉅子可謂公矣。

【章　旨】此章再以墨家鉅子腹䵍執法不避親子為據，論證治理天下應去私行公。

【注　釋】❶墨者　指戰國時期的墨家學派。❷鉅子　墨家對本派大師的尊稱。❸腹䵍　鉅子的字。❹秦惠王　戰國時秦國國君，秦孝公之子，名駟，在位二十七年（西元前三三七～前三一一年）。❺之　古通「其」。語助詞，表示希望。❻賜　恩賜，指赦免其子。❼忍　指忍其私心而誅殺親子。

【語　譯】墨家有個大師腹䵍住在秦國，他的兒子殺了人犯了死罪。秦惠王對腹䵍說：「先生年事已高了，又只有這麼一個兒子，我已命令官府不要殺他了，這件事希望先生能聽我的。」腹䵍回答說：「墨家的法律規定：『殺人的要處死刑，傷人的要受刑罰。』目的為了禁止殺人和傷人。這嚴禁殺人傷人，乃普天下之公理。大王雖然赦免了我兒子，命令官吏不殺他，然而我腹䵍不可不執行墨家的法律。」沒有答應秦惠王而把兒子處死了。親生的兒子是人人都偏愛的啊！能夠忍私心以行大義，鉅子腹䵍可算得上公正無私了。

〔六〕庖人調和而弗敢食，故可以為庖。若使庖人調和而食之，則不可以為庖矣。王伯❶之君亦然，誅暴而不私，以封天下之賢者，故可以為王伯；若使王伯之君誅暴而私之，則亦不可以為王伯矣。

【章　旨】以庖人調味而勿食為喻，說明為王霸者亦必須「誅暴而不私」。

【注　釋】❶王伯　為王為霸。

【語　譯】廚師調和五味而不敢私自食用，才可以做一個稱職的廚師。如果廚師調和五味而飽了自己口福，那就不成其為廚師了。成就王霸之業的君主也是如此。誅滅暴虐不是佔為私有，而是用來分封天下賢者，這才可以稱為王霸。如果誅滅暴虐以後便私自佔有天下，那麼亦就不可能成就王霸之業了。

卷第二　仲春紀第二

仲春　貴生　情欲　當染　功名

本卷闡述全生節欲的養生之要（〈貴生〉、〈情欲〉），和選賢利民的為政之道（〈當染〉、〈功名〉），繼續上卷的總主題：春主生。

按照仲春之月主生養繁育之功的要旨，月令篇中的祭祀、農事與政令，大都與保護幼雛的生育成長有關，規模宏大的祭祀高禖儀式，目的則是為了人自身的繁衍。〈貴生〉、〈情欲〉二篇，從不同側面闡釋了同一養生主題。前者認為生命的價值高於一切：高於富貴、高於王位、高於天下，因而力倡「全生為上」，務使「六欲」皆得其宜；後者則在肯定欲和情本屬天賦、無論貴賤愚智人所共有的同時，又力主「修節以止欲」，目的是使生命得以延長，聲色滋味之樂得以久享。

在本書作者看來，君主的首要任務是養生，其次才是為政。因而論述為政之道的〈當染〉、〈功名〉置於〈貴生〉、〈情欲〉之後。〈功名〉論功名與功業的關係。認為君主的功名既不可由自己強求，也不能由旁人贈給；但只要真能做到為政由道，予民以利，那麼它就會像日影隨形、飛鳥歸林那樣自然來到。〈當染〉是本書中一篇極為重要的文章，需要細讀。文中列舉的正反兩個方面的大量史實和人物，以後將屢屢提及，其中觀點也將進一步申述和闡發。所謂「當染」，是鑒於一個人與不同人相處會受到不同習染，建白人君必須十分謹慎這個「染」：「染當」則成，「染不當」則敗。全文的目的，是要當世君主仿效古代聖君，選賢任能，「勞於論人，而佚於官事」。值得一提的是，〈當染〉篇把春秋五霸與舜、禹、湯、武一起，並列為治世。特別對其中的齊桓公、楚莊王，在以後的多篇中一再論及，熱情頌揚，表現了本書作者與荀、孟褒三王而貶五霸的不同的歷史觀。

仲春

【題解】此篇為仲春月令，所記述的五神、五蟲、五音、五味、五祀等，與孟春月令無異，但天象和物候均有了變化，說明時序已前進了一個月。

本月的中心活動是向禖神祈求子嗣的儀式，規定天子務必親往，后妃率九嬪陪同，祀以牛、羊、豬三牲，十分隆重。似乎可以作這樣理解：天子的求子，並非單為一己，亦為他治下的百姓。驚蟄前三日，還要敲響木鐸告誡百姓慎於房事，以免「生子不備」（先天殘疾）。這種告誡自然並不科學，但至少說明當時的為國者對提高人口的數量和質量非常重視。古代地曠人稀，立國以人為本，人口眾多是國力強盛的首要標誌。

篇末提出的若政令錯時便會引起種種天災人禍的警告，則與前篇月令，亦與後十篇月令大致相同。在社會生產力尚處於低下的古代，人間若干小規模的措施居然會引起天象懲罰性的變異，這當然出於古人的臆想。但六月飛雪、冬日驚雷一類反常氣候則古代有，現代亦有。本書月令中的這些警告，可能就出於作者把這兩種原無必然聯繫的現象人為地湊到了一起，目的則是強調政令適時的重要。但自從世界進入現代以後，人類破壞自己的生存環境，從而招致大自然憤怒報復的事，卻早已舉不勝舉。因而我們不妨把這些文字讀作古人不幸而言中的警告，這倒是出乎先哲們預料的吧？

〔一〕一曰——

仲春❶之月：日在奎❷，昏弧❸中，旦建星❹中。其日甲乙。其帝太皞。其神句芒。其蟲鱗。其音角。律中夾鐘❺。其數八。其味酸。其臭羶。其祀戶。祭先脾。始雨水。桃李華❻。蒼庚❼鳴。鷹化為鳩❽。天子居青陽太廟❾，乘鸞輅，駕蒼龍，載青旂，衣青衣，服青玉，食麥與羊。其器疏以達。

【章 旨】記述仲春二月月令，並據此對本月中天子的住、行、衣、食作了相應的明細規定。

【注 釋】❶仲春　指夏曆二月。❷日在奎　太陽運行的位置在奎宿。奎宿為二十八宿之一，白虎七宿之首宿，共十六星，九屬仙女座，七屬雙魚座。❸弧　弧星，在朱雀鬼宿之南，屬天舟座。❹建星　在玄武斗宿上，屬人馬座。❺律中夾鐘　仲春之月與十二音律中的夾鐘律相應。夾鐘屬陰律。據高誘注：是月萬物去陰，夾陽而生，故稱「律中夾鐘」。❻華　開花。❼蒼庚　今之黃鸝。❽鳩　指鳲鳩，又稱鳴鳩，即布穀鳥。古人於鳥的分類不甚嚴密，一般鳥多以鳩名之，如鷹，亦稱鶉鳩。所謂「鷹化為鳩」，可能就是由此而產生的一種誤認。❾青陽太廟　古代天子春季的居所稱「青陽」；青陽的正室稱「太廟」，春季的第二個月居於此。

【語 譯】仲春二月，太陽的位置在奎宿。黃昏時，弧星出現在南方中天；黎明時，建星出現在南方中天。仲春在天干中屬甲乙，主宰的天帝是太皞，佐帝之神是句芒。應時的動物屬鱗族。應時的聲音是角音，相應的音律是夾鐘律。本月的序數是八。應時的味是酸味，氣是羶氣。舉行五祀中的戶祭，祭祀時要把犧牲的脾臟陳列在前面。雨水開始多起來，桃李吐豔，黃鸝啼鳴。往日的鷹化為鳲鳩。天子居住到青陽的正室，乘坐飾有鸞鈴的大車，駕著叫蒼龍的青色駿馬，車上插著繪有龍紋的青色旗幟。天子穿著青色的衣服，佩戴青色的玉器。吃的是麥食與羊肉。使用的器皿上面刻鏤的紋理疏朗而剔透。

〔二〕是月也，安萌牙❶，養幼少，存諸孤❷。擇元日❸，命人社❹。命有司❺，省囹圄❻，去桎梏❼，無肆掠❽，止獄訟❾。

是月也，玄鳥❿至。至之日，以太牢⓫祀於高禖⓬。天子親往，后妃率九嬪御⓭，乃禮天子所御⓮，帶以弓韣⓯，授以弓矢⓰於高禖之前。

是月也，日夜分⓱。雷乃發聲，始電⓲。蟄蟲咸動，開戶始出⓳。先雷三日，奮鐸⓴以令于兆民曰：「雷且發聲，有不戒其容止㉑者，生子不備㉒，必有凶災。」日夜分，則同度量㉓，鈞衡石㉔，角斗桶㉕，正權概㉖。

【章旨】為適應仲春之月生養繁育之功，天子必須實施相關的政令，並親自參加祈求子嗣的儀式。

【注釋】❶安萌牙　保護初生的嫩芽。牙，芽古通。❷存諸孤　撫養無父的孤兒。存，撫養；恤問。一說包括鰥、寡、孤、獨，所以稱「諸孤」。❸元日　吉日。❹命人社　命令百姓祭祀后土，以祈求五穀豐登。人，當作民，疑因唐諱李世民而將民改作人，一直未予改正。社，祭土神(即后土)。❺有司　主管的官吏。此處指執掌刑法的官吏。❻省囹圄　赦免輕微犯罪者，以減少在押的囚犯。囹圄，監獄。❼去桎梏　除去在押罪犯的刑具。束在手上的刑具稱梏，架在腳上的為桎。❽肆掠　處決和拷打犯人。肆，執行死刑後陳屍示眾。掠，鞭笞。❾止獄訟　停止訴訟之事。❿玄鳥　即燕子。燕子在古代被視為吉祥之鳥。傳說有娀氏之女簡狄浴於河，有燕飛過墜其卵，簡狄吞燕卵而孕，生子契。後來契成了商的開國之君。《詩經．玄鳥》：「天命玄鳥，降而生商。」即指此事。⓫太牢　牛、羊、豬三牲具備的祭祀。⓬禖　禖神，傳為能賜人以子嗣之神。禖，通「腜」。腜為婦女始孕之徵兆。⓭后妃率九嬪御　王后、夫人率領九嬪一起參加祭高禖儀式。九嬪，泛指宮中女眷。天子有一后、三夫人、九嬪、二十七世婦。御，侍從。⓮天子所御　意謂后妃中已有孕娠者。⓯弓韣　弓套。⓰弓矢　作為將生男的象徵。⓱日夜分　晝夜時間相等。指春分這一天。⓲始電　開始有閃電。⓳蟄蟲咸動二句　指驚蟄以後，冬眠的動物開始蘇醒，離開洞穴外出活動。⓴奮鐸　古代宣布政令時，要敲著木鐸巡行各地，以引起人們注意。奮，震動。鐸，大鈴。金口木舌為木鐸，金口金舌為金鐸。㉑容止　為儀容舉止，此處借指男女房事。㉒不備　殘缺不全。㉓同度量　統一量器、容器。㉔鈞衡石　統一計量重量的器具與單位。鈞，劃一。衡，秤杆。石，古代一百二十斤為一石。㉕角斗桶　校正斗桶這一類量具。角，校正。㉖正權概　校正秤錘、斗概。正，校正。權，秤錘。概，格平斗斛上的木板。

【語譯】這個月，要保護樹木的嫩芽和作物的幼苗，養育好兒童和少年，還要撫恤和照顧好孤兒。選擇吉日，命令百姓祭祀后土。命令司法官吏赦免輕微犯罪者，以減少監押人犯。要打開犯人的手銬腳鐐，不得處決犯人和陳屍街市，亦不可鞭笞犯人，並中止一切訴訟。

這個月，燕子要飛來了。燕子到來的日子，要用牛羊豬三牲到郊區祭祀高禖之神。天子必須親自前往，后妃要率領宮中全部女眷陪同。在高禖神前，要給那些為天子所幸而有孕的宮眷舉行典禮，給她們帶上弓套，授予她們弓箭，祝福她們能生下勇武有力的男孩子。

這個月，晝夜時間大體均等。春雷始發，並有閃電。蟄伏的蛇蟲開始蘇醒，從洞穴中鑽出來活動。在預計打雷前三天，就要敲響木鐸向眾百姓發出警告：「春雷快要響了。如果有誰還不檢點自己的舉止，依舊行房事，那麼生下的孩子必然殘缺不全，大人亦定會遭到災禍。」在春分那一天，還要普遍地劃一和校正各種度量衡的器具和單位。

〔三〕是月也，耕者少舍❶，乃修闔扇❷，寢廟必備❸。無作大事❹，以妨農功。

是月也，無竭川澤，無漉陂池❺，無焚山林。天子乃獻羔開冰❻，先薦寢廟❼。

上丁❽，命樂正，入舞❾舍采❿，天子乃率三公九卿諸侯親往視之。中丁，又命樂正，入學習樂。是月也，祀不用犧牲，用圭璧，更皮幣⓫。

【章　旨】記述本月有關農事、祭祀和習舞習樂等的注意事項。

【注　釋】❶少舍　稍事休息。少，稍。舍，止息。❷闔扇　門扇。❸寢廟必備　寢廟的門扇必須完好備具。古代祖廟在前邊祭祀的部分稱廟，後面住人的部分為寢，合稱寢廟。❹大事　兵戈征伐等事。❺無漉陂池　不要把蓄水的池塘弄乾涸。漉，使乾涸。陂，蓄水的池塘。❻獻羔開冰　先獻羊羔祭祀，然後打開冰窖取冰。❼先薦寢廟　取出的冰要先祭獻祖先享受。❽上丁　指這個月上旬的丁日。❾入舞　入太學練習舞蹈。❿舍采　在開學典禮上，獻彩帛祭祀先師以示敬意。舍，放置。采，彩帛。⓫用圭璧二句　在祭祀時要用圭璧、皮幣來代替犧牲。圭璧，玉器。皮幣，鹿皮、束帛。

【語　譯】這個月，要讓農夫稍事休息，他們好利用這段時間修理門扇，特別是祭祀祖先的寢廟各項設備均須完好備具，不得損缺。不要進行徵發兵役等事，以免妨礙農事。

這個月，不要使河川沼澤涸竭，不得用乾池塘蓄水，不可焚燒山林。天子要舉行開啟冰窖的儀式，向司寒之神呈獻羔羊。取出的冰塊要先送到寢廟進獻祖先。上旬的丁日，命令樂官進入學館，開始接受卿大夫子弟入學習舞。在開學的儀式上，弟子們要進獻彩帛向先師致敬。屆時，天子要率領三公九卿及諸侯前往觀禮。中旬的丁日，再開設音樂課，命令樂官進入學館，教導弟子習樂。

這個月，一般的祭祀不用牲畜作祭品，可用玉圭、玉璧或毛皮束帛來代替。

〔四〕仲春行秋令❶，則其國大水，寒氣總至❷，寇戎來征。行冬令❸，則陽氣不勝，麥乃不熟，民多相掠。行夏令❹，則國乃大旱，燠氣早來，蟲螟❺為害。

【章　旨】言政令錯時會引起各種災禍。

【注　釋】❶仲春行秋令　按陰陽五行說，仲春，陽中，陽氣長養；秋屬金，主殺戮。所以仲春行秋令，便寇害繼起；金又生水，所以大水數至。❷總至　數至。❸行冬令　冬屬陰，主肅殺。仲春行冬令，陰氣逼陽，陽氣不勝，那樣麥子便不能成熟，百姓因饑荒而互相搶掠。❹行夏令　夏屬火，夏氣炎陽，暑氣早來。所以仲春行夏令，將出現大旱；而陽極轉生陰，所以又會引起蟲蝗為害。❺螟　齧食禾心的害蟲。

【語　譯】仲春二月如果推行秋季的政令，那麼寒氣便會反覆襲來，國內就會洪水泛濫，敵寇亦會前來侵犯。如果推行冬季的政令，陽氣便不勝，麥子就不會成熟，百姓會因饑荒而互相搶掠。如果推行夏季的政令，暑氣過早到來，國內便會出現大旱，作物還會遭受各種蟲害。

貴生

【題解】〈貴生〉篇首句即開宗明義揭出全文要旨：「聖人深慮天下，莫貴於生。」接著以子州支父辭受天下、王子搜不當國君和顏闔逃避饋聘三個典實，說明養生、全生比天下、王位、富貴都更為重要。甚至認為「帝王之功」，只是「聖人之餘事」，只需以其「緒餘」、「土苴」治理天下或國家，他們的要務應是「完身養生」。但亦惟有這樣的人，才可以為一國之君，以至託付天下。

「貴生」的思想，源於楊朱學派的「貴己」說，但本篇用來說明養生與治國的關係，還是有自己的特色。篇末又引了道家人物子華子的論述，提出了人的四種生存狀態，即所謂全生、虧生、死和迫生。作者在闡釋時，一再崇尚全生，同時反覆責難苟且偷安的迫生。「故不義，迫生也。」但迫生不僅限於不義，所以「迫生不若死」。結語鄭重指明：「尊生者，非迫生之謂也。」從而釐清了全生、尊生、迫生的界限。這一點，可說是本篇的光彩處。

〔一〕二曰——

聖人深慮天下，莫貴於生。夫耳目鼻口，生之役也。耳雖欲聲，目雖欲色，鼻雖欲芬香，口雖欲滋味，害於生則止。在四官❶者不欲，利於生者則弗❷為。由此觀之，耳目鼻口，不得擅行，必有所制。譬之若官職，不得擅為，必有所制。此貴生之術也。

【章　旨】言天下事物以生命最可寶貴，因而耳目鼻口對於聲色香味，亦必須以利於生命為度。

【注　釋】❶四官　指耳目鼻口。❷弗　此字當為衍文。

【語　譯】聖人對天下事物深思熟慮，認為沒有比生命更可寶貴的。耳目鼻口，原是生命的僕役。誠然，耳朵喜聞動聽的聲音，眼睛想看悅目的色彩；鼻子愛好芳香，嘴巴希求美味，但是只要對生命有害，它們就會中止。反之，即使不是耳目鼻口本身的欲求，但只要對整體生命有利，它們亦會去做。由此看來，耳目鼻口不能擅自行動，必須有所制約，就像設置各種職官，不能專斷獨行，必須有所制約一樣。這就是貴生的辦法。

〔二〕堯以天下讓於子州支父❶。子州支父對曰：「以我為天子猶❷可也。雖然，我適有幽憂之病❸，方將治之，未暇在天下也。」天下，重物❹也，而不以害其生，又況於它物乎？惟不以天下害其生者也，可以託天下。

【章　旨】以子州支父不接受堯禪讓天下為例，說明生命比天子地位更重要。

【注　釋】❶子州支父　姓子，名州，字支父，傳為堯時之賢人。❷猶　也是；還是。❸幽憂之病　即暗疾。❹重物　重大的事或物。

【語　譯】堯要把天下讓給子州支父，子州支父回答說：「讓我做天子也是可以的，不過，我身上有暗疾，正需要治療，沒有閒暇去治理天下的事啊。」天下大位是最貴的了，聖人尚且不願因為它而妨害自己的生命，又何況其他的事情呢？但也只有不以天下而危害自己生命的人，才可以把天下託付給他。

〔三〕越人三世殺其君，王子搜❶患之，逃乎丹穴❷。越國無君，求王子搜而不得，從❸之丹穴。王子搜不肯出，越人薰之以艾，乘之以王輿❹。王子搜援綏❺登車，仰天而呼曰：「君乎，獨不可以舍❻我乎！」王子搜非惡為君也，惡為君之患也。若王子搜者，可謂不以國傷其生矣，此固越人之所欲得而為君也。

【章旨】以王子搜不願做國君為例，說明養生比國君地位更重要。

【注釋】❶王子搜　據《淮南子》記載，王子搜為越王翳；但俞樾、梁玉繩等考訂認為，王子搜係無顓的異名，無顓則為翳之子。無顓之前，越人三世弒其君。❷丹穴　採丹之井。❸從　同「蹤」。跟蹤。❹薰之以艾二句　用艾蒿薰丹穴，請他乘坐王輿。王輿，君王的乘車。越地習俗，薰艾蒿以袪除不祥。❺援綏　援，拉。綏，登車時挽手的繩索。❻舍　棄置。

【語譯】越國人曾連續三世殺掉他們的國君。王子搜因而很憂懼，逃到丹穴藏起來。越國沒有了國君，人們到處尋找不到王子搜，最後跟蹤到了丹穴。王子搜還是不肯出來。越國人便薰起了艾蒿，又以君王的乘車迎接他。王子搜拉住挽手的繩索登車時，仰天呼號說：「王位啊王位，這個職務怎麼偏不肯放過我呢！」其實王子搜並不是厭惡做國君，而是厭惡做國君可能帶來的禍害。像王子搜這樣的人，真可以叫做不肯以君位來傷害自己生命的人了。但這也正是越國人想得到他讓他做國君的原因。

〔四〕魯君❶聞顏闔❷得道之人也，使人以幣❸先焉。顏闔守閭❹，鹿布❺之衣，而自飯牛❻。魯君之使者至，顏闔自對之。使者曰：「此顏闔之家邪？」顏闔對曰：「此闔之家也。」使者致幣，顏闔對曰：「恐聽繆❼而遺使者罪，不若審❽之。」使者還反審之，復來求之，則不得已❾。故若顏闔者，非惡富貴也，由重生惡之也。世之人主，多以富貴驕得道之人，其不相知，豈不悲哉！

【章旨】以顏闔拒絕魯君聘禮為例，說明養生比富貴更重要。

【注釋】❶魯君　指魯哀公，魯國最後一個國君，在位十九年（西元前四九四～前四七六年）。❷顏闔　魯之隱士，事見後〈適威〉篇三章。❸幣　幣帛，古人相互贈送的聘禮。❹守閭　居住在鄉里。❺鹿布　即粗布。「鹿」即「麤」的省略，「麤」為「粗」的異體字。❻飯牛　餵牛。❼繆　通「謬」。❽審　審核確實。❾不得已　找不到。已，語終辭。高誘注：顏闔踰坏而逃之，故不得。

【語譯】魯國的國君聽說顏闔是個得道的人，便派使者先帶著幣帛作為聘禮去邀請他。顏闔住在鄉里，穿著粗布衣服，自己在餵牛。魯君的使者來了，顏闔親自接待他。使者問：「這裡是顏闔的家嗎？」顏闔回答：「這是我的家。」使者便送上聘禮。顏闔回說：「恐怕不對吧？你聽錯了人會受到責備的，不如回去把姓名核對清楚再說。」使者回去經再三核查清楚後，又來尋顏闔，卻再也找不到了。顏闔所以這樣做，並不是厭惡富貴本身，而是由於看重生命才厭惡富貴的啊。如今世俗的君主卻以富貴來驕寵得道的人，他們如此不理解人，豈不令人可悲嗎？

〔五〕故曰：道之真，以持身；其緒餘❶，以為國家；其土苴❷，以治天下。由此觀之，帝王之功，聖人之餘事也，非所以完身養生之道也。今世俗之君子，危身棄生以徇物❸，彼且奚以此之也？彼且奚以此為也❹？

凡聖人之動作也，必察其所以之與其所以為❺。今有人於此，以隨侯之珠❻彈千仞❼之雀，世必笑之，是何也？所用重，所要輕也。夫生豈特隨侯珠之重也哉？

【章旨】總結右述三章之結論：以為帝王之功業乃聖人之餘事，若危身以徇物，就是用珍珠彈小雀——輕重倒置。

【注釋】❶緒餘　抽絲後留在繭上的殘絲。此處指剩餘的或次要的部分。❷土苴　泥土雜糞草。此處指微賤之物。❸徇物　指以身從物。❹彼且奚以此之也二句　大意為：他們用「危身棄生」的代價究竟得到了什麼呢？他們換得的這些「外物」又有什麼用呢？句中前一「此」指「危身棄生」這種做法；後一「此」指所徇之外物。❺其所以之與其所以為　他們所要達到的目的與他們所要採取的手段。❻隨侯之珠　隨國近濮水，出寶珠。傳說隨侯見一大蛇負傷，便以藥敷之，後大蛇從江中銜來明珠相報。隨侯之珠與卞和之璧齊名，皆喻重寶。❼仞　周制七尺為一仞。

【語譯】所以說，道的真諦，是為了養生。生命作為一個整體，它的剩餘部分才用來治理國家；生命作為一座府庫，其中的土苴微物才用來治理天下。由此看來，帝王的功業，只是聖人閒暇空餘之事，不是他們全身養生的根本之道。如今世俗的君子們，不惜作殘身體、捐棄生命來追求外物，他們這樣做究竟在追求什麼呢？他們這樣做所換得的外物究竟又有什麼用呢？

大凡聖人有所舉動時，總要弄清楚什麼是追求的目的，什麼是達到目的的手段。譬如現在這裡有這麼一個人，他用隨侯寶珠去彈射千仞之上的一隻小鳥，世上人必然都會譏笑他。為什麼呢？因為花費的代價太昂貴，而想要得到的目的物又太渺小了。然而，難道最可寶貴的生命，僅僅只有隨侯之珠那樣一點價值嗎？

〔六〕子華子❶曰：「全生❷為上，虧生次之，死次之，迫生為下。」故所謂尊生者，全生之謂。所謂全生者，六欲❸皆得其宜也。所謂虧生者，六欲分❹得其宜也。虧生則於其尊之者❺薄矣。其虧彌❻甚者也，其尊彌薄。所謂死者，無有所以知❼，復其未生也。所謂迫生者，六欲莫得其宜也，皆獲其所甚惡者，服是也，辱是也。辱莫大於不義❽，故不義，迫生也，而迫生非獨不義也，故曰迫生不若死。奚以知其然也？耳聞所惡，不若無聞；目見所惡，不若無見。故雷則揜耳，電則揜目，此其比也。凡六欲者，皆知其所甚惡，而必不得免，不若無有所以知，無有所以知者，死之謂也，故迫生不若死。嗜肉者，非腐鼠❾之謂也；嗜酒者，非敗❿酒之謂也；尊生者，非迫生之謂也。

【章　旨】引子華子之論，提出人的四種生存狀態，力主追求六欲皆得其宜的「全生」。

【注　釋】❶子華子　魏國人，道家人物，其學說要旨即所謂「全生為上」。本書後面〈先己〉、〈誣徒〉、〈知度〉、〈明理〉、〈審為〉諸篇皆引子華子語，說明當時曾有著作行世，但後不傳。今《子華子》是偽書，或為宋人所造作。❷全生　指使生命依順天性得到完全發展。❸六欲　指生、死、耳、目、口、鼻六項。❹分　部分。❺尊之者　指所尊貴的生命。❻彌　更加。❼無有所以知　六欲再也無從使其感覺到。以，使。❽不義　據陳奇猷注，矜勢欺詐為不義。此處言義，與儒家「仁義」之「義」，應有區別。❾腐鼠　喻指庸俗之輩所迷戀之賤物。❿敗　臭壞。

【語　譯】子華子說：「全生為上等，虧生次一等，死又次一等，最低等的是迫生。」因此，所謂尊生，就是全生的意思；所謂全生，就是人的六種基本欲求皆能安置得當適宜。所謂虧生，是指六欲只有部分適宜。生命受到虧損，生命的意義就顯得淡薄了；生命虧損得愈厲害，生命的意義亦就愈加淡薄。所謂死，那就是對六欲無從感覺，回復到未出生之前的狀態。所謂迫生，就是六欲沒有一樣能得當適宜，所得到的都是他厭惡的東西，例如屈服恥辱，就是如此。恥辱莫大於陷人矜勢欺詐的不義，所以這種不義之人就是迫生。然而迫生不僅僅是不義，它還要感受許多明知可惡卻又不得不感受的東西，所以說迫生還不如死。何以知道是這樣的呢？譬如，耳朵聽到的是它所厭惡的聲音，那還不如不聽；眼睛看到的是它所厭惡的色彩，那還不如不看。所以打雷的時候，人們會掩住耳朵；閃電的時候，人們會閉起眼睛。這就是例子。如果知道要得到的六欲都是些令人十分厭惡的東西，卻又不可避免，那還不如對六欲一概無所感知的好；對六欲無所感知的狀態那就是死啊。所以說，迫生還不如死。好吃肉的人，不可能連死老鼠的爛肉亦品出美味；貪享杯中之物者也不會把變質的酸酒當作佳釀；所以，尊貴生命，絕不能拿苟且偷生的「迫生」來魚目混珠！

情欲

【題解】本篇一開始就提出，天生人而有欲有情，給情欲一個合理的地位。繼而指出，人的耳、鼻、口對於聲、色、味的欲求，無論貴賤、智愚都是一樣的，甚至舉出古人公認的聖人（神農、黃帝）與暴君（夏桀、商紂）為例，認為他們在有欲有情這一點上，亦完全相同。以當時的歷史條件而有此創見，實屬難得。

但承認情欲的合理地位，並非為縱欲提供理論根據。本文的主要篇幅卻正是反覆論述「修節以止欲」的重要。對情欲能否進行適度的節制，亦即是「得其情」還是「失其情」，乃聖人與凡君的區別，為生死存亡的根本。文中把「虧情」的俗主同深得養生之道的古人作了對比，前者的結局是身敗國危，後者不僅健康長壽，而且還能久享聲色滋味之樂。這些論述，與老莊、孟子分別提倡的「無欲」、「寡欲」，還有荀子的「節欲」論，雖不無承續關係，但異多於同，卓然自成一說。篇末倡言為君者，不妨像楚莊王那樣，把治國之勞全都託付給孫叔敖，自己盡可畋獵遊樂，身後卻尚得「功迹著乎竹帛，傳乎後世」。

〔一〕三曰——

天生人而使有貪有欲。欲有情❶，情有節❷。聖人修節以止欲❸，故不過行其情也。故耳之欲五聲，目之欲五色，口之欲五味，情也。此三者，貴賤愚智賢不肖欲之若一❹，雖神農❺、黃帝❻其與桀❼、紂❽同。聖人之所以異者，得其情也❾。

由貴生動則得其情矣，不由貴生動則失其情❿矣。此二者，死生存亡之本也。

【章旨】言欲望與感情本是天生，聖人與凡君的區別，在於能否按貴生原則對情欲進行適度節制。

【注釋】❶情　指人在感情上的好惡。❷節　適度。❸修節以止欲　修明適宜之好惡取捨以制約其欲望。止，當為制，音近而誤。❹欲之若一　對聲色味三者需求的欲望是一樣的。❺神農　傳說中的古代聖君。始教民為耒耜、興農業，故稱神農氏；以火德王，故又稱炎帝；起於烈山，故亦稱烈山氏。神農又為傳說中的五帝之一。❻黃帝　傳說中的古代聖君，姬姓，號軒轅氏，以土德王天下，因稱黃帝，是為中原各族的共同祖先。黃帝又為傳說中的五帝之一。❼桀　夏代最後一個君主，名履癸。❽紂　殷代最後一個君主，帝乙之子，名辛。桀與紂古人視作暴君的典型。❾得其情也　指聖人能夠獲得節制欲望使之適度的情。❿失其情　失去適度之情，即情欲失去節制。

【語譯】人天生就有貪心，有欲望，有欲望便產生感情，有感情就得有節度。聖人修明適度之情以節制其欲望，因而不會放縱自己導致情欲過分。耳朵要聽美妙的音樂，眼睛喜看斑斕的色彩，嘴巴想吃山珍海味，這些都是情欲。這三方面的欲望，無論高貴還是卑賤，愚蠢還是聰慧，賢明還是不肖，大家都是一樣的。即使是作為聖人的神農、黃帝與作為暴君的夏桀、商紂，對這方面的欲望也是相同的。聖人之所以有別於一般人，只是他們善於節制情欲使之適度。從尊貴生命這一根本點出發，一切舉動中的情欲就會得到適當節度；不從這一根本點出發，那麼就會在行動中喪失對情欲的節度。這兩種情況的差別，便是決定生死存亡的根本。

〔二〕俗主虧情❶，故每動為亡敗。耳不可贍❷，目不可厭❸，口不可滿，身盡府種❹，筋骨沈滯❺，血脈壅塞，九竅❻寥寥❼，曲失其宜，雖有彭祖❽，猶不能為也。其於物也，不可得之為欲，不可足之為求❾，大失生本❿。民人怨謗，又樹大讎；意氣易動，蹻然不固⓫；矜勢好智⓬，胸中欺詐；德義之緩，邪利之急⓭。身以困窮，雖後悔之，尚將奚及？巧佞之近，端直之遠⓮，國家大危，悔前之過，猶不可反。聞言而驚，不得所由⓯。百病怒起，亂難時至。以此君人，為身大憂。耳不樂聲，目不樂色，口不甘味，與死無擇⓰。

【章　旨】論述俗主凡君由於情欲無節制而導致身敗國危的結局。

【注　釋】❶虧情　指情欲沒有節制。❷贍　供給。❸厭　通「饜」。滿足。❹府種　即胕腫。腐爛腫脹。❺沈滯　沉積而不通暢。沈，同「沉」。❻九竅　指人頭部的七孔（眼、耳、鼻、口）及下身大小便各一孔。竅，孔穴。❼寥寥　空曠。❽彭祖　傳為古之長壽者。曾為堯臣，封於彭城，歷虞夏至商，年七百歲（一說八百歲）。❾不可得之為欲二句　意謂俗主對於外物，總是想要得到那些無法得到的東西，提出那些無法滿足的要求。❿生本　即貴生之本。⓫蹻然不固　如蹺著腿那樣，人站不穩固。蹻，蹺。⓬矜勢好智　誇耀權勢，玩弄智巧。⓭德義之緩二句　指其該急的不急，該緩的不緩，顛倒了德義與邪利的輕重緩急關係。⓮巧佞之近二句　指其親近巧佞，疏遠正直，不識人之好歹。⓯由　原因。⓰擇　區別。

【語　譯】世俗的君主，情欲沒有節制，所以動輒敗亡。他們耳、目、口對聲、色、味貪得無饜，弄得全身腫脹以至潰爛，筋骨呆滯，血脈阻塞，九竅空虛，一切都已扭曲，喪失了正常機能。到了這個地步，即使請教壽星彭祖，也已無能作為。對於外物，他們總是追求那些無法得到的東西，提出不可滿足的欲望，完全喪失了生命之根本。他們的行為招致百姓的怨謗，給自己樹起了眾多的仇敵。他們的意志容易動搖，情緒很不穩定，又好誇耀自己的權勢，玩弄智謀，一肚子奸詐。他們把德義置於腦後，急於追逐邪利，弄得自己困乏窘迫，雖然後悔，又怎麼來得及呢？他們親近奸巧小人，疏遠正直君子，使國家處於危急狀態，即使對前愆有所翻悔，卻依然沒有迷途知返的行動。聽說自己將要滅亡，也只是一味驚恐，卻不知道何以會如此的原因。到這時候，百病便一齊暴發，反叛內亂接踵而至。他們這樣來治理百姓，只能給自己帶來極大的憂患。耳聽樂音不覺得快樂，眼看五彩不感到高興，口嚐佳餚又不辨其美味，這樣的活與死又有什麼區別呢？

〔三〕古人得道者❶，生以壽長，聲色滋味，能久樂之，奚故？論❷早定也，論早定則知早嗇❸，知早嗇則精不竭。秋早寒則冬必煗❹矣，春多雨則夏必旱矣，天地不能兩❺，而況於人類乎？人與天地也同，萬物之形雖異，其情一體也。故古之治身與天下者，必法天地也。尊❻酌者眾則速盡。萬物之酌大貴❼之生者眾矣，故大貴之生常速盡。非徒萬物酌之也，又損其生以資❽天下之人，而終不自知。功雖成乎外，而生虧乎內。耳不可以聽，目不可以視，口不可以食，胸中大擾，妄言想見，臨死之上❾，顛倒驚懼，不知所為，用心如此，豈不悲哉！

【章旨】言君主修養身心、治理天下，應效法天地以尊生為本，不能因功業挫傷自己的生命。

【注釋】❶古人得道者　孫蜀丞疑此句中「人」為「之」字草書之誤，下文「古之治身與天下者……」文例可證。❷論　指上文所論節欲長生的觀念。❸嗇　愛惜。❹煗　同「暖」。❺兩　兩全其美。❻尊　古代酒器，今作「樽」。❼大貴　指君主。❽資　供給。❾上　前也。

【語譯】古代體察養生之道的人，既能長壽，又能久享聲色滋味之樂，這是什麼原因？原因是他們早就確定了貴生的觀念。貴生的觀念確定得早，那就能及早地愛惜自己的生命；及早愛惜自己的生命，那精神便不會枯竭。秋天寒氣提前來到，冬天必定風和日暖；春天陰雨綿綿，夏天必然乾燥苦旱。大自然尚且不能兩全其美，何況人類呢？人與天地在不能兩全這一點上是相同的。萬物的形態雖然千差萬別，但其本性卻是一樣的。因此，古代聖人養身與治理天下，必定效法天地。樽中的酒吸飲的人多了，自然就乾得快。世上萬物對君主生命的消耗那是太多了，所以君主的生命往往很快就耗盡。更何況不僅是外物，還有君主為治理天下而消耗了自己的生命還不覺察。這樣功業雖然成就於外，生命卻受損於內。到那時，耳聽而不聞，目視而不見，有口不能飲食，心中困擾，胡言亂語，如死到臨頭那樣，神魂顛倒，驚嚇恐懼，自己也不知道自己在做什麼。到了這般地步，豈不可悲！

〔四〕世人之事君者，皆以孫叔敖❶之遇❷荊莊王❸為幸，自有道者論之則不然，此荊國之幸。荊莊王好周遊田獵❹，馳騁弋❺射，歡樂無遺，盡傳❻其境內之勞與諸侯之憂於孫叔敖，孫叔敖日夜不息，不得以便生為故❼，故使莊王功迹著乎竹帛❽，傳乎後世。

【章旨】以楚莊王知遇孫叔敖一事作為君主處理貴生與功業關係的範例，論述本書一再倡言的君主必須無為而治的思想。

【注釋】❶孫叔敖　春秋楚國良相，施教導民，上下和合，三得相而不喜，三去相而不悔（據《史記・循吏列傳》）。❷遇　指孫叔敖為楚莊王所信用。❸荊莊王　即楚莊王，姓羋，名侶，春秋五霸之一，在位二十三年（西元前六一三

～前五九一年)。❹田獵 打獵。田,通「畋」。❺弋 帶有繩子的箭,用來射鳥。❻傅 通「付」。託付。❼故 事也。❽竹帛 史籍之泛稱。

【語 譯】世上事奉君主的人們,都以孫叔敖受到楚莊王的知遇為幸運,從懂得養生之道的人看來則不以為然,而認為這是楚國的幸運。楚莊王自己喜歡四處遊玩打獵,騎馬射箭,盡情歡樂,而把治國的辛勞與對付諸侯之憂慮全部託付給了孫叔敖。孫叔敖日夜不得休息,連自己養生之事也無法顧及,因此才使得楚莊王的功績留在史籍,傳到後代。

當染

【題解】本篇以素絲染色為喻，提出兩個對立命題：「染當」與「染不當」，義近晉代傅玄〈太子少傅箴〉中所言：「近朱者赤，近墨者黑。」提醒人們注意環境對主觀意識的影響。但本文根據全書總旨，將國君所染的當與不當，提到了國家存亡、自身榮辱的層次。文中列舉了四王、五霸和六個國君，凡「染當」者，或功蓋天地，或稱霸諸侯，且都能名傳後世；凡「染不當」者，則全落到了國敗身辱為天下笑的結局。由此得出結論：古代善於做國君的，都是「勞於論人，而佚於官事」，並且認為只有這樣，才「得其經也」。

全篇共三章，前二章出自《墨子・所染》，文字亦大致相同。末章則為本書作者所增，把論述君臣關係的主題，擴展到學術領域的師承關係，論述孔墨所學的淵源；進而由空間延伸到時間，歷述其後學與本源，且與墨子的非儒不同，儒墨並重，頗具新意。

〔一〕四曰──

墨子❶見染素絲❷者而歎曰：「染於蒼則蒼，染於黃則黃，所以入者❸變，其色亦變，五入而以為五色矣。」故染不可不慎也。

【章旨】引墨子語，以染絲為喻，為全篇破題。

【注釋】❶墨子　墨家創始人，名翟，傳為宋國人，後長期住於魯國。留有《墨子》，《漢書・藝文志》著錄七十一篇，現存五十三篇，亡佚十八篇。❷素絲 尚未染色的生絲。❸所以入者 指染料。

【語 譯】墨子見到人們在染絲，就嘆息道：「原本潔白的絲，染青就變成青色，染黃的就變成黃色。染料變了，絲的顏色亦跟著變。這麼染五次，就變換了五種顏色。」由此看來，「染」，不可不慎重啊。

〔二〕非獨染絲然也，國亦有染。舜染於許由、伯陽❶，禹染於皋陶、伯益❷，湯❸染於伊尹、仲虺❹，武王❺染於太公望❻、周公旦，此四王者所染當，故王天下，立為天子，功名蔽❼天地，舉天下之仁義顯人必稱此四王者。夏桀染於干辛、歧踵戎❽，殷紂染於崇侯、惡來❾，周厲王❿染於虢公長父、榮夷終⓫，幽王⓬染於虢公鼓、祭公敦⓭，此四王者所染不當，故國殘身死，為天下僇⓮，舉天下之不義辱人必稱此四王者。齊桓公染於管仲、鮑叔，晉文公⓯染於咎犯、郄偃⓰，荊莊王染於孫叔敖、沈尹蒸⓱，吳王闔廬⓲染於伍員、文之儀⓳，越王句踐⓴染於范蠡、大夫種㉑，此五君者所染當，故霸諸侯，功名傳於後世。范吉射㉒染於張柳朔、王生㉓，中行寅㉔染於黃藉秦、高彊㉕，吳王夫差㉖染於王孫雄、太宰嚭㉗，智伯瑤㉘染於智國、張武㉙，中山尚㉚染於魏義、椻長㉛，宋康王㉜染於唐鞅、田不禋㉝，此六君者所染不當，故國皆殘亡，身或死辱，宗廟不血食㉞，絕其後類㉟，君臣離散，民人流亡，舉天下之貪暴可羞人必稱此六君者。凡為君非為君而因榮也，非為君而因安也，以為行理㊱也。行理生於當染，故古之善為君者，勞於論人㊲，而佚於官事，得其經㊳也。不能為君者，傷形費神，愁心勞耳目，國愈危，身愈辱，不知要故㊴也。不知要故則所染不當，所染不當，理奚由至？六君者是已。六君者，非不重其國、愛其身也，所染不當也。存亡故㊵不獨是㊶也，帝王㊷亦然。

【章旨】以四王、五霸、六國之君所受熏染不同結局亦不同為據，論證為國者當「勞於論人，而佚於官事」，否則只能是國危身亡。

【注釋】❶許由伯陽　許由，傳說中的高士，堯聘請他，他不去；舜要傳位給他，他不受。後隱於箕山。伯陽，傳說中的賢人，舜的七友之一。❷皋陶伯益　皋陶，舜時掌握刑法的官吏。伯益，傳說中舜之賢臣。❸湯　商朝的開國君主，姓子氏，名天乙。❹伊尹仲虺　伊尹，湯之賢臣，助湯滅夏桀；湯死後，歷佐卜丙、仲壬二王。仲虺，湯之左相。❺武王　姓姬，名發，周文王之子，伐紂滅殷，西周王朝的實際建立者。❻太公望　姓姜，名尚，先世封於呂，故稱呂尚；周文王尊之為師，號之曰太公望；武王尊之為師尚父。助武王討滅商紂，建立西周，被封於齊。❼蔽　遮蔽。❽干辛歧踵戎　均為桀之邪臣。干辛又作羊辛。歧踵戎，歧踵係以國名為氏，戎為其名。❾崇侯惡來　崇侯名虎，崇是國名，侯是爵位。據《史記・殷本紀》，崇侯、惡來皆善毀讒。崇侯曾在紂王面前誣陷西伯昌（即後來周文王），紂因囚西伯昌於羑里。❿周厲王　周夷王之子，名胡，以荒淫暴虐而為國人所放逐。⓫虢公長父榮夷終　虢公長父，虢是國名，長父為其名，周厲王之近臣。《竹書紀年》厲王三年：「淮夷侵洛，命虢公長父伐之，不克。」榮夷終，即榮夷公，名終，榮是國名，夷為諡號。《史記・周本紀》載厲王信用榮夷公，又稱「榮公好專利而不知大難」。⓬幽王　即周幽王，周宣王之子，名宮涅，為西周最後一個國君，西元前七七一年被犬戎殺於驪山下。⓭虢公鼓祭公敦　虢公鼓，即虢公石父。《史記・周本紀》載：「石父為人佞巧善諛好利，王用之。」祭公敦，周幽王的卿士，祭為周畿內國，世為周之卿士，孰是其名。⑭僇　辱。⑮晉文公　晉獻公之子，名重耳。因獻公立幼子為嗣而出亡，凡十九年。秦以兵送其回國，立為晉文公，在位九年（西元前六三六～前六二八年）。⑯咎犯郄偃　咎犯，即狐偃，重耳之舅，翟人，重耳身旁五賢士之一。郄偃，即郭偃（一說為晉掌卜大夫卜偃），曾變法於晉。《商君書》及《戰國策》皆稱道郭偃之法。⑰沈尹蒸　沈是食邑，尹為官名，蒸為其名。有人考證沈尹蒸與虞丘相為一人，推薦孫叔敖給楚莊王以代替自己。事見《史記・循吏列傳》。⑱闔廬　吳王夷眛之子，名光，原為吳公子，殺王僚自立，曾起兵擊敗強楚。在位十九年（西元前五一四～前四九六年）。⑲伍員文之儀　伍員，吳國大夫，名員，字子胥。本楚國人，父伍奢、兄伍尚皆為楚平王所殺，因奔吳，助闔閭敗楚，掘楚平王墓，鞭屍三百。文之儀，吳國大夫。⑳句踐　越王允常之子，春秋末年越國國君，在位二十七年（西元前四九一～前四六五年）。曾為吳王夫差所敗，困於會稽山，屈辱求降，臥薪嘗膽，十年生聚、十年教訓而滅吳。按：上述齊桓公、晉文公、楚莊王、吳王闔閭、越王句踐，被稱為春秋五霸。㉑范蠡大夫種　范蠡，越國大夫，字少伯，楚國三戶人，助句踐雪會稽之恥。後經商，致大富，居陶，因稱陶朱公。大夫種，越國大夫，姓文，字子禽，楚國郢人，輔佐句踐滅吳雪恥。㉒范吉射　晉范獻子鞅之子，名昭子。韓、趙、魏、范、中行、智氏為晉末六卿，六卿強於晉之公室。趙鞅殺邯鄲的趙午，午子稷以邯鄲反。晉君使人圍邯鄲。范吉射與中行寅伐趙鞅，而趙鞅與荀櫟、韓不佞、魏侈聯合伐范、中行。范、中行敗走，奔齊。㉓張柳朔王生　范吉射的家臣，皆死於范吉射之難。㉔中行寅　晉六卿之一，是范吉射的姻親，趙午是他的外甥。趙鞅殺趙午，促使范、中行聯合攻趙而致敗。參見前注。㉕黃籍秦高彊　皆為中行寅家臣。㉖夫差　吳王闔閭之子，吳國國君，在位二十三年（西元前四九五～前四七三年）。夫差曾敗越王句踐，因聽信太宰嚭之言，允句踐和，後吳反為越所敗，夫差自刎。㉗王孫雄太宰嚭　皆為吳國大夫。王孫雄亦作王孫雒。太宰嚭曾勸夫差赦句踐，中傷伍子胥，句踐滅吳，殺太宰嚭。㉘智伯瑤　名襄子，智宣子申之子，晉末六世卿中最強者。智伯瑤奪韓魏地，又求地於趙襄子，趙不與，遂率韓魏圍趙於晉陽，而趙氏私與韓魏通，反滅智氏，共分其地。㉙智國張武　二人皆智伯瑤家臣。張武先勸智伯瑤滅晉大夫范氏、中行氏，後又勸向韓、趙、魏三家要求割地，韓、魏都答應，唯趙襄子不允，以後遂有圍趙於晉陽並反為所敗之事。㉚中山尚　中山國國君。據孫詒讓考訂，當為亡於魏之中山桓公。㉛魏義榎長　均為中山國大夫。㉜宋康王　即宋王偃，性暴虐，為齊湣王所滅，諡康。《史記・宋微子世家》稱其在位四十七年，《史記・六國年表》則記為在位四十三年（西元前三二八～前二八六年）。㉝唐鞅田不禋　均為宋康王之臣。唐鞅曾為康王相，後為康王所殺。㉞血食　受祭祀。古代宗廟祭祀用牲，故稱血食。㉟後類　後代。㊱理　道。㊲論人　識別和選擇人才。㊳經　道。此處指正確的途徑、方法。㊴要故　要約之事。即要領。㊵故　本來。㊶是　代指上文所列舉的五霸六君。㊷帝王　指上文所列舉的舜、禹、湯、武、桀、紂。

【語　譯】非但染絲如此，治國也是這樣。舜受到許由、伯陽的熏染，禹受到皋陶、伯益的熏染，商湯受伊尹、仲虺的熏染，周武王受到太公望、周公旦的熏染。這四位君王受到的熏染得當，所以能夠統一天下，立為天子，功名能蓋天布地。人們凡是列舉天下仁義賢達之人，必然要稱頌這四位帝王。夏桀受到干辛、歧踵戎的熏染，殷紂受到崇侯、惡來的熏染，周厲王受到虢公長父、榮夷終的熏染，周幽王受到虢公鼓、祭公敦的熏染。這四位君王受到的熏染不當，結果國破身亡，貽羞於天下。人們凡是列舉天下不義可恥之人，總會提到這四個人。齊桓公受到管仲、鮑叔牙的熏染，晉文公受到咎犯、郄偃的熏染，楚莊王受到孫叔敖、沈尹蒸的熏染，吳王闔閭受到伍員、文之儀的熏染，越王句踐受到范蠡、文種的熏染。這五位國君受到的熏染得當，所以能在諸侯中成就霸業，功名傳於後世。范吉射受到張柳朔、王生的熏染，中行寅受到黃籍秦、高彊的熏染，吳王夫差受到王孫雄、太宰嚭的熏染，智伯瑤受到智國、張武的熏染，中山尚受到魏義、椻長的熏染，宋康王受到唐鞅、田不禋的熏染。這六個國君受到的熏染不當，所以國破家亡，有的死，有的受辱，宗廟毀滅，子嗣斷絕，君臣離散，人民流亡。人們凡是列舉天下貪婪殘暴、可羞可恥的人，一定會說到這六個國君。

大凡作為一個國君，既不能以為國君可以追求榮耀，也不能以為國君可以貪圖安逸，應該認為身居君位是行道。君主行道的關鍵就在於平日受到的熏染。所以古代善於做國君的，致力於選擇和使用人才，而不必勞心於治國的日常事務。這是因為他們掌握了治國的正確方法。不善於做國君的，勞神傷身，費盡心機，結果國家越加危險，自己也更受屈辱，那是因為他們不懂得做國君的要領。不懂要領，受到的熏染就不會得當；熏染不當，又怎能行道呢？上面六個亡國之君就是這樣。這六個國君，並不是不看重自己的國家，不愛惜自己的生命，所以造成如此結果，就是由於所受的熏染不當。由此可見，熏染的適當與否，直接關係到國家的存亡。對諸侯是如此，對帝王也是這樣。

〔三〕非獨國有染也。孔子學於老聃、孟蘇夔、靖叔❶。魯惠公❷使宰讓❸請郊廟之禮於天子，桓王❹使史角❺往，惠公止❻之，其後在於魯，墨子學焉❼。此二士❽者，無爵位以顯人，無賞祿以利人，舉天下之顯榮者必稱此二士也。皆死久矣，從屬❾彌眾，弟子彌豐，充滿天下，王公大人從而顯之，有愛子弟者隨而學焉，無時乏絕。子貢、子夏、曾子❿學於孔子，田子方⓫學於子貢，段干木⓬學於子夏，吳起⓭學於曾子。禽滑釐⓮學於墨子，許犯⓯學於禽滑釐，田繫⓰學於許犯。孔、墨之後學顯榮於天下者眾矣，不可勝數，皆所染者得當也。

【章旨】以孔、墨及其後學為例，說明非獨國君，學士之間也有染當與染不當的問題。

【注釋】❶孟蘇夔靖叔　二人《史記》均未載。〈仲尼弟子列傳〉記有孔子曾於魯學於孟公綽。未知孟蘇夔是否即孟公綽。❷魯惠公　春秋魯國國君，名弗湟，在位四十六年（西元前七六八～前七二三年）。❸宰讓　魯大夫。❹桓王　當為周平王。平王與魯惠公同時，而桓王為平王之孫，即位時魯惠公已死，不可能同時，《竹書紀年》也把魯惠公請禮之事記在平王四十二年。❺史角　周平王史官。名角，史為官名。❻止　留。❼墨子學焉　墨子曾在魯國向史角的後代學習過。❽二士　指孔子、墨子。❾從屬　當是「徒屬」之誤。❿子貢子夏曾子　均為孔子弟子。子貢，姓端木，名賜，字子貢，衛人。子夏，姓卜，名商，字子夏，衛人，曾在西河為魏文侯師。曾子，名參，字子輿，魯國南武城（今山東費縣）人。⓫田子方　名無擇，為戰國魏之賢士，認子貢為師。⓬段干木　姓段干，名木，戰國魏國人。原為晉的市儈，求學於子夏，後成為當時著名賢者，其事參見後〈尊師〉二章。⓭吳起　衛人，曾從曾子學，先事魯，後事魏文侯，為西河守。魏文侯死，受猜忌而奔楚，為楚悼王變法圖強，楚悼王死，為楚貴族所害。其事跡參見後〈長見〉五章、〈觀表〉三章和〈貴卒〉二章。⓮禽滑釐　戰國初人。始受業於子夏，後轉學墨子，盡其所傳，尤精研攻防城池之術。⓯許犯　墨家後學。⓰田繫　墨家後學。

【語　譯】不僅國君接受熏染有當與不當的問題，學士之間亦有這種情況。孔子曾經就學於老聃、孟蘇夔、靖叔。魯惠公派宰讓向周天子請示郊廟祭祀的禮儀，桓王讓史官角前去指導，魯惠公便把史角留了下來。這樣史角的後代便留在魯國，墨子曾向他們學習過。孔、墨這二位賢士，並沒有爵位可以帶給別人顯耀，也沒有賞賜封祿可以帶給別人好處。但是，如果要列舉天下顯赫榮耀的人，那就一定會稱道這二位賢士。孔、墨都去世很久了，然而他們的追隨者和弟子，卻越來越多，幾乎遍布天下，王公大人也支持和讚揚他們，有望子弟成材的，還讓他們去跟隨孔墨的門徒學習。這樣淵源相繼，從未中斷。子貢、子夏、曾子向孔子學習，而田子方則向子貢學習，段干木向子夏學習，吳起向曾子學習。禽滑釐向墨子學習，許犯向禽滑釐學習，田繫向許犯學習。孔墨之後學顯貴尊榮於天下的很多，數也數不清。這都是由於他們所受的熏染得當啊。

功名

【題解】本篇論述帝王之建立「功業」，決定於其是否「由道」。所以，篇名一為「功名」，又為「由道」。文章認為，只要「由道」，功名就會如同日影隨形、飛鳥歸林那樣自然來到。反之，若違道，就會像桀、紂那樣，既未能因為嚴刑重罰使得百姓歸順，也沒有由於關龍逢、王子比干的以死諫爭而給他們留下一個賢名。

通讀全篇，「由道」的「道」，亦稱「德厚」，其含義似是使民得利。文中以大寒就暖、大熱趨涼為喻，說明百姓的取捨原則是：見利則聚，無利則去。並鄭重提醒欲為君主者對人民的這種趨勢「不可不察」。文章指出：「今之世」，暴政已達到「至寒、至熱」的地步，民眾已陷入絕望，呼喚「仁人」、「賢主」出來，迅速致力推行予民以利的仁政。

本文通篇運用的是類比論證法。在一、二兩章裡，更是疊用多種自然現象類比論證同一個命題，形象而又生動，給人留下較深印象。這種在先秦諸子中亦屢見的論證方法，能否收到證實某個命題的預期效果，取決於類比雙方（往往是由自然現象類比社會現象）類同的屬性與推出的屬性之間相關程度如何。運用得當的類比，不僅給人啟示，有時還能觸發頓悟，這是一般邏輯推論難以企及的。但它的作用也只應到此為止。如果以此作為直接論證根據（本書中時有這種情況），那就往往捉襟見肘，使人不免有牽強穿鑿之感。這是這種論證方法的特點，也是它的弱點。

〔一〕五曰——

由其道，功名之不可得逃，猶表之與影❶，若呼之與響❷。善釣者出魚乎十仞❸

之下，餌香也；善弋者下鳥乎百仞之上，弓良也；善為君者，蠻夷反舌❹殊俗異習皆服之，德厚也。水泉深則魚鼈歸之，樹木盛則飛鳥歸之，庶草❺茂則禽獸歸之，人主賢則豪桀❻歸之。故聖王不務歸之者，而務其所以歸。

【章旨】言國君之功名不可強求，必須經由「德厚」的正確途徑自然得之。

【注釋】❶表之與影　意謂「形影相連」。表是古代測量日影的標竿，表移則影隨之。❷嚮　指回聲。❸仞　七尺。❹反舌　因「蠻夷」與華夏的語言差別較大，故古人稱其為「反舌」。❺庶草　叢草。庶，眾也。❻桀　通「傑」。

【語譯】治國者只要遵循正確的道路，他所追求的功名就會如同日影緊連標竿、回聲伴隨呼聲那樣，自然來到。善於釣魚的人，能把水深十仞以下的魚引出來，那是魚餌香的緣故；善於射鳥的獵手，能夠打下百仞高空的飛鳥，那是弓箭精良的緣故。善於做君主的人，能使不同語言、不同風俗、不同習慣的蠻夷皆服從於他，那是他的恩德崇厚啊。泉水很深，魚鱉就會聚來生存；樹木茂盛，飛鳥就會群集來巢；草叢密茂，禽獸就都會來棲息；君主賢明厚德，各方的豪傑也都會自動前來歸附。所以聖王重視的不是天下歸附的結果，而是獲得這種結果的原因。

〔二〕彊令之笑不樂，彊令之哭不悲。彊令之為道也，可以成小❶，而不可以成大❷。

缶醯黃❸，蜹❹聚之，有酸；徒水則必不可。以貍❺致鼠，以冰致蠅，雖工不能。以茹魚❻去蠅，蠅愈至，不可禁，以致之之道去之也。桀、紂以去之之道致之也，罰雖重，刑雖嚴，何益？

【章　旨】設喻引例，進一步論證君主欲求功名，必須有正確的途徑和方法，否則只能適得其反。

【注　釋】❶成小　指得虛名。❷成大　指得實名。❸缶醯黃　盛在瓦器內的醋色澤已發黃，意為已變質。缶，一種大腹小口瓦器。醯，即醋。❹蜹　同「蚋」。蚊子一類小蟲。❺貍　山貓。❻茹魚　腐臭之魚。

【語　譯】被強制的笑，並不感到歡樂；被強制的哭，並不感到悲哀。勉強行道，只能圖一個虛名，不可能成就實在的功名大業。

瓦器裡的醋發黃變質了，蚊蚋就會成群聚來，因為它已發酸。如果單是純淨的水，就不會如此。用山貓去引誘老鼠，用冰塊去吸引蒼蠅，即使辦法巧妙，亦不會有結果。用臭魚去驅趕蒼蠅，蒼蠅只會越聚越多，趕也趕不走，因為這是在用招致牠的辦法驅趕牠啊。如桀、紂那套暴虐之政，則是用驅趕百姓的辦法來招引百姓，雖然罰極重，刑極嚴，又能有什麼用處呢？

〔三〕大寒既至，民煖是利；大熱在上，民清❶是走❷。是故民無常處，見利之❸聚，無之去。欲為天子，民之所走，不可不察。今之世，至寒矣，至熱矣，而民無走者，取❹則行鈞❺也。欲為天子，所以示民，不可不異❻也。行不異，亂雖信❼今，民猶無走。民無走，則王者廢矣，暴君幸矣，民絕望矣。故當今之世，有仁人在焉，不可而不此務，有賢主不可而不此事。

【章　旨】本章為全篇主旨所在，提醒為國者必須深察「見利之聚，無之去」的民心和「至寒、至熱」的時勢，迅即以推行利民之政為要務。

【注　釋】❶清　指涼快。❷走　指快步奔趨。❸之　則。下文「無之去」，同。❹取　同「趣」、通「趨」。指百姓的奔趨、出走。❺鈞　通「均」。等同。指各方君主都同樣暴虐不道。❻異　指異於暴君而行仁政。❼信　似應為「倍」，形近而誤。

【語　譯】嚴寒來到，人們便擁向暖和的地方；酷暑降臨，人們便奔趨清涼的處所。所以，百姓並沒有固定的居處，哪裡有利就聚集在哪裡，哪裡不利就離開哪裡。要想做好一個天子或國君，對於百姓的這種趨勢，不能不加以明察。當今之世，寒冷已到了極點，酷熱亦到達極點，而百姓尚無出奔的趨勢，是因為各方的君主都是一樣的暴虐。所以要想做好一個天子或國君，不可不向民眾顯示自己的作為，與那些暴君的不同。如果君主們的暴虐沒有改變，甚至混亂的局面更加倍於目前，那麼百姓還是無處可以投奔。真到了百姓無處投奔，王者之道也就完全敗壞了啊。暴君們會感到慶幸，而民眾則陷入絕望。因此，當今之世，若有仁人君子在，不能不正視這樣的時勢而迅即推行利民之政；如出現賢君聖王，也不能不正視這樣的時勢而迅即實施利民之事。

〔四〕賢不肖不可以不相分❶，若命之不可易，若美惡之不可移。桀、紂貴為天子，富有天下，能盡害天下之民，而不能得賢名之。關龍逢❷、王子比干❸能以要領❹之死，爭其上之過，而不能與之賢名。名固不可以相分，必由其理。

【章　旨】賢或不肖的名聲，皆由自身行為所決定，既無法混淆，亦不可更改。

【注釋】❶不可以不相分　不可以相互混淆。第二個「不」誤衍。分，假為「混」，淆亂。❷關龍逢　夏桀時賢臣，因竭力勸諫桀而被殺。❸王子比干　殷紂時賢臣，為紂之諸父，因強諫紂而被殺。❹要領　借指生命。要，通「腰」。領，脖子。

【語　譯】君主的或賢明或不肖的名聲，不可以相互混淆。它就如同生命之長短、容貌之美醜一樣不可移易。桀與紂都貴為天子，富有天下，能害盡天下百姓，卻不能得到賢明的名聲。雖然有關龍逢、王子比干那樣的忠臣，以死相諫，指出他們的過錯，但仍不能為他們爭得賢明的名聲。所以，人的名聲原是不可混淆的，必然有它的道理。

卷第三　季春紀第三

季春　盡數　先己　論人　圜道

本卷為春季三紀最後一卷。從〈盡數〉的養生到〈先己〉的修身，再到〈論人〉的君臣關係，最後歸結到「圜道」。「天道圜，地道方」；「主執圜，臣處方」。這個所謂「圜道」，不僅是「春主生」的總主題，亦是理解全書的一個綱要。

養生之旨，在上二卷的〈本生〉、〈貴生〉等篇中分別從生命與外物、生命與位祿的關係作了論述，本卷的〈盡數〉則是以養生的最終目的為篇旨：如何做到「盡數」（盡享天年）。文章探討了生命與整個外在世界的關係，認為天地、陰陽、四時、萬物，對於人的生命來說，既「莫不為利」，又「莫不為害」；如能辨「利」以便生，避「害」以養生，即可從中找到通向「年壽得長」的答案。

〈盡數〉以後三篇，是一組專論為君之道的文章。〈先己〉固然力主「凡事之本，必先治身」，只有先治好自身，才能治好天下；就是〈論人〉，單看篇名，似乎該是專論如何選用人才的，但文章的側重點仍然放在君主自身修養上：「太上反諸己，其次求諸人。」在作者看來，如果真正做到「反諸己」，那就達到了被稱之為「得一」（一即道）的最高境界。「得一」之君，「何事之不勝，何物之不應」，舉賢任能之事，自然輕而易舉。因而關於「求諸人」，文章只提供了觀察和衡量人的一些具體方法，即所謂「八觀六驗」、「六戚四隱」。

末篇〈圜道〉論天道。天道在本書中或稱道，稱一，其實質就是君道，即為君之道，又稱「南面術」。南面術可說是我國古代諸子學說的一個核心。如《老子》的「道」，《莊子》的「天道」，《荀子》的「君道」，《韓非子》的「主道」，《淮南子》的「主術」等，稱謂雖異，其實則一。為什麼這個南面術會成為當時的「熱門話題」呢？這是因為從春秋到戰國中後期，君主專制格局已大體形成，無論大國小國、強國弱國，單憑君主個人的聰明才智，都無法穩固地控制如此眾多的臣民，並圖謀有所發展。於是一批以設計種種南面之術為能事並以此企求世主重用的學士便應運而生。南面之術固然離不開禮樂、賞罰一類具體措施，但更重要的還在高於這一切具體措施的心術的運用。這心術最根本的是二條，一是所謂「主運」（《史記・孟子荀卿列傳》稱騶衍「作〈主運〉」），以五行相生相尅原理附會於王朝興廢，即所謂「五德終始」，以為天子受命於天提供理論根據（詳見後〈八覽・應同〉）。另一條就是這裡說的「君道」。〈圜道〉以天體運行、四時交替、萬物變化以至人自身的新陳代謝為據，認為一切皆處於「圜道」之中，這就賦予「天道圜——主執圜；地道方——臣處方」這一套以永恆真理的意義。所謂「主圜臣方」，與我們在本卷〈先己〉篇旨中提到的「虛君實臣」是一回事。其精要即如老子所言「聖人處無為之事，行不言之教」（《老子》第二章）。簡言之，就是君主要盡量超脫，大可不必勞心傷身；但臣下則須職責分明，勤於政事。這樣，君主不但可以藏拙，而且始終據有充分的回旋餘地和主動權，成則功在君主，敗則可以找替罪羔羊。無論得失成敗，君主永遠英明。故〈圜道〉作者據此得出結論說：「主執圜，臣處方，方圜不易，其國乃昌。」

季春

【題解】此篇根據本月生氣旺盛的特點，規定天子要親往寢廟舉行祈求麥子結實的儀式，同時還要廣為「布德行惠」，實施一系列寬厚的政令：啟糧倉，開國庫，扶貧濟窮，禮賢下士等。是月，鳴鳩奮翅於藍天，戴勝婉轉於桑枝。經過齋戒的后妃，親自攜筐前往採桑，以為示範，勖勉天下婦女致力蠶事，不使有所怠惰。

在即將進入夏季的暮春三月，氣溫日升，各種疾病容易流行。因而篇中還記述了舉行「儺祭」、「磔禳」等袪除疫癘的祭祀。

〔一〕一曰——

季春❶之月：日在胃❷，昏七星❸中，旦牽牛❹中。其日甲乙。其帝太皞。其神句芒。其蟲鱗。其音角。律中姑洗❺。其數八。其味酸。其臭羶。其祀戶。祭先脾。桐始華。田鼠化為鴽❻。虹始見。萍始生。天子居青陽右个，乘鸞輅，駕蒼龍，載青旂，衣青衣，服青玉，食麥與羊。其器疏以達。

【章旨】記述季春三月月令，並據此對本月中天子的住、行、衣、食作了相應的明細規定。

【注釋】❶季春　指夏曆三月。❷日在胃　太陽運行的位置在胃宿。胃宿為二十八宿之一，白虎七宿之第三宿，共有三星，均屬白羊座。❸七星　即星宿，二十八宿之一，係朱雀七宿之第四宿，以其共有七星，故又稱七星，屬長蛇座。❹牽牛　即牛宿，二十八宿之一，玄武七宿之第二宿，屬摩羯座。❺律中姑洗　季春三月與十二音律中的姑洗相應，姑洗屬陽律。據高誘注：姑，故。洗，新。是月陽氣養生，去故就新，故稱「律中姑洗」。❻田鼠化為鴽　田鼠即鼷鼠，頰裡能藏食物。鴽，鵪鶉一類的小鳥，晝伏夜出。可能由於這兩種動物的顏色、特性有近似之處，古人便誤以為是互變而來。後〈季夏〉、〈季秋〉、〈孟冬〉中的「腐草化為蚈」、「賓爵入大水為蛤」、「雉入大水為蜃」等也類此，不再另注。

【語　譯】季春三月，太陽的位置在胃宿。黃昏時，七星出現在南方中天；黎明時，牽牛星出現在南方中天。季春在天干中屬甲乙，主宰的天帝是太皞，佐帝之神是句芒。應時的動物屬鱗族，應時的聲音是角音，相應的音律是姑洗。本月的序數是八。應時的味是酸味，氣是羶氣。舉行五祀中的戶祭，祭祀時要把犧牲的脾臟陳列在前面。梧桐的葉子開始茂盛起來，田鼠化為鵪鶉一類飛鳥。彩虹初次見於天空，青萍開始在水面漂流。天子住到青陽的右側室，乘坐飾有鸞鈴的大車，駕著叫青龍的青色駿馬，車上插著繪有龍紋的青色旗幟。天子穿著青色的衣服，佩戴青色的玉器。吃的是麥類與羊肉。使用的器皿上面刻鏤的紋理疏朗而剔透。

〔二〕是月也，天子乃薦鞠衣❶于先帝❷。命舟牧❸覆舟❹，五覆五反❺，乃告舟備具❻于天子焉，天子焉❼始乘舟。薦鮪❽于寢廟，乃為麥祈實❾。

是月也，生氣❿方盛，陽氣發泄，生者⓫畢出，萌者⓬盡達，不可以內⓭。天子布德行惠，命有司，發倉窌⓮，賜貧窮，振乏絕⓯，開府庫，出幣帛，周⓰天下。勉諸侯，聘名士⓱，禮賢者。

【章　旨】季春三月生氣盛發，天子據而在寢廟祈求春麥結實，並實施一系列扶貧濟窮、禮賢下士之政令。

【注　釋】❶鞠衣　顏色嫩黃似初生桑葉的衣服。後文提到的后妃舉行「躬桑」儀式時需穿。鞠，通「菊」。借指黃色。❷先帝　指太皞。❸舟牧　為天子主管舟船的官吏。❹覆舟　把船翻過來檢查船底。❺五覆五反　先後五次反覆檢查。❻備具　完全齊備。❼焉　於是。❽鮪　即鱘魚。❾實　指麥。即麥子。❿生氣　指萬物生長之氣勢。⓫生者　疑是「身者」之誤。身者，指屈曲於卵殼、胎盤之內的動物胚胎。⓬萌者　由種籽萌發的幼芽。⓭內　收藏。⓮倉窌　倉庫與地窖。⓯振乏絕　救濟乏絕。出門在外無資財的稱乏；居家而無飲食的稱絕。⓰周　救濟。⓱名士　有德行名望而尚未做官的人士。

【語　譯】這個月，天子要向先帝太皞敬獻后妃躬桑時穿的鞠衣。天子要命令主管船隻的官吏把船底翻過來檢查，要反覆檢查五次，然後向天子報告船隻已準備齊全。天子從這時開始可以乘船。天子要向祖廟的祖宗進獻鱘魚，以祈求麥子結實飽滿。

這個月，萬物生氣正處於最旺盛的時候。陽壯之氣向外勃發，屈曲於胎卵之中的生物，一齊脫胎而出；由種籽萌發的幼芽全都在茁壯生長。這種強大的生命力，是任何外力都無法按捺住的。這個時候，天子要廣布德澤恩惠，命令官吏打開糧倉與地窖，賜與貧困窮苦的人，賑濟缺乏資用衣食的人。打開國庫拿出錢財，救濟天下窮困之人。要勉勵諸侯克盡職守，要聘用和慰問地方上的名流，要禮遇那些有才有德的賢達之人。

〔三〕是月也，命司空❶曰：「時雨❷將降，下水上騰❸；循行❹國邑，周視原野；修利❺隄防，導達溝瀆❻，開通道路，無有障塞；田獵罼❼弋，罝罘❽羅網❾，餧❿獸之藥，無出九門⓫。」

是月也，命野虞⓬，無伐桑柘⓭。鳴鳩⓮拂⓯其羽，戴任⓰降于桑。具栚曲簴筐⓱，后妃齋戒，親東鄉躬桑⓲，禁婦女無觀⓳。省婦使⓴，勸㉑蠶事，蠶事既登㉒，分繭稱絲效功㉓，以共郊廟之服㉔，無有敢墮㉕。

是月也，命工師㉖，令百工，審五庫㉗之量，金鐵、皮革筋、角齒、羽箭幹㉘、脂膠丹漆，無或不良。百工咸理㉙，監工日號㉚，無悖于時，無或作為淫巧㉛，以蕩㉜上心。

是月之末，擇吉日，大合樂㉝，天子乃率三公九卿諸侯大夫親往視之。

是月也，乃合纍牛騰馬游牝㉞于牧，犧牲駒犢㉟，舉書其數。國人儺㊱，九門磔禳㊲，以畢㊳春氣。

【章　旨】記述天子對主管水土、蠶桑、畜牧、百工的官吏發布相關命令，並在當月舉行「大合樂」演奏。

【注　釋】❶司空　主管水土之官。❷時雨　季節雨。❸下水上騰　指水位上升。❹循行　巡行。循，通「巡」。❺修利　整治；整修。❻導達溝瀆　疏通溝渠。瀆，小溝渠。❼罼　同「畢」。捕捉禽獸的一種網。❽罝罘　捕捉兔、鹿等獸類的網。❾羅網　捕鳥的網。❿餧　餵。⓫無出九門　指所有狩獵器具及毒藥，都不容許帶出城門，也即禁止狩獵。按：古代天子所居都城有十二城門。東方三門，被認為是王氣所在，尚生育，故不容許獵具由此出都城。另外三方南、北、西各三門，併稱九門。在規定可以狩獵的季節內，允許狩獵器具從此九門出。⓬野虞　掌管田園農作之官吏。⓭桑柘　桑樹與柘樹。其葉皆可養蠶。⓮鳴鳩　即布穀鳥。⓯拂　振動。⓰戴任　即戴勝。類似鵲的一種小鳥，因頭有五彩冠，如戴方勝，故名。⓱栚曲簴筐　栚，放蠶簿的木架上用的橫木。曲，蠶簿。簴，即筥，圓形的竹筐。筐，方底的籮筐。⑱親東鄉躬桑　面向東方親自採摘蠶桑。鄉，通「嚮」。面向。⑲觀　遊觀。⑳省婦使　減少婦女其他事務。㉑勸　勉力。㉒登　完成。㉓分繭稱絲效功　按照質量分揀蠶繭，稱出蠶絲分量，考評其功效。㉔以共郊廟之服　用來供給郊外祭天和祭祖用的祭服。共，通「供」。供給。郊，祭天。廟，祭祖。㉕墮　通「惰」。懶惰。㉖工師　統領百工之官吏。㉗庫　分類儲藏各種器物材料的倉庫。據下文，金鐵為一庫，皮革筋為一庫，角齒為一庫，羽箭桿為一庫，脂膠丹漆為一庫。㉘幹　即桿。㉙理　治理好。㉚監工日號　百工之長每天都能號令百工勞作。監工，百工之長。㉛淫巧　指過分奇巧的手工物品。㉜蕩　惑亂。㉝大合樂　《周禮・春官・大司樂》：「以樂舞教國子，舞雲門、大卷、大咸、大韶、大夏、大濩、大武、大合樂，以和邦國，以諧萬民，以安賓客，以悅遠人。」據此，大合樂當是一齣較大規模的音樂舞蹈演奏之節目名稱。㉞纍牛騰馬游牝　纍牛，公牛。騰馬，公馬。游牝，處於發情期雌性畜類。㉟犧牲駒犢　犧牲，用作祭品的牲畜。駒，小馬。犢，小牛。㊱國人儺　命人在宮中各個幽闇角落擊鼓大呼，以驅除疫鬼。國，都城，此處指宮中。儺，一種驅除疫鬼的儀式。㊲九門磔禳　在西、南、北三方九個城門，舉行殺牲祛邪逐鬼的祭祀。磔，割裂牲體。禳，驅鬼的祭禱。㊳畢　結束；終止。

【語　譯】這個月，天子命令司空說：「季節雨即將到來，地面水位就要上升。你要及時巡行國都與各地的城邑，注意實地視察原野，督促整修堤防，疏導溝渠，修通道路，務使沒有任何障礙壅塞。狩獵使用的弓箭和網羅等各種器具，以及誘捕獸類用的毒藥，都不得帶出城去。」

這個月，要命令野虞禁止人們砍伐桑樹和柘樹。這個時候，鳴鳩奮翅於藍天，戴勝棲落於桑枝。人們要準備齊全採桑養蠶用的器具，包括蠶簿、放蠶簿的支架以及各種採桑養蠶用的籮筐。后妃們要沐浴齋戒身心，面向東方親自採摘桑葉。在這期間，禁止婦女外出遊玩觀賞，減少她們其他雜務，以使她們能勉力做好養蠶的各項勞作。蠶事完畢後，要按質分好蠶繭等類，稱好蠶絲重量，以考績各人功效。所產新絲，首先供給在郊外祭天與在祖廟祭祀祖先做祭服之用。在整個養蠶過程中，不許有人怠工偷懶。

這個月，還要命令工師指揮百工勞作，審核五類倉庫所貯藏器材的數量，包括銅、鐵，皮革與獸筋，各種獸角與獸齒，羽毛與箭桿，油脂黏膠與丹砂油漆，不許有質地不良的物品存在。各類工匠都要井然有條地做好自己的勞作。工師每天進行監督和指揮，一切都不得違反規定好的時間進度。不容許有人製作那種巧詐奇詭的器物，惑亂某些在上位的人的心志。

本月月底，要選擇吉日，在學館舉行旨在安邦諧民的大型音樂舞蹈演出，天子要率領三公九卿諸侯大夫親自前往觀賞。

這個月，要把公牛、公馬與處於發情期的母牛、母馬混合放牧，便於繁殖牲口。要清點和登錄準備作犧牲用的牛犢和馬駒。要在宮中舉行擊鼓吹號的儺祭，在都城九門進行宰殺牲畜的祭禱，以袪除疫癘和災禍，並以這些活動宣告春天的結束。

〔四〕行之是令❶，而甘雨至三旬❷。季春行冬令❸，則寒氣時發，草木皆肅，國有大恐。行夏令❹，則民多疾疫，時雨不降，山陵不收。行秋令❺，則天多沈陰，淫雨早降，兵革竝起。

【章　旨】言政令與月令順則吉，違則凶。

【注　釋】❶行之是令　推行這個月應該推行的政令。❷甘雨至三旬　十日一旬，一月三旬，旬旬皆有雨，指雨水分布均勻。甘雨，極言雨之適時而有益於農事。❸季春行冬令　按五行家說法，春屬陽，主生養；冬屬陰，主肅殺。季春行冬令，會引起寒氣早發，草木肅疏，國家將有大恐慌。❹行夏令　夏屬火，夏氣盛陽。季春行夏令，會出現乾旱，百姓多疫癘，山陵作物沒有收成。❺行秋令　秋屬金，主殺戮，金生水。季春行秋令，天氣多陰沉，霖雨綿綿，同時還有戰禍之興起。淫，即霖，雨三日以上為霖。

【語　譯】如果推行與季春月令相應的政令，那麼，正為新苗所需要的春雨便會及時降落，而且分布均勻。

如果季春三月推行冬季的政令，那麼寒氣便會一次次的襲來，草木肅疏，國家將出現大恐慌。如果推行夏季的政令，百姓疫癘流行，雨水不按時降落，山陵上作物沒有收成。推行秋季的政令，那麼天氣就經常陰晦，淫雨也會過早的降臨，而且還有戰禍接連興起。

盡數

【題解】本篇一開始，就為「長壽」下了一個科學的定義：「盡數」，即「非短而續之」，而是畢盡其應享有的天年。這個命題，至今仍然對人類有極大的吸引力。

如何才能盡享天年？文中提出「莫若知本」。所謂本，就是要使精和神安於人之有形軀體。為此，首先得「去害」，其中包括飲食、情緒、環境三方面十七個「大」的害。同時還要做到「形動精流」和飲食得宜。文中甚至對飲食時必須遵守的儀容姿態，都作了詳細生動的描述。文章特別強調要注意飲用水的確，飲用水水質的情況於人體影響極大。用現代科學觀點來看，文中提出的重水，是指水中重金屬含量過高，輕水指水中缺少人體必需的微量元素；飲用日久，前者確實會導致人體畸變，後者也會引起各種疾病。此外，規定「食能以時」、「無飢無飽」、「飲必小咽」、「口必甘味」等等，也完全符合現代衛生要求。至於文中作了詳細論述的「流水不腐，戶樞不螻」的命題，由於揭示了生命在於運動的奧祕，千百年來一直膾炙人口。

與「本」相對的是「末」。作者認為「巫醫毒藥」便是養生之末，故「古之人賤之」。

〔一〕二曰——

天生陰陽寒暑燥濕，四時之化，萬物之變，莫不為利，莫不為害。聖人察陰陽之宜，辨萬物之利以便生❶，故精神安乎形❷，而年壽得長焉。長也者，非短而續之也，畢其數也。畢數之務，在乎去害。何謂去害？大甘、大酸、大苦、大辛、大鹹，五者充形❸則生害矣。大喜、大怒、大憂、大恐、大哀，五者接神❹則生害矣。大寒、大熱、大燥、大濕、大風、大霖、大霧，七者動精❺則生害矣。故凡養生，莫若知本❻，知本則疾無由至矣。

【章旨】言長壽之道，在於知本（「精神安乎形」）去害（十七個「大」）。

【注釋】❶便生　指有利於生命之「本生」。❷精神安乎形　精神與人之形體能和洽相應。精，指人受之於天地的精氣。神，指人對外界的愛憎之情。把精神聯在一起，泛指人之意識。形，人之體軀或自然生理。❸充形　充斥於人體。❹接神　交接人之神思。接，交也。❺動精　動搖人之精氣。❻知本　通曉生命之根本。本，指上文使「精神安乎形」。

【語譯】天地生出陰陽、寒暑、燥濕，由此而演化為四季之更替，萬物之變化。這些沒有一樣不給人們帶來好處，同時也沒有一樣不給人們帶來害處。為此聖人要體察陰陽變化與人相適宜之度，辨析世上萬物有利之處用以便益人之生命。這樣精和神都能安守於自身之形體，從而使人的壽命得以延長。但這個所謂延長，並非原來是短命延續為長命，而是使人們能享盡其應該有的天年。盡享天年最要緊的事情，在於驅除對人有害的東西。哪一些對人們生命是有害的呢？如果大甘、大酸、大苦、大辛、大鹹這些過了分的五味，充斥於人之形體，那麼人的生命就會受到損害了。如果大喜、大怒、大憂、大恐、大哀這五種無節制的情緒，交接、干擾了人們的神思，那麼人的生命也會受到損害了。如果大寒、大熱、大燥、大濕、大風、大霖、大霧這七種超常的氣候動搖了人們受之於天地的精氣，那麼生命也要受到傷害了。所以，大凡養生之道，最重要的還是要懂得生命之根本。懂得了什麼是生命之根本，那麼，任何疾病也就無有空隙可乘。

〔二〕精氣❶之集也，必有入❷也。集於羽鳥與為飛揚，集於走獸與為流行❸，集於珠玉與為精朗❹，集於樹木與為茂長，集於聖人與為夐明❺。精氣之來也，因❻輕而揚之，因走而行之，因美而良之，因長而養之，因智而明之。

流水不腐，戶樞不螻❼，動也。形氣亦然，形不動則精不流，精不流則氣鬱❽。鬱處頭則為腫為風❾，處耳則為挶❿為聾，處目則為䁾⓫為盲，處鼻則為鼽為窒⓬，處腹則為張為府⓭，處足則為痿為蹷⓮。

【章　旨】言精氣的聚集與流動對生命的種種影響。

【注　釋】❶精氣　指天地萬物固有之元氣。❷入　進入；附著。❸流行　疾行。❹精朗　精潔而明亮。❺夐明　博遠聰慧。夐，遼闊遠大。❻因　依靠；憑藉。下文「因走」、「因美」、「因長」、「因智」同此，分別是對上文走獸、珠玉、樹木、聖人的引申。❼螻　螻蛄，秦晉地人謂蠹。今習稱「戶樞不蠹」。蠹，被蟲蛀蝕。❽氣鬱　意謂氣血不暢。鬱，積滯。❾為腫為風　指頭痛腦熱腫脹之類頭部疾病。❿挶　耳朵重聽。⓫䁾　眼疾。⓬為鼽為窒　皆指鼻孔阻塞，呼吸不暢。⓭為張為府　都是腹部的疾症。張，通「脹」。腹部脹滿。府，小腹疼痛。⓮為痿為蹷　都是腳部疾病。肌肉萎縮，行走不便。

【語　譯】精氣之聚集，必定要有所寄託。聚集於飛鳥，便與飛鳥一起表現為飛揚翱翔。聚集於走獸，便與走獸一起表現為捷速奔走。聚集於珠玉，便與珠玉一起表現為精潔明亮。聚集於樹木，便與樹木一同表現為茁壯生長。聚集於聖人之體，那就使得聖人的睿智變得更深邃而遠大。精氣的到來，依附在輕盈的形體之上，便使之飛揚；依附在能夠走動的形體之上，便使之敏捷的奔走；依附在以美取勝的形體上，可以使它更加精美優良；依附在能夠生長的形體之上，可以滋養它長得更加繁茂興旺；依附在具有智慧的形體上，可以使它更加聰慧英明。

流動的活水不會腐爛發臭，常被轉動的戶樞，不會遭蟲蟻蛀蝕，因為它們都不斷地在動。人的形體與精氣也是這樣。形體不活動，那麼體內的精氣也不運行；精氣不運行，那麼人的氣血便會因積滯而鬱結。如果氣血積滯在頭部，就表現為頭痛腦熱生腫塊；積滯在耳部，就表現為重聽甚或致聾；積滯在眼部，就表現為紅腫甚至成盲。積滯在鼻子上，就造成鼻孔阻塞呼吸不暢；積滯在腹部，肚子就會脹滿疼痛；積滯在足部，就表現為腿腳的肌肉萎縮，行走不便。

〔三〕輕水❶所❷多禿與癭❸人，重水❹所多尰與躄❺人，甘水❻所多好與美人，辛水❼所多疽與痤❽人，苦水❾所多尪❿與傴⓫人。

凡食無彊厚⓬，味無以烈味重酒⓭，是以謂之疾首⓮。食能以時，身必無災。凡食之道，無飢無飽，是之謂五藏⓯之葆⓰。口必甘味⓱，和精端容⓲，將之以神氣⓳。百節虞歡⓴，咸進受氣㉑。飲必小咽，端直無戾㉒。

【章　旨】敘述飲和食的種種養生要求。

【注　釋】❶輕水　含礦物質過少的水。❷所　指地區或場所。❸癭　頸部腫瘤。❹重水　含鹽與有害礦物質過多的水。❺尰與躄　尰，腳腫。躄，《說文》作「𣦢」，釋為「人不能行走」。❻甘水　指有利於人體健康之水質。❼辛水　水味辛辣之劣質水。❽疽與痤　疽，久癰之毒瘡。痤，即瘰癧，皮下成串的腫塊。❾苦水　味苦含有過多有害礦物質的劣質水。❿尪　胸部骨骼彎曲症，今所謂雞胸。⓫傴　脊背彎曲，今所謂駝背。⓬彊厚　濃烈肥厚。⓭烈味重酒酒精含量極高的烈性酒。⓮疾首　引起人體各種疾病的開端。⓯五藏　指脾、肺、腎、肝、心五臟。⓰葆　安。⓱口必甘味　指進食時應胃口、興致俱佳。⓲和精端容　精神和洽，儀容端正。⓳將之以神氣　指進食時要保持良好之情緒。⓴百節虞歡　全身歡愉舒適。百節，指周身所有關節。虞，通「娛」。適意。㉑咸進受氣　都能享受到食物精氣的滋養。㉒戾　乖張。

【語　譯】大凡在輕水地區，禿頭與頸部患腫瘤的人比較多；重水地區，腳腫和因肌肉萎縮而不能行走的人比較多；甘水地區，形體健壯的美人比較多；辛水地區，患有癰瘡與皮下腫塊的人比較多；苦水地區患有雞胸與駝背的人比較多。

大凡進食，味，不要濃烈和肥厚；酒，切忌過量和烈性。這些都是各種疾病的起端。飲食能注意定時，身體必能無災無病。飲食的重要原則，就是要保持既不飢也不飽的狀態，這樣五臟就能得到調和安適。進食的時候，要有好的食欲，入口能感受到滋味的甜美。要精神和諧，儀容端正。要以振作的精神，愉快的情緒來駕御自己，這樣周身才會感到歡愉而舒適，使每個部分都受到食物精氣的滋養。飲食一定要小口小口吞咽，坐相要端正，情緒不要乖張。

〔四〕今世上❶卜筮禱祠❷，故疾病愈來。譬之若射者，射而不中，反修于招❸，何益於中？夫以湯❹止沸，沸愈不止，去其火則止矣。故巫❺醫毒藥❻，逐除治之，故古之人賤之也，為其末也。

【章　旨】本章為全篇結語，言養生之本末關係：卜筮巫醫是末，本篇所論才是本。

【注　釋】❶上　崇尚。❷卜筮禱祠　卜筮，用龜甲占吉凶稱卜，用蓍草占吉凶稱筮。禱祠，向神許願祈求幸福稱禱，向神還願稱祠。❸招　箭靶。❹湯　沸騰的熱水。❺巫　古代專事降神驅邪治病的人。男稱覡，女稱巫，有時也通稱為巫。❻毒藥　即藥。以藥味辛苦，故稱毒藥。

【語　譯】如今社會上崇尚占卜祈禱，而疾病反愈來愈多。這好比射箭的人，射了多次還是不中箭靶，他不去糾正自己射箭的毛病，反而去修正箭靶的位置，這對於射中箭靶有什麼用處呢？如果用沸水去制止鍋內水的沸騰，那麼水只會更加沸騰不止；但假使把鍋底的燃火撤去，那麼水的沸騰自然就會中止。同樣的道理，依靠用巫醫及其藥物，只能驅除厲鬼、治療疾病，所以對於懂得使精神安於形、形動精流、飲食得宜為養生根本的古人，要賤視這些細枝末節是很自然的了。

先己

【題解】本篇論述為君之道而以「先己」名篇，是緊扣了首章作為全篇中心論點的一句話：「凡事之本，必先治身。」究竟是治自身為先，還是治天下為先，可說貫串全篇的一個命題。作者先以三王五帝、商周、五霸以及「當今之世」正反二面的經驗，論證了這樣一個道理：「成其身而天下成，治其身而天下治。」接著，又以夏以德服有扈氏的實例證明：「欲勝人者必先自勝，欲論人者必先自論，欲知人者必先自知。」最後，以孔子分別與子貢和魯哀公的對話，得出了全篇的結論：只要做好自身修養，「反於己身」，那麼就能夠做到「不出於門戶而天下治」。

本篇的思想淵源，既有屬於道家學派的無為而治思想，又有儒家學派的「君子求諸己」（《論語・衛靈公》）、「行有不得者，皆反求諸己」（《孟子・離婁上》）等修身養性的論旨。這種以被作者理想化了的三王五帝為據而提出的所謂「虛君實臣」主張，除本卷外，書中還在〈貴生〉、〈情欲〉、〈當染〉、〈君守〉、〈任數〉、〈勿躬〉、〈知度〉、〈察賢〉、〈分職〉等篇中都有論及。

〔一〕三曰——

湯問於伊尹曰：「欲取❶天下若何？」伊尹對曰：「欲取天下，天下不可取。可取，身將先取。」凡事之本，必先治身，嗇其大寶❷。用其新，棄其陳❸，腠理❹遂通。精氣日新，邪氣盡去，及其天年❺。此之謂真人❻。

【章　旨】言欲治天下必先治己之身，治身之道在於愛惜自己。此亦即全篇主旨。

【注　釋】❶取　治。❷嗇其大寶　愛惜自身之精氣。大寶，指自己身體及其精氣。❸用其新二句　指人體精氣的吐故納新，新陳代謝。❹腠理　皮下肌肉之紋理。❺天年　指人壽命之自然極限。❻真人　道家對得道之人的一種尊稱。

【語　譯】湯問伊尹說：「想要治理天下，該怎麼辦？」伊尹回答說：「如果一心只想治理天下，天下不可能治理好；要治理好天下，那就先要治理好自身。」大凡事情之根本一定是首先治理好自身；而治理好自身的要務是愛惜自己珍貴無比的身體，不斷地進行納新吐故，使周身的血脈肌理通暢無阻，精氣逐日更新，邪氣盡行排除，直到享盡自身天年。這樣的人就稱之為「真人」。

〔二〕昔者先聖王，成❶其身而天下成，治其身而天下治。故善響者不於響於聲，善影者不於影於形，為天下者不於天下於身。《詩》曰：「淑人君子，其儀不忒。其儀不忒，正是四國❷。」言正諸身也。故反其道而身善矣；行義❸則人善矣；樂備君道❹，而百官已治❺矣，萬民已利❻矣。三者之成也，在於無為❼。無為之道曰勝天❽，義曰利身❾，君曰勿身❿。勿身督聽⓫，利身平靜，勝天順性。順性則聰明壽長，平靜則業進樂鄉⓬，督聽則姦塞不皇⓭。故上失其道則邊侵於敵，內失其行⓮，名聲墮於外。是故百仞之松，本傷於下，而末槁於上；商、周之國⓯，謀失於胸，令困於彼。故心得而聽得，聽得而事得，事得而功名得。五帝先道而後德，故德莫盛焉；三王先教而後殺，故事莫功焉；五伯⑯先事而後兵⑰，故兵莫彊焉。當今之世，巧謀竝行，詐術遞⑱用，攻戰不休，亡國辱主⑲愈眾，所事者末也。

【章　旨】言為君之道在於治身為本和無為而治，並從三皇、五帝、商周、五霸以及當今之世正反兩個方面反覆作了論證。

【注　釋】❶成　平定。❷淑人君子四句　見《詩經・國風》中〈曹・鳲鳩〉第三章。淑人，賢淑的人。儀，儀態容貌。忒，差誤。正是四國，端正四方各國之風習。❸義　通「宜」。此處指順應自然之政令措施。❹君道　指下文的無為之道。❺已治　因而盡職於治事。已，通「以」。因而。下「已利」同。❻已利　因而安於利。❼無為　順應自然，無所作為。❽勝天　聽任自然。勝，任；隨。或謂法天地之則，因天道之自然，與下文「勝天順性」相呼應。❾義曰利身　即「無為之義曰利身」，承上省「無為之」。利身，指棄智休慮，精安神怡，以利其身。此與下文「利身平靜」相呼應。❿君曰勿身　即「無為之君曰勿身」，承上省「無為之」。勿身，指君主不必凡事躬行，盡可任用臣下去做，而自己只須「督聽」即可。與下文「勿身督聽」相呼應。⓫督聽　正聽。督，指衣背之中線。⓬業進樂鄉　指事業前進而人民樂於嚮往。鄉，通「嚮」。⓭姦塞不皇　奸邪之路被堵塞，君主便不會彷徨疑惑。皇，通「徨」。彷徨；徘徊。⓮內失其行　指君主的品行不能回復到正身之道。⓯商周之國　指商、周二個朝代的末年。⓰五伯　即春秋五霸，說法不一。此處似指齊桓、晉文、秦穆、宋襄、楚莊，與〈當染〉二章所列略有區別，可參閱。⓱先事而後兵　指五霸能先禮讓而後用兵。⓲遞　一個接著一個，連續不斷。⓳辱主　即戮主。辱，通「戮」。

【語　譯】往昔，先代的聖王，總是先修養本身，然後天下之功業自然告成；先治理自身，天下也就自然治理好了。造成動聽的回聲的，並非決定於回聲自身，而決定於引起回聲的原聲；形成美好的影子的，並非得益於影子自身，而是得益於產生影子的形體。所以，要治天下的人，首先並不是著眼於天下，而是致力於自身的端正。《詩經》說：「賢淑的君子啊，你的容貌是那樣俊美，你的儀態是那樣端莊；這端莊俊美的儀容啊，是民風的準則，端正各國四方！」詩裡說的正是要修養端正自身。所以，只要回復到正身之道，那麼他的自身就能臻於至善至美；如果自身能做到這一點而舉措又順應自然，那麼國人都受到教化而成為善良美好了。所以只要君主樂於具備上述為君之道，百官就能盡職於治事了，廣大的民眾也就能安於得到的利益了。這三方面之所以都能取得成功，關鍵就在於「無為」。所謂無為，它的要旨就是一切任應天然。無為之於自身，就是棄智休慮以利其身為務；無為之於為君之道，就是凡事任用臣下去做，無須事必躬親，正因為沒有事必躬親，就能不偏不倚地虛懷正聽；正因為以修養自身為務，心地就會平和清靜。這樣，就可達到一切聽任天道自然和順遂人之本性。順應人之本性，就能聰明而長壽；心地平和清靜，國家事業日進，百姓樂於嚮往。君主能不偏不倚地虛懷正聽，奸邪之路就被堵塞，自身也不會徬徨疑惑。反過來說，君主如若喪失了為君之道，國家的邊境便會受敵國的侵犯；君主如若不能端正自身，他的名聲就敗壞於境外。這正如上百仞高的參天大松，一旦下面的根本受到傷害，那麼樹冠的枝葉隨即也就枯槁。如商、周這些朝代的末世，正是由於國君心中的謀劃失當，形之於外的政令自然無法推行。所以，綜上所述，作為君主，凡事總要自心先得其理，然後聽才能得其正；聽得其正，事才能得其治；事得其治，功名才能得其成。五帝是把「必先治身」的為君之道放在首位，其次才是對民眾的德教，因而這種德教，後代再也沒有人能夠超越；三王是把教化放在首位，其次才是刑罰和誅殺，所以他們的功業後代再也沒有人能夠超越；五霸總是先事禮讓然後再用兵征伐，所以他們有強大的軍威，無人敢與之較量。當今世上，奸巧陰謀一起時興，欺詐騙術一個接著一個被使用，各國相互間的戰事無休無止，國家滅亡君主受戮的事愈來愈多。究其原因，就在於他們所致力的只是細枝末節，忘了「必先治身」這個根本。

〔三〕夏后相❶與有扈❷戰於甘澤而不勝，六卿請復之❸，夏后相曰：「不可。吾地不淺❹，吾民不寡，戰而不勝，是吾德薄而教不善也。」於是乎處❺不重席❻，食不貳味❼，琴瑟不張❽，鍾鼓不修❾，子女不飭❿，親親長長⓫，尊賢使能，期年⓬而有扈氏服⓭。故欲勝人者必先自勝，欲論人者必先自論，欲知人者必先自知。

【章　旨】以夏后啟德服有扈氏為據，說明欲勝人、論人、知人，必先自勝、自論、自知。

【注　釋】❶夏后相　係夏后啟之誤，啟為禹之子。《史記・夏本紀》載：禹以天下授益，禹死，益又讓位於啟，諸侯歸之，不傳賢而傳子由此始。另一說，禹去世後，啟繼位而殺益。❷有扈　即有扈氏，其國故址在今陝西扈縣。〈夏本紀〉載啟即位後，啟庶兄有扈氏不服，啟出兵討伐有扈氏，雙方決戰於甘澤，《書經》有〈甘誓〉記此事。❸六卿請復之　六卿請求再戰。六卿，古代天子設六軍，主持六軍之長官稱六卿。❹淺　褊狹；窄小。❺處　指居處。❻重席　雙層的席。天子墊席多重，《禮記・禮器》稱：「天子之席五重，諸侯之席三重，大夫再重。」❼貳味　指貳種以上菜肴。古代天子用餐的菜肴數亦有規定，《禮記・禮器》稱：「天子之豆二十有六，諸公十有六，諸侯十有二，上大夫八，下大夫六。」豆，盛菜的盆子。❽張　設施。❾修　整治。❿飭　修飾。⓫親親長長　親近親人，尊敬長者。⓬期年　一年。⓭服　服從。

【語　譯】夏后啟與有扈氏交戰於甘澤，未能取勝。六卿請求再戰，夏后啟說：「不可以。我們地面並不狹小，百姓也不能算少，戰而沒有取勝，是由於我德澤淺薄，教化不善的緣故。」於是啟開始從治身做起：起居不墊雙層草蓆，吃飯不擺第二道菜；平時琴瑟不設，鐘鼓不列，訓教子女不得文飾自己；親近親人，敬愛長者，尊重賢者，使用能人。這樣過了一年，有扈氏就順服了。由此看來，作為君主，要戰勝別人，首先要克制自己；要議論他人缺失，首先要剖析自己；要想知道別人，首先要瞭解自己。

〔四〕《詩》曰：「執轡如組❶。」孔子曰：「審❷此言也可以為❸天下。」子貢曰：「何其躁也❹？」孔子曰：「非謂其躁也，謂其為之於此，而成文於彼❺也，聖人組修其身，而成文於天下矣。」故子華子曰：「丘陵成而穴者❻安矣，大水深淵成而魚鼈安矣，松柏成而塗之人❼已蔭❽矣。」

孔子見魯哀公❾，哀公曰：「有語寡人曰：『為國家者，為之堂上而已矣。』寡人以為迂言❿也。」孔子曰：「此非迂言也。丘聞之：『得之於身者得之人，失之於身者失之人。』不出於門戶而天下治者，其唯知反於己身⓫者乎！」

【章旨】引孔子與子貢、魯哀公對話，論述治自身與治天下的關係。

【注釋】❶執轡如組　引於《詩經》〈簡兮〉、〈大叔于田〉。轡，駕御牲口的韁繩。組，編織。全句意為良御執轡猶如工匠的編組花紋，使轡像絲線一樣既紋理斐然又「絲絲入扣」，馬才能完成萬里之行。❷審　明。❸為　治。❹何其躁也　子貢發出此問是由於他對詩句的理解與孔子不同。「執轡如組」在〈簡兮〉是描繪一種手執兵器象徵攻戰的武舞；在〈大叔于田〉則是描繪馳騁圍獵，情景也十分猛烈。所以子貢認為以此喻治天下，節奏未免太急躁。❺為之於此二句　孔子引述此詩句，是單就「執轡如組」這個比喻說的。此句意為：執轡調馬如編結花紋一樣，織者只要在手中編織絲線，花紋自然形成於外。以此喻治天下，就是下句之意。❻穴者　指穴居的動物。❼塗之人　指旅途之人。塗，通「途」。❽蔭　指受樹蔭的蔭庇。❾魯哀公　魯定公之子，名將，在位二十八年（西元前四九四～前四六七年）。❿迂言　迂闊不切實際的言論。⓫反於己身　即返其身於本篇所論的為君之道。

【語譯】《詩經》上有一句：「手執韁繩馭馬，猶如組編花紋一樣。」孔子說：「懂得這句詩的意思，就可以治理天下。」子貢聽了以後說：「治天下怎麼能那樣急躁呢？」孔子回答說：「這裡不是說那首詩表現的內容躁進不躁進，而是說這句詩反映了一種相互關係：這邊雙手有條不紊地編結，那邊紋理斐然的織物就呈現了出來。同樣道理，聖人在這邊修養自身，身治而天下治，文彩風流不亦在天下形成了嗎？」所以子華子說：「丘陵的起伏一旦形成，那麼穴居的動物就能安家了；大水與深淵一旦匯成，那麼魚鱉也就能安身了；松柏一旦成林，那麼路途上的旅人就能得到蔭庇了。」

孔子晉見魯哀公，哀公說：「有人對我說：『治理國家的人，只要在朝堂之上處理處理就可以了。』我認為這是一種迂闊不切實際的言論。」孔子回答說：「這不能說是迂闊的言論。我聽說過這樣的話：『能夠在自身修養上有所得的人，就可以在他人身上有所得；在自身修養上有所失的人，那麼在他人身上也必然會有所失。』所以君主不出門戶而能治理好天下，恐怕只有那些懂得修養自身回復於道的人才有可能做到吧？」

論人

【題解】本篇為上篇之續。上篇言欲治天下「必先治身」，本篇「論人」，或曰求人，即論述君王觀察和衡量人的方法。但作者反覆倡說的一個觀點是：若要求人，必先求己。否則，「求之彌疆（彊）」，反會「失之彌遠」。因此，本篇主要由「反諸己」與「求諸人」兩部分組成。

所謂「反諸己」，就是君王的自我修養；它所要達到的最高境界，就是所謂「得一」，即使自己返樸歸真，處於順乎天地萬物，不受任何私情制約的全智全能狀態。到達這種境界，治天下就像最好的御車者那樣，「車輕馬利，致遠復食而不倦」。所謂「求諸人」，先要對其本人「八觀六驗」，考察其人在窮通貴賤、喜怒哀樂種種不同境遇、不同情緒狀態下的言與行，以瞭解其品性。再通過對其直系親屬及社會關係，也就是「六戚四隱」進行考察，以驗證其為人。如此，則「人之情偽貪鄙美惡無所失矣」！

〔一〕四曰——

主道約❶，君守近❷。太上反諸己❸，其次求諸人。其索之彌遠者，其推之彌疏❹；其求之彌彊❺者，失之彌遠。

【章旨】本章為開篇，首言「反諸己」，承上篇〈先己〉；次言「求諸人」，引出本篇論題，有承上啟下統轄全篇的作用。

【注釋】❶主道約　為君之道在於簡約，亦即上篇所言「在於無為」。❷君守近　為君的操守在於自身，亦即上篇所言「必先治身」。「近」與「遠」相對成文，遠指天下，近指自身。❸太上反諸己　太上，指最重要的。此句「反諸己」與下句「求諸人」相對而言，語出《論語・衛靈公》：「子曰：『君子求諸己，小人求諸人。』」❹其索之彌遠者二句　若求諸人而不求諸己，那麼人們與他亦更加疏遠。索，求。彌，更加。遠，指求諸他人，與求諸己比則他人為遠。推，離去。❺彊　諸本多為「彊」，此當係錯排漏校。彊，勉強。

【語譯】為君之道在於簡約，君主之要在操守自身。至關緊要的一點就是任何事情都必須先反求諸己，其次才是求之於他人。如果求人不求己，捨近而求遠，那只會使人們與自己更加疏離；如果對人愈是強求，自己與眾人的距離就會愈加遙遠。

〔二〕何謂反諸己也？適❶耳目，節嗜欲，釋❷智謀，去巧故❸，而游意乎無窮之次❹，事心乎自然之塗❺，若此則無以害其天❻矣。無以害其天則知精❼，知精則知神❽，知神之謂得一❾。凡彼萬形❿，得一後成。故知一⓫，則應⓬物變化，闊大淵深，不可測也。德行昭美，比於日月，不可息⓭也。豪士時⓮之，遠方來賓⓯，不可塞⓰也。意氣宣通，無所束縛，不可收⓱也。故知知一，則復歸於樸，嗜欲易足，取養節薄，不可得⓲也。離世自樂，中情潔白⓳，不可量⓴也。威不能懼，嚴不能恐，不可服也。故知知一，則可動作當務㉑，與時周旋，不可極㉒也。舉錯以數㉓，取與遵理，不可惑也。言無遺者㉔，集肌膚㉕，不可革㉖也。讒人困窮，賢者遂興，不可匿也。故知知一，則若天地然，則何事之不勝，何物之不應？譬之若御者，反諸己，則車輕馬利，致遠復食㉗而不倦。昔上世之亡主，以罪為在人，故日殺僇而不止，以至於亡而不悟。三代之興王，以罪為在己，故日功而不衰，以至於王。

【章旨】言「反諸己」的最高要求為「得一」；並從四個方面論述了「得一」那種全智全能「若天地然」的境界。

【注釋】❶適　指有節制。❷釋　捨棄。❸巧故　巧偽與欺詐。❹次　場舍。此指空間。❺事心乎自然之塗　任自己的心志順應於天地萬物之運行。事，任。塗，通「途」。❻天　指人之本性或天性。❼知精　知曉事物之精微。❽知神　知曉事物玄理。❾得一　意為「得道」，到達至高無上全智全能的境界，亦即回歸到萬事萬物的初始狀態。《老子》第三十九章：「昔之得一者，天得一以清，地得一以寧，神得一以靈，谷得一以盈，萬物得一以生，侯王得一以為天下正。」天、地、神、谷、萬物、侯王之得一，即老子所言之道體現於各自之位，亦即道的第二個層次：德。❿萬形　指宇宙間一切事物。⓫故知一　當是「故知知一」。知一，即得一。⓬應　應和。⓭息　滅。⓮時　侍從。⓯賓　順服。⓰塞　阻遏。⓱收　守。⓲不可得　不可奪。⓳中情潔白　心地純潔。⓴量　當為「墨」之誤。墨，用如動詞，汙染。㉑可動作當務　「可」疑為衍文。動作當務，指作為合乎事宜。㉒極　極限。㉓舉錯以數　舉止行為符合禮數。舉錯，同「舉措」。㉔言無遺者　當為「言無遺意」，指說話意思明白清楚。㉕集肌膚　當為「接於肌膚」，意指為人所感受。肌膚，泛指人的感覺器官。㉖革　變更。㉗復食　指隔一食時再食，如早餐至中餐。

【語譯】什麼是「反諸己」呢？那就是耳目聲色之好要適度，各種嗜好與欲望要節制；捨棄智慮權謀，除去巧偽欺詐；使自己的神思自由遨遊於廣闊無垠之空間，讓自己的心志順應於天地萬物之運行。做到這樣的話，那就不會再有什麼能妨害人的天性了。不會再有什麼妨害自己的天性，就能洞察一切事物之精微；洞察事物的精微就能體悉一切事物之玄妙；體悉了事物之玄妙，那麼就可以稱之為「得一」。大凡宇宙間一切事物，皆由「得一」而化生。所以君王如果領悟了「得一」，便能應和萬物之變化，他的襟懷闊大，智慧精深，不可限量。他的德行彰明優美，猶如日月，永遠不會熄滅。豪傑之士願來侍從左右，遠方之人紛紛前來歸化，其勢不可阻遏。他意氣風發，四通八達，無所束縛，不可拘守。

所以，如果君王領會了「得一」，那就能返樸歸真，他的嗜欲容易得到滿足，需要的給養有節制而又簡薄。任何外物都不能越奪他的心志。他不受世俗之影響而能怡然自樂；心地純淨潔白，不受任何汙染。他對外界的任何威逼無所畏懼，任何艱險無所驚恐，沒有任何力量可以使他屈服。

所以，君王如果領悟了「得一」，那麼他的一切作為皆可得當適宜，能夠隨應時勢的變化周旋自如，沒有時間和空間的極限。他的舉止行動自然會依照禮數，取得和給予都能遵循事理，不受任何迷惑。他言辭明晰，意精義盡，能夠準確無誤地為人們所感知，因而不可改變。他使讒毀小人感到困窮，賢德之士應時勃興，在他面前，任何人都不能掩飾其真象。

所以，君王如果領悟了「得一」，那麼他就像天地那樣，還有什麼大事不能勝任，還有什麼事物不能應對？這就如同駕馭馬車的御者，一切回復到首先求之於自身，那就會車輕而馬快，即使跑遠道，也只消兩餐飯之間的時間就能往還，而且不覺得疲倦。

古代那些亡國的君主，總是把過錯諉之於別人，所以每天殺戮不止，以至於亡國還不覺醒。夏、商、周三代能使國家興盛的那些君王，則總是認為過錯的責任在自身，因此每日處理各種事務都能取得成功，而且從不止息，直至最後終於成就了王者之大業。

〔三〕何謂求諸人？人同類而智殊，賢不肖異，皆巧言辯辭，以自防禦，此不肖主之所以亂❶也。凡論人，通❷則觀其所禮，貴則觀其所進❸，富則觀其所養，聽❹則觀其所行，止❺則觀其所好，習❻則觀其所言，窮則觀其所不受，賤則觀其所不為，喜之❼以驗其守，樂之以驗其僻❽，怒之以驗其節❾，懼之以驗其特❿，哀之以驗其人⓫，苦之以驗其志，八觀六驗，此賢主之所以論人也。論人者，又必以六戚四隱⓬。何謂六戚？父母兄弟妻子。何謂四隱？交友故舊邑里⓭門郭⓮。內則用六戚四隱，外則用八觀六驗，人之情⓯偽貪鄙美惡無所失矣，譬之若逃雨，汙⓰無之而非是。此聖王之所以知人也。

【章旨】言觀察評價一個人之表現的「八觀六驗」，考察其親屬與社會關係狀況的「六戚四隱」。

【注釋】❶亂　迷惑。❷通　顯達。❸進　薦舉。❹聽　指其言受到君主聽信。❺止　休閒。❻習　親近；熟悉。❼喜之　使其高興。❽僻　偏愛。❾節　約束；節制。此指能否制怒。❿特　當為「持」之誤。持，操持；持守。⓫人　用如動詞，為人。⓬隱　依憑。⓭邑里　鄉親；鄰居。⓮門郭　當是「門廊」之誤。謂近習之人。⓯情　誠。⓰汙　通「濡」。淋濕；霑濕。

【語譯】什麼叫「求諸人」？同樣都是人，然而智慧有上下之不同，還有賢與不肖的差異；但都會用巧言辯辭來掩飾自己，以自我防衛。這一點，正是那些不肖的君主容易迷惑的地方。大凡衡量與評定一個人，當他顯達時，就觀察他所禮遇的是些什麼人；當他榮貴時，就觀察他所薦舉的是些什麼人；當他富有時，就觀察他供養的是些什麼人；當他的話受到君主聽信時，就觀察他實際行動做些什麼；當他休閒時，就觀察他有些什麼嗜好；當他近習於君主時，就觀察他平時說些什麼；當他處於困窮時，就觀察他是否對非分之財有所不受；當他處於卑賤時，就觀察他是否對非義之事有所不為。使他喜悅，以檢驗其能否謹守操持；使他歡樂，以檢驗其有哪些癖好；使他發怒，以檢驗其能否自制其怒；使他恐懼，以檢驗其能否保持應有的操守；使他悲哀，以檢驗其此時如何為人；使他困苦，以檢驗其意志是否堅強。以上八項觀察、六項檢驗，是賢主用來衡量人的方法。衡量和評定人還一定要考察他的「六戚四隱」。什麼叫六戚？就是父、母、兄、弟、妻和子。什麼叫四隱？就是朋友、熟人、鄉鄰和親信。在內憑著這六戚四隱，在外則使用八觀六驗，這樣人們的真偽、貪鄙、美惡等等品性就能無所遺漏地全都考察到了。就像在雨中奔逃一樣，完全不淋濕衣服是不可能的。這就是聖王用以識別人才的方法。

圜道

【題解】「圜道」即周而復始的循環之道。這種觀點認為，宇宙間萬物萬事都處於永恆的循環運動中，一切自然和社會現象的發生、發展、消亡，無不在環周運動內進行。這種觀念的萌生可以追溯到非常久遠，至少在反映夏代生活的〈夏小正〉中已有了某些表述，至《周易》更有大量的闡發；但作為一個完整的思想而明確地提出來，並以此為中心論旨的專文，當以本書此篇為先。

文章以天體運行、四時交替、萬物變化以至人自身的新陳代謝為據，說明一切都處於圜道之中。「聖王法之，以令其性，以定其正，以出號令。」就是要君主效法圜道，以行君道。根據圜道的原理，文中對君道的實現勾勒了這樣一個循環圈：君主出令——百官行令——遍布四方——深入民心——復歸君主。文章認為要通暢地實現這個循環，得有二個條件，一是君主立官「必使之方」，「百官各處其職、治其事以待主」；二是百官要像四肢那樣「感而必知」，聽從主體使喚，像五音那樣「各處其處，音皆調均」。果真做到這樣，那麼「以此治國，國無不利矣；以此備患，患無由至矣」。

〔一〕五曰——

天道圜❶，地道方❷，聖王法之，所以立上下❸。何以說天道之圜也？精氣❹一上一下，圜周復雜❺，無所稽留❻，故曰天道圜。何以說地道之方也？萬物殊類殊形，皆有分職❼，不能相為❽，故曰地道方。主執圜，臣處方，方圜不易，其國乃昌。

【章旨】用「天道圜，地道方」喻君臣上下關係，以為論述君臣之道的發端。

【注釋】❶天道圜　天體運行，循環往復，周而復始。圜，同「圓」。❷方　方正、恆常。❸上下　指君臣關係。君為上，臣為下。❹精氣　指陰陽之氣。❺圜周復雜　周繞往復，循環始終。周，環繞。雜，通「帀」。循環終始。❻稽留　停留。❼分職　名分、職守。意為萬物各有自己的特點和秉性。❽不能相為　不能互相替代。

【語譯】天道圜，地道方。聖王效法它們，建立君臣之間的上下關係。為什麼說天道是圜呢？因為陰陽之氣一上一下，循環往復，無所停留，所以稱作天道圜。為什麼說地道是方呢？因為萬物類型不同，形態不同，卻都有各自的秉性和特點，不能互相替代，所以稱作地道方。君主操持著圜道，臣下固處於方道，圜道與方道不相顛倒變易，國家就會昌盛。

〔二〕日夜一周，圜道也。月躔二十八宿❶，軫與角屬❷，圜道也。精行四時❸，一上一下各與遇❹，圜道也。物動則萌，萌而生，生而長，長而大，大而成，成乃衰，衰乃殺，殺乃藏❺，圜道也。雲氣西行，云云然❻冬夏不輟，水泉東流，日夜不休；上不竭，下不滿❼；小為大，重為輕❽；圜道也。黃帝曰❾：「帝❿無常處也，有處者乃無處也。」以言不刑蹇⓫，圜道也。人之竅九，一有所居⓬則八虛，八虛甚久則身斃。故唯而聽，唯止⓭；聽而視，聽止。以言說一⓮，一不欲留，留運為敗⑮，圜道也。

【章　旨】以太陽之運行，四時之變化，萬物之代謝，雲氣水泉之循環以至天帝、太一永無留止之行藏等等例證，說明圜道之無所不在。

【注　釋】❶月躔二十八宿　「月」當是「日」之誤。日躔，太陽運行的度次。躔，原為走獸足跡，此處指太陽運行中的止宿、會次。❷軫與角屬　軫宿與角宿相接。二十八宿始於角宿，終於軫宿，故謂軫與角屬。屬，連接。❸精行四時　陰陽之氣運行於四時。精指精氣，即陰陽之氣。❹一上一下各與遇　指陰陽之氣在四時變化交會消滅、增長的狀況。❺物動則萌八句　此以一年生作物整個新陳代謝過程，作為圜道的一個例證。萌、生在春，長、大在夏，成、衰在秋，殺、藏在冬。動，指生機之啟動。殺，指枯槁。❻云云然　周旋回轉之狀。❼上不竭二句　此係對應上文「雲氣西行」、「水泉東流」而言。「上」指雲氣，「下」指水泉流入之海。❽小為大二句　泉水流注入海成為大，水經蒸發化作雲霧變為輕。❾黃帝曰　戰國時的不少學派，包括道家、陰陽家等，多喜託名黃帝以發議論，在齊、楚二地形成以黃、老為主體的社會思潮，《漢書・經籍志》著錄以黃帝為書名的著作，便有二十一家。此處引述「黃帝曰」，以及前〈去私〉和後文〈序意〉、〈應同〉、〈遇合〉、〈審時〉等篇中的類似引述，當同是出於這一類著作。❿帝　劉咸炘謂：「帝者，造化之主也。」⓫不刑蹇　不停止地運行。俞樾認為刑蹇與「形倨」同義，指顛躓障礙不能行進。⓬居　壅閉。⓭唯而聽二句　應答說話時若再要傾聽，那麼說話就會停下來。唯，應答說話。⓮以言說一　指「太一」，也就是道。⓯敗　消亡。

【語　譯】白天黑夜循環一周，這是圜道。太陽運行一周天會次二十八宿，從軫宿起始，到角宿結束，軫宿與角宿相接，這也是圜道。精氣在四季運行，陰氣上升，陽氣下降，陰陽不斷交會變化，這是圜道。萬物的生機啟動就會有萌發，萌發而滋生，滋生而成長，成長而壯大，壯大而成熟，成熟而衰敗，衰敗而肅殺，肅殺而潛藏，這也是圜道。雲氣自東向西運行，周旋回轉，冬夏不止；水泉自西向東奔流，晝夜不息；天上的雲氣永無窮盡，地下的海洋從不滿溢；細小的水流匯注入海而成其大，濕重的海水蒸發成雲霧而化為輕，這也是圜道。黃帝說：「天帝沒有固定不變的居處，若說他在某個處所，那麼他已不在那個處所。」黃帝的這番話說明天帝永不停留，這就是圜道。人的全身有九個孔竅，如果專注於其中一個，那麼其他八孔便虛而不用；如果這八孔長期虛而不用，那麼人就會衰敗以至於死亡。一個人若是在講話時還想傾聽，那麼講話就會中止；若是在傾聽時又想要注視什麼，那麼聽便會自行停下來。若要用語言來敘說什麼是太一，那麼它是不會停留在你說的地方的；因為道運行不息，如若停留在一處，也就不成其為道了。這些都是圜道。

〔三〕一也齊至貴❶，莫知其原，莫知其端，莫知其始，莫知其終，而萬物以為宗。聖王法之，以令❷其性，以定其正❸，以出號令。令出於主口，官職❹受而行之，日夜不休，宣通下究❺，瀸❻於民心，遂❼於四方，還周復歸，至於主所，圜道也。令圜則可不可善不善無所壅矣。無所壅者，主道通也。故令者，人主之所以為命❽也，賢不肖安危之所定也。人之有形體四枝❾，其能使之也，為其感而必知❿也，感而不知，則形體四枝不使矣。人臣亦然，號令不感，則不得而使矣。有之而不使，不若無有。主也者，使非有者⓫也，舜、禹、湯、武皆然。

【章　旨】由圜道推演出君道：君主出令，百官施行，達於四方，然後反饋於君主。並以人與其形體四肢的關係，以喻臣子對君主的號令必須「感而必知」。

【注　釋】❶一也齊至貴　道是最尊貴的。「一」指「太一」，即道。❷令　當是「全」之誤。❸正　通「政」。❹官職百官。❺宣通下究　遍布下達。宣，遍布。究，窮極。❻瀸　高誘注為「洽」。洽，浸潤。❼遂　達。❽命　此處意為吉凶之主。❾四枝　即四肢。❿感而必知　接觸而必有所反應。⓫使非有者　能指使原來非其所有之臣。

【語　譯】道是至尊至貴的。人們無法瞭解道的本源，清楚它的發端，知道它的開始，說出它的終極；然而萬物卻以道為本源。聖王效法於道，用它來順應自身的本性，安定國家的政教，用它來發號施令。號令出於君主之口，百官接受命令而付諸施行，晝夜不停，普遍下達，深入於兆民之心，通達於邊陲四方。然後施行的情況又反饋回來，復歸到君主之所。這也是一種圜道。號令循環往復如圜，那麼君主的號令，不論是許可或不許可，嘉許或不嘉許，官吏都不敢壅閉阻塞。沒有壅蔽阻塞，君道便能通順暢達。所以，號令被君主視為吉凶之主，通過號令的下達與執行，可以判定臣下的賢與不肖，而號令亦是國家安危之所繫啊。這就如同一個人有形體與四肢，它之所以能夠供人使喚，就是因為只要與它有所接觸，必然會有反應；如果沒有反應，那麼形體與四肢便不能聽從使喚了。作為臣子也是如此。如果對君主的號令無動於衷，那麼也就不能使喚了。設置了官吏而不能聽從使喚，那還不如沒有。然而古代聖主，不僅能使喚自己的臣子，而且能使喚原先不屬於自己的臣子，如舜、禹、商湯、周武王都是如此。

〔四〕先王之立高官也，必使之方❶。方則分❷定，分定則下不相隱❸。堯、舜，賢主也，皆以賢者為後，不肯與其子孫，猶若❹立官必使之方。今世之人主，皆欲世勿失矣，而與其子孫，立官不能使之方，以私欲亂之也，何哉？其所欲者之遠，而所知者之近也。今五音之無不應也，其分審❺也。宮徵商羽角，各處其處，音皆調均，不可以相違，此所以不受❻也。賢主之立官，有似於此。百官各處其職、治其事以待主，主無不安矣。以此治國，國無不利矣；以此備患，患無由至矣。

【章旨】言臣處方，也就是君主立百官，使「百官各處其職」的原則。

【注釋】❶方 意謂職守分明，不得相亂。❷分 名分。❸隱 隱匿；壅蔽。❹猶若 猶然；依然。❺審 確定。❻不受 不能互換。

【語譯】先王設官的原則，必定使之職守分明。職守分明，名分才能確定；名分確定，臣下就不會相互隱匿私邪。堯和舜都是賢明的君主，他們都擇選賢者來繼承自己的王位，不肯傳給自己的子孫，設立官職依然必定使其職守分明。但當今的君主，都希望世世代代承續不失，因而把王位傳給了自己的子孫。設立官職時，也不能使百官方正廉明，忠於職守，這是私欲惑亂的惡果。為什麼會這樣呢？這是由於他們貪求得到的太長遠，而自己的識見又太短視的緣故啊。五音之所以沒有不相應的，原因就在於它們各自諧振的範圍是確定的。宮、徵、商、羽、角，各處各的位置，音調都和諧準確，彼此之間不可以相互違離，這就是它們之間既相應和又不能互換的原因。賢主設立官職，與此相似。百官各守其職，各自處理其分內之事，大家協同一起來侍奉君主，君主就沒有不安寧的了。以此治理國家，國家就沒有不昌盛的；以此來防備禍患，禍患就無從到來了。

卷第四　孟夏紀第四

孟夏　勸學　尊師　誣徒　用衆

夏主長。整個夏季三卷都以此為總主題。山林草木、田野百穀，都在「繼長增高」，人自身亦在成長。本卷月令篇中特別指出，在選賢任能的同時，還要「舉長大」：推舉形貌魁偉高大的人——這大概是我國最古老的男子健美評比的記載吧？

百穀的長養須「命農勉作」，人（指貴族子弟）的成長得依賴教育：「成身莫大於學。」故夏季三組論文的題旨均為教育。其分工為：本卷論一般教育；後二卷專論音樂教育。

本卷〈勸學〉、〈尊師〉、〈誣徒〉、〈用眾〉四篇的要旨大致是：㈠強調教育的政治功用。文中一再把古代聖王盛世與教育聯繫起來，並認為人君人親希望臣、子「忠孝」，人臣人子企求自己「顯榮」，都非經過教育不可。㈡尊師重教。對於有成績的教師，「王公大人弗敢驕」，甚至在「祭先聖」典禮上可以與天子並起並坐：「則齒嘗為師者弗臣。」學生對教師要做到「事師之猶事父」，從生活起居的侍奉，到學業上的嚴守師承，以至對師長死後的祭祀，都作了詳盡規定。同時指出，教師要精通教學方法，並「視徒如己」，做到「師徒同體」。㈢「疾學」、「善學」。疾學的含義是雙重的：一是要認識學習的緊迫性；二是必須專心致志，發憤學習。只要認真學習，無論何人，即使像子張、顏涿聚等類「刑戮死辱」的人，亦可以成為名人顯士。所謂「善學」，就是要善於發現並學習眾人之長以補己之短。如果真能博採「眾智」，那麼甚至可以超過當時公認的聖君堯舜。這些堪稱獨樹一幟的論述，作者倒確是身體力行了的：《呂氏春秋》編撰的一項重要原則，就是努力吸取眾家之長，用以構造自己的體系。

孟夏

【題解】立夏節氣所在的孟夏四月，是各種作物「繼長增高」的初夏季節。天子在本月中的舉措及須發的政令，大都與這個時令特點有關。如在舉行迎夏典禮後，不僅要命令太尉「贊傑儁，遂賢良」，還要「舉長大」，即推舉體貌魁偉高大的人。為了保證有足夠的勞動力從事農作，規定了不得興建土功、不得徵發大眾、不得砍伐大樹等禁令。同時命令主管田園農作之官吏，「出行田原，勞農勸民，無或失時」。頗為有趣的是，天子還要特地命令九卿之一的司徒巡視京畿內各地，「命農勉作，無伏于都」（後〈上農〉二章也有在耕作忙季「農不見於國」的規定），說明當時似乎已有了農民流入城市的現象。

按陰陽五行之說，本月為陽氣至盛之月，到下月就將有陰氣上升。故在此月麥收後，可以決斷一些犯科輕微的案件和罪犯，以為秋季「申嚴百刑」、施行肅殺之令做好準備。

〔一〕一曰——

孟夏❶之月：日在畢❷，昏翼❸中，旦婺女❹中。其日丙丁❺。其帝炎帝❻。其神祝融❼。其蟲羽❽。其音徵❾。律中仲呂❿。其數七⓫。其性禮。其事視⓬。其味苦⓭。其臭焦⓮。其祀竈⓯。祭先肺⓰。螻蟈⓱鳴。丘蚓出。王菩⓲生。苦菜秀⓳。天子居明堂左个⓴，乘朱輅㉑，駕赤騮㉒，載赤旂㉓，衣赤衣，服赤玉，食菽㉔與雞。其器高以觕㉕。

【章　旨】記述孟夏之月月令，並據此對本月中天子住、行、衣、食作了相應的具體規定。

【注　釋】❶孟夏　指夏曆四月。❷日在畢　太陽運行的位置在畢宿。畢宿為二十八宿之一，白虎七宿之第五宿，共有八星，屬金牛座。❸翼　翼宿，為二十八宿之一，朱雀七宿之第六宿。共有二十二星，分屬於巨爵座與長蛇座。❹婺女　即須女宿，二十八宿之一，玄武七宿之第三宿，共有四星，屬寶瓶座。❺其日丙丁　其，指立夏之月。日，即十天干。五行說把四時、十天干與五行相配，夏季屬火，丙丁也是火日，故稱「其日丙丁」。❻炎帝　五帝之一，即神農氏，姓姜氏，以火德王天下，死後祀於南方，為火德之帝。❼祝融　五神之一，名吳回，為五帝之一的顓頊之孫，高辛氏的火官，死後被尊為火德之神。❽羽　五蟲之一，屬鳥類，以鳳為長。據陰陽五行說，夏季盛陽，鱗散為羽，故稱「其蟲羽」。❾徵　五音之一，在五行中屬火，五方中屬南，故與夏相應。❿律中仲呂　孟夏之月與十二音律的仲呂律相應，屬陰律。據高誘注：陽散在外，陰實在中，故稱「律中仲呂」。⓫其數七　夏屬火，按陰陽五行說，火為地二與天七所生，故稱「其數七」。⓬其性禮二句　本書〈十二紀〉其餘各篇月令和《禮記・月令》，皆無此兩句，高誘未作注，畢沅認為是衍文。兩句意為：孟夏之月的五常為禮，五事為視。性，指情性之常，配以五行為五常（仁、義、禮、智、信）。禮，五常之一。事，修身之事，配以五行為五事（貌、言、視、聽、思）。視，五事之一。⓭其味苦　苦，五味之一，夏屬火，火味苦。⓮其臭焦　焦，五臭之一。夏屬火，火臭焦。⓯竈　五祀之一。夏主火，故祀竈。按：此竈神即上文火神祝融。據《史記・楚世家》：顓頊之孫重黎為帝嚳高辛氏的火官，共工氏作亂，帝嚳命重黎征伐，不果，帝乃誅重黎，而以重黎弟吳回繼之。因火神託於竈，故又稱竈神。⓰肺　五臟之一。按陰陽五行說，肺屬金，夏主火，火勝金，故先食所勝的。⓱螻蟈　高誘注為蝦蟆。一說即螻蛄。也有注為青蛙的。語譯姑從後說。⓲王苦　《禮記・月令》作「王瓜」。多年生攀援草木，夏季開花，果實呈球形，其塊根可入藥。⓳苦菜秀　苦菜開花。苦菜，即荼，草本植物，夏季開花結實。秀，開花。⓴明堂左个　明堂的左側室。㉑朱輅　天子乘坐的紅色大車。輅，大車。㉒赤駵　赤身黑鬣的馬。駵，即騮。㉓赤旂　指繪有龍紋的紅色旗。按陰陽五行說，夏屬火，色主赤。故此月天子所用器物皆為赤色。㉔菽　豆類總稱。㉕高以觕　高而粗大。觕，通「粗」。

【語　譯】孟夏四月，太陽的位置在畢宿。黃昏時，翼宿出現在南方中天；黎明時，婺女宿出現在南方中天。孟夏在天干中屬丙丁，主宰的天帝是炎帝，佐帝之神是祝融。應時的動物屬羽族，應時的聲音是徵音，相應的音律是仲呂。本月的序數是七。應時的情性之常是五常中的「禮」；修養身心應做的事，是五事中的「視」。應時的味是苦味，氣是焦氣。舉行五祀中的竈祭，祭祀時要把犧牲的肺臟放在前面。青蛙開始鼓鳴，蚯蚓從土中探身而出。王菩初次結實，苦菜開滿花朵。天子居住到明堂左側室，乘坐朱紅色的輅車，駕著叫騮的赤色黑鬣的駿馬，車上插著繪有龍紋的赤色旗幟；穿著朱紅色的衣服，佩戴朱紅色的玉器；吃的是豆類與雞，使用的器物都較為高大而粗放。

〔二〕是月也，以立夏❶。先立夏三日，太史謁之天子曰：「某日立夏，盛德在火❷。」天子乃齋。立夏之日，天子親率三公九卿大夫以迎夏於南郊❸，還，乃行賞，封侯慶賜，無不欣說❹。乃命樂師習合禮樂。命太尉❺，贊傑儁❻，遂賢良❼，舉長大❽。行爵出祿❾，必當其位。

【章　旨】言立夏日天子要舉行迎夏郊祀儀式，以及本月必須實施的選賢封賞等政令。

【注　釋】❶立夏　節氣名稱，在春分後四十六日。❷盛德在火　陰陽五行說認為，夏在五行中屬火，火德當令。❸南郊　夏取南向，序數為七，故去南郊外七里迎夏天的到來。❹欣說　喜悅高興。說，通「悅」。❺太尉　秦設置的負責軍事的官職。❻贊傑儁　選拔才能傑出的人。儁，同「俊」。❼遂賢良　進薦品德優良之人。遂，送達。❽舉長大　推舉形貌魁偉出眾之人。❾行爵出祿　封賜爵位，賞賜俸祿。

【語　譯】這個月，依曆象訂定立夏日。立夏前三天，太史向天子稟告：「某日立夏，火德當令。」天子於是齋戒身心，到了立夏那天，天子親自率領三公、九卿、大夫出城到南郊去舉行迎接夏氣。禮畢回來，就賞賜有功之臣，分封爵位，舉行慶祝的典禮，群臣無不歡欣鼓舞。接著，命令樂師進行聯合禮樂的演習。命令太尉選拔和推薦才能傑出、德行優良和體貌俊偉等方面的人才。授予爵位和賞賜俸祿，一定要做到名實相當，各就其位。

〔三〕是月也，繼長增高，無有壞隳❶。無起土功❷，無發大眾，無伐大樹。

是月也，天子始絺❸。命野虞，出行田原，勞農勸民，無或失時❹。命司徒❺，循行縣鄙❻。命農勉作，無伏❼于都。

是月也，驅獸無害五穀。無大田❽獵。農乃升❾麥。天子乃以彘嘗麥❿，先薦寢廟。

是月也，聚畜百藥。靡草⓫死。麥秋至⓬。斷薄刑⓭，決小辠⓮，出輕繫⓯。蠶事既畢，后妃獻繭。乃收繭稅，以桑為均⓰，貴賤少長如一，以給郊廟之祭服。

是月也，天子飲酎⓱，用禮樂。

【章旨】為適應孟夏之月各種作物「繼長增高」的需要，天子必須實施的一系列相關政令和措施。

【注釋】❶隳　損壞。❷土功　土木建築。❸始絺　開始穿用細葛布製作的衣服。絺，細葛布，比較涼爽。❹失時　錯失農時。❺司徒　九卿之一，掌管土地和教化等。❻循行縣鄙　巡視京畿內各地。循，通「巡」。縣、鄙，都是基層行政單位。二千五百家為縣，五百家為鄙。周制：天子畿內分為百縣，縣有四郡，郡有四鄙。❼伏　藏。❽田　通「畋」。畋獵。❾升　獻。❿以彘嘗麥　讓豬先嘗將成熟的麥子。另一說，一邊吃豬肉，一邊品嘗新熟的麥食。彘，豬。⓫靡草　蔓草。薺、葶藶之類。以其蔓生於野，故總稱蔓草。⓬麥秋至　麥已到了成熟收割的季節。穀物以初生為春，成熟為秋，麥子在孟夏成熟，故曰「麥秋至」。⑬薄刑　輕微的刑罰。⑭皋　罪。⑮出輕繫　釋放不夠判刑的人。⑯以桑為均　按照桑樹多寡分擔稅負。均，準。⑰酎　春天釀的酒。

【語　譯】這個月，作物在繼續長大增高，不許有人去損壞。同時不得興建土木工程，不得徵發民眾去做勞役，不得砍伐大樹。

這個月，天子開始穿較為涼爽的細葛布衣裳。命令主管田園農事的野虞外出巡行田原，慰勞和勸勉農夫，不要錯失農時。命令司徒巡視京畿各個縣鄉，督促農夫勉力勞作，不許躲藏於都邑逃避農忙。

這個月，要驅趕各種野獸，不讓牠們傷害田間的禾苗穀物；不能進行大規模的狩獵。本月，農夫向天子進獻新麥。天子就豬肉一起品嘗新麥，在品嘗之前，先進獻祖廟。

這個月，要採集和儲蓄各種草藥。靡草將在這個時候枯死，麥子的收穫季節已經來到。這個月要盡快地決斷一些罪行不大的案件，判決那些輕微犯罪的囚犯，對不夠判刑的應予釋放。蠶事結束以後，后妃要向天子獻上蠶繭。於是向農夫徵收繭稅，稅負按桑樹的多少為準，無論貴賤老少都一樣對待。所收蠶絲，用來供給製作郊廟的祭服。

這個月，天子還要與群臣一起飲用酎酒，觀賞樂師合習的禮樂。

〔四〕行之是令，而甘雨至三旬。孟夏行秋令❶，則苦雨❷數來，五穀不滋❸，四鄙❹入保。行冬令❺，則草木早枯，後乃大水，敗其城郭，行春令❻，則蟲蝗為敗，暴風來格❼，秀草不實。

【章　旨】言政令與月令的順違會引起或吉或凶的不同結果。

【注　釋】❶孟夏行秋令　陰陽五行說認為，孟夏盛陽，若行秋令，秋屬金，金生水，於是就會雨水頻至而成災，五穀受到傷害，生長自然無法茂盛。金又主殺戮，故孟夏若行秋令，四境郊外之民便會因畏懼寇賊的侵犯而紛紛退居城郭以求保護自己。❷苦雨　指久下成災的雨。❸滋　生長。❹鄙　指居住郊外邊邑的農夫。❺行冬令　冬屬陰，主肅殺，故孟夏若行冬令，就會因寒氣逼來而草木提前枯萎，接著還會爆發洪水，敗壞城郭。❻行春令　春令啟蟄，所以孟夏若行春令，就會誘發蟲害，敗壞禾苗與籽粒。春又主木氣，多風暴，所以孟夏行春令，還會導致暴風頻來摧殘稼禾，使作物單開花而不結籽實。❼格　傷害。

【語　譯】天子如果推行與孟夏相應的政令，雨水就會及時降臨，而且上、中、下三旬分布均勻，晴雨得宜。

孟夏之月如果推行秋季的政令，那麼苦雨便會頻繁地降落，五穀不再滋長，四處邊邑的農夫便會紛紛湧入城郭以求自保。如果推行冬季政令，那麼寒氣會提前逼來而造成草木過早枯萎，接著還會引發大水，沖毀城郭。如果推行春季的政令，那麼就會引起蟲害猖獗，暴風肆虐，一起毀壞五穀，即使有殘存下來的莊稼，也光會開花而不結籽實。

勸　學

【題解】篇名「勸學」，亦作「觀師」。古時觀、勸可通，「觀師」，即勸勉為師之道。從本篇內容看，取「勸學」更為切題些。

全篇論教育，頗有些創見。如「聖人生於疾學」，這就是對「生而知之」的否定。還提出尊師應「不論其貴賤貧富」，教師對學生也應「不爭輕重尊卑」；師生關係要建立在一個共同基礎上：「爭取道」。文中認為「為師之務」，在於「勝理」和「行義」，而不是迎合時俗、取悅世人。教師只要做到「理勝義立」，即使是那些「王公大人」也「弗敢驕」。學生能否尊師是能否疾學的前提：「疾學在於尊師」，因而必須「事師之猶事父」。上面這些命題都是從師生雙方相對應地提出來的，即連尊師，亦對教者一方提出了自尊的要求，沒有常見的那種失諸片面的弊病。

本篇對儒家的教育思想有較多的汲取，如《荀子・勸學》、《禮記・學記》等，對照起來讀，可以相互發明。

〔一〕二曰——

先王之教，莫榮於孝，莫顯於忠。忠孝，人君人親❶之所甚欲也。顯榮，人子人臣之所甚願也。然而人君人親不得其所欲，人子人臣不得其所願，此生於不知理義。不知理義，生於不學。學者❷師達❸而有材，吾未知其不為聖人。聖人之所在，則天下理❹焉。在右則右重，在左則左重❺，是故古之聖王未有不尊師者也。

【章旨】言忠孝生於理義，理義生於學習，而學習有賴師教，從而推論出尊師之要，為全篇破題。

【注釋】❶人親　人之親者，即指父母。❷學者　指學生。❸師達　後〈誣徒〉一章、〈審己〉一章稱「達師」，指通達道義之師。❹理　治理。此處指治理好。❺在右則右重二句　指聖人在此國，則此國重於天下；在彼國，則彼國重於天下。

【語譯】先王之德教，榮耀莫過於孝，顯達莫過於忠。忠孝，是為君主做父母的人非常希求得到的；顯達和榮耀，亦是為人臣人子的人十分願意得到的。然而，為君主做父母的常常不能獲得自己的希求，為人臣人子的又往往達不到自己的意願，這種情況總是產生於他們不懂得各自應該實行的理義，而不懂得理義又是由於不學習的緣故。能從師學習的人，只要師長通達道義，而自己也有相應的才能，我沒有聽說過像這樣的人不能成為聖人的。只要有聖人在，天下自然就能治理好。聖人在這個國家，這個國家便重於天下；聖人在那個國家，那個國家便重於天下。所以，古代的聖王，沒有不尊重教師的啊。

〔二〕尊師則不論其貴賤貧富矣。若此則名號顯矣，德行彰矣。故師之教也，不爭❶輕重尊卑貧富，而爭於道。其人❷苟可，其事無不可，所求盡得，所欲盡成，此生於得聖人。聖人生於疾學❸。不疾學而能為魁士名人❹者，未之嘗有也。疾學在於尊師，師尊則言信矣，道論❺矣。故往教者不化，召師者不化，自卑者不聽，卑師者不聽。師操不化不聽之術而以彊教之，欲道之行、身之尊也，不亦遠乎？

學者處不化不聽之勢，而以自行，欲名之顯、身之安也，是懷腐而欲香也，是入水而惡濡❻也。

【章　旨】論述尊師重教，提出教者與學者相對應的行為準則。

【注　釋】❶爭　計較。❷其人　指學習者。❸疾學　力學。❹魁士名人　傑出而有名望的人士。魁，傑出。❺論　明白。❻濡　霑水而濕。

【語　譯】尊重教師，就不能計較教師的貴賤貧富。能夠做到這一點，那麼教師名號就會顯達，德行也會彰明了。教師的施教，亦不應計較學習者的尊卑貧富，而要著重考察他們能否接受道義。受業的學生如果具備了可以接受道義條件，那麼對他們的教誨就不會再有其他不相宜的地方。他們所追求的就完全能夠得到，他們所希望的也全都能夠實現。這種情況一般要在得到聖人之後才會產生。聖人產生於發憤力學。不刻苦力學而就能成為傑出有名望的人，那是從未有過的啊。力學要做到成效顯著，關鍵在於尊師；教師受到尊重，那麼他的話，學生就會樂於信從，先王的道義亦會因他的闡釋而彰明。所以，自己上門去授課的人，因缺乏自尊而不可能教化好學生；召喚師長去授課的學生，因不懂得尊師亦不可能接受教化。自己卑視自己的教師，他講授的道義不會被人們聽從；輕視師長的學生，也不可能聽從師長對他的教化。如果教師採取既不能教化人，也不能讓人們聽信的方法，勉強去進行教學，卻希望自己講授的道義能得到推行，自己又能被人尊敬，這不是相差太遠了嗎？如果學習的人，處於既不接受教化，又不聽從教誨的狀態，還興之所至，隨意行事，卻想要名聲顯達，自身安逸，這就如同懷裡揣著腐臭的東西，卻還希望芳香四溢，縱身跳入水中而又厭惡濡濕那樣，這怎麼可能呢？

〔三〕凡說者，兌之❶也，非說❷之也。今世之說者，多弗能兌，而反說之。夫弗能兌而反說，是拯溺而硾❸之以石也，是救病而飲之以堇❹也，使世益亂；不肖主重惑者，從此生矣。故為師之務，在於勝理，在於行義❺。理勝義立則位尊矣，王公大人弗敢驕也，上至於天子，朝之而不慙❻。凡遇合也❼，合不可必❽，遺理釋義以要❾不可必，而欲人之尊之也，不亦難乎？故師必勝理行義然後尊。

【章旨】言為師之道在於「勝理」和「行義」，提倡一種稱之為「兌」的方法說教道義，反對順俗取悅受教育者。

【注釋】❶兌之　用捷利的口才來講授道義。兌，通「銳」。銳利；敏銳。❷說　通「悅」。❸硾　繫上重物，使之下沉。❹堇　毒草。❺行義　推行本學派的教育宗旨。義與「議」通。議指為師之道，亦即各家所訂之教育宗旨，通稱「家法」。❻慙　慚愧。❼凡遇合也　不期而逢的機遇是一種巧合。後有〈遇合〉篇專論此旨，可參讀。此處則是指上文所言「王公大人弗敢驕也，上至於天子，朝之而不慙」那種狀況。❽不可必　並非必然。❾要　求。

【語譯】大凡授課說教，須用敏銳而深刻的語言，而不是用言辭去討好受教育者。當今之世，那些從事說教的人，卻大多不能用敏銳深刻的語言去說服人，反而隨同時俗去迎合取悅世人。不能用「說服」反而去「取悅」，這就如同拯救溺水的人時，反而用石頭使之下沉；給人治病時，卻要他飲有毒的堇煎成的湯液，只會使世道更加混亂；這就是使得不肖君主越發迷惑的根源。所以，作為教師的要務，在於以理義取勝，在於推行自己的授業宗旨。如果做到了這兩條，那麼他的地位也就尊貴了，王公大人不敢對他驕慢和輕侮，即使接受天子朝拜，也可當之無愧。當然這是一種不期而逢的機遇，它往往是一種巧合，並非必然。如果拋棄理義，丟掉授業宗旨，用以追求上面那種可遇而不可求的機緣，卻指望別人來尊重他，這不是太困難了嗎？所以，做教師的，必須靠理義取勝和授業宗旨的推行，才能取得他人的尊敬。

〔四〕曾子❶曰：「君子行於道路，其有父者可知也，其有師者可知也。夫無父而無師者，餘若夫何哉❷！」此言事師之猶事父也。曾點❸使❹曾參，過期而不至，人皆見曾點曰：「無乃畏❺邪？」曾點曰：「彼雖畏，我存，夫安敢畏？」孔子畏❻於匡，顏淵❼後，孔子曰：「吾以汝為死矣。」顏淵曰：「子在，回何敢死？」顏回之於孔子也，猶曾參之事父也。古之賢者，與❽其尊師。若此，故師盡智竭道以教。

【章　旨】言尊師之道，以曾點與曾參、孔子與顏回的事例，論證應「事師之猶事父」。

【注　釋】❶曾子　指曾參，字子輿，魯國南武城人，孔子弟子，孔子以為能通孝道，作《孝經》。❷餘若夫何哉　旁人又能對他怎麼樣呢。餘，指其他人。夫，彼。即無父無師者。❸曾點　曾參的父親，亦為孔子弟子。❹使　派遣。❺畏　陳奇猷認為，「畏」為「圍」之假字。圍可作被圍、被困解，也可作自己隱藏、藏匿解。❻畏　指被圍。孔子被圍於匡事，見《論語・子罕》。❼顏淵　即顏回，字子淵，孔子弟子，孔子曾稱讚他：「一簞食，一瓢飲，在陋巷，人不堪其憂，回也不改其樂。」❽與　推許。

【語　譯】曾子說：「君子走在路上，他們之中有父親在的，可以看得出來，有師長在的，也可以看得出來，因為他們的儀容舉止總是顯得更有教養。至於那些沒有父親沒有師長在的人，即或有不端之處，旁人又能拿他們怎麼樣呢？」這段話說明事從師長亦應當像事從父親一樣。曾點派遣曾參出去，過了約期還不回來。人們看到曾點都會問：「曾參是否藏起來了？」曾點說：「他就是想藏起來，我還活著，他怎麼敢呢？」孔子受困在匡那個地方，顏淵後來才趕到。孔子說：「我還以為你死了呢。」顏淵說：「老師在，學生怎麼敢死？」顏回對於孔子，正像曾參對待其父親一樣。古代賢者，都推許顏淵能夠這樣的尊敬師長。因為做到這樣，所以做教師的亦都能盡心竭力地教誨學生。

尊師

【題解】本篇承上篇〈勸學〉繼續論述尊師之道。先列舉十聖人六賢者以為尊師楷模，再以六名曾為「刑戮死辱之人」，由於從師而學，竟至能躋身於「名士顯人」之列，從而說明學習的重要。文中強調教與學的最大意義在於造就人才。對於教者，「利人莫大於教」；對於學者，「成身莫大於學」。一旦從品德、才學上完成了自身，那麼為人子必孝，為人臣必忠，為人君必能平正天下。這些論述，與儒家倡導的修身、治國、平天下頗相類。

人對客觀世界的認識，究竟是生而知之，還是學而知之，本文對這個古老命題的回答，是很有自己特色的。文章認為人天生有耳可聞、有目可見、有口可言、有心可知，學習，並非憑空增益這種本能，而只是通達天性，使這種天賦本能得以充分發揮出來；但如果不學習，那麼所有認識器官還不如沒有。這樣，就從認識論上證實了教學的重要作用。

本篇對學生如何侍奉師長有諸多明細規定，包括教師的生活起居，亦由學生供奉。學生即使學有所成，在論道時，必須稱述師承淵源，否則會被貶為「叛逆」。所有這些，與現代師生關係自然大相逕庭，但在當時條件下，卻亦不乏淳樸與溫情。

〔一〕三曰——

神農師悉諸❶，黃帝師大撓❷，帝顓頊師伯夷父❸，帝嚳師伯招❹，帝堯師子州支父❺，帝舜師許由❻，禹師大成贄❼，湯師小臣❽，文王、武王師呂望❾、周公旦，齊桓公師管夷吾⑩，晉文公師咎犯⑪、隨會⑫，秦穆公⑬師百里奚⑭、公孫枝⑮，楚莊王⑯師孫叔敖⑰、沈尹巫⑱，吳王闔閭⑲師伍子胥⑳、文之儀㉑，越王句踐㉒師范蠡、大夫種㉓。此十聖人㉔六賢者㉕，未有不尊師者也。今尊不至於帝，智不至於聖，而欲無尊師，奚由至哉？此五帝之所以絕，三代之所以滅㉖。

【章旨】以古代十位聖人、六位賢人無不尊師為據，論證尊師的必要。

【注釋】❶悉諸　姓悉名諸，傳說中為神農之師。❷大撓　傳說中黃帝之師，始作甲子，即發明以天干地支記時的方法。❸伯夷父　傳說中帝顓頊之師，伯夷為氏，父為古代對男子之美稱，見於《山海經・內經》。❹伯招　傳說中為帝嚳之師。❺子州支父　傳說中為堯之師，堯曾讓以天下，子州支父不受。❻許由　名重華，陽城人，傳說中堯聘之不至的著名隱士。❼大成贄　傳說中為禹之師。❽小臣　即伊尹，商初大臣，佐助湯攻滅夏桀，建立商朝。傳說伊尹原為有莘氏女之媵臣，湯初用為「小臣」，後任以國政。古人常以官名為氏，故稱「小臣」。❾呂望　姓姜，名牙，封於呂，文王得之於渭濱，說：「吾先君太公望子久矣。」故號太公望，又稱呂望。武王尊之為師。❿管夷吾　即管仲，齊桓公以管仲為相而霸諸侯。⓫咎犯　即狐偃咎犯，為晉文公之舅，是隨晉文公流亡的五賢士之一，回國後幫助晉文公成就霸業。⓬隨會　即士會，字季，晉國大夫。曾助晉文公成就霸業，初食邑於隨，後於范，因稱之為隨會或范會。⓭秦穆公　姓嬴名任好，春秋五霸之一，在位三十九年（西元前六五九～前六二一年）。⓮百里奚　姓百里，名奚，秦大夫。原為秦穆公夫人之媵臣，為楚人所執，秦穆公以五羖羊皮贖其身，授以國政，故號五羖大夫。⓯公孫枝　姓公孫，名枝，字子桑，秦大夫。⓰楚莊王　姓芈，名侶，春秋五霸之一。⓱孫叔敖　楚莊王令尹。⓲沈尹巫　楚國大夫。〈當染〉二章作「沈尹蒸」，〈察傳〉一章作「沈尹筮」，〈贊能〉三章作「沈尹莖」，當是一人。⓳吳王闔閭　吳王夷昧之子，名光，吳國國君。即〈仲春紀〉四章之闔廬。⓴伍子胥　姓伍，名員，自楚奔吳，曾為吳大夫，助闔閭成就霸業。㉑文之儀　吳之大夫。㉒越王句踐　越王允常之子。㉓范蠡大夫種　均為越國大夫，曾佐助越王句踐敗而復興。㉔十聖人　指自神農至周武王十位帝王。㉕六賢者　指自齊桓公至越王句踐六位成就霸業之諸侯。㉖此五帝之所以絕二句　指五帝與三代那樣的聖君不可復見於當世之原因。

【語譯】神農以悉諸為師，黃帝以大撓為師，帝顓頊以伯夷父為師，帝嚳以伯招為師，帝堯以子州支父為師，帝舜以許由為師，禹以大成贄為師，湯以小臣為師，文王、武王以呂望、周公旦為師，齊桓公以管夷吾為師，晉文公以咎犯、隨會為師，秦穆公以百里奚、公孫枝為師，楚莊王以孫叔敖、沈尹巫為師，吳王闔閭以伍子胥、文之儀為師，越王句踐以范蠡、大夫種為師。這十位聖人，六位賢者，沒有不尊敬師長的啊。如今的君主，尊貴不如帝王，智慧不如聖人，但卻想要不尊奉師長，那怎麼能達到帝、達到聖的境界呢？這也正是五帝和三代聖君不可復見於今世的原因。

〔二〕且天生人也，而使其耳可以聞，不學，其聞不若聾；使其目可以見，不學，其見不若盲；使其口可以言，不學，其言不若爽❶；使其心可以知，不學，其知不若狂。故凡學，非能益❷也，達天性❸也。能全天之所生而勿敗之，是謂善學。子張❹，魯之鄙❺家也；顏涿聚❻，梁父❼之大盜也；學於孔子。段干木❽，晉國之大駔❾也，學於子夏❿。高何⓫、縣子石⓬，齊國之暴者⓭也，指於鄉曲⓮，學於子墨子⓯。索盧參⓰，東方之鉅狡⓱也，學於禽滑黎⓲。此六人者，刑戮死辱之人也，今非徒免於刑戮死辱也，由此為天下名士顯人，以終其壽⓳，王公大人從而禮之，此得之於學也。

【章 旨】言人之天賦本能須經學習才得以發揮，並舉六個原為「刑戮」之人，由學習而成為名士的實例，說明學習的意義。

【注 釋】❶爽 與「喑」同義，指口不能語言。❷益 增加。❸達天性 通達天性。即使耳、目、口、心的功能能夠充分發揮出來。❹子張 姓顓孫，名師，字子張，孔子弟子。《論語》中有子張與孔子問對多條，其後學自成一派，稱子張之儒。❺鄙 粗俗；低等。❻顏涿聚 姓顏，名庚，字涿聚（亦有作「濁鄒」的），齊國大夫，孔子弟子。❼梁父 泰山下的一座小山，在今山東新泰西。❽段干木 戰國初魏文侯所尊禮的賢士。據《史記正義》注引《高士傳》稱，魏文侯對段干木的評價是：「不趣勢利，懷君子之道，隱處窮巷，聲馳千里。」❾駔 古代的牙儈，即市集上從買賣雙方抽取佣金的中間人。❿子夏 姓卜，名商，字子夏，孔子弟子，曾為魏文侯師。⓫高何 墨子弟子，可能即是《墨子．耕柱》中的高石子，即姓高，名石子，字何。⓬縣子石 墨子弟子，《墨子．耕柱》有縣子碩問於墨子，即指此人。⓭暴者 指劫掠為暴於鄉里的大盜。⓮指於鄉曲 為鄉里人所指斥。指，指斥。鄉曲，鄉里。⓯子墨子 即墨翟。⓰索盧參 索盧是複姓，名參，禽滑黎之弟子。⓱狡 詐騙。⓲禽滑黎 也作禽滑釐，墨子弟子。⓳終其壽 指長壽而得善終。但據《左傳》記載，顏涿聚死於齊哀公二十三年（西元前四七二年）犁丘之役。

【語 譯】況且，上天之造就人，使人有耳朵可以聽，但如果不學習，所聽到的還不如聾子聽不到；使人有眼睛可以看得見，但如果不學習，所看到的還不如盲人看不到；使人有口可以說話，但如果不學習，所能說的還不如啞吧不能說；使人有心可以認知，但如果不學習，所能認知的還不如狂亂妄行的好。因此，大凡學習，並非能使人在本能以外再增添什麼，而只是通達和發揮屬於人之天性的本能啊。能保全人之天性所秉賦而不使其受到毀傷，這就可以算是善於學習。如子張，本來是魯國的下等人；顏涿聚是梁父地區的大盜，然而他們都能夠跟隨孔子學習。段干木，原先不過是晉國的一個大牙儈，亦能夠跟隨子夏學習。如高何、縣子石，曾經是齊國的暴徒，在鄉里受到眾人指斥，後來跟了墨子學習。索盧參是東方的大騙子，後來亦能夠跟了禽滑黎學習。上面六位，原是應該受到刑罰、殺戮或為人們所羞辱的人，如今非但免於遭受刑罰、殺戮和羞辱，而且還成為天下知名而又顯達之士，並得以盡享天年，王公大人因而禮敬他們。這些都得力於他們的潛心學習啊。

〔三〕凡學，必務進業，心則無營❶，疾諷誦❷，謹司聞❸，觀驩愉❹，問書意，順耳目，不逆志，退思慮，求所謂❺，時辨❻說，以論道，不苟辨，必中❼法，得之無矜❽，失之無慚，必反其本。

【章旨】言學習過程中，學者對學業和師長應抱有的態度。

【注釋】❶營　惑。❷疾諷誦　努力誦讀。❸謹司聞　用耳朵仔細聽。謹，仔細認真。司聞，耳朵的職司是聽。❹驩愉　高興。驩，通「歡」。❺求所謂　探求教師所傳授的道義。❻辨　通「辯」。❼中　合。❽矜　驕傲自負。

【語譯】凡學習，一定要致力於不斷增進自己的學業，那麼心志才不會迷惑。學習時要努力誦讀，集中聽力仔細聽講，伺教師心情歡愉時，再詢問書中深含的意蘊，但這要順著教師的耳目，不違背導師的意志。回來再仔細思慮和反省自己的認識，探求其中真正的道理。要隨時與同學辯駁和討論，以期弄明白道的真諦所在。但論辯中不可以非為是和強詞奪理，一切都要符合法度。若有所得，不能因而驕矜；倘有所失，亦不必為之羞愧。一定要回歸到道的根本。

〔四〕生則謹養❶，謹養之道，養心❷為貴；死則敬祭，敬祭之術，時節❸為務；此所以尊師也。治唐❹圃，疾灌寖❺，務種樹；織葩屨❻，結罝網❼，捆蒲葦；之田野，力耕耘，事五穀；如山林，入川澤，取魚鼈，求鳥獸；此所以尊師也。

視輿馬，慎駕御；適衣服，務輕煖；臨飲食，必蠲絜❽；善調和❾，務甘肥；必恭敬；和顏色，審辭令；疾趨翔❿，必嚴肅；此所以尊師也。

【章　旨】言學生必須奉行的各項具體尊師規定，從「生則謹養」直到「死則敬祭」。

【注　釋】❶謹養　侍候與供養。❷養心　指順從師長之心志。❸時節　指根據四時之節日祭奠老師。❹唐　塘堤。❺疾灌寖　努力灌溉。寖，同「浸」。❻葩屨　類似今之麻鞋。葩係「萉」之誤。萉，麻之籽實。❼罝網　捕兔的網。❽蠲絜　清潔乾淨。蠲，通「涓」。清潔。絜，潔。❾調和　指調治菜肴之滋味。❿趨翔　小步走路而有節奏，以示尊敬。翔，通「蹌」。走動靈活而有節奏。

【語　譯】師長健在的時候，要小心奉養；奉養的根本之道，要順從師長的心志。師長去世後，要恭恭敬敬地祭祀；祭祀的方法，最主要的是必須謹守四時節日之規定。這些都是為了尊師。做學生的，要為師長整治河塘堤岸，修整園圃，種植蔬菜花木，並努力灌溉。還要替師長織麻鞋，結獸網，編紮蒲葦器物。在田野裡，要努力耕耘，種植好五穀，並要到山林和川澤去，為師長捉取魚鱉，獵捕鳥獸。這一切也都是為了尊師。做學生的還要給師長看視好馬車，謹慎地為師長駕車，並代為製作適身的衣服，力求做到輕盈而暖和。要為師長備辦飲食，務必清潔乾淨，精心調和菜肴的滋味，力求甘甜肥美。與師長相處，一定要恭恭敬敬，和顏悅色；說話時言辭要審慎而有禮貌，走路時步子要細小而有節奏。總之時時處處都要做到端莊和肅敬。這一切都是為了尊師。

〔五〕君子之學也，說義必稱師以論道，聽從必盡力以光明❶。聽從不盡力，命之曰背；說義不稱師，命之曰叛；背叛之人，賢主弗內❷之於朝，君子不與交友。故教也者，義之大者也；學也者，知之盛者❸也。義之大者，莫大於利人，利人莫大於教。知之盛者，莫大於成身❹，成身莫大於學。身成則為人子弗使而孝矣，為人臣弗令而忠矣，為人君弗彊❺而平矣，有大勢可以為天下正矣。故子貢問孔子曰：「後世將何以稱夫子？」孔子曰：「吾何足以稱哉？勿已者❻，則好學而不厭，好教而不倦，其惟此邪。」天子入太學❼，祭先聖，則齒❽嘗為師者弗臣❾，所以見敬學與尊師也。

【章旨】從利於教化和造就人才角度，論述了敬學與尊師的重大意義，並把不能尊重師道的斥之為「背叛之人」。

【注釋】❶光明　使之發揚光大。❷內　接納。❸知之盛者　獲得才智最多的途徑。❹成身　指修養身心以成為君子。❺彊　勉強。❻勿已者　不得不提到的話。❼太學　指明堂，古代天子居所。❽齒　並列。❾弗臣　不以臣子相待。

【語譯】君子在學業方面，談論理義時，一定要稱引師長的話來闡明道義；聽從師長教誨後，還必須把領會到的盡力付諸實行以使其發揚光大。聽從師長教誨而不盡力實行的，稱之為「背」；闡說理義而不稱道自己師長的，叫作「叛」。這種「背叛」的人，賢明的君主不會接納他為臣，君子也不肯與他交朋友。所以說，教授是最有意義的大事，學習是最能使人博大才智的途徑。這是因為意義最大的，莫過於有利於人們；對人們有利的，莫過於授人以學業；才智最博大的，莫過於修養品性完善自身；而完善自身最為要緊的，莫過於學習。如果自身修養完成了，那麼作為兒子，不用他人支使就懂得孝順了；作為臣子，用不到別人命令就知道盡忠了；作為君主，不用勉強就能做到公正，一旦有大勢可以憑藉，就能因而君臨天下了。所以子貢問孔子說：「後代將如何來稱道夫子啊？」孔子回答說：「我有什麼值得後人稱道呢？不得已一定要說的話，那就說我自己愛好學習而不厭煩，勤於教授而不疲倦，僅此而已。」所以，天子進入太學，祭祀先代聖人的時候，便與曾經做過教師的人並列一起，不以臣子禮節對待他們。天子這樣做，就是用以說明敬學和尊師啊。

誣徒

【題解】本篇一作「詆役」。「詆役」與「誣徒」同義，均指欺騙弟子。按題目本意是對教者一方而言，即不應誣徒；但從全篇內容看，還是談了教與學二個方面。

文章較多的篇幅是對教師的要求。認為善教者應當「視徒如己，反己以教」；凡是「所加於人，必可行於己」，即教師既要愛護學生，又要處處為學生樹立榜樣。在論述中，作者一再把教學過程中出現的某些心理現象與人之常情進行對比，涉及到了現代教育心理學的一系列命題。如文中提到，學生接受教學的最佳心理狀態應是「安、樂、休、游、肅、嚴」。其中對「樂」的分析尤為詳盡且給人啟發。人們既不能「樂其所不安」，亦不能「得於其所不樂」。作者據此認為，懂得了這一點，亦就懂得了「勸學」的真諦。

本篇還列舉了「不能教者」、「不能學者」之種種醜惡現象，描繪栩栩如生，鞭撻淋漓痛快。

〔一〕四曰──

達師❶之教也，使弟子安❷焉、樂焉、休❸焉、游❹焉、肅❺焉、嚴❻焉。此六者得於學❼，則邪辟之道塞❽矣，理義之術❾勝矣。此六者不得於學，則君不能令於臣，父不能令於子，師不能令於徒。人之情，不能樂其所不安，不能得於其所不樂。為之而樂矣，奚待賢者？雖不肖者猶若❿勸之。為之而苦矣，奚待不肖者？

雖賢者猶不能久。反諸人情，則得所以勸學矣。子華子⓫曰：「王者樂其所以王，亡者亦樂其所以亡，故烹獸不足以盡獸，嗜其脯⓬則幾矣。」然則王者有嗜乎理義也，亡者亦有嗜乎暴慢也。所嗜不同，故其禍福亦不同。

【章　旨】言教師在教學過程中要使學生達到「安、樂、休、游、肅、嚴」六要，並對「樂」在學業以至治國中的重要作用，作了充分論述。

【注　釋】❶達師　指通達道義與教學方法之師者。❷安　安心。❸休　悠閒。❹游　活潑而優游自在。❺肅　恭敬。❻嚴　莊重。❼此六者得於學　指學生在學習過程中能達到上述六種精神境界。❽塞　阻斷。❾術　道。❿猶若　尚且。⓫子華子　古代道家人物。⓬脯　乾肉。

【語　譯】精通道義與教學方法的師者，能使學生安心，愉樂，安閒，從容，恭敬，莊重。凡是在教學過程中能夠實現這六者，那麼邪惡的歪路便被堵絕，理義之正道就能通行。如果不能實現，那麼君主便不能命令臣下，父親便不能使喚兒子，教師便不能支配學生。人之常情，既不能喜歡自己所不安心的事物，也不能從自己不喜歡的事物中獲得教益。一件事情，如果做起來感到愜意，那又何必要等待賢者呢？即使是不肖之徒也會盡力去做的。一件事情如果做起來感到苦惱，不用說不肖之輩，就連賢者縱然做了也不可能持久。反觀人的這種常情，也就不難得出用來勸勉人們學習的道理。子華子說：「成就王業的君主樂意做使自己成就王業的事，遭致亡國的君主也樂意做使自己滅亡的事。正如烹煮走獸的人們，其實是不可能盡食全獸，只不過品嘗一點自己愛吃的肉就差不多了。」由此可見，王者的愛好是理義，亡國之君亦有嗜好，那就是傲慢與暴虐。由於人們嗜好不同，所以各人所得到的禍福也不同。

〔二〕不能教者：志氣不和❶，取舍數變，固無恆心，若晏陰❷喜怒無處❸；言談日易，以恣❹自行，失之在己，不肯自非，愎過❺自用，不可證移❻；見權親勢及有富厚者❼，不論其材，不察其行，毆❽而教之，阿而諂之❾，若恐弗及；弟子居處修潔，身狀出倫❿，聞識疏達⓫，就學敏疾，本業幾終⓬者，則從而抑之，難而懸之⓭，妬而惡之；弟子去則冀終⓮，居⓯則不安，歸則愧於父母兄弟，出則慙於知友邑里⓰；此學者之所悲也，此師徒相與異心也。人之情，惡異於己者，此師徒相與造怨尤⓱也。人之情，不能親其所怨，不能譽其所惡，學業之敗也，道術之廢也，從此生矣。善教者則不然。視徒如己，反己⓲以教，則得教之情⓳也。所加於人，必可行於己，若此則師徒同體。人之情，愛同於己者，譽同於己者，助同於己者，學業之章明也，道術之大行也，從此生矣。

【章　旨】要求教師「視徒如己」，做到「師徒同體」，指摘舉止失檢、文過飾非以及趨附權勢、抑制有學之士等種種背離師道的表現。

【注　釋】❶不和　指剛柔失調。剛柔適中為和。❷若晏陰　像天氣那樣陰晴無常。晏，陽。❸處　定。❹恣　放縱。❺愎過　堅持錯誤。愎，任性。❻證移　接受勸諫而改正錯誤。證，諫正。移，改變。❼見權親勢及有富厚者　疑應是「見權勢及富厚者」。「親」、「有」當為衍文。❽毆　同「驅」。馳。❾阿而諂之　曲意奉承。阿，迎合。諂，奉承。❿身狀出倫　體貌出眾。⓫疏達　通達。⓬本業幾終　學業近乎完成。⓭難而懸之　詰難、疏遠他。難，詰難。懸，疏遠。⓮冀終　希望能完成學業。⓯居　留下。⓰邑里　鄰里。⓱造怨尤　怨恨與不滿。⓲反己　求諸自身。⓳情真諦。

【語譯】不善於教育學生的教師，心志意氣剛柔失當，舉止取捨變化多端，原無恆久的心思，就像天氣的陰晴那樣，喜怒變幻無常。言談隨時改變，任性而行。明明是自己的過失，卻不肯自以為非，固執己見，師心自用，從不接受別人勸諫而改正錯誤。見到權貴顯達、有財有勢的人，不問他的才智、品行，便急忙趨就施之以教，阿諛奉承，唯恐巴結不上。對於學生中平時操守純潔美好，品貌出眾，見多識廣，思路敏捷，學習努力，學業快要完成的人，反而抑制他們，詰難和疏遠他們，忌妒和厭惡他們。在這種情況下，學生想離開但又希望能完成學業；想留下來但又無法安心學習；回家吧，愧見父母兄弟；出門吧，羞逢知友鄰里。這是使求學的人感到悲痛傷心的事，是教者與學者心相離異的結果。人之常情，就是厭惡與自己心思不和的人，這就成了教者與學者之間容易產生怨恨的原由。人還有一種常情，就是無法親近自己所怨恨的人，不能讚譽自己所厭惡的人。學業的敗壞，道術的廢弛，都從這裡產生。

善於教育的人完全不是這樣。他們看待學生猶如看待自身，能設身處地為學生著想，因而能夠深得教學的三昧。他們要求別人的，自己也一定能夠實行。做到這樣，就達到了師生一體的境界。親愛與自己情意相投的，讚譽與自己志向相同的，幫助與自己好惡一致的，這是人之常情。學業的彰明，道術的普遍推行，就由此而發揚開來。

〔三〕不能學者：從師苦❶而欲學之功❷也，從師淺而欲學之深也。草木雞狗牛馬，不可譙詬❸遇之，譙詬遇之，則亦譙詬報人，又況乎達師與道術之言乎？故不能學者：遇師則不中❹，用心則不專，好之則不深，就業則不疾，辯論則不審❺，教人❻則不精；於師慍❼，懷❽於俗，羈❾神於世；矜勢好尤❿，故湛於巧智⓫，昏於小利，惑於嗜欲；問事則前後相悖，以章則有異心⓬，以簡則有相反⓭；離則不能合，合則弗能離，事至則不能受。此不能學者之患也。

【章　旨】列舉不善於學習者的種種表現，並加以淋漓盡致的鞭撻。

【注　釋】❶苦　粗劣。❷功　精。❸譙詬　即「謑詬」。粗暴；過分。❹不中　不適宜；不符合。❺不審　指是非不明。❻教人　即效人。指效法別人。❼慍　怨。❽懷　安。❾羈　牽制；束縛。❿矜勢好尤　依仗權勢，好為招搖過甚之事。尤，特異的。⓫湛於巧智　濫用小聰明。湛，淫濫。⓬以章則有異心　指向教師詢問時，話語繁多，卻又辭不達意。章，詳明。此處指話語多。有，又。異心，與其想要表達的心思相異。⓭以簡則有相反　說得簡單了，又把要表達的意思說成相反。

【語　譯】不善於學習的人，侍從師長學習時，自己粗心大意，卻指望學得精通；自己淺嘗輒止，卻想要學得深透。即使是草木雞狗牛馬，也不能粗暴地對待它們；如果過了分，它們也會以同樣的辦法對人施加報復，又何況面對的是精通教學的師長及道術的傳授呢？所以，那些不懂得學習的人，對待師長不符合尊師之道，學習時心思不專一，雖有所愛好，卻不願深入，雖已受業，卻又不肯發憤；討論時分不清是非，效法別人又專務皮相。卻又怨恨導師，安於世俗之見，精神迷戀於追求時尚，驕矜權勢並好做招搖過甚之事，喜歡玩弄巧詐之智，熱衷於小利，迷惑於種種不良嗜好和欲望。他們在向教師提問時，前言不對後語，話多了則辭不達意，話少了又張冠李戴。對分散的現象不能進行綜合，對複雜的事物又不會進行分析，事情到來的時候不能接受和完成。這就是那些不善於學習的人的通病。

用眾

【題解】本篇又名「善學」。「善學」既取自篇首的頭二個字，也含有通貫全篇之意。善學之道，在於用眾，即博採眾長，「假人之長以補其短」。人為什麼需要和可能「用眾」呢？文章的回答是：「物固莫不有長，莫不有短。人亦然。」既然如此，人應當「無醜不能，無惡不知」。不能、不知並不可怕，只要善於向眾人學習。至於可供學習的對象，自然首先是賢者，但作者慧眼獨具，敢於一反當時成說，認為「雖桀、紂猶有可畏可取者」。

文章還把善學與君道聯繫起來，博採眾長同時亦是立君之本。文中提到任何傑出的個人，無論孟賁、烏獲、離婁以至堯、舜，都抵不過眾人。君主的權力從哪兒來？是從眾人那裡來的；迷戀權位而背棄民眾，只能是捨本而逐末，這樣的君主是不可能安位的。

〔一〕五曰——

善學者若齊王之食雞也，必食其跖❶數千而後足，雖不足，猶若❷有跖。物固莫不有長，莫不有短。人亦然。故善學者，假人之長以補其短。故假人者遂有天下。

無醜❸不能，無惡❹不知。醜不能、惡不知病❺矣，不醜不能、不惡不知尚矣。雖桀、紂猶有可畏可取者，而況於賢者乎？

【章　旨】凡人皆有長處和短處，故善學者應博取眾人之長，以補己之短。

【注　釋】❶跖　人或動物站立時腳底著地部分。此處指雞腳掌。❷猶若　猶然。❸醜　羞恥。❹惡　過失。❺病　窘困。

【語　譯】善於學習的人，應該像齊王吃雞一樣，一定要吃到數千隻雞腳掌才滿足。一般人即使吃不到數千隻那麼多，還是要吃，畢竟吃比不吃好。

一切事物，不可能沒有長處，也不可能沒有短處。人亦是一樣。因此善於學習的人，能吸取別人的長處來彌補自己的短處。所以，善於取眾人之長的君主，就能治理好天下。

不要以自己的不能為可恥，不要以自己的不知為過失。如果僅僅為自己的不能和不知感到羞恥和認為有過失，那只會使自己受到窘困而沒有出息。不以不能為可恥，不以不知為過失，這才是上策。人人都有可供學習的地方，即使是桀與紂那樣的暴君，尚且有令人敬畏與可取之處，更何況是賢人呢？

〔二〕故學士❶曰：「辯議不可不為❷。」辯議而苟❸可為，是教也。教，大議也❹。辯議而不可為，是被褐而出，衣錦而入❺。

【章　旨】言學生在求學時不應辯議，但教師為了堅持和闡發自己的宗旨提倡辯議。

【注　釋】❶學士　本指求學之士，此處指有學問的人。❷辯議不可不為　似應為「辯議不可為」，後一「不」疑是衍字。意謂正在學習的弟子，對教師的講學必須耐心傾聽，虛心接納，不可與教師爭論辯駁。但從〈尊師〉、〈誣徒〉中分別有「時辨說，以論道」、「辯論則不審」等記述來看，同學間的相互論辯，似乎不僅被容許，而且是提倡的。❸苟　如果。❹教二句　教育本身就是一件需要大加議論辯駁的事。❺是被褐而出二句　這是對專心學習，因而很快學有所成的學生的一種形象化說法。他們出門時，穿著窮苦人穿的短褐，回來時已穿上了大戶人家才有的錦繡華貴的衣袍。

褐，麻製的短衫。錦，以絲綢為原料的華美的衣服。

【語　譯】所以有位學士說：「正在求學的人不要進行辯議。」如果說可以進行辯議，那是指教師。教師進行教學，本是需要大加議論辯駁的事，那樣才能闡明自己的宗旨。至於求學的學生，就不能進行辯議，那樣才能專心聽講，虛心接納，使自己很快從淺薄無知變成飽學之士，就像出門時還穿著粗布短衫，歸來時已滿身錦繡，雍容華貴了。

〔三〕戎❶人生乎戎、長乎戎而戎言，不知其所受❷之；楚人生乎楚、長乎楚而楚言，不知其所受之。今使楚人長乎戎，戎人長乎楚，則楚人戎言，戎人楚言矣。由是觀之，吾未知亡國之主不可以為賢主也，其所生長者不可耳。故所生長不可不察也。

【章　旨】以戎人戎語、楚人楚語說明環境對人的影響，善學者應選擇優良的學習環境。

【注　釋】❶戎　古代對西部少數民族的統稱。❷受　通「授」。傳授。

【語　譯】戎人生在戎地，長在戎地，說戎人的語言，而自己卻不知道是從哪裡學來的；楚人生在楚地，長在楚地，說楚人的語言，也不知道是從哪裡學來的。如果使楚人生長在戎地，而讓戎人生長在楚地，那麼楚人就說戎人的語言、戎人就說楚人的語言了。由此看來，我不相信亡國之主不可以成為賢明的君主。他們之所以沒有成為賢明的君主，只是由於生長的環境不允許罷了。因此，對於人們所生長的環境不可不細心審察啊。

〔四〕天下無粹❶白之狐，而有粹白之裘，取之眾白也。夫取於眾，此三皇、五帝之所以大立功名也。凡君之所以立，出乎眾也。立已定而舍其眾，是得其末而失其本。得其末而失其本，不聞安居❷。故以眾勇無畏乎孟賁❸矣，以眾力無畏乎烏獲❹矣，以眾視無畏乎離婁❺矣，以眾知❻無畏乎堯、舜矣。夫以眾者，此君人之大寶也。田駢❼謂齊王❽曰：「孟賁庶乎患術❾，而邊境弗患；楚、魏之王，辭言不說❿，而境內已修備矣，兵士已修用矣；得之眾也。」

【章　旨】言君主之位因民眾之力而立、而安，故依靠民眾是君主之「大寶」。

【注　釋】❶粹　純粹。❷安居　指君主地位的鞏固。❸孟賁　戰國時衛國勇士，據說其力之大，可生拔牛角。❹烏獲　古代的大力士，據說能舉千鈞之重。❺離婁　傳為黃帝時眼力特別好的人，能看到百步以外的細針之末。❻知　智慧。❼田駢　又稱陳駢，戰國時齊人，主張「貴齊」，即強調事物的均齊、同一。遊學齊稷下，齊宣王賜以列第，為上大夫。其著作《漢書・藝文志》列在道家，有二十五篇，今已全散佚。❽齊王　指齊宣王，姓田，名辟彊，在位十九年（西元前三四二～前三二四年）。《史記》稱其「喜文學游說之士」，田駢就是他稷下的學士之一。❾孟賁庶乎患術　即使像孟賁這樣的勇猛之士也都會視服兵役為禍患。庶乎，幾乎。術，假借為「役」。❿辭言不說　出言不遜。

【語　譯】天下沒有純白的狐狸，卻有純白的狐裘，這是因為狐裘是從許多白色的狐狸身上取來的。能夠從眾人身上吸取力量，這正是三皇、五帝得以建成大功大業的原因。

大凡君主地位之所以能確立，是出於眾人的力量。君主的地位一旦確立就拋棄眾人，那就等於得到君位丟掉了君位所以能夠確立的根本。這樣的君主，沒有聽說過有哪一個可以安居其位的。所以，依靠眾人的勇敢，就不用畏懼孟賁那樣的勇士了；依靠眾人的力量，那就不用畏懼如孟獲那樣的力士了；有了眾人那麼多眼睛來看，也就不會畏懼以視力銳利著稱的離婁了；依靠眾人的智慧也就不用害怕如堯、舜那樣的聖君了。所以，依靠眾人，才是君主們的根本大寶啊。

田駢對齊王說：「即使像孟賁那樣的勇士，也會畏避服兵役。只要眾志成城，齊國的邊防就不用擔憂。如果楚國與魏國的君主，對齊國出言不遜，只要齊國境內的戰備措施已經整治好了，兵士已經訓練得可以打仗了，就沒有什麼可以畏懼的了。這都是得之於眾人的力量啊。」

卷第五　仲夏紀第五

仲夏　大樂　侈樂　適音　古樂

本卷及下卷月令篇後所繫兩組論文，都以音樂為主題。

有關樂和舞的教育問題，〈十二紀〉早從〈孟春〉篇開始，就在各月月令中相繼提出。「命樂正入學習舞」（〈孟春〉）；「上丁，命樂正，入舞舍采」，「中丁，又命樂正，入學習樂」（〈仲春〉）；「擇吉日，大合樂」（〈季春〉）；「命樂師習合禮樂」（〈孟夏〉）。這裡清楚地描述了一個循序前進的教學過程：由習舞始，繼以習樂，然後是合樂，再是禮樂混合。到仲夏五月，更要命令樂師及時檢驗、校正各種樂器和舞具，組織盛大的樂舞，進行自天子以至於庶民一起參加的大規模的祭祀活動。在當時由祭祀中的禮儀與歌舞相結合的禮樂制度，是與整個國家的權力機構及其活動聯繫在一起的，因而對貴族子弟進行音樂教育，培養其參與今後直接介入以至主持國家盛典的能力，這就有了遠遠超出音樂本身的意義。

本卷中的四篇論文的總題旨是論述音樂的功用，強調的是政治功能。〈大樂〉和〈侈樂〉是一對正反題。「凡樂，天地之和，陰陽之調也。」「大樂」，也就是與天地同和之樂，太平盛世之樂。與此相反的「侈樂」，則是違逆天地之和的亂世之樂，是桀紂一類暴君之樂。〈適音〉論述的是音樂審美過程中的主體和對象的相互關係，亦即如何達到〈大樂〉所要求的「適」，和避免〈侈樂〉所反對的「侈」。〈古樂〉追溯了樂舞的起源與流變，側重的則是上古列代聖君的治績和由此產生的對帝王歌功頌德的樂和舞。

仲夏

【題解】夏主長。仲夏之月又居夏季之中，因而祈求穀物豐實、禽畜興旺及為此施行的一系列相關政令，成了本篇主要內容。

一年內白晝最長的夏至日，就在本月。按陰陽五行說，這個「陽氣至極、陰氣始起」的日子，是「陰陽爭，死生分」的交接點。因而對君子的養生之道提出了特殊要求：一要齋戒身心，退欲定氣；二要居高處明，登山望遠，目的是為了促使陰陽調和之勢的形成。本篇中的夏至，與後面〈仲冬〉篇中的冬至，儘管寒暑相異，但據作者記述，陰陽相爭之勢頗多相似，因而對君子的養生之要也相類，不妨聯繫著讀。

〔一〕一曰——

仲夏❶之月：日在東井❷，昏亢❸中，旦危❹中。其日丙丁。其帝炎帝。其神祝融。其蟲羽。其音徵。律中蕤賓❺。其數七。其味苦。其臭焦。其祀竈。祭先肺。小暑至❻。螳蜋❼生。鶪❽始鳴。反舌❾無聲。天子居明堂太廟❿，乘朱輅，駕赤駵，載赤旂，衣朱衣，服赤玉，食菽與雞。其器高以觕。養壯狡⓫。

【章旨】記述仲夏之月月令，並據此對本月中天子的住、行、衣、食都作了具體規定。

【注釋】❶仲夏　指夏曆五月。❷日在東井　太陽運行的位置在東井宿。東井宿簡稱井宿，二十八宿之一，朱雀七宿之首宿，共有八星，均屬雙子座。❸亢　二十八宿之一，蒼龍七宿之第二宿，共有四星，皆屬室女座。❹危　二十八宿之一，玄武七宿之第五宿，共有三星，第一星屬寶瓶座，第二、第三星屬飛馬座。❺律中蕤賓　仲夏之月與十二音律中的蕤賓律相應。蕤賓屬陽律。據高誘注：是月陰氣蕨蕤在下，象主人；陽氣在上，象賓客，故稱「律中蕤賓」。❻小暑至　暑氣小至。此小暑非二十四節氣中的小暑。作為節氣的小暑在夏至以後的夏曆六月。❼螳蜋　即螳螂。❽鵙　伯勞鳥。❾反舌　百舌鳥，鳴聲婉轉，能模仿百鳥，故稱之為百舌。❿明堂太廟　即南向明堂的中央正室。⓫養壯狡　參照各篇月令之體例，在「養壯狡」前後疑有脫文。壯狡，指矯健多力的壯年人。

【語　譯】仲夏五月，太陽的位置在井宿。黃昏時，亢宿出現在南方中天；黎明時，危宿出現在南方中天。仲夏在天干中屬丙丁，主宰的天帝是炎帝，佐帝之神是祝融。應時的動物是羽族，應時的聲音是徵音，相應的音律是蕤賓。本月的序數是七。應時的味是苦味，氣是焦氣。舉行五祀中的竈祭，祭祀時要把犧牲的肺臟放在前面。少量的暑熱已經來到。螳螂孵化而生。伯勞鳥開始啼鳴，而百舌鳥此時卻無聲無息。天子居住到明堂的中央室太廟，乘坐朱紅色的輅車，駕著赤身黑鬣稱為騮的駿馬，車上插著繪有龍紋的赤色旗幟；穿著朱紅色的衣服，佩戴朱紅色的玉器。吃的是豆類與雞肉。使用的器物都高大而粗壯。供養的是力大勇敢的壯士。

〔二〕是月也，命樂師，修鞀鞞❶鼓，均琴瑟管簫❷，執干戚戈羽❸，調竽笙壎篪❹，飭鍾磬柷敔❺。命有司，為民祈祀山川百原❻，大雩❼帝，用盛樂❽。乃命百縣❾，雩祭祀百辟卿士❿有益於民者，以祈穀實。農乃登⓫黍。

【章　旨】言本月天子要命令樂師、有司及京畿百縣大夫，積極籌備以盛樂祭祀山川諸神，祈求風調雨順，穀物豐實。

【注釋】❶鞀鞞　用來調節指揮演奏節拍的小鼓，形似撥浪鼓。❷均琴瑟管簫　調節琴瑟管簫這些樂器的發音，使之勻稱。琴瑟，古代對弦樂的總稱。管，類似今之笛。簫，管樂器，用許多竹管排在一起做成。❸執干戚戈羽　繫緊干戚戈羽這些舞具上的飾品。執，通「縶」。引申為以繩繫之之義。干，楯。戚，斧。戈，與戟同類。羽，古時舞者用來指麾的旗子，因其上面插有羽毛，故稱羽。干戚戈羽都是舞具。❹調竽笙壎箎　調整竽笙壎箎這些樂器的音色使之和合。竽笙，管樂器，用若干根裝有簧的竹管和一根吹氣管組合而成。竽有三十六簧，笙為十三至十九簧。壎，古代陶製的吹奏樂器，其上有六孔。前三孔，後二孔，上有一孔稍大，可演奏。箎，竹管吹奏樂器，類似笛子，有八孔。❺飭鍾磬柷敔　整飭鐘磬柷敔這些樂器的聲調，使之和諧。鐘、磬、柷、敔均為打擊樂器。鍾，同「鐘」。青銅製成。磬，玉石製成。柷，木製，狀如桶，中有木椎，可以左右敲擊，樂曲開始時擊之。敔，木製，狀若虎，脊上有鉏鋙，以杖擊之發聲，樂曲結束時擊之。❻百原　眾水之源，水源非一，故稱「百原」。原，「源」之本字。❼雩　雩祭。求雨的祭祀。❽盛樂　指眾樂齊鳴的盛大演奏。❾百縣　周制，天子畿內方千里分為百縣。此處指各縣之大夫。❿百辟卿士　指前世君王公卿。辟，君。⓫登　進獻。

【語　譯】這個月，命令樂師修整好鞀鞞鼓，調理好琴瑟管簫這些管弦樂器的音調，紮縛好干戚戈羽這些舞具，還要調和竽笙壎箎這些吹奏樂器的音色，整飭鐘磬柷敔這些打擊樂器的音響。命令有關官吏為百姓祭祀名山大川的眾水之源，大規模地舉行向上帝祈求風調雨順的雩祭，演奏盛大的樂曲。同時命令京畿內各縣的大夫也要舉行雩祭，並祭祀前世有功於百姓的君王和公卿，祈求五穀豐登。農民在這個月要進獻黍子。

〔三〕是月也，天子以雛嘗黍❶，羞以含桃❷，先薦寢廟。令民無刈藍❸以染，無燒炭❹，無暴布❺。門閭無閉❻，關市無索❼。挺❽重囚，益其食。游牝別其群❾，則縶騰駒❿，班馬正⓫。

【章 旨】為適應仲夏之月農牧業壯養之需，規定一系列禁令及相關政令。

【注 釋】❶以雛嘗黍 就著雛雞品嘗黍。❷羞以含桃 進獻櫻桃。羞，進獻食品。含桃，櫻桃。傳說以其曾為鶯鳥所含，故稱含桃。❸無刈藍 不許收割藍青。刈，割。藍，藍即藍青，古人用以為染料。❹無燒炭 不許燒炭。按：上二句均因草木尚未長成，故禁。燒炭的季節定在季秋九月，該月月令中明確規定「草木黃落，乃伐薪為炭」。❺無暴布 不許曬布。由於此月陽光熾熱，布經曝曬容易發脆。❻門閭無閉 不許關閉門閭。城門稱門，里門稱閭。這個月由於農夫忙於農事，門閭不閉，以便民出入。❼關市無索 關市不要徵稅。關指交通路口的要塞關卡；市指貿易的市集。❽挺 寬緩。❾游牝別其群 由於上兩月母畜與公畜合群放牧，這個月母畜懷孕，放牧時要與其他馬群分開。❿縶騰駒 給滿二歲的馬駒套上絡頭。這在古代為每年都要舉行的重要典禮。給馬駒套上絡頭，一是表示牠已成年，可以離開母馬；二是將登記入冊，成為君主的一項重要財產。騰駒，一般指小公馬。⓫班馬正 頒布養馬的各項政令。班，同「頒」。布也。正，通「政」。馬正，有關養馬的政策規定。

【語 譯】這個月，天子就著雛雞品嘗黍子，然後連同櫻桃一起，先進獻給祖廟。同時下令不許人民採割藍青來染衣裳，不許燒炭，不許曝曬布匹。城門和里門不要關閉，關卡和市集不得徵索稅收。對於被判重刑的囚犯，要予以寬緩，增加和改善他們的食糧。放牧時，要把已懷孕的母馬從馬群中分開來。給已成年的馬駒套上絡頭，登記入冊。同時頒布各項養馬的政令。

〔四〕是月也，日長至❶。陰陽爭❷，死生分❸。君子齋戒❹，處必揜❺，身欲靜無躁❻，止聲色，無或進❼，薄滋味，無致和❽，退嗜慾，定心氣，百官❾靜，事無刑❿，以定晏陰⓫之所成。鹿角解⓬。蟬始鳴。半夏⓭生，木堇榮⓮。

是月也，無用火南方⓯。可以居高明，可以遠眺望，可以登山陵，可以處臺榭⑯。

【章　旨】言君子在陰陽方爭的夏至之時應有的禁忌和注意事項。

【注　釋】❶日長至　即夏至日。每年夏季之中太陽到達黃經九十度（夏至點）時開始，因是一年中白晝最長的一天，故稱日長至。❷陰陽爭　夏至後晝漸短，按陰陽五行說，由此時起，陰氣便與陽氣爭長。❸死生分　陰陽五行家認為陰為金，主殺；陽為木，主生。夏至，陽生至極，陰殺始起，死生以此為分界，故稱「死生分」，據此而有多種禁忌。❹齋戒　整潔身心，表示虔誠。❺處必揜　居處要深藏。處，居處。揜，遮蔽。❻身欲靜無躁　身體要安靜。「無躁」二字與「欲靜」同義重複，疑衍。❼進　指天子對嬪妃的進御。❽薄滋味二句　飲食宜清淡，也不要把各種滋味調和在一起。❾百官　指全身的器官。❿事無刑　舉事當精詳審慎。刑，通「徑」。原指橫絕而過，此處意為徑情急躁。⓫晏陰　據高誘注：晏陰為柔和之陰，即微陰。晏，安。⓬鹿角解　鹿生新角而舊角脫落。⓭半夏　藥草名。夏曆五月生，正居夏之半，故名。⓮木堇榮　木堇開花。木堇，灌木，花似鐘形，有紫、白、紅等色，朝開暮斂。榮，開花。⓯無用火南方　夏至陰氣始起，南方屬火，若南向用火，則火氣傷陰，故禁。⓰可以居高明四句　夏至後，陽氣始衰，陰氣始發。陽氣既已減損，可以登高遠眺，以收陽氣。

【語　譯】這個月，一年中白晝最長的夏至日來到。這是一個陰陽相爭、死生相分的時節。君子要齋戒身心，居處深藏，身安體靜，慎戒聲色之好，終止進御妃嬪。飲食宜清淡，不要重疊調和各味，節制各種嗜好與欲望。心安氣定，使身體各項器官都處於寧靜狀態。行事切忌徑情急躁，以安順地等待微陰之起和新的陰陽調和之勢的形成。

這個月，鹿將脫去舊角長出新角。知了振翼鳴聲，半夏吐綠生長，木堇紛紛開出花朵。

這個月，不許在朝南方向用火，可以居住到明亮的高處，可以憑欄遠眺，可以登臨山陵觀賞，還可以居留在軒敞的臺榭上極目四望。

〔五〕仲夏行冬令❶，則雹霰傷穀，道路不通，暴兵來至。行春令❷，則五穀晚熟，百螣時起，其國乃饑。行秋令❸，則草木零落，果實早成，民殃於疫。

【章　旨】言政令錯時會引起的各種災禍。

【注　釋】❶仲夏行冬令　按陰陽五行說，冬屬陰，寒氣逼；仲夏行冬令，就會有雹霰傷害五穀，毀壞道路，致使交通不暢，殘暴的敵兵便會乘機來擾。❷行春令　春屬木，主生養繁育；仲夏行春令，就將使五穀晚熟，蝗類等害蟲乘時肆惡，不斷興起，從而導致災荒和饑饉。螣，蝗類昆蟲。❸行秋令　秋氣寒涼，仲夏行秋令會使草木零落，作物未到成熟就提前結實。百姓要遭受疫癘之殃。

【語　譯】仲夏之月如果推行冬季的政令，那麼冰雹霰珠便會來傷害五穀，毀壞道路，致使交通不暢，殘暴的敵兵就會乘機來侵擾。如果推行春季的政令，那麼五穀要延遲成熟，各種害蟲四出為災，國家就要出現饑荒。如果推行秋季的政令，那麼草木便會提前凋零枯謝，作物未滿時日就提早結實。百姓就要遭受疫癘之災殃。

大樂

【題解】音樂究竟是怎樣產生的？〈大樂〉作為專論音樂八篇系列文章的首篇，一開始就提出了這個音樂的起源問題。作者回答說，從音樂的製作看，它「生於度量」，即產生於有嚴格長度、容積規定的律管；但從音樂所表達的人類感情看，那就「本於太一」，亦即道。文章由此推論出太一——兩儀——陰陽——萬物，如此周而復始、循環往復以至無窮的天道觀，則大體採自道家一派的論旨。既然音樂與人的感情以至人本身同出一源——都由道產生，那麼它們的存在就絕非人力所可變易。據此，作者否定了墨家的「非樂」之論，認為那是沒有根據的。

文中把樂分成二類，一是大樂，那是「天下太平，萬物安寧」，「樂君臣，和遠近，說黔首，合宗親」，「姦邪去，賢者至」，「寒暑適，風雨時」，也就是人與自然、社會的和諧統一，或者稱之為「天人合一」的最高審美境界。另一類是亂世之樂，那就是「君臣失位，父子失處，夫婦失宜，民人呻吟」那種狀態下的「亡國戮民」之樂，或下篇所稱的「侈樂」，結論是「其樂不樂」。這顯然是按儒家的倫理觀念來區分的。

〔一〕二曰——

音❶樂之所由來者遠矣，生於度量❷，本於太一❸。太一出兩儀❹，兩儀出陰陽。陰陽變化，一上一下，合而成章❺。渾渾沌沌❻，離則復合，合則復離，是謂天常❼。天地車輪，終則復始，極則復反，莫不咸當。日月星辰，或疾或徐，日月不同，以盡其行❽。四時代興，或暑或寒，或短或長。或柔或剛。萬物所出，造於太一，化於陰陽。萌芽始震，凝凓以形❾。形體有處，莫不有聲。聲出於和，和出於適❿。和適⓫先王定樂，由此而生。

【章　旨】言先王制定音樂之根據，從宇宙的起源，萬物的生成，一直說到聲音的和諧與節奏，即音樂的產生。

【注　釋】❶音　此字不當有。陳奇猷認為係「二曰」合而造成的衍字。❷生於度量　意謂有了一定振動數的律管——樂音，才產生音樂。度量，指律管的計數，即管的長度和容積。❸太一　道的別稱。太，至高至極。一，絕對唯一。❹兩儀　古人稱事物之對立兩極為兩儀，如陰陽、天地、動靜等。此處指天地。❺合而成章　意謂陰陽變化，一上一下，合而成物。物皆有文彩故稱「成章」。章，文彩。❻渾渾沌沌　指天地生成以前，渾然一體的狀態。❼天常　天之常道。❽行　指日月星辰運行的軌道。❾萌芽始震二句　萬物受陽氣之化，即萌芽滋發；受陰氣之化，便凍結成形。震，動。凝，「冰」字的變體。凓，當是「寒」字。形，形體。❿適　節奏。⓫和適　二字當為衍文。

【語　譯】音樂的由來非常久遠了。它形成於律管，本源於太一。太一產生天地，天地又生出陰陽。陰陽交感變化，一上一下，會合而成萬物的形體。於是世界渾渾沌沌地，分離了又復彌合，彌合了又復分離。如此循環往復，這就叫作天的常道。天地猶如車輪一般，到終了時又重新開始，到了極端又復轉回來，或往或返無不恰到好處。日月星辰的運行，有的快，有的慢。太陽和月亮儘管各不相同，但都周而復始地運行在自己的軌道上。春夏秋冬四時交替地出現，有時暑熱，有時寒冷；白天有時長有時短，有時陰柔勝，有時陽剛強。萬物所以生成，由太一起始，陰陽化成：因陽而萌芽發動，因陰而凝結成形。萬物的形體，都佔有一定的空間，都會發出聲音。不同的聲調可以互相應和，應和而形成節奏，這就成了音樂。先王制定音樂，正是從這個原則出發的。

〔二〕天下太平，萬物安寧，皆化其上❶，樂乃可成。成樂有具❷，必節嗜欲。嗜欲不辟❸，樂乃可務❹。務樂有術，必由平出。平出於公，公出於道。故惟得道之人，其可與言樂乎！亡國戮民，非無樂也，其樂不樂。溺者非不笑❺也，罪人非不歌也，狂者非不武❻也，亂世之樂，有似於此。君臣失位，父子失處❼，夫婦失宜，民人呻吟，其以為樂也，若之何哉？

【章　旨】言只有太平盛世才能「成樂」，只有節嗜欲和得道之人才可「務樂」、「言樂」；所謂亂世之樂只能是有聲無樂。

【注　釋】❶皆化其上　民眾皆歸順君主的教化。❷具　指必要的條件。❸辟　通「僻」。邪僻。❹務　專心從事。❺溺者非不笑　《左傳》哀公二十年有「溺人必笑」之說，當是古人常語。可能指溺水者嗆水時，發出咯咯的聲音，類似笑聲。但這樣的「笑」當然不能表示歡樂。❻武　通「舞」。❼失處　失去各自的本分。

【語　譯】天下太平，萬物安寧，一切都隨從著在上位者的教化，音樂才有可能形成。創制音樂有其必要的條件，那就是一定要節制嗜好與欲望。只有嗜欲不邪僻的人，才能專心於音樂的創作。音樂創作要有正確的方法，那就是必須從平和出發。平和基於公正，公正產生於道。所以大概只有得道的人，才可以與他談論音樂吧？

將要滅亡的國家，受到屠戮的民眾，並不是沒有音樂，但他們的音樂不能表達快樂。將要溺死的人並非沒有「笑」聲，將要處死的囚犯並非不會唱歌，精神狂亂的人並非不會舞蹈。亂世的音樂，也就類似這個樣子。君臣尊卑地位顛倒，父子長幼關係錯亂，夫婦之間也不能和洽相處，百姓呻吟於痛苦之中。在這種情況下產生的音樂，又該稱它為什麼呢？

〔三〕凡樂，天地之和，陰陽之調也。始生人者天也，人無事❶焉。天使人有欲，人弗得不求。天使人有惡，人弗得不辟❷。欲與惡所受於天也，人不得興❸焉，不可變，不可易。世之學者，有非樂者❹矣，安由出哉？

【章旨】言音樂得之於天地之和諧，正如天生人有欲望與憎惡一樣，從而論定墨家「非樂」是沒有根據的。

【注釋】❶無事　無能為力。❷辟　通「避」。避開。❸興　作為。❹非樂者　指墨子一派。《墨子》有〈非樂〉篇。非，反對。

【語譯】大凡音樂都是天地和諧，陰陽諧調的產物。最初創造人的是天，人並沒有參與其事。上天使人有欲望，人就不得不去追求欲望的滿足。上天使人有憎惡，人就不得不有所規避。欲望與憎惡都受之於上天，人不可能有任何作為。這是不可改變、不可移易的。當世的學者，有以「非樂」為宗旨的，他們的主張究竟有什麼根據呢？

〔四〕大樂，君臣父子長少之所歡欣而說❶也。歡欣生於平❷，平生於道。道也者，視之不見，聽之不聞，不可為狀❸。有知不見之見、不聞之聞、無狀之狀者，則幾於知之矣❹。道也者，至精也，不可為形，不可為名，彊為之謂之太一。故一❺也者制令，兩❻也者從聽。先聖擇兩法一❼，是以知萬物之情。故能以一聽政者，樂君臣，和遠近，說黔首❽，合宗親❾。能以一治其身者，免於災，終其壽，全其天⑩。能以一治其國者，姦邪去，賢者至，成大化⑪。能以一治天下者，寒暑適，風雨時，為聖人。故知一則明，明兩則狂⑫。

【章　旨】由君臣長幼所歡欣的大樂，說到大樂所由以產生的太一，從而把音樂、君道、治身融於一體。

【注　釋】❶說　喜悅。❷平　和。❸為狀　描述其形狀。❹不見之見二句　意謂道是不能憑直接的感覺器官去見、去聽、去描述其形狀的，只能用心志和意念去「見」、「聽」、「描述」，即去理解和領悟，才能大體接近於知道什麼是道的精微與奧妙。❺一　指道。❻兩　指萬物。❼擇兩法一　棄兩用一。擇，通「釋」。放棄。按：句中的「擇兩」，並非不要「兩」，而是說君主只要「制令」即可，不必代替臣下去操勞日常政務，亦即本書一再倡說的應效法堯舜「垂拱而治」。❽黔首　民眾。❾合宗親　和諧宗親。宗親，指同母兄弟。❿天　指本性。⓫大化　指國家之大治。⓬明兩則狂　指君主若用了「兩」，即包攬了日常政務，那就必然會因君臣錯位而狂亂。譚戒甫認為「明兩」係「用兩」之誤。

【語　譯】大樂，是君臣父子老少無不歡欣喜悅的。這種歡悅產生於生命的平和狀態，而平和的境界來源於道。道這個東西，看它，看不見；聽它，聽不到；也無法描繪出它的具體形狀。如果有誰能夠懂得什麼是不用眼睛看的看到，不用耳朵聽的聽到，無法用語言繪狀的狀貌，那麼也就大致接近於知道了什麼叫作道。道這個東西，最為精緻而微妙，無法描繪出它的形狀，無法給它命名，勉強給它起一個名字，那就稱它為「太一」。所以「一」處於制約和支配的地位；「兩」處於服從、聽命的地位。古代聖王棄「兩」用「一」，因此能夠懂得萬物的本性。所以君王如能以「一」來處理政事，可以使君臣歡樂，遠近和洽，百姓喜悅，宗親合宜。如能以「一」來修養自身，就會消災免害，盡享天年，保全天性。如能以「一」治理國家，奸邪小人會遠離而去，賢明之士會不召自來，國家就會出現教行化成的大治局面。如能以「一」來治理天下，就會寒暑適宜，風調雨順，這樣君主就能成為被後世傳頌的聖人。所以懂得用「一」，就能明照萬物；以「兩」來代替「一」的，那就會出現狂亂。

侈樂

【題解】本篇批判樂器製作和演奏規模上追求豪華、龐大、奢侈的時尚和放縱嗜欲的風氣，並把這種傾向與國家的衰微、滅亡聯繫起來。認為夏桀與殷紂之所以敗亡，戰國末年宋、齊、楚之所以衰微，都與推行「侈樂」有關；而侈樂之所以會導致民怨國亂，就在於「其樂不樂」。文章提倡音樂活動一定要注意節制和適中，以養生作為譬喻，說明應做到「瞻非適而以之適」，即不斷把不適調整為適中。

文章論定音樂可以影響以至決定一個國家的興亡，自然未必允當；作者的論旨則是在於強調音樂的社會功能，即下篇〈適音〉中所說的「通乎政，而移風平俗」。這類思想大致發源於儒家一貫倡說的「德音」、「和樂」，反對「鄭衛之聲」、「桑間濮上之音」。此外，從本篇多次抨擊「侈樂」的文字中，我們卻看到了若干珍貴的音樂史資料。當時我國已經有了構制和聲響都十分巨大的樂器，還有了同樣龐大的由管弦和打擊樂器組成的大樂隊。這些記載已由從地下發掘出來的古樂器得到印證。

〔一〕三曰——

人莫不以其生生，而不知其所以生。人莫不以其知知，而不知其所以知。知其所以知之謂知道❶，不知其所以知之謂棄寶。棄寶者必離❷其咎。世之人主，多以珠玉戈劍為寶，愈多而民愈怨，國人愈危，身愈危累，則失寶之情❸矣。亂世之樂與此同。為木革❹之聲則若雷，為金石❺之聲則若霆❻，為絲竹❼歌舞之聲則若譟❽。以此駭心氣、動耳目、搖蕩生❾則可矣，以此為樂則不樂。故樂愈侈，而民愈鬱，國愈亂，主愈卑，則亦失樂之情矣。

【章　旨】以不懂得道的君主貪多珍寶反遭其害為喻，說明侈樂不僅不能帶來歡樂，而且還會導致「國亂」、「主卑」的局面。

【注　釋】❶知道　懂得「道」。❷離　通「罹」。遭受。❸失寶之情　意謂失去珍寶之本來意義。❹木革　木，指木製的柷、敔兩種打擊樂器。革，指皮鼓。❺金石　金，指鐘，古代青銅製鐘，懸於木架上，擊之發出各種演奏所需之聲響。石，指磬，以石製，成片狀，擊之亦能有聲。❻霆　指霹靂聲。❼絲竹　指管弦樂器。琴瑟以絲為弦，故稱絲；簫笛以竹管為之，故稱竹。❽譟　叫嚷。❾生　性情。

【語　譯】人們都是因為自己本來就那樣活著，所以也就那樣活下去，但並不知道自己生命之所以存在的根本。人們都是因為自己本來就這樣感知著周圍事物，所以也就這樣感知下去，但並不知道他所賴以感知的根本。如果懂得了所以能夠知曉一切的根本，那就是懂得了「道」。不懂得這個根本的道，那就是捨棄了智慧之寶。捨棄了這個智慧之寶的人，必定要遭遇災殃。當今的君主，卻多以珍珠、玉石、長戈、利劍為寶。這樣的東西愈多，那麼百姓愈是怨恨，國家愈是危險，君主自己亦愈是煩勞和憂懼，那就失去珍寶的本來意義了。亂世的音樂就是如此。音樂演奏時，敲擊柷敔、皮鼓的聲音就像雷鳴，撞擊銅鐘、石磬的聲音猶如霹靂，用絲竹這類管弦樂器伴奏歌舞亦好似喧嘩吵鬧。這樣的噪響用來驚駭人們的精神，震動人們的耳目，動搖淫蕩人們的性情，倒是可以辦到的；用來作為音樂演奏，那是絕對不可能給人帶來歡樂。所以音樂愈是奢侈放縱，民眾就愈是受到抑鬱，國家愈是混亂，君主的地位亦愈是卑下。這樣也就失去音樂的本來意義了。

〔二〕凡古聖王之所為貴樂者，為其樂也。夏桀、殷紂作為侈樂，大❶鼓鐘磬管簫之音，以鉅❷為美，以眾❸為觀，俶詭殊瑰❹，耳所未嘗聞，目所未嘗見，務以相過❺，不用度量。宋之衰也，作為千鍾。齊之衰也，作為大呂❻。楚之衰也，作為巫音❼。侈則侈矣，自有道者觀之，則失樂之情。失樂之情，其樂不樂。樂不樂者，其民必怨，其生❽必傷。其生之與樂也，若冰之於炎日，反以自兵❾。此生乎不知樂之情，而以侈為務故也。

【章旨】言夏桀、殷紂以侈樂而亡，宋、齊、楚因侈樂而衰。

【注釋】❶大　增大。❷鉅　同「巨」。巨大。❸眾　指樂器眾多。❹俶詭殊瑰　奇異詭譎，怪誕瑰麗。俶詭，奇異。俶，同「諔」。殊瑰，異於尋常之瑰麗。❺務以相過　以超過規定為時尚。❻大呂　齊國大鐘名。《史記・平原君虞卿列傳》中有「重於九鼎大呂」之句，大呂與九鼎並稱，可見大呂鐘一定很大。❼巫音　楚地文化巫風特盛，「巫音」當指源於巫祝禱祠的一種音樂。從中原文化的觀點看來，這種音樂即屬上文所謂「俶詭殊瑰」之列。❽生　指生命之本性。❾兵　用如動詞，以兵器傷人。此處意為傷害。

【語譯】古代聖王之所以貴重音樂，是因為它能給人帶來歡樂。夏桀、殷紂制作豪華奢侈放縱的侈樂，增大鼓鐘磬管簫之音量，以樂器的巨大為優美，以樂器之眾多為壯觀，奇異詭譎，怪誕瑰麗，一切都是人們聞所未聞，見所未見，以追求過分刺激為努力目標，從不按照音律規定的長度和容量。宋國衰弱時，樂隊演奏懸鐘上千；齊國衰弱時，製作大鐘名喚大呂；楚國衰弱時，推行巫音。這一切豪華是夠豪華了，然而在懂得道的人看來，已經完全失去了音樂的本來意義，失去音樂本意的音樂，不可能給人們帶來真正的歡樂。如果君主喜歡這些不能給人們帶來歡樂的音樂，那麼他的人民必定怨恨，自己的本性亦必然受到傷害。人之生命與這種音樂的關係，就如同把冰塊放到炎陽之下一樣，反而會傷害了自己。這是由於不懂得什麼是音樂的真實意義，因而追求放縱奢侈的緣故。

〔三〕樂之有情，譬之若肌膚形體之有情性❶也，有情性則必有性養矣。寒溫❷勞逸飢飽，此六者非適也。凡養也者，瞻❸非適而以❹之適者也。能以久處其適，則生長❺矣。生也者，其身固靜，或❻而後知，或❼使之也。遂而不返❽，制乎嗜欲❾，制乎嗜欲無窮則必失其天❿矣。且夫嗜欲無窮，則必有貪鄙悖亂之心，淫佚姦詐之事矣。故彊者劫弱，眾者暴⓫寡，勇者凌怯，壯者慠⓬幼，從此生矣。

【章旨】以音樂之有情與身體之有性進行對比論述，說明養性之要在於適中，如果放縱嗜欲，也會導致社會混亂。

【注釋】❶有情性 陳奇猷認為「情」字當衍，下句同。語譯姑從。❷溫 悶熱。❸瞻 省察。❹以 使。❺長久長。❻或 蔣維喬認為此「或」當據他本作「感」。❼或 有物。此處指外物。❽遂而不返 放縱物欲而不知返還其本性。遂，順。❾制乎嗜欲 為嗜欲所制。❿天 指人之本性。⓫暴 侵犯。⓬慠 同「傲」。

【語譯】音樂有情感，就如同人的肌膚形體具有自己的本性一樣；既然肌膚形體有本性，就必然有用以養護其本性的外物或方法了。譬如寒冷、悶熱，疲勞、安逸，飢餓、飽脹，這六種情況都各自偏執一端，並不適中於人體的保養。大凡保養，就是省察不適中的使之適中而已。能夠長期使自己處於適中的狀態，那麼生命便能久長了。生命原是清靜無為的，要感於外物而後才有知覺，所以這是由外物施加影響的結果。如果放縱自己的物欲，留連忘返，那麼心志就會受制於物欲。心志受制於物欲而又任其無窮的發展，那麼必定喪失其本性了。而且嗜欲無窮盡，那就必定產生貪鄙悖亂之心，接著便是淫佚放縱、奸巧欺詐之事屢屢興起了。所以強橫的搶劫弱小的，人多勢眾的侵犯勢單力薄的，勇敢的欺陵怯懦的，強壯的侮辱幼小的，諸如此類的事就會由此產生了。

適音

【題解】本篇又名「和樂」，主旨也大體與儒家提倡的「和樂」思想相類。

文章認為「和樂」須具備兩個前提條件：「心適」和「音適」。這可說是我國古代文獻中最早明確提出的美學上的主客觀關係理論。從審美的主體來說，如果一個人處於「心弗樂」的狀態，再好的音樂亦會聽而不聞。所以要通達事理，得「四欲」，除「四惡」，使自己處於寧靜平和的心適狀態。從審美對象來說，樂器的製作和樂曲的演奏，都要務求適中，音量的大小、聲調的高低清濁，都要有一定限度，亦即符合「音適」的標準。這樣，「以適聽適則和矣」，以適宜的心情欣賞適中的音樂，便達到了「和樂」的境界。

在〈仲夏〉、〈季夏〉二卷八篇專論音樂的文章中，此篇對音樂的政治功能的論述最為充分。認為治世、亂世和亡國的音樂各不相同，因而可以觀其音而知其政。又認為民俗民風亦是由音樂教化而成，所以可以觀其音而知其俗。據此，演奏音樂就不只是為了歡娛耳目，而是為了「平好惡、行理義」。這些，正如文中所說的那樣：「有進乎音者矣」——已經是音樂以外的意義了。

〔一〕四曰——

耳之情欲聲，心不樂，五音❶在前弗聽。目之情欲色，心弗樂，五色❷在前弗視。鼻之情欲芬香，心弗樂，芬香在前弗嗅。口之情欲滋味，心弗樂，五味❸在前弗食。欲之者，耳目鼻口也；樂之弗樂❹者，心也。心必和平然後樂，心必樂然後耳目鼻口有以欲之，故樂之務在於和心，和心在於行適❺。

【章旨】言要享受音樂必須心情快樂，而心情快樂取決於心境平和，否則只能是視而不見、聽而不聞。

【注釋】❶五音　宮、商、角、徵、羽。此處代指音樂。❷五色　青、黃、赤、白、黑。此處指色彩斑斕。❸五味　酸、苦、甘、辛、鹹。此處指各種美味。❹樂之弗樂　喜歡或不喜歡。❺行適　指人之行為或品行的適中。

【語譯】耳朵的本能是想要聽取聲音，如果心情不愉快，各種音樂就在耳邊也不想認真去聽。眼睛的本能是要求觀看色彩，如果心情不愉快，斑斕的色彩就在眼前也不想認真去看。鼻子的本能是喜歡聞芳香，如果心情不愉快，芳香的氣味就在鼻子邊也不想認真去聞。嘴巴的本能是希望品嘗滋味，如果心情不愉快，各種美味就在嘴邊也沒有胃口去享受。由此看來，人們的種種欲求出自耳目鼻口的本能，但喜歡或不喜歡，則決定於當時的心情。心境必須和平，然後才能快樂；心情必須快樂，然後才能使耳目口鼻有欲望。所以獲得快樂的要務在於調和心情，而調和心情的關鍵在於行為的合宜與適中。

〔二〕夫樂有適，心亦有適。人之情，欲壽而惡夭❶，欲安而惡危，欲榮而惡辱，欲逸而惡勞。四欲得，四惡除，則心適矣。四欲之得也，在於勝理❷。勝理以治身則生全❸以❹，生全則壽長矣。勝理以治國則法立，法立則天下服矣。故適心之務在於勝理。

【章旨】言「心適」在於「得欲」，而得欲又在於「勝理」，而勝理也就是順應事物的發展規律。

【注釋】❶夭　短命。中途夭折或死於非命。❷勝理　順應事理。勝，任。❸生全　依順事理，保全生命。❹以疑為衍文。

【語譯】說到快樂有適度不適度之分，心情亦有適宜不適宜之別。人的本性，都是要求長壽而厭惡短命，要求安全而厭惡危險，要求榮耀而厭惡恥辱，要求安逸而厭惡勞累。這四種欲求的都得到了，四種厭惡的都除去了，那麼心情就會處於十分適宜的境界。獲得這四種欲求的途徑，在於順應事理。用順應事理來保養身體，生命的本性就得到了保全；保全了生命本性，那就能享有長壽了。用順應事理去治理國家，法制就能建立起來；建立了法制，天下也就歸服了。所以，心情適宜的前提在於順應事理。

〔三〕夫音❶亦有適。太鉅則志蕩❷，以蕩聽鉅則耳不容，不容則橫塞❸，橫塞則振❹。太小則志嫌❺，以嫌聽小則耳不充，不充則不詹❻，不詹則窕❼。太清則志危❽，以危聽清則耳谿極❾，谿極則不鑒❿，不鑒則竭。太濁則志下⓫，以下聽濁則耳不收⓬，不收則不特⓭，不特則怒。故太鉅、太小、太清、太濁皆非適也。

【章旨】言「音適」；太巨、太小、太清、太濁之音調都不適中。

【注釋】❶音　指音調。❷太鉅則志蕩　音量過分巨大會導致聽者心志搖曳。❸橫塞　阻塞。❹振　震盪動搖。❺嫌　通「慊」。褊狹。❻詹　足。❼窕　空虛不實。❽太清則志危　古代音樂理論認為清音屬悲音。悲音高而尖，有處於高位而懼怕的感覺，故稱「太清則志危」。危，危懼。❾谿極　空虛疲困。❿鑒　明察；鑒別。⓫太濁則志下　濁音低沉，使人心志卑下。⓬不收　不收聚；不集中。⓭不特　不專一。

【語譯】再說音調也有一個適中的問題。音量過分巨大會使人心志恍惚搖蕩；以搖蕩的心志聽巨大的音量，那麼耳朵便會無法忍受；無法忍受就會感到充溢阻塞，充溢阻塞就會使人的心志虛空不實。音量過分弱小會使人的心志褊狹，以褊狹的心志聽弱小的音量，那麼耳朵便不能充實；不能充實就感到不滿足，不滿足就會出現渺茫的感覺。過分高而尖利的清音會使人有危懼的感覺，以危懼的心態去聽清音，耳朵就會感到虛乏困倦；虛乏困倦就無法鑒別，無法鑒別心志就會衰竭。過分重濁的低音會使人心志卑下，以卑下的心志聽濁音，那麼耳朵的注意力就不能集中；不能集中就不專一，不能專一就會使人感到氣惱。所以，音調過分巨大，過分微小，過分輕清，過分重濁，都不是適中的。

〔四〕何謂適？衷❶音之適也。何謂衷？大不出鈞❷，重不過石❸，小大輕重之衷也。黃鐘之宮，音之本也❹，清濁之衷❺也。衷也者適也，以適聽適❻則和矣。樂無太❼，平和者是也。故治世之音安以樂，其政平也；亂世之音怨以怒，其政乖❽也；亡國之音悲以哀，其政險也。凡音樂通乎政，而移風平俗者也，俗定而音樂化之矣。故有道之世，觀其音而知其俗矣，觀其政而知其主矣。故先王必託於音樂以論❾其教。〈清廟〉之瑟❿，朱弦而疏越⓫，一唱而三歎⓬，有進乎音者⓭矣。大饗⓮之禮，上玄尊⓯而俎⓰生魚，大羹不和⓱，有進乎味者也。故先王之制禮樂也，非特以歡耳目、極口腹之欲也，將以教民平⓲好惡、行理義也。

【章旨】言「適音」以及音樂與國家治亂關係，適音的目的是為了教化百姓明好惡、行理義。

【注　釋】❶衷　指聲音的大小輕濁皆適中。❷大不出鈞　指鐘音之律度不得超過鈞所發之音。鈞，古代一種標音器，專門用以確定鐘的音響的律度。❸重不過石　鐘的重量不能超過一石。一石重百二十斤。❹黃鐘之宮二句　以黃鐘律所定的宮音，是一切樂音的標準音。黃鐘，即黃鐘律，十二音律之一。❺清濁之衷　黃鐘宮為清濁的標準。在其上之高音，愈高愈清，在其下之低音，愈低愈濁。❻以適聽適　以舒暢之心情聽適中之音樂。❼樂無太　指樂器不要過制。無，通「毋」。太，過。❽乖　背戾；不正常。❾論　高誘注為「明」。❿清廟之瑟　用瑟彈奏以〈清廟〉為主題的樂曲。瑟，古代的一種撥弦樂器，形似古琴。⓫朱弦而疏越　朱弦，經過煮練並染成紅色的琴弦。此使其音厚重。疏越，在瑟的底座，鏤刻疏朗的底孔，此用以增加共鳴和延長餘音盤桓時間。越，瑟底孔。⓬一唱而三歎　一個人唱，三個人應和。⓭有進乎音者　具有超過樂曲本身的更崇高的意義。⓮大饗　祭上帝於太廟。饗，享。⓯玄尊　玄酒。盛在酒器裡的清水。尊，酒器，此處代酒。⓰俎　盛祭品的禮器。⓱大羹不和　不添加調味品的煮好的肉汁。⓲平　正。

【語　譯】什麼叫和適？聲音的大小清濁都恰當就叫和適。什麼叫適中？拿鐘來說，鐘音的律度最大不超過一鈞，鐘的重量最重不超過一石，這就是大小輕重都適中。黃鐘宮音是樂音的標準音，是清濁的基準。以適宜的心情聽適中的音樂那就能得到和諧的境界了。所以音樂的樂器不要超過規制，和諧平正才是應該追求的境界。

所以，太平盛世的音樂，顯得安詳而歡樂，象徵著政治上的安定。動亂之世的音樂，充滿著怨恨與憤怒，反映了政治上的背戾和邪逆。國家瀕臨滅亡時期之音樂，充滿悲痛與哀傷，顯示了政治環境的險惡。大凡音樂與政治形勢是息息相通的，並有著移風易俗的作用。優良風尚的形成也往往是音樂潛移默化的結果。所以，在政治清明的時代，考察它的音樂，也就可以知道它的風俗了；考察它的政治也就可以知道它的君主了。因此，古代的聖王一定要藉助音樂以宣揚他的教化。在祭祀的時候，宗廟裡以瑟演奏題為〈清廟〉的樂曲，瑟按著朱紅色的弦，底部音箱刻鏤著疏朗的孔眼，一個人唱，三個人應和，表達了比音樂本身更為豐富的意義。舉行大饗祭禮的時候，獻上水酒，俎盤裡擺著生魚，用肉汁做的大羹裡不放任何調味品，這意義比通常的口味又超越了一層。所以先王制定禮樂的目的，不僅僅是用來使耳目歡娛，盡量滿足人們口腹的欲望，而是要用以教化百姓分清好惡、推行禮義啊。

古樂

【題 解】本篇敘述音樂——樂舞的由來和發展。從渺茫無稽的朱襄氏直到夏、商、周三代，其間歷經世代嬗替無數，文章作了極其概括而又生動的敘述，雖大多屬於傳說甚或具有神話色彩，但卻是後人研究先秦音樂——樂舞的最完整的資料，彌足珍貴。

從這篇文字中，我們可以知道，音樂最早由模仿自然音響而成。如顓頊命飛龍倣效八方之風聲「熙熙淒淒鏘鏘」而作〈承雲〉，帝堯令質（夔）「效山林谿谷之音」而成〈大章〉等便是。我們還可以知道，那些大型的樂舞都是為歌頌帝王功德而創制的，如〈大護〉是歌頌殷湯伐紂的大德，〈大武〉是頌揚武王滅殷的大功。可見這個傳統的歷史悠久，而且都是貼身的大臣如伊尹或者親屬周公領銜創作的。此外，我們還可以從中瞭解到，古代那些樂器的製作亦有一個發展過程。從黃帝命伶倫作律、榮將鑄鐘，到後來帝嚳讓有倕製作鞞、鼓、鐘、磬等樂器；瑟從士達作為五弦到瞽叟增至十五弦、延再增到二十三弦，都凝結了多少代能工巧匠的心血。所以文章結尾說：「樂之所由來者尚矣，非獨為一世之所造也。」當然，本篇所反映的思維方式，仍擺脫不了神秘主義的羈絆，如士達製作五弦琴居然能「以來陰氣，以定群生」，現代人怎麼也無法想像。然而這種非科學、非邏輯的思維現象，在遠古人類，卻是由不能思到有所思，應該說是一個巨大的進步。人類的思維由非邏輯性向邏輯性進化，需要一個漫長的過程。古人那些在今人看來非常荒誕的觀念，在整個思維發展過程中，還是有它不可超越的歷史地位。從美學上講，這種原始思維的回味正如人們對其童年的回憶一樣，又往往具有無窮的魅力——幼稚，但天真。

〔二〕五曰——

樂所由來者尚❶也，必不可廢。有節❷有侈❸，有正❹有淫❺矣。賢者以昌，不肖者以亡。

昔古朱襄氏❻之治天下也，多風而陽氣畜積❼，萬物散解，果實不成，故士達❽作為五弦瑟，以來陰氣，以定群生❾。

昔葛天氏❿之樂，三人操⓫牛尾投足⓬以歌八闋⓭：一曰〈載民〉⓮，二曰〈玄鳥〉⓯，三曰〈遂草木〉⓰，四曰〈奮五穀〉⓱，五曰〈敬天常〉⓲，六曰〈達帝功〉⓳，七曰〈依地德〉⓴，八曰〈總萬物之極〉㉑。

昔陶唐氏㉒之始，陰多滯伏㉓而湛積㉔，水道壅塞，不行其原㉕，民氣鬱閼㉖而滯著㉗，筋骨瑟縮不達，故作為舞以宣導㉘之。

【章旨】記述樂之由來，自朱襄氏、葛天氏至陶唐氏時期之樂與舞。

【注釋】❶尚　久遠。❷節　適中。❸侈　過於巨大。❹正　適中。❺淫　即指「太鉅」、「太小」、「太清」、「太濁」等。❻朱襄氏　傳說中的先王。《漢書・古今人表》列在伏羲氏之後第十三位，上接有巢氏。❼多風而陽氣畜積　陰陽五行說認為風是陽炎之氣，多風是由於陽炎氣盛，因而導致陽氣畜積。❽士達　朱襄氏之臣。❾群生　一切生物。❿葛天氏　在《漢書・古今人表》上，葛天氏為緊接朱襄氏之後的先王。⓫操　持。⓬投足　頓足。⓭八闋　舞樂八章。闋，樂曲終止。⓮載民　這是第一章，歌頌負載人民的天地自然。⓯玄鳥　這是第二章，一種圖騰崇拜和祭祀儀式，其樂舞象徵生息，未婚的合男女，已婚的祈子息。⑯遂草木　這是第三章，祝草木順利生長，以利畜牧。⑰奮五穀　這是第四章，祝五穀豐登，以利民食。⑱敬天常　這是第五章，表達對天道循環和陰陽變化規律的敬畏。⑲達帝功　這是第六章，表達對天帝功業之敬畏。⑳依地德　這是第七章，表達要依照四時的旺氣行事。㉑總萬物之極　一作「禽獸之極」，這是第八章，祈求萬物的茂盛。㉒陶唐氏　當是陰康氏之誤。據《漢書・古今人表》緊接葛天氏的為陰康氏，而陶唐氏即帝堯，後文另有記載。㉓滯伏　凝滯。㉔湛積　沉積。㉕水道壅塞二句　此二句與後文義無法連貫，王念孫認為應是「陽道壅塞，不行其序」。㉖鬱閼　鬱抑阻塞。㉗滯著　停滯不通暢。㉘宣導　疏通引導。

【語譯】音樂的由來已很久遠了，絕不可能被廢除。音樂有適中的，也有奢侈的；有純正樸雅的，也有淫蕩邪僻的。賢明的君主藉助音樂而使國家繁榮昌盛，不肖的君主，因音樂而使國家衰敗滅亡。

遠古時代，朱襄氏治天下的時候，由於炎陽之氣太盛因而多風暴之災，萬物散落解體，果實不能成熟。為此士達創製了五弦琴，用琴聲引來陰氣，使陰陽調和，各種生物得以安定的生長繁衍。

在上古葛天氏時代，舉行音樂歌舞活動時，通常是三個人舉著牛尾巴作舞具，用頓足打出節奏，歌舞共有八章：第一章叫作〈載民〉，第二章叫作〈玄鳥〉，第三章叫作〈遂草木〉，第四章叫作〈奮五穀〉，第五章叫作〈敬天常〉，第六章叫作〈達帝功〉，第七章叫作〈依地德〉，第八章叫作〈總萬物之極〉。

往昔陶唐氏開始治理天下時，陰氣因過盛而沉積凝滯，陽氣則被阻塞而不能通暢，陰陽無法按正常的秩序運行變化。在這種情況下，百姓的精神鬱積壓抑而難以通暢，筋骨亦踡縮而不能舒展。為此創作了舞蹈，用來調節陰陽，使之疏通暢達。

〔二〕昔黃帝令伶倫①作為律②。伶倫自大夏③之西，乃之阮隃④之陰，取竹於嶰谿⑤之谷，以生空竅厚鈞者⑥，斷兩節間，其長三寸九分而吹之，以為黃鐘之宮❼，吹曰「舍少」❽。次制十二筒❾，以之阮隃之下，聽鳳皇❿之鳴，以別十二律⓫。其雄鳴為六⓬，雌鳴亦六⓭，以比黃鐘之宮，適合。黃鐘之宮，皆可以生之⓮，故曰黃鐘之宮，律呂⓯之本。黃帝又命伶倫與榮將⓰鑄十二鐘，以和五音，以施英韶⓱，以仲春之月，乙卯之日，日在奎⓲，始奏之，命之曰〈咸池〉⓳。

【章　旨】言黃帝令伶倫用竹製律管，定十二律呂之音階。

【注　釋】❶伶倫　傳說中黃帝樂臣。❷律　定音用的竹製律管。❸大夏　古代對今山西省北部地區之總稱。❹阮隃　崑崙山。❺嶰谿　注家訓釋不一。可能就是崑崙山北部一山谷之名稱。❻以生空竅厚鈞者　以竹之生就孔竅大而且均勻者。❼其長三寸九分而吹之二句　此句中黃鐘律管長度疑有誤。《淮南子・天文》、《史記・律書》、《漢書・律曆志》皆以黃鐘之宮律長九寸。按前〈適音〉四章所言，黃鐘之宮為「清濁之衷」，以周尺九寸閉管發出之聲音為黃鐘之宮，正是中和之音，清濁之衷。但若以三寸九分長的律管吹奏，則其音太尖太高，不符合黃鐘音律要求。故其長度似應依《淮南子》等所記以周尺九寸為宜。❽吹曰舍少　吹出來的聲音是「舍少」，「舍少」係模擬黃鐘管發出的聲音。❾筒　指律管。❿鳳皇　鳳凰。⓫十二律　中國古代樂器製作，以一個八度分為十二個不等值的半音階，每一個半音階稱為一律。⓬其雄鳴為六　指十二律中六陽律，即黃鐘、太蔟、姑洗、蕤賓、夷則、無射。⓭雌鳴亦六　指六陰律，即六呂：林鐘、南呂、應鐘、大呂、夾鐘、仲呂。⓮黃鐘之宮二句　指按照黃鐘之宮的律管長度，依一定的比值便可取得其餘十一律律管的長度及其音階。⓯律呂　即十二律，陽律稱律，陰律稱呂。⓰榮將　傳說中黃帝的樂臣。⓱英韶　華美的聲音。⓲日在奎　仲春二月，日在奎宿。奎宿為二十八宿之一。⓳咸池　傳說係黃帝時所作樂舞名稱，堯時曾增修並用之。

【語　譯】從前，黃帝命令伶倫制訂樂律。於是伶倫從大夏的西邊，阮隃山的北面，在嶰谿的山谷中取得青竹，選取孔腔大而又長得勻稱的竹管，截取兩個竹節中間的一段，長度為三寸九分，用它吹出黃鐘律的宮音，吹出來的聲音為「舍少」。以這個律管的長度為標準，依次製作十二根竹管，帶到阮隃山腳下，傾聽鳳凰的鳴叫聲，用來鑒別十二律的聲響。雄鳳鳴叫六個音階，雌凰亦鳴叫六個音階，藉以比照黃鐘律之宮音，恰巧適合而和諧。其餘音階都可以以黃鐘律的宮音為標準，按照管長的比例派生出來。因此，黃鐘律的宮音，是六律六呂的根本。黃帝又命令伶倫和榮將一起鑄造十二口鐘，用來與五音相和，藉以顯示音調的華美。在仲春二月，乙卯那天，太陽在奎宿，開始演奏樂曲，給這個樂曲命名為〈咸池〉。

〔三〕帝顓頊生自若水❶，實處空桑❷，乃登為帝。惟天之合❸，正風❹乃行，其音若熙熙淒淒鏘鏘❺。帝顓頊好其音，乃令飛龍作效八風之音❻，命之曰〈承雲〉❼，以祭上帝。乃令鱓先為樂倡，鱓乃偃寢，以其尾鼓其腹❽，其音英英❾。

帝嚳❿命咸黑⓫作為〈聲歌〉——〈九招〉、〈六列〉、〈六英〉⓬。有倕⓭作為鼙鼓鐘磬吹苓管壎箎鞀椎鍾⓮。帝嚳乃令人抃⓯或鼓鼙，擊鐘磬，吹苓展⓰管箎。因令鳳鳥、天翟舞之⓱。帝嚳大喜，乃以康⓲帝德。

帝堯立，乃命質⓳為樂。質乃效山林谿谷之音以歌，乃以麋䩉置缶而鼓之⓴，乃拊石擊石㉑，以象上帝玉磬之音，以致舞百獸㉒。瞽叟㉓乃拌㉔五弦之瑟，作以為十五弦之瑟。命之曰〈大章〉㉕，以祭上帝。

舜立，仰延㉖乃拌瞽叟之所為瑟，益之八弦，以為二十三弦之瑟。帝舜乃令質修〈九招〉、〈六列〉、〈六英〉，以明帝德。

【章　旨】記述帝顓頊、帝嚳、帝堯、帝舜時期之樂舞。

【注　釋】❶若水　亦作弱水，古水名。一說即今鴉龍江，源出巴顏喀喇山，流經四川邊境。❷空桑　古地名。今河南杞縣西南有空桑城，傳即古代空桑。❸惟天之合　指德與天合。❹正風　指八方之風，各得其正。❺熙熙淒淒鏘鏘　形容風之聲音。❻飛龍作效八風之音　飛龍效法八方的風聲製作樂曲。飛龍，樂人姓名。「作」字下當有「樂」字。八風，八方之風聲。❼承雲　樂曲名。❽乃令鱓先為樂倡三句　〈承雲〉這個樂曲開始表演時，其中一個表演者化裝成鱓形，把鼓放在腹間，奏樂開始時，「鱓」先行躺下，以其尾擊其腹間之鼓，宣告其他樂器開始演奏。鱓，即鼉，古代以鼉皮為鼓。倡，始，指樂曲的開始。偃寢，仰面躺下。❾英英　形容鼓聲。❿帝嚳　號高辛氏，黃帝的曾孫。⓫咸黑　樂人姓名，帝嚳臣子。⓬聲歌九招六列六英　〈聲歌〉一作〈唐歌〉，其內容有〈九招〉、〈六列〉、〈六英〉，共二十一章。⓭有倕　傳說中的古代巧匠，即前〈重己〉一章之倕。唯該篇高誘注為「堯之巧工」，此處則列在帝嚳時代。⓮鼙鼓鐘磬吹苓管壎篪鞀椎鍾　鼙鼓，古代的小鼓。鐘，青銅鑄造的打擊樂器，可以手持或插在座上掛起來演奏，大小三枚為一套。磬，石製的打擊樂器，編磬三枚一套，懸在木架上演奏。吹苓，即笙。「苓」係「笙」之訛。管，類似今之笛。壎，同「塤」。陶製吹奏樂器，呈圓椎形，有五個按音孔。篪，竹製管樂器，單管橫吹。鞀，即鼗，長柄的搖鼓，也屬打擊樂器。椎，即槌，打擊樂器的工具。鍾，《御覽》作「衝」，疑是「衡」之譌字，指懸鐘的橫木。⓯抃　兩手拊擊。⓰展　當係「壎」之誤。⓱鳳鳥天翟舞之　指由人化裝成鳳凰與山雉而起舞。鳳鳥，即鳳凰。天翟，長尾之山雉。⓲康　讚美。⓳質　疑是「夔」之誤。夔為樂官。⓴麋輅置缶而鼓之　用麋鹿的皮繃在缶上當作鼓而擊之。麋輅，麋鹿的皮革。缶，盛酒的瓦器，口小腹大。㉑拊石擊石　指拍打石磬。㉒以致舞百獸　指人化裝成各種禽獸來跳舞。㉓瞽叟　《史記・五帝本紀》以瞽叟為舜之父。瞽，盲。㉔拌　分。㉕大章　古樂曲名。㉖仰延　仰，疑為「命」。延，相傳為舜之臣。

【語　譯】帝顓頊出生在若水，居住在空桑。及至登上帝位，德行與天相合，八方純正之風盛行，風聲如

「熙熙淒淒鏘鏘」。帝顓頊喜好這樣的聲音，於是便命令飛龍倣效八風的聲音製作樂曲，給樂命名為〈承雲〉，用以祭祀上帝。顓頊帝就叫裝扮成鱓的樂伎領奏樂曲，這「鱓」就仰臥在地，用尾搥敲其腹部的鼓，發出彭彭的聲響。

帝嚳命令咸黑製作樂曲〈聲歌〉——有〈九招〉、〈六列〉、〈六英〉三部分，共二十一章。有倕又製作了鼙、鼓、鐘、磬、苓（笙）、管、壎、篪以及鞀、椎、鍾這些樂器和敲打及懸掛樂器的用具。帝嚳就讓人演奏這些樂器：有的敲打鼙鼓，有的敲擊鐘磬，有的吹奏笙、管、篪或壎，同時讓人裝扮成鳳凰和山雉翩翩起舞。帝嚳看了非常高興，就以這樂舞來讚揚天帝的功德。

堯被推立為帝，就命令質製作樂曲。質就模仿山林谿谷的聲音而創作歌曲，又把麋鹿的皮蒙在缶上，作為鼓來敲擊。同時拍打石片，以模擬上帝玉磬的聲音，讓人們裝扮成百獸翩翩起舞。再由瞽叟以五弦瑟為基礎製成十五弦瑟，演奏的樂舞被命名為〈大章〉，用它來祭祀天帝。

舜被推立為帝，命令延以瞽叟的十五弦瑟為基礎，再增加八根弦，製作出二十三根弦的瑟。帝舜還讓質修訂〈九招〉、〈六列〉、〈六英〉，用以彰明天帝的盛德。

〔四〕禹立，勤勞天下，日夜不懈，通大川，決壅塞，鑿龍門❶，降通漻水❷以導河，疏三江五湖❸，注之東海，以利黔首。於是命皋陶作為〈夏籥〉九成❹，以昭其功。

殷湯即位，夏為無道，暴虐萬民，侵削諸侯，不用軌度，天下患之。湯於是率六州❺以討桀罪，功名大成，黔首安寧。湯乃命伊尹作為〈大護〉❻，歌〈晨露〉❼，修〈九招〉、〈六列〉，以見其善。

周文王處岐❽，諸侯去殷三淫❾而翼文王。散宜生❿曰：「殷可伐也。」文王弗許。周公旦乃作詩曰：「文王在上，於昭于天，周雖舊邦，其命維新⓫。」以繩⓬文王之德。

武王即位，以六師⓭伐殷，六師未至，以銳兵克之於牧野⓮。歸，乃薦俘馘⓯于京太室⓰，乃命周公為作〈大武〉⓱。

成王⓲立，殷民反，王命周公踐伐⓳之。商人服象⓴，為虐于東夷，周公遂以師逐之，至于江南，乃為〈三象〉㉑，以嘉其德。

故樂之所由來者尚矣，非獨為一世之所造也。

【章旨】記述夏、商、周三代樂曲創作的概貌。

【注釋】❶龍門　山名，在今山西河津西北。兩岸峭壁夾峙，中流黃河，故名龍門。❷降通漻水　「降」當是衍字。漻水，即潦水。洪水。❸三江五湖　對長江中下游水系的總稱。❹夏籥九成　〈夏籥〉，古樂名，又稱〈大夏〉。九成，即九章。❺六州　指古九州中的荊、梁、雍、豫、徐、揚六州。❻大護　古樂名，歌頌湯討伐桀武功的樂舞。❼晨露　古樂名。❽岐　地名。相傳周的祖先古公亶父由豳遷至岐，故址在今陝西岐山東北。岐山之南有周原，因以周為國號。❾三淫　三當是「之」之訛。淫，亂。❿散宜生　周文王之臣。⓫文王在上四句　見《詩經．大雅．文王》。全詩共七章，每章八句，都是讚譽文王的。⓬繩　讚譽。⓭六師　即六軍。周制天子有六軍。⓮牧野　古地名。在今河南淇縣西南。⓯薦俘馘　獻上被俘敵人之首級。馘，古代戰時割取所殺敵人左耳，用以計功。亦指所獲左耳。⓰太室　即天子所居太廟之中央室。⑰大武　古樂名，歌頌武王伐紂之功，共六章。⑱成王　武王之子，姓姬名誦。武王死時，尚年幼，故由其叔父周公旦攝政，成年後親政。⑲踐伐　前往討伐。⑳服象　役使象。㉑三象　古樂名。

【語　譯】禹立為帝，為天下事辛勤操勞，晝夜不懈。疏通大河，開決壅塞，鑿通龍門，導洪水入黃河以疏浚河道。並在南方疏浚三江五湖，使水流順利注入東海，為百姓造福。大功告成時，命令皋陶創作樂舞〈夏籥〉，用以表彰昭明的功績。

殷湯即位，那時夏桀昏庸無道，殘暴虐待百姓，侵害掠奪諸侯，不遵循法度，天下人都以夏桀為心腹之患。湯於是率領六州之諸侯，共同討伐夏桀的罪狀，功成名就，百姓得到安寧。於是湯命令伊尹創作樂舞〈大護〉，歌曲〈晨露〉，修訂〈九招〉、〈六列〉這些樂舞，用以表彰湯的美德。

周文王居住在岐，諸侯為了逃避殷紂的昏亂都去擁戴文王。散宜生說：「現在可以對殷紂進行討伐了。」文王不允許。於是周公作詩道：「文王高高在上面，德行昭明於天下；岐周雖是殷舊邦，上受天命來維新。」藉此來讚揚文王的美德。

武王即位，發動周的大軍討伐殷紂。大軍還未會齊，便以精銳的前鋒部隊在牧野打敗了殷紂。班師回國的時候，向太廟獻上俘獲的首級，以此慶祝軍事上的勝利，同時命令周公制作稱之為〈大武〉的樂舞。

成王即位，殷的遺民又起來作亂。成王命令周公率領軍隊前往平定。南方的商人能夠役使大象，虐害東夷的百姓。周公就率領軍隊驅逐他們，一直追逐至長江以南。這時又制作樂曲〈三象〉，讚頌周公的功德。

所以，音樂的由來很久遠了，絕不是哪一個時代所能單獨創制的啊。

卷第六　季夏紀第六

季夏　音律　音初　制樂　明理

收錄於本卷的四篇音樂論文，可分二組。〈音律〉、〈音初〉論述音律、音調產生的歷史，前者側重於樂音自身的發展規律，後者則主要談音調的鄉土背景。二文都綴以古老的傳說和神話，增加了一層幽遠神祕的色彩。〈制樂〉、〈明理〉論述音樂與風雲變幻、社會治亂的關係，把「至樂」的審美境界與國家的「至治」聯繫起來：「亂世之主，烏聞至樂」；「欲觀至樂，必於至治」。這樣，文章就從論述如何達到至治而轉入所謂「天人感應」的災異說。

音樂問題，在春秋戰國時期，亦曾是百家談論的熱門話題。道家對音樂採取虛無態度，所謂「五音令人耳聾」，倡言「大音希聲」（《老子》）。墨子「非樂」，認為統治者置百姓疾苦於不顧，而去「撞鉅鐘，擊鳴鼓」，只能使「國家亂而社稷危」（《墨子．非樂》）。儒家以《樂記》（一般認為作者是戰國時期的公孫尼子）為代表，認為「聲音之道，與政通矣」，積極主張發揮音樂在治國、教化方面的作用。《漢書．藝文志》著錄《樂記》有二十三篇，今僅存《禮記》中〈樂記〉一篇。清人汪中認為，《呂氏春秋》仲、季夏二卷中八篇音樂專文，可能就是《樂記》已經散佚的遺編。此說尚待有可信的材料證實，但由此也說明這二組專文與《樂記》的思想是一脈相承的，對音樂的社會、政治功能則有更多的闡發。

季夏

【題解】本篇記述夏季最後一個月的月令和政令。這個月中，祭祀活動佔有重要位置。祭祀的對象，不是單屬某一方面的神靈，而是「皇天上帝、名山大川、四方之神」，和「宗廟社稷之靈」，即包羅了天上地下整個神靈系統。祭品、祭具的籌備也格外莊重，並特命「婦官」遵照傳統規制，染製「黼黻文章」各種紋彩的祭服、旗幟和標誌，務必做到分毫不差。因為祭祀時，將以此作為區別貴賤等級的法度。

此篇第五章，實為又一篇月令，即所謂「中央土」。按陰陽五行說，五行、五方與四時相配，勢必缺少一季，致使五行中的「土」、五方中的「中央」，無所歸屬。為了彌合這個空缺，《管子》把「中央土」安插在夏秋之間，本書則於〈季夏〉之末另立一章。這樣，相關的天干、五帝等一類「五數」，均可予以配齊，但在實際時間上它是不存在的，因而自然不可能有天象、物候一類記載，也不必再有天子發布相關政令的具體規定。《管子・四時》指出：「中央曰土，土德……中正無私，實輔四時。」所以這一章非但不是可有可無，而且似乎還起著支配四時的作用。

〔一〕一曰——

季夏❶之月：日在柳❷，昏心❸中，旦奎中。其日丙丁。其帝炎帝。其神祝融。其蟲羽。其音徵。律中林鐘❹。其數七。其味苦。其臭焦。其祀竈。祭先肺。涼風始至❺。蟋蟀居宇❻。鷹乃學習❼。腐草化為蚈❽。天子居明堂右个❾，乘朱輅，駕赤騮，載赤旂，衣朱衣，服赤玉，食菽與雉。其器高以觕。

【章　旨】記述季夏之月月令，並據此對本月中天子的住、行、衣、食都作了相應的具體規定。

【注　釋】❶季夏　指夏曆六月。❷日在柳　太陽運行的位置在柳宿。柳宿為二十八宿之一，朱雀七宿之第三宿，為朱雀之喙。共有八星，均屬長蛇座。❸心　心宿，又名商星，為二十八宿之一，蒼龍七宿之第五宿，共有三星，均屬天蠍座。❹律中林鐘　季夏之月與十二音律中的林鐘律相應，林鐘屬陰律。據高誘注：林，眾。鐘，同「鍾」。聚。是月陽氣衰，陰氣起，萬物鍾聚而成，故曰「律中林鐘」。❺涼風始至　依陰陽五行說，季夏雖係陽月，但陰氣已開始當令，涼風屬於陰氣之風，故曰「涼風始至」。❻宇　屋簷。❼鷹乃學習　鷹於是學習飛翔。本月屬夏末，秋將至。按陰陽五行說，秋屬金，主殺氣。故季夏在物候上表現為鷹練習飛翔，準備搏擊獵物。❽蚈　螢火蟲。此時出現在草叢之中，古人以為係腐草所化。❾明堂右个　天子所居南向明堂的右側室。

【語　譯】季夏六月，太陽的位置在柳宿。黃昏時，心宿出現在南方中天；黎明時，奎宿出現在南方中天。季夏在天干中屬丙丁。主宰的天帝是炎帝，佐帝之神是祝融。應時的動物屬羽族。應時的聲音是徵音，相應的音律是林鐘。本月的序數是七。應時的味是苦味，氣是焦氣。舉行五祀中的竈祭。祭祀時要把犧牲的肺臟陳列在前面。暑氣雖尚盛，但涼風已開始來到。蟋蟀寄居到屋簷下，蒼鷹在空中訓練飛翔，腐草化為螢火蟲。天子居住到明堂的右側室，乘坐朱紅色的輅車，駕著叫騮的赤色黑鬣的駿馬，車上插著繪有龍紋的赤色旗幟；穿著朱紅色的衣服，佩戴朱紅色的玉器；吃的食物是豆類與野雞，使用的器物都較為高大而粗放。

〔二〕是月也，令漁師❶伐蛟取鼉❷，升❸龜取黿❹。乃命虞人❺入材葦❻。

是月也，令四監大夫❼合百縣之秩芻❽，以養犧牲。令民無不咸出其力，以供皇天上帝、名山大川、四方之神，以祀宗廟社稷❾之靈，為民祈福。

是月也，命婦官❿染采⓫，黼黻文章⓬，必以法故⓭，無或差忒⓮，黑黃蒼赤，莫不質良，勿敢偽詐，以給郊廟⓯祭祀之服，以為旗章⓰，以別貴賤等級之度。

【章　旨】為供祭祀之需，本月天子要分別命令漁師、虞人、縣大夫和婦官，克盡全力，籌集祭具、祭品、祭服，務必按質按量完成。

【注　釋】❶漁師　負責捕撈水產的官吏。❷伐蛟取鼉　蛟，傳說中的蛟龍，以其能興風作浪害人，因而要用「伐」。鼉，即揚子鱷，俗稱豬婆龍，穴居江河岸邊，皮可製鼓。因其不害人且易得，故言「取」。❸升　龜甲可進入宗廟作祭祀占卜用，因而不言捕捉而稱「升」，以示尊敬。❹黿　鱉。❺虞人　負責山澤的官吏。蔣維喬以為：《周禮》虞人有「山虞」、「澤虞」之別。下文言「材葦」非山林所有，故此「虞人」當為澤虞。❻材葦　蘆葦。❼四監大夫　監四郡之縣大夫。周制，縣下設有四郡。❽秩芻　定額的草料。秩，常度。❾社稷　社，土神。稷，穀神。❿婦官　主管絲麻布帛之女官。⓫染采　染色。采，同「彩」。⓬黼黻文章　均指古代禮服上印繡的花紋。黼為半白半黑的花紋；黻為半青半黑的花紋；文為半青半赤的花紋；章為半赤半白之花紋。⓭法故　遵照過去的傳統。⓮差忒　差錯。⓯郊廟　郊指祭天；廟指祭祖。⓰旗章　旌旗與名號。

【語　譯】這個月，命令掌管漁業的官吏，斬伐蛟龍，捕獲鱷魚，獻龜殼進宗廟，取鱉肉做羹湯。同時命令虞人收刈供編織用的蘆葦。

這個月，命各縣監管四郡的大夫，按照規定數量收集畿內百縣的芻草，用來供養準備作祭祀用的牲畜。督促全體百姓務必為此竭盡全力，用以貢獻皇天上帝、名山大川、四方神明，祭祀宗廟社稷神靈，為天下百姓祈求福祉。

這個月，命令主管絲麻布帛的婦官負責印染衣裳，黼、黻、文、章等各種色彩相互搭配的花紋，一定要按照過去的規定來辦，不能出一點差錯。黑、黃、青、赤色澤，都必須清晰精美，不得有半點虛假欺詐。這些，都是用來供給製作郊廟祭祀時的服裝，和不同場合使用的旗幟、標誌，藉以作為區分人們貴賤等級的法度。

〔三〕是月也，樹木方盛，乃命虞人入山行❶木，無或斬伐。不可以興土功，不可以合諸侯❷，不可以起兵動眾。無舉大事，以搖蕩于氣❸。無發令而干時❹，以妨神農❺之事。水潦盛昌，命神農，將巡功❻。舉大事則有天殃。

是月也，土潤溽暑❼，大雨時行，燒薙行水❽，利以殺草，如以熱湯❾，可以糞❿田疇，可以美土疆⓫。

【章　旨】根據季夏時令和氣候的特徵，天子要實施若干相關政令和措施，以利農事。

【注　釋】❶行　巡視。❷合諸侯　意謂召集諸侯進行會盟。❸搖蕩于氣　損傷土氣。陰陽五行說認為季夏之末屬土氣，若於此時徵發農夫，從事土建以及征伐之事，就會損傷土氣。❹干時　違反農時。❺神農　農官。❻巡功　考察農田整治情況。❼溽暑　又潮濕又炎熱。溽，濕潤。❽燒薙行水　疑指火耕水耨的一種耕作方法。其法為：先齊根割下草，放火燒成灰，待季夏來臨雨水充沛時，讓流水沖其灰於田中，既可殺草，又能肥田。薙，貼著地面割草。❾如以熱湯　就像灌以熱湯那樣。水溫經烈日曝曬而驟升。❿糞　指草木灰變成施肥。⓫土疆　土地肥美。

【語　譯】這個月，正值樹木生長繁盛，應命令掌管山澤的官吏，進山視察樹林生長的情況，並禁止人們砍伐樹木。在這個月，不可以大興土木工程，不可以召集各地諸侯來會盟，不可以興師動眾，不可以舉兵發動戰爭，以免動搖正在應時而起的土氣。發布政令不得違背農時，防止干擾農耕之事。這個月，雨水十分充沛，要命令農官勤於巡視、督促和檢查農事及各種水利設施。如果在這個月大舉兵事，必將遭受天災。

這個月，土地濕潤而氣溫極高，大雨時時降落。應及時割草焚灰，放水灌田。這一方面，因水經烈日曝曬，熱如滾湯，可藉以消滅野草；另一方面，草木灰可以增加土力，使土地更加肥美。

〔四〕行之是令，是月甘雨三至，三旬二日❶。季夏行春令❷，則穀實解落，國多風欬❸，人乃遷徙。行秋令❹，則丘隰水潦，禾稼不熟，乃多女災。行冬令❺，則寒氣不時，鷹隼❻早鷙❼，四鄙入保。

【章旨】言政令與月令的順違會引起或吉或凶的不同結果。

【注釋】❶三旬二日　義不明。高誘注云：「十日為旬。二日者，陰晦朔日也。月十日一雨，又二十日一雨，一月中得二日耳，故曰三旬二日。」仍費解。語譯姑依「一月中得二日雨」。❷季夏行春令　按陰陽五行說，春屬木，多風暴，季夏行春令，穀實就會未成熟而脫落，百姓也因遭受風寒之襲而多患咳嗽氣喘之症，這樣，國人就會紛紛遷徙離散。❸風欬　指人感染風寒而喘咳。欬，同「咳」。❹行秋令　秋主金，金生水。季夏行秋令，丘陵的下處及低窪地帶便會有水潦之災，莊稼不能成熟。金干火，故又多女災，使婦女生子不育。❺行冬令　冬屬陰，主肅殺。季夏行冬令，寒氣便會不時來侵襲；鷹隼這一類猛禽，也會提早在空中擊殺飛鳥。這樣，四邊的百姓由於害怕寇盜來侵便會紛紛進入城郭以求自保。❻隼　也稱鶻，善於襲擊其他鳥類的猛禽。❼鷙　凶猛。

【語譯】天子如果推行與季夏相應的政令，正為作物所需的雨水就會及時降落，可能就在朔望前後，三旬中總會有二天降雨。

季夏之月如果推行春季的政令，那穀粒與果實便會提前脫落，百姓還會普遍地感染由風寒侵襲導致的喘咳。這樣，國人就會紛紛遷徙離散。如果推行秋季的政令，那麼在丘陵的下處和低窪地區，便會受到水潦之害，莊稼不能及時成熟，許多婦女還會在生育上受到各種災難。如果推行冬季的政令，那麼寒氣便會不斷襲來，鷹與隼這類猛禽，就會提前去擊殺其他鳥類。四處邊邑的農夫，都會因害怕寇盜而紛紛湧入城郭以求自保。

〔五〕中央土❶：其日戊己❷。其帝黃帝❸。其神后土❹。其蟲倮❺。其音宮。律中黃鐘之宮。其數五。其味甘❻。其臭香❼。其祀中霤❽。祭先心❾。天子居太廟太室❿，乘大輅，駕黃駵⓫，載黃旂，衣黃衣，服黃玉，食稷與牛⓬。其器圜以揜⓭。

【章旨】記述「中央土」的相應「五數」和對天子住、行、衣、食的具體規定。

【注釋】❶中央土　按陰陽五行說，以五方、五行與四季相配，則春為東方木，夏為南方火，秋為西方金，冬為北方水；留下的便是一個沒有時間的空間，即本章「中央土」。❷其日戊己　戊己日屬土日。❸黃帝　傳說中五帝之一，死後託祀為中央之帝。❹后土　傳說中五神之一，共工氏子句龍，能平九土，死後託祀為后土之神。❺倮　五蟲之一，麒麟為其長。陰陽五行說認為，此時陽氣發散，故屬倮蟲。❻甘　五味之一。中央屬土，土味甘。❼香　五臭之一。中央屬土，土氣香。❽中霤　五祀之一。室中之祭，祭后土。古代室如今之蒙古包，室正中頂上所開之天窗即稱中霤。❾祭先心　祭祀時把祭品的心放在前面。心為五臟之一。心屬火，土勝火，故先食所勝的。❿太廟太室　天子居所中央室稱太廟，太廟之中央室為太室。⓫駕黃駵　駵，即騮。黃色黑鬣的馬。土色主黃，故「中央土」尚黃色。⓬食稷與牛　稷為五穀（麥、菽、稷、麻、黍）之中，牛為五畜（羊、雞、牛、犬、豕）之中，天子之食稷與牛，皆為同「中央土」相對應。稷，穀子。一說是高粱或不黏之黍。⓭圜以揜　使用的器具中間寬大而頸口收斂。圜，圓。揜，遮掩。

【語譯】中央在五行中屬土，天干屬戊己。主宰的天帝是黃帝，佐帝之神是后土。應時的動物屬倮族，應時的聲音是宮音，相應的音律是黃鐘。序數是五。應時的主味是甘味，氣味是香氣。祭祀是五祀中的中霤之祭，祭祀時要把犧牲的心陳列在前面。天子居到太廟中央的太室。乘大型的輅車，駕著叫騮的黃色黑鬣的駿馬，車上插著繪有龍紋的黃色旗幟，穿著黃色的衣服，佩戴黃色的玉器。天子吃的食物是穀子與牛肉，使用的器物呈圓形，中間寬大而頸口收縮，以示內斂深藏。

音律

【題解】此篇論述十二音律相生相和的方法與原理。正如〈古樂〉篇結語所說：「樂之所由來者尚矣。」古人在長期的音樂實踐中，逐漸認識到樂音的高低與律管（弦亦同）的長度成反比，而樂音的諧和關係，表現在律管的長度上，就是三與二或三與四之比，由此便產生了所謂「三分損益法」（先見於《管子・地員》，本篇的記述則更為完整些）。運用此法便可以製作出十二音律來。

無庸置疑，十二音律當然是古人自己智慧的產物。但也許由於它的發現和製作必然伴隨著一個漫長的摸索過程，音樂獨具的魅力又是那樣令人不可思議，加上它的運用大多與祭祀活動分不開，因而古人常常反而離開音律自身去尋找其杳渺的終極原因。本篇在論述了十二音律製作方法以後，緊接著就說在「大聖至理之世」，合天地之氣，聚日月之風，然後「以生十二律」。在這種神祕氣氛的籠罩下，末章又把十二律與十二月配比起來，並由此推衍出每月的天象、物候、農事、政令，從而建構了一個可說是〈十二紀〉縮影的、以音律為軸心的、幻想多於真實但卻無所不包的世界。

〔一〕二曰——

黃鐘生林鐘，林鐘生太蔟，太蔟生南呂，南呂生姑洗，姑洗生應鐘，應鐘生蕤賓，蕤賓生大呂，大呂生夷則，夷則生夾鐘，夾鐘生無射，無射生仲呂❶。三分所生，益之一分以上生；三分所生，去其一分以下生❷。黃鐘、大呂、太蔟、夾鐘、姑洗、仲呂、蕤賓為上❸，林鐘、夷則、南呂、無射、應鐘為下❹。

【章旨】以「三分損益法」說明十二音律各種相生的簡單整數比。

【注釋】❶黃鐘生林鐘十一句　此言十二音律之間的相生關係。這裡所說的十二音律，亦即十二調。❷三分所生四句　此言十二音律相生的數學方法，即三比二與三比四的簡單整數比，亦即所謂「三分損益法」。在先秦文獻中，除了這一篇外，還有《管子・地員》也記載了這種方法。三分所生，就是把作為基準律管的長度分為三個等分。益之一分、去其一分，即加上或減去一個等分。上生，指由增加一等分產生新律。下生，指由減少一等分產生新律。如以黃鐘律為基準，管長九寸（周尺一尺長約二十三公分），減去三分之一等分，便是六寸，六寸就成了林鐘律的律管長度，此為下生。如再以林鐘律為基準，管長六寸，加上其三分之一等分，便是八寸，八寸就成了太蔟律的律管長度，此為上生。如此一下一上的推衍，便構成十二律律管的對應的長度比值。這些都是建立在三比二和三比四的整數比基礎上的音階關係。❸為上　由上生而得。❹為下　由下生而得。

【語譯】由黃鐘律生出林鐘律，由林鐘律生出太蔟律，由太蔟律生出南呂律，由南呂律生出姑洗律，由姑洗律生出應鐘律，由應鐘律生出蕤賓律，由蕤賓律生出大呂律，由大呂律生出夷則律，由夷則律生出夾鐘律，由夾鐘律生出無射律，由無射律生出仲呂律。把作為基準的律管長度分成三個等分，增加一個等分的長度，那就向上生成一個新律；再把這個新律作為基準，減去一個等分的長度，那就向下生成一個新律。在十二音律中，黃鐘、大呂、太蔟、夾鐘、姑洗、仲呂、蕤賓為上生而得之音律，林鐘、夷則、南呂、無射、應鐘為下生而得之音律。

〔二〕大聖至理❶之世，天地之氣，合而生風，日至❷則月鐘其風❸，以生十二律。仲冬日短至❹，則生黃鐘。季冬生大呂。孟春生太蔟。仲春生夾鐘。季春生姑洗。孟夏生仲呂。仲夏日長至❺，則生蕤賓。季夏生林鐘。孟秋生夷則。仲秋生南呂。季秋生無射。孟冬生應鐘。天地之風氣正，則十二律定矣。

【章旨】以十二律與十二月相配。

【注釋】❶至理　當為「至治」。❷日至　指某月太陽運行至某宿。❸月鐘其風　月亮凝聚該月之風。鐘，通「鍾」。匯聚；專注。❹仲冬日短至　十一月冬至日，白晝最短一天的到來。❺仲夏日長至　五月夏至日，白晝最長一天的到來。

【語譯】古昔聖人至治的時代，天地之氣會合而產生風，太陽運行的位置到達哪一個星宿，月亮就聚合它的風，由此而形成與十二月相應的十二律。仲冬十一月冬至日到來的那天，便產生黃鐘律；季冬十二月產生大呂律；孟春正月產生太蔟律；仲春二月產生夾鐘律；季春三月產生姑洗律；孟夏四月產生仲呂律；仲夏五月夏至日到來的那天，便產生蕤賓律；季夏六月產生林鐘律；孟秋七月產生夷則律；仲秋八月產生南呂律；季秋九月產生無射律；孟冬十月產生應鐘律。天地會合產生的風氣純正，那麼十二律就能確定了。

〔三〕黃鐘之月，土事❶無作，慎無發蓋❷，以固天閉地，陽氣且❸泄。大呂之月，數將幾終❹，歲且更起❺，而農民❻，無有所使。太蔟之月，陽氣始生，草木繁動，令農發土，無或失時。夾鐘之月，寬裕和平，行德去刑，無或作事，以害群生。姑洗之月，達道通路，溝瀆修利，申之此令，嘉氣❼趣至。仲呂之月，無聚大眾，巡勸農事，草木方長，無攜❽民心。蕤賓之月，陽氣在上，安壯養俠❾，本朝不靜⑩，草木早槁。林鐘之月，草木盛滿，陰將始刑⑪，無發大事，以將⑫陽氣。夷則之月，修法飭刑，選士厲兵⑬，詰誅不義，以懷遠方。南呂之月，蟄蟲入穴，趣農收聚⑭，無敢懈怠，以多為務。無射之月，疾⑮斷有罪，當法勿赦，無留獄訟，以亟以故⑯。應鐘之月，陰陽不通，閉而為冬，修別喪紀⑰，審民所終⑱。

【章旨】以十二律與十二月之氣象、農事、政令相配。

【注釋】❶土事 動土之事。❷發蓋 開啟已蓋藏的倉庫。❸且 將。❹數將幾終 一年的氣數將要結束，即將近年終。❺歲且更起 新的一年將要開始。❻而農民 此句疑有脫字。後〈季冬〉篇作「專於農民」，據此似當作「而專農民」，意謂專一農民之心，使之做好迎接春耕的準備。❼嘉氣 指夏之火氣。❽攜 二心。指捨農去從事工商。❾佼 當為「狡」。少也。❿本朝不靜 百官、君子不寧靜。本，指君子。朝，指百官。陰陽家認為，仲夏夏至日必須寧靜，以待「晏陰之所成」。本與朝不靜，則晏陰不成，陽火過盛，會引起草木提早枯槁的災難。⓫陰將始刑 陰氣即將開始刑殺萬物。⓬將 養。⓭厲兵 磨礪兵器。⓮趣農收聚 催促農民及時收穫和貯藏農作物。趣，催促。⓯疾 迅速。⓰以亟以故 要迅疾審理，要合於舊典。⓱修別喪紀 整頓喪事的法紀，包括喪服、棺槨、墳墓等按貴賤而定的等級。⓲審民所終 端正百姓送喪的一切事宜。審，端正。所終，指為送終而辦的一切喪事。

【語譯】律中黃鐘的仲冬十一月，不要進行動土的各種事項，不要揭開已蓋藏的倉廩府庫，以保持好天地封閉的狀態。因為本月陽氣正處於將洩未洩之時。

律中大呂的季冬十二月，一年的氣數臨近結束，新的一年又將從頭開始。讓農民專心一致地休閒和準備春耕，不要對農民有其他役使。

律中太蔟的孟春正月，陽氣初始生發，草木漸次萌芽發動。命令農民開鋤破土春耕，不要延誤農時季節。

律中夾鐘的仲春二月，要實行寬鬆和平的政令，推行仁德，除去刑罰。不要徵發兵役和勞役，以免妨害百姓的生計。

律中姑洗的季春三月，要修通道路，整理溝瀆。申明此令，那麼夏季炎陽的嘉氣就會來臨。

律中仲呂的孟夏四月，不要徵集農民興師動眾，要派官吏巡視督促農事。這時草木正在生長，不要使農民對農事有三心二意。

律中蕤賓的仲夏五月，這時陽氣在上，陰氣在下，要注意安養丁壯。在夏至日，「本」和「朝」如果不能寧靜地以待陰陽的變化，那麼草木就會提早枯槁。

律中林鐘的季夏六月，草木生長茂盛而盈滿，而陰氣將要開始刑殺。所以不可興舉大事，以便保養好漸次衰微的陽氣。

律中夷則的孟秋七月，要修訂法制和整理好各種刑具，同時選練士卒，磨礪兵器，聲討、詰問、誅戮那些不義之人，並安撫好遠方。

律中南呂的仲秋八月，各種蟄蟲開始坿穴。要督促農民適時收割和聚藏，不得有絲毫懈怠，務必多收多藏。

律中無射的季秋九月，要迅速判決一切有罪的人犯，罪罰相當的，絕不要赦免。不要使獄訟長期滯留，既要辦得迅速，又要合乎過去的舊例。

律中應鐘的孟冬十月，陰陽閉塞不通，開始進入冬季。要整治喪事的制度，要端正民間有關喪事的風俗和習慣。

音初

【題解】如果說，〈大樂〉、〈古樂〉篇用了「生於度量，本於太一」這樣一種心、物二元論的觀點，追溯了音樂和音律的起源的話，那麼本篇在敘述東、西、南、北各地音調的產生過程時，則描繪了一幅幅古老而又充滿著神話色彩的圖畫。但透過神祕的紗幕，讀者還是看到了一個歷史的真貌：作為人類心聲的音樂，一開始就具有濃厚的地域特色，尤其在古代，更尤其在我們這樣一個幅員遼闊的國度裡。

文章認為音樂發於人們的內心世界，是人們情感的外在表現。因而從一個地區的音樂，不僅可以觀察到風俗人情，還可以窺測到人心世風。文中對於鄭衛之聲、桑間之音的貶抑，可說是反映了那個時代裡音樂生活中的雅俗之爭。實際上，這類世俗歌曲（多數是情歌），還是受到人們歡迎的。齊宣王就曾直率地在孟子面前承認：「寡人非能好先王之樂也，直好世俗之樂耳。」（《孟子・梁惠王下》）本篇的論旨，則明顯地傾向於所謂「先王之樂」，即傳統的雅樂一邊。

〔一〕三曰——

夏后氏孔甲❶田❷于東陽萯山❸，天大風晦盲❹，孔甲迷惑❺，入于民室，主人方乳❻，或曰「后❼來是良日也，之❽子是必大吉」，或曰「不勝❾也，之子是必有殃」。后乃取其子以歸，曰：「以為余子，誰敢殃之？」子長成人，幕動坼橑，斧斫斬其足❿，遂為守門者。孔甲曰：「嗚呼！有疾，命矣夫！」乃作為〈破斧〉

之歌，實⓫始為東音。

【章　旨】記述「東音」〈破斧〉之歌誕生過程。

【注　釋】❶夏后氏孔甲　夏禹十三世後，夏桀之曾祖。《史記・夏本紀》稱其：「好方鬼神，事淫亂。夏后氏德衰，諸侯畔之。」❷田　即「畋」。打獵。❸東陽萯山　古地名。❹晦盲　晦冥；昏暗。❺迷惑　迷路。❻乳　產子。❼后　指夏后氏孔甲。❽之　此。❾不勝　不任；經受不住。❿幕動坼橑二句　以斧劈裂薪柴，用力折薪時，斧從薪縫中落下，斬斷其足。幕，通「莫」。勉強。坼橑，坼裂柴薪。橑，柴薪。斬，斷。⓫實　是；此。

【語　譯】夏后氏孔甲在東陽萯山打獵，突然起大風，天地昏暗。孔甲迷路，走進山民居室，正好主人家在生孩子。有的說：「君主到來，這是好日子啊，這孩子將來必定大吉大利。」有的說：「孩子恐怕經受不住這個福分吧，將來必定會有災難降臨到他身上。」孔甲聽了以後，就把這個嬰兒帶了回來，說：「讓他做我的兒子，還有誰敢害他？」當這個小孩子長大成人，一次劈柴時，雙手用力去掰裂已經劈開的柴薪，楔入柴薪的斧頭驟然墜落下來，斫斷了他的腳，這樣他就只能成為守門的人了。孔甲說：「哎！發生這樣的災難，是命中注定的吧！」於是創作了〈破斧〉之歌。這便是東方之聲調的起始。

〔二〕禹行功❶，見塗山之女❷，禹未之遇❸而巡省南土。塗山氏之女乃令其妾❹待禹于塗山之陽❺，女乃作歌，歌曰「候人兮猗❻」，實始作為南音。周公及召公❼取風❽焉，以為〈周南〉、〈召南〉❾。

【章　旨】記述「南音」誕生過程。

【注　釋】❶行功　巡視治水之事。行，巡視。功，指治水之事。❷塗山之女　當是塗山氏之女。塗山的地點有二說，一說在會稽，一說在安徽懷縣的當塗山。《尚書》及《史記・夏本紀》均記有禹娶塗山氏女事。❸未之遇　尚未舉行婚禮。遇，指匹偶之禮。❹妾　侍女。❺陽　山的南面。❻猗　語氣詞，同「兮」。此處係二語氣詞疊用。❼召公　姓姬名奭，成王時，召公為三公，自陝以西，召公主之；自陝以東，周公主之。❽取風　採風。收集各地的民歌民謠。古代稱民間流傳的歌謠為風。❾周南召南　《詩經・國風》的第一卷的第一、二部分。〈周南〉指採於周國本土並雜以南國之詩。〈召南〉指直接得自南方諸國之詩歌。故以〈周南〉、〈召南〉為南方聲調。

【語　譯】禹在巡視治水工程的途中，娶了塗山氏之女。禹還沒有來得及與她舉行婚禮，便到南方去巡視了。塗山氏之女就派遣自己的侍女在塗山的南面迎候禹。塗山氏之女還作了一首歌謠：「等候人啊！」這是最早的南方聲調。後來，周公和召公曾到那裡去採風，這就是〈周南〉與〈召南〉的由來。

〔三〕周昭王❶親將❷征荊❸，辛餘靡❹長且多力，為王右❺。還反涉漢，梁敗❻，王及蔡公❼抎❽於漢中。辛餘靡振王北濟❾，又反振蔡公。周公❿乃侯之于西翟⓫，實為長公⓬。殷整甲⓭徙宅西河⓮，猶思故處，實始作為西音，長公繼是音以處西山⓯，秦繆公⓰取風焉，實始作為秦音。

【章　旨】記述「西音」、「秦音」的誕生經過。

【注　釋】❶周昭王　姓姬名瑕，成王之孫，康王之子，周朝武王以後第四代君主。《史記・周本紀》稱：「昭王之時，王道微缺，昭王南巡不返，卒於江上。」❷將　率領。❸荊　即楚。❹辛餘靡　周昭王之臣。❺右　兵車之右，又稱驂乘，任務是執干戈以禦敵。❻梁敗　橋樑敗壞。《史記正義》引《帝王世紀》則稱周昭王過漢水時，因船解體而落水淹死。❼蔡公　《竹書紀年》稱：「祭公、辛伯縱王伐楚，天大曀，雉兔皆震，喪六師於漢。」此祭公即蔡公。辛伯即辛餘靡。蔡公與昭王同死於江中。❽抎　墜落。❾辛餘靡振王北濟　《史記》稱周昭王卒於江上；《左傳》則稱：「昭王南征而不復。」均與本篇所記不同。或者是辛餘靡救起昭王而並未存活；或者辛餘靡打撈起來的是昭王的屍體。振，救。濟，渡。❿周公　當為周穆王。⓫西翟　西方之翟族。西周時，封建邦國，授土與授民並重。⓬實為長公　「實」似係「賞」之誤。高誘注中有「以辛餘靡有振王之功，故賞之為長公」句，可證。長公，一鄉諸侯之長。⓭殷整甲　商代第十三世君主河亶甲，名整。⓮徙宅西河　移居西河。西河即相。《史記・殷本紀》稱：「河亶甲居相。」《括地志》稱：「故殷城在相州內黃縣東南十三里，即河亶甲所築之都，故名殷城也。」⓯西山　西翟之山。⓰秦繆公　即秦穆公。

【語　譯】周昭王親自率領軍隊，往南方征伐荊國，魁偉高大而且孔武有力的辛餘靡，作為周昭王的車右。軍隊返師時，過漢水，橋樑坍壞了，周昭王及蔡公墜落水中。辛餘靡奮力把昭王救起，馱到北岸，再游回去救蔡公。為此周公便封辛餘靡為西翟侯，並做西方諸侯之長。早在殷代，河亶甲徙都於西河，但人們還是懷念故土，於是最早創作了西方的音樂。辛餘靡繼承和發揚了西方的音樂。後來，秦穆公在那裡採集民間歌謠，這就在西方音樂的基礎上創造了秦音。

〔四〕有娀氏❶有二佚女❷，為之九成❸之臺，飲食必以鼓❹。帝令燕往視之，鳴若謚隘❺。二女愛而爭搏❻之，覆以玉筐，少選❼，發❽而視之，燕遺二卵，北飛，遂不反，二女作歌一終❾，曰「燕燕往飛」，實始作為北音。

【章　旨】記述「北音」誕生過程。

【注　釋】❶有娀氏　傳為帝嚳次妃。殷始祖契的母親簡狄，是有娀氏之女。《史記・殷本紀》稱：「見玄鳥墮其卵，簡狄取吞之，因孕生契。」❷佚女　美女。❸九成　即九層或九重之高。❹鼓　鼓樂。❺謚隘　燕子的鳴叫聲。❻搏捕捉。❼少選　少頃；須臾。❽發　打開。❾一終　即一章。

【語　譯】有娀氏有二個美女，為她們建造了九層高的臺，讓她們居住在高臺之上，飲食時，都有鼓樂伴奏。天帝派了燕子去探視她們，燕子「謚隘」鳴叫著，二個美女都非常喜歡這燕子，爭著捕住了牠，用玉筐蓋在裡面。過了一會兒，揭開玉筐一看，燕子留下二個蛋向北飛走了，從此再也沒有回來。二位美女十分懷念，就創作了一首歌謠：「燕子燕子飛往哪裡？」這就是最早的北方音調。

〔五〕凡音者，產乎人心者也。感於心則蕩乎音，音成於外而化乎內，是故聞其聲而知其風❶，察其風而知其志，觀其志而知其德。盛衰、賢不肖、君子小人皆形於樂，不可隱匿，故曰樂之為觀也深矣。土弊❷則草木不長，水煩❸則魚鼈不大，世濁則禮煩而樂淫。鄭衛之聲，桑間之音❹，此亂國之所好，衰德之所說。流辟誂越慆濫❺之音出，則滔蕩❻之氣、邪慢之心感❼矣；感則百姦眾辟從此產矣。故君子反道以修德，正德以出樂，和樂以成順。樂和而民鄉方❽矣。

【章　旨】言音樂發於人心，觀樂可以知世；所以君子若能「反道以修德」，便能出現「樂和而民鄉方」的境界。

【注　釋】❶風　風尚；風氣。❷土弊　土質低劣。❸水煩　水混濁。煩，擾。水擾之則混濁。❹桑間之音　即桑間濮上之音。桑、濮均為地名，桑間在濮水之上。其意有二說，一為亡國之音，亦即「鄭衛之聲」中的「衛聲」。相傳殷紂王曾使其樂師作〈朝歌〉、〈北鄙〉等靡靡之音，以為淫亂。武王伐紂時，樂師抱其樂器沉於濮水。後來衛靈公北朝於晉，途經濮水，夜聞水下有琴聲，便命師涓用琴把音調摹寫下來，拜見晉平公時，又令師涓為之彈奏。平公聽了很高興，但他的樂官師曠卻止之說：「這是亡國之音。當年紂的樂師帶了樂器投於濮水，所以得此聲一定在濮水之上。」另一說為男女情歌，類似「鄭衛之聲」的「鄭聲」。據《漢書・地理志》稱：「衛地有桑間濮上之阻，男女亦亟聚會，聲色生焉。」❺流辟誂越慆濫　流，散漫無紀。辟，邪。誂，輕佻。越，無節制。慆濫，放蕩過分。❻滔蕩　放蕩無羈。❼感　熏染。❽鄉方　嚮往道義。鄉，仰。方，道。

【語　譯】大凡音樂，是從人之內心生發出來的。內心有所感動，就表現在音樂上。音樂流行於外，內心就受到感化。所以，聽過一個地區的音樂，就會知道那裡的風土人情；考察了那裡的風情，就可以知道人們的心志；觀察了那裡人們的心志，就可以知道他們的德行。無論興盛還是衰微，賢明還是不肖，君子還是小人，都會在音樂上表現出來，無法隱匿。所以說，音樂作為一個世風民情的觀察對象，它所反映的內容是多麼豐富和深奧啊！哪個地區的土質低劣，那裡的草木就很難生長；哪個地區的水過於渾濁，那裡的魚鱉就無法長大；同樣的，一個國家如果世道混亂，那麼必然禮節繁瑣而音樂淫蕩。像鄭衛之聲、桑間之音這樣一類音樂，這是混亂的國家所喜愛，道德敗壞的君主所欣賞。只要那種散漫、邪僻、輕佻的音樂一出現，那麼癲狂淫蕩的社會風氣，邪惡輕慢的心思便會在人們中間迷漫開來，各種各樣的奸刁邪惡的行為也就由此而生了。因此，君主必須返歸於「道」而修養自己的德行，以純正的德行來創制音樂，以和諧的音樂來使國事順遂。這樣，音樂與天地同和，百姓自然而然地嚮往於道義了。

制樂

【題解】本篇題為「制樂」，內容實為「制治」，篇首第一句就是點明二者聯繫的：「欲觀至樂，必於至治。」只有至治之世，才有完美的音樂，才有百姓的安樂。

何以臻於至治？細讀全篇和本書有關篇章，那就是順應、效法天地。天地在《呂氏春秋》中包含二元的含義。在〈圜道〉篇中，「天道圜，地道方」，帶有自然規律的特徵；本篇中的天地則成了有意志的人格神，天人之間能互相感應，君主即使獨處一室，天地亦能與之相通。如文中所言：「今室閉戶牖，動天地，一室也。」「天之處高而聽卑。」君主的一言一動，一思一慮無不在天地的洞察之中。天地根據君主的言行，示之以祥瑞或災異，卻並不立刻應驗，似乎留有一個「考驗階段」，即所謂「見祥而為不善則福不至」，「見妖而為善則禍不至」。文章列舉了成湯、文王、宋景公三個歷史人物，在災異面前，他們都能主動承擔罪錯，更加注重修養自身，樂於為治，從而使災異化為吉祥。這種記述自然純屬無稽，但其本意則似乎仍在〈先己〉、〈論人〉等篇中一再倡導的君主必先「反諸己」，以治身為本。

貫串本篇的上述所謂「天人感應」思想，在稍後問世的《淮南子》中又有所發展，董仲舒的《春秋繁露》更大加附會敷衍，建構成了一個完整的系統。在君權處於絕對的至高無上地位的古代社會裡，也許這種藉助於天道觀念的做法，曾對君王的某些作為起過些微制約作用，但同時亦為以後陰陽家們大講災異與讖緯那套迷信的東西開了方便之門。

〔一〕四曰──

欲觀至樂，必於至治。其治厚者其樂❶治厚，其治薄者其樂治薄，亂世則慢以樂矣❷。今窒閉戶牖，動天地，一室也。

【章旨】以「欲觀至樂，必於至治」開篇，把論旨從音樂過渡到治國：欲得「至治」，必須「樂治」。

【注釋】❶樂 悅樂。❷亂世則慢以樂矣 亂世之主必然怠慢國事，無所節制地自樂其樂。

【語譯】要想欣賞最完美的音樂，只有在最完美的太平治世。國家治理完善的君主，那樂於為治的心志一定很深厚；國家治理粗疏的君主，那樂於為治的心志亦一定很淡薄。至於亂世的君主，對國事更是輕慢玩忽，只顧無節制地自樂其樂。雖然緊閉門窗，獨處一室，但君主的用心也能感動天地啊。

〔二〕故成湯❶之時，有穀生於庭，昏而生，比旦❷而大拱❸，其吏❹請卜其故。湯退❺卜者曰：「吾聞祥者❻福之先者也，見祥而為不善則福不至；妖者❼禍之先者也，見妖而為善則禍不至。」於是早朝晏退，問疾弔喪，務鎮撫❽百姓，三日而穀亡。故禍兮福之所倚，福兮禍之所伏，聖人所獨見，眾人焉知其極❾。

【章旨】言成湯以加意為治之心，消弭災異，轉禍為福。

【注釋】❶成湯 商湯。❷旦 天亮。❸大拱 大如拱。拱，兩手合抱。❹吏 當是「史」之誤。古代史本在卜祝之間，掌卜筮的也稱史。❺退 辭退。❻祥者 吉兆。❼妖者 怪異；凶兆。❽鎮撫 安撫。鎮，安定。❾極 終極，始末。

【語譯】成湯的時候，在庭中長出一棵異常的大禾。黃昏時剛萌芽，天亮時已經有兩手合抱那麼粗了。

湯的史臣請求讓他去占卜這異象的緣故。湯辭退史臣的請求說：「我聽說，吉祥的事物是福祉的先兆，但如果遇到吉祥的事物都做壞事，那福祉就不會降臨；災異的出現是禍患即將來臨的預兆，但如果遇到災異而行善事，那麼禍患也不會降臨。」從這以後，湯就提前上朝，延遲退朝，探問有病的人，弔唁有喪事的親屬，務求安撫百姓。三天之後，那棵大禾便自行消失了。所以說，災禍啊，福祉就倚傍在裡面；幸福啊，災禍就藏伏其中。這個道理唯有聖人才能洞察，一般的人哪裡會知道它的端末始終呢？

〔三〕周文王立❶國八年，歲六月，文王寢疾❷五日而地動❸，東西南北，不出國郊❹，百吏皆請曰：「臣聞地之動，為人主也。今王寢疾五日而地動，四面不出周郊，群臣皆恐，曰：『請移之。』」文王曰：「若何其移之也？」對曰：「興事動眾，以增國城，其可以移之乎。」文王曰：「不可。夫天之見妖❺也，以罰有罪也。我必有罪，故天以此罰我也。今故興事動眾以增國城，是重吾罪也。不可。」文王曰：「昌也請改行重善以移之，其可以免乎。」於是謹其禮秩❻皮革❼，以交諸侯；飭其辭令幣帛❽，以禮豪士；頒❾其爵列等級田疇❿，以賞群臣。無幾何，疾乃止。文王即位八年而地動，已動之後四十三年，凡文王立國五十一年而終，此文王之所以止殃翦⓫妖也。

【章　旨】言文王用「改行重善」以「止殃翦妖」，而得到國大治、身壽終。

【注釋】❶立　蒞；臨；到。❷寢疾　臥病在床。❸地動　地震。古人把地震看作災異的徵兆。❹國郊　都城郊外。周制，離都城五十里為近郊，百里為遠郊。國，國都。❺見妖　顯現妖異。❻禮秩　禮儀法度。❼皮革　與諸侯間相互贈送的貴重禮品。❽幣帛　即繒帛，古代用來作為聘物。❾頒　頒布。❿田疇　田地的泛稱。按爵秩的等級可以佔地。⓫翦　除滅。

【語譯】周文王在位八年那一年的六月，文王患病臥床五天後發生了一次地震。地震的範圍，東西南北不出都城的郊區。群臣都為此請求說：「我們聽說，大地的震動，是為了君主的緣故啊。現在大王患病臥床才五天便發生地動的災象，地動的範圍四面不出都城的郊區，我們都為此感到驚恐不安。因而一致請求：設法把災象移走。」文王說：「怎麼移走法呢？」群臣回答說：「可以徵發民眾來從事徭役，把都城的城郭增高，那麼就可以把災禍移走了。」文王說：「不行。上天顯現妖異，是為了懲罰有罪的人。我一定是有罪了，所以上天以此來懲罰我。現在如果再因此而興師動眾，來增高國都的城牆，那只會增加我的罪孽，所以不可以。」文王還說：「我姬昌願意改變自己過去的行為，多做善事來移走災禍，或許還可以避免懲罰吧？」於是，文王非常謹慎地對待禮儀制度，用皮帛這些禮品結交諸侯；並根據禮儀要求，整飭自己的言詞，用幣帛以禮賢下士；又頒布各種等級的爵位、土地，用以賞賜群臣。沒有多久，文王的病就好了。文王在位八年時發生了地震，地震後又四十三年，前後共在位五十一年才壽終。這全在於文王採取的制止災異、翦除妖象的措施得當啊。

〔四〕宋景公❶之時，熒惑在心❷，公懼，召子韋❸而問焉，曰：「熒惑在心，何也？」子韋曰：「熒惑者，天罰也❹；心者，宋之分野也❺；禍當於君。雖然，可移於宰相。」公曰：「宰相所與治國家也，而移死焉，不祥。」子韋曰：「可移於民。」公曰：「民死，寡人將誰為君❻乎？寧獨死。」子韋曰：「可移於歲❼。」公曰：「歲害則民饑，民饑必死。為人君而殺其民以自活也，其誰以我為君乎？是寡人之命固盡已，子無復言矣。」子韋還走❽，北面❾載❿拜曰：「臣敢賀君。天之處高而聽卑。君有至德之言三，天必三賞君。今夕熒惑其徙三舍⓫，君延年二十一歲。」公曰：「子何以知之？」對曰：「有三善言，必有三賞。熒惑有三徙舍，舍行七星⓬，星一徙當一年，三七二十一，臣故曰君延年二十一歲矣。臣請伏於陛下⓭以伺候之。熒惑不徙，臣請死。」公曰：「可。」是夕熒惑果徙三舍。

【章旨】記述宋景公以責己「三善言」，使熒惑「三徙舍」，自身延壽二十一歲。

【注釋】❶宋景公　春秋宋國國君，元公佐之子，名欒。在位六十四年（西元前五一六～前四五三年）。《史記・宋微子世家》把下文所言「熒惑在心」之事繫於宋景公三十七年。❷熒惑在心　火星出現在心宿的位置。熒惑，火星。心，心宿，二十八宿之一。蒼龍七宿之第五宿。❸子韋　據高誘注：子韋為宋之太史，能占星卜。❹熒惑者二句　古人認為熒惑是殺星，主天罰。❺心者二句　古代占星家把天上某一部分星宿與地上某一地區相對應，並認為那個部分星宿中所發生的某種變異，必然會使相對應的地上區域引起某種變故，這就是所謂「分野」。分野之說大概起源於戰國，有以九州分，有以封域分，說法眾多。此處心宿與宋國對應，熒惑在心宿的位置上，這就被認定天將降罰於宋國。❻誰為君　意謂給誰做君。誰，即指民。與下文「其誰以我為君乎」的「誰」相同。❼歲　指年成。❽還走　離開所立之處。表示敬畏。❾北面　面向北。古代君王南面而坐，臣見君須面北。❿載　通「再」。⓫徙三舍　遷徙三次。舍，星辰運行的停留處所。⑫舍行七星 指一舍的距離相當七顆星。⑬陛下 帝王宮殿臺階之下，為臣子所處位置。

【語 譯】宋景公在位的時候，火星出現在心宿的位置。景公害怕了，召見司星子韋，向他問道：「火星出現在心宿是為什麼呀？」子韋說：「火星是主天罰的殺星，心宿是宋國所在的分野，災禍將直接降臨君王身上。雖然這樣，但還是可以把災禍轉移到宰相身上去的。」宋景公說：「宰相是幫我一起治理國家的，把死亡轉移到他身上，不好。」子韋說：「可以把它轉移到百姓身上去。」宋景公說：「百姓都死了，我還給誰做國君呢？寧可還是我獨自去死的好。」子韋又說：「可以把它轉移到年成上去。」宋景公說：「年成受到損害，百姓就要受飢挨餓，必然紛紛死去。我作為一國之君，為了自己求活而忍心殺自己的百姓，那還有誰願意讓我做他們的君主呢？是我的命已到了盡頭，你不要再說了。」子韋聽了以後，恭敬地離開自己的位置，面北向景公一拜再拜說：「請允許臣下祝賀君主。天在高處可以聽到地上的一切聲音。君主剛才講了三次至德的話，上天必定三次賞賜於君主。今天晚上火星必定會遷移三舍。君主您還可以因此而延年二十一歲。」宋景公說：「你根據什麼知道會這樣的？」子韋說：「您有三句至善之言，上天必定有三次賞賜。火星要遷移三舍，一舍的距離是七顆星，一顆星的間距相當於一年，三七二十一，所以臣下說君主要延年二十一歲啊。請求君主准許臣下今夜就守候在宮殿臺階之下觀察火星，火星不遷移，我甘願以死相報。」宋景公說：「可以。」這天晚上，火星果然遷了三舍。

明理

【題解】上篇〈制樂〉論「至治」之道，本篇〈明理〉言治亂之理。一正一反，互為呼應。

文章以「亂國之主，未嘗知樂」開篇，認為國亂必先有妖象為徵兆。所以當各種災異出現的時候，君主應當像〈制樂〉篇所舉的歷代聖君那樣，及時施行「止殃翦妖」政令，其國便能大治。但若「不知驚惶亟革」，那麼必然導致「上帝降禍，凶災必亟」。結論仍回到音樂主題：「故亂世之主，烏聞至樂？不聞至樂，其樂不樂。」

本篇關於亂世災異的著錄，反映了不少古人對天體、生物等自然現象精確的觀察和描述。亦有的是傳聞不實的東西，或虛幻與真實互見。還有一些則純屬迷信。譬如關於雲狀的分類和描繪，不但形象生動，也相當準確。由於雲氣飄忽不定，雲狀變幻莫測，而其運行變化又與氣候有密切關係，所以容易被附會成亂世的表徵。再如「日有鬭蝕，有倍僪，有暈珥」，亦可以從天文學上找到根據。如「眾日竝出」、「二月竝見」，是日光通過雲層中的冰晶時，經折射而形成的光相，預示著天氣的變化。「晝盲」、「宵見」現象，也能找到合理的說明。那麼多「妖星」的名目，在往後歷朝的〈天文志〉、〈五行志〉中亦大都有著錄。其實有的是彗星或小行星，有的是行星或超行星。至於「馬有生角，雄雞五足」等，可能屬於生物變態現象；「馬牛乃言」、「有人自天降」之類，那就屬於虛言謬傳了。所有這些記述，對相關的自然科學和人類認識史，自當具有文獻價值；但用來說明治亂之理，則不免郢書燕說，失之穿鑿。

〔一〕五曰——

五帝三王❶之於樂盡❷之矣。亂國之主，未嘗知樂者，是常❸主也。夫有天賞得為主，而未嘗得主之實，此之謂大悲。是正坐於夕室❹也，其所謂正，乃不正矣。

【章　旨】言只有上古聖君才能享有最完美的至樂，徒有君主之名的庸主，無法懂得至樂。

【注　釋】❶五帝三王　對古代聖王之泛稱。❷盡　極；達到頂點。❸常　庸常。❹夕室　方向偏西之室。夕，指偏西向。

【語　譯】王帝三王對於音樂的享用，可以說是盡善盡美了。那些政治混亂的國家之君主，不可能享用到至善至美的音樂，這是由於他們只是一般平凡庸碌的君主。雖然因有上天的賞賜，得以成為君主，然而他們卻無君主之實，這是最大的悲哀。正如正坐在方向偏西的房間內，自以為坐得很正，其實並不正啊。

〔二〕凡生非一氣之化❶也，長非一物之任❷也，成非一形之功❸也。故眾正之所積，其福無不及也；眾邪之所積，其禍無不逮也。其風雨則不適❹，其甘雨則不降，其霜雪則不時❺，寒暑則不當，陰陽失次❻，四時易節❼，人民淫爍不固❽，禽獸胎消不殖❾，草木庳小不滋❿，五穀萎敗不成⓫，其以為樂也，若之何哉？故至亂之化⓬，君臣相賊⓭，長少相殺，父子相忍⓮，弟兄相誣，知交相倒⓯，夫妻相冒⓰，日以相危，失人之紀，心若禽獸，長邪苟利，不知義理。

【章　旨】言在四時易節、災禍頻仍、人倫綱紀相悖的至亂之世，是談不上真正音樂的。

【注　釋】❶生非一氣之化　萬物生長靠天地陰陽的和同，而不是一氣所化。❷長非一物之任　指金木水火土皆所以長養萬類，因此不是一物所能勝任。❸成非一形之功　萬物的成形，有胎有卵，有蛻有化，有萌有蘖，並非只需一種形式便能奏效。❹不適　不適時。❺不時　指不按季節時令。❻失次　失去常規次序。❼四時易節　四時之氣節轉換不當時令。❽淫爍不固　指婦女懷孕不固而流產。淫，借為「孕」。爍，通「落」。❾禽獸胎消不殖　禽獸之胎消散不蕃育。❿庳小不滋　弱小長不大。庳，同「卑」。⓫不成　不成熟。⓬化　習俗；風氣。⓭賊　殘害。⓮忍　殘忍。⓯相倒　相欺。⓰相冒　互相猜疑。冒，通「媢」。嫉妒。

【語　譯】萬物的萌生，不是天地陰陽二氣中哪一氣所能化生的；萬物的長養，也不是金木水火土中哪一物所能勝任的；萬物之成形，又不是單靠某一種形式所能完成的。所以，凡是眾多正氣積聚的地方，福祉沒有達不到的；眾多邪氣所積聚的地方，禍患也不會不降臨。那些邪惡麕集的區域，風雨不適時令，及時雨不會降臨，下雪降霜不是過遲就是過早，該冷時不冷，該熱時不熱。陰陽脫出了常規，四時節令顛倒。婦女懷孕不固，不時流產，禽獸的懷胎也消散而得不到蕃殖。草木弱小不能成長分蘖，五穀則枯萎衰落無法結籽成熟。在這種情況下制作音樂，又能怎麼樣呢？

所以，在極端混亂的時代，那裡的社會風氣是君臣自相殘害，年長的與少小的互相殺掠，父子殘忍相待，弟兄互相欺騙，知交彼此叛賣，夫妻之間你猜我疑，人們天天互相危害，完全失去了人倫綱紀。人的心思像禽獸一樣，慣於邪惡，苟且貪利，不知什麼是義，什麼是理。

〔三〕其雲狀：有若犬、若馬、若白鵠❶、若眾車；有其狀若人，蒼衣赤首，不動，其名曰天衡❷；有其狀若懸釜而赤，其名曰雲旍❸；有其狀若眾馬以鬬，其名曰滑馬❹；有其狀若眾植華❺以長，黃上白下，其名蚩尤之旗❻。其日有鬬蝕❼，有倍僪，有暈珥❽，有不光，有不及景❾，有眾日竝出❿，有晝盲⓫，有霄見⓬。其月有薄蝕⓭，有暉珥⓮，有偏盲⓯，有四月竝出，有二月竝見，有小月承大月，有大月承小月⓰，有月蝕星⓱，有出而無光。其星有熒惑，有彗星，有天棓，有天欃，有天竹，有天英，有天干，有賊星，有鬬星，有賓星⓲。其氣有上不屬⓳天，下不屬地，有豐上殺⓴下，有若水之波，有若山之楫㉑，春則黃，夏則黑，秋則蒼，冬則赤㉒。

【章旨】言天上的災象，從日月星辰到雲煙霧氣的種種怪異之狀。

【注釋】❶鶬　天鵝。❷天衡　即天衡，星氣名，古人以為主凶。❸雲旍　雲氣之象旍旗的。旍，同「旌」。❹滑馬　高誘引《五行傳》注為「馬妖」。❺植華　當作植雚，屬菌類。菌上如蓋，下面有曲梗，與旗形相似，所以下文比作「蚩尤之旗」。❻蚩尤之旗　《史記．天官書》：「蚩尤之旗，類彗而後曲，象旗，見則王者征伐四方。」蚩尤，傳說人物，古書中多以暴虐形象出現。說法不一。其一為黃帝時之諸侯，好兵喜亂，暴虐天下，與黃帝所率諸侯之師戰於涿鹿（今河北省西北部），敗而受戮。❼鬬蝕　即日蝕。古人認為日蝕是兩日共鬥而相食，故稱鬥蝕。❽有倍僪二句　太陽周圍的光氣。高誘注：「兩傍反出為倍，在上反出為僪，在上內向為冠，兩傍內向為珥。」「氣圍繞日周匝，有似軍營相圍守，故曰暈。」❾有不光二句　及，當作「反」。景，即「影」。由於濃霧迷空，日光在霧中漫射，觀日如一白盤，即所謂「不光」。又因光被漫射，故物體不能成影，亦即所謂「不反影」。❿眾日竝出　這是由日暈造成的一種特殊天象，雖屬罕見，但古代和現代都曾經有過。民國五十三年七月，我國內蒙古境內上空就出現了兩個並列的日暈，以及通過太陽與並列兩暈相交的白色光環，在靠近太陽的一邊又有兩個假日。當地老人們稱之為「三環套」，並說：「出現三環套，不早就是澇。」三天後，果然連續暴雨了一星期，引起澇害。這說明此種特殊天象的出現是與一個較長時間的天氣過程相聯繫的。只是在當時歷史條件下，古人還無法說明其在氣象上的內在關聯，卻為災異說提供了事實。⓫晝盲　白日無光。盲，冥；昏暗。這可能由於雲層或火山灰過厚，或煙氣過濃等原因導致的一種自然現象。⓬霄見　陳奇猷認為這是北極光，強大時在我國北部亦可望見。但因極為稀罕，故古人以為妖。⓭薄蝕　即月蝕。古人認為月蝕的原因是日月交會而相掩，故名之為薄蝕。《漢書・天文志》：「日月薄食。」孟康注：「日月無光曰薄。」⓮暉珥　月亮周圍的光氣。⓯偏盲　月偏蝕。⓰有四月竝出四句　都是月暈出現的奇特現象，類同上文所謂「三環套」。天空看上去似乎同時出現了二個月亮、四個月亮，或者一大一小，大的月亮在上稱小月承大月，大的月亮在下為大月承小月。⓱月蝕星　以地球上某一地區為視角，月亮蓋住某一星光，暫時無法再看到。這本是常見現象。此當係指較光亮的行星言，如火星為月所蝕要幾百年才有一次，因而亦被古人視為妖。⓲其星有熒惑十句　我國古代天文學對於恆星分布的區域劃分，有五官、四象、三垣、二十八宿，以此為基礎研究日月、五大行星及整個天體的運行。在這個系統範圍內，古人認為是正常的。此外，在星空中運行的還有軌道和狀貌都十分特殊的彗星，和一些由於可見度不同而時隱時現的小行星，以及突然墜落的隕星等等，在古人心目中就成了「妖星」。這裡所列舉的都是所謂妖星之名。熒惑，即火星。賓星，即客星。這些「妖星」的名稱有的也見於長沙馬王堆出土帛書《天文氣象雜占》上。⓳屬　連接。⓴殺　細小。㉑楫　聚集。㉒春則黃四句　言四時之氣不和。春尚青，夏尚赤，秋尚白，冬尚黑，而今則色澤顛倒，與四時不諧。

【語　譯】天空中雲層的形狀，有的像狗、像馬、像白天鵝、像各種各樣的車輛；有的形狀像人，青色的衣服，紅色的首領，一動不動，它的名字叫天衡；有的形狀如懸在空中紅色的釜，名字叫雲旍；有的形狀如許多馬匹在互相爭鬥，那名稱叫滑馬；有的形狀如許多植萑，渾圓如蓋，柄稍長，上面黃色下面白色，它的名稱叫蚩尤之旗。

太陽有時發生日蝕，有時也會出現倍僪、暈珥之類的現象。有時太陽會看不到光亮，或者雖照著物體卻不見影子。有時幾個太陽一起出來，還有時或者白天如同黑夜，或者晚上卻現出了陽光。

月亮有時也會發生月蝕，或者在它四周出現暉珥之類光氣。有時月亮還會出現偏蝕，一側昏暗，一側明亮。有時四個月亮一齊出來，兩個月亮同時顯現，既有小月捧著大月的，亦有大月捧著小月的。有時月亮侵蝕星光，亦有時月亮雖已升起卻並不見有光亮。

天上的妖星有熒惑，有彗星，有天棓，有天欃，有天竹，有天英，有天干，有賊星，有鬥星，有賓星。空中的妖氣有的上不連天，下不著地；有的上面豐滿，下面細小；有的像水波蕩漾，有的像山峰會聚。時氣不和，春天會變成黃色，夏天會變成黑色，秋天成了青色，冬天成了紅色，全都顛倒了四時的主色。

〔四〕其妖孽有生如帶❶，有鬼投其陴❷，有菟❸生雉❹，雉亦生鴳❺，有螟集其國❻，其音匈匈❼，國有游虵❽西東，馬牛乃言，犬彘乃連❾，有狼入於國，有人自天降，市有舞鴟❿，國有行飛⓫，馬有生角，雄雞五足，有豕生而彌⓬，雞卵多假⓭，有社⓮遷處，有豕生狗。

【章旨】言地面的種種妖孽怪異。

【注釋】❶有生如帶　義難詳。陳奇猷認為「生」指異物。意謂有異物形狀如帶。語譯姑依。❷陴　城上的女牆。❸菟　通「兔」。❹雉　野雞。❺鴳　即鷃雀，古書上說的一種小鳥。❻螟集其國　螟蟲飛集於國都。❼其音匈匈　指螟蛾發出的聲音匈匈，驚動眾人。❽虵　同「蛇」。❾連　交配。❿鴟　古書上指鷂鷹，一種兇猛的鳥，外形似鷹，能捕食小鳥。⓫國有行飛　都城中有蜚出行。蜚，古書中常見的一種怪獸。⓬彌　像嬰兒語聲。⓭雞卵多假　雞卵孵化不出。假當為毈之誤。毈，高誘注：「卵不成鳥曰毈。」⓮社　古代祭祀土神的場所。

【語譯】地面亦會有各種妖異現象。有異物出現如帶子的，有鬼跳進城上女牆的，還有兔子生出了野雞，野雞又生出鷃。有大量的螟蟲聚集在國都，發出匈匈的聲響。都城中居然到處有蛇遊東遊西。馬和牛開口說話，狗與豬互相交配。有狼竟竄入國都，有妖人從天而降。市集上有鴟鷹飛舞，國都裡有蜚在行走。馬頭生出了角，雄雞長了五條腿。有豬一生下來就發出嬰兒的聲音，許多雞蛋孵化不出。土地神社會自動搬遷場所，有的豬竟然生出了狗！

〔五〕國有此物，其主不知驚惶亟❶革，上帝降禍，凶災必亟❷。其殘亡死喪，殄絕無類❸，流散❹循饑❺無日矣。此皆亂國之所生也，不能勝數，盡荊、越❻之竹，猶不能書。故子華子曰：「夫亂世之民，長短頡啎❼，百疾❽，民多疾癘❾，道多褓繈❿，盲禿傴尩⓫，萬怪皆生。」故亂世之主，烏聞至樂？不聞至樂，其樂不樂。

【章　旨】言亂世之主見妖異而不知立即改革，因而災禍永無寧日，自然亦更無可能聽到「至樂」。

【注　釋】❶亟　急速；迅疾。❷亟　通「極」。加劇。❸殄絕無類　絕子絕孫沒有遺類。殄，滅絕。❹散　同「散」。❺循饑　即荐饑，嚴重的饑荒。❻荊越　即今兩湖、江、浙一帶，為著名產竹地。❼長短頡啎　指亂世之民，其容貌亦怪異，或長，或短，或直項，或大頭。頡，直項。啎，當是「顛」，大頭。❽百疾　孫蜀丞據《子華子・神氣》認為「百疾」下當有「俱作」二字，意為百病叢生。❾疾癘　當作「疫癘」。❿道多褓繈　道路上多遺棄的嬰兒。褓，用以裹覆嬰兒的小被。繈，背負嬰兒的布兜。⓫傴尩　傴，駝背。尩，骨骼彎曲症，俗稱雞胸。

【語　譯】如果國家有了上面所列舉的那些妖孽鬼怪現象，做君主的還不知道驚恐而急速謀求改革，那麼上帝就要降下災禍，凶災會到達極點。國家殘破滅亡、君主及其宗室的死喪，幾乎無一可倖免。百姓亦會因此而流離失所，不斷加重的饑荒沒完沒了，再也沒有安寧的日子。這些都是在亂國出現的災象，數不勝數，盡江南荊越的竹枝，也書寫不完。因此子華子說：「亂世的百姓，其容貌都奇形怪狀，有的個子很長，有的十分短小；有的直頸脖，有的大腦袋，百病叢生，老百姓受盡瘟疫之苦，路上到處遺棄著裹著襁褓的嬰兒。瞎眼、禿頂、駝背、雞胸，千奇百怪，什麼醜相都會產生。」所以亂世的君主，哪有可能聽治世的至樂呢？聽不到至樂，那麼在亂世制作的音樂，也不可能真正使人得到歡樂。

卷第七　孟秋紀第七

孟秋　蕩兵　振亂　禁塞　懷寵

按陰陽五行說，秋屬金，主肅殺，萬物黃熟，枝葉枯落。秋季除了一年一度的收穫，還要懲治罪惡和進行大規模的攻伐戰爭。故〈孟秋紀〉、〈仲秋紀〉二卷所轄八篇文章都為論兵專文；〈季秋紀〉卷月令後所附文字，亦與軍事有一定聯繫。

春秋、戰國是我國歷史上戰爭極為頻繁的年代。迨至戰國末期，秦國在與山東六國幾經較量中，終於握有了戰略主動權，兼併戰爭的全勝業已在望。《呂氏春秋》正是在這樣的背景下編撰問世的，因而本卷及下卷中的論兵專文，不能不帶有這樣兩個顯著特點：第一，它們是為秦國最後完成兼併大業服務的，所以有很強的現實性和明確的論述對象。儘管文中並未明言，但讀者卻不難瞭解那所謂「誅暴君而振苦民」的義兵，百姓如何「望之若父母」，鄰國如何「歸之若流水」，敵人如何聞風喪膽，致使義兵「刃未接而欲已得」，都是作為戰爭一方的秦國的夫子自道。

第二，它們是寫給國君看的，不像一般兵書那樣以將領作為讀者對象。因而有很強的政治性、策略性，側重於全局性的利害權衡，而不是謀略、戰術的具體描繪。如果把戰爭大致分為物質（如士兵數量、裝備給養、地理天時等等）、精神（如戰爭性質、民心士氣、統帥的志氣和士兵的勇氣等）兩大因素的話，那麼本卷和下卷論文強調的是精神因素。在一定的歷史物質條件下，人的精神因素有時的確可以起到決定作用。文章正是從這個角度，總結了歷史上從黃、炎、五帝、湯、武到春秋諸霸征伐戰爭的成功經驗。這樣寫，雖不像具體論述謀略、戰術的兵書那樣雲譎波詭，時有智慧的閃光，卻亦另有一種指劃江山於戎馬倥傯之間的胸襟與膽識，文字亦頗具氣勢，在諸子兵論中亦可謂風騷獨具。

本卷四篇文章，主旨均在為攻伐一方正名，瓦解救守一方的精神支柱。〈蕩兵〉論攻伐的正義性，批判偃兵說；〈振亂〉非「非攻」，〈禁塞〉駁「救守」。末篇〈懷寵〉論述戰勝國對戰敗國前後該實施的一系列策略措施，蘊含著豐富的歷史經驗，可謂老謀深算，足見作者是熟諳箇中三昧的。

也許正是出於上述二個方面的特點，文章在論述中不免時有偏頗之處。如為了強調戰爭起源之久遠，便把它說成「與始有民俱」；為了斷定戰爭的不可避免，把人們日常生活中的心懷敵意、怒目相向等亦都列為戰爭形式；為了力主攻伐的必要性，竟認為救守「未有不守無道而救不義也」。這些讀時稍作留意都不難發現。順便提一下，本書〈八覽〉中另有〈應同〉、〈召類〉等篇亦論述到攻伐雙方，就比較全面，不妨對照一讀。

孟秋

【題解】此篇為秋季的第一個月令。本月天子的活動和發布的政令，大多可歸結一個主題：秋主收。

立秋之日到來時，和立春、立夏一樣，太史要預先稟報，天子要親率三公九卿至西郊迎秋。金風送涼，白露始降，田野一片金黃。於是百官督促農民開始收穫，農民向天子進獻新穀，天子再告祭於祖廟。然後是修築堤防，疏通水道，以防秋水之到來。

秋主肅殺之氣。這個月，一反春季的「省囹圄、止獄訟」和「不可以稱兵」，也有別於夏季的「斷薄刑，決小辠」和「不可以起兵」，第一次把對「不義」的討伐，對「有罪」的刑戮，提到了重要的位置。這可能與秋收後給養充足，又處於農閒，不至於影響農事等也不無關係。規定天子要命令將帥「選士厲兵」，做好征戰準備；命令有司「繕囹圄、決獄訟」，對有罪者「務搏執、嚴斷刑」，絕不寬宥。原因是「天地始肅，不可以贏（鬆懈）」。

〔一〕一曰——

孟秋❶之月：日在翼❷，昏斗❸中，旦畢❹中。其日庚辛❺。其帝少皞❻。其神蓐收❼。其蟲毛❽。其音商❾。律中夷則❿。其數九⓫。其味辛⓬。其臭腥⓭。其祀門⓮。祭先肝⓯。涼風至。白露⓰降。寒蟬⓱鳴。鷹乃祭鳥⓲。始用刑戮。天子居總章左个⓳，乘戎路⓴，駕白駱㉑，載白旂㉒，衣白衣，服白玉，食麻㉓與犬。其器廉以深㉔。

【章旨】本章記述孟秋之月月令，並據此對本月中天子的住、行、衣、食作了相應的具體規定。

【注釋】❶孟秋　指夏曆七月。❷日在翼　指太陽運行的位置在翼宿。❸斗　斗宿。二十八宿之一，玄武七宿之首宿。共有六星，均屬人馬座。以其在箕星之北，故別稱北斗；以其相對於北斗七星之南，故亦稱其為南斗。❹畢　畢宿。❺其日庚辛　其，代指孟秋之月。日，指十天干。秋屬金，庚辛是金日，故稱「其日庚辛」。❻少皞　傳說中的五帝之一，名摯，黃帝之子，帝嚳之祖。以金德王天下，號為金天氏，死後祀於西方，為金德之帝。❼蓐收　傳說中的五神之一，少皞氏之叔。《左傳》昭公二十九年：「少皞氏有四叔，曰重、曰該、曰修、曰熙，該為蓐收。」死後祀為金神。❽毛　五蟲之一，以虎為長。陰陽五行說認為，秋屬金，金氣寒，裸者衣毛，故稱「其蟲毛」。❾商　五音之一，在五行中屬金，五方中屬西，故與秋相應。❿律中夷則　孟秋之月與十二音律中的夷則律相應。屬陽律。據高誘注：是月太陽氣衰，太陰氣發，萬物肅然，應法成性，故曰「律中夷則」。⓫其數九　按陰陽五行說，秋屬金，金為地四、天九所生，故稱「其數九」。⓬辛　五味之一。秋屬金，金味辛。⓭腥　五臭之一。秋屬金，金臭腥。⓮門　五祀之一。以孟秋開始收穫，穀物由門入，故祀門神。⓯肝　五臟之一。按陰陽五行說，肝屬木，秋屬金，金勝木，先食所勝的。⓰白露　地面水氣凝結為露，色白，故稱白露，說明天氣開始轉涼。⓱寒蟬　蟬的一種。雄的腹部有發音器，天涼爽時，能鼓翼鳴聲。⓲鷹乃祭鳥　鷹隼一類猛禽，開始搏殺飛鳥於沼澤等地，並陳列其所獲，好像獻鳥祭神一般，古人稱之為「祭鳥」。⓳總章左个　大子居住的西向堂稱總章；左个指總章的左側室。⓴戎路　兵車飾白色。按五行說秋季屬金，尚白色。㉑白駱　白色黑鬣的駿馬。㉒白旂　指繪有龍紋的白色旗幟。㉓麻　據程瑤田考訂，麻當為糜，也即糜。糜子，一種上乘的糧食作物。㉔廉以深　指有稜角而又深邃之容器。廉，稜角狀。

【語譯】孟秋七月，太陽的位置在翼宿；黃昏時，斗星出現在南方中天；黎明時，畢星出現在南方中天。孟秋在天干中屬庚辛。主宰的天帝是少皞，佐帝之神是蓐收。應時的動物屬毛族。應時的聲音是商音。相應的音律是為夷則律。本月的序數是九。應時的味是辛味，氣是腥氣。舉行五祀中的門祭，祭祀時要把犧牲的肝臟陳列在前面。涼風來到，白露降落。寒蟬在樹上鳴聲，鷹隼在空中搏擊，並將其擊斃的飛鳥置於湖泊周圍，就像陳列祭品一般。這個月，開始使用刑罰和殺戮。天子居住到西向總章的左側室。乘坐白色的兵車，駕著白色黑鬣的駿馬，車上插著繪有龍紋的白色旗幟，穿著白色的衣服，佩戴白色的玉器，吃的是糜和狗肉。使用的器物帶有尖利的稜角而又深邃。

〔二〕是月也，以立秋❶。先立秋三日，大史謁之天子，曰：「某日立秋，盛德在金❷。」天子乃齋。立秋之日，天子親率三公九卿諸侯大夫以迎秋於西郊❸。還，乃賞軍率❹武人於朝。天子乃命將帥，選士厲兵，簡練桀儁❺；專任有功，以征不義；詰誅暴慢❻，以明好惡❼，巡❽彼遠方。

是月也，命有司，修法制，繕囹圄❾，具桎梏❿，禁止姦⓫，慎罪邪⓬，務搏執⓭。命理⓮，瞻傷察創，視折審斷⓯；決獄訟⓰，必正平；戮有罪，嚴斷刑。天地始肅，不可以贏⓱。

【章旨】言天子在立秋之日要舉行迎秋的郊祀儀式，為適應秋的肅殺之氣，還要發布訓練軍隊、預備征戰、整頓法治、加強刑罰等一系列相關政令。

【注釋】❶立秋　節氣名稱，在夏至後四十六天。❷盛德在金　陰陽五行說認為，秋在五行中屬金，金德當令。❸西郊　都城西九里。九是秋的序數；西為秋的取向。❹軍率　將帥。率，通「帥」。❺桀儁　英俊豪傑之士。桀，通「傑」。儁，通「俊」。❻詰誅暴慢　責斥與誅伐那些桀驁不馴的暴徒和怠慢尊長的人。❼好惡　是非善惡。❽巡　當作「循」，招順。❾囹圄　監獄。❿桎梏　指各種刑具。⓫禁止姦　陳奇猷謂當是「禁姦私」之誤。姦私，指各種犯罪行為。⓬慎罪邪　指偵破犯人之罪行要謹慎。⓭務搏執　務必捕獲犯罪的人。⓮理　斷獄之司法官吏。⓯瞻傷察創二句　認真瞻察被傷害者之創傷，審視其被折斷之肢節。⓰決獄訟　判決案子。獄訟，爭訟。⓱嬴　鬆懈。

【語　譯】這個月，依曆象訂立秋日。立秋前三天，太史向天子稟告：「某日立秋，金德當令。」天子於是齋戒身心。到了立秋那天，天子親自率領三公、九卿、諸侯、大夫到西郊去迎接秋氣。禮畢回來，在朝中，賞賜將帥與勇武之士。接著，天子要命令將帥挑選兵士，砥礪兵器，精選和訓練才能出眾的俊傑之士。然後，專門拔舉一些戰功卓著的將領委以重任，讓他們統率軍隊去征伐不義之徒，誅滅和責斥那些強暴凶惡之輩或怠慢尊長的人，以此來彰明善惡，使遠方的人也皆來歸順。

這個月，天子要命令司法部門修訂法制，加強各項禁令，修繕好監獄，準備好各種刑具。禁止一切營私舞弊之事，審慎地查清一切邪惡的罪行，凡查實的罪犯，務必捕獲歸案。命令司法官吏，親自瞻察被害人的創傷，審視被害人被折傷的肢體。對獄訟的判決處理，一定要公正持平，一定要嚴格斷刑，使有罪者受到應有的刑戮。這個時候，天地始行肅殺之氣，所以對上述的審、斷、刑、戮絕不能有絲毫鬆懈。

〔三〕是月也，農乃升穀❶。天子嘗新❷，先薦寢廟。命百官，始收斂❸。完隄❹防，謹壅塞，以備水潦❺。修宮室，坿牆垣❻，補城郭。

是月也，無以封侯、立大官，無割土地、行重幣❼、出大使。

【章　旨】言本月秋收後，天子必須採取的若干措施和不該施行的若干政事。

【注　釋】❶升穀　進獻五穀。❷嘗新　品嘗新收刈的穀子。❸收斂　指把穀物收藏進倉。斂，收起。❹隄　同「堤」。

❺潦　大水。❻坿牆垣　為城牆培土。坿，培。❼重幣　厚禮。

【語　譯】這個月，農民開始進獻五穀。天子此時可以品嘗新收穫的穀類，但要先向寢廟奉獻，以示不忘宗親。本月要命令百官督促百姓收穫田間的穀物。要完善堤防，謹防水道的阻塞，防備即將到來的水潦泛濫成災。這時可以整修宮室，給城牆培土，修補城郭。

這個月，不可以分封諸侯，不要有重大的官吏任命，不要以土地賞賜人，不要向外派遣有重大使命的使節和贈送金帛這類厚重的禮品。

〔四〕行之是令，而涼風至三旬。孟秋行冬令❶，則陰氣大勝，介蟲❷敗穀，戎兵❸乃來。行春令❹，則其國乃旱，陽氣復還，五穀不實。行夏令❺，則多火災，寒熱不節，民多瘧疾。

【章　旨】言政令與月令順者吉，違則凶。

【注　釋】❶孟秋行冬令　按陰陽五行說，冬為水，屬陰，應時的動物是介類。所以孟秋若行冬令，勢必陰氣大盛，介殼類動物猖獗一時，敗壞穀物的收成。秋屬金，冬屬水，金水相拼，還會引起西戎之軍兵前來侵害。勝，即盛。❷介蟲　龜屬介甲類動物。❸戎兵　指西戎之兵。西戎，古人用以泛指西方少數民族。❹行春令　春為木，屬陽，主生長。所以孟秋若行春令，就會導致陽氣復還，國內出現旱災，穀物不能結實。❺行夏令　夏為火，屬陽。所以孟秋行夏令，便會到處發生火災。秋為金，金氣與火氣相拼，則寒熱相干而不能節制，百姓便會流行忽寒忽熱的瘧疾。

【語　譯】天子如果推行與孟秋月令相應的各項政令，涼風就會應時吹來，而且在三旬中分布很均勻。

孟秋之月，如果推行冬季的政令，那麼便會導致陰氣太盛，介殼類的動物伺機出來敗壞穀物，西戎的兵也會乘隙前來侵擾。如果推行春季的政令，便會導致陽氣復還，國內出現乾旱，五穀不能結實。推行夏季的政令，便會出現許多火災；秋主寒，火氣與寒氣相干不受節制，百姓中便會流行起大寒大熱的瘧疾病。

蕩 兵

【題 解】本篇作為兩組論兵專文的第一篇，一反「春秋無義戰」（《孟子·盡心下》）之說，首先為「義兵」立論，認為正義的戰爭非但不可廢，而且是「誅暴振民」的必由之路。

春秋戰國時期，由於連年戰爭頻仍，人民不堪其苦，因而反戰思潮日益興盛。在諸子中，儒、道對戰爭都持反對態度，但最有代表性的，還是要數墨子學派。此外，就是公孫龍、惠施的「偃兵」說。本文就是以偃兵說為對立面來建立自己的戰爭觀的。文章認為戰爭是客觀存在，任何力量也無法移易。原因是：一，它的由來已非常久遠，甚至久遠到「與始有民俱」；二，它是由人的威力相爭這個本性決定的，而本性所受於天。因此戰爭猶若水火，是善用不善用的問題，不是可用不可用的問題，偃兵之說，純屬因噎廢食。文中還把人與人之間的爭鬥，從心懷敵意、怒目相向到相互搏鬥等八種現象都當作戰爭形式來看待，則是把戰爭的外延作了不適當的擴大。當然，從某種意義上說，戰爭也可說是擴大了的搏鬥，搏鬥也確實包含了戰爭的基本要素。克勞塞維茨的《戰爭論》就對戰爭下了這樣一個定義：「迫使敵人服從我們意志的一種暴力行為。」

本篇強調了民心向背在戰爭中的作用，把戰爭性質的論述放在第一位。文中還用熱情的語言來歌頌「義兵」的出現：百姓「若孝子之見慈親」那樣，「號呼而走之」，其勢如大江決堤，洶湧不可阻擋。但人們不難看出，這裡所謂的「義兵」，實際上就是指當時秦對六國的兼併戰爭。

篇名一作「用兵」。「蕩兵」之「蕩」，意為萌起，與全篇內容更為貼切些。

〔一〕二曰——

古聖王有義兵❶而無有偃兵❷。兵之所自來者上❸矣，與始有民俱。凡兵也者，威也，威也者，力也。民之有威力，性也。性者所受於天也，非人之所能為也，武者不能革❹，而工者❺不能移。兵所自來者久矣，黃、炎故用水火❻矣，共工氏❼固次作難矣，五帝固相與爭矣。遞興廢，勝者用事。人曰「蚩尤作兵」❽，蚩尤非作兵也，利其械❾矣。未有蚩尤之時，民固剝林木以戰矣，勝者為長。長則猶不足治之，故立君。君又不足以治之，故立天子。天子之立也出於君，君之立也出於長，長之立也出於爭。爭鬭之所自來者久矣，不可禁，不可止，故古之賢王有義兵而無有偃兵。

【章　旨】從人之本位和社會的發展論述兵事不可偃息。

【注　釋】❶義兵　正義的戰爭。這組論兵的文章所使用的「義」的含義，主要指伐暴、救民二個方面，即下文所言：「兵誠義，誅暴君而振苦民。」❷偃兵　止息戰爭。❸上　久。❹革　更改。❺工者　據下文，當為廣證博引、能言善辯的人。❻用水火　傳說炎帝與黃帝爭戰，炎帝燃起大火，黃帝以水滅之。❼共工氏　古書中有關共工氏的記載多而互異。有的屬神話，言其人面蛇身赤髮；有的屬傳說，稱為堯的臣子，與驩兜、三苗、鯀並列為「四罪」或「四凶」。此處共工氏當是一遷徙無定之部落，勢強則近來，敗弱則遠遷。如《漢書・古今人表》共工就有兩見，一在女媧時，一在帝堯時。另一些記載則稱，共工在顓頊時因爭帝位而受討伐，在高辛氏時又為爭帝位而敗，在禹時亦受征伐。❽蚩尤作兵　蚩尤始製兵器。當屬傳說。❾械　兵器。

【語　譯】古代聖王只有進行正義戰爭的主張，從未有過要廢除戰爭的言論。戰爭的由來非常久遠了，可以說它是與人類一起產生的。大凡戰爭，靠的是威勢；威勢的來源就是力量。人們要顯示自己的威勢和力量，乃出於他們的本性。本性受之於上天，不是人們自力所能作為的。孔武有力的人不能變更，機巧聰慧的人亦無法移易。所以戰爭的起源是相當久遠了，黃帝與炎帝已經用水火相爭了，共工氏就已一次又一次地興兵作難，歷經漫長年代的五帝亦相繼與之爭戰。如此交替爭鬥，屢興屢廢，最後總是勝利者治理天下。人們有一種說法，以為是蚩尤創造了兵器。其實不是蚩尤創造兵器，他只不過改進兵器而已。遠在蚩尤之前，人們早已經砍伐林木作為武器來進行戰爭了。每次戰爭的結局，總是由勝利者作為部落的首領。只有部落首領，還不足以治理好百姓，所以要設立國君。有了國君還不足以治理好百姓，所以要設立天子。天子的設立，是由各國的君主擁立起來的；君主的設立，則是由各個部落首領推舉出來的；部落首領的設立是通過爭鬥中取勝而產生的。爭鬥的由來是非常久遠了，它既不可能禁止，亦不可能平息。所以，古代的賢王，只有正義戰爭的主張，而沒有取消戰爭的議論。

〔二〕家無怒笞❶，則豎子❷嬰兒❸之有過也立見；國無刑罰，則百姓之悟相侵❹也立見；天下無誅伐，則諸侯之相暴❺也立見。故怒笞不可偃於家，刑罰不可偃於國，誅伐不可偃於天下，有巧有拙而已矣。故古之聖王有義兵而無有偃兵。

【章　旨】以鞭笞、刑罰、征伐的不可止，論證「義兵」的不可廢和「偃兵」的不可取。

【注　釋】❶怒笞　指用鞭杖抽打和嚴厲的斥責。❷豎子　指僮僕。❸嬰兒　應是指稚童。❹悟相侵　忤逆而互相侵犯。悟，通「忤」。❺暴　侵侮。

【語　譯】一家之中如果沒有家長的鞭責，那麼僮僕與稚童就會馬上做出各種過錯來；一國之中如果沒有國君的刑罰，那麼百姓之間因悖逆而互相侵奪的事端便會立即出現；同樣的，天下如果沒有天子的征誅討伐，那麼諸侯之間相互侵犯就會立刻發生。所以，家庭的鞭責是不可能止息的，國家的刑罰是不可廢止的，天下的征伐也不可終止，只不過在戰爭的運用上，有的高明有的笨拙而已。所以古代的聖王只有主張正義的戰爭，而從來沒有說過要取消戰爭。

〔三〕夫有以饐❶死者，欲禁天下之食，悖❷；有以乘舟死者，欲禁天下之船，悖；有以用兵喪其國者，欲偃天下之兵，悖。夫兵不可偃也，譬之若水火然，善用之則為福，不能用之則為禍；若用藥者然，得良藥則活人，得惡藥則殺人。義兵之為天下良藥也亦大矣。

【章　旨】以不能因噎廢食等為譬，說明不能因有用兵而喪國的例證就主張「偃兵」。

【注　釋】❶饐　通「噎」。❷悖　惑；荒唐。

【語　譯】如果由於有人進食時不小心被噎死了，因而禁止天下的人吃東西，那是荒唐；由於有人乘船不小心落水淹死，因而就要禁止天下所有的船隻，那亦是荒唐；那麼如果有人因有用兵而亡國的例證，就要取消天下所有的軍隊，那不是同樣非常荒唐嗎？所以戰爭和軍隊是不可止息的。這就如同水火一樣：善於使用水火的就能為人們造福，不善於使用的反會給人們帶來災禍。又如同服藥一樣：用良藥能救人的命，用毒藥也能殺人。正義的戰爭和軍隊，作為治療天下疾病的良藥，它的功用亦是很大的啊。

〔四〕且兵之所自來者遠矣，未嘗少選❶不用，貴賤長少賢者不肖相與同，有巨有微而已矣。察兵❷之微：在心而未發，兵也；疾視❸，兵也；作色❹，兵也；傲言❺，兵也；援推❻，兵也；連反❼，兵也；侈鬭❽，兵也；三軍攻戰，兵也。此八者皆兵也，微巨之爭❾也。今世之以偃兵疾說❿者，終身用兵而不自知悖，故說雖彊，談雖辨⓫，文學雖博⓬，猶不見聽。故古之聖王有義兵而無有偃兵。兵誠義，以誅暴君而振⓭苦民，民之說⓮也，若孝子之見慈親也，若饑者之見美食也；民之號呼而走⓯之，若彊弩之射於深谿也，若積大水而失其壅隄⓰也。中主⓱猶若⓲不能有其民，而況於暴君乎？

【章旨】把人們打鬥以至心懷敵意等八種現象都列為戰爭表現形式，用以論證「偃兵」之說行不通。

【注釋】❶少選　須臾；一會兒。❷兵　指爭鬥的心理。❸疾視　怒目相視。❹作色　表示互相對抗的臉色。❺傲言　指以言語相侵。❻援推　指以手相搏。❼連反　指用腳使對方翻倒。❽侈鬭　群鬥，俗謂「打群架」。❾微巨之爭　大小之差別。❿疾說　極力遊說。⓫辨　通「辯」。指說者之善辯。⓬文學雖博　指廣為引經據典。⓭振　拯救。⓮說　通「悅」。⓯走　趨向。⓰壅隄　指堤壩。⓱中主　指一般的君主。⓲猶若　尚且。

【語譯】再說戰爭的由來相當久遠了，而且可以說從不曾間斷過，這是貴賤、長少、賢與不肖都一樣的，只是在使用規模上有大有小罷了。考察戰爭細微之處，表現形式是多種多樣的：爭鬥之敵意在心中，尚未表現出來，這就是戰爭；相互怒目而視，是戰爭；板起面孔相對抗亦是戰爭；雙方以言詞相激，是戰爭，你推我拉四手相搏，亦是戰爭；用腳踢來絆去是戰爭；聚眾鬥毆亦是戰爭；三軍相互進行攻戰，當然更是戰爭。這八種對抗形式都可以說是戰爭，只是在規模的大小巨細上有所區別而已。當今那些極力鼓吹偃兵之說的人，實際上他們終身都在用兵，但卻絲毫不感到自己的言行之相背。因此，雖然他們的遊說很有力，言談很雄辯，引用的文獻典籍也很廣博，但是仍然看不到有人真正聽從和採用。所以古代的聖王只講戰爭正義與否，從來不會主張廢止用兵。如果確實為仁義而起兵，目的是為了誅滅暴君，賑濟貧苦黎民，那麼百姓是會歡悅的。他們會像孝子見到雙親、飢民看到美餐那樣，呼號奔走而趨向正義之師，其勢猶如強弩射箭於深谷、大水決堤而流。在這種情況下，一般的君主尚且不能繼續保有他的百姓，更何況是那些暴君呢？

振亂

【題解】本篇力倡攻伐，直接針對《墨子》的非攻說。

文章對非攻說的批駁，首先著眼於實踐，故以縱論「當今之世」開篇。作者認為在時勢濁亂已極，百姓苦難無以復加，而又「天子既絕」、「世主恣行」的當時，唯一出路便是「賢主秀士」出來興舉義兵、施行攻伐，篇名「振亂」，便含有只有攻伐才能救治世亂之意。

在理論上，文章指出，既然攻伐與救守都要用兵（其實這是兩個不同的概念），那麼在用兵這一點上「攻伐之與救守一實也」。據此，作者責難墨家的「非攻伐而取救守」，乃是「非其所取而取其所非」自相矛盾的欺人之談。末章，作者對自己所主張的攻伐論作了一個不容置疑的界定：「夫攻伐之事，未有不攻無道而罰不義也」，並從而認定非攻說就是「息有道而伐有義」、「賞不善而罰善」，亂天下、害百姓的最大禍患。

本篇在論述中雖時有強詞為說之嫌，但行文頗具氣勢。把非攻之論的提出安排在第二章，而且緊接在義兵所到之處「世主不能有其民」、「人親不能禁其子」之後，以便先自造成一種滔滔之勢，使論敵不攻自攻，亦很見匠心。

〔一〕三曰——

當今之世，濁❶甚矣，黔首❷之苦，不可以加矣。天子既絕❸，賢者廢伏，世主恣❹行，與民相離，黔首無所告愬❺。世有賢主秀士，宜察此論❻也，則其兵為義矣。天下之民，且❼死者也而生，且辱者也有榮，且苦者也而逸。世主恣行，則中人❽將逃其君、去其親，又況於不肖者乎？故義兵至，則世主不能有其民矣，人親不能禁其子矣。

【章　旨】言當今之世，天子既絕、世主恣行、百姓受苦，因而是需要義兵的時代。

【注　釋】❶濁　喻社會秩序之混亂。❷黔首　戰國及秦時對民眾之稱謂。❸天子既絕　指宗周已亡，秦尚未統一天下。秦莊襄王元年（西元前二四九年），秦滅東周。秦統一是在秦始皇二十六年（西元前二二一年）。❹恣　放縱。❺告愬　訴說。❻論　指前述對當世形勢之估計。❼且　將。❽中人　指一般人。

【語　譯】當今的世道混亂極了，百姓的苦難無以復加了。周朝的天子早已絕滅，賢能之士被棄置而隱伏於野；而那些昏亂的當世君主卻恣意妄行，與民眾離心離德，人們有苦處也無處申訴。世上如有賢明的君主，優秀的士人，應當明察這個形勢，如能舉兵誅伐世主，拯救百姓，那就是正義的軍隊和戰爭。天下的百姓，將遭受死難的會因此得到新生，將受到屈辱的會因此得到榮耀，將受盡苦難的亦會因而得到安逸。由於昏君的恣意妄行，尋常的人們都尚且將逃離他們的國君，離開他們的親人，更何況那些不肖的人呢？所以義兵一到，那些昏庸的君主將不能保有自己的百姓了，作父母的也不能禁止自己的子女去投奔賢主了。

〔二〕凡為天下之民長❶也，慮❷莫如長有道而息無道，賞有義而罰不義。今之世，學者❸多非乎攻伐❹。非攻伐而取救守❺，取救守則鄉❻之所謂長有道而息無道、賞有義而罰不義之術不行矣。天下之長民❼，其利害在察此論也。攻伐之與救守一實❽也，而取舍人異，以辨說去之，終無所定論❾。固❿不知，悖⓫也；知而欺心，誣⓬也。誣悖之士，雖辨無用矣。是非其所取而取其所非⓭也，是利之而反害之也，安之而反危之也。為天下之長患⓮、致黔首之大害者，若⓯說為深。夫以利天下之民為心者，不可以不熟察此論也。

【章　旨】批墨家非攻主張，認為非攻伐而取救守，在理論上自相矛盾，在實踐上不利於「長有道而息無道」，因而是天下之「長患」，百姓之「大害」。

【注　釋】❶長　尊者；率領者。❷慮　思慮；計謀。❸學者　指墨家之學者。❹非乎攻伐　反對攻戰。《墨子》有〈非攻〉篇，認為當時之世，竊財殺人，莫大於攻國，因而攻國是最大的不義。❺取救守　主張保護防守。《墨子》反對攻伐，亦即保衛被攻之國。《墨子．七患》中還把「城郭溝池不可守」、「邊國至境四鄰莫救」列為國之大患，〈備城門〉、〈備高臨〉諸篇，則詳盡地介紹了防守的方法。❻鄉　方才。❼長民　為君者。❽一實　實質一樣。指攻伐與救守，目的不同，名稱不一，但在用兵這一點上，實質是一樣的。❾以辨說去之二句　指墨家學者以論辯反對攻伐而同時又主張救守，由於攻伐與救守在實質上是一致的，所以就自相矛盾，不可能有確定的結論。辨，通「辯」。❿固　本來。⓫悖　謬誤。⓬誣　欺騙。⓭是非其所取而取其所非　指墨家學者自相矛盾：他們反對別人攻伐用兵，自己卻又主張救守而用兵。⓮長患　長久的災害。⓯若　此。

【語　譯】凡作為天下黎民之君主的，首先要思慮的大事，莫過於如何扶植有道，消除無道；獎賞正義，處罰不義。當今世上，卻有不少學者提出非攻的主張，反對攻伐而又鼓吹救護守備。如果大家都採取救守，那麼方才所說的扶植有道、消除無道，獎賞正義、處罰不義的方針便無法實施了。天下治理百姓的君主，必須明察這種主張中的利害得失關係。攻伐與救守都是用兵，其實質是一樣的，而取捨卻因人而異，如一定要通過辯論去掉其中之一，那是不可能有結論的。這個道理，如果本來不知道，那是謬誤；如果明知如此而自欺欺人，那就是有意誆騙。欺詐和悖逆的人，縱然能言善辯，但斷斷不可信用。他們所反對的，亦就是他們所主張的；而所主張的，又正是所反對的。對民眾而言，貌似要給人們帶來好處，實則反而害了他們；說是要給百姓帶來安全，實際反而危害了他們。給天下帶來長期禍患的，導致民眾極大災害的，就數這種論調危害最深了。所以說，凡是願以替天下百姓謀利益為己任的人，絕不可以不精審細察這中間的道理。

〔三〕夫攻伐之事，未有不攻無道而罰❶不義也。攻無道而伐不義，則福莫大焉，黔首利莫厚焉。禁之者，是息有道而伐❷有義也，是窮❸湯、武之事而遂❹桀、紂之過也。凡人之所以惡❺為無道不義者，為其罰也；所以蘄❻有道行有義者，為其賞也。今無道不義存，存者賞之也；而有道行義窮，窮者罰之也。賞不善而罰善，欲民之治也，不亦難乎？故亂天下害黔首者，若論為大。

【章　旨】進一步從攻伐本義（攻無道伐不義）批駁非攻主張，認為它是「窮湯、武之事而遂桀、紂之過」，顛倒了賞罰，攪亂了天下。

【注　釋】❶罰　據文義和句例當為「伐」。❷伐　據文義和句例當為「罰」。❸窮　困阨。❹遂　達到；助長。❺惡　畏懼；害怕。❻蘄　通「祈」。祈求。

【語　譯】攻伐這類事，沒有不是攻擊無道而討伐不義的。攻擊無道，討伐不義，就是天下最大的福祉，百姓最厚重的利益。禁止攻伐，那就變成摒棄有道的，處罰正義的，這不就是阻遏、困擾商湯與周武王正義的事業，縱容、助長夏桀和商紂的罪過嗎？大凡人們所以畏懼去做那些無道不義之事，為的是將要受到懲罰；所以祈望自己奉行有道和正義的事，為的是將會得到賞賜。一旦禁止攻伐，無道不義的人能夠保存下來，保存下來也就是賞賜了他們；而有道並且主持正義的人反而受到困阨，使之困阨也就是懲罰了他們。賞賜作惡的，處罰為善的，用這種辦法想要治理好百姓，那不是太困難了嗎？所以擾亂天下，危害百姓的要數非攻這種論調最大。

禁塞

【題解】如果說，上篇〈振亂〉是為攻伐正名，那麼此篇〈禁塞〉就是為攻伐清道：排除墨子學派的救守之說，其中自然亦包括著六國採取「合縱」抗秦那種相互「救守」的實際行動；總之要「禁」絕一切義兵攻伐道上的「塞」。

〈振亂〉既已把凡是攻伐都列為正義，本篇自然要合乎邏輯地把凡是救守都斥為非正義：「夫救守之心，未有不守無道而救不義也。」據此，文章先從救守說之行或不行都只會出現災難性後果作了批駁，接著又援引了歷史事實，認為桀、紂一類昏主所以無道荒淫到那種地步，就是因為有救守說之類的保護，才使得他們存有僥倖之心而最終造成惡果。最後，文章尖銳指出：「於今之世」，天下的昏亂和百姓的苦難，比之桀、紂時都「為之愈甚」，一切「興主仁士」都應當為之痛心疾首，摒棄促使產生這種局面的救守之說。

文中的這段話，可視為對上篇和本篇的共同結論：一切決定於軍隊和戰爭的是否正義，「兵苟義，攻伐亦可，救守亦可。兵不義，攻伐不可，救守不可」。

〔一〕四曰——

夫救守之心，未有不守無道而救不義也。守無道而救不義，則禍莫大焉，為天下之民害莫深焉。

【章　旨】把「救守」界定為「守無道救不義」，以為下文駁論提供明確的對象。

【語　譯】主張救守的本意，沒有不是護衛無道之君、救援不義之主的。衛護無道之君、救援不義之主，禍患沒有比這更大的了，帶給天下黎民的危害，亦沒有比這更為深重的了。

〔二〕凡救守者，太上以說❶，其次以兵❷。以說則承從多群❸，日夜思之，事心任精❹，起則誦之，臥則夢之，自今單脣乾肺❺，費神傷魂，上稱三皇五帝之業以愉❻其意，下稱五伯❼名士之謀以信❽其事，早朝晏罷❾，以告制兵者❿，行說語眾⓫，以明其道。道畢說單而不行⓬，則必反之兵⓭矣。反之於兵，則必鬬爭之情⓮，必且殺人，是殺無罪之民以與無道與不義者也。無道不義者存，是長天下之害，而止天下之利，雖欲幸⓯而勝，禍且始長。

【章　旨】譏諷持救守說者勞心費神、到處遊說，而其結果，或是說而不行，反諸武力，助長無道；或是僥倖得逞，反而延長禍亂。

【注　釋】❶太上以說　上策是通過遊說以使他人罷兵。❷其次以兵　次策是以兵守城。以上參閱《墨子》〈魯問〉、〈公輸〉；本書後〈愛類〉二章亦有論及。❸承從多群　陳奇猷認為當為「聚徒朋群」。如墨子有弟子三百餘人就可謂「聚徒朋群」。❹事心任精　費心用神，專於思慮。事，役使。任，用。精，精力。❺單脣乾肺　脣力殫盡，肺氣枯竭。形容說話很多以致口乾舌燥，氣息殆盡。單，通「殫」。脣，同「唇」。❻愉　取悅。❼五伯　即春秋五霸。❽信　申明。❾早朝晏罷　指君主早晨上朝，晚上退朝。❿制兵者　指對方的統帥。制，統領；支配。⓫行說語眾　向眾人宣傳。⑫道畢說單而不行　指話已講完說盡，但仍不見聽從。單，通「殫」。盡。⑬反之兵　遊說不從，就返還用兵。指用軍隊防衛。⑭則必鬭爭二句　鬥爭二字似應疊，句為「則必鬭爭，鬭爭之情」。後句指鬥爭之真實情況。⑮幸　僥倖。

【語　譯】大凡主張救守的人，最先是用言辭來勸說，其次是依靠武力進行防衛。遊說便要聚徒成群，日夜思慮，勞心費神。一早起身就忙著背誦，晚上做夢還念念不忘，把自己弄得唇焦肺乾，神魂顛倒。講起來總是上稱三皇五帝的功業，以愉悅聽者的意願；下舉五霸名士的謀略，以證明自己的主張。從早朝起始直到晚上罷朝，一面進說對方的主帥，一面遊說於眾人，以宣揚和闡明他們那一套救守的道理。道理講完了，言詞說盡了，如果仍然不被接受，那就只好反過來依靠武力防衛了。轉而訴諸武力，那就必然兵刃相爭；兵刃相爭的結果，必然要大量殺人。這就是用屠殺無辜的民眾的辦法，來扶持無道的國君和不義的世主。無道之君和不義之主的繼續存在，只是延長了天下之大害，止息了天下之大利。無道不義的君主雖然想僥倖救守得逞，但那實際上只是使禍害將由此開始滋長。

〔三〕先王之法曰：「為善者賞，為不善者罰。」古之道也，不可易❶。今不別其義與不義，而疾取救守❷，不義莫大焉，害天下之民者莫甚焉。故取攻伐者不可，非攻伐不可，取救守不可，非救守不可，取惟義兵為可。兵苟義，攻伐亦可，救守亦可。兵不義，攻伐不可，救守不可。

【章　旨】言攻伐與救守之可與不可，決定於戰爭性質的正義與否。

【注　釋】❶易　更改。❷疾取救守　以救守為是，急促取之。

【語　譯】先王的法典說：「為善的要給予獎賞，作惡的要給予處罰。」這是自古以來就通行的道理，不能更改的啊。如今，不問戰爭的性質正義還是不正義，卻急切力主救守，沒有比這更大的不義了，對天下百姓的坑害，沒有比這更嚴重的了。所以，一概採取攻伐的固然不可以，一概反對攻伐的也不可以；一概採取救守的不可以，一概反對救守的也不可以。要採取的，只有正義的戰爭才可以。如果是正義的，進行攻伐可以，救守亦可以；如果是非正義的，攻伐不可以，救守亦不可以。

〔四〕使夏桀、殷紂無道至於此者，幸❶也；使吳夫差、智伯瑤侵奪至於此者，幸也；使晉厲❷、陳靈❸、宋康不善至於此者，幸也。若令桀、紂知必國亡身死，殄❹無後類，吾未知其厲為無道之至於此也；吳王夫差、智伯瑤知必國為丘墟❺，身為刑戮，吾未知其為不善無道侵奪之至於此也；晉厲知必死於匠麗氏❻，陳靈知必死於夏徵舒❼，宋康知必死於溫❽，吾未知其為不善之至於此也。

【章　旨】列舉夏桀等七人，認為他們之所以無道、荒淫到不可挽救的地步，就因為沒有得到將受攻伐的警告，不知惡行必然有惡行的下場，其共同的心理特徵是「僥倖」。

【注　釋】❶幸　通「倖」。指僥倖於不出現義兵誅伐之事。❷晉厲　即晉厲公，景公之子，名壽曼（一作州滿），在位八年（西元前五八〇～前五七三年）。❸陳靈　即陳靈公，共公朔之子，名平國。在位十五年（西元前六一三～前五九九年）。❹殄　滅絕。❺丘墟　廢墟。❻匠麗氏　晉厲公的外嬖大夫。厲公死於匠麗氏處事，見後〈驕恣〉二章。❼夏徵舒　陳國大夫御叔之子，其母夏姬。陳靈公與其大夫孔寧、儀行父皆通於夏姬。一次，陳靈公與孔寧、儀行父在夏姬處飲酒，靈公戲對二人說：「徵舒像你。」二人說：「亦像你靈公。」夏徵舒大怒，乘機射殺靈公，並自立為陳侯。楚莊王藉此起兵伐陳，殺夏徵舒，迎陳靈公之子午為陳的國君，即為成公。❽宋康知必死於溫　據《史記・宋微子世家》載，宋康王好戰，與鄰國齊、魏、楚為敵。又昏庸無道，以韋囊盛血，懸而射之，命曰「射天」。諸侯深以為患。後齊、魏、楚聯合滅宋而三分其地，康王死於溫。溫為魏邑。

【語譯】導致夏桀與殷紂荒淫無道到如此地步的，是僥倖之心；導致吳王夫差、智伯瑤侵略佔奪他人土地到如此地步的，是僥倖之心；導致晉厲公、陳靈公、宋康王作惡到如此地步的，亦是僥倖之心。如果讓夏桀與殷紂知道他們這樣做的下場必然是國家滅亡，自身被殺，子孫無遺，我不信他的荒淫無道還會達到這等程度；如果讓吳王夫差與智伯瑤知道他們這樣做的後果必然會使國土淪為廢墟，自身遭到刑戮，我不信他們的侵佔掠奪還會到如此瘋狂的程度；如果讓晉厲公知道他必然會在匠麗氏處被人襲殺，陳靈公知道自己那樣荒淫，必定會死於夏徵舒之手，宋康王知道自己那樣暴虐無道，最後必定會死於溫這個地方，我不相信他們作惡還會達到如此地步。

〔五〕此七君者，大為無道不義：所殘殺無罪之民者，不可為萬數❶，壯佼❷老幼胎殰❸之死者，大實❹平原；廣堙❺深谿大谷，赴巨水，積灰，填溝洫❻險阻，犯流矢，蹈白刃，加之以凍餓饑寒之患。以至於今之世，為之愈甚，故暴骸骨無量數，為京丘❼若山陵。世有興主仁士，深意念此，亦可以痛心矣，亦可以悲哀矣。察此其所自生，生於有道者之廢，而無道者之恣行。夫無道者之恣行，幸矣。故世之患，不在救守，而在於不肖者之幸也。救守之說出，則不肖者益幸也，賢者益疑❽矣。故大亂天下者，在於不論其義而疾取救守。

【章 旨】歷數前述七主造成之禍害，認為災患愈甚於上述七主的當今世主，則因救守主張一出而更存僥倖之心，所以救守之論正是大亂的根源。

【注 釋】❶不可為萬數　即使以萬為單位，也數不清楚。❷壯佼　丁壯。❸膭　同「殰」。流產的胎兒；死胎。❹實　充滿；遍布。❺堙　填塞。❻溝洫　田間的溝渠，小的稱溝，大的為洫。❼京丘　人力築成的高丘。古代大規模戰爭後，把俘殺的敵人的首級合土築成山丘，即此處所謂之「京丘」。❽疑　止而不前。

【語 譯】這七個君主，他們恣意放肆地作惡，其殘殺無辜的平民，多得即使以萬計亦數不清。壯丁、老人、幼兒，甚至胎兒之死者，遍布遼闊的原野，廣泛地填塞了深谿大谷，漂流於大水。戰火留下的積灰，填平了溝洫與險阻之處。在戰亂中，百姓還要遭受冒流矢、蹈利刃的危險，再加上凍餓飢寒之苦。這種情況持續到當今之世，更是愈演愈烈。所以在野外暴露的屍骨已經多到無法計算其數量，由俘獲的人的首級堆成的「京丘」，猶如高山大陵一樣。如果世上有聖主與仁義之士，能夠深深地思念到這一些，那是多麼令人痛心啊，多麼令人悲哀啊！

考察這種情況產生的根源，在於有道的人被廢棄，無道的昏君可以恣意放縱自己的惡行。無道的昏君之所以能如此地放肆，是由於心存僥倖。因此，當前之禍患，不在於救守本身，而在於這些不肖之人存在僥倖之心；而泛論救守的說法一傳開，那麼不肖的人越發懷有僥倖之心了，而賢人則更加止步不前了。所以大亂天下的，在於不論戰爭的正義與否，而急切地力主救守。

懷寵

【題解】本書作者既已為攻伐戰爭正了名，清了道，那麼又該如何去進行這一正義之戰呢？本篇作為〈孟秋紀〉卷的末篇，便來回答這個問題。

篇名「懷寵」，亦即「懷恩」。以恩寵為主要手段，目的是使被征服國家的百姓迅速歸順，這既是全文的主題，亦是攻伐戰爭中各項措施的宗旨。文中指出，在進軍之前，先要發布檄文或告示一類文件，宣布戰爭的性質與目的，及相應的政令，把敵國的君主與民眾區別開來，擺出「弔民伐罪」的姿態。在戰爭進行過程中，要嚴明軍隊紀律，不侵犯當地百姓的利益。文中列舉了六個「不」：「不虐五穀，不掘墳墓，不伐樹木，不燒積聚，不焚室屋，不取六畜。」對俘獲的民眾，要認真作出甄別，及時釋放回家，這樣才能「以奪敵資」，使敵國的少數統治者迅速瓦解，日益孤立。佔領敵國後，誅戮的盡量要少，籠絡的力爭要多。同時選擇那裡的代表人物，給予地位和榮耀；對孤寡衰老的給予優恤和救濟，利用敵國的財物來收攬人心。還要從監獄中放釋被敵國壓制的反對派，並且加以重用。這樣對方的反抗意志便能較快地受到削弱，自己在敵國的統治也能逐步穩定下來。

本篇可說是從正面對春秋戰國期間的兼併戰爭，和此前歷史上的征服戰爭，作了極富實際感和可操作性的總結。這些經驗曾為一代又一代的統治者所沿用，即使是那些以暴虐著稱的征服者，只要稍具歷史知識，開頭亦會裝模作樣地演習一番，結局自然總是曇花一現。

〔一〕五曰——

凡君子之說也，非苟辨❶也；士之議也，非苟語也。必中理❷然後說，必當義❸

然後議。故說義而王公大人益好理矣，士民❹黔首益行義矣。義理之道彰，則暴虐姦詐侵奪之術息也。

【章旨】泛論一般行說之道，從而說明義兵之興亦必須「中理」、「當義」，以達到「義理之道彰」、「暴虐姦詐侵奪之術息」的目的。

【注釋】❶苟辨　苟且辯說。辨，通「辯」。❷中理　切合事理。❸當義　符合道義。❹士民　士。

【語譯】大凡君子發表言論，都不可苟且辯說；士人進行議論，亦不可苟且言談。一定要切中事理然後為說，符合道義然後發表議論。所以如果能闡明道義，王公貴人亦就愈益喜好事理了，士民與百姓亦更能使自己的舉止行為符合道義了。義理之道一旦彰明，那麼暴虐奸詐侵奪的行徑自然也就止滅了。

〔二〕暴虐姦詐之與義理反也，其勢不俱勝，不兩立。故兵❶入於敵之境，則民❷知所庇矣，黔首知不死矣。至於國邑之郊，不虐五穀，不掘墳墓，不伐樹木，不燒積聚，不焚室屋，不取六畜。得民虜奉而題❸歸之，以彰好惡；信與民期❹，以奪敵資❺。若此而猶有憂恨冒疾遂過❻不聽者，雖行武焉亦可矣。

【章旨】言義兵入敵境後，應以六個「不」約束軍隊，並「信與民期」，以爭取民眾，瓦解敵人。

【注釋】❶兵　下文皆申言義兵之事，疑此「兵」上脫一「義」字。❷民　指士民。與黔首有區別。❸題　陳奇猷引《釋名・釋書契》：「題，諦也，審諦其名號也。」❹信與民期　對民眾遵守信用。❺敵資　敵方的憑藉。指曾受敵方控制的民眾。❻憂恨冒疾遂過　憂恨，當為「復很」之誤。復很，即愎很。固執，乖戾。冒疾，即媢嫉，妒嫉。遂過，堅持錯誤。

【語譯】暴虐、奸詐與義理是截然相反的，它們既不可能兩勝，亦不可並存。所以，正義之師一旦進入敵國境內，那麼士人就知道自己受到庇護了；百姓亦知道自己可以得救不死了。義師到達敵國國都或城邑四郊，不踐踏農田五穀，不挖掘墳墓，不隨意砍伐林木，不燒毀敵方積聚的糧草，不放火焚燒房屋家室，不掠取百姓牲畜。俘獲的敵方民眾，依據名籍問清情況，凡是平民百姓就送他們回去，以此區別好惡。要用誠意和信用取得民眾的信任與期望，並藉以爭取敵國的民眾。這樣做了以後，如果還有頑固、嫉妒、堅持錯誤而拒不遵從的人，那麼即使對他們動用武力亦就完全可以的了。

〔三〕先發聲出號❶曰：「兵之來也，以救民之死。子❷之在上無道，据傲❸荒怠，貪戾虐眾，恣睢自用❹也，辟❺遠聖制，謷醜❻先王，排訾❼舊典，上不順天，下不惠民，徵斂無期❽，求索無厭❾，罪殺不辜，慶賞不當。若此者，天之所誅也，人之所讎也，不當為君。今兵之來也，將以誅不當為君者也，以除民之讎而順天之道也。民有逆天之道，衛❿人之讎者，身死家戮不赦。有能以家聽者，祿之以家；以里聽者，祿之以里；以鄉聽者，祿之以鄉；以邑聽者，祿之以邑⓫；以國⓬聽者，祿之以國。」故克其國不及⓭其民，獨誅所誅⓮而已矣。舉其秀士而封侯之，選其賢良而尊顯之，求其孤寡而振恤之，見其長老而敬禮之。皆益其祿，加其級。論⑮其罪人而救出之；分府庫之金，散倉廩之粟，以鎮⑯撫其眾，不私其財；問其叢社大祠⑰，民之所不欲廢者而復興之，曲⑱加其祀禮。是以賢者榮其名，而長老說其禮，民懷其德。

【章旨】言征伐開始，要發布弔民伐罪的檄文；佔領敵國後，要採取體現同一宗旨的各項政令。

【注釋】❶發聲出號　發布號令。如後代的檄文或告示，內容為宣告戰爭的理由和目的，即所謂「弔民伐罪」。❷子　指所伐國之民眾。❸据傲　驕橫。据，通「倨」。傲。❹恣睢自用　恣縱凶暴而又自以為是。❺辟　排除；避開。❻訾醜　詆毀；羞辱。❼排訾　毀謗；非議。排，當為「誹」，形近而誤。❽期　度。❾厭　通「饜」。滿足。❿衛　護助。⓫有能以家聽者八句　家、里、鄉、邑分別為我國古時的基層編制單位。據《周禮》，「五家為比，五比為閭」；「九夫為井，四井為邑」；「二千五百家為州，五州為鄉」。但春秋戰國時期，諸侯各國大都有自己的基層編制，名稱亦互異。如《管子．小匡》所記為「五家為軌，十軌為里，四里為連，十連為鄉」。⓬國　國都。⓭不及　不連及。此處指不連及罪罰。⓮所誅　指敵國之君主。⓯論　復核審理。⓰鎮　安。⓱叢社大祠　祭祀鬼神之所。⓲曲　多方設法。

【語譯】在攻伐之前，先發布檄文，向敵國之民鄭重宣告：「義兵的到來，是為了拯救百姓於死難。你們的君主荒淫無道，傲慢驕矜，荒怠政事；貪婪暴戾，殘害民眾；恣縱凶狠，剛愎自用。他們拋棄聖人的法制，詆毀歷代先王，並且毀謗和誹議先王的法典。他們上不順承天意，下不惠愛百姓。徵斂不受限制，求索貪得無饜；罪殺無辜百姓，獎賞不該獎賞的人。像這樣的君主，正是上天誅討的對象，民眾共同的仇敵，根本不配做你們的國君。如今正義之師，到你們這兒來，就是為了誅滅那不配做國君的獨夫，以除去兆民的公敵，順應上天的意旨啊！士民百姓中若有背逆上天之意旨，庇護民眾之公敵者，不僅本人格殺勿論，還要誅滅全家，絕不赦免！凡是能率領一家人歸順的，就賞給他一家作為俸祿；能率領一里之人歸順的，賞給他一里作為俸祿；能率領一鄉人歸順的，賞給他一鄉作為俸祿；能率領一邑人來歸順的，賞給他一邑作為俸祿；能率領國都士民百姓來歸順的，便把國都賜給他作為俸祿。」所以，攻克敵國的時候，並不罪及它的百姓，只誅滅該誅的暴君而已。還要舉用敵國優秀賢能之士，封賜給他們土地與爵位；挑選其中賢良的，尊敬和表彰他們。尋找敵國中的孤兒寡母，救濟和撫恤他們。召見地方上的長老，尊重和禮遇他們，有的增益俸祿，有的加官晉級。重新審理全部在押罪犯，凡屬無辜，一律赦免並把他們從牢獄中救出。同時，打開敵人府庫、倉廩，分發積聚的財物，散發屯積的糧食，以安撫民眾，絕不能把敵國的財富佔為私有。還要詢問調查那裡的社廟和祠廟，民眾不願廢棄的，就要為之重建，還要多方設法增加祭祀的禮儀。這樣做的結果，賢者會因為自己的名聲得到顯揚而深感榮耀，長老會因為自己受到禮遇而倍感欣慰，廣大民眾都會感激所受到的恩德而樂於歸順。

〔四〕今有人於此，能生死❶一人，則天下必爭事之矣。義兵之生一❷人亦多矣，人孰不說？故義兵至，則鄰國之民歸之若流水，誅國❸之民望之若父母，行地滋❹遠，得民滋眾，兵不接刃而民服若化❺。

【章　旨】言因義兵能救民於水火，故百姓歸之若流水，望之若父母。

【注　釋】❶生死　使臨死的人得以重生。生，用如使動詞。❷一　當作「死」（依陶鴻慶說）。❸誅國　被伐之國。❹滋　愈益。❺化　迅速。《列子・周穆王》題注：「俯仰變異為之化。」

【語　譯】假定這裡有個人，能使一個將死的人復生，那麼天下的人一定都會爭著歸事於他。義兵救活的人那實在是太多了，人們哪個會不高興呢？所以，正義之師到達的地方，鄰近國家的民眾，歸順它猶若流水之東向大海；被征伐國家之民眾，盼望它就像盼望親生父母。義軍走的地方越遠，得到的民眾就越多。往往兩軍還沒有對陣，百姓就追風逐電般地紛紛歸順了。

卷第八　仲秋紀第八

仲秋　論威　簡選　決勝　愛士

本卷月令篇後一組文章專論治軍，側重點仍在精神因素，即如何培養一支統帥者才德具備、能執持「萬事之紀」的義，而三軍將士又上下一心、令行禁止，在戰鬥中能發揮勇敢和智慧的軍隊。這樣的軍隊將是「天下也亦無敵」的「至兵」。

首篇〈論威〉，論述軍威那種使「敵懾」、使「民生」的神奇作用，和形成軍威的諸多因素。正是在〈論威〉裡，作者提出了建設軍隊的最高要求——「至兵」。因而不妨把此篇視為這組專文之綱，後三文都是從一個側面具體論述如何去達到這「至兵」的要求。

〈簡選〉論將校的選拔和士兵的訓練，總結了三條具體治軍要則；〈決勝〉提出決勝三原則：義、智、勇，著重論述的是「勇」；末篇〈愛士〉，強調對士兵（包括一切可以參加作戰的人）要仁愛，特別當他們困窮的時候。認為懂得了「行德愛人則民親其上，民親其上則皆樂為其君死」，便是懂得了治軍的「精者」。

貫串本卷的一個思想是：治軍的最高目標是要達到不戰而勝。即要使敵人知道戰則必死，因而「敵皆以走為利，則刃無與接」；甚至軍隊還沒有出發，就有一種「窅窅乎冥冥」的威勢曉諭於敵方，因而連「枹鼓干戈」亦還未用上，就已大獲全勝。

仲秋

【題解】仲秋之月正居秋季之中。本篇中祭祀活動佔有重要地位，特別是對祭祀時穿戴的衣冠，進獻的犧牲，都有嚴格而詳盡的規定。本月的政令，除繼續應秋的肅殺之氣，命令有司「申嚴百刑」，要求做到「斬殺必當」以外，並規定了一項敬老制度。天子下令要按戶對年老體衰者授以「几杖」，賞以「麋粥飲食」。類似的記載還可見於稍後問世的《禮記・王制》、《淮南子・時則》和《後漢書・禮儀志》，說明這種敬老制度，在我國古代社會中曾被長期奉行。

被本書後〈上農〉篇貶為「末事」的商貿業，〈十二紀〉至本篇才第一次也是唯一一次被提到。這可能與秋收已經登場有關。文中規定在本月要治理關市稅收，招徠四方商旅，認為只有這樣做，才能實現「財物不匱，百事乃遂」。

〔一〕一曰——

仲秋❶之月：日在角❷，昏牽牛中，旦觜嶲❸中。其日庚辛。其帝少皞。其神蓐收。其蟲毛。其音商。律中南呂❹。其數九。其味辛。其臭腥。其祀門。祭先肝。涼風生。候鳥來❺。玄鳥歸❻。群鳥養羞❼。天子居總章太廟❽，乘戎路，駕白駱，載白旂，衣白衣，服白玉，食麻與犬。其器廉以深。

【章　旨】記述仲秋之月月令，並據此對本月天子的住、行、衣、食都作了相應的具體規定。

【注　釋】❶仲秋　指夏曆八月。❷角　角宿，二十八宿之一，蒼龍七宿之首宿，共有二星，均屬室女座。❸觜嶲　即觜宿，二十八宿之一，白虎七宿之第六宿，共有三星，均屬金牛座。❹律中南呂　仲秋之月與十二音律中的南呂律相應。南呂律屬陰律。據高誘注：是月陽氣內藏，陰旅於陽，任其成功，故稱「律中南呂」。❺候鳥來　候鳥，指雁。秋天，雁由北向南飛時，要經過陝西、河南一帶當時的中原地區，故稱「候鳥來」。❻玄鳥歸　玄鳥，指燕子。燕子春分北飛，秋分南飛，本月正值秋分，故稱「玄鳥歸」。❼群鳥養羞　群鳥貯藏食物以備過冬。養，積蓄。羞，食物。❽總章太廟　指天子居所明堂的西向堂中央室。

【語　譯】仲秋八月，太陽的位置在角宿。黃昏時，牽牛星出現在南方中天；黎明時，觜嶲星出現在南方中天。仲秋在天干中屬庚辛，主宰的天帝是少皡，佐帝之神是蓐收。應時的動物屬毛族，應時的聲音是商音，相應的音律是南呂律。本月的序數是九。應時的味是辛味，氣是腥氣。舉行五祀中的門祭，祭祀時要把犧牲的肝臟陳列在前面。這個月，涼風已經起發，大雁從北方飛來，燕子向南方飛去。鳥類開始為過冬收藏食物。天子居住到明堂西向總章的中央室，乘坐白色的兵車，駕著白色黑鬣的駿馬，車上插著繪有龍紋的白色旗幟。天子穿著的是白色的衣服，佩戴的是白色的玉器，吃的是麋和狗肉，使用的器物帶有尖利的稜角而又深邃。

〔二〕是月也，養衰老，授几杖❶，行麋粥❷飲食。乃命司服❸，具飭衣裳❹，文繡有常❺，制有小大，度有短長，衣服有量❻，必循其故，冠帶有常❼。命有司❽，申嚴百刑❾，斬殺必當，無或枉橈❿，枉橈不當，反受其殃。

【章　旨】為適應仲秋之月月令，天子要實施扶養衰老、製備衣冠、申嚴刑罰等相關政令。

【注　釋】❶几杖　几，小桌子，古代人們坐時供依憑用。杖，指柺杖或手杖，古代老人行走多扶杖而行。❷行麋粥行，賞賜。糜，通「穈」。即穄，結的籽實稱穈子，以此煮粥不黏。古制：八月，挨戶賞賜老人几杖、糜粥。❸司服　主管衣服之官。❹具飭衣裳　準備並整飭好衣裳。衣，上衣。裳，下衣。❺文繡有常　衣裳上的花紋與色彩必須依照原定的規制。古時祭服上的花紋與顏色有嚴格、具體的規定。參見前〈季夏〉二章。❻量　指衣服的大小長短。❼冠帶有常　古代對不同人等，參加不同的祭祀儀式的冠帶，都有明細規定。如天子，據《周禮》：祭祀昊天上帝穿大裘戴冕，祭祀先王用袞冕，祭祀山川、社稷，分別戴毳冕和絺冕，兵事用韋弁服，視朝則穿戴皮服皮弁等。❽有司　此處指理官，即司法官。❾百刑　各種刑罰總稱。❿枉橈　指冤屈，不按事實與律例斷案。

【語　譯】這個月，天子要下令贍養衰老，按戶對年事高而衰弱的老人，授予几杖，賞賜糜粥飲食。命令掌管祭服的司服，備齊和整飭祭祀用的衣裳。祭服的色彩、花紋都要按照傳統的規定，它的大小與長短，都要遵照原有的制度；頭上戴的冠與腰間束的帶，也必須按規定製作。要命令司法官吏重申和嚴明各種刑罰的具體規定，重刑如斬、殺必須罪罰相當，不許有任何冤屈。如有冤屈不當，那麼有關的司法官吏就要反坐而受到相應的懲罰。

〔三〕是月也，乃命宰祝❶，巡行犧牲❷：視全具❸；案芻豢❹；瞻肥瘠，察物色❺，必比類❻；量小大，視長短，皆中度。五者備當❼，上帝其享。天子乃儺，禦佐疾❽，以通秋氣。以犬嘗麻❾，先祭寢廟。

【章　旨】言天子命太宰、太祝精心飼養、挑選犧牲，以備祭祀，並舉行儺祭，以通秋氣。

【注　釋】❶宰祝　指太宰、太祝，都是掌管祭祀用牲畜的官吏。按《周禮》規定，凡祭祀用牲畜，都得圈起來，餵養三個月，才可進獻。❷巡行犧牲　指考察檢查準備用來祭祀的牲畜的餵養情況。❸視全具　檢查牲畜全身，恐其有傷毀。祭祀用的牲畜，必須完好無損。❹案芻豢　檢查供給牲畜的各種飼料及餵養的情況。案，檢查。芻，餵牛羊的草料。豢，餵豕犬的飼料。❺物色　指犧牲的毛色。❻比類　對照過去原有的規定。❼五者備當　指全具、肥瘠、物色、大小、長短五個方面規定的要求全都具備。❽禦佐疾　指天子用儺祭的辦法來抵禦各種疫癘。禦，止。佐，同「左」。左有不正、邪之義，故左疾可釋為疫癘。❾麻　當為糜。糜。指糜子。此時新收。

【語　譯】這個月，天子要命令主管餵養祭祀用牲畜的官吏太宰與太祝，巡視正在各處餵養的牲畜，考察其全身有無毀傷，檢查餵養的芻草與飼料是否充足，觀察牲畜的肥瘦是否適度，毛色是否純一，這些都要符合過去已有的規定。再用尺量牲們的大小、長短是否符合標準。只有全具、肥瘠、毛色、大小、長短這五個方面的要求全都具備，才能在祭祀時供上帝享用。天子這時要舉行驅除疫癘的儺祭，以通達金秋之氣。此時天子可以就犬肉，同時品嘗新收的糜飯，但要先進獻給祖廟。

〔四〕是月也，可以築城郭，建都邑❶，穿竇窌❷，修囷倉❸。乃命有司，趣民收斂❹，務蓄菜❺，多積聚❻。乃勸種麥，無或失時，行罪無疑❼。

是月也，日夜分❽。雷乃始收聲。蟄蟲俯戶❾。殺氣❿浸盛，陽氣日衰。水始涸。日夜分，則一⓫度量，平⓬權衡，正鈞石⓭，齊斗甬⓮。

是月也，易關市⓯，來⓰商旅，入貨賄⓱，以便民事。四方來雜⓲，遠鄉皆至，則財物不匱，上無乏用，百事乃遂。凡舉事⓳無逆天數⓴，必順其時，乃因其類㉑。

【章　旨】言天子須在本月實施的有關農事及商貿等各項政令。

【注　釋】❶都邑　指城市。古代城市，有祖先宗廟的稱都，沒有的稱邑。❷穿竇窌　挖掘地窖，用以貯藏糧食。竇，地穴。窌，地窖。❸修囷倉　整修糧倉。囷，圓形糧食堆倉。倉，方形庫房。❹趣民收斂　督促百姓收藏好收穫的糧食。❺務蓄菜　必須要收藏好乾菜，以備過冬。❻積聚　指過冬必需的糧食與柴草等的積聚。❼行罪無疑　指違背農時影響麥種的，要受懲罰。行，給予。罪，處罰。❽日夜分　即秋分。這一天晝夜時間相等。❾蟄蟲俯戶　冬眠的動物即將進入洞穴，作過冬準備。蟲，動物總稱。俯，通「坿」。益也，指益土。動物蟄居時，要在其周圍增益一些土。戶，洞穴。❿殺氣　指陰氣。⓫一　統一。⓬平　平準。⓭正鈞石　校正鈞石的容量。鈞、石皆為糧食的計量單位，三十斤為鈞，百二十斤為石。⓮斗甬　即斗桶。甬，通「桶」。⓯易關市　治理關市的稅收。易，治理。⓰來　招徠。⓱貨賄　錢財。⓲雜　會集雜處一起。⓳舉事　指舉行大興土木、諸侯會盟、對外用兵一類大事。⓴天數　天道。㉑乃因其類　要依照事情的不同種類來確定進行的時間和順序。

【語　譯】這個月，可以修築城郭，營建都市與城邑，挖掘各種地窖，修建儲藏糧食的倉廩。命令主管農事的官吏，督促農夫收穫糧食進倉。一定要儲蓄過冬的蔬菜，盡量多積聚些柴草。這時該要鼓勵農民種好越冬麥子，不得違背農時季節，若有違反，嚴懲不貸。

這個月秋分這一天，晝夜長短大致相等。本月中雷聲逐漸消逝。冬眠的動物為洞穴補充泥土準備蟄居過冬。肅殺的陰氣逐漸旺盛，而陽氣則日趨衰微。河道的水流開始慢慢乾涸。在秋分這一天，要統一民間的度量器具，平準權秤，並使鈞石斗桶這類量器都能齊整劃一。

這個月，要治理關市的稅收，招徠過往商旅，增加財貨收入，方便與滿足民眾的各種需要。要使四方遠客都能來集市上會合，就連很遠的鄉民，也紛紛前來趕集。若能做到這樣，那麼各種財物就不會匱乏，國家的財用也不會缺少，一切事情都能辦得順遂妥貼。凡要興舉土木建築、諸侯會盟和對外用兵這類大事，絕不能違逆天道法則，一定要順應季節時令。哪一類事情該在什麼時候辦，就只能在那個時候去辦。

〔五〕行之是令❶，白露降三旬。仲秋行春令❷，則秋雨不降，草木生榮，國乃有大恐。行夏令❸，則其國旱，蟄蟲不藏，五穀復生。行冬令❹，則風災數起，收雷先行，草木早死。

【章旨】言政令與月令順違會引起或吉或凶的不同結果。

【注釋】❶行之是令　指施行與本月月令相應之各項政令。❷仲秋行春令　按陰陽五行說，春為陽氣。所以仲秋推行春天的政令，就會引起秋雨不降；草木至秋應枯萎，這時反倒重新生榮。秋屬金，春屬木，秋行春令，金木相干，就會出現兵象，故稱國內會有大恐慌。❸行夏令　秋屬金，夏屬火，夏氣盛陽。所以仲秋行夏令，就會造成寒暑失當，炎熱大旱，致使該蟄伏的動物不能及時潛藏，而該收穫的穀粒卻又重新萌生。❹行冬令　冬屬陰，冬寒嚴猛。所以仲秋行冬令，便會接連遭受風災，雷聲先行消失，草木提前枯死。

【語譯】實行與這個月月令相關的各項政令，上、中、下三旬均會有白露降落。

仲秋八月，如果推行春季的政令，那麼秋雨便不再及時降落。本該枯萎的草木卻又像回到春天那樣反而茂盛起來，國家便會出現大恐慌。如果推行夏季的政令，那麼國家就會出現乾旱，該蟄居的動物卻繼續外出活動不再伏藏，五穀也會再一次抽芽出苗。如果推行冬季的政令，那麼風災便會接連來侵，雷聲先行消逝，草木也會提前枯死。

論威

【題解】本篇論述軍威。據畢沅考訂，「論威」係「諭威」之誤。文中有二處提到「諭威」。諭，即曉諭，向敵方顯示我方強大的威勢，使敵聞風喪膽。以此名篇，與全文要旨似也更為相適。

文章認為軍威是一種由多種因素合成的強大的精神力量。依次論來，首要的是軍令。若能做到「三軍一心」，號令統一，其令在軍內「無敵」，則「其兵之於天下也亦無敵」。其次還要有「急疾捷先」的戰鬥作風，先聲奪人，先發制人。「江河之險」不能擋其路，「大山之塞」不能阻其行。全軍上下專心一致於武事，此外的一切「目無有視，耳無有聞」。第三，在戰術上，要「知謀物之不謀之不禁也」，即攻敵不備，出敵不意。文中生動地描繪了軍威一經形成後那種神奇的克敵制勝力量：「窅窅乎冥冥，莫知其情」，兵刃未接而「敵已服矣」！

作者認為軍隊是否具有威勢，最根本的還是要看戰爭的性質是否屬於正義。因而篇首特別指明：「義也者，萬事之紀也。」而能否掌握這一「萬事之紀」，又決定於作為三軍統帥的君主的個人才德與修養：「勿求於他，必反於己。」

〔一〕二曰——

義也者，萬事之紀也，君臣上下❶親疏之所由起也，治亂安危過勝❷之所在也。過勝之❸，勿求於他，必反於己。

人情欲生而惡死，欲榮而惡辱。死生榮辱之道一，則三軍之士可使一心矣。

【章 旨】言義為「萬事之紀」，只有統一於義，才能使三軍一心。

【注 釋】❶上下 長幼。❷過勝 勝敗。過，負敗（依孫鏘鳴說）。❸過勝之 此句文義未盡，疑有脫文。似當為「過勝之道」，意謂勝敗的關鍵。

【語 譯】義是萬事萬物之綱紀，是產生君臣、長幼、親疏關係的原由，是決定治亂、安危、勝敗之所在。所以探究戰爭成敗的關鍵，不能求諸他人，一定要反身求諸自己。

人的本性都是追求生存而憎惡死亡，希求榮耀而厭惡恥辱。如果能把死生榮辱的道理統一於義，那麼三軍將士就會同心戮力了。

〔二〕凡軍欲其眾也，心欲其一也，三軍一心則令可使無敵❶矣。今能無敵者，其兵之於天下也亦無敵❷矣。古之至兵❸，民之重令也，重乎天下，貴乎天子。其藏於民心，捷於肌膚❹也，深痛執固❺，不可搖蕩，物莫之能動。若此則敵胡足勝矣？故曰其令彊者其敵弱，其令信❻者其敵詘❼。先勝之於此❽，則必勝之於彼❾矣。

【章 旨】此章言軍令。軍隊所以能無敵於天下，在於三軍一心，令行禁止。

【注 釋】❶令可使無敵 命令能在軍隊內暢通無阻地堅決執行。敵，抵拒。❷敵 匹敵。❸至兵 至善之兵。❹捷於肌膚 捷，古通「接」。「接於肌膚」一語，先秦典籍時有所見（本書前〈論人〉二章有「集肌膚」），想是當時常語，意為淪肌浹髓，痛癢相關，感受極深。❺深痛執固 痛癢於肌膚，故其執持堅固。❻信 通「伸」。暢行無阻。❼詘通「屈」。屈服。❽勝之於此　指號令施行於三軍。❾勝之於彼　指征伐勝敵於戰場。

【語譯】凡是軍隊，人數欲求其眾多，心志則要求齊一。三軍的心志齊一了，那麼號令便能暢通無阻；號令若能暢通無阻，那麼這個軍隊就能無敵於天下。古代最優秀的軍隊，連百姓也尊重軍隊的號令，把它看得比天下還重大，比天子還珍貴。號令深藏於百姓心中，接集於他們的肌膚，軍民之間痛癢相關，牢固而不可動搖，任何事物都不能改變他們的信念。如果做到這樣，還有什麼敵人可以與他們比勝呢？所以說，號令堅強不可違犯的軍隊，任何敵人在它面前都會顯得軟弱；號令通暢無有阻隔的軍隊，它的敵方必然只能屈服。能使號令通達於三軍，那就必然會在戰場克敵制勝。

〔三〕凡兵，天下之凶器❶也；勇❷，天下之凶德也。舉凶器，行凶德，猶不得已❸也。舉凶器必殺，殺，所以生之❹也；行凶德必威，威，所以懾之❺也。敵懾民生，此義兵之所以隆❻也。故古之至兵，才民未合❼，而威已諭矣，敵已服矣，豈必用枹鼓❽干戈❾哉？故善諭威❿者，於其未發也，於其未通也，窅窅乎冥冥⓫，莫知其情，此之謂至威之誠⓬。

【章旨】言軍威。要善於先以聲威懾服敵人，不待兵戈搏擊於戰場。

【注釋】❶凶器　軍兵是殺傷人的工具，故稱為凶器。❷勇　勇武。以威武逼人，故下稱其為凶德。❸猶不得已　由於不得已的緣故。猶，通「由」。以上數句，語出《老子》第三十一章：「兵者不祥之器，非君子之器，不得已而用之。」❹殺二句　意謂殺無道是為了拯救民眾。❺懾之　使敵人恐懼。❻隆　指受人尊敬。❼才民未合　才民，民之俊傑者。合，聚集。尚未徵集其俊才之民眾。❽枹鼓　鼓槌和鼓。古時作戰，擊鼓以令進軍。❾干戈　干，盾。戈，戟。古代步兵進攻時，一手拿盾，一手持戟。⑩諭威　顯示其威力。⑪窅窅乎冥冥　幽遠深邃。窅窅，同「窈窈」。⑫誠　實。

【語　譯】大凡軍兵是天下的凶器，勇武是天下的凶德。舉凶器，行凶德，是萬不得已的事。拿起凶器總是要殺人的，但殺的是少數無道的惡人，目的正是為了拯救廣大民眾。行凶德必然要顯示自己的威武，但顯示威武，只是為了使敵人畏懼。使敵人因懼怕而屈服，讓百姓重新獲得生機，這正是正義之師所以受到人們尊重的緣故。所以，古代那些最優秀的軍隊，只要進軍令一下，即使它的才俊之士民尚未集合，聲威已經遠揚了，敵人已經懾服了，何必一定要用擊鼓鳴金、兵戈相搏呢？所以善於顯示自己威力的軍隊，儘管尚未進發，甚至道路也還沒有開通，但那種窈窈冥冥、不可捉摸的威懾力量，已經制服了敵人的心理，卻又誰也弄不清它是怎樣發揮作用的。這便是軍威達到頂點的情形。

〔四〕凡兵欲急疾捷先。欲急疾捷先之道，在於知緩徐遲後而①急疾捷先之分也。急疾捷先，此所以決義兵之勝也。而不可久處②，知其不可久處，則知所兔起鳧舉③死殙之地④矣。雖有江河之險則淩⑤之，雖有大山之塞則陷⑥之，并氣專精⑦，心無有慮，目無有視，耳無有聞，一諸武⑧而已矣。冉叔誓必死於田侯⑨，而齊國皆懼；豫讓必死於襄子⑩，而趙氏皆恐；成荊致死於韓主⑪，而周人皆畏⑫，又況乎萬乘之國⑬，而有所誠必⑭乎，則何敵之有矣？刃未接而欲已得矣。敵人之悼⑮懼憚⑯恐，單蕩⑰精神盡矣：咸若狂魄⑱，形性相離⑲，行不知所之，走不知所往，雖有險阻要塞，銛⑳兵利械，心無敢據，意無敢處，此夏桀之所以死於南巢㉑

也。今以木擊木則拌㉒，以水投水則散，以冰投冰則沈，以塗㉓投塗則陷，此疾徐先後之勢也。

【章　旨】言軍隊的戰鬥作風。行動迅速敏捷；高山大河不可阻擋；專心一致於武事：如此，則敵不戰自潰。

【注　釋】❶而　與。❷不可久處　指行軍時，軍隊不可停滯不前。❸兔起鳧舉　形容行動之敏捷迅速。兔子的起跑，野鴨的起飛，皆以敏捷著稱。鳧，野鴨。❹死殙之地　指險惡的絕境。殙，悶絕氣息。❺淩　超越。❻陷　攻克。❼并氣專精　屏息絕氣，專心致志。并，通「屏」。❽一諸武　專一於武事。❾冉叔誓必死於田侯　冉叔以必死的決心，要刺殺田侯。冉叔，古代勇士。田侯，齊之國君。事無考，不詳。❿豫讓必死於襄子　豫讓以必死之決心，要刺殺襄子。豫讓，晉國勇士。襄子，即趙襄子，戰國趙國國君，名毋卹，在位五十一年（西元前四七五～前四二五年）。豫讓刺襄子事，《戰國策・趙策》、《史記・刺客列傳》等均有記載。本書後〈不侵〉、〈序意〉、〈恃君〉等篇也有記述。⑪成荊致死於韓主　成荊以必死之決心要刺殺韓主。成荊，古代勇士。韓主，指韓哀侯。成荊與韓哀侯不同時，此處疑以成荊代指聶政。據《戰國策・韓策》、《史記・刺客列傳》記載，聶政受恩於嚴遂而為其刺殺韓傀、韓哀侯後，壯烈毀容自歿。其姊聶榮為彰弟事跡而冒死認屍收屍，並稱頌其弟「氣矜之隆」已「高（於）成荊矣」。據此，作者以成荊代稱聶政。⑫周人皆畏　韓與周同為姬姓，周人即韓人。故稱「周人皆畏」。⑬萬乘之國　指擁有一萬乘戰車的大國。一車四馬為一乘。⑭誠必　專於一事，務求必成。⑮悼　恐懼。⑯憚　畏懼。⑰單蕩　坦蕩；寬廣。此處指精神散佚。單，同「坦」。⑱狂魄　精神錯亂的人。⑲形性相離　形脫神離，喪魂落魄。形容人在極度恐懼情況下的精神狀態。⑳銛　鋒利。㉑南巢　古地名。相傳夏桀被商湯放逐，死於南巢。㉒拌　折裂。㉓塗　泥土。

【語　譯】凡用兵攻戰，應該行動敏捷，先聲奪人。要想做到這一點的關鍵，就在於懂得遲緩拖沓與敏捷迅速之差別。行動敏捷、先聲奪人，是正義之師取勝的決定因素。行動中的軍隊，絕不可以長期滯留在一個地方。如果理解了處在絕地的兔子起跑時何以有那股巨大的衝力，野鴨起飛時何以有那種忘命的拼勁，那也就可以懂得軍隊在行動中絕不可以久留一處以免被動挨打的道理了。面前雖有江河之險，也要千方百計飛越過去；路上縱有大山阻擋，也要想方設法攻克難關。在這種情況下，就要屏息絕氣，專心致志，不存任何猶豫僥倖之心，做到眼睛什麼也不看，耳朵什麼也不聽，只專一於武事而已。勇士冉叔下定必死之決心，要刺殺齊國的田侯時，齊國舉國上下都感到懼怕。勇士豫讓以必死之決心要刺殺趙襄子時，趙氏宗室全都感到恐慌。成荊以必死之決心要刺殺韓主時，那與周同姓姬的韓國人，都會感到畏懼。何況是擁有萬乘戰車的大國，一旦下定決心，專一於攻伐，務求必成，哪還有什麼人能跟他抗衡呢？尚未與敵人兵戈交鋒，戰爭的目的便可以達到了。這時敵人驚懼恐駭已極，士氣喪失殆盡，個個像得了精神錯亂症似的，形脫神離，喪魂落魄。行走不知目標在哪裡，逃跑亦不知往哪裡去好。即使有險阻要塞，堅甲利兵，也無心據守，無心安頓。這就是夏桀所以死於南巢的緣故啊。用木頭去擊打木頭，那被擊打的木頭就會折裂；用水去沖擊水，那被沖擊的水面就會散開；用冰去撞擊冰，那被撞擊的冰便會下沉；用泥土去投擊泥土，那被投擊的泥土就會坍陷。這些就是快慢先後不同的必然結局。

〔五〕夫兵有大要，知謀物之不謀之不禁❶也則得之矣，專諸❷是也，獨手舉劍至而已矣，吳王壹成❸。又況乎義兵，多者數萬，少者數千，密其躅❹路，開敵之塗❺，則士豈特與專諸議❻哉？

【章　旨】言用兵之要在於攻其不備，出其不意。

【注　釋】❶知謀物之不謀之不禁　懂得如何謀劃在敵人沒有意料和沒有防備的地方發起進攻。亦即《孫子・計》所言：「攻其無備，出其不意。」句中第二個「之」當釋為「與」。❷專諸　春秋時吳國勇士。吳公子光欲殺吳王僚自立。光與僚宴飲時，專諸置匕首於魚腹，乘獻魚之機殺僚，自己亦當場被殺。公子光即位，即吳王闔閭。❸吳王壹成　有二說。一為吳王被專諸一擊就死。一為專諸一舉而成全闔閭，使他當上吳王。似以後說較洽。壹，同「一」。❹躅　足跡。❺塗　道路。❻士豈特與專諸議　意謂義兵之士豈可僅與專諸同論，要遠遠勝過專諸。特，但；僅。

【語　譯】用兵有它的要領，如果懂得了攻其無備、出其不意的道理，那就是獲得箇中三昧了。專諸就是如此。他不過獨自一人，手起劍落就完成了。專諸只此一舉就成全了闔閭，使他當上了吳王。更何況正義之師，多則數萬，少則數千，足跡密布於道路，打開指向敵人的一切通道，像這樣的勇士，專諸怎麼能與他們相提並論呢？

簡選

【題解】所謂簡選，就是通過將校的選拔，士兵的訓練，造就一支能征慣戰的軍隊，以為王霸之業的基礎。

文章在批駁了以為未經簡選的烏合之眾照樣可以戰勝正規的精良之師的「不通乎兵者之論」以後，提出了三條具體的治軍要則：一、「簡選精良」，必須注重選拔和訓練；二、「兵械銛利」，應該佔有裝備上的優勢；三、「令能將將之」，一定要讓精明能幹的將帥去統帥。（末章結語中又加了一條要選擇有利於我的地形：「兵勢險阻，欲其便也。」）接著，又列舉了歷史上二位王者（湯、武）和三位霸者（齊桓、晉文、吳闔閭），他們正是運用了上列三條，特別是精兵良將的訓練和選拔，才得以功成名遂的。作者在描述他們的王霸之業時，沒有忘記其對被征服國「行大仁慈」的優撫政令，但更為突出的是那種叱咤風雲的威勢：「橫行海內，天下莫之能禁」；「五戰五勝……令行中國」；「遠近歸之，故王天下」。讀時，不難感到作者筆端那種仰慕嚮往之情。

末章有一句話，頗耐尋味：「時變之應也，不可為而不足專恃。」對於時機，既不可人為地加速它的到來，但亦不應消極等待。在這裡，似乎作者有意無意地透露了當時秦國高層領導集團那種急待君臨天下的心聲。

〔一〕三曰——

世有言曰：「驅市人❶而戰之，可以勝人之厚祿教卒❷；老弱罷❸民，可以勝人之精士練材❹；離散係系❺，可以勝人之行陳整齊❻；鋤櫌白梃❼，可以勝人之長銚❽利兵。」此不通乎兵者之論。今有利劍於此，以刺則不中，以擊則不及，與惡劍❾無擇，為是❿鬬因用惡劍則不可。簡選精良，兵械銛利⓫，發之則不時，縱之則不當⓬，與惡卒無擇，為是戰因用惡卒則不可。王子慶忌⓭、陳年⓮猶欲劍之利也。簡選精良，兵械銛利，令能將將之，古者有以王者、有以霸者矣，湯、武、齊桓、晉文、吳闔廬是矣。

【章旨】言士兵要經過簡選，裝備要精良，統率的將領要有才幹，這才是成就王霸之業的憑藉。

【注釋】❶市人　市集上的人。指臨時聚集一起的烏合之眾。❷厚祿教卒　指秩祿豐厚而受過訓練的士卒。❸罷　通「疲」。❹練材　高誘注為拳勇有力之兵士。❺係系　系，疑為「累」之誤。係累，此處指俘虜或罪犯。❻行陳整齊　伍列整齊的軍隊。❼鉏櫌白梃　鉏、櫌，均為農具。櫌，同「耰」。用來平土。白梃，白木棍棒。❽長銚　長矛。❾惡劍　劣質的劍。❿是　此。⓫銛利　鋒利。⓬發之則不時二句　指指揮不準確、不恰當。⓭王子慶忌　春秋時吳王僚之子，以勇捷有力聞名。因吳王僚為公子光使專諸刺殺，慶忌奔衛，光又使要離前往行刺王子慶忌，要離被投於江中未死。事詳後〈忠廉〉二章。⓮陳年　高誘注為齊人；陳奇猷認為從事跡看，陳年疑即陳定。據《史記・田敬仲完世家》記載，陳宣公二十一年，殺其太子禦寇。陳定與禦寇相善，恐禍及己而奔齊。

【語譯】世人有一種說法：「驅使集市上的隨便什麼人去打仗，照樣可以戰勝那些享有優厚俸祿、經過嚴格訓練的軍隊；依靠老弱疲憊的民眾，亦可以戰勝訓練有素的精兵；就是那些散亂無紀的俘虜或囚犯，亦能戰勝隊列整齊、行動劃一的軍隊；讓老百姓拿著鉏頭釘耙，舉起白木棍棒，同樣能戰勝以長矛利刃武裝的軍隊。」這是那些根本不懂用兵之道的人的論點。譬如有一把鋒利的寶劍在手，用它來刺殺沒有刺中，用它來搏擊沒有著標，單從這一刺和這一擊的結果來看，可以說利劍與劣劍沒有區別，但如果因此而認為凡遇搏鬥就該使用劣劍了，那就不對。同樣的，一支經過簡選兵卒精良、軍械鋒利的軍隊，由於出發時不合時機，進擊時又舉措失當，那麼從這一戰役的結果看，可能與劣等軍隊沒有什麼區別，但如果因此而認為凡是戰鬥都得使用那種戰鬥力低劣的軍隊了，那就荒唐。像吳國王子慶忌，齊國陳年那樣的勇士，尚且希望自己的隨身佩劍非常鋒利，更何況一般人呢？所以，經過精心挑選的士兵優秀、裝備精良的軍隊，一定要有能幹的將領去統率他們才行。古代確有以此而成就王霸之業的，如商湯、周武王就是著名聖王，齊桓公、晉文公、吳王闔閭就曾相繼稱霸諸侯。

〔二〕殷湯良車七十乘，必死❶六千人，以戊子❷戰於郕❸，遂禽❹推移、大犧❺，登自鳴條❻，乃入巢門❼，遂有夏。桀既奔走，於是行大仁慈，以恤黔首；反桀之事❽，遂❾其賢良，順民所喜；遠近歸之，故王天下。

武王虎賁❿三千人，簡車⓫三百乘，以要⓬甲子⓭之事於牧野⓮而紂為禽。顯賢者之位，進殷之遺老，而問民之所欲，行賞及禽獸，行罰不辟天子⓯，親殷如周⓰，視人如己，天下美其德，萬民說其義，故立為天子。

【章　旨】言殷湯與武王如何以簡選之精兵成就其王業。

【注　釋】❶必死　一種以決死效命的勇士的特稱，類似今之敢死隊。❷戊子　以干支紀時的日期。❸郕　古地名，今不詳。❹禽　同「擒」。❺推移大犧　當為夏桀臣子之名，事不詳。❻鳴條　古地名，今山西運城安邑鎮北。相傳商湯伐桀，戰於鳴條之野。一說鳴條是夏都城郊外之山名。❼巢門　也稱南巢，夏桀國都一城門之名。❽反桀之事　一反桀之暴政。❾遂　薦舉。❿虎賁　勇士。言其若虎之奔（賁）走逐獸，勇猛異常。⓫簡車　精選的戰車。簡，挑選。⓬要　成功。⓭甲子　指商紂被擒日期。⓮牧野　古地名，今河南淇縣南。武王在此誓師伐紂。⓯行罰不辟天子　指誅殺商紂。辟，通「避」。⓰親殷如周　指對殷人如周人一樣親近。

【語譯】商湯以精良戰車七十乘，誓死效命的勇士六千人，在戊子那天與夏桀大戰於郕，俘獲了桀的大將推移、大犧，登上鳴條山，順勢而下攻入巢門，於是佔有了夏的天下。桀既已出逃，商湯就施行大仁大慈之政令，撫恤百姓，一反桀時所行的暴政，推舉夏國的賢人，順應民眾的意願。這樣做了以後，遠近各諸侯國都來歸順於商湯，所以他能君臨天下。

周武王用虎賁勇士三千人，挑選最精銳的戰車三百輛，在甲子那天，於殷都城郊外牧野誓師討伐紂王，一舉而將紂王擒獲。於是便提拔殷代的賢人使他們登上顯赫的位置，進用殷代留下的遺老們，問候和徵詢百姓的願望，行賞之廣泛甚至及於禽獸，懲罰惡人即使天子亦不迴避。親近殷人如同親近周人一樣，對待別人就像對待自己一樣。天下人都讚美武王的德行，所有百姓都喜歡他的德義，所以武王能被大家擁立為天子。

〔三〕齊桓公良車三百乘，教卒萬人，以為兵首❶，橫行海內，天下莫之能禁❷，南至石梁❸，西至酆郭❹，北至令支❺。中山亡邢❻，狄人滅衛❼，桓公更立邢于夷儀❽，更立衛于楚丘❾。

晉文公造五兩之士❿五乘⓫，銳卒⓬千人，先以接敵，諸侯莫之能難⓭，反鄭之埤⓮，東衛之畝⓯，尊天子于衡雍⓰。

吳闔廬選多力者五百人，利趾⑰者三千人，以為前陳⑱，與荊戰，五戰五勝，遂有郢⑲。東征至于庳廬⑳，西伐至于巴、蜀㉑，北迫齊、晉，令行中國㉒。

【章旨】言齊桓公、晉文公、吳王闔閭如何以其經過精選和訓練的精兵，先後建立其霸業的。

【注釋】❶兵首　指軍隊作戰時的前鋒部隊。❷禁　抵禦。❸石梁　高誘注在彭城，今江蘇銅山。❹酆郭　當是酆鄗，是西周興起的地方。酆在今陝西鄠縣之東；鄗在今西安東南。❺令支　高誘注在遼西，是山戎的屬國，當在今河北遷安一帶。❻中山亡邢　指中山攻破邢國的都城。此事在魯僖公元年（西元前六五九年），《左傳》引經文稱：「齊師宋師曹師，次于聶北救邢。」救邢的原因是中山攻邢。中山，春秋時白狄族國名，故址在今河北定縣、唐縣一帶。邢，古國名，在今河北邢臺境。❼狄人滅衛　《史記・衛康叔世家》載有此事。衛懿公九年（西元前六六〇年），狄伐衛，殺懿公。參讀後〈忠廉〉三章。狄人，一作翟人。狄國居於北方，當時勢力較大。衛，周成王時，周公旦封武王少弟康叔於殷的故地，是為衛君。❽更立邢于夷儀　《左傳》載其事：「諸侯救邢，邢人潰出奔師，師遂逐狄人，具邢器用而遷之。」「夏，邢遷于夷儀。」救邢的軍隊包括齊、宋、曹三國的聯軍。邢突圍而出，於是齊桓公將邢遷於夷儀，以避狄人進犯。夷儀，在今山東聊城西。❾更立衛于楚丘　據《左傳》僖公二年（西元前六五八年），狄人滅衛後，齊桓公率諸侯伐狄，為衛築城於楚丘，立燬為衛文公。楚丘，在今河南滑縣東。❿造五兩之士　各家訓釋不一，姑依金其源說。造為訓練，兩指技巧。全句意謂訓練出能掌握五種兵器技巧的勇士。⓫五乘　古代兵車一乘，甲士三人，五乘合十五人。⓬銳卒　指前鋒的步兵。高誘注：「在車曰士，步曰卒。」古代作戰，以兵車先行，步兵隨從而進。⓭難　抵擋。⓮反鄭之埤　指晉文公伐鄭退師時，拆去鄭城上女牆事。據《國語・晉語》記載。魯僖公三十年（西元前六三〇年），晉與秦聯合伐鄭，鄭以燭之武說秦退師，晉亦不得不退師，但退時拆去了鄭城上之女牆，廢除鄭之守備。埤，城上女牆，即在城上為小牆作孔穴以向外窺望，稱之為「俾倪」。⓯東衛之畝　據《韓非子・外儲說右上》魯僖公二十八年（西元前六三二年），「晉文伐衛，東其畝」，意為把衛田間的壟畝一律改成東西向，目的是便於晉兵車的進退。⓰衛雍　春秋鄭地，在今河南原陽。據《左傳》僖公二十八年（西元前六三二年），晉文公與鄭伯結盟於衛雍，獻楚俘於周天子。⑰利趾　陳奇猷認為當是「利跂」。利，與「離」同。離跂，係古人常語，意謂違俗出眾。此處指武藝出眾者。⑱前陳　即陣前。⑲與荊戰三句　《史記・吳太伯世家》闔閭九年（西元前五〇六年）載其事。吳王與唐、蔡聯師伐楚，在漢水敗楚軍，追至郢，五戰，楚敗，楚昭王亡出郢。郢，春秋時楚國國都，在今湖北江陵西北。⑳庫盧　即春秋時向國，故址在今山東南部，與吳接壤，在吳之東。㉑巴蜀　在今四川境內的二古國名。㉒中國　指春秋時中原之各諸侯國。

【語　譯】齊桓公率領精良的兵車三百輛，受過嚴格訓練的士兵一萬人，作為全軍的前鋒部隊。縱橫馳騁於海內，天下沒有什麼人可以與他相抗衡。他的軍隊南方到達石梁，西邊到達酆部，北面抵達令支。中山攻破了邢國，狄人滅亡了衛國。桓公聯合諸侯國，在夷儀重建起邢國，在楚丘重建起衛國。

晉文公訓練出精熟五種兵器技巧的勇士，分乘五輛戰車，配上精銳的步兵千人作為前鋒，先同敵人交戰，所向披靡，沒有一個諸侯國的軍隊可以抵擋他們的攻勢。討伐鄭國退師時，命令毀掉鄭國城上的女牆，以便隨時攻取；攻伐衛國得勝時，命令其田壟一律改為東西向，以便晉國兵車往來行馳。在城濮之戰打敗楚國後，在衡雍率領諸侯尊奉周天子。

吳王闔閭在自己軍隊中，有經過挑選的大力士五百人，武藝出眾的三千人，作為全軍的前鋒。與楚國交戰，五戰五捷，接著佔領了楚國國都郢。吳王闔閭的軍隊東征到達庫盧，西征直抵巴、蜀，北面緊逼強大的齊、晉，吳的號令施行於中原各諸侯國。

〔四〕故凡兵勢險阻，欲其便也；兵甲器械，欲其利也；選練角材❶，欲其精也；統率士民❷，欲其教❸也。此四者，義兵之助也。時變之應❹也，不可為而不足專恃。此勝之一策也。

【章　旨】以確保戰爭勝利的四要點，作為全篇結語。

【注　釋】❶角材　指將帥。角，校。將校。❷士民　指士卒。❸教　習。指經過訓練，聽從戒令。❹時變之應　指時機變化的到來。應，適應；到來。

【語　譯】所以大凡用兵，應當力求戰爭形勢、山川之險阻，方便於自己；軍隊裝備的器械，銳利而堅固；被精選和訓練的將校，都能精明而有力，被統率的士兵，經過訓練都能聽從號令。這四個方面，是正義之師不可缺少的基礎。至於戰爭勝利之機遇的到來，雖然不由人為，但也不能專恃時機而不盡人事呀。所以簡選就是保證勝利的一項重要策略。

決勝

【題解】本篇論述戰爭決勝之道。認為義、智、勇三者構成了決勝的「本幹」，缺一不可。處於首位的「義」，自然是決定一切的。義在我方，則敵必陷入「上下虛，民解落」、「父兄怨，賢者誹，亂內作」那樣一種「孤獨」的境地。

但從篇幅比例看，全文還是側重於對勇與智的論述。兩軍相遇，以勇者勝。當一方的膽略和勇氣超過另一方時，那麼它的武力便會發揮出更加巨大的作用，敵方則因自己的怯懦而導致動搖敗北。這就是文中所說的「戰而勝者，戰其勇者也；戰而北者，戰其怯者也」。文章強調「怯勇無常」，兩者可以迅速轉化。善戰者應效法聖人明察「其所由然」，努力培養民眾的勇氣與鬥志，造成一種「諸邊之內，莫不與鬥，雖廝輿白徒，方數百里，皆來會戰」的態勢。這樣的勇，已經是整個民族的大勇。一支來自這樣一個大勇的民族而又具備膽略精神的軍隊，那確是可以成為戰爭勝利的依靠的。

末章論智，著重談「因」：「因敵之險」，「因敵之謀」，達到「因敵」以制勝。對自己則「貴不可勝」，也就是使自己立於不敗之地，取得戰爭的主動權。自己的力量要隱蔽和集中。一旦有機可乘，立即發起攻擊，其勢「若鷙鳥之擊也，搏攫則殪，中木則碎」。戰無不勝，攻無不克。

〔一〕四曰——

夫兵有本幹❶：必義，必智，必勇。義則敵孤獨，敵孤獨則上下虛❷，民解落❸，孤獨則父兄怨，賢者誹❹，亂內作。智則知時化❺，知時化則知虛實盛衰之變，知先後遠近縱舍❻之數❼。勇則能決斷，能決斷則能若雷電飄風❽暴雨，能若崩山破潰，別辨❾霣墜❿；若鷙鳥⓫之擊也，搏攫則殪⓬，中木則碎。此以智得也⓭。

【章　旨】言用兵決勝之要在於義、智、勇三者俱備。

【注　釋】❶本幹　植物的根與主幹，喻指事物之根本。❷虛　指氣虛膽怯，缺乏鬥志。❸民解落　百姓離散，失去凝聚力。❹誹　非議。❺時化　時勢的變化。❻縱舍　縱任與止息。❼數　術數；策略。❽飄風　旋風；暴風。❾別辨　指各種意外異變。❿霣墜　隕星墜落。⓫鷙鳥　凶猛的鳥。如鷹雕之類。⓬殪　死。⓭此以智得也　陳奇猷認為，據全章文意，此處疑脫義、勇二字，當作「此以義、智、勇得也」。

【語　譯】大凡用兵決勝之道，其大要有三：一是必須符合正義，二是必須運用智謀，三是必須勇武果敢。符合正義則多助，就會使敵人陷於孤立無援；陷入孤立無援，就會上下氣虛膽怯，缺乏鬥志，百姓亦會離散而去。孤獨的人連父兄亦怨恨他，賢能的人都非議他，這樣禍亂就會從內部興起。善用智謀則能預知時勢的變化和發展；預知時勢的發展變化，就能瞭解事物虛實盛衰之趨勢，懂得如何根據敵人的態勢而採取或先或後、或遠或近、或行或止的策略。勇武果敢則善於作出正確的決斷；善於作出決斷，行動能如雷電、旋風、暴雨一般不可抵擋，會像山崩、堤決，意外災變、隕星墜落那樣不可阻逆。猶如猛禽之奮起，搏攫禽獸，禽獸立即斃命；擊中樹木，樹木當即碎裂。上述這些，就是靠義、智、勇三者俱備得到的。

〔二〕夫民無常勇，亦無常怯。有氣❶則實，實則勇；無氣則虛，虛則怯。怯勇虛實，其由❷甚微，不可不知。勇則戰，怯則北❸。戰而勝者，戰其勇者也；

戰而北者，戰其怯者也。怯勇無常，儵忽❹往來，而莫知其方❺，惟聖人獨見其所由然。故商、周以興，桀、紂以亡。巧拙之所以相過❻，以益民氣與奪民氣，以能鬥眾❼與不能鬥眾。軍雖大，卒雖多，無益於勝。軍大卒多而不能鬥，眾不若其寡也。夫眾之為福也大，其為禍也亦大。譬之若漁深淵，其得魚也大，其為害也亦大。善用兵者，諸邊之內❽，莫不與❾鬥，雖廝輿白徒❿，方數百里，皆來會戰，勢使之然也。幸⓫也者，審於戰期而有以羈誘⓬之也。

【章旨】探討「勇」與「怯」的規律性，指出用兵的取勝之道，在於調動民眾作戰的勇氣和旺盛的鬥志，以造成人自為戰的態勢。

【注釋】❶氣　指人的一種信心充沛、精神飽滿的狀態。❷由　緣由。❸北　敗北；逃跑。❹儵忽　轉瞬之間。儵，同「倏」。❺方　道理。❻相過　相區別。❼鬥眾　使眾人去鬥。❽諸邊之內　國境之內。❾與　參加。❿廝輿白徒　雜役和平民。廝，即「廝」。古代對僕役的稱謂。輿，職位低微的吏卒。白徒，沒有經過軍事訓練的普通人。⓫幸　當作「勢」，指態勢（依松皋圓說）。⓬羈誘　控制和誘導。

【語譯】民眾的勇敢不是固定不變的，民眾的怯弱也不是固定不變的。精神飽滿信心充沛就感到充實，內心充實就會勇敢；精神萎靡缺乏信心就感到心虛，心虛便會膽怯。它們產生的原因十分微妙，不可不加以精細體察。勇敢的就能奮力作戰，膽怯的只會臨陣敗北。戰而得勝的人，總是憑著勇氣去迎戰的；戰而退卻的人，往往是心懷膽怯去應戰的。懦怯與勇敢之間，變化無常，且極其迅速，而又無法弄清其中之奧妙，唯獨聖人能洞察其所以會如此的原由，這亦正是商周之所以興起，桀紂之所以滅亡的緣故。

用兵之巧妙與笨拙其結局截然不同：有的能不斷增強民眾的心氣和鬥志，有的則削弱民眾的心氣和鬥志；有的能調動廣大民眾去戰鬥，有的則無法調動民眾去戰鬥。軍隊雖然龐大，士卒雖然眾多，並不一定對戰爭的勝利有好處。如果軍隊龐大士卒眾多，而不能指揮他們去作戰，那麼大而多的還不如小而少一些好。大凡軍隊人數眾多，造福亦自然大，但反過來，禍害亦大。這正如在深水捕魚一樣，水深捕到的魚固然大，但如果遇難，其危害亦大。善於用兵的人，邊境以內諸方人士，全都會來參與戰鬥。即使是那些僕役差吏以及沒有受過軍事訓練的平民百姓，方圓數百里以內，都會自動趕來投入會戰。這是當時戰爭的態勢使得他們這樣做的。所謂態勢，就是由非常審慎地選擇決戰時機，充分地動員和控制民眾所造成的一種意氣奮發的局面。

〔三〕凡兵，貴其因❶也。因也者，因敵之險以為己固，因敵之謀以為己事。能審因而加勝❷，則不可窮❸矣。勝不可窮之謂神❹，神則能不可勝也。夫兵，貴不可勝。不可勝在己，可勝在彼。聖人必在己者，不必在彼者，故執不可勝之術以遇不勝之敵，若此則兵無失矣。凡兵之勝，敵之失也。勝失之兵，必隱必微，必積必摶❺。隱則勝闡❻矣，微則勝顯矣，積則勝散矣，摶則勝離矣。諸搏攫柢噬❼之獸，其用齒角爪牙也，必託於卑微隱蔽，此所以成勝。

【章　旨】主張因敵利我，使自己處於「不可勝」的地位，以我之「隱、微、積、摶」，勝敵之「闡、顯、散、離」。

【注　釋】❶貴其因　指善於因地因時因勢以取勝。「貴因」為本書作者提出的一個重要範疇，參讀後〈貴因〉篇。❷審因而加勝　審時度勢而增加取勝的機會。❸窮　盡。❹神　奇妙無窮。❺摶　專一；集中。❻闡　明。此處指顯露在外。❼搏攫柢噬　用爪的稱搏攫；用角相撞的稱牴（「柢」當作「抵」。抵，通「牴」）；用齒牙咬的稱噬。

【語　譯】大凡用兵，貴在因勢利導。所謂因，是指利用敵人的險阻來堅固自己的防線；利用敵人的謀劃來達到自己的目的。能充分因勢利導，以增加自己取勝的機會，那麼勝利就不可窮盡了。勝利不可窮盡的叫作「神」；達到「神」的境界時，那就不可戰勝了。用兵就貴在不可戰勝。我方不可被戰勝的主動權在自己手裡，但敵人能否被我戰勝，則取決於對方。因此聖人總是把必不可被戰勝的信念建立在自己一方，而不是把一定可以取勝的希望寄託在敵方。這樣只要自己能穩操不可戰勝之方術，即使用以對付同樣是不可戰勝的敵人，亦依然萬無一失。凡是用兵，我方所以取勝，往往都是敵人犯有過失。戰勝那些犯有過失的敵兵的方法，一定要做到隱蔽、潛藏、蓄積、集中。隱蔽起來的，可以戰勝明露的敵人；潛藏下來的，可以戰勝外顯的敵人；能夠積蓄力量的，就能戰勝任意耗散力量的敵人；能夠集中兵力的，就能戰勝分散兵力的敵人。試看各種抓取、搏擊、撕咬獵物的兇禽猛獸，牠們使用自己的利齒、尖角、勁爪，都先要隱身縮形，然後出擊，這是牠們取得成功和勝利的主要原因。

愛士

【題解】本書對作為知識階層的「士」時有論及，專文亦有多篇。但此篇「愛士」中的「士」，不是通常意義的士人，而是士卒。管仲「制國，以為二十一鄉，工商之鄉六，士鄉十五」（《國語・齊語》）。這裡所說的士鄉，就是世襲義務服兵役的農民。本篇中的士，外延比這還要寬泛些，幾乎包括凡是可能參加作戰的人。

文章認為君主欲得國士，必須「憐人之困」，「哀人之窮」。文中舉了秦穆公、趙簡子二例，前者寬容地對待盜食了他駕車馬的農人，後者殺了心愛的白騾以救下屬之急，往後他們都在激戰危難中，意外地得到了受恩對方奮勇救險的報答。作者據此認為「愛士」是用兵的精要所在，「存亡死生，決於知此」，一切將帥士卒者「豈可不察哉」。

本篇篇名一作「慎窮」，意即篇中所言：賢主應哀憐困窮之士。

〔一〕五曰——

衣，人以其寒也；食，人以其饑也。饑寒，人之大害也。救之，義也❶。人之困窮，甚如饑寒，故賢主必憐人之困也，必哀人之窮也。如此則名號顯矣，國士得矣。

【章旨】此章言君主欲得國士，不僅要救人飢寒，更要哀憐人之困窮。

【注釋】❶義也　孫蜀丞認為「義也」，當作「大義也」，脫「大」字與上句「大害」不洽。

【語譯】人要穿衣，是因為寒冷的緣故；人要吃飯，是因為飢餓的緣故。飢寒，是人之大禍害，能夠把人們從飢寒中解救出來，那是大仁大義啊。人的窘迫、困窘，是比挨餓受凍還要深重的禍害，因此賢明的君主，必憐惜人們的窘迫，必哀傷人們的困窘。能做到這一步，君主的名號就顯赫了，國中著名的勇士便紛紛前來歸附了。

〔二〕昔者秦繆公❶乘馬而車為敗❷，右服失❸而埜人❹取之。繆公自往求之，見埜人方將食之於岐山❺之陽❻。繆公歎曰：「食駿馬之肉而不還飲酒，余恐其傷女❼也！」於是徧飲❽而去。處一年，為韓原之戰❾，晉人已環❿繆公之車矣，晉梁由靡⓫已扣⓬繆公之左驂矣，晉惠公⓭之右⓮路石⓯奮投⓰而擊繆公之甲，中之者已六札矣⓱。埜人之嘗食馬肉於岐山之陽者三百有餘人，畢力⓲為繆公疾鬥於車下，遂大克⓳晉，反獲惠公以歸。此《詩》之所謂曰⓴「君君子㉑則正，以行其德；君賤人則寬，以盡其力」者也。人主其胡㉒可以無務行德愛人乎？行德愛人則民親其上，民親其上則皆樂為其君死矣。

【章旨】愛士得報例一：秦穆公寬待盜食其馬的村野之人，後在與晉作戰處於極其危險時，因食馬人之助才得以轉敗為勝。

【注釋】❶秦繆公　即秦穆公。姓嬴氏，名任好，在位三十九年（西元前六五九～前六二一年）。❷乘馬而車為敗　此句既言「車敗」，當非「乘馬」，疑有誤。陳奇猷認為當作「駕而車敗」。意謂秦穆公乘著馬駕的車，途中車子敗壞。❸右服失　馬車中間右邊的一匹馬逃走。古代一車有四馬駕駛，居中的兩匹稱「服」，兩邊的稱「驂」。失，通「佚」。逃跑。❹埜人　即野人。指村野之農夫。埜，同「野」。❺歧山　「歧」當為「岐」，係排校之誤。在今陝西岐山東北。❻陽　山之南面。❼女　通「汝」。❽飲　請人喝酒。❾韓原之戰　秦穆公十五年（西元前六四五年），秦晉在韓原爆發戰爭。事見《史記．秦本紀》。❿環　圍住。⓫梁由靡　一作梁繇靡，晉大夫，為晉惠公駕車者。⓬扣　抓住。⓭晉惠公　姓姬，名夷吾，晉獻公詭諸之子。在位十三年（西元前六五〇～前六三八年）。⓮右　指車右，又稱驂乘，即站在車子右邊的戰士，任務是執干戈以禦敵。⓯路石　一作虢射，晉惠公之車右。《史記．晉世家》：「令梁繇靡為御，虢射為右。」⓰投　當是「杸」。軍士所執之殳，即投槍。⓱中之者已六札矣　已擊中秦穆公之鎧甲之六層。古代鎧甲的革有七層，六層已被擊穿，說明秦穆公處境已非常危急。⓲畢力　竭盡全力。⓳克　勝。⓴曰　疑為衍字。後文所引詩句，今本《詩經》未載，當是佚詩。㉑君君子　做君子們的君主。第一個「君」用如動詞。君臨；統治。㉒胡　何。

【語　譯】從前，有一次秦穆公乘馬車出行，途中車子壞了，駕在中間右邊的那匹馬乘機逃了出去，落到了當地村野農夫的手裡。秦穆公親自出去尋找，在岐山南面看到那些村野農夫已把馬殺了正燒著在吃，便嘆口氣說：「唉，吃這麼好的馬肉，怎麼能不同時再喝個痛快呢？我擔心不喝點酒怕會傷害你們的身子吧？」於是一個個都請他們飽飲而去。過了一年，爆發了秦晉在晉國韓原地區的一場激戰。晉人已把穆公的車子圍住了，替晉惠公駕車的梁由靡已經扣住秦穆公車乘的左旁那匹馬，晉惠公的車右路石以殳槍奮擊秦穆公的鎧甲，七層革甲已擊穿了六層。這時曾在岐山南面偷食穆公馬肉的村野三百多人，趕來在秦穆公的馬車周圍拼死搏鬥，於是秦軍大敗晉兵，反把晉惠公俘獲過來，帶回秦國。這就是《詩經》中所說的：「給君子們做君主，就要公正不阿，以便藉助他們來推行你的德政；給賤人們做君主，就要寬容厚道，這樣才能使他們為你竭盡全力啊。」由此可見，作為君主怎麼能不盡全力去推行德政和惠愛百姓呢？如果君主能推行德政，愛護百姓，那麼百姓也會親近和愛戴他們的君主，同時也能心甘情願地為他們的君主竭盡死力了。

〔三〕趙簡子❶有兩白騾而甚愛之。陽城胥渠❷處廣門之官❸，夜款門❹而謁❺曰：「主君❻之臣胥渠有疾，醫教之曰：『得白騾之肝病則止，不得則死。』」謁者❼入通。董安于❽御於側，慍曰：「譆❾！胥渠也，期❿吾君騾，請即刑焉。」簡子曰：「夫殺人以活畜，不亦不仁乎？殺畜以活人，不亦仁乎？」於是召庖人⓫殺白騾，取肝以與陽城胥渠。處無幾何⓬，趙興兵而攻翟⓭。廣門之官，左七百人，右七百人，皆先登而獲甲首⓮。人主其胡可以不好士？

【章旨】愛士得報例二：趙簡子忍愛殺白騾，取肝與陽城胥渠以治病，因而在興兵攻翟時，得其鼎力相助。

【注釋】❶趙簡子　即趙鞅，亦稱趙孟，又名志父，春秋末年晉六世卿之一。在晉六卿內訌中，曾先後戰勝范氏、中行氏，不斷擴大封地，奠定了此後與韓、魏一起分晉，建立趙國的基礎。❷陽城胥渠　陽城是姓，胥渠是名，餘不詳。❸處廣門之官　居住在廣門的官吏。廣門，城門名。❹款門　扣門。❺謁　稟告。❻主君　指趙簡子。大夫稱主君。❼謁者　指向趙簡子通報的官吏。❽董安于　趙簡子之家臣。❾譆　感嘆詞。表驚怒。❿期　希冀。⓫庖人　廚師。⓬處無幾何　過了沒有多久。⓭翟　即狄。古代對北方游牧民族的通稱。⓮甲首　指披甲的武士的首級。

【語譯】趙簡子有兩匹他非常心愛的白騾。一天夜裡，住在廣門的一個官吏叫陽城胥渠的，來到趙簡子住所扣門稟報說：「主君的家臣胥渠生病了，醫生告訴他說：『只有服用白騾的肝，病才能痊癒；弄不到白騾的肝，很快就會死。』」負責通報的人進來向趙簡子稟報。董安于正好侍奉在一旁，聽了惱怒地說：

「嘿，胥渠這傢伙，怎麼能算計起我們君主心愛的白騾來了呢？請允許我即刻去把他殺了吧。」趙簡子說：「如果用殺人來使牲畜存活，那不是太不仁不義了嗎？如果殺掉牲畜用來救活人命，不正是符合仁義的嗎？」於是便通知廚師殺了白騾，取出肝臟去送給陽城胥渠。過了沒有多久，趙簡子起兵去攻打北方的翟，住在廣門的官吏，聚集並帶領了左邊七百人，右邊七百人，都搶先參加戰鬥，並英勇地斬獲了敵方許多披了鎧甲的武士首級。由此看來，君主怎麼能不愛自己的勇士呢？

〔四〕凡敵人之來也，以求利也。今來而得死，且❶以走為利。敵皆以走為利，則刃無與接。故敵得生於我，則我得死於敵；敵得死於我，則我得生於敵。夫得生於敵，與敵得生於我，豈可不察哉？此兵之精者❷。存亡死生，決於知此而已矣。

【章　旨】認為用兵之「精要」在於求全軍為我死戰，使敵來必死，則「刃無與接」，我已獲勝。

【注　釋】❶且　將。❷兵之精者　指用兵之精妙之處。

【語　譯】大凡敵人之發動進攻，都是為了追求利益。如果敵人前來進攻，結局將是必死無疑，那麼他們就會把退卻逃跑看作是最有利的。這樣，用不著交鋒我方就會獲得勝利。所以，敵人若利用我方弱點獲得了生存的機會，那我們就將死於敵人之手；若敵人死於我方之手，那就是我們利用了敵方的弱點，從他們那裡得到生存的機會。或者是我們從敵方得到保存自己的機會，或者是敵人從我方得到保存自己的機會，其中的道理，難道可以不加以仔細明察嗎？要知道這是用兵的全部精微所在啊。死、生，存、亡，全取決於是否懂得這個簡明的道理了。

卷第九　季秋紀第九

季秋　順民　知士　審己　精通

本卷作為秋季的末卷，所收文章題旨仍然直接、間接與軍事有聯繫。從月令篇中「天子乃教於田獵，以習五戎」；「天子乃厲服厲飭，執弓操矢以射」等記載來看，在古代，演習武事，提高軍事意識，必要時參加攻伐或救守戰爭，是文武百官以至全國百姓的共同義務。月令篇後的四篇論文，在這一共同主題下，大致論述了下面三方面關係：

君主與士（〈知士〉）：君主應當像善於「自知人」的靜郭君那樣，不為眾議所動，堅持與多有微疵的「高節死義」之士劑貌辨相善，從而使對方把自己生死苦樂置於度外而為其奔赴急難。

君主與百姓（〈順民〉、〈精通〉）：君主欲建功立業，必須「先順民心」。凡是興舉攻伐征戰這樣的事，「必先審民心然後可舉」。君主若能「以愛利民為心」，那麼便能「精通乎民」，所以「號令未出而天下皆延頸舉踵矣」。

戰爭勝負與君主（〈審己〉）：「凡物之然也，必有故。」戰爭的或勝或敗自然亦各有原因。君主絕不能像齊湣王、越王授那樣，弄到國敗身辱的地步卻還不知道其中原因。無論勝負，君主都應當善於「審己」，即從自身找原因。如果不這樣，那麼「雖當與不知同，其卒必困」。

季秋

【題解】季秋是秋季的最後一個月。故本月與月令相應的政令，主要有二，一是致力收藏，準備過冬。秋收的事，〈孟秋〉篇中初次出現（「始收斂」），〈仲秋〉篇再次提到（「趣民收斂」）；本篇則用了「申嚴號令」這樣果敢嚴肅的語言，命令「百官貴賤」，也就是全國上下，「無不務入，以會天地之藏」。這說明大規模的收穫定在本月。二是「受朔日」，迎來歲。「受朔日」（詳見文中注）在當時可說是宗主國的一種標誌。誰有權授朔，即表明誰為正統；接受朔日也就接受了一種隸屬關係。諸侯受朔後，要珍藏於祖廟，每月舉行莊重的「告朔」儀式。它實際上成了一種權力的象徵。

本月中天子還要親自參加田獵，練習各種兵器，場面頗為宏大、莊重。聯繫〈孟春〉三章的天子「躬耕帝籍田」、〈季春〉的后妃「親東鄉躬桑」，這也該是一種行獵儀式，並非通常的行獵，目的是通過田獵，倡導百官熟習兵事，保衛本國，攻伐他國。

〔一〕一日——

季秋❶之月：日在房❷，昏虛❸中，旦柳中。其日庚辛。其帝少皞。其神蓐收。其蟲毛。其音商。律中無射❹。其數九。其味辛。其臭腥。其祀門。祭先肝。候鴈來❺。賓爵❻入大水❼為蛤❽。菊有黃華❾。豺❿則祭獸戮⓫禽。天子居總章右个⓬，乘戎路，駕白駱，載白旂，衣白衣，服白玉，食麻與犬。其器廉以深。

【章旨】記述季秋之月月令，並據此對本月天子的住、行、衣、食作了相應的具體規定。

【注釋】❶季秋　指夏曆九月。❷日在房　太陽運行的位置在房宿。房宿，二十八宿之一，蒼龍七宿之第四宿，共有四星，屬天蠍座。❸虛　虛宿，二十八宿之一，玄武七宿之第四宿。共有二星，一在寶瓶座，一在小馬座。❹律中無射　季秋與十二音律中的無射律相應。無射，屬陰律。據高誘注：是月陰氣上升，陽氣下降，萬物隨之而藏，故稱「律中無射」。❺候鴈來　與〈仲秋〉「候鳥來」同義。據高誘注：仲秋來者為其父母輩，本月來者乃其子女輩。❻賓爵　即老雀。爵，通「雀」。因雀棲宿於堂宇之間，好似賓客一樣，因此古人稱牠為賓爵。❼大水　指海洋。❽蛤　指蛤蜊等軟體動物。老雀入海化作蛤蜊為古人的一種不科學的傳說。❾黃華　黃色的花朵。❿豺　狼屬，其色黃，似狗而有長尾。⓫戮　格殺。⓬總章右个　天子居處的西向堂稱總章，總章的右側室為右个。

【語譯】季秋九月，太陽的位置在房宿。黃昏時，虛宿出現在南方中天；黎明時，柳宿出現在南方中天。季秋在天干中屬庚辛，主宰的天帝是少皞，佐帝之神為蓐收。應時的動物屬毛族。應時的聲音是商音，相應的音律是無射。本月的序數是九。應時的味是辛味，氣是腥氣。舉行五祀中的門祭，祭祀時要把犧牲的肝臟陳列在前面。這個月，候雁繼續從北漠飛來，賓爵飛入大海化為蛤蜊。菊花盛開黃色的花朵，豺在荒野把捕殺的禽獸四面陳列，像祭祀一般。天子居住到明堂西向總章的右側室。乘坐白色的兵車，駕著白色黑鬣的駿馬，車上插著繪有龍紋的白色旗幟；穿著白色的衣服，佩戴白色的玉器，吃的是糜子與狗肉，使用的器皿帶尖利的稜角而又深邃。

〔二〕是月也，申嚴號令。命百官貴賤，無不務入❶，以會❷天地之藏❸，無有宣❹出。命冢宰❺，農事備收，舉五種之要❻，藏帝籍之收❼於神倉❽，祗敬必飭❾。

是月也，霜始降，則百工休。乃命有司❿曰：「寒氣總至⓫，民力不堪，其皆入室。」上丁⑫，入學習吹⑬。

是月也，大饗帝⑭，嘗⑮犧牲，告備于天子。合諸侯。制百縣⑯。為來歲受朔日⑰。與諸侯所稅於民輕重之法。貢職⑱之數，以遠近土地所宜為度⑲，以給郊廟之事，無有所私。

【章旨】為適應本月月令，天子必須在農事、百工諸方面實施相關政令，和頒布有關來年「朔日」及稅賦等項法令。

【注釋】❶務入　致力於秋收。入，收納。❷會　合。❸藏　指秋季天地所具有的收藏之氣。❹宣　散洩。❺冢宰　官名，亦稱太宰。負責統領百官，輔佐天子，類似宰相。❻舉五種之要　設置登錄五穀收成的簿籍。舉，設立。五種，即五穀。要，帳冊。❼帝籍之收　天子籍田所收穫的穀物。❽神倉　儲藏供祭祀用的穀物的倉儲。❾祗敬必飭　恭敬端正，毫不怠慢疏忽。祗，恭敬。飭，謹慎。❿有司　主管的官吏。此處指司徒。據《周禮》，司徒是地官，掌教化。⓫總至　猝然到來。⓬上丁　指本月上旬丁日。⓭入學習吹　指讓國子生入太學，練習吹奏笙竽之類樂器。⓮大饗帝　遍祀五帝。饗，祭獻。⓯嘗　指預先準備。⓰制百縣　召集百縣之大夫。制，天子之言。百縣，天子畿內各縣。⓱受朔日　月球和太陽的黃經相等，月球走到地球與太陽中間，此時即稱為朔，通常總在陰曆的每月初一，所以初一又稱朔日。陰曆主要以月亮運動為依據，通常以大月和小月相間，即三十天與二十九天相間；但由於兩個朔日之間的實際時間要比二十九天半還多一點，所以每隔十七個月，就得安排某兩個月均為大月，以便補足積下的缺數。為此，古代天子每年要向諸侯及畿內百縣大夫，通報來年朔日的安排，即所謂「受朔日」（受，通「授」），以便統一全年的祭祀、農事及各項活動。「受朔日」儀式大都在歲首前一個月進行。但在春秋戰國，各國歲首的月份實際上並不一致。東周以十一月（建子）為歲首，稱周正；鄭、宋、齊諸國以十二月（建丑）為歲首，稱殷正；秦國則以一月（建寅）為歲首，即用的是夏正，直到秦始皇統一六國以後，才於始皇二十六年改以十月（建亥）為歲首。本書〈十二紀〉均用夏正，但「受朔日」卻安排在季秋九月，這也許是為後來秦始皇以十月朔為一年之始張本吧。⑱貢職　指諸侯向天子進貢的貢賦。職，賦稅；貢，貢獻。⑲土地所宜為度　指以當地所產之實物為準。古代以實物稅為主。

【語　譯】這個月，要嚴明地重申各項號令：命令百官及各色人等，無論貴賤，都要勉力從事秋收，以會合天地收藏之時氣，不許有任何宣洩遺漏。命令太宰在秋收完畢後，要及時把各項穀物的收穫都登記入冊。天子籍田上的收成要儲入神倉——此事務必恭敬而嚴正地去做。

這個月，開始降霜時，就要讓百工休息。同時命令司徒說：「寒氣會突然到來，百姓會難以忍受，要讓他們回到室內以躲避寒氣。」本月上丁那一天，要讓國子生進入學館，學習笙竽等樂器的吹奏。

這個月，天子要遍祭五帝。百官要事先準備好祭祀用的犧牲，一待預備齊全，立即向天子稟報。於是召集各地的諸侯，畿內各縣的大夫，舉行授予來年朔日的儀式。頒布諸侯向百姓徵收租稅輕重的法規。諸侯向天子繳納的各項貢賦的多少，應以土地離京畿的遠近及當地所產的實物量為依據。這些物品都是用來供給祭天與祭祖之用，不得私自有所增減。

〔三〕是月也，天子乃教於田獵❶，以習五戎❷。獀馬❸。命僕❹及七騶❺咸駕，載旍旐輿❻，受車以級❼，整設❽于屏❾外，司徒搢扑❿，北嚮以誓⓫之。天子乃厲服厲飭⓬，執弓操矢以射。命主祠⓭，祭禽於四方⓮。

【章　旨】言天子以行獵教習治兵之道。

【注　釋】❶教於田獵　指天子以大規模的田獵來教習兵事。教，教習。❷五戎　五種兵器，通常指刀、劍、矛、戟、矢。❸獀馬　於馬群中選擇可以用來田獵的壯馬。獀，同「搜」。❹僕　即田僕，狩獵時負責駕御獵車的人。❺七騶指負責套馬和御馬的人。天子有馬六種，各以一騶馬掌管，加一總管，故總稱七騶馬，省稱為七騶。❻載旍旐輿　指車上載著各種不同標誌的旗幟。旍，旌旗。旐，繪有龜蛇花紋的旗幟。輿，應作「旟」，繪有鷹鳥的旗幟。❼受車以級　按照官位等級授車。受，同「授」。❽整設　有次序地列隊擺開。❾屏　指獵場周圍作為屏障的樹木。❿搢扑　腰間插著馬鞭。搢，插在腰間。扑，馬鞭，練武作為教具用。⓫誓　古代告戒將士的言辭。⓬厲服厲飭　指天子著戎服，佩戴刀劍一類兵器，以顯示其威武。厲，嚴整。飭，通「飾」。指飾物。⓭主祠　負責祭祀的官吏。⓮祭禽於四方　以獵獲的禽獸祭祀四方之神。

【語譯】這個月，天子以行獵練習兵事，熟練各種不同的兵器。在馬群中挑選行獵用的壯馬，命令田僕和掌管車乘御馬的七騶都來駕車。車上插著各種不同標誌的旗幟，同時依據官吏等級授予車乘，然後按照次序擺開在獵場屏障之外。這時司徒腰插馬鞭，面向北方發布誓令。於是天子威武地穿上戎服佩戴兵器，拉弓搭箭進行射獵。圍獵結束後，命令主持祭祀的官吏，將獵獲的禽獸祭祀四方之神。

〔四〕是月也，草木黃落，乃伐薪為炭。蟄蟲咸俯❶在穴，皆墐❷其戶。乃趣獄刑❸，無留有罪。收❹祿秩之不當者、共養之不宜者。

是月也，天子乃以犬嘗稻，先薦寢廟。

【章旨】言天子於本月實施的幾項相關政令。

【注釋】❶俯　伏藏。❷墐　用泥土堵塞。❸趣獄刑　督促司法官斷案判刑。❹收　收繳。

【語譯】這個月，草木枯黃落葉，農夫可以進山伐木燒炭。冬眠的各種動物都伏藏在洞穴，並用泥土堵塞其洞戶。這個月，要督促對訴訟進行斷案判刑之事，不要遺留任何有罪行應判處的案件。要收繳那些享受俸祿和爵秩與其功德不相稱的人所受之賞賜，以及那些不應受到供養的人的供養物。

這個月，天子就犬肉一起品嚐新收的稻米，並且要先向祖廟獻祭。

〔五〕季秋行夏令❶，則其國大水，冬藏殃敗，民多鼽窒❷。行冬令❸，則國多盜賊，邊境不寧，土地分裂。行春令❹，則暖風來至，民氣解❺墮，師旅❻必興。

【章旨】言政令錯時會引起的各種災禍。

【注釋】❶季秋行夏令　按陰陽五行說，夏主火氣，秋主金氣，金生水。故季秋若行夏令，金火兩氣相併，便會引起大水成災。火氣炎熱，故為過冬而儲藏之物品，如穀物、蔬菜、果品等，就會敗壞，百姓還會鼻塞不通。❷鼽窒　指鼻孔窒塞。❸行冬令　冬主陰，係奸謀所生之象。故季秋若行冬令，就會盜賊蠭起，邊境騷擾不寧，國土為鄰國所分割。❹行春令　春屬陽，故若行春令，則暖風重起，百姓會變得鬆懈懶惰。春主木氣，金木相干，就會引起戰禍。❺解　同「懈」。❻師旅　古代軍隊編制名稱。二千五百人為師，五百人為旅。

【語譯】如果季秋實行夏季的政令，那麼國家就會有大水成災，為過冬而貯藏的穀物蔬菜果品也會敗壞變質，還會有很多百姓患上鼻塞的疾病。如果推行冬季的政令，那麼國內就會到處出現盜賊，邊境也會被騷擾得不得安寧，國土會遭到鄰國的分割。如果推行春季的政令，那麼溫和的暖風就會再度吹來，百姓會顯得鬆懈怠惰，戰禍一定會隨時興起。

順民

【題解】作為十二篇論兵專文之一，本文開篇即對論題有所超越，提出君主若建功立名，必須「先順民心」；但結語依然緊扣軍事主題：「故凡舉事，必先審民心。」據高誘注，這裡的「舉事」即指「攻伐」。

文中所舉聖王、霸主都是能「先順民心」的範例。文王寧可辭謝千里封地，而請求廢除炮烙之刑；越王勞心苦身三年，直至不惜以必死雪會稽之恥，因為他們都懂得「取民之所說」這個得天下或稱霸的「要訣」。湯的事跡，則有更深一層的意義。它說明即使據有了天下，亦絕不能失去民心。在百姓苦於連年大旱不收時，湯剪髮、攦手「以身為犧牲」為民祈雨，而「雨乃大至」。在這裡，與其稱它為「鬼神之化」，不如說是「人事之傳」；也許在作者看來，天意即民意的化身。

先秦諸家對民心的論述，舉其大要有二種相反的觀點。一為孟子，主張「民為貴」。認為得天下必須得其民，而「失其民者，失其心也」，「得其心，斯得民矣」（〈離婁上〉）。這些論述，大致與本書相通。視民心向背為功名成敗的基點，是本書一以貫之的思想。除了本篇，前〈貴公〉、〈功名〉、〈用眾〉，和後〈用民〉、〈適威〉等篇，均有論及。另一為韓非，主張為治者「不務德而務法」，譏諷民智「猶嬰兒之心」，抨擊「欲得民之心而可以為治，則是伊尹、管仲無所用也」（〈顯學〉）。據說秦王政是很讚賞韓非的，由此亦不難看出，作為本書編纂者的呂不韋與秦王政的衝突，有他們各自不同的思想基礎。

〔一〕二曰——

先王先順民心，故功名❶成。夫以德得民心以立大功名者，上世多有之矣。

失民心而立功名者，未之曾有也。得民必❷有道❸，萬乘之國，百戶之邑，民無有不說。取民之所說而民取矣，民之所說豈衆哉？此取民之要也。

【章　旨】言君主只有順乎民心，才能建立功名，以為全篇破題。

【注　釋】❶功名　功指治天下之功，名指聖君聖王之名。把順乎民心作為進行戰爭、建功立名的前提，是前〈功名〉篇提出的「欲為天子，民之所走，不可不察」同一命題的延伸。❷必　陶鴻慶認為此「必」係「心」之誤。「得民心有道」承上文「得民心」而言。❸道　方法。

【語　譯】先王之治理天下，都首先注重順乎民心，所以才能功成名遂。大凡以仁德之教得乎民心，從而建立大功名的，在上古之世大有人在；喪失民心而能建立功名的，則還從未有過。得民心有其必由的途徑，大而至於有上萬輛兵車的國家，小而只有上百戶人家的城邑，百姓沒有不有所喜悅的。只要能夠做好民眾所喜悅的事，就會得到民眾的真心擁戴。民眾所喜悅的事難道會很多嗎？這就是收取民心的關鍵所在啊。

〔二〕昔者湯克夏而正天下❶，天大旱，五年不收，湯乃以身禱於桑林❷，曰：「余一人❸有罪，無及萬夫❹。萬夫有罪，在余一人。無以一人之不敏❺，使上帝鬼神傷民之命。」於是翦其髮❻，鄜其手❼，以身為犧牲❽，用祈福於上帝，民乃甚說，雨乃大至。則湯達乎鬼神之化，人事之傳❾也。

【章旨】當百姓苦於連年大旱不收時，商湯罪罰自己，並以身作犧牲，為民禱福於上天，「民乃甚說，雨乃大至」。

【注釋】❶正天下　君天下；主天下。❷桑林　高誘注為桑山之林，傳說能興雲作雨，故湯禱雨於此。其地今址不詳。「桑林」又是商代樂舞的名稱，當是為禱雨而創制。《莊子‧養生主》：「合於〈桑林〉之舞。」❸余一人　殷代帝王自稱。❹萬夫　萬民。泛指民眾。❺不敏　不敏慧。自謙之詞。❻翦其髮　剪去頭髮。男子翦髮是古代刑罰的一種，稱「髡」。❼鄽其手　鄽當是「磿」之誤。磿，通「櫪」。擠；壓。《莊子‧天地》有「罪人交臂磿指」即是。係將罪人雙手反綑，再用幾根小木棍套上手指，拉緊繩子進行擠壓，類似後來的「拶刑」。❽犧牲　祭祀用的牲畜。❾人事之傳　指人事能使鬼神轉移變化的道理。傳，轉移。

【語譯】從前，商湯滅了夏桀，君臨了天下。那時天大旱，歷時五年沒有收成。湯於是以自己的身體在桑林向上帝祈禱。他說：「我一人有罪，不要連累天下百姓。即使百姓有罪，亦應該歸在我一個人身上。不要因為我的不才，致使上帝鬼神去傷害天下百姓的生命。」這時，商湯像罪人一樣翦除頭髮，綑縛雙手並緊拶手指；又用自己身體作為祭祀犧牲，以此來為天下百姓向上天禱福。百姓知道了都非常高興。上天於是就降下大雨，解除了旱象。由此看來，湯真可說是通曉鬼神變化、人事轉移的道理啊。

〔三〕文王處岐❶事紂，冤侮雅遜❷，朝夕必時❸，上貢必適❹，祭祀必敬。紂喜，命文王稱西伯❺，賜之千里之地。文王載拜稽首❻而辭曰：「願為民請炮烙之刑❼。」文王非惡千里之地，以為民請炮烙之刑，必欲得民心也。得民心則賢於❽千里之地，故曰文王智矣。

【章旨】當百姓苦於紂王暴政時，文王寧願辭去封地而請求除去「炮烙之刑」，因為他懂得「得民心則賢於千里之地」。

【注釋】❶歧　諸本多為「岐」，此當係錯排漏校。即岐山，周族發祥地，故址在今陝西岐山東北。❷冤侮雅遜　意謂文王雖受紂王的冤枉和侮慢，但仍守正不違，恭順地謹奉諸侯應盡之禮。雅，正，指合乎禮儀。遜，恭順。❸朝夕必時　指早晚的朝拜必按時。表示對紂王的恭敬。❹適　適中；適宜。❺西伯　統領西方諸侯之長。❻載拜稽首　載，通「再」。載拜，拜兩拜。稽首，以頭叩地。表示恭敬。❼願為民請炮烙之刑　句中「請」下疑脫「去」或「除」。《史記・殷本紀》作「請除炮烙之刑」。意謂希望為民請求廢除炮烙之刑。炮烙之刑，即用火燒灼銅格（一說銅柱），使人伏其上的一種酷刑。《史記・殷本紀》載此事，則是文王「獻洛西之地，以請除炮烙之刑。紂乃許之」，與此略異。❽賢於　勝於。

【語譯】文王在歧山之下，臣事殷紂王，雖遭到紂王的冤枉和侮慢，卻依然對紂王謹守諸侯之禮，雅正而恭順，早晚按時朝拜，每次上貢的貢物無不適中。祭祀時必定恭恭敬敬。紂王對此很高興，命令文王可以稱西伯，並賞賜他縱橫千里的封地。文王再拜叩頭辭謝說：「我不要那千里封地，只希望為百姓請求王上能廢除炮烙之刑。」文王這樣做，並不是厭惡那千里土地，用辭謝封地來換取為百姓請求廢除炮烙之刑，是想要贏得民心。得民心的價值要勝過千里之地。所以說，文王是很明智的。

〔四〕越王❶苦會稽之恥❷，欲深得民心，以致必死於吳❸。身不安枕席，口不甘厚味❹，目不視靡曼❺，耳不聽鐘鼓。三年苦身勞力，焦脣乾肺❻。內親群臣，下養百姓，以來❼其心。有甘脆❽不足分，弗敢食；有酒流之江❾，與民同之。身親耕而食，妻親織而衣。味禁珍❿，衣禁襲⓫，色禁二⓬。時出行路，從車載食，以視孤寡老弱之漬⑬病困窮顏色愁悴⑭不贍⑮者，必身自食⑯之。於是屬⑰諸大夫而告之，曰：「願一與吳徼天下之衷⑱。今⑲吳、越之國，相與俱殘，士大夫履肝肺⑳，同日而死，孤與吳王接頸交臂而僨㉑，此孤之大願也。若此而不可得也，內量吾國不足以傷吳，外事之諸侯㉒不能害之，則孤將棄國家，釋㉓群臣，服劍臂刃㉔，變容貌，易名姓，執箕帚㉕而臣事之，以與吳王爭一旦之死㉖。孤雖知要領不屬㉗，首足異處，四枝布裂㉘，為天下戮㉙，孤之志必將出焉。」於是異日果與吳戰於五湖㉚，吳師大敗，遂大圍王宮，城門不守，禽㉛夫差㉜，戮吳相㉝，殘吳二年而霸㉞，此先順民心也。

【章　旨】當越國上下都苦於會稽之恥時，越王句踐能「先順民心」，內親群臣，下養百姓，苦身勞力三年，終於滅吳雪恥而稱霸。

【注　釋】❶越王　指越王句踐。❷會稽之恥　指越王句踐三年（西元前四九四年），越攻吳而大敗，句踐被吳軍困於會稽山，不得已而令大夫文種向吳王夫差屈膝求和之事。❸致必死於吳　誓以必死之心，與吳決一勝負。❹厚味　美味。❺靡曼　指女色。❻焦脣乾肺　因言語過多，以致引起嘴脣乾焦、肺氣枯竭。❼來　招徠。❽甘脃　美味的食物。脃，同「脆」。❾有酒流之江　有酒即流入江中。❿珍　珍奇之食品。⓫襲　指雙重。⓬色禁二　指衣不得雜用二色。所謂二色，即〈季夏〉二章的「黼黻文章」：白與黑為黼，黑與青為黻，青與赤為文，赤與白為章。⓭漬　沾染。此處指生病。⓮顏色愁悴　面色憂愁憔悴。⓯不贍　贍養不足。⓰食　給人吃。⓱屬　會。⓲願一與吳徼天下之衷　「下」字疑衍。意謂願將吳越之間的仇怨求上天作一仲裁。徼，求。衷，天降之裁定。⓳今　應為「令」。⓴履肝肺　踐踏肝肺而死。形容戰爭的酷烈。㉑孤與吳王接頸交臂而僨　指要與吳王肉搏共亡。孤，古代侯王自稱的謙詞。僨，僵臥。此處指斃死。㉒諸侯　指所結交的各諸侯國，亦即與越國一起反對吳王的盟國。㉓釋　捨棄。㉔服劍臂刃　佩劍持刀。服，佩帶。臂，手持。㉕執箕帚　指充當僕役。㉖爭一旦之死　謂以行刺的辦法，使仇敵死於一旦。㉗要領不屬　意謂被斬首或腰斬。要，通「腰」。領，頸。屬，連。㉘四枝布裂　意謂被車裂。枝，通「肢」。㉙戮　辱。㉚五湖　太湖別名。一說指太湖流域一帶的所有湖泊。㉛禽　通「擒」。㉜夫差　吳王闔閭之子。㉝吳相　指太宰嚭。㉞殘吳二年而霸　據《史記・越王句踐世家》：句踐滅吳後，北渡淮水，與齊晉諸侯會於徐州，致貢於周。周文王使人賜句踐胙，命為伯。當是時，越兵橫行於江淮以東，號稱霸王。

【語　譯】越王句踐為會稽遭敗的恥辱憂苦不已，想要深得到民心而和吳國拼死一戰。為此，他身不安於枕席，口不甘於美味，目不視美色，耳不聽音樂。就這樣他苦身勞力整整三年，唇焦肺乾地闡釋自己的心志。他對內親近群臣，對下恩養百姓，以便使他們衷心地擁護自己的主張。有美味的食物，如果不夠分給大家，就不敢自己獨享；有美酒便流入江中，與沿江的民眾同飲。自己親自耕種出來的糧食才吃，妻子親自紡織出來的布才穿。飲食禁止珍異，衣服不穿雙重的，衣料的色彩也不准有二種。他還時常外出巡視，隨從載運食物的車輛，用以探望孤寡老弱或有病的人。凡是由於窮困而供養不足面有菜色憔悴不堪的，必定親自施捨供他們吃用。然後他召集大夫，向他們宣告說：「我願與吳國一起接受上天的裁定，讓吳越二國，同歸於盡。在決戰中，士大夫都踐踏肝肺，同日而死；我與吳王夫差一對一地赤身肉搏直到一起死亡。這是我最大的願望。要是做不到這一點，從內部衡量自己的國力還不足以挫敗吳國，從外部估計各結盟諸侯國亦不能危及吳國的地位，那麼，我就將拋棄自己的國家，離開群臣，佩帶寶劍，手執匕首，改變容貌，更姓換名，去充當吳宮的僕役，掃地送水侍奉吳王，以便伺機與吳王拼死於頃刻之間。我雖然知道這樣做不是斷頭截腰首足異處，就是四肢車裂，為天下人所羞辱，但我的心志也一定可以從中獲得實現。」後來，越國果然與吳國決戰於太湖一帶，吳國的軍隊大敗。越國大軍包圍吳宮，攻破城門，生擒吳王夫差，殺死吳相太宰嚭。滅吳二年以後，越國便成為諸侯的霸主。這些都是先順乎民心的結果啊。

〔五〕齊莊子❶請攻越，問於和子❷。和子曰：「先君❸有遺令曰：『無攻越，越猛虎也。』」莊子曰：「雖猛虎也，而今已死矣❹。」和子曰以告鴞子❺。鴞子曰：「已死矣以為生❻。」故凡舉事，必先審❼民心然後可舉。

【章　旨】言句踐雖死，民心猶在，致使齊國終於放棄攻越之舉。

【注　釋】❶齊莊子　即田莊子。名伯，田襄子之子，父子相繼為齊宣公相。❷和子　即田和。齊莊子之子，亦曾為齊宣公相。宣公死後，康公繼立。西元前三八六年，田和廢齊康公，始為齊之諸侯，因稱和子。❸先君　指田莊子之祖父田常。田常執政時，正值句踐橫行江、淮，稱霸諸侯之際，故有下述遺令。❹而今已死矣　指句踐已去世。時句踐已去世三十餘年。❺和子曰以告鴞子　「曰」字疑衍。鴞子，即鴟夷子皮，為田常親近的僕從。❻已死矣以為生　雖死猶生。意謂句踐雖死而其教尚存，民心還存。❼審　考察。

【語　譯】齊莊子想要攻打越國，找和子一起商量。和子說：「先君曾有遺囑：『不要攻打越國，越國是一匹猛虎。』」莊子說：「越國雖然曾經是猛虎，但句踐已去世多年，這隻猛虎現在已經死了。」和子便把莊子的話告訴鴞子。鴞子說：「句踐雖然已經死了，但人們仍然認為這隻猛虎還活著呢。」所以說，凡是用兵舉事，一定要先考慮民心的順逆，然後決定是否可以去做。

知士

【題解】本篇把「高節死義」之士比作士人中的千里馬，認為欲使千里馬馳騁沙場，則非有善於識別、駕馭千里馬的「良工」不可。文章以「靜郭君善劑貌辨」為範例，希望君主或養士者都能成為「良工」，做到像靜郭君那樣「自知人」。

「自知人」即「自知士」。作者尤為強調的是作為狀語的「自」字。從全文看來，這個「自」包含著二層意思。一是對士要有自己深刻的獨到識見。劑貌辨為人「多訾」，誰也不喜歡，唯獨靜郭君能看到他的長處。二是對自己的識見要有不為物議所動的執著精神。先是門人士尉進諫，後有兒子孟嘗君勸說，靜郭君非但「非之弗為阻」，而且加倍優遇劑貌辨，甚至還「令長子御，朝暮進食」。正因為如此，劑貌辨才能為靜郭君「外生樂、趨患難」，冒死進諫齊湣王（文中誤為齊宣王），終於使齊湣王對靜郭君前嫌冰釋，重歸於好。

本篇與前〈愛士〉篇題旨雖互為闡發，但此「士」與彼「士」內涵和外延均有所區別。前篇側重論直接參加作戰的「士民」，此篇則為主要以智能見長從事政治遊說的士人。可能由於本書作者論兵特別提倡「兵不接刃而民服若化」（前〈懷寵〉四章），而在當時那個特定歷史條件下，這些善於縱橫捭闔的遊說之士，往往單憑三寸不爛之舌，就能化干戈為玉帛於頃刻之間，所以把本篇亦歸在以論兵為總主題的系列文章之內。

〔一〕三曰——

今有千里之馬於此，非得良工❶，猶若❷弗取。良工之與馬也，相得則然後成。

譬之若枹❸與鼓。夫士亦有千里，高節死義，此士之千里也。能使士待千里者，其惟賢者也。

【章旨】言高節死義之士為士人中的「千里馬」，必須有知士的賢者，方可發揮其才能，成就其大業。

【注釋】❶良工　指善於相馬御馬的人。❷猶若　猶然。❸枹　鼓槌。

【語譯】假設現在有日行千里之駿馬在此，但如果沒有善於識馬、馭馬的良工，依然如同沒有千里馬一樣。良工與日行千里的駿馬，二者相得益彰，然後才能成其大事。這就猶如擂鼓須有鼓與鼓槌一樣，二者缺一不可。在士人中亦是有「千里馬」的，那種具有高風亮節，不惜以身殉義的人，就是士人中的千里馬。而能使才能之士得以馳騁千里的，大概只有「賢者」吧。

〔二〕靜郭君❶善劑貌辨❷。劑貌辨之為人也多訾❸，門人弗說。士尉❹以証❺靜郭君，靜郭君弗聽，士尉辭而去。孟嘗君❻竊❼以諫靜郭君，靜郭君大怒曰：「剗而類❽！揆❾吾家，苟可以慊❿劑貌辨者，吾無辭⓫為也。」於是舍之上舍，令長子御，朝暮進食。

【章旨】言靜郭君善遇士人劑貌辨，不因眾人進諫而改變，以示其信用之專一。

【注釋】❶靜郭君　姓田名嬰，號靜郭君，先後為齊威王、齊宣王、齊湣王之相。受封於薛。《史記》、《韓非子》、《戰國策》皆作靖國君。❷劑貌辨　齊人，靜郭君的門客。他書或作齊貌辨、劇貌辨。靜郭君善劑貌辨之事，見於《戰國策・齊策》。❸訾　通「疵」。過失。又一解，訾為直言指摘別人過錯。❹士尉　齊人，靜郭君之門客。❺証　諫。❻孟嘗君　姓田名文，靜郭君田嬰之子。襲父封爵而有薛，故又稱薛公。好賓客，門下稱有食客三千。與趙之平原君、魏之信陵君、楚之春申君齊名，合稱「戰國四公子」。❼竊　私下。❽剗而類　鏟除爾等。發怒時罵人語。❾揆　通「睽」。離散。❿慊　「慊」的異體字。滿足；愜意。⓫無辭　不辭；不拒絕。

【語　譯】靜郭君很優待他的門客劑貌辨。但劑貌辨此人毛病不少，所以其他的門客都不喜歡他。有個門客叫士尉的，曾為此進諫靜郭君，但靜郭君根本不聽，士尉氣得告辭而去。靜郭君的兒子孟嘗君也因此私下裡勸諫靜郭君，靜郭君聽了大怒說：「你們統統給我滾！即使拆散我這片家業，只要能使劑貌辨感到愜意，我也在所不辭！」就這樣，靜郭君把劑貌辨安排進上等的館舍，讓自己的長子去替他趕車，早晚進獻美食，更加優禮於他。

〔三〕數年，威王❶薨❷，宣王❸立，靜郭君之交❹，大不善於宣王，辭而之薛❺，與劑貌辨俱❻。留無幾何，劑貌辨辭而行，請見宣王。靜郭君曰：「王之不說嬰也甚，公往，必得死焉。」劑貌辨曰：「固非求生也。」請必行，靜郭君不能止。

【章　旨】言劑貌辨冒死為靜郭君去進說齊宣王。

【注　釋】❶威王　戰國時齊國國君。田氏，名因齊，一作嬰齊，田和之孫，田午之子，在位三十六年（西元前三七八～前三四三年）。齊國原為姜姓，齊桓公曾是春秋五霸之一。但至春秋末年，君權漸為田氏所奪，至田和時，田氏便被立為諸侯，出現了名義上田齊、姜齊並存，實際上姜齊已成為虛設的局面。齊威王立，姜齊的齊康公死而無後，田齊併齊而正式成為戰國七雄之一。❷薨　稱諸侯之死。❸宣王　即齊宣王田辟彊，在位十九年（西元前三四二～前三二四年）。❹交　交往；往來。❺辭而之薛　指靜郭君辭別而到薛。據《戰國策．齊策》記載，靜郭君失勢事，應發生在「宣王薨、湣王立」之時，不應在此威王死、宣王立之時。宣王在位時，靜郭君一直受到重用，從宣王九年直到宣王去世，相齊十一年。而湣王即位後不久，靜郭君失去了自己的封地薛。《史記》載此事在湣王三年。薛，古地名。在今山東滕縣南。❻俱　偕。

【語譯】幾年之後，齊威王去世，齊宣王繼位。靜郭君與各方面的交往，很不為齊宣王所讚許。為此，靜郭君只能辭去相位，離開國都，回到自己的封地薛，劑貌辨也相隨同行。在薛地居住沒有多久，劑貌辨來向靜郭君辭別並說就要成行，請求去進見齊宣王。靜郭君說：「宣王對我田嬰已經非常不滿意了，先生要去，那還不等於送死嗎？」劑貌辨說：「我去，原本就不是為了求生啊。」堅持要求成行。靜郭君雖然再次挽留，但還是沒法阻住他。

〔四〕劑貌辨行，至於齊，宣王聞之，藏怒以待之。劑貌辨見，宣王曰：「子靜郭君之所聽愛也？」劑貌辨答曰：「愛則有之，聽則無有。王方為太子之時，辨謂靜郭君曰：『太子之不仁，過頤涿視❶，若是者倍反❷。不若革❸太子，更立衛姬嬰兒校師❹。』靜郭君泫❺而曰：『不可，吾不忍為也。』且❻靜郭君聽辨而為之也，必無今日之患也，此為一也。至於薛，昭陽❼請以數倍之地易薛，辨又曰：『必聽之。』靜郭君曰：『受薛於先王❽，雖惡於後王❾，吾獨謂先王何乎？且先王之廟在薛，吾豈可以先王之廟予楚乎？』又不肯聽辨，此為二也。」宣王太息，動於顏色⑩，曰：「靜郭君之於寡人一⑪至此乎！寡人少，殊不知此。客肯為寡人少來⑫靜郭君乎？」劑貌辨答曰：「敬諾⑬。」靜郭君來，衣威王之服⑭，冠其冠，帶其劍。宣王自迎靜郭君於郊，望之而泣。靜郭君至，因請相之。靜郭君辭，不得已而受。十日，謝病⑮，彊辭⑯，三日而聽。

【章　旨】言劑貌辨一席話，化解了靜郭君與齊宣王之間的隔閡，使之言歸於好。

【注　釋】❶過顣涿視　疑有誤。《戰國策·齊策》作「過頤豕視」。過頤，即所謂「耳後見腮」，下巴後根長過於耳。豕視，即相術家所說的「下邪偷視」，目光斜而下視。有此種異相的人，古時被看作為人不仁。❷倍反　背叛。❸革變　更。❹校師　《戰國策·齊策》作郊師，衛姬所生嬰兒，當係齊宣王庶子。❺泫　流淚。❻且　如果。❼昭陽　戰國時楚懷王令尹。❽先王　指齊威王。❾後王　指齊湣王。❿動於顏色　面色有了改變——變得較為溫和。動，改變。⓫一　竟。⓬少來　指請靜郭君來少住一些時間。⓭敬諾　恭敬地答應。⓮威王之服　指威王所賜之衣服。下文冠、劍，同。⓯謝病　託病求辭。⓰彊辭　強求辭官。

【語　譯】劑貌辨離開了薛，到了齊國的都城。齊宣王聽到通報後，滿腔憤怒地等待著劑貌辨去進見。劑貌辨拜見時，宣王說：「你是靜郭君最喜愛、亦是他最能言聽計從的人吧？」劑貌辨回答說：「喜愛倒是有的，言聽計從那就談不上了。大王還在做太子時，我曾經對靜郭君建議：『太子的面相不像仁義之人。下巴太長，眼睛斜著下視。這種面相的人，必然要背叛人們對他的一片恩情。不如趁早廢了，另立衛姬的兒子校師為太子。』靜郭君流著眼淚說：『那不行，我不忍心做這種事啊！』如果靜郭君當年聽了我劑貌辨的話，並且付諸行動，那就絕不會有今天的禍患了。這是第一件事。後來到了薛，楚國的令尹昭陽請求以比薛大幾倍的土地與薛交換。我又建議說：『這一定要答應他。』靜郭君說：『薛是先王封給我的，現在雖然得罪了後王，但如果那樣做的話，我如何向先王交代呢？而且先王的宗廟還在薛，我怎麼可以把先王的宗廟給楚國呢？』他又沒有聽我的話。這是第二件事。」宣王聽罷這番話，嘆息一聲，面色就變得和善起來。他說：「沒有想到靜郭君待我竟是這樣好啊。我年紀輕，根本不知道這一些事。先生能否幫助我請靜郭君來少住一段時間呢？」劑貌辨恭敬地回答說：「遵命。」

靜郭君應約來到了齊的都城，穿了當年齊威王賜給他的衣服，戴了齊威王賞賜的帽子，佩了齊威王賞賜的劍。宣王親自到郊外迎接靜郭君，看到靜郭君就感動得流下眼淚。靜郭君到了以後，宣王便請他擔任相國。靜郭君再三辭謝，不得已而接受了宣王的任命。過了十天，便託病強求辭職。過了三天以後，才得到齊宣王的允許。

〔五〕當是時也，靜郭君可謂能自知人❶矣。能自知人，故非之弗為阻❷。此劑貌辨之所以外❸生樂、趨患難故也。

【章　旨】以只有知士，才能得到士的捨生相助為全篇結語。

【注　釋】❶能自知人　能夠執持己見瞭解士人。❷非之弗為阻　不為他人的議論而改變自己的看法和做法。❸外　拋棄。

【語　譯】在那個時候，像靜郭君那樣可以說是能夠執持自己的獨到識見、深刻地瞭解士人了。正因為能夠深刻地瞭解士人，而且能執持自己的獨到識見，所以才會不受外界種種非議的影響。這也正是劑貌辨之所以能把個人的生死和安樂置之度外，而為靜郭君捨身赴難的緣故啊。

審己

【題解】在兼併日烈的戰國時代，國家的存亡興衰，個人的榮辱貴賤，往往交替變更於旦夕之間。當時可能就有不少像文中提到的齊湣王那樣的人：「我已亡矣，而不知其故。」本篇就是回答這個問題的：「審己」，即首先要反諸己，從自己身上尋找成敗得失的原因。

文章強調：「凡物之然也，必有故。」人們為了在周圍事物紛繁的變化中爭取主動獲得自由，就必須「知其故」。在「知其故」中，作者提醒注意二點：一、要真正知其然，而不可誤把偶然當作必然：「不知其故，雖當與不知同。」僥倖於偶而得逞，到頭來必然受困；二、注重把握事物本質，而不應錯把現象作為本質，即所謂「聖人不察存亡賢不肖，而察其所以也」。

篇中列舉的四個論據，可分三種情況。列子學射，從偶而射中僅知其然，到退習三年而知其所以然。柳下季是作者讚頌的範例，他以誠信勸諫魯君以真岑鼎賂齊，從而做到「非獨存己之國也，又能存魯君之國」。齊湣王和越王授則是「不知其所以」的昏庸俗主典型。他們在敗亡後，一個繼續受騙而仍不知，一個甚至還自責讒言聽得不夠多。對上述實例，我們現代人可能會與古人褒貶不一，但本篇據此所闡發的認識論上的不少真知灼見，則讀時仍可獲得諸多啟迪。

〔一〕四曰——

凡物之然也，必有故❶。而❷不知其故，雖當❸與不知同，其卒❹必困。先王名士達師❺之所以過俗者，以其知❻也。水出於山而走❼於海，水非惡山而欲海也，高下使之然也。稼生於野而藏於倉，稼非有欲也，人皆以之也❽。故子路❾揜雉❿而復釋之。

【章旨】言凡事必須瞭解其真實的原因，不然即使偶有所得，最終還是必定遭致困厄。

【注釋】❶故 緣故；原因。即事物之所以然。❷而 若。❸當 符合；恰當。❹卒 終極。❺達師 通達之師。❻知 指「知故」。❼走 歸。❽人皆以之也 指是人們使穀物藏於倉的。❾子路 孔子弟子，名仲由，字子路。性剛直勇敢。孔子稱其對儒學只達到「升堂」而未「入室」。❿揜雉 將雉罩住。揜，通「掩」。子路揜雉復釋事，見《論語・鄉黨》。訓釋不一。一般認為其大意是：孔子看到山澗橋樑上有隻雌雉，就說：「時哉，時哉。」謂其飲啄得時。子路誤聽為可食的「時物」了，於是便去捉住。孔子不食，子路「復釋」。又，陶鴻慶認為此處忽著此句，甚為突兀，疑當置於下章末句「……而察其所以也」之後。

【語譯】大凡事物之所以如此，必有緣故。如果不知道它的緣故，即使無意間偶而因巧合而得當，也與不知道完全一樣，最終必然還要遭致困厄。先王、名士、達師之所以超過一般世俗凡人，就在於他們能洞察事物的所以然。水從山中流出而歸向大海，並不是水討厭山、喜歡海，而是山高海低的地勢使其如此的。禾稼生在田野而收藏於倉庫，並不是它們自己要求這樣做的，而是人們收割以後貯藏進倉庫的。子路捉住野雉卻又放了牠，是由於他自己亦不知道為什麼要捉住牠的緣故啊。

〔二〕子列子❶常❷射中矣，請之於關尹子❸。關尹子曰：「知子之所以中乎？」答曰：「弗知也。」關尹子曰：「未可❹。」退而習之三年，又請。關尹子曰：「子知子之所以中乎？」子列子曰：「知之矣。」關尹子曰：「可矣，守而勿失。」

非獨射也，國之存也，國之亡也，身之賢也，身之不肖也，亦皆有以❺。聖人不察存亡賢不肖，而察其所以也。

【章旨】借子列子向關尹子請教學射之理，說明國家的存亡、人之賢與不肖，都各有緣故，不僅要知其然，而且要知其所以然。

【注釋】❶子列子　即列禦寇，子列子是其尊稱。相傳為戰國鄭人，道家人物。《漢書・藝文志》著錄《列子》八篇，早佚。今本《列子》為後人偽託。列子之名，在《莊子》、《列子》中屢見，有時為凡人，有時做神仙，已是一個半寓言式的人物。❷常　通「嘗」。曾經。❸關尹子　關尹的尊稱。相傳曾為函谷關令尹，後隨老聃出關西去。《莊子・天下》將關尹與老聃並列，概述其學說重點在虛己接物，清靜獨立。現存《關尹子》九篇，係後人託名之作。此處提到的關尹子與子列子一樣，只是作為推演某個哲理的一種載體。❹未可　指未知所以射中的原因，不可謂之射中。❺有以　有其所以然。按：此章子列子向關尹子請教學射之事，又見《列子・說符》，文字亦基本相同。

【語譯】子列子在學習射箭時，偶有一次射中了目標，便向關尹子去請教射箭的道理。關尹子問他：「你知道自己所以射中的原因嗎？」回答說：「不知道。」關尹子說：「那還不行。」子列子回去後又練習了三年，再來向關尹子請教。關尹子再次問他：「你現在知道自己所以能射中的道理了嗎？」子列子回答說：「知道了。」關尹子回答說：「那就行了。你要堅持它，不可丟失。」不只射箭是如此，國家的生存，國家的滅亡；人的賢明，人的不肖，不都各有其原因嗎？聖人考察的重點不在國家存亡、人之賢不肖的事實本身，而在其所以產生這樣結果的原因。

〔三〕齊攻魯，求岑鼎❶，魯君載他鼎以往。齊侯弗信而反之❷，為非❸，使人告魯侯曰：「柳下季❹以為是，請因受之。」魯君請於柳下季❺，柳下季答曰：「君之賂❻，以欲岑鼎也？以免國也❼？臣亦有國❽於此，破臣之國以免君之國，此臣之所難也。」於是魯君乃以真岑鼎往也。且❾柳下季可謂此能說矣，非獨存己之國也，又能存魯君之國。

【章　旨】借柳下季勸說魯君以真岑鼎賂齊事，說明個人和國家都必須堅守誠信，才能保存自己。

【注　釋】❶岑鼎　魯國所藏古代寶鼎。岑，高。他書一作讒鼎，岑、讒古相通。❷反之　退還。❸為非　以為非真品。❹柳下季　即春秋魯國大夫展禽，字季，食邑柳下，故稱柳下季；死後諡惠，故亦稱柳下惠。以講究禮著聞，屢為孔子所稱頌。❺魯君請於柳下季　魯君要求柳下季謊稱假岑鼎為真岑鼎。❻君之賂　指以假岑鼎贈送齊國。❼以免國也　為的是避免國家遭禍害。指齊國的攻伐。❽國　指誠信。這是一種比擬性的說法。❾且　若。按：此章齊攻魯、求岑鼎事，又見《韓非子・說林下》、劉向《新序・節士》，前者文字和情節略有不同。

【語　譯】齊國攻打魯國，求索在魯國的岑鼎。魯國君主把一只贗鼎裝上車子派人送去。齊國君主不信，認為是假的，把鼎退還魯國，派人對魯君說：「如果柳下季認為這就是岑鼎，我願意接受下來。」魯君於是向柳下季求助，希望他能把贗鼎說成真岑鼎。柳下季回答說：「君上用這種方法行賂於齊國，究竟是為了要想留下岑鼎呢？還是為了使國家免遭禍患呢？說到國家，我這裡也有一個『國家』，那就是我的誠信。破毀我的『國家』來挽回君主的國家，這是為臣很難辦到的啊。」於是魯君便以真的岑鼎送往齊國。像柳下季這樣可說是善於進說的了。他不僅保存了自己的誠信這個「國家」，又能保存魯君那個國家的誠信。

〔四〕齊湣王❶亡居於衛，晝日步足❷，謂公玉丹❸曰：「我已亡矣，而不知其故。吾所以亡者，果何故哉？我當已❹。」公玉丹答曰：「臣以王為已知之矣，王故❺尚未之知邪？王之所以亡也者，以賢也。天下之王皆不肖，而惡王之賢也，因相與合兵而攻王，此王之所以亡也。」湣王慨焉太息曰：「賢固若是其苦邪？」此亦不知其所以也，此公玉丹之所以過也。

【章　旨】言齊湣王敗亡後仍不知從自身尋找原因，以致繼續受到公玉丹的蒙騙。

【注　釋】❶齊湣王　姓田，名地，齊宣王辟彊之子，在位四十年（西元前三二三～前二八四年）。齊湣王出奔居衛事，發生於湣王四十年。其時，燕秦楚及韓趙魏聯合攻齊，齊兵敗，燕將樂毅入齊都城臨淄。湣王出奔衛國。❷步足　散步。❸公玉丹　齊湣王寵臣。公玉丹諂媚齊湣王事，另見後〈過理〉三章。❹已　停止；克服。❺故　同「胡」。何以。

【語　譯】齊湣王流亡在外寓居於衛國。有一次在白天散步，問他的臣子公玉丹說：「我已流亡國外了，然而卻還不知道為什麼會如此。我所以失敗，究竟是由於什麼原因呢？如果知道了原因，我當努力抑制和克服自己的過錯。」公玉丹回答說：「臣以為大王已經知道了，大王何以說到現在還不知道呢？大王之所以被迫出亡，是因為大王太賢明的緣故。天下其他六國君主都是不肖之徒，他們厭惡大王的賢明，因而相互聯合起來，共同發兵攻打齊國，這就是大王所以出亡的原因啊！」湣王聽了不勝感慨地嘆息說：「做一個賢明的君主原該要受這樣的罪嗎？」齊湣王亦真是太不知道自己所以滅亡的原因了。這亦正是公玉丹所以能夠蒙騙他的原因。

〔五〕越王授❶有子四人。越王之弟曰豫，欲盡殺之，而為之後❷。惡❸其三人而殺之矣，國人不說，大非上❹。又惡其一人而欲殺之，越王未之聽。其子恐必死，因❺國人之欲逐豫，圍王宮。越王太息曰：「余不聽豫之言，以罹❻此難也。」亦不知所以亡也。

【章旨】言越王授因聽信豫之讒言致使三子遭殺、王宮被圍，卻反以不聽從豫的最後一次進讒為自責。

【注釋】❶越王授　高誘注為「句踐五世之孫」。但據《史記·越王句踐世家》、《竹書紀年》，越王句踐的五世孫名翳，六世孫名無顓，且皆無類似此處所記之事跡。疑為寓言人物。❷後　指王位繼承人。❸惡　詆毀。❹非上　責難越王授。❺因　憑藉。❻罹　遭受。

【語譯】越王授有四個兒子。越王的弟弟名叫豫，想把越王的四個兒子全部殺掉，然後由他來繼承王位。豫利用毀謗的辦法，殺了其中的三個。國人對此事很不滿意，紛紛指責越王授。這時豫又中傷剩下的一個，企圖把他亦殺掉。這次越王沒有聽信豫的讒言。而他的那個兒子害怕自己必定會像三個兄弟那樣被殺死，便憑藉著國人的不滿情緒，開始發難要驅逐豫出國，並包圍了王宮。越王嘆息說：「我是因為沒有聽從豫的話，所以才遭受今天這樣的災禍啊。」到這時候，越王授還是不知道自己所以亡的原因。

精通

【題解】所謂「精通」，是指在一定條件下，人與人，以至人與物之間，即使異地相處，亦有精氣可以相互感應和溝通。

為了闡發這一「精通」說，文中列舉了自然、社會以及人倫關係中的不少實例，以為佐證。著名的養由基射兕、伯樂相馬、庖丁解牛等傳說，作者側重從人與物的關係作了解釋，認為由於他們能夠「誠」於物，即有一種全神貫注、誠壹於物的精神，以致使得各自的技藝達到了如此出神入化的境界。文中對申喜偶聞乞人歌於門下而悲，卻意外地見到了離散多年的母親的故事，作了細緻而生動的描繪，並認為這是由於父母與子女之間，有一種精氣為之相通的緣故。「一體而兩分，同氣而異息」，故能「神出於忠，而應乎心」。自然，這種描述多半出於溫情和猜測。但應當說類似的現象，諸如第六感覺、預感等等確有存在，且古今皆然。現代心理學家馬斯洛則把這種現象列為「高峰體驗」之一，即赤子之情的體驗。此中本質的因果聯繫和具體的科學描述，當有待進一步研究。至於月的盈虧與所謂陰類生物的虛實之間，恐怕未必如文中所記述的那樣真有必然聯繫，多半出於古人的臆說。

但本文的主旨，顯然不是在作泛泛的理論闡釋，目的仍然在於勸諫「南面而立」的君主，必須「形德乎己」，「以愛利民為心」。如果真能做到這樣，那麼就能「精通乎民」，即君主與百姓之間會有一種精氣相通，從而出現這樣的局面：「號令未出而天下皆延頸舉踵矣。」

〔一〕五曰——

人或謂兔絲❶無根。兔絲非無根也，其根不屬❷也，伏苓❸是。慈石❹召鐵，或引之也。樹相近而靡❺，或軵之也❻。聖人南面而立❼，以愛利民為心，號令未出而天下皆延頸舉踵❽矣，則精通乎民也。夫賊害於人，人亦然。

今夫攻者，砥厲❾五兵❿，侈衣美食，發且有日矣，所被⓫攻者不樂，非或聞之也，神者先告也⓬。身在乎秦，所親愛在於齊，死而志氣不安⓭，精或往來也。

【章旨】言君主若能「以愛利民為心」，則便能與民精氣相通，「天下皆延頸舉踵」而歸；反之亦然：「延頸舉踵」而去。

【注釋】❶菟絲　即菟絲子。一年生纏繞寄生草本植物。莖細柔，呈絲狀，莖上有吸取寄主植物體內養料的器官。其種子能入藥，稱菟絲。❷不屬　不相連接。❸伏苓　即茯苓。寄生在松樹根上的菌類，呈塊狀，能入藥。古人認為茯苓就代替了菟絲子的根，雖不相連接，但「茯苓掘，菟絲死」(《淮南子·說林》)，兩者之間似有精氣相通。❹慈石　即磁鐵。古人認為這種石能吸引鐵，猶若慈母吸引子女，故名為慈石。❺靡　通「摩」。摩擦。❻或軵之也　意謂有精氣相互排斥或吸引。或，有物。此處按文意當指有精氣。軵，反推。❼南面而立　指做君主。古代君主皆坐北面南，以示尊貴。❽延頸舉踵　伸長頸脖，踮起腳後踵。表示急切盼望。❾砥厲　磨礪。厲，即「礪」。砥與礪均為磨刀石。❿五兵　兵器的泛稱。具體說法不一，通常指矛、戟、弓、劍、戈。⓫被　遭受。⓬神者先告也　指將被進攻的一種預感，若有神預為告知一般。⓭死而志氣不安　指親人死於遠方，雖未有確訊，而自己神情為之不安。

【語譯】有人說菟絲這種植物沒有根。其實菟絲並不是沒有根，只是它的根不直接與菟絲相連接，而是由茯苓代替了它的根。磁石之所以能招引鐵，就因為有一種力在吸引它。樹木彼此靠得近了，就會互相摩擦，也有一種力在背後推動它。聖人作為君主，面南而立，只要有愛民利民之心，即使號令還沒有發出，天下的百姓都會伸長頸脖，踮起腳踵地殷切企盼了，這是由於聖人的精氣與民眾相溝通的緣故。如果君主是抱著賊害百姓的心思，那麼人們同樣也會迅速作出相應的反應。

假定這裡有一個國家，準備對別國發動進攻。他們磨礪兵器，犒賞軍隊，讓將士們豐衣美食一番，出發的日子就在眼前了。這時即將遭到進攻的那個國家，總會有各種不愉快的預感。這並不是他們有誰聽到了什麼消息，而是有一種精神像是在冥冥中預先告訴他們一樣。有人身在秦國，而所親愛的人卻在齊國；如果在齊國的人死了，在秦國的人便會感到心神不安。這些都是有精氣在往來通達的緣故啊。

〔二〕德也者，萬民之宰❶也。月也者，群陰❷之本也。月望❸則蚌蛤實❹，群陰盈；月晦❺則蚌蛤虛❻，群陰虧。夫月形❼乎天，而群陰化乎淵；聖人形德乎己，而四方❽咸飭乎仁。

【章旨】以月相變化與水生物的對應關係，類比聖主之德行亦與四方萬民精氣相通。

【注釋】❶宰　主宰。❷群陰　指各種屬陰之物類。❸月望　陰曆十五日前後，月球和太陽黃經相差一八〇度時的月相。其時日西落，月東升，遙遙相望，故稱月望。❹實　滿盈。古人認為蚌蛤之肉會隨著月望而滿盈。❺月晦　陰曆月終，月球和太陽黃經相等，月球運行到地球與太陽之間。其時，人們面對的是月亮的背影部分，昏暗莫辨，故稱月晦。晦，昏暗。❻虛　虛虧。上述虛實之說，《淮南子．說山》亦有類似記載：「月盛衰於上，則蠃蛖應於下，同氣相動，不可以為遠。」❼形　顯露；表現。❽四方　指四方邊遠之民。

【語譯】德義是萬民的主宰；月亮是各種屬陰之物類的根本。每月月望，蚌蛤的肉就充實，各種屬陰的物類也都盈滿；每月月晦，蚌蛤的肉就空虛，各種屬陰的物類也都虧蝕。月相的變化顯現於天空，而各種屬陰的物類隨之變化於深水之中。聖人高尚的品德顯現在自己身上，而四方荒遠之百姓，都跟著整飭自己而歸向仁義。

〔三〕養由基❶射先❷，中石，矢乃飲羽❸，誠乎先❹也。伯樂❺學相馬，所見無非馬者，誠乎馬也。宋之庖丁❻好❼解牛，所見無非死牛者；三年而不見生牛❽；用刀十九年，刃若新鄜❾研，順其理，誠乎牛也。

【章　旨】以養由基射兕、伯樂相馬、庖丁解牛為例，說明心誠乎內，則功見於外。

【注　釋】❶養由基　春秋時楚國大夫，以善射聞名。鄢陵之戰，晉將魏錡射中楚王眼睛，王命養由基回射，當時只給他二支箭，他一箭便中魏錡之項。❷先　當是「兕」，形似而誤。兕，即兕，古代犀牛一類獸名。其皮厚，可製甲。❸飲羽　指箭射入石中，連箭的尾部的羽毛也進入石中。飲，沒。❹誠乎先　指射者真的以為石頭便是兕，故能如此用力。❺伯樂　相傳春秋善相馬之伯樂有二，一為秦穆公之臣，或說即孫陽，稱孫陽伯樂；一為趙簡子之臣，即郵無恤，字子良，號伯樂。據後〈觀表〉四章畢沅注本有「秦之伯樂」句，則此處似應為前者。❻庖丁　名為丁的庖人。❼好　據文意，似應作「始」，形近而誤。❽所見無非死牛者二句　《莊子・養生主》：「始臣之解牛之時，所見無非牛者。三年之後未嘗見全牛也。」故句中「死」字疑為衍文，「生」似為「全」之誤。❾鄜　通「磨」。

【語　譯】養由基射兕，卻射中了石頭，連箭羽都沒入石縫之中。這是由於把石頭當作了兕，全神貫注於兕的緣故。伯樂學相馬，目中所見除馬以外別無他物，這是由於他精神全都專注於馬的緣故。宋國的庖丁善於分解牛的肢體。開始他眼睛看到的除牛以外，沒有別的東西；學了三年以後，看到的已不再是全牛，而是被肢解的牛體；最後，解牛的刀用了十九年，其鋒刃還像新磨的一樣鋒利。庖丁所以能做到如此，是由於順乎牛的骨骼與肌肉的紋理，把精神專注於牛身上的緣故。

〔四〕鍾子期❶夜❷聞擊磬者而悲，使人召而問之曰：「子何擊磬之悲也？」答曰：「臣之父不幸而殺人，不得生；臣之母得生，而為公家為酒；臣之身得生，而為公家擊磬。臣不覩臣之母三年矣。昔為舍氏❸覩臣之母，量所以贖之則無有，而身固公家之財也❹。是故悲也。」鍾子期歎嗟曰：「悲夫，悲夫！心非臂也，臂非椎❺非石也。悲存乎心而木石❻應之。」故君子誠乎此而諭乎彼，感乎己而發乎人，豈必彊說乎哉？

【章　旨】以鍾子期聞擊磬而知人之悲為例，說明君主應以自己的德行感發人，不必強為說教。

【注　釋】❶鍾子期　姓鍾，名期，子為古代男子通稱。春秋時楚國大夫，以精通音樂聞名。❷夜　指昨夜。❸為舍氏　「氏」當為「市」之誤。《新序・雜事四》記載此事作「為舍市」。意謂為主人家上市購物。《說文解字》：「舍，主人家也。」❹量所以贖之則無有二句　據《新序》此兩句文字當為：「量所以贖之則無財，而身固公家之有也。」有、財二字位置互易，文義較為通順。❺椎　指擊磬之木棒。❻木石　指椎、磬。椎，木製。磬，石製。

【語　譯】鍾子期夜裡聽到有人擊磬，發出悲傷的聲音。第二天派人去把那人叫來，問他：「你擊磬的磬音為什麼那樣悲哀呀？」這人回答說：「我的父親不幸殺了人，不得活命。我的母親勉強活了下來，但沒入官府在酒坊為公家造酒。我的身子總算保存下來了，但亦沒入官，替公家擊磬。我沒有見到母親已經三年了，昨日為主人家上市買東西，見到了母親。估算了一下想替她贖身，卻沒有這麼多錢，何況就連我自身也屬於公家所有呢，因此心中悲哀啊。」鍾子期感慨地嘆息說：「可悲啊，可悲！心不是手臂，手臂也非椎非磬，但悲哀存於心中，而椎和磬卻能與之應和。」所以君主只要以高尚的品德真誠地顯現在這裡，必然會在那邊曉諭於眾；自己內心有所感悟，亦一定會在外部啟發他人，何必勉強去說教呢？

〔五〕周有申喜❶者，亡其母❷，聞乞人歌於門下而悲之，動於顏色，謂門者內❸乞人之歌者，自覺❹而問焉，曰：「何故而乞？」與之語，蓋其母也。故父母之於子也，子之於父母也，一體而兩分，同氣而異息。若草莽❺之有華實也，若樹木之有根心也，雖異處而相通，隱志❻相及，痛疾相救，憂思相感，生則相歡，死則相哀，此之謂骨肉之親。神出於忠，而應乎心❼，兩精相得，豈待言哉？

【章旨】通過申喜因聞歌而與其母重逢的故事，說明父母子女之間的心靈感應。

【注釋】❶申喜　周人，一說楚人，未詳。❷亡其母　指其母失散於他方。❸內　通「納」。❹覺　當是「見」之誤。❺草莽　茂密的野草。❻隱志　隱藏於內心的意志。❼神出於忠二句　意謂精氣出自父母之內心，而感應於子女的心懷，反之亦然。神，指精氣。忠，內心。

【語譯】周有一個叫申喜的人，早年與母親離散，自己亦住在他鄉。一天，有個乞丐在門簷下以唱歌行乞，他聽著聽著，內心不由得悲哀起來，臉上亦動了容。他吩咐守門人讓那個唱歌的乞丐進來。見了面就問道：「你怎麼會淪為乞丐的呀？」一經交談，才知道原來那乞丐正是他母親啊。由此可見，父母之於子女，子女之於父母，是一體兩形，精氣原本相同，只是呼吸各異而已。他們之間猶如茂草之有花有果，就像樹木之有根有心，雖然分處異地，但精氣相通，心意相連，有病痛則互相救助，有憂心則彼此感應，對方活著心裡就高興，對方死了心裡就悲哀，這就是骨肉之親啊。父母子女之間，一方發於內心，一方就感於心懷，雙方精氣相得，互相共鳴，難道還要靠言語來表達嗎？

卷第十　孟冬紀第十

孟冬　節喪　安死　異寶　異用

按〈十二紀〉編撰總旨，冬主藏。一年之終的冬季，天地萬物，包括自然、社會和人本身，都進入收斂閉藏。故本卷月令中有「謹蓋藏」、「坿城郭」、「固封璽」以至「飭喪紀」等規定；繫於其後的一組論文，以安死為宗旨，從不同角度論述了以君主、公侯為對象的喪葬。可能作者認為人才是一個國家最可寶貴的財富，更當屬「斂藏」之列，所以接下去〈仲冬紀〉、〈季冬紀〉兩卷所轄八篇論文較為集中地論述了士，特別是經國之士的識別和求致以及士應堅守的節操。

本卷的四篇論文，〈節喪〉和〈安死〉是同一主題的兩個側面：節喪為了安死，安死必須節喪，且都為反對厚葬而發。由於厚葬論者主張把美玉寶器作為殮葬品，以為這是寶物，〈異寶〉便據而針鋒相對地提出：「古之人非無寶也，其所寶者異也。」並列舉孫叔敖等三個範例，說明真正值得珍貴的應是人自己的道德精神。文中司城子罕有一句名言：「子以玉為寶，我以不受（子玉）為寶。」這可說是古人對自身價值認識的閃光，彌足珍貴。末篇〈異用〉是對〈異寶〉主題的擴大，在更高層次上探討了人與物的關係。「萬物〔不〕同，而用之於人異也。」同樣是一種飴糖，仁人得之用以「養疾侍老」，盜賊得之用以「開閉取楗」；同樣的物質條件，湯武用之「成其王」，桀紂用之「成其亡」。

以上簡略的鉤勒，應該說還只是表層意義。讀者細讀全卷後，自當會引起多種思索。譬如是否會感覺到全卷還有一個意欲含蘊整個人生的背景主題呢？從「審知生」到「審知死」，又從「養生」到「安死」；孫叔敖的臨終戒子，說明了人對自身肉體、精神兩個方面延續的關切；湯的網開三面，表現了人對自己同類以至異類的仁愛；最後它引導你去探究這樣一個問題：「治亂存亡死生之原。」

孟冬

【題解】按冬主藏的總要求，孟冬月令安排了全月政事政令。如在財物保管方面，要命令百官嚴謹倉廩府庫，命令司徒巡視積聚；在國家安全方面，要修繕城郭，警戒門閭，控制交通道路，防備邊境要塞；在優撫臣民方面，要賞賜為國死難者的後裔，撫恤孤寡，慰勞農民等。對死者的安葬，也被認為含有斂藏之意。文中規定，本月要整飭喪紀，壽衣的式樣，棺槨的厚薄，墳塋的高卑，都要依據死者貴賤等級來定，不得踰越。

篇中還提到，是月要命令太卜占卜吉凶，對官吏進行考察，凡「阿上亂法」或「侵削眾庶兆民」者，一經查實，嚴懲不貸。這些記述，既與月令相應，有的也是對〈孟冬紀〉卷所轄有關文章的提示。

〔一〕一曰——

孟冬❶之月：日在尾❷，昏危❸中，旦七星❹中。其日壬癸❺。其帝顓頊❻。其神玄冥❼。其蟲介❽。其音羽❾。律中應鐘❿。其數六⓫。其味鹹⓬。其臭朽⓭。其祀行⓮。祭先腎⓯。水始冰，地始凍。雉入大水為蜃⓰。虹藏不見⓱。天子居玄堂左个⓲，乘玄輅⓳，駕鐵驪⓴，載玄旂㉑，衣黑衣，服玄玉㉒，食黍與彘㉓。其器宏以弇㉔。

【章　旨】記述孟冬之月月令，並據此對本月天子的住、行、衣、食都作了相應的具體規定。

【注　釋】❶孟冬　指夏曆十月。❷日在尾　太陽運行的位置在尾宿。❸危　危宿。❹七星　星宿名。❺其日壬癸　其，指孟冬之月；日即十天干。冬屬水，壬癸是水日，故稱其「其日壬癸」。❻顓頊　傳為五帝之一，號高陽氏，黃帝的孫子，昌意的兒子。五行說認為他以水德王天下，死後被尊為北方水德之帝。❼玄冥　傳為五神之一，少皞之子，名循，死後祀為水神。❽介　龜鱉一類甲殼類動物。甲象徵閉藏，故屬冬。❾羽　五音之一，在五行中屬水，五方中屬北，故與冬相應。❿律中應鐘　孟冬之月與十二音律中的應鐘律相應。應鐘，屬陰律。陰陽五行說認為，孟冬之月陰應於陽，萬物聚藏，故曰「律中應鐘」。⓫其數六　按陰陽五行說，冬屬水，水為天一地六所生，故稱「其數六」。⓬鹹　五味之一，冬屬水，水味鹹。⓭朽　五臭之一，冬屬水，水臭朽。高誘注：氣之若有若無為朽。⓮行　五祀之一。行為門內之地，孟冬人們守在室內，故祀行。⓯腎　五臟之一。在五行中屬水，故冬季祭祀以腎為先。⓰雉入大水為蜃　山雞飛入淮河化為巨大的蛤蜊。雉，山雞。大水，指淮河。蜃，大蛤蜊。⓱虹藏不見　虹為陽光射入天空懸浮水滴折射、反射、衍射而成。入冬後，天空不再存在這些條件，自然不會再有虹出現。五行家則認為虹是陰陽交氣的表現，孟冬之月陰盛陽衰，虹便藏而不見。⓲玄堂左个　天子居所北向堂稱玄堂。玄堂的左側室即為左个。⓳玄輅　黑色的乘車。按五行說，冬季屬水，尚黑色。⓴鐵驪　黑色的駿馬。鐵是黑色，故以鐵來表示馬的顏色。純黑色的馬稱驪。㉑玄旂　繪有龍紋的黑色旗幟。㉒玄玉　黑色的玉器。㉓彘　即豬，屬水，與冬相應。㉔宏以弇　腹肚宏大而口收斂，便於儲藏物品。所以如此造型，為象徵冬季閉藏之意。弇，蔽藏。

【語　譯】孟冬十月，太陽的位置在尾宿。黃昏時，危宿出現在南方中天；黎明時，七星宿出現在南方中天。孟冬在天干中屬壬癸，主宰的天帝是顓頊，佐帝之神是玄冥。應時的動物屬介族，應時的聲音是羽音。相應的音律是應鐘。本月的序數是六。應時的味是鹹味，氣是朽氣。舉行五祀中的行祀；祭祀時要把犧牲的腎臟陳列在前面。水開始結冰，地面開始冰凍。山雉飛入淮水化為巨大的蛤蜊。虹霓藏匿無法再見。天子居住到玄堂的左側室。乘坐黑色的輅車，駕著叫鐵驪的黑色駿馬，車上插著繪有龍紋的黑色旗幟；穿黑色的衣服，佩戴黑色的玉器；吃的是新收的黍米與豬肉；使用的器物宏大而又深邃。

〔二〕是月也，以立冬❶。先立冬三日，太史謁之天子，曰：「某日立冬，盛德在水❷。」天子乃齋。立冬之日，天子親率三公九卿大夫以迎冬於北郊❸。還，乃賞死事❹，恤孤寡。

是月也，命太卜❺，禱祠❻龜策占兆❼，審❽卦吉凶。於是察阿上亂法者則罪之，無有揜蔽❾。

【章旨】立冬時，天子要親自參加迎冬儀式，然後賞賜和撫恤死於王事者之後裔，命令占卜吉凶並懲治阿上亂法者。

【注釋】❶立冬　節氣名稱。在秋分後四十六天。❷盛德在水　陰陽五行說認為冬在五行中屬水，水德當令。❸北郊　按陰陽五行說，冬在五方中取北向，京畿北六里之外為北郊。六是冬的序數。❹賞死事　賞賜為國事死難者的後裔。❺太卜　掌管卜筮的官吏。又稱卜正。❻禱祠　祈禱。❼龜策占兆　龜指龜甲。古人在龜甲上鑽孔燒出裂紋，以其走向判斷吉凶。策指蓍草，通稱蚰蜒草。古人用其莖進行占卜，以其所示卦象判斷吉凶。占，觀察。兆，指龜甲裂紋走向所示徵兆。❽審　仔細研究。❾揜蔽　包庇隱慝。

【語譯】這個月，依曆象訂定立冬日。在立冬前三天，太史要向天子稟告：「某日立冬，水德當令。」天子於是齋戒身心。在立冬那天，天子親自率領三公、九卿、諸侯、大夫到北郊去迎接冬氣。禮畢回來，接著就賞賜為國事殉難的大臣們的後裔，撫恤這些大臣們遺留下來的孤兒寡婦。

這個月，命令掌管卜筮的太卜，祈禱於龜策，察看龜兆，仔細審視卦象，用以斷定行事的吉凶。這個月，還要嚴格考察那些曲意逢迎上司，而又任意擾亂法度的人，一經查實必予懲處，不得包庇隱慝。

〔三〕是月也，天子始裘。命有司曰：「天氣上騰，地氣下降，天地不通，閉而成冬❶。」令百官，謹蓋藏❷。命司徒，循行❸積聚❹，無有不斂❺；坿❻城郭，戒門閭❼，修楗閉❽，慎關籥❾，固封璽❿，備邊境，完要塞，謹關梁⓫，塞蹊徑⓬，飭喪紀⓭，辨衣裳⓮，審棺槨⓯之厚薄，營丘壟⓰之小大高卑薄厚之度⓱，貴賤之等級。

【章　旨】言天子在本月要實施的各項以冬藏為中心的政令。

【注　釋】❶天地不通二句　按陰陽五行說，認為冬季陰盛陽衰，陰陽不通，閉而成冬。❷蓋藏　指倉廩府庫所掩蓋貯藏的各種物品。❸循行　巡視。❹積聚　指應收穫儲藏的糧食、柴草之類物品。❺無有不斂　該收藏的穀物柴草，不得遺留在外。無，通「毋」。❻坿　培土使之增高加固。❼門閭　指都邑和里巷的門戶。❽楗閉　楗，與「鍵」通。鍵是鎖簧；閉指鎖筒。❾關籥　關當是「管」之誤。管籥，鎖匙。❿固封璽　使蓋有印章加封之處，更加牢固。⓫謹關梁　關隘橋樑。⓬蹊徑　小道。⓭飭喪紀　整治喪事各種貴賤等級的規格。紀，指喪事應遵循的綱紀。⓮辨衣裳　根據死者的地位，而區別其所屬等級應穿之衣裳。⓯棺槨　內棺稱棺，外棺稱槨。⓰丘壟　指墳墓。⓱度　標準。

【語　譯】這個月，天子開始穿毛皮製作的衣服。命令主管的官吏說：「天氣上騰，地氣下降，天地之間陰陽之氣不相溝通，封閉而形成冬天。」命令百官謹慎地保管好倉廩府庫中的貯藏物品。命令司徒，去各地巡視收穫積儲的情況，不得有穀物遺留在外。這個月要給城郭培土，使之增高加固。要加強對城門和里門的警戒，修理好鎖門的鎖簧和鎖筒，對啟門的管籥更要謹慎，並加固印封。要加強邊境的守備，修葺要塞，嚴謹關隘橋樑，堵塞各種小路。要整飭喪事的綱紀，嚴格按照死者的貴賤等級，來確定隨葬的衣服，棺槨的厚薄，營造墳墓的大小、高低、薄厚等的標準，都不能超越規定。

〔四〕是月也，工師效功❶。陳祭器，按度程❷，無或作為淫巧，以蕩上心，必功致❸為上。物勒❹工名，以考其誠；工有不當，必行其罪❺，以窮其情❻。

是月也，大飲蒸❼，天子乃祈來年❽于天宗❾。大割❿，祠于公社⓫及門閭，饗⓬先祖五祀⓭，勞農夫以休息之。天子乃命將率⓮講武⓯，肄⓰射御、角力⓱。

是月也，乃命水虞⓲漁師⓳收水泉池澤之賦⓴，無或敢侵削㉑眾庶兆民，以為天子取怨于下，其有若此者，行罪無赦。

【章　旨】為適應本月月令，天子要進行大規模的蒸祭和宴飲，並發布有關手工、習武和徵收水泉賦稅等各項政令。

【注　釋】❶效功　考核其功效。效，效驗。❷按度程　檢查其所製作的器物，是否符合規定的法度程式。❸功致　堅緻細巧。功，堅。致，通「緻」。❹勒　銘刻。❺行其罪　治其罪。❻窮其情　追究其欺詐之情節。❼大飲蒸　天子因蒸祭而與群臣舉行大規模的宴飲。蒸，蒸祭。一說是把祭祀的牲體陳於刀案上準備切割。❽年　指年成。❾天宗　有二說。《禮記・月令》認為是指日月星辰。高誘注認為天地四時皆為天宗，故又稱六宗。《書經・堯典》亦有「禋於六宗」之記載。❿大割　指切割祭祀牲體。⓫公社　古代天子、諸侯祭祀天地鬼神之處所，又稱國社，供土神后土之神位。⓬饗　此處指請神享用。古代以酒食款待客人稱饗。⓭五祀　即戶祀、竈祀、土祀、門祀、行祀之神。⓮將率　將帥。⓯講武　講習武事。⓰肄　研習。⓱角力　角抵。即今之摔跤。⓲水虞　掌管水澤之官吏。⓳漁師　掌管水產捕撈之官吏。⓴賦　稅收。㉑侵削　掠奪剝削。

【語　譯】這個月，命令工師考核百工的工效。要把製作的祭器陳列出來，檢驗其是否符合規定的法度程式。不得製作淫巧的器物以免惑亂在上位者的心志。一切器物還是以牢固細緻為上。工匠的姓名要刻在器物上，用以考察其製作是否誠實無欺。如有製作不符合規程的，一定要給予懲罰，並徹底追究其欺詐之實情。

這個月，蒸祭以後，天子要與群臣舉行大規模的宴飲。然後向日月星辰祈求來年的豐登，並切割犧牲，祭祀公社及門閭之神，還要請先祖及五祀之神來一起享用。這個月要慰勞農夫，給他們充分的休息。天子要命令將帥在冬閒時講習武藝，練習射箭、騎馬、摔角。

這個月，要命令水虞和漁師去徵收水泉與池澤的賦稅，但絕不容許趁機去侵掠刻剝平民百姓，以致使得天子從下層民眾中招來怨恨。若有如此做的，一定要嚴懲不貸！

〔五〕孟冬行春令❶，則凍閉不密，地氣發泄，民多流亡。行夏令❷，則國多暴風，方冬不寒，蟄蟲復出。行秋令❸，則雪霜不時，小兵時起，土地侵削。

【章旨】言若政令錯時，將引起種種災禍。

【注釋】❶孟冬行春令　陰陽五行說認為，冬屬陰，主閉藏；春屬陽，主散發。孟冬推行春天的政令，就會引起土地凍結不密實，從而導致地氣發洩，許多百姓四處流亡。❷行夏令　夏屬火，盛陽。孟冬若行夏令，國家就會多風暴，處於冬季卻不寒冷，蟄伏的動物紛紛重新出來活動。❸行秋令　冬主水氣，秋主金氣，金干水，就會引起霜雪不按時而至，小的兵戈之爭屢起，國土不斷被鄰國侵蝕。

【語譯】孟冬之月如果推行春季的政令，那麼，土地的封凍就會不密實，該閉藏的地氣被引發逸出，許多百姓會因為不得安居而四出流亡。如果推行夏季的政令，那麼，國家便會屢遭風暴之災，該冷的冬天卻不冷，以致蟄伏的動物重又紛紛外出活動。如果推行秋季的政令，那麼，霜雪就不會按時降落，小規模的軍事衝突接連四起，國土不斷遭到鄰國侵削。

節喪

【題解】本篇論「節喪」，下篇言「安死」。兩篇不僅主旨相同，內容相關，文字亦前後相連，似乎本是一篇，分而為二。

文章論的是節喪，但首先提出的卻是聖人不僅要「知生」，而且要「知死」，即如何做到使死者「安死」。看似離主題遠了，其實卻是把死者親屬最關心的問題一下提到了面前。作者在充分肯定親愛子、子孝親是人之本性，因而「所重所愛，死而棄之溝壑」，是違反人之常情以後，接著作了兩點論證，對當時主張厚葬的某些死者親屬可能是頗具說服力的：㈠如何才算是真正為死者考慮呢？最緊要的「莫如無動，莫如無發」，即墓穴不被發掘，屍骨不被移動；㈡如何才能確保「無動、無發」呢？最有效的「莫如無有可利」，即不使盜墓者有寶可盜。至此，結論已經不言自明：唯有「節喪」才能「安死」。

篇中為了提倡薄葬，對當時世俗的厚葬之習，作了詳細和形象的揭示。這些記述，與近年來國內地下考古發掘的秦漢時期若干墓葬的格局，陪葬品的種類及數量，均大致吻合，從而亦進一步證實了本篇的歷史文獻價值。

〔一〕二曰——

審❶知生，聖人之要也；審知死，聖人之極❷也。知生也者，不以害生❸，養生之謂也；知死也者，不以害死❹，安死之謂也。此二者，聖人之所獨決❺也。

【章旨】言「知生」與「知死」乃聖人獨有的悟知。

【注釋】❶審　詳細；周密。❷極　極致。❸不以害生　意謂不以害生之物養生。❹不以害死　意謂不以害死之事安死。《續漢書・禮儀志下》注引「不以害生」、「不以害死」兩句為「不以物害生」、「不以物害死」，各多一「物」字。❺獨決　高誘注「決」為「知」。

【語譯】明察生命的意義，是聖人的要務；明察死亡的本義，是聖人的極致。懂得生命的意義，目的是為了不以外物傷害生命，即為了養生；懂得死亡的本義，目的是為了不以外物去損害死者，即為了安死。這兩件事，是聖人所獨有的悟知。

〔二〕凡生於天地之間，其必有死，所不免也。孝子之重其親也，慈親之愛其子也，痛於肌骨❶，性也。所重所愛，死而棄之溝壑，人之情不忍為也，故有葬死之義。葬也者，藏也，慈親孝子之所慎也。慎之者，以生人之心慮❷。以生人之心為死者慮也，莫如無動，莫如無發。無發無動，莫如無有可利，則此之謂重閉❸。

【章旨】言葬的本義就是安藏；為了永遠安藏，就必須薄葬，使後之掘墓者無利可圖。

【注釋】❶痛於肌骨　形容其相愛之深切，深入肌肉骨髓。❷以生人之心慮　陶鴻慶據他本認為此句有脫文，當為：「以生人之心為死者慮也。」慮，計。❸重閉　指永遠埋藏。

【語譯】凡生存於天地之間的活物，都必然有死亡，這是無法避免的。孝子敬重其父母，慈愛的父母之疼愛其子女，都深入肌骨，這是出於人的本性。自己所尊重的、親愛的，死了便丟棄於溝壑，這是人之常情所不忍做的，因而便有埋葬死者這一道義上的責任。所謂葬，就是藏的意思，是慈愛的雙親和孝子們所必須慎重對待的。所謂慎重，就是活著的人要為死者考慮。如果以活著的人之心思為死者考慮，那麼沒有比不使死者被人移動、墳墓被人掘開更為重要的了。而要做到不讓人去盜掘墳墓，移動屍首，沒有比使得盜墓者無利可圖更為保險的了。這樣屍骨就得以永遠埋葬。

〔三〕古之人有藏於廣野深山而安者矣，非珠玉國寶之謂也，葬不可不藏也。葬淺則狐狸抇❶之，深則及於水泉。故凡葬必於高陵之上，以避狐狸之患、水泉之濕。此則善矣，而忘姦邪盜賊寇亂之難，豈不惑哉？譬之若瞽師❷之避柱也，避柱而疾❸觸杙❹也。狐狸水泉❺姦邪盜賊寇亂之患，此杙之大者也。慈親孝子避之者，得葬之情矣。善棺槨，所以避螻蟻蛇蟲也。今世俗大亂，之主❻愈侈，其葬則心非為乎死者慮也，生者以相矜尚也。侈靡者以為榮，節儉者以為陋，不以便死為故，而徒以生者之誹譽為務，此非慈親孝子之心也。父雖死，孝子之重之不怠；子雖死，慈親之愛之不懈。夫葬所愛所重，而以生者之所甚欲，其以安之也，若之何哉？

【章　旨】言葬而欲安，狐狸、水泉之患固然要防，但更要注意的則是「盜賊寇亂之難」；故為求死者安寧而以「珠玉國寶」陪葬，結果將適得其反。

【注　釋】❶抇　掘。❷瞽師　古代樂師多用盲人擔任，故稱瞽師。瞽，目盲。❸疾　用力。❹杙　小木樁。❺狐狸水泉　陳昌齊認為，此四字因上文而誤衍。❻之主　當係「人主」之誤。

【語　譯】古代的人有葬於曠野深山之中而得到安寧的，這不是由於有了珠玉國寶作陪葬的緣故，而是葬時不得不注意到了隱蔽和掩藏。葬得淺了，狐狸就會去挖掘；葬得深了，又容易受到水泉浸漬。因此，大凡埋葬，人們通常總是選在高高的丘陵之上，以避開狐狸的侵襲、泉水的浸漬。這樣做似乎是很好了，但如果忘記了還有姦邪小人、竊賊寇匪作亂的大禍害，豈不太糊塗了嗎？這好比瞽師行路避柱，柱子倒是避開了，卻猛力一頭撞上了小木樁。那些姦邪、竊賊、寇匪作亂的禍害，可是個「大木樁」呀。慈愛的雙親和孝子們若能想到如何去避開這些「大木樁」，那才是得到所以要埋葬的要義了。

棺槨做得堅實，是為了避免螻蟻蛇蟲的侵害。但是，當今世道大亂，昏庸的俗主越來越奢侈，對於喪葬，他們不是為死者的安寧考慮，而是活著的人藉著送葬來互相誇耀。崇高奢侈的人受到讚譽，而節儉的人反被說成是簡陋。不是以便於死者的安寧為目的，而單是追求活著的人所受的讚譽或批評為要務，這就不是慈愛的雙親與孝子之本意了。父親雖然去世了，孝子對親人的敬重並不因此而怠慢；子女雖然亡故了，父母對子女的愛心並不因此而稍減。如果埋葬自己所敬重和疼愛的人，而以通常人們非常想得到的珍寶去陪葬，想靠這些東西去使死者得到安寧，其結果又會怎樣呢？

〔四〕民之於利也，犯流矢，蹈白刃，涉血❶盭肝❷以求之。野人❸之無聞者，忍❹親戚❺兄弟知交以求利。今無此之危，無此之醜❻，其為利甚厚，乘車食肉，澤及子孫，雖聖人猶不能禁，而況於亂？國彌大，家彌富，葬彌厚。含珠❼鱗施❽，夫玩好❾貨寶，鍾鼎壺濫❿，輿馬⓫衣被戈劍，不可勝其數。諸養生之具，無不從者。題湊之室⓬，棺槨數襲⓭，積石積炭⓮，以環其外。姦人聞之，傳以相告。上雖以嚴威重罪禁之，猶不可止。且死者彌久，生者彌疏；生者彌疏，則守者彌怠；守者彌怠而葬器如故，其勢固不安矣。世俗之行喪，載之以大輴⓯，羽旄旌旗⓰、如雲僂翣⓱以督之⓲，珠玉以佩之，黼黻文章以飭之，引紼⓳者左右萬人以行之，以軍制立⓴之然後可。以此觀世㉑，則美矣侈矣；以此為死，則不可也。苟便於死，則雖貧國勞民，若慈親孝子者之所不辭為也。

【章旨】言厚葬只會引來姦人盜掘；奢侈的喪事儀式，亦違反死者欲安死的意願。

【注釋】❶涉血　流血。涉，通「蹀」。❷盭肝　破肝，意為殘殺。盭，古通「戾」。破。❸野人　指不懂禮儀的農夫。❹忍　忍心。❺親戚　古人稱父母為親戚。❻醜　羞恥。❼含珠　指含於死者口中之珍珠。❽鱗施　即金縷玉衣。近年在河北定縣出土的漢中山王墓文物中，就有數件金縷玉衣，每件由一千二百零三塊玉片以金線穿綴而成。由於穿在死者身上狀如魚鱗，故又名鱗施。❾玩好　指死者生前玩賞、嗜好的物品。❿濫　盆狀之器物，盛水以視己之形貌。即「鑒」(銅鏡)的前身，先從「水」，後從「金」。⓫輿馬　馬車。⓬題湊之室　即棺槨藏室。四周由大量粗大木頭一層層堆疊而成。前幾年出土的一處燕王旦墓題湊，就用了一萬五千八百八十根黃楊木。由於望去四壁只見木之頭端，故稱「題湊」。題，額頭。湊，聚。⓭襲　重。⓮積石積炭　指在墓室之外，堆積石塊與蜃炭。石用以加固，炭可以防濕。前些年發掘的長沙馬王堆三號漢墓，單是積於棺槨之外的炭就有萬斤之多。⓯大輴　載棺柩之大車。⓰羽旄旌旗　指以彩色的鳥羽和旄牛的尾巴作裝飾的各種旗幟。⓱如雲僂翣　僂，出殯時飾物，蓋於柩車上。翣，喪具，狀若傘，由羽毛製成，持以隨行於靈車兩旁。由於僂、翣上均畫有雲氣，故稱「如雲僂翣」。⓲督之　疑是「瞀之」，形近而誤。

瞥之，障蔽人目。⑲紼　牽引棺柩的繩索。古代送葬者，皆執紼，引柩車使前。⑳以軍制立　以軍法來制約送葬隊伍的行列。㉑觀世　給世人觀看。

【語　譯】民眾對於有利可圖的事，即使冒著亂箭，踩著利刃，流血破肝，也會不顧一切地去追求它。村野之民，並不懂得什麼是禮儀，為了求利，甚至不惜忍心傷害自己的父母、兄弟和好友。何況現在幹盜墓這類勾當，既沒有前面那種危險，亦沒有後面那種恥辱，而所得之實利卻非常豐厚，可以靠它乘車食肉，而且惠及子孫，即使聖人尚且無法去禁止它，何況現在亂世的君主呢？

國家越大，家財越富饒，隨葬品也必然越加豐厚。死者口中含的珍珠，身上穿的金縷玉衣，一切供玩賞的寶物和財貨，諸如各種鐘鼎、酒壺、水盆、車馬、華貴的衣被、稀珍的戈劍，這類陪葬數也數不盡。凡是一切養生用的器具，都被用來送葬。用黃楊木堆砌「題湊」作為墓室，棺槨裡外一重又一重，最後還要在墓穴的周邊堆上大量石塊和蜃炭。那些奸佞小人，聽到傳說以後，便互相轉告。官府雖然以嚴刑重罰明令禁止盜墓，但卻總是禁而不止。而且死者被埋葬的時間愈久，生者與他的關係亦愈益疏遠；生者愈益疏遠，那麼看守墳墓的人亦更加怠慢；看守的人更加怠慢，而墓中殉葬品的數量卻依然如故，這樣發展下去，這座墓葬就保不住了。

世俗的君主舉行喪禮時，把棺柩裝上大輴，前前後後有各種用鳥羽和旄牛裝飾的旌旗飛揚，棺柩上的「僂」和在前後隨行的「翣」，都繡繪有雲彩，使人目迷色亂。送葬的親屬都佩戴了珠玉，穿著按喪儀規定的各種色彩和繡有花紋的服裝，兩旁引紼的人成千上萬。這麼一支龐大的隊伍，必須靠軍法來指揮才得以井然有序。讓世人看到如此殯葬場面，壯觀是壯觀了，奢侈亦夠奢侈了，倘說這樣就是在為死者著想，那是絕不可以的。如果厚葬真的有利於死者，那麼即使弄得國家貧困，人民勞累，作為慈親與孝子也會在所不辭的啊。

安死

【題解】本篇為上篇〈節喪〉之續。從首句「世之為丘壟」，與上篇末章「世俗之行喪」，似乎還可看到原係一篇，分而為二的痕跡。

文章續論厚葬與安死之對立。認為：㈠人壽不過百，死者則期無窮；為了安死，不能從生者「觀世示富」出發，應該「以無窮為死者之慮」；㈡世上沒有不亡之國，因而亦就沒有不被發掘之墓，至於像宋平公、齊莊公那樣，則是國未亡而墓已盜，更何待百世之後？㈢所以實行厚葬，無異於在墓前勒碑刻銘，說內藏寶器甚多，叫大家快來發掘，是一件「愛之而反危之」的蠢事。

本書的節喪薄葬思想，與墨家相通，但出發點有異。呂氏為安死，墨子則為富貧、眾寡、治亂。當時最講究喪禮的是儒家。反映儒家思想的《禮記・喪大禮》，對天子及諸侯、大夫喪禮的規定，連篇累牘。《孟子・公孫丑下》中說到有人提出孟子葬母親的棺木似乎太好了，孟子借題發揮了一番道理，認為「棺七寸，椁稱之」，才能「盡於人心」，「君子不以天下儉其親」。但本書此篇，不僅把堯、舜、禹奉為薄葬的典範，又無端把孔子亦請出來，作為反對厚葬立論的依據，這是否作者在運用某種論戰策略呢？

本篇第五章疑為他篇錯簡誤入，在「章旨」中略作說明。

〔一〕三曰——

世之為丘壟❶也，其高大若山，其樹之若林，其設闕❷庭、為宮室、造賓阼❸也若都邑，以此觀世示富則可矣，以此為死則不可也。夫死，其視萬歲猶一瞚❹

也。人之壽，久之不過百，中壽不過六十。以百與六十為無窮者❺之慮，其情必不相當矣。以無窮為死者之❻慮則得之矣。

【章　旨】言生者壽有限，死者期無窮；營造豪華陵墓只是從生者「觀世示富」出發，必然與死者不相當；只有「以無窮為死者之慮」，才得安死本義。

【注　釋】❶丘壟　墳墓。❷闕　墓闕。陵墓前高聳的建築物，如石牌坊等。❸賓阼　殿堂前的東西階。賓階即西階，阼階即東階。客自西階升，故稱之為賓階；主人立於東階迎客，稱阼階。❹瞚　同「瞬」。眨眼。❺無窮者　無限久遠的事物。指死者埋葬以後。❻之　而。

【語　譯】當世人們營造的墳墓，那高大猶如山陵一般。墳墓上的樹木，茂密如同森林。在墓地周遭還修建墓闕、庭院，建築宮殿，設置東西石階，像都城一樣宏偉。倘若以此來向世人顯示自己的富豪是可以的，但想用它作為死者安息之地，那就不可以了。對於死者來說，一萬年就像一瞬間那樣短暫。而人的壽命，長的不會超過一百歲，中等壽命的還不過六十歲；以只有一百到六十歲的人生經驗的人，卻要去為需作無窮久遠安排的死者考慮，二者之間的實情是必不可能相當的了。只有從需作無窮久遠安排的死者本身出發考慮，才能獲得安死的本義。

〔二〕今有人於此，為石銘置之壟上，曰：「此其中之物，具❶珠玉玩好財物寶器甚多，不可不扣，扣之必大富，世世乘車食肉。」人必相與笑之，以為大惑❷。世之厚葬也有似於此。自古及今，未有不亡之國也；無不亡之國者，是無不抇之墓也。以耳目所聞見，齊、荊、燕嘗亡矣❸，宋、中山已亡矣❹，趙、魏、韓皆亡矣，其皆故國矣❺。自此以上者亡國不可勝數，是故大墓無不抇也。而世皆爭為之，豈不悲哉？

【章　旨】言自古以來沒有不被發掘的大墓，所以厚葬者等於是在墓前勒石告訴後人「抇之必大富」那樣的傻瓜。

【注　釋】❶具　置；備。❷惑　悖。❸齊荊燕嘗亡矣　齊曾為燕將樂毅攻破（西元前二八四年），荊（楚）曾兩次戰敗遷都（西元前二七八年、前二四一年），燕曾被齊攻佔（西元前三一五年）。三國皆曾喪失都城，亦可說是曾經亡過國，但後均敗而復立，故稱「嘗亡」。嘗，曾經。❹宋中山已亡矣　宋於西元前二八六年為齊所滅，中山於西元前二九六年為趙所滅，皆亡而不復，故曰「已亡」。❺趙魏韓皆亡矣二句　畢沅據《續志》注認為此句似當作：「趙、魏、韓皆失其故國矣。」趙在長平之戰（西元前二六二年）後急遽衰落；魏在馬陵之戰（西元前三四二年）後國力漸弱；韓則多次為秦所敗，所謂「朝秦暮楚」，已無力自存。可見此三國雖未失都城，卻均不復有戰國初、中期那種強盛的局面，故稱「失其故國」。按：以上三注，尤其是注❺，因牽涉到本書成書年代問題，各家訓釋、考訂不一。後〈序意〉一章談到呂不韋門人向呂請示有關〈十二紀〉的撰寫問題時，記載為「維秦八年，歲在涒灘」。據清人孫星衍考證，秦八年為秦始皇六年，即西元前二四一年，而其時趙、魏、韓均遠未滅亡。呂不韋死於秦王政十二年（西元前二三五年），趙、魏、韓之亡，則更是呂死後五～十三年之間的事。這樣，此處「趙、魏、韓皆亡」或「皆失其故國」之句，若指三國已亡而不復存在，便與「維秦八年」的成書時間有了矛盾。有的學者據而提出此時寫成的是初稿，而補綴之功直到秦始皇二十六年統一六國後，亦即呂不韋死去十數年後才完成。此說時間上的矛盾似乎消失了，但聯繫到呂不韋是被迫自殺的，呂死後其門客避禍猶且不及，復聚而補綴《呂氏春秋》且得以傳世這樣的事，很難設想。注釋依牟鍾鑒近作《呂氏春秋與淮南子思想研究》中的有關論述，對「嘗亡」、「已亡」、「失故國」分別作了不同解釋，原成書時間矛盾，大致可據以說通。故國，指歷史上的古國、舊國。

【語譯】如果現在有這樣一個人，在陵墓前面立上石碑，刻下銘文：「這裡面陪葬的器物，有珠玉、玩好、財物、寶器十分豐富，諸君不可不掘，掘了必定大富，可以世世代代乘車吃肉。」人們一定會嘲笑他，認為此人是個大傻瓜。現在世上那些厚葬的人，與這個傻瓜就差不多。自古至今，沒有不滅亡的國家；沒有不滅亡的國家，也就沒有不被發掘的墳墓啊。以我們自己親耳所聞、親眼所見的，如齊國、楚國、燕國都曾經被滅亡過；宋、中山這二個國家已經被滅亡了；趙國、魏國、韓國都已今非昔比。由此往上推算，已經敗亡的國家更是數不勝數。因而所有的大墓，沒有不被人發掘過的。然而當今之世人們還在爭相營造大墓，這豈不令人可悲嗎？

〔三〕君之不令❶民，父之不孝子，兄之不悌❷弟，皆鄉里之所釜鬲者❸而逐之，憚耕稼采薪之勞，不肯官人事❹，而祈美衣侈食之樂，智巧窮屈❺，無以為之，於是乎聚群多之徒，以深山廣澤林藪❻，扑擊遏奪❼，又視名丘❽大墓葬之厚者，求舍便居❾，以微❿抇之，日夜不休，必得所利，相與分之。夫有所愛所重，而令姦邪盜賊寇亂之人卒必辱之，此孝子忠臣親父交友之大事⓫。堯葬於穀林⓬，通⓭樹之；舜葬於紀市⓮，不變其肆⓯；禹葬於會稽⓰，不變人徒⓱；是故先王以儉節葬死也，非愛⓲其費也，非惡⓳其勞也，以為死者慮也。

【章旨】言大墓厚葬反會招徠不逞之徒玷辱先人，故應效法先王聖人墓葬從儉，以達到安死的目的。

【注釋】❶令 善。❷悌 敬愛兄長。❸所釜鬲者 指用釜鬲一類粗陋炊具做飯的普通村民。釜，炊器，似鍋。鬲，陶製的炊器，三足，中空。❹官人事　官府之事。指官府的勞役。❺智巧窮屈　各種計謀巧偽都已用盡。屈，盡。❻藪　草木茂盛的沼澤地。❼遏奪　攔路搶劫。❽名丘　指宏大之墓葬。❾求舍便居　盜墓的一種方法。畢沅在注中說曾聽到來自關中的人說起過，盜墓者往往於墓外數百步處造屋以居，即從屋中穿地道以達葬所，外人未見發掘之形跡而墓藏已空。❿微　祕密；隱蔽。⓫事　當是「患」字之誤（依王念孫說）。⓬穀林　地名。傳說堯葬於成陽（今山東曹縣東北），據高誘注，成陽山下有穀林。⓭通　遍。⓮紀市　地名。傳說舜葬於蒼梧九疑山（今湖南南寧南），據高誘注，九疑山下有紀邑。⓯肆　市集的店鋪、作坊。⓰會稽　地名，今浙江之紹興。⓱不變人徒　不煩擾民眾。人徒，民眾。⓲愛　吝惜。⓳惡　患。

【語　譯】君主的奸滑之民，父親的不孝之子，兄長的不悌之弟，都是被鄉里村民一致驅逐的無賴小人。他們既害怕耕作、打柴的艱苦，又不肯在官府承擔勞役，卻想追求錦衣美食的歡樂。當欺詐巧偽的辦法想盡，仍然不能得手時，就群聚在一起，隱藏在深山密林和沼澤地帶，襲擊過路行旅，進行攔路搶劫。他們又到處去探聽墓葬豐厚的名丘大墓，在墓旁蓋一小屋便居住下來，隱蔽而祕密地進行挖掘。如此日夜不停，必然會得到他們所想望的寶器，大家一起瓜分。人們都愛重已經逝去的親人，結果卻讓姦邪、盜賊、匪寇去恥辱自己的先人，這正是凡為孝子、忠臣、慈父、摯友們引為大患的事啊。堯葬在穀林，遍地種的是樹木；舜葬在紀市，不改變市上商店作坊的面貌；禹葬在會稽，一點不煩擾當地的百姓。所以先王以節儉的辦法埋葬死者，既不是為了吝惜錢財費用，亦不是擔心耗費眾多的勞力，主要是為死者考慮啊。

〔四〕先王之所惡，惟死者之辱也。發則必辱，儉則不發，故先王之葬，必儉、必合、必同。何謂合？何謂同？葬於山林則合乎山林，葬於阪隰❶則同乎阪隰，此之謂愛人。夫愛人者眾，知愛人者寡，故宋未亡而東冢❷抇，齊未亡而莊公❸冢抇，國安寧而猶若此，又況百世之後而國已亡乎？故孝子忠臣親父交友不可不察於此也。夫愛之而反危之，其此之謂乎。《詩》曰：「不敢暴虎，不敢馮河，人知其一，莫知其他❹。」此言不知鄰類❺也。

【章　旨】言喪葬應做到「儉」、「合」、「同」，厚葬是對死者「愛之而反危之」。

【注　釋】❶陂隰　山坡之高處稱阪，低下之處為隰。❷東冢　指宋文公鮑之墳墓。冢，隆起的墳墓，因在城東，故稱東冢。魯成公二年，《左傳》載其墓葬事：「八月宋文公卒。始厚葬。用蜃炭。益車馬，始用殉，重器備，椁有四阿，棺有翰檜。」❸莊公　春秋齊國國君，姓姜名光，在位六年（西元前五五三～前五四八年）。後為崔杼等所殺。❹不敢暴虎四句　引自《詩經．小雅．小旻》末章。原詩意在揭露周幽王的昏庸，提醒人們不能只知道徒手與猛虎搏鬥、徒步過深河的危險，卻看不到國家已瀕臨滅亡的危險。引詩取「人知其一，莫知其他」意，批評厚葬者只顧眼前「觀世示富」，卻不知這樣做對死者今後所帶來的危險。暴虎，徒手與虎搏鬥。馮河，徒步涉河。❺鄰類　舉一反三；觸類旁通。

【語　譯】先王之所憂慮的，惟恐死者受到玷辱。墳墓被盜掘，死者必然受辱；如果節儉地安葬，那就不會被盜掘。所以先王的安葬，必定要做到儉，做到合，做到同。什麼叫合？什麼叫同？葬於山林，要合乎山林；葬於陂隰之地，要同乎陂隰之地，這才是對死者的真正愛護。通常想要愛護死者的人很多，而懂得如何才是真正愛護死者的人卻很少。過去，宋國還沒有滅亡，而宋文公的東冢就已經被人盜掘；齊國還沒有滅亡，而齊莊公的墳墓亦已經被人盜掘。國家安寧時尚且如此，更何況百世以後國家早已滅亡的時候呢？所以作為孝子、忠臣、慈父、摯友不可以不有鑒於此啊。所謂愛之而反害之的，大概就是屬於這一類情況吧？《詩經》上說：「不敢徒手與虎搏鬥，不敢徒步涉過深河；但人們往往只知此一端，卻不知還有更大的危險。」這些話的意思是說人們不懂得如何舉一反三、觸類旁通啊。

〔五〕故反以相非，反以相是❶。其所非方其所是也，其所是方其所非也。是非未定，而喜怒鬥爭，反為用矣❷。吾不非鬥，不非爭，而非所以鬥，非所以爭。故凡鬥爭者，是非已定之用也。今多不先定其是非而先疾鬥爭，此惑之大者也。

【章旨】批駁非攻伐而取救守者自相矛盾、是非顛倒而又「先疾鬥爭」，因而造成「大惑」。（據陳奇猷考訂，此章係前〈振亂〉錯簡誤入於此。上接〈振亂〉二章之「是非其所取而取其所非也」，下接「是利之而反害之也」，則前後文義正相合。）

【注釋】❶反以相非二句　忽而反對，忽而肯定，自相矛盾。指非攻伐者，反對因攻伐用兵，但其所持救守則又主張用兵。❷是非未定三句　意謂是非還沒有確定，馬上就喜好非攻，而怒指攻伐，並興兵鬥爭，採取救守之道。

【語譯】所以，對於用兵，他們反覆無常，忽而反對原先贊成的，忽而又贊成原先反對的。這樣，他們所反對的正是他們所贊同的；他們所贊同的，也正是他們所反對的。是非還沒有確定，他們喜歡什麼、反對什麼卻已經作了明確表示，甚至連武力鬥爭都用上了。我們並不反對鬥，並不反對爭；我們反對的是不明白所以然的鬥，不明白所以然的爭。大凡鬥和爭，應該是在是非論定以後才能使用。當今許多人卻不是先去論定是非，而是先匆匆忙忙地去強力進行鬥呀，爭呀，這便造成了極大的混亂。

〔六〕魯季孫❶有喪❷，孔子往弔之。入門而左，從客❸也。主人❹以璵璠收❺，孔子徑庭而趨❻，歷級❼而上曰：「以寶玉收，譬之猶暴骸中原❽也。」徑庭歷級，非禮也；雖然，以救過❾也。

【章　旨】言孔子為了諍言救過，不得不以違禮的行動阻止季孫氏以寶玉殮葬，說明孔子也是厚葬的反對者。

【注　釋】❶季孫　春秋後期魯國掌握實權的世卿，季孫是複姓。❷有喪　指季孫氏家族季平子的喪事。季平子，名意如，季武子之孫，魯國執政者。❸從客　從賓客之位。❹主人　指主喪者，亦即季平子之子季桓子。❺以璵璠收　用寶玉陪葬。璵璠，寶玉，通常要國君才能佩戴。收，陪葬。❻徑庭而趨　指由西階越中庭而向東階急速行進。❼歷級　登階。❽暴骸中原　暴露死者屍骨於原野。❾救過　指糾正以璵璠陪葬之過失。季意如喪事，載於《左傳》定公五年（西元前五六八年），然與本篇所言有出入，不主張以璵璠陪葬的是仲梁懷，不是孔子：「陽虎將以璵璠殮，仲梁懷弗與，曰：『改步改玉。』」

【語　譯】魯國季孫氏有喪事，孔子前去弔唁。進門以後，站在左邊西階賓客的位置上。主喪的季桓子要把國君佩戴的寶玉璵璠作為季如意的陪葬物而收殮入棺，孔子立即從西階下，穿越中庭，快步向東，登階而上，說：「用寶玉入殮死者，就像把屍骸直接暴露在原野上一樣。」孔子作為客人，這樣穿越中庭，登階而上，是違反禮儀的；雖然如此，但他是為了救正過失啊。

異寶

【題解】本篇論旨承〈節喪〉、〈安死〉而來。上二篇中之厚葬者，皆以美玉寶器葬殮死者，以為這就是寶物；本篇便承而討論：究竟什麼是寶物？

孟子曾對此作過明確表述：「諸侯之寶三：土地，人民，政事。寶珠玉者，殃必及身。」（《孟子・盡心下》）老子則倡導「不貴難得之貨」（《老子》第三章、第六十四章）。在不以珠玉為寶物這一點上，本篇與儒家是相通的，但具體到最可寶貴的究竟是什麼，則更接近於道家。文章列舉了三個範例：一為孫叔敖知「不以利為利」，臨終誡子辭美地、受惡地，從而子孫後代得以長期據有楚王封賜的寢丘這塊貧瘠的土地。例二是江上丈人幫助逃亡中的伍員渡過長江，卻不受其千金之劍為謝，說明丈人以天地之至德為至寶。第三例是司城子罕以不受人之寶為寶，即把執持自己高尚品德視作珍寶。此三人之所寶，何以異於世人？作者認為是由於他們的智慧高於世俗的緣故。全篇據此得出結論：「其知彌精，其所取彌精；其知彌觕，其所取彌觕（觕即粗）。」這是從另一個角度，勸導那些厚葬者不妨想一下：最值得人們去珍貴的究竟是什麼？

篇名「異寶」，意謂異於世人所寶之寶。

〔一〕四曰——

古之人非無寶也，其所寶者異也。孫叔敖❶疾，將死，戒其子曰：「王數❷封我矣，吾不受也。為❸我死，王則封汝，必無受利地❹。楚、越之間有寢之丘❺者，此其地不利❻，而名甚惡❼。荊人畏鬼❽，而越人信機❾。可長有者，其唯此也。」孫叔敖死，王果以美地封其子，而子辭，請寢之丘，故至今不失。孫叔敖之知❿，知不以利為利矣，知以人之所惡為己之所喜，此有道者之所以異乎俗也。

【章　旨】言孫叔敖誡子辭美地、受惡地，從而使子孫後代長有封地，這說明他懂得「不以利為利」。

【注　釋】❶孫叔敖　楚大夫蔿賈之子，莊王之令尹。❷數　多次。❸為　如；若。❹利地　肥饒之土地。❺寢之丘《淮南子・人間》等載此事作寢丘。其故址在今河南固始。❻不利　指其地墝埆貧瘠。❼而名甚惡　《史記正義》引《呂氏春秋》本文為：「荊楚間有寢丘者，其為地不利，而前有妬谷，後有戾丘，其名惡，可長有也。」名甚惡，當是指妬谷、戾丘之名含義不吉祥。❽荊人畏鬼　「妬谷」這個地名的含義是：人或鬼嫉妒人之山谷。畏鬼的荊人自然不會要這塊土地。❾越人信機　機，指機祥朕兆。「戾丘」，這個地名中的「戾」，有罪、破之含義，故戾丘成了不祥之兆，信機的越人因而亦不會要這塊土地。❿知　通「智」。

【語　譯】古代的人並不是沒有寶物，而是他們所寶貴的不同於當今一般凡夫俗子。

孫叔敖病了，臨終時，告誡他的兒子說：「楚莊王多次要封賜我土地，我都沒有接受。如果我死了，大王會封賜土地給你，你切記一定不要接受那些肥沃富饒的土地。在楚國與越國之間，有一個地方叫寢丘，這裡的土地極其貧瘠，而且地名含義又很不祥，楚國人怕鬼作祟，越國人講究吉凶朕兆，都不會要這塊土地。能夠長期據有的封地，大概就只有這裡了。」孫叔敖死了以後，楚莊王果然要以肥美的土地封賜給孫叔敖的兒子，他的兒子辭而不受，請求把寢丘之地封賜給他。因而至今這塊土地沒有被官府收回去，也沒有為他人所佔有。孫叔敖聰慧過人之處，就在於他懂得不以世俗觀念中的利益為利益，懂得把常人所厭惡的東西作為自己所喜愛的東西。這正是有道之人所以不同於世俗庸人的地方。

〔二〕五員❶亡，荊急求之，登太行❷而望鄭曰：「蓋是國也，地險而民多知，其主俗主也，不足與舉❸。」去鄭而之許❹，見許公而問所之。許公不應，東南嚮❺而唾。五員載❻拜受賜曰：「知所之矣。」因如吳。過於荊，至江❼上，欲涉，見一丈人❽，刺❾小船，方將漁，從而請焉。丈人度❿之，絕江⓫，問其名族⓬，則不肯告，解其劍以予丈人，曰：「此千金之劍也，願獻之丈人。」丈人不肯受曰：「荊國之法，得五員者，爵執圭⓭，祿萬檐⓮，金千鎰⓯。昔者子胥過，吾猶不取⓰，今我何以子之千金劍為乎？」五員過⓱於吳，使人求之江上則不能得也，每食必祭之，祝⓲曰：「江上之丈人！天地至大矣，至眾矣，將奚不有為⓳也？而無以為⓴。為矣而無以為之，名不可得而聞，身不可得而見，其惟江上之丈人乎？」

【章旨】言江上丈人既不用伍員換取高官厚祿，亦不受伍員千金之劍，而以至德為至寶。

【注釋】❶五員　即伍子胥。「五」、「伍」古通。姓伍，名員，字子胥。❷太行　即今太行山，在山西高原與河北平原間。伍子胥自楚出亡時，因楚太子建在宋，故先奔宋。後即隨建至鄭又適晉再回鄭。此處登太行山事，當發生在還鄭途中。子胥以為鄭國君主庸俗，不足與舉大事，有勸阻太子建勿再入鄭之意。建不聽，入鄭後果然為鄭所殺。子胥遂急去鄭奔許。❸舉　謀。❹許　春秋時期小國，在今河南許昌。後為楚所滅。❺嚮　同「向」。❻載　通「再」。❼江　指長江。❽丈人　對長老的尊稱。❾刺　撐。❿度　渡。⓫絕江　過江。橫渡曰絕。⓬問其名族　江上丈人，問伍子胥姓名。族，姓。⓭爵執圭　賜予爵位可以到達執圭。執圭為楚國最高爵位的名稱。圭，一種玉石製的禮器。上尖下方，君主賜給功臣，讓他們執以朝見，故名「執圭」。⓮祿萬檐　俸祿年入粟萬石。檐，即「擔」。⓯鎰　古代重量單位，約二十兩為一鎰。一說二十四兩為一鎰。⑯昔者子胥過二句　從老人的這番答話裡，可以知道，伍子胥第一次由楚走宋時，亦是由這位老人擺渡過江的，那次他並沒有用伍子胥去換取高官厚祿。這次看來老人亦已認出，但他卻不明白說出，表現了老人坦蕩的胸懷和風趣幽默的性格。⑰過　當為「如」。⑱祝　祝願。⑲奚不有為　何所不為。⑳無以為　為而無所求。

【語譯】伍員被迫逃亡，楚國四出追捕他。他逃到北方，登上太行山，遙望鄭國，他說：「這個國家地勢險要而且民眾又多智慧，然而它的國君卻是個平庸的俗主，不足以與他謀舉大事。」於是離開鄭國來到許國，拜見許國國君，問他自己該到哪裡去。許公沒有應聲，卻向東南方向吐了一口唾沫。伍員領會了，向許國國君再拜表示感激，說：「我知道該去的地方了。」因而就去投奔吳國。經過楚國的地面，到了長江邊上，想要渡江。望見一位長老，撐了一條小船，正在準備捕魚。伍員走近去請求老人相助。老人為他擺渡，過了江，便問伍員姓名，伍員不願直告，卻解下佩劍送給老人，說：「這是一把千金之劍，願意敬獻您老。」長老不肯接受，說：「按照楚國的法律，捕到伍員的人，可以得到執圭的爵位，享受萬石俸祿，受賜黃金千鎰。上一回伍子胥過江時，我尚且沒有用他去換那麼些賞賜，如今我怎麼會要你的千金之劍呢？」伍員到達吳國後，派人去江上尋找這位長老，但是再也找不到了。為此，伍員每次進餐一定要為江上長老祝禱，祝詞是：「江上長老啊，天地之德最大了，天地養育萬物最多了。天地何所不為呢？卻從來都是無所求。行了善事卻不求他人報答，連姓名亦無從得知，身影亦無法見到。能夠達到這種境界的，恐怕只有江上長老吧？」

〔三〕宋之野人❶，耕而得玉，獻之司城子罕❷，子罕不受。野人請曰：「此野人之寶也，願相國為之賜而受之也。」子罕曰：「子以玉為寶，我以不受為寶❸。」

故宋國之長者曰：「子罕非無寶也，所寶者異也。」

【章　旨】言宋國子罕以不受野人所獻之寶為寶。

【注　釋】❶野人　指村野農夫。❷司城子罕　司城，即司空，主管工程的卿官，因宋武公名司空，故改稱司城。子罕為其名。後〈召類〉二章，記有子罕仁節待人之事，並稱其歷相平公、元公、景公三世，前後數十年，是春秋時宋國著名的賢相。但《韓非子・外儲說右》、《淮南子・道應》等，又都把子罕描寫為逐君擅政的權相。孰是孰非，諸家雖已有考釋，但尚無定論。❸我以不受為寶　我把不接受非分寶物這種品德看作是自己的珍寶。關於子罕以不受玉為寶事，始見於《左傳》襄公十五年。《韓非子・喻老》也作了記述。以後再見於劉向《新序》。

【語　譯】宋國的一個農夫，在耕地時得到一塊寶玉，獻給司城子罕。子罕不肯接受。農夫請求說：「這是小人發現的寶物，希望相國賞臉收下它。」子罕說：「你以這塊玉石為寶，我以不接受你的贈物為寶。」所以，宋國一位有德望的長者說：「子罕並不是沒有寶物，只是他視作寶物的東西不同於他人啊。」

〔四〕今以百金❶與摶黍❷以示兒子❸，兒子必取摶黍矣；以龢氏之璧❹與百金以示鄙人❺，鄙人必取百金矣；以龢氏之璧、道德之至言以示賢者，賢者必取至言矣。其知彌精，其所取彌精；其知彌觕❻，其所取彌觕。

【章　旨】全篇結語。以三個連類巧喻，說明以何者為寶，當取決於各人智慧之精深或粗疏。

【注　釋】❶金　古代貨幣計量單位，秦以一鎰為一金，漢以一斤為一金。❷摶黍　黃米飯糰。❸兒子　猶赤子。即嬰兒。❹龢氏之璧　即和氏之璧。龢，「和」的異體字。春秋時，楚人卞和得此璧於山中，獻之於楚王，因被命名為「和氏之璧」。❺鄙人 指村野之人。❻犅 通「粗」。

【語 譯】假如現在把百金與黃米飯糰一起擺在嬰兒面前，他一定會選取黃米飯糰。如果把百金與和氏之璧一起擺在村野無知之人面前，他一定會選取百金。如果把和氏之璧與道德的至理名言放在賢者面前，那賢者一定會選取道德至言。所以，人們的智慧越是精深，他們所選擇的東西也就越加精當；如果知識越是粗淺，那他們所選擇的東西也越加粗陋。

異用

【題解】這是〈孟冬紀〉卷的最後一篇，就與上篇〈異寶〉的聯繫看，可說仍不脫安死、節喪的總題旨。異寶論兩種寶物觀，倡導以異於世俗所寶為寶；此篇則論兩種用物觀，認為對於萬物的不同運用，正是國家治亂存亡、君主生死榮辱的根本。

從全文看，作者要求君主對於物應做到：㈠用於養生，如湯的收網三面；㈡用於安死，如周文王的更葬屍骸；㈢用於區別尊卑貴賤，如孔子的六尺之杖。在六尺之杖故事之後有一句值得細讀的話：「又況於以尊位厚祿乎？」這是在提醒君主：你手裡有「尊位厚祿」這遠比「六尺之杖」強大得多的物質力量，如果能仿效孔子的做法，以不相等的爵位俸祿駕馭臣下，不就可以達到國治主安、功成名遂的目的了嗎？

如果說上述論述不免有過多局限性的話，那麼全文的結論還是有較多普遍、久遠意義的：國廣、兵強、權重、位尊都不會給君主帶來聲譽，具有決定意義的「在於用之」；同樣的社會物質條件，桀、紂用之「成其亡」，湯、武用之「成其王」。這確是屢經歷史證實的真理。

〔一〕五曰──

萬物不同❶，而用之於人異也，此治亂存亡死生之原。故國廣巨，兵彊富，未必安也；尊貴高大，未必顯也；在於用之。桀、紂用其材而成其亡，湯、武用其材而成其王。

【章　旨】言萬物之用，因人而異，桀、紂用之亡，湯、武用之王。

【注　釋】❶萬物不同　據通篇文意，「不」當是衍字（依陳昌濟說）。萬物同，謂萬物自有本性，對於任何人都是同一的，絕無親疏貴賤之別。參讀〈去私〉一章「天無私覆也，地無私載也」；〈盡數〉一章「四時之化，萬物之變，莫不為利，莫不為害」。

【語　譯】萬物的本性對任何人都是同一的，但人們在使用時出發點不同，結果亦迥然相異。這一點正是國家治亂存亡和君主生死榮辱的本原。因此，疆土廣大，兵力強盛，國家未必就能安寧；地位尊貴，權力巨大，君主的聲名卻未必真能顯赫。這一切，都要取決於如何去應用它們。同樣的物質條件，夏桀、商紂運用它們，結果是自取滅亡；商湯、周武王運用它們，卻成就了王業。

〔二〕湯見祝❶網者，置四面，其祝曰：「從天墜者，從地出者，從四方來者，皆離❷吾網。」湯曰：「嘻！盡之矣。非桀其孰❸為此也？」湯收其三面，置其一面，更教祝曰：「昔蛛蝥❹作網罟❺，今之人學紓❻。欲左者左，欲右者右，欲高者高，欲下者下，吾取其犯命者。」漢南之國聞之曰：「湯之德及禽獸矣。」四十國歸之。人置四面，未必得鳥；湯去其三面，置其一面，以網其四十國，非徒❼網鳥也。

【章　旨】以張網為喻：桀置四面而亡，湯收三面僅置一面而得四十國來歸，說明用物當安生，為國當寬仁。

【注　釋】❶祝　祝願。❷離　通「罹」。遭受。❸孰　誰。❹蛛蝥　即蜘蛛。秦晉之間稱蜘蛛為蛛蝥。❺罟　網。❻紓通「杼」。織布的梭子。❼徒 但。

【語 譯】商湯在郊外，看到有人四面設網，在網的面前祝願，那祝詞說：「從天上墜下來的，從地下鑽上來的，從四面八方過來的，讓牠們都陷到我的網中來吧。」商湯說：「唉，禽獸這都給你網盡了。除非夏桀那樣的暴君，誰還會做出這種事來呢？」商湯於是收掉三面的網，只在一面設網，再教他祝詞說：「從前蜘蛛吐絲結網，如今人們學了用梭子織網。禽獸想向左邊去的，就向左邊去；想向右邊跑的，就向右邊跑；想向高處飛的，就向高處飛；想向低處走的，就向低處走。我只捕取那些犯天命觸在網上的。」漢水以南的那些國家聽到這件事以後，說：「商湯的仁德連禽獸也顧及到了。」有四十多個國家因此而歸順於商湯。人們四面設網，未必真能捕到鳥；商湯去掉三面，只在一面設網，卻得到四十多個國家的歸順，其中的道理，非但只是網鳥而已啊。

〔三〕周文王使人抇❶池，得死人之骸，吏以聞❷於文王，文王曰：「更葬之。」吏曰：「此無主矣。」文王曰：「有天下者，天下之主也；有一國者，一國之主也。今我非其主也❸？」遂令吏以衣棺更葬之。天下聞之曰：「文王賢矣，澤及髊❹骨，又況於人乎？」或得寶以危其國，文王得杇❺骨以喻其意，故聖人於物也無不材。

【章 旨】以周文王安葬朽骨贏得天下之人心，說明聖人對於物皆能盡其用。

【注 釋】❶抇 掘。❷聞 稟告。❸也 通「邪」。表疑問語氣。❹髊 骨上有肉。❺杇 他本多為「朽」。此疑陳本錯排漏校。

【語譯】周文王派人挖掘水池，掘出了死人的屍骨。官吏把這事向文王作了稟報。文王說：「重新好好安葬他。」官吏說：「這是沒有主人的屍骨啊。」文王說：「擁有天下的，就是天下的主人；擁有國家的，就是國家的主人。現在難道我不就是他的主人嗎？」於是命令官吏重新用衣服與棺材埋葬了屍骨。天下的人們聽到這件事情以後，都說：「文王真賢明啊，恩惠普及到了屍骨，更何況活著的人呢？」有人得到了寶物，反而因此使自己的國家處於危險的境地；文王掘得朽骨卻能藉此以表示自己的仁德。所以在聖人看來，沒有什麼東西是沒有用的。

〔四〕孔子之弟子從遠方來者，孔子荷❶杖而問之曰：「子之公❷不有恙❸乎？」搏杖❹而揖之，問曰：「子之父母不有恙乎？」置杖❺而問曰：「子之兄弟不有恙乎？」杙步❻而倍❼之，問曰：「子之妻子不有恙乎？」故孔子以六尺之杖，諭貴賤之等，辨疏親之義，又況於以尊位厚祿乎？

【章旨】言孔子僅以其六尺之杖，卻能曉諭貴賤親疏之辨，君主憑藉「尊位厚祿」，當更能發揮治國顯名之用。

【注釋】❶荷　擔；扛。❷公　祖父。❸恙　病。❹搏杖　扶杖；持杖。❺置杖　把杖放置一旁。❻杙步　當作曳杖（依蔣維喬說）。曳，拖。❼倍　背。

【語譯】孔子的弟子，有從遠方來的，孔子就扛著手杖問候說：「你的祖父沒有什麼病痛吧？」接著持杖拱手作揖再問候說：「你的父母沒有什麼病痛吧？」然後把手杖置在一旁問候說：「你的兄弟沒有什麼病痛吧？」最後，拖著手杖轉身背向而問候說：「你的妻子沒有什麼病痛吧？」可見，孔子僅用手中六尺之杖，就可以表達對方父母、兄弟、妻子之間的貴賤等級，分辨他們的疏親關係，更何況君主可以用尊貴的爵位、豐厚的俸祿來顯示這種差異呢？

〔五〕古之人貴能射也，以長幼養老❶也。今之人貴能射也，以攻戰侵奪也。其細者❷以劫弱暴寡❸也，以遏奪❹為務也。仁人之得飴❺，以養疾侍❻老也。跖❼與企足❽得飴，以開閉取楗❾也。

【章　旨】言同一事物（如射技、飴糖），在不同時期、不同人手上，可作或善或惡，目的完全相反的使用。

【注　釋】❶長幼養老　扶養幼者，供養老者。古代漁獵是農耕的輔助，「貴射」是為了以獵物供養長幼。❷細者　指卑微小人。❸暴寡　欺侮勢孤力單的人。暴，用如動詞。❹遏奪　攔路搶劫。❺飴　麥芽糖漿。❻侍　養。❼跖　即盜跖，古時大盜。見於《孟子》、《商君書》、《荀子》等，《莊子》中的跖則為寓言人物。❽企足　即莊蹻，楚國大盜。《荀子》、《韓非子》等均有記述，本書後〈介立〉四章亦有提及。❾楗　關門用的木門。

【語　譯】古代的人所以崇尚射箭的技藝，是為了用來扶養幼者，贍養老人。現在的人崇尚射箭的技藝，卻用來攻伐作戰，侵佔掠奪；那些卑微小人，還以此去搶劫弱小，欺侮勢孤力單的人，把攔路搶劫作為職務。仁義的人得到飴糖，用來調養病弱和侍奉老人；但如果落到盜跖與莊蹻那樣的人手裡，他們就會用來拔門開門，盜竊他人財物。

卷第十一　仲冬紀第十一

仲冬　至忠　忠廉　當務　長見

〈仲冬紀〉、〈季冬紀〉兩卷，除月令篇外，所轄兩組文章都以論述士為中心，包括君主如何知士、求士和士應堅守的節操等。行文中，作者讚頌了歷史上一些著名的死節烈士、忠義廉士。

本卷中的四篇論文，〈至忠〉、〈忠廉〉記述了子培、文摯和要離、弘演這樣一些作者認為「難得」的賢士，他們有些行動可能暫時不被人們理解，但其心至忠、至廉昭然可鑒。文中強調一個國家只有求致到了這樣的賢士，才算「有人」。〈當務〉側重論士人的品格修養，文章用四則寓言故事，分別說明士人中常見的辯、信、勇、法四種品格，應各有所「當」，即辯應「當理」，信應「當義」，勇應「當務」，法應「當務」。末篇〈長見〉提出認識、處理國政、人事都須有遠見，側重點還在於要求君主理解、親近和任用萖譆、吳起、公孫鞅這樣一些智能之士，切莫像魏惠王那樣，由於師心自用，不聽從公叔痤富有遠見的進諫，因而失去了公孫鞅，亦即失去了一個振興魏國的機會。

本書有關士的文章，不止此二卷，篇幅之多僅次於對君主的論述，足見作者對士的重視程度。這種側重亦是當時現實的反映。自春秋及至戰國，兼併日烈，國事日繁，士的需要量越來越大。各國間的爭奪，不限於疆域，同時亦反映在人才的招攬上。人才向哪個方向流動，國力的天平就向那個方向傾斜。一時間，公室（如魯穆公、魏文侯、齊威王、齊宣王、梁惠王、燕昭王等）、私門（如著名的四公子孟嘗君、信陵君、平原君、春申君）求士、養士蔚然成風。就連這部《呂氏春秋》，亦是作為秦相的呂不韋招致門客多到號稱三千，集體編撰的產物。事實上，地處「僻陋戎夷」的秦國（後〈不苟〉四章秦穆公語）之所以能迅速強過山東六國，花大力氣吸引當時各國最傑出的智能之士為其效命是主要原因。除了呂不韋，先後還有商鞅、范雎、蔡澤、張儀、李斯等眾多客卿，為秦國的強大立下了赫赫功勳。

各國所以要那樣重視士，還有一個原因，那就是當時的士已成為一個具有較高智能和文化修養而又可以自由流動的特殊階層。那時他們似乎還沒有明確的國家信念和從一而終的觀念，從孔孟開始就形成了一種所謂周遊列國的風尚，或去或留，決定於自己的學說或主張能否被認同、採用，以及君主對自己的禮遇是否符合心意。君可以擇臣，臣亦可以擇君，二者之間是一種較為寬鬆的主客關係。因而君主只有真正做到「禮賢下士」，士才能盡力竭智為其所用。也許可以這樣說，正是這種特定的歷史背景和人際關係，才產生了那樣一代百家競說、璀璨奪目的文化。

仲冬

【題解】冬主藏。本篇中對「蓋藏」有諸多規定和禁令。如不得進行土木營建，不得開啟儲藏府庫；要塗塞宮廷門閭，修築監獄；宮廷內部也要「審門閭，謹房室，必重閉」。這樣做的目的是「助天地之閉藏」。文中把天地比作一座大房子，如果在本月「發蓋藏」，那麼就是打開了這座房子，必然導致眾多災難。儘管這些警告不無言過其實之處，但冬季，特別是在文章所描述的，主要是我國古代中原地區的冬季，無論是自然界，還是人們的生理、心理，「主收藏」這個特點，還是一個客觀存在。

本篇第一次，也是本書唯一一處提到酒的釀造。頗為詳細地提出了六道操作程序及其質量、技術要求，說明我國釀酒業具有悠久歷史，且曾達到過相當高的水準。

〔一〕一曰——

仲冬❶之月：日在斗❷，昏東壁❸中，旦軫❹中。其日壬癸。其帝顓頊。其神玄冥。其蟲介。其音羽。律中黃鐘❺。其數六。其味鹹。其臭朽。其祀行。祭先腎。冰益壯❻。地始坼❼。鶡鴠❽不鳴。虎始交❾。天子居玄堂太廟❿，乘玄輅，駕鐵驪，載玄旂，衣黑衣，服玄玉，食黍與彘。其器宏以弇。

【章旨】記述仲冬之月月令，並據此對天子在本月的住、行、衣、食都作了相應的具體規定。

【注釋】❶仲冬　指夏曆十一月。❷日在斗　太陽運行的位置在斗宿。❸東壁　即壁宿，二十八宿之一，玄武七宿之末宿，以其在室宿之東，故稱東壁。壁宿二星，一在飛馬座，一在仙女座。❹軫　軫宿，二十八宿之一，朱雀七宿之末宿。共有四星，皆烏鴉座。❺律中黃鐘　仲冬之月與十二音律中的黃鐘律相應。黃鐘，屬陽律。據高誘注：是月陽氣聚於下，陰氣盛於上，萬物萌聚於黃泉之下，故稱「律中黃鐘」。❻壯　堅固厚實。❼坼　裂開。❽鶡鴠　古書中之鳥名。《本草綱目》則以為即寒號蟲，古人誤認為鳥。❾交　交配。❿玄堂太廟　古代天子居所北向堂稱玄堂，玄堂的中央室為太廟。

【語譯】仲冬十一月，太陽的位置在斗宿。黃昏時，壁宿出現在南方中天；黎明時，軫宿出現在南方中天。仲冬在天干中屬壬癸。主宰的天帝是顓頊，佐帝之神是玄冥。應時的動物屬介族。應時的聲音是羽音，相應的音律是黃鐘。本月的序數是六。應時的味是鹹味，氣是朽氣。舉行五祀中的行祀，祭祀時要把犧牲的腎臟陳列在前面。冰凍越發堅厚結實，土地開始凍出裂縫。鶡鴠不再鳴叫，老虎開始交配。天子居住到玄堂的中央室，乘坐黑色的輅車，駕著叫鐵驪的黑色駿馬，車上插著繪有龍紋的黑色旗幟；穿著黑色的衣服，佩戴黑色的玉器。吃的是新收的黍米與豬肉，使用的器物宏大而又深邃。

〔二〕命有司❶曰：「土事❷無作，無發蓋藏❸，無起大眾，以固而閉❹。」發蓋藏，起大眾，地氣且❺泄，是謂發天地之房❻。諸蟄則死，民多疾疫，又隨以喪❼，命之曰暢月❽。

是月也，命閹尹❾，申宮令❿，審門閭⓫，謹房室，必重閉。省婦事，毋得淫⓬，雖有貴戚近習⓭，無有不禁。乃命大酋⓮，秫⓯稻⓰必齊，麴糵⓱必時，湛饎⓲必潔，水泉必香，陶器必良，火齊⓳必得，兼用六物⓴，大酋監之，無有差忒㉑。天子乃命有司，祈祀四海大川名原㉒淵澤井泉。

是月也，農有不收藏積聚者，牛馬畜獸有放佚者，取之不詰㉓。山林藪澤㉔，有能取蔬食㉕田獵禽獸者，野虞教導之；其有侵奪者，罪之不赦。

【章旨】所謂「暢月」中的諸禁及有關政令。

【注釋】❶有司　此處指司徒。❷土事　指土木營建。❸蓋藏　指倉廩府庫的貯藏。❹以固而閉　用以順應固天閉地之時氣。陰陽五行說認為冬主陰，宜閉藏，諸如土木建築、開啟倉廩貯藏、興發民眾從事勞役等，都要禁止，以免宣洩地氣。❺且　通「沮」。敗。❻發天地之房　打開天地這座大房間。❼喪　喪亡。❽暢月　高誘認為此月百姓處於冬閒無事，因而稱之為「暢月」。陳奇猷據《淮南子・時則》「命曰暢月」，認為暢即「暘」。暘，不生。暢月，不生之月。❾閹尹　宮廷宦官之長官。❿宮令　宮中之政令。⓫門閭　宮廷通外之門戶。⓬毋得淫　指不許製作淫巧之器物。⓭近習　天子所親近嬖幸之下人。⓮大酋　酒官之長。⓯秫　釀酒用的黏高粱。⓰稻　指糯米。⓱麴糱　釀酒發酵用的酒麴。係由曲霉與其培養基製成的塊狀物，通稱酒藥。⓲湛饎　湛指浸漬洗滌；饎指蒸煮。都是釀酒的製作過程。⓳火齊　火候。⓴六物　指上述釀酒過程中的六件事物：秫稻、麴糱、湛饎、水泉、陶器、火齊。㉑差忒　差錯。㉒名原　大川著名的發源地，此處指水神。原，水源。㉓詰　責問追究。㉔藪澤　水旁的灘地稱藪，淺水之塘地稱澤。㉕疏食　指野生的果食。

【語譯】天子命令司徒：「不要興動土木建築，不要開啟貯藏物品的倉廩府庫，不要徵發民眾從事各種勞役，以順應固天閉地的時氣。」如果在此時打開倉廩府庫，徵發廣大民眾從事勞役，那麼地下的陽氣便要宣洩出來，這就叫作打開了天地這座大房舍。這會使蟄伏的動物死亡，百姓有疾疫流行，隨之而來的是大量人口死亡。這個月，被稱之為「暢月」。

這個月，要命令宮廷宦閹的主管官吏申明宮廷的各項禁令：嚴格管理宮廷內外的一切門戶房室，一定要層層加重閉鎖。要減省宮中女工的勞務，不許製作任何淫巧的物品，即使是天子的皇親國戚，以及親近嬖幸的下人，也一律禁止。於是命令酒官大酋：釀酒用的黏高粱和糯米一定要準備齊全；酒麴的使用一定要掌握好時間；浸漬洗滌及蒸煮都必須注意清潔；選用的泉水一定要甜美；釀酒用的瓦器一定要精良；火候一定要適中而得法。上述六方面的事物必須兼備齊全，由酒官大酋來監督執行，不許有任何差錯。天子於是命令主管的官吏，祭祀四海、大江大河、著名的水源和泉水、湖泊以及井泉的水神。

這個月，如果野外還有尚未收斂的穀物，沒有圈起的牛馬牲口，他人盡可取走不會受到詰責。在山林沼澤地區，允許人們去採集野生的果實，狩獵野生的禽獸，野虞在這方面要指導和教育他們。若有藉機侵奪他人財物的，那就要給予治罪，絕不赦免。

〔三〕是月也，日短至❶。陰陽爭❷，諸生蕩❸。君子齋戒，處必弇❹，身必寧，去聲色，禁嗜慾，安形性❺，事欲靜，以待陰陽之所定❻。芸❼始生。荔❽挺出。蚯蚓結❾。麋❿角解。水泉動。日短至，則伐林木，取竹箭⓫。

是月也，可以罷官之無事者，去器之無用者。塗闕庭⓬門閭，築囹圄，此所以助天地之閉藏也。

【章　旨】言冬至日陰陽方爭之時君子修身養性方面的禁忌和注意事項，以及佐助天地閉藏之相關政令。

【注　釋】❶日短至　即冬至日。每年冬季太陽到達黃經二百七十度（冬至點）時開始，為一年中白晝最短的一天，故稱「日短至」。❷陰陽爭　冬至後，晝漸長，按陰陽五行說，此時陽氣在地下動升稱為微陽，由此起陽氣便與陰氣爭長。❸諸生蕩　各種生物開始萌動。此處指蟄伏的動物。❹處必弇　居處要深藏。弇，同「揜」。❺形性　身體和性情。❻定　成。❼芸　芸香。一種香草。❽荔　馬藺草。❾蚯蚓結　指蚯蚓在地下穴內屈曲而動。❿麋　通「麇」。⓫箭竹之小者。⓬闕庭　宮廷。闕，宮門前兩邊供瞭望的小樓，一般用來泛指帝王的宮殿。庭，通「廷」。

【語譯】這個月，一年中白晝最短的冬至日來到。陰陽相爭，各種生物都開始萌生搖蕩。君子要齋戒身心，居處深藏，身寧體靜，切忌聲色之好，禁絕各種嗜好與欲望，安定形體與性情，一切事情都要靜靜地等待陰陽調和之勢的形成。芸草開始萌生，荔蒲亦挺生出土，蚯蚓在地下屈曲蠕動，麋鹿的角漸次脫落，地下的水泉開始湧動。冬至那天裡，人們可以上山砍伐林木，割取竹枝。

這個月，天子可以罷免那些無事可做的官吏，撤去那些沒有用處的器物。塗塞宮殿的門閭，修築監獄。這些措施都是用來佐助天地閉藏萬物。

〔四〕仲冬行夏令❶，則其國乃旱，氣霧❷冥冥❸，雷乃發聲。行秋令❹，則天時雨汁❺，瓜瓠❻不成，國有大兵。行春令❼，則蟲螟❽為敗，水泉減竭，民多疾癘❾。

【章旨】言政令錯時會引起的各種災禍。

【注釋】❶仲冬行夏令　按陰陽五行說，夏屬陽，夏火炎上。仲冬若行夏令，國家就會有大旱，大霧連綿，出現寒冬打雷這種反常現象。❷氣霧　即霧氣。❸冥冥　昏暗狀。❹行秋令　秋屬金，水之母。仲冬若行秋令，就會出現雪中夾雨的反常現象。瓜瓠不能結實，國家會有大的戰禍。❺雨汁　指雪中夾雨。❻瓠　一種草本植物，果實細長圓筒形，俗稱夜開花，可食用。❼行春令　春屬陽，主木氣。仲冬若行春令，就會引起蟲螟為害，泉水減落以至枯竭。冬屬水，水木相干，時氣不和，導致百姓疾疫流行。❽蟲螟　即螟蟲。侵害農作物及果木的害蟲。❾疾癘　疾病。

【語　譯】仲冬如果推行夏季的政令，那麼，國家便會出現大乾旱，霧氣瀰漫而使日色昏暗，響起隆隆雷聲。如果推行秋季的政令，那麼，天空就會反覆出現雨雪夾雜的異常現象，來年的瓜瓠不會結果成熟，國家還會遭遇大的戰禍。如果推行春季的政令，那麼蟲螟便會成災，泉水減落以至枯竭，百姓中流行各種疾癘。

至忠

【題解】這是〈仲冬紀〉卷論士專文的第一篇。

首章論至忠之言逆於耳，故唯為賢主所悅，而為不肖主所誅。但通讀全篇，可知進諫或納諫非本篇主旨，文章側重於論述君主與那些行動可能暫時不被人理解、但其心忠誠可鑒的士人的關係，故以「至忠」名篇。

文章指出，凡為人主，「無不惡暴劫者」，但他們應當認識到，那種劫暴相陵的行為，往往是由君主自己的有悖事理的舉止行動招來的，而不得不那樣做的人，倒可能正是至忠之士。文中舉了二例，一為申公子培，寧負暴上不敬之惡名，以自身代楚莊王承受死亡之殃；一為文摯，甘受事先明知的殺身之禍，用激怒齊王的辦法為齊王治病。作者據以說明：作為君主，應當寬容至忠之士有違常情的行為，理解他們的一片忠心和不得不採取極端動作的原因；作為臣下，應當「人知之不為勸，人不知不為沮」，必要時可「以死為王」，「行難以成其義」。

至於文中所述故事，則當為出自作者想像和敷衍的寓言，即使子培、文摯歷史上真有其人，亦多半屬於假託。先秦諸子本有借寓言以說理的習慣，本書該不會完全例外。如篇中「殺隨兕者，不出三月」，文摯被「爨之三日三夜，顏色不變」一類，就很難被認為是真實的歷史記載。

又，關於進諫和納諫，本書後〈貴直論〉卷有多篇專文論及。

〔一〕二曰——

至忠逆於耳、倒❶於心，非賢主其孰能聽之？故賢主之所說，不肖主之所誅也。人主無不惡暴劫者❷，而日致之❸，惡之何益？今有樹於此，而欲其美也，人時灌之，則惡之，而日伐其根，則必無活樹矣。夫惡聞忠言，乃自伐之精❹者也。

【章　旨】言忠言逆耳；但君主若惡聞忠言，實即自我砍伐根本，故忠言為賢主所悅。

【注　釋】❶倒　逆。❷暴劫者　指類似下文以劫暴相陵的反常行為施與君主者。❸致之　招致。❹精　甚。

【語　譯】至忠之言逆於耳，忤於心，若非賢明的君主，有誰能虛懷若谷地傾聽呢？所以，賢明的君主所喜歡的，也正是不肖的君主所要誅殺的。凡是君主無一不痛恨那些侵暴劫奪的人，然而他們自己的舉止行為又等於每天在招致這種侵暴劫奪，單是厭惡與痛恨又有什麼用呢？假設有人種了一棵樹，希望它長得茂盛、美麗，因而不時給它灌水；但他卻同時又每天砍伐樹的根，那麼這棵樹一定是活不成了。厭惡聽取逆耳的忠言，那是要比砍伐自己這棵樹的根還要嚴重得多的事啊。

〔二〕荊莊哀王❶獵於雲夢❷，射隨兕❸，中之。申公子培❹劫王而奪之❺。王曰：「何其暴❻而不敬也？」命吏誅之。左右大夫皆諫曰：「子培，賢者也，又為王百倍之臣❼，此必有故，願察之也。」不出三月，子培疾而死。荊興師，戰於兩棠❽，大勝晉，歸而賞有功者。申公子培之弟進請賞於吏曰：「人之有功也於軍旅，臣兄之有功也於車下。」王曰：「何謂也？」對曰：「臣之兄犯暴不敬之名，觸死亡之罪於王之側，其愚心將以忠於君王之身，而持❾千歲之壽也。臣之兄嘗讀故記⑩曰：『殺隨兕者，不出三月。』是以臣之兄驚懼而爭之，故伏其罪⑪而死。」王令人發平府⑫而視之，於故記果有，乃厚賞之。申公子培，其忠也可謂穆⑬行矣。穆行之意，人知之不為勸⑭，人不知不為沮⑮，行無高乎此矣。

【章旨】言申公子培敢於「犯暴不敬之名」，代替楚莊王遭受死亡之殃，達到了「人知之不為勸，人不知不為沮」的崇高的德行境界。

【注釋】❶荊莊哀王　即楚莊王，不當有「哀」字。❷雲夢　古澤藪名，約在今湖北省的江陵至蘄春之間的沼澤地帶。❸隨兕　惡獸名。❹申公子培　申邑的邑宰，故稱申公，名子培。❺劫王而奪之　指劫持莊王射中之隨兕奪而殺之。❻暴　臣下侵陵君上。❼百倍之臣　陳奇猷認為「百倍」即「鄙倍」，有違逆的意思。意指敢於違逆王意而忠言極諫之臣。❽兩棠　邲之屬地。《左傳》宣公十二年（西元前五九七年），楚與晉戰於邲，稱邲之戰，楚大勝晉。❾持　保。❿故記　古書。⓫罪　殃。⓬平府　藏文書之府庫。⓭穆　美。⓮勸　鼓勵。⓯沮　止。

【語譯】楚莊王在雲夢澤打獵，用箭射隨兕，射中了一隻。申公子培卻突然劫持莊王那射中的隨兕，搶過去殺了牠。楚莊王說：「怎麼敢如此暴上不敬啊！」命令官吏誅殺申公子培。左右大夫都上前來勸諫說：「子培可是一個賢人啊，他又是大王跟前敢於直言進諫的臣子，這回這樣做必定有他的緣故。望大王再仔細明察這件事。」不到三個月，子培便患病而死。後來楚國起兵，與晉國的軍隊戰於兩棠，大勝晉軍，班師還朝後，賞賜有戰功的將士。這時申公子培的弟弟也來向負責賞賜的官吏請求賞賜，他說：「別人有功，功在行軍打仗；我兄長有功，功在大王車下。」楚莊王聽說後就問他：「你說的是怎麼回事呀？」子培之弟回答說：「我兄長冒著陵暴君上的大不敬惡名，在大王的身旁觸犯死亡之殃。他的用心是為了效忠君主保護大王身體，使大王得有千歲之長壽啊。我兄長曾經在古書上讀到過這樣一段話：『殺隨兕的，不出三個月必死。』所以當時看到大王射中隨兕，又驚又怕，便不顧一切地奪走隨兕，這樣他就代受了這個災殃而死去。」楚莊王派人打開藏文書的府庫，查閱了有關的古書，果然找到了這方面的記載，於是厚賞了子培的兄弟。申公子培的忠心，可以算得上是一種非常美好的行為了。這種美好行為還蘊含著這樣的深意：既不因為人們理解自己而受到鼓舞，亦不因為旁人的不理解而終止。人的德行沒有比這個更高尚的了。

〔三〕齊王❶疾痏❷，使人之宋迎文摯❸。文摯至，視王之疾，謂太子曰：「王之疾必可已❹也。雖然，王之疾已，則必殺摯也。」太子曰：「何故？」文摯對曰：「非怒王❺則疾不可治，怒王則摯必死。」太子頓首❻彊❼請曰：「苟已王之疾，臣與臣之母以死爭❽之於王，王必幸❾臣與臣之母，願先生之勿患❿也。」文摯曰：「諾。請以死為⓫王。」與太子期⓬，而將往不當者三⓭，齊王固已怒矣。文摯至，不解屨⓮登牀，履王衣，問王之疾，王怒而不與言。文摯因出辭以重怒王，王叱⓯而起，疾乃遂已。王大怒不說⓰，將生烹⓱文摯。太子與王后急爭之而不能得，果以鼎生烹文摯。爨⓲之三日三夜，顏色不變。文摯曰：「誠欲殺我，則胡不覆⓳之，以絕陰陽之氣。」王使覆之，文摯乃死。夫忠於治世易，忠於濁世難。文摯非不知活⓴王之疾而身獲死也，為太子行難㉑以成其義也。

【章旨】言文摯明知以激怒齊王的辦法治癒他的病將招來殺身之禍，但他還是甘願「以死為王」，做到了「行難以成其義」。

【注　釋】❶齊王　指齊湣王。❷痏　毒瘡。❸文摯　傳為古代名醫。《列子・仲尼》亦曾提到名為文摯的醫士，但似為寓言人物。❹已　癒。❺怒王　使王發怒。❻頓首　叩拜。❼彊　勉力。❽爭　諫諍。❾幸　寵愛。❿患　憂慮。⓫為　治。⓬期　約定日期。⓭不當者三　三次不如約定之日期前往。⓮屨　用麻葛製成的鞋。⓯叱　大聲責罵。⓰不說　「說」疑為「脫」，形近而誤。不脫，不止；不解。⓱烹　煮。古代一種殺人的刑罰，把活人放在鼎中煮死。⓲爨　燒；煮。⓳覆　蓋。⓴活　治癒。㉑行難　行其所難。此處指經由招致殺身之禍才能成其事。

【語　譯】齊王身上長了毒瘡，派人到宋國去把著名的醫士文摯接來。文摯到後，察看了齊王身上的毒瘡，對太子說：「齊王身上的瘡是一定可以治好的；然而，一旦大王的病痊癒，就必定會殺死我的。」太子奇怪地問：「這是什麼緣故？」文摯回答說：「不設法激怒大王，那病就沒法治；激怒了大王，那就必定要殺我了啊。」太子連連叩頭強為請求說：「只要能治癒君王的病，我與我的母親一定會為先生在君王面前以死相諍，君王亦一定會聽從他所寵愛的我與我的母親，所以望先生切勿為此憂慮。」文摯說：「那好。我願以死來治癒大王的疾病。」於是與太子約定日期，去為齊王看病。但約了三次，三次都沒有去。齊王已經為此發怒了，文摯去後，又不脫腳上的鞋子，便登上了齊王的臥床，踩著齊王的衣服，診問齊王的疾病。齊王越發怒火中燒，不肯答理文摯。文摯趁勢再以言詞進一步去激怒齊王。齊王對文摯怒斥一聲而起，那疾病竟亦霍然而癒。但齊王的雷霆大怒依然不肯止息，聲言要活活煮死文摯。太子與王后急急在王面前為文摯諫諍，但終於無效，結果還是用鼎鑊烹煮了文摯。火燒了三天三夜，文摯的容顏竟然還不被毀損。文摯開口說：「如果大王真的要殺死我，為什麼不把鼎鑊的蓋子蓋上，以斷絕陰陽之氣呢？」齊王便叫人蓋上蓋子，文摯才死。由此看來，在太平治世做一個忠臣比較容易，在混濁的亂世做一個忠臣那就非常艱難。文摯不是不知道治癒了齊王的病自己要被處死的啊，他是為了太子的緣故，勉行其難，捨身以成義的啊。

忠廉

【題解】本篇勸諫君主，國家需要有一批不為位祿所動、必要時可以捨生取義的忠廉之士，才算擁有了人才。文章列舉了一廉一忠兩個範例，從題旨和篇幅看，側重的是為吳王闔閭謀刺王子慶忌的要離。

要離在士中間屬刺客一類，司馬遷在《史記》中專為這一類代表人物列了傳。他們可說是中國古代的殺手，只是並不以行刺為謀利手段，講究的是一個「義」字，亦就是本篇中所說的「議」，即名節。所謂「士為知己者死」，是他們的共同信念，把個人的承諾看得高於一切。這些人並不計較個人的成敗得失，明知此去凶多吉少，卻仍視死如歸，不少人死得非常壯烈。他們的另一個特徵是「勇」，就像孟子評論他們的那樣，「視刺萬乘之君若刺褐夫」，「視不勝猶勝也」（〈公孫丑上〉），根本不去考慮對方地位如何尊貴，力量如何強大，總是一往無前。因而君主們在實力夠不到政敵時，就不得不求助於這樣一批勇士，借一逞以求僥倖，前〈論威〉中提到的冉叔、豫讓、成荊，本篇中的要離，都屬於這一類士。文章把要離作為不僅能以死赴難，而且還能「臨大利而不易其義」的廉潔的範例，強調國家需要有這樣的士，而且君主要以國士相待，並成為他們的知己，以備不時之需。

作為忠烈的範例的是為衛懿公殉難的弘演。他的事跡告訴國君：即使國破身亡，只要有像弘演這樣的忠臣，亦還可能使「宗廟復立，祭祀不絕」。

〔一〕三曰——

士議❶之不可辱者大之❷也，大之則尊於富貴也，利不足以虞❸其意矣。雖名為諸侯，實有萬乘，不足以挺❹其心矣。誠❺辱則無為樂生。若此人也，有勢則必不自私矣，處官❻則必不為汙矣，將眾❼則必不撓北❽矣。忠臣亦然。苟便於主利於國，無敢辭違殺身出生❾以徇❿之。國有士若此，則可謂有人矣。若此人者固難得，其患雖得之有⓫不智⓬。

【章　旨】言君主唯有得到重視名節、不為位祿所動的廉士，和可以為「便主利國」而「殺身出生」以殉之的忠臣，國家才算擁有了人才；這樣的士人固然難得，但更可擔憂的是雖得而君主「不智（知）」。

【注　釋】❶議　即今所謂名節、名譽、人格。❷大之　把它看得很重大。❸虞　通「娛」。❹挺　動搖。❺誠　如果。❻處官　居官。❼將眾　率領軍隊。❽撓北　潰逃敗北。撓，彎曲。喻屈服。❾出生　捨棄生命。❿徇　同「殉」。⓫有　通「又」。⓬智　通「知」。

【語　譯】士的名節之所以不容許受到侮辱，是由於士人把名節看得最為重大。能夠把名節看作最為重大的士人，其品格遠遠高出通常的富貴者。這樣的士人，私利不足以使他感到歡娛，即使讓他名位到於諸侯，擁有上萬乘兵車，亦不足以動搖他的心志。如果有人要侮辱他的名節和尊嚴，他將以死捍衛，絕不苟且偷生。像這樣的人，得勢絕不會藉此謀取個人私利；居官亦絕不會做出那種有辱名節的事；統兵作戰，更絕不會屈服於敵人敗北而逃。忠臣也是這樣。只要有便於君主，有利於國家，絕不會託辭推諉，必定以殺身捨生的決心奉獻自己。國家擁有的士人如果是這樣，那才可以說是擁有人才了。像這樣的人才固然是非常難得的，但可擔憂的還在於即使得到了，君主卻又不知道。

〔二〕吳王[1]欲殺王子慶忌[2]而莫之能殺，吳王患之。要離[3]曰：「臣能之。」吳王曰：「汝惡[4]能乎？吾嘗以六馬[5]逐之江上矣，而不能及；射之矢，左右滿把[6]，而不能中。今汝拔劍則不能舉臂，上車則不能登軾[7]，汝惡能？」要離曰：「士患不勇耳，奚[8]患於不能？王誠能助，臣請必能。」吳王曰：「諾。」明旦加要離罪焉，摯執[9]妻子，焚之而揚其灰。要離走，往見王子慶忌於衛。王子慶忌喜曰：「吳王之無道也，子之所見也，諸侯之所知也，今子得免而去之亦善矣。」要離與王子慶忌居有間[10]，謂王子慶忌曰：「吳之無道也愈甚，請與王子往奪之[11]國。」王子慶忌曰：「善。」乃與要離俱涉於江。中江[12]，拔劍以刺王子慶忌，王子慶忌捽之[13]，投之於江，浮則又取而投之，如此者三。其卒[14]曰：「汝天下之國士也，幸[15]汝以成而[16]名。」要離得不死，歸於吳。吳王大說，請與分國。要離曰：「不可。臣請必死。」吳王止之。要離曰：「夫殺妻子焚之而揚其灰，以便事也，臣以為不仁。夫為故主殺新主[17]，臣以為不義。夫捽而浮乎江，三入三出，特[18]王子慶忌為之賜而不殺耳，臣已為辱矣。夫不仁不義，又且已辱，不可以生。」吳王不能止，果伏劍而死。要離可謂不為賞動矣。故臨大利而不易其義，可謂廉[19]矣。廉故不以貴富而忘其辱。

【章 旨】一個「廉」的範例：要離為吳王闔閭謀刺王子慶忌未成，認為自己不仁、不義且已受辱，因而堅辭重賞而伏劍自刎。

【注 釋】❶吳王 指吳王闔閭。❷王子慶忌 吳王僚之子，以勇武著稱。吳王壽夢有四子，吳王僚是其第三子餘昧之子；而吳王闔閭則是長子諸樊之子。吳王闔閭用專諸刺殺吳王僚而奪得王位，但僚子王子慶忌逃亡於衛國，故吳王闔閭欲謀殺之以除後患。❸要離 吳國勇士。相傳為伍子胥推薦給吳王闔閭，去刺殺王子慶忌。❹惡 何。❺六馬 指有六匹馬駕駛的快車。❻把 弓之握手處。❼軾 古代馬車車廂前用作扶手的橫木。❽奚 何。❾摯執 「摯」疑為衍文。執，拘捕。❿有間 不長一段時間。⓫之 其。⓬中江 渡至長江江心。⓭王子慶忌捽之 王子慶忌揪住要離頭髮。捽，揪。陳奇猷據〈江賦〉注認為此處「王子慶忌」當刪，主詞承前仍為要離。語譯仍依原文。⓮卒 終。⓯幸 活。⓰而 汝。⓱為故主殺新主 故主指吳王闔閭；新主指王子慶忌。⓲特 只；不過。⓳廉 廉潔。此處指要離不以利忘義。

【語 譯】吳王闔閭一直想要殺王子慶忌，但始終沒有能夠殺掉他。吳王為這件事很憂慮。要離對吳王說：「我能夠殺掉他。」吳王說：「你怎麼可能呢？我曾經用六匹馬駕駛的快車去追逐他，一直追到長江邊，最後還是沒有追上。又用箭射他，左右兩邊射手個個拉滿弓連發，但都未能命中。你現在要拔劍都舉不起自己的手臂，要上車還登不上車廂上的橫木，怎麼可能完成任務呢？」要離說：「對於士來說，只是自己有沒有足夠勇氣的問題，怎麼會去考慮事情能不能成功呢？如果大王能協助我，我願擔保一定成功。」吳王說：「好吧。」第二天，吳王故意給要離加上許多罪名，把他妻子和兒女也拘捕起來，不僅殺了他們，甚至還焚屍揚灰。於是要離裝作逃出吳國，跑到衛國去見王子慶忌。王子慶忌高興地說：「吳王的暴虐無道，您是親身經歷和見到了，這也是各國諸侯王早已都知道的。現在您能幸免於難而離開他也是一件值得慶幸的好事啊。」要離與王子慶忌一起居住了一段時間，然後對王子慶忌說：「吳王的暴虐無道愈來愈厲害了，我現在願意與王子一起去把國家奪回來。」王子慶忌說：「好。」於是王子慶忌便與要離一起渡過長江去。船擺渡到江的中流，要離拔出劍來直刺王子慶忌，但反被王子慶忌一把揪住頭髮，丟到江中；要離浮起來，又被摔到江中。這樣摔了三次，要離三次都從水中浮起。最後王子慶忌說：「你是天下的國士，那就讓你活下來，成全你的名聲吧。」要離這才得免於死，回到吳國。吳王非常高興，願意與他分享國家。要離說：「不行。我還是請求允許一定以死相報。」吳王要制止他自殺的行為，要離說：「作為丈夫，殺了妻兒，還焚屍揚灰，雖然這是為了便於前往行刺，但我仍然認為是一種不仁的行為。我為了故主您而殺我投奔的新主王子慶忌，我亦以為是一種不義的行為。至於我被拋入江心，三沉三浮，實際上只不過是王子慶忌對我開恩不殺罷了，對我來說，這是一種恥辱。我作為一個不仁、不義，且又受辱於人的人，不能再苟且偷生了。」吳王沒有能夠制止住，結果要離還是飲劍自刎而死。像要離這樣的勇士，真可算是不為恩賞所動心的人了。面對那麼巨大利益的誘惑，而不改變其所堅持操守的名節，亦可說是很廉潔的了。因為廉潔，所以能不為眼前富貴而忘記曾經遭受到的屈辱。

〔三〕衛懿公❶有臣曰弘演❷，有所於使。翟❸人攻衛，其民曰：「君之所予位祿者，鶴也❹；所貴富者，宮人也。君使宮人與鶴戰，余焉能戰？」遂潰而去。翟人至，及❺懿公於榮澤❻，殺之，盡食其肉，獨捨其肝。弘演至，報使於肝❼，畢，呼天而啼，盡哀而止，曰：「臣請為襮❽。」因自殺，先出其腹實，內懿公之肝。桓公❾聞之曰：「衛之亡也，以為無道也。今有臣若此，不可不存。」於是復立衛於楚丘。弘演可謂忠矣，殺身出生以徇其君。非徒徇其君也，又令衛之宗廟復立，祭祀不絕，可謂有功矣。

【章 旨】一個「忠」的範例：弘演剖腹納肝為衛懿公殉難，其精神影響所及，還使得衛國宗廟得以復立。

【注 釋】❶衛懿公 姓姬名赤，衛惠公溯之子，在位九年（西元前六六八～前六六〇年）。《史記・衛康叔世家》稱其：「好鶴，淫樂奢侈。」❷弘演 衛懿公之臣，其事又見於《韓詩外傳》第七卷、《新序・義勇》等。❸翟 即狄，古代對北方少數民族的稱謂。❹君之所予位祿者二句 據《左傳》閔公二年（西元前六六〇年）記載：「衛懿公好鶴，鶴有乘軒者。」軒是大夫以上才能乘坐的車。❺及 追及。❻榮澤 《韓詩外傳》與《左傳》作「熒澤」，古地名，在今黃河之北。❼報使於肝 向衛懿公的「肝」稟報出使的使命。❽襮 外表；外衣。❾桓公 指齊桓公。

【語 譯】衛懿公有個臣子叫弘演，受命出使國外。正在這時翟人進攻衛國。衛國的百姓說：「君王封賜爵位俸祿的，是他心愛的鶴；君王平日所貴重的是侍從在他左右的宮人；那麼現在就請君王派宮中的侍從與他飼養的鶴一起去跟翟人作戰吧，我們怎麼能去迎戰呢？」人們就這樣都潰散而去。翟人攻入衛國，在榮澤那兒追趕上了懿公，殺了他，吃完了他身上的肉，只剩下他的肝臟丟在一旁。弘演出使回來，恭敬地向那遺棄於地的肝臟稟復出使的使命。復命完畢，呼天悲號，直到表達盡哀痛才止息。然後說：「我願作君王肝臟的外軀。」就這樣剖腹自刎，先出盡腹內的臟器，再把懿公的肝臟納入自己胸腹而死去。齊桓公聽到這件事，感慨地說：「衛國所以滅亡，是因為君主之行無道，但現在有像弘演這樣的臣子，那就不可以不讓衛國生存下去。」於是在楚丘築城邑，重建了衛國。像弘演這樣的士人，真可算是忠心的了，殺身捨生以殉國君之難。不單是殉他的國君，還使衛國的宗廟得以重建，祭祀不斷，真可說得上是有功的人了。

當務

【題解】本篇提醒君主，對士人中常見的「辯、信、勇、法」等品格，應有所分析。只有辯而「由所論」，信而「遵所理」，勇而「行義」，法而「當務」，它們才是可貴的。如果各無所當，只是託名胡來，而君主又不能清醒地駕馭他們，就會出現猶如「惑而乘驥」、「狂而操吳干將」那樣的危險情景，所謂辯、信、勇、法亦就成了「大亂天下」的禍根。

文中用了四則寓言，以分別喻指上述四種託名為亂的情況。如盜跖以曲說聖人之道為「辯」；直躬以告發父親竊羊為「信」；齊之二好勇者以割肉相啖為「勇」；殷之太史以據法立紂為「法」。故事幽默生動，含義尖銳深刻。先秦諸子中，從《論語》、《孟子》到《莊子》、《荀子》、《韓非子》、《墨子》等，運用寓言這一通俗生動的載體以表達深邃的勸諫之意的，均為屢見。這固然也可以說是古代邏輯思維尚處於幼稚階段的一種反映，但運用寓言向君主進言當亦有其不可代替的妙處。它內涵豐富，語言婉轉，又往往形象大於思想，具有相當朦朧性，從而給說聽雙方均留有進退取捨餘地，不致當即產生感情對立。諸子在運用寓言中還有一個饒有興味的現象是，同一寓言，諸家都用，但各家都用來說明自家的道理，往往只需在文字上略一點化，便渾然天成。如「盜跖論道」這一寓言，在《莊子》那裡是藉以非議聖王和儒家仁義之說的，本篇則反其意而用之，作為詭辯而至於荒謬的典型，說明「辨若此不如無辨」。

篇名「當務」，取自首章「所貴法者，為其當務也」句。當務意思是要講究實際成效，似亦大致可用來通貫全篇。

〔一〕四曰——

辨而不當論❶，信而不當理，勇而不當義，法而不當務❷，惑而乘驥❸也，狂而操「吳干將」❹也，大亂天下者，必此四者也。所貴辨者，為其由所論也；所貴信者，為其遵所理也；所貴勇者，為其行義也；所貴法者，為其當務也。

【章　旨】言辯、信、勇、法四者，都必須各有所當，才是可貴的；如果抽象地推向極端，那只會引起天下大亂。

【注　釋】❶辨而不當論　辯說而不符合聖人的基本道理。辨，通「辯」。當，符合。論，指聖人的基本道理。❷法而不當務　遵行法典而不符合實際成效。據高誘對前〈大樂〉二章「樂乃可務」注：「務，成。」❸驥　善奔的駿馬。❹吳干將　春秋時吳國人干將所鑄之劍。

【語　譯】辯說而不符合聖人的道理，誠信而不符合人事的情理，勇敢而不用在道義上，遵法而不講究實際成效，那就正好像人在精神迷亂狀態下乘坐快馬，在癲狂狀態下任意舞弄干將利劍那樣。如果說有什麼會大亂天下的話，那就必定是上述四種行為。所以尊崇辯說，是因為它闡明聖人的基本道理；所以尊崇誠信，是因為它遵循人事的情理；所以尊崇勇敢，是為了它能夠伸張正義；所以尊崇守法，是為了它能帶來實際成效。

〔二〕跖❶之徒問於跖曰：「盜有道乎？」跖曰：「奚啻其有道也❷？夫妄意❸關內❹，中藏❺，聖也；入先，勇也；出後，義也；知時，智也；分均，仁也。不通此五者，而能成大盜者，天下無有。」備說❻非六王❼、五伯❽，以為堯有不慈之名⑨，舜有不孝之行⑩，禹有淫湎之意⑪，湯、武有放殺之事⑫，五伯有暴亂之謀⑬。世皆譽之，人皆諱之，惑也。故死而操金椎以葬，曰下見六王、五伯，將毃⑭其頭矣。辨若此不如無辨。

【章　旨】言盜跖以詭辯曲說聖人之道、非難聖人之事，此種「辨而不當論」之辯，「不如無辨」。

【注　釋】❶跖　即盜跖，傳為古大盜。《莊子》中則為寓言式人物。此處跖論盜道事，源於《莊子・胠篋》。❷奚啻其有道也　《莊子・胠篋》作「何適而無有道邪」，意謂無論哪裡怎麼會沒有道呢。啻，即「適」。此句「有道」之上依《莊子》當有「無」字。❸妄意　任意猜想。❹關內　即門內。關，閉門之木。❺中藏　猜中室內所藏之物。❻備　具說。❼六王　指堯、舜、禹、湯、文、武。《莊子・盜跖》載有盜跖非黃帝、堯、舜、禹、湯、武王事。❽五伯　即春秋五霸。❾堯有不慈之名　《莊子・盜跖》有「堯殺長子」之說。殺子故說其不慈。❿舜有不孝之行　《韓非子・忠孝》稱：「瞽瞍為舜父而舜放之。」不孝，指舜放父。⓫禹有淫湎之意　指禹遇塗山女事，參見前〈音初〉二章。淫湎，沉湎女色。⓬湯武有放殺之事　指商湯放桀於南巢，周武王殺殷紂於宣室，故有「放殺」之說。後〈舉難〉一章為「人傷……湯、武以放弒之謀」。臣殺君稱弒，較洽。⓭五伯有暴亂之謀　春秋五霸爭國，有過骨肉相殘之事。如齊桓公與子糾爭立而殺之，晉文公與子圉爭立而殺之；更有過多次以大國兼併小國，以強國侵陵弱國之事，故稱其有「暴亂之謀」。⓮毃　古通「敲」。敲擊。

【語　譯】跖的徒眾問跖說：「做強盜的也講道義嗎？」跖回答說：「無論哪裡怎麼會沒有道義呢？譬如猜測室內儲藏的物品，能猜中的就是『聖』；帶頭先進去就是『勇』；最後一個退出來便是『義』；能夠掌握好行動的時機就是『智』；能分贓均勻就是『仁』。不通曉上面五點而能成為大盜的，天下從來沒有過。」盜跖還用辯說來非難六王、五伯。他認為堯有不慈的名聲，舜有不孝的行為，禹有沉湎於女色的心意，商湯與周武王都幹過放逐與殺死他們君主的事。五伯有內殘骨肉外行暴亂之陰謀。但是人們都讚譽他們的功績，而避諱他們的各種醜惡的行徑，真是糊塗啊。所以跖吩咐自己的屬下，在他死後，要讓他手持金鍾下葬，並且說下到黃泉，見到六王、五伯，就要用這金鍾來敲他們的腦袋！辯說如果到了這種地步，那還不如沒有的好。

〔三〕楚有直躬❶者，其父竊羊而謁❷之上❸，上執而將誅之。直躬者請代之。將誅矣，告吏曰：「父竊羊而謁之，不亦信乎？父誅而代之，不亦孝乎？信且孝而誅之，國將有不誅者乎？」荊王聞之，乃不誅也。孔子聞之曰：「異哉直躬之為信也，一父而載❹取名焉。」故直躬之信，不若無信。

【章旨】記述直躬以告發父親竊羊為信，又以代替父親受刑為孝，再以信、孝名義請求楚王恕罪；認為此種「信而不當理」之信，不若無信。

【注釋】❶直躬　其人名躬，以直道立身著聞，故連稱直躬。正如盜跖名跖，係著名大盜，故稱盜跖。古籍中此類人名尚多，可能就是後世所謂綽號的原型。直躬故事取材於《論語・子路》、《莊子・盜跖》。❷謁　告發。❸上　官府。
❹載　通「再」。

【語譯】楚國有個名叫直躬的人，父親偷了別人的羊，他向官府告發。官府逮捕了他父親並準備處死，於是這個直躬又請求讓他代替父親去受刑。將要行刑的時候，他對官吏說：「父親竊羊，而我能去官府告發他，不是很誠信嗎？父親因此而要被殺，我又請求代替父親去受刑，不是非常孝順嗎？這樣誠信而又孝順的人都被殺，那麼這國家還有什麼人不可以殺呢？」楚王聽到了這件事，就下令不殺他。孔子聽到以後，便說：「這個人的誠信也太令人奇怪了！只有一個父親，卻可以二次利用父親來為自己沽名釣譬。」因此像直躬這樣的誠信，還不如沒有的好。

〔四〕齊之好勇者，其一人居東郭❶，其一人居西郭，卒然❷相遇於塗❸曰：「姑❹相飲乎？」觴❺數行❻，曰：「姑求肉乎？」一人曰：「子肉也，我肉也，尚胡革❼求肉而為？」於是具染❽而已。因抽刀而相啖❾，至死而止。勇若此不若無勇。

【章旨】言齊國二好勇者，竟以割肉相食至死而止為勇，此種「勇而不當義」之勇，不若無勇。

【注釋】❶郭　外城。❷卒然　突然；意外。卒，通「猝」。❸塗　通「途」。路上。❹姑　姑且；暫且。❺觴　爵。古代飲酒的器具。❻數行　指斟酒幾遍。❼革　更。❽染　豉醬。調味用。❾啖　食。

【語譯】齊國有二個喜歡逞勇的人，一個人住在城東，一個人住在城西。有一天，兩人突然在路上不期而遇，相對說：「姑且一起喝幾杯吧？」酒過幾巡，其中一個說：「還是設法弄點肉來吧？」另一個說：「你身上有的是肉，我身上也有的是肉，何必還要另外去弄肉呢？」於是把作料準備停當了，兩個人就拔出刀來，各自從自己身上割下肉來對吃，直到死了為止。所謂勇敢到了這副樣子，還不如沒有的好。

〔五〕紂之同母三人，其長曰微子啟❶，其次曰中衍❷，其次曰受德❸。受德乃紂也，甚少矣。紂母之生微子啟與中衍也尚為妾，已而為妻而生紂。紂之父、紂之母欲置微子啟以為太子，太史據法而爭之曰：「有妻之子，而不可置妾之子。」紂故為後❹。用法若此，不若無法。

【章　旨】言紂之父母原擬立紂之同母兄啟為嗣，但太史據法而爭立紂，如此「法而不當務」之法，不若無法。

【注　釋】❶微子啟　此當係寓言人物，與史書記載並不一致。據《史記‧殷本紀》微子啟為殷帝乙之長子，紂之庶兄，與紂非同母兄弟。啟母賤，不得嗣；紂母為正，後而得立。紂立後，啟曾數次諫紂，紂不聽，啟因而逃亡在外。周武王滅紂後，立紂子武庚為殷後；周公執政時，武庚與蔡叔、管叔一起作亂，被周公誅滅，於是立微子啟於宋。❷中衍　殷帝乙次子，亦稱微仲。微子啟死後，按照殷代「兄終弟及」的習慣，中衍被立為宋國之君。❸受德　即帝辛，名受，紂是諡號。❹後　指繼承王位。

【語　譯】商紂同母兄弟三人，長兄叫微子啟，第二個叫中衍，第三個叫受德，受德就是後來的紂王，年齡最小。紂的母親生微子啟和中衍時，還是小妾，後來才成為正妻而生下紂。紂的父母最初想要立微子啟為太子，但是太史根據殷代有關王位繼承的法典爭辯說：「有正妻的兒子在，就不可以立妾生的兒子。」因此，紂就成了王位繼承人。如果遵守法典是像這個樣子，那還不如不遵照的好。

長見

【題解】此篇主旨是進言君主無論認識、處理國政、人事，都須有遠見。全篇列舉了五個實例來闡明這一道理。前三例為正面的經驗，後二例則為反面的教訓。例一中的楚文王常常預計自己身後毀譽，因而能擺脫個人暫時的好惡感受，賞賜諍臣，送走佞臣，做到親疏兩當，他亦果然得到了「為善於上世」的美名。晉平公鑄大鐘一例，說明不是多數的普通人，而是少數智者、賢者，才能具有「長見」，故君主應以師曠這樣的智者為師。這一主題在後〈知接〉、〈知化〉等篇中，還有更多的發揮。例三太公望與周公旦的對話，則蘊含著豐富的認識論意義。二位聖者共論治國之策，一主「尊賢上功」，一主「親親上恩」，同時都預見到兩策各有自己的長處和短處，其後齊、魯兩國的發展變化又完全證實了他們的預見。這說明治國之道並非只有一家，而各家又都有自己的優勢和劣勢，均非完美無缺或一無是處，應當允許有多種選擇，不可強求一律。

後二例，總結的是反面教訓。吳起、公叔痤，或對事或對人，都有慧眼獨具的先見之明。可惜他們面對的都是俗主，可貴的預見竟被當作了悖理。於是作者感嘆道：「夫悖者之患，固以不悖為悖。」

文章在論述遠見從何來時，提出了「知今則可知古，知古則可知後」這一頗有啟發性的命題，但又不免有走極端之嫌，認為今、古、後世是同一的，並據此得出了「聖人上知千歲，下知千歲」這一不足信的結論。

〔一〕五曰——

智所以相過❶，以其長見與短見也。今之於古也，猶古之於後世也。今之於後世，亦猶今之於古也。故審知今則可知古，知古則可知後，古今前後一也。故聖人上知千歲，下知千歲也。

【章旨】認為今、古、後世相同，審今可知古，知古可知後。

【注釋】❶過　超越。此處指差異。

【語譯】憑以區別人們智力差異的，是他們識見的遠近或長短。今天相對於古代，正如古代相對於後世；現代相對於後世，亦像今世相對於古代。所以審察了當世，亦就瞭解了古代；瞭解了古代，亦就預知了未來。古往今來，前後是一脈相承的。所以聖人能上知千年，下知千年。

〔二〕荊文王❶曰：「莧譆❷數犯我以義，違我以禮，與處則不安，曠之❸則不穀❹得焉，不以吾身❺爵之，後世有聖人，將以非不穀。」於是爵之五大夫❻。「申侯伯❼善持養吾意❽，吾所欲則先我為之，與處則安，曠之而不穀喪❾焉，不以吾身遠之，後世有聖人，將以非不穀。」於是送而行之。申侯伯如鄭，阿❿鄭君之心，先為其所欲，三年而知⓫鄭國之政也，五月而鄭人殺之。是後世之聖人，使⓬文王為善於上世⓭也。

【章旨】言楚文王能預計身後毀譽，從而做到對臣下不以個人一時好惡為據，賞罰有則，親疏得當，因而為後世聖人所推舉。

【注　釋】❶荊文王　即楚文王。楚武王之子，春秋楚國國君，名熊貲，在位十三年（西元前六八九～前六七七年）。❷莧譆　楚文王之臣。他書或作「筦蘇」。王念孫引漢〈州輔碑〉：「昔筦蘇之尹楚，以直見疏。」則莧譆是因直言相諫而曾被楚文王疏遠。❸曠之　指日子長久以後。❹不穀　春秋時諸侯對自己的謙稱。穀，善。❺身　《爾雅》釋為「親」。此處指親政或在位。❻五大夫　爵位之名稱。❼申侯伯　楚文王寵臣。關於下文所述申侯伯被楚文王疏遠及被鄭人所殺事，注家多有引《左傳》僖公七年為證的：「夏，鄭殺申侯以說於齊。」據此，則申侯伯被殺是在西元前六五三年夏季。但《左傳》該處接下去還有一段文字：「初，申侯……有寵於楚文王。文王將死，與之璧，使行。」並且囑咐：「我死，女必速行，無適小國，將不女容焉。」文王「既葬，（申侯伯）出奔鄭」。據《史記・十二諸侯年表》，楚文王死於魯莊公十七年，即西元前六七七年。既然楚文王一葬申侯伯即出奔，二事大致總是發生在同一年。按下文申侯伯到鄭國後「三年而知鄭國之政也，五月而鄭人殺之」推算，他的被殺當在西元前六七四、六七三年之間，這與上述引證《左傳》僖公七年，要相差二十年左右。其中錯訛處一時難詳，姑錄以存疑，待考。❽善持養吾意　善於揣摹和助長我的心意。持，揣摹；把握。養，助長。❾喪　若有所失。❿阿　曲從；迎合。⓫知　執掌。⓬使　舉。⓭上世　前世。

【語　譯】楚文王說：「莧譆多次用『義』來冒犯我，據『禮』來違拗我的意願。與他處在一起，有一種令人不安的感覺；然而時間久了，我自己感到確有所得。如果不是我在親政時賜予他爵位，那麼後代的聖人，將因這件事而非議我。」於是賜給莧譆五大夫的爵位。楚文王又說：「申侯伯這個人善於揣摹迎合我的心意，我心裡想要什麼，他總是在我提出之前就為我準備好了。與他相處在一起，有一種安逸的感覺；但時間久了，我自己感到若有所失。如果我在親政時不疏遠他，後世的聖人，會以此非議我的。」於是就送走了他。申侯伯到了鄭國，迎合鄭國君主的心意，事先準備好鄭君想要的一切。這樣三年後，他就執掌了鄭國的國政。只五個月時間，鄭國人就把他殺了。所以後世的聖人，都稱讚楚文王在前代做了好事。

〔三〕晉平公❶鑄為大鐘，使工❷聽之，皆以為調❸矣。師曠❹曰：「不調，請更鑄之。」平公曰：「工皆以為調矣。」師曠曰：「後世有知音❺者，將知鐘之不調也，臣竊為君恥之。」至於師涓❻，而果知鐘之不調也。是師曠欲善調鐘，以為後世之知音者也。

【章旨】言師曠能預知後世知音者，必將發現當時晉國新鑄就大鐘的鐘聲，儘管所有樂工都認為已經調和，其實並不調和，後來師涓果然證明了他的預見。

【注釋】❶晉平公　春秋時，晉國國君，姓姬，名彪，悼公之子，在位二十六年（西元前五五七～前五三二年）。❷工　樂工。❸調　聲音諧和。❹師曠　春秋時晉國著名樂師，字子野，目盲。❺知音　精通音律。❻師涓　春秋衛靈公之樂師。據《韓非子・十過》記載，師涓與師曠為同代人，與本篇所記時間上不一致。

【語譯】晉平公鑄成大鐘，讓樂工們審聽鐘的聲音。樂工們都以為諧和入調了，師曠卻說：「還不諧和。請重新鑄造。」晉平公說：「樂工們都以為很和諧了。」師曠說：「後代如果有精通音律的人，將會指出這個鐘的發聲並不和諧。臣私下為君王而感到羞恥。」後來到了師涓，果然發現這口鐘的發聲並不諧和入調。由此看來，師曠是希望更精確地調整好鐘的聲音，因為他相信後世知音的人會感覺到的。

〔四〕呂太公望❶封於齊，周公旦封於魯，二君者甚相善也。相謂曰：「何以治國？」太公望曰：「尊賢上❷功。」周公旦曰：「親親上恩。」太公望曰：「魯自此削矣。」周公旦曰：「魯雖削，有齊者亦必非呂氏也。」其後齊日以大，至於霸，二十四世而田成子❸有齊國；魯日以削，至於覲❹存，三十四世而亡。

【章旨】言太公望和周公旦都預見到他們分別奉行的「尊賢上功」與「親親上恩」二項國策各有長處和短處，後來齊、魯二國的發展變化證實了他們的預見。

【注釋】❶呂太公望　即太公望。相傳先世佐禹治水有功，賜姓姜，氏曰有呂，故以姜、呂為姓，名尚。周文王號之為太公望，周武王尊之為師，稱其為師尚父，封於齊。❷上　崇尚。❸田成子　即田常，春秋時齊國大臣，後殺齊簡公立平公，從此齊國由田氏專權。後至田和滅呂氏而有齊國。❹覲　通「僅」。

【語譯】呂太公望封在齊地，周公旦封在魯地，二人非常友好。他們曾經相互討論怎樣治國，太公望說：「尊重賢者，崇尚事功。」周公旦說：「親近親屬，崇尚恩愛。」太公望說：「那麼魯國從此要逐漸削弱了。」周公旦說：「魯國的地位雖然日益削弱，但是，日後統治齊國的也必定不是呂氏啊。」這以後，齊國是一天一天強大，以至於成了霸主，但傳了二十四代，田成子便據有齊國；而魯國雖然逐漸削弱，以至於僅能苟存，卻傳了三十四代才滅亡。

〔五〕吳起❶治西河❷之外，王錯❸譖❹之於魏武侯❺，武侯使人召之。吳起至於岸門❻，止車而望西河，泣數行而下。其僕謂吳起曰：「竊觀公之意，視釋❼天下若釋躧❽，今去西河而泣，何也？」吳起抿泣❾而應之曰：「子不識❿。君知我而使我畢能西河可以王⓫。今君聽讒人之議，而不知我，西河之為秦取不久矣，魏從此削矣。」吳起果去魏入楚。有間，西河畢入秦，秦日益大，此吳起之所先見而泣也。

【章　旨】言吳起能因事而知魏君之志，並預知西河將入秦而魏國將日削。

【注　釋】❶吳起　戰國兵家。起先事魏文侯，以為西河守，拒秦與韓；文侯卒，又事武侯，亦封西河守，甚有名聲。❷西河　指黃河以西屬魏的地區，約在今陝西省的華陰、華縣、白水、澄城一帶。❸王錯　魏大夫。王錯譖吳起事，未詳。《史記・魏世家》集解引徐廣語：「《汲冢紀年》：惠王二年，魏大夫王錯出奔韓也。」惠王為魏武侯子罃。據此，則武侯死不久，王錯可能就因失寵或事敗而出亡。另據《史記・孫子吳起列傳》載，譖吳起者為公叔及其僕，與此處異。❹譖　誣陷。❺魏武侯　名擊，魏文侯之子，在位十六年（西元前三八六～前三七一年）。❻岸門　魏邑，在今山西河津南。❼釋　捨棄。❽躧　同「屣」。鞋。❾抿泣　擦淚。抿，同「抆」。擦。泣，指淚。❿識　知。⓫畢能西河可以王　在西河盡力而為之，可以致君於王霸。畢，盡。能，力。

【語　譯】吳起在外為西河郡守，王錯在魏武侯面前誣陷他，武侯派人召回吳起。吳起行至岸門時，停下車來回望西河，眼淚不禁連行流下。他的僕人對他說：「我私下觀察大人的心志，把放棄天下看作如同丟棄舊鞋一樣。這回離開西河卻流了眼淚，這是為什麼呢？」吳起擦著眼淚回答說：「你有所不知啊。如果君上理解我，讓我充分發揮才能，那麼我就可以幫助君上憑藉西河成就王霸之業。現在，君上聽信小人的讒言而不理解我，西河被秦國所攻取的日子不會太久了。魏國也從此就要被削弱了。」後來吳起果然離開魏國入了楚國。沒有多久，西河也完全為秦所併吞。秦國一天比一天強大。這正是吳起當時預見到的因而要為之哭泣的結局啊。

〔六〕魏公叔痤❶疾。惠王❷往問之，曰：「公叔之疾，嗟！疾甚矣！將奈社稷何？」公叔對曰：「臣之御庶子鞅❸，願王以國聽之❹也。為❺不能聽，勿使出境。」王不應，出而謂左右曰：「豈不悲哉？以公叔之賢，而今謂寡人必以國聽鞅，悖❻也夫！」公叔死，公孫鞅西游秦，秦孝公聽之，秦果用❼彊，魏果用弱，非公叔痤之悖也，魏王則悖也。夫悖者之患，固以不悖為悖。

【章　旨】言公叔痤預見到公孫鞅係秉國之才因而推薦給魏惠王，但卻不被接受，結果秦用公孫鞅而迅速強大。

【注　釋】❶公叔痤　戰國時魏相。公叔痤推薦商鞅給魏惠王事，見於《史記·商君列傳》。❷惠王　魏惠王，魏武侯之子，名罃，在位三十六年（西元前三七〇～前三三五年）。惠王三十一年（一說十三年）魏始由舊都安邑遷至大梁，故亦稱魏惠王為梁惠王。❸御庶子鞅　即公孫鞅，衛國人，姓公孫氏，名鞅。御庶子，爵名。《史記·商君列傳》稱「中庶子」。初為魏相公叔痤的家臣。入秦，秦封之於商，號商君，故又稱商鞅。商鞅變法，奠定了秦國富強基礎。今存《商君書》二十四篇。❹聽之　任之。指委以國政。❺為　如。❻悖　悖理；謬誤。❼用　以。

【語　譯】魏相公叔痤病了，惠王前往探問他，說：「唉，公叔您的病已經很重了，將來國家該怎麼辦呀？」公叔說：「我手下的御庶子公孫鞅，希望大王能把國事委託於他。如果不能照著我的這個建議做，那就務必不能讓他離開魏國。」魏王當時沒有應答，出來以後，對左右侍從說：「難道這還不可悲嗎？像公叔這樣賢明的人，如今卻要我把國政交給公孫鞅去治理，那真是太荒謬啦！」公叔死後，公孫鞅便離魏西去遊說秦國。秦孝公聽從公孫鞅的主張，秦國果然因而日益強大起來，而魏國則由此日益削弱下去。看來不是公叔痤有悖於常理，倒是魏王自己悖逆了常理。大凡違背常理的人的禍患，原本就在於把合乎常理當作了違反常理。

卷第十二　季冬紀第十二

季冬　士節　介立　誠廉　不侵

本卷承上卷續論士，側重於士的節操修養和君主對士的品德的理解。

〈士節〉對士提出了四條要求：「當理不避其難，臨患忘利，遺生行義，視死如歸。」但文中所舉北郭騷用自己頭顱「託白晏子」的實例，則著重用來說明要理解這樣的士。〈介立〉在頌揚介子推辭賞隱深山、爰旌目寧死吐盜食這種士人應有的耿介獨立品格的同時，又對照著鞭撻了世俗中追名逐利、營營苟且等陋習。〈誠廉〉和〈不侵〉都以正面讚頌歷史上著名忠廉之士為主。前者記述了伯夷、叔齊親自考察周武王內政外交，從希望到失望最後歸隱和餓死首陽的經過，作者稱他們為能夠「出身棄生以立其意」的「豪士」。後者以豫讓曾事於三主而獨為智氏報仇，公孫弘為孟嘗君出使強秦能不辱君命為例，說明君主必須「自知士」，才能使士「盡力竭智，直言交爭，而不辭其患」。

「士」的最初含義是成年男子，以後又發展為對貴族或受有爵位的貴族官員的稱謂。本書所說的士，則是以自己的道義或才藝為他人所用的一個特殊的知識階層。大體說來，群雄紛爭的春秋戰國既是產生這個特殊的知識階層的適宜土壤，又為他們大顯身手提供了舞臺。這類士亦有多種。本卷〈不侵〉中公孫弘在秦王面前誇說孟嘗君所豢養的門客時，分了三類。一類是：「義不臣乎天子，不友乎諸侯，得意則不慙為人君，不得意則不肯為人臣。」本書各篇最為稱道的便是這一類，他們的作用「大者定天下，其次定一國」（〈士節〉）。一類是：「能治可為管、商之師，說義聽行，其能致主霸王。」即所謂能調和鼎鼐、強國濟民的政治家。再一類是：「萬乘之嚴主，辱其使者，退而自刎也，必以其血汙其衣。」他們屬於說客或遊說之士，大多縱橫捭闔於外交這個特殊戰場上。這樣的分類，自然還不能概括全部，譬如還有「武」的一類，如本書寫到的伍子胥、吳起等軍事家和要離、專諸等刺客或俠客，都還未曾提及。

先秦諸子中，對士也有持反對態度的，以韓非最為激烈。如在〈五蠹〉中他就明確指出：「儒以文亂法，俠以武犯禁，而人主兼禮之，此所以亂也。」

季冬

【題解】季冬為一年之末。「數將幾終，歲將更始」，因而本月規定天子要參加的活動和實施的政令，都帶有辭舊布新之意。如舉行儺祭、宰割犬羊、巡行土牛，「以送寒氣」；揀選穀種、整修農具，整飭國典，論定時令，「以待來歲之宜」。在社會尚處於自然經濟的條件下，這些刻板的規定可能還是有意義的。

作為權力和秩序象徵的祭祀活動，在〈十二紀〉月令中，篇篇都有所涉及。本篇記述的祭祀，其規模之龐大，儀式之莊重，則可謂全年之冠。其中還有這樣一項規定：與天子異姓的諸侯國，要賦之以犧牲，「以供皇天上帝社稷之享」；而同姓諸侯國，則只需進獻供犧牲食用的料草。一疏一親，耐人尋味。

〔一〕一曰——

季冬❶之月：日在婺女❷，昏婁❸中，旦氐❹中。其日壬癸。其帝顓頊。其神玄冥。其蟲介。其音羽。律中大呂❺。其數六。其味鹹。其臭朽。其祀行。祭先腎。鴈北鄉❻。鵲始巢。雉雊雞乳❼。天子居玄堂右个❽，乘玄輅，駕鐵驪，載玄旂，衣黑衣，服玄玉，食黍與彘。其器宏以弇。

【章旨】記述季冬之月月令，並據此對本月中天子的住、行、衣、食都作了相應的明細規定。

【注釋】❶季冬　指夏曆十二月。❷日在婺女　指太陽運行的位置在婺女宿。婺女，二十八宿之一。❸婁　婁宿。二十八宿之一，白虎七宿之第二宿。共有三星，均在白羊座。❹氐　氐宿。二十八宿之一，蒼龍七宿之第三宿。共有四星，即天秤座。❺律中大呂　季冬之月與十二音律中的大呂律相應。大呂，屬陰律。❻鄉　通「嚮」。❼雉雊雞乳　雄的山雞鳴叫求偶，雌的山雞開始生卵。雊，雄雉鳴叫。乳，鳥產卵。❽玄堂右个　天子居所的北向堂稱玄堂，玄堂的右側室為右个。

【語　譯】季冬十二月，太陽的位置在婺女宿。黃昏時，婁宿出現在南方中天；黎明時，氐宿出現在南方中天。季冬在天干中屬壬癸，主宰的天帝是顓頊，佐帝之神是玄冥。應時的動物屬介族。應時的聲音是羽音，相應的音律是大呂。本月的序數是六。應時的味是鹹味，氣是朽氣。舉行五祀中的行祀，祭祀時要把犧牲的腎臟陳列在前面。大雁自南向北飛翔，喜鵲開始築巢。雄的山雞鳴叫求偶，雌的山雞伏窩產卵。天子居住到北向玄堂的右側室，乘坐黑色的輅車，駕著叫鐵驪的黑色駿馬，車上插著繪有龍紋的黑色旗幟；天子穿著黑色的衣服，佩戴黑色的玉器。吃的是新收的黍米與豬肉，使用的器物宏大而又深邃。

〔二〕命有司大儺，旁磔❶，出土牛❷，以送寒氣。征鳥厲疾❸。乃畢行❹山川之祀，及帝之大臣❺、天地之神祇❻。

是月也，命漁師始漁，天子親往❼。乃嘗魚，先薦寢廟。冰方盛❽，水澤復❾，命取冰。冰已入❿，令告民，出五種⓫。命司農⓬，計耦耕⓭事，修耒耜，具田器。命樂師，大合吹⓮而罷。乃命四監，收秩⓯薪柴，以供寢廟及百祀⓰之薪燎⓱。

【章　旨】為適應本月月令，天子要舉行祭祀、送寒氣和參加捕魚等活動，並發布取冰、備耕等項政令或措施。

【注釋】❶旁磔　指割殺犬羊並陳列到四方以驅除癘鬼。❷土牛　土製的牛。古人於季冬出土牛以送寒氣；再於立春後造土牛，以告人春耕即將開始。❸征鳥厲疾　正在遠飛的大雁努力練習快飛。征鳥，指正在遠飛的雁。厲，通「礪」。砥礪；磨練。❹畢行　普遍舉行。❺帝之大臣　指先帝功臣。❻神祇　天之神稱神，地之神稱祇。❼天子親往　《淮南子・時則》稱「天子親往射魚」，推知這是天子親自參加捕魚的一種儀式，猶前〈孟春〉三章的「天子親載耒耜」、「躬耕帝籍田」。❽冰方盛　指冰正結得堅硬而厚實。❾水澤復　水澤之地冰結得一層疊一層，重重疊疊。復，重疊。❿冰已入　指冰已放入冰窖。⓫五種　五穀之種籽。⓬司農　掌管農事的官吏。⓭耦耕　兩人各執一耜並肩而耕。⓮大合吹　各種樂器的大規模合奏。⓯秩　常度。⓰百祀　指各種祭祀。⓱薪燎　祭祀時焚燒木柴以薰煙。

【語譯】這個月，天子要命令主管的官吏，舉行大規模的擊鼓呼號驅除癘鬼的儺祭，並磔殺犬羊陳列於四方以鎮壓邪氣。縣鄉要巡行土牛以送走寒冬之陰氣，預告春耕的即將到來。遠飛的大雁磨練其翅膀而加速飛行。要普遍祭祀山川之神、先帝之大臣以及天地神祇。

這個月，命令漁師開始捕撈。天子要親自舉行射魚的儀式。天子品嘗捕得的魚，但要先進獻祖廟。這時候，冰結得非常厚實，沼澤邊上還可以看到重重疊疊的冰層。於是可以命令鑿冰塊。把冰塊放進冰窖之後，要命令百姓認真揀選各種種籽，命令司農計畫好明年耦耕的事情。修理好各種犁鏵，準備齊全各式耕具。命令樂官舉行大規模的音樂舞蹈演奏，以結束一年的訓練。命令畿內各縣的四監大夫，按規定收繳木柴，用來供給祖廟及各種祭祀時焚燒薰煙之用。

〔三〕是月也，日窮於次❶，月窮於紀❷，星迴於天❸，數將幾❹終，歲將更始❺。專於農民❻，無有所使。天子乃與卿大夫飭國典，論時令，以待來歲之宜。乃命太史，次❼諸侯之列，賦❽之犧牲，以供皇天上帝❾社稷之享。乃命同姓之國，供寢廟之芻豢❿。令宰⓫歷⓬卿大夫至于庶民土田之數，而賦之犧牲，以供山林名川之祀。凡在天下九州⓭之民者，無不咸獻其力，以供皇天上帝社稷寢廟山林名川之祀。

【章　旨】言年終時節，天子要為迎接來年實施若干政令或措施。

【注　釋】❶日窮於次　太陽又回到去年同一個星宿位置上。據高誘注：次，宿也。太陽經十二次而窮於牽牛，故稱「窮於次」。❷月窮於紀　月亮經過一年，又回到原來星宿的位置上。據高誘注：月遇日相合為紀。❸星迴於天　指日月以外的幾大行星，也運行了一周天，返回到原來星宿的位置上。❹幾　將近。❺更始　重新開始。❻專於農民　使農民專心一致於農事。❼次　編列。❽賦　徵收。❾皇天上帝　五帝之統稱。❿芻豢　餵養牲口的飼料。牛羊草料稱芻，豬狗飼料稱豢。⓫宰　指太宰。⓬歷　序次其多寡。⓭九州　傳為禹治水後劃分的我國古代中原行政區域，古籍多以九州指天下，此處即是。

【語　譯】這個月，日月星辰都繞行了一周天，又回到原來的位置上。這一年的天數將要接近終結，新的一年行將從頭開始。要讓農民專心致志於準備來年的農事，不許以其他勞役去差遣他們。天子要與卿大夫共同來整飭國家的各項典章制度，論定按季節月分頒布的各項政令，以為來年作好充分準備。然後命令太史，排列各異姓諸侯國的次序，向他們徵收犧牲，以供給皇天上帝社稷之神享用。命令同姓的諸侯國，進獻寢廟祭祀用的牲畜的草料和飼料。命令太宰以多寡為序，列出自卿大夫到庶民的土地數額，並以此為據，向他們徵收犧牲，供給山林名川祭祀之用。所有天下九州之百姓，無不竭誠貢獻自己全部力量，用以供給皇天上帝、社稷之神，以及先祖寢廟、山林名川諸神祭祀的需要。

〔四〕行之是令，此謂一終❶，三旬二日❷。季冬行秋令❸，則白露蚤❹降，介蟲❺為妖，四鄰❻入保。行春令❼，則胎夭❽多傷，國多固❾疾，命之曰逆。行夏令❿，則水潦敗國，時雪不降，冰凍消釋。

【章　旨】言政令錯時會引起的各種災禍。

【注　釋】❶一終　指一歲之終結。❷三旬二日　比照〈季春〉、〈孟夏〉，皆言「行之是令，而甘雨至三旬」；〈季夏〉為「甘雨三至，三旬二日」；〈孟秋〉為「涼風至三旬」，疑此處有脫文，當指冬雪而言。❸季冬行秋令　陰陽五行說認為，秋屬金，尚白色，故季冬若行秋令，白露就會早降，介甲類動物趁機興妖為災；金為兵革，因而戰亂四起，邊境百姓紛紛入城郭以求自保。❹蚤　通「早」。❺介蟲　指甲殼類動物。❻四鄰　當是「四鄙」之誤。鄙，邊遠地區。❼行春令　季冬大寒而行春溫和之令，就會出現陰陽之氣不調，因而胎兒多受傷害，百姓多患久治不癒之痼疾。這樣便被稱作「逆」。❽夭　剛出生的嬰兒。❾固　通「痼」。❿行夏令　夏屬火，故季冬若行夏令，就會火氣炎陽，冰凍融化。又多淋雨，水潦成災；而時雪卻又不能及時降下。

【語　譯】實行這個月的相關政令，一年到此終結。……三旬中有二日。

如果季冬推行秋季的政令，那麼，白露就會過早降落，甲殼類動物也會興妖作怪。四周邊境的百姓，還會由於鄰國入侵而躲入城堡自保。如果推行春季的政令，那麼，母胎及新生的動物就會受到傷害，國內的百姓就會流行各種久治不癒的痼疾，這種情況就稱為「逆」。如果推行夏季的政令，那麼水潦便會為害國家，冬雪卻不能及時降下，冰凍又會過早融化。

士節

【題解】本篇用北郭騷的悲壯的故事，對首章提出的「當理不避其難，臨患忘利，遺生行義，視死如歸」，即所謂「士節」，作了形象化的說明。並借晏子的一嘆再嘆「不知士」，勸諫君主「欲大立功名者」，必須求士，而求士的前提則是「知士」。此篇文章就做在這個「知」字上。

晏子二次自嘆「不知士」，正是北郭騷性格的二次昇華。晏子與北郭騷第一次接觸，後者為「乞所以養母」，但卻不尋常地「辭金而受粟」，這是符合「於利不苟取」的士節要求的，但還未引起晏子足夠的注意。待晏子「見疑於齊君」而出奔時，北郭騷沐浴相迎，臨別又鄭重勸勉，這說明他能不以君主之好惡為好惡，具有自己獨立的品格，因而使得晏子發出了第一次感嘆。晏子的第二次感嘆是為北郭騷的死諫而發的。北郭騷在君庭前，把自己死的目的說得非常明確：一是不願眼看失去晏子後的齊國日益侵削；二是以死證明晏子的清白。而臨死時又顯得那樣鎮靜，甚至連「盛吾頭於笥中」這樣的事都交代得清清楚楚，真正做到了「遺生行義，視死如歸」。

如果說，晏子對北郭騷的從不知到知是用明線來敘述的話，那麼另有一條暗線表現了齊王對晏子的從不知到知。作者筆下的齊王，也還是一個頗有可取的君主。至少在晏子出奔時，他沒有派人追捕；更為難得的是，一聽到北郭騷以死相諫，就能用行動來改正自己的錯誤，而且表現得那樣迅猛和堅決。

此篇中晏子與北郭騷故事，先見於《晏子・雜上》，文字亦基本相同。

〔一〕二曰——

士之為人，當理不避其難，臨患忘利，遺生[1]行義，視死如歸。有如此者，國君不得而友，天子不得而臣。大者定天下，其次定一國，必由❷如此人者也。故人主之欲大立功名者，不可不務求此人也。賢主勞於求人，而佚❸於治事。

【章旨】言君主欲立大功名，務必致力於尋求具備「當理不避其難，臨患忘利，遺生行義，視死如歸」這種「士節」的士。

【注釋】❶遺生　捨生。❷由　用。❸佚　通「逸」。安逸。

【語譯】士的為人，面對理義，他能不避任何艱難險阻；面臨災禍，他能忘卻個人私利，因而他們能捨生行義，視死如歸。士的節操達到這樣的境界，那麼國君便不能強使他為友，天子也不能強使他為臣。從君主來說，大至要想使天下安定，次之要想使一個國家安定，都非起用這樣的士人不可啊。所以君主要想大立功名，就不能不致力於尋求這樣的士人。賢明的君主，總是把精力花費在人才的訪求上，而對日常政務的處理，反而持比較超脫的態度。

〔二〕　齊有北郭騷❶者，結罘罔❷，捆蒲葦❸，織萉屨❹，以養其母猶不足，踵門❺見晏子❻曰：「願乞所以養母。」晏子之僕謂晏子曰：「此齊國之賢者也，其義不臣乎天子，不友乎諸侯，於利不苟取，於害不苟免。今乞所以養母，是說❼夫子之義也，必與之。」晏子使人分倉粟分府金而遺之，辭金而受粟。

【章旨】言北郭騷因養母之需而登門求助於晏子但卻「辭金而受粟」，初步顯示了他非同尋常的節操。

【注　釋】❶北郭騷　春秋時齊國的隱士，姓北郭，名騷。❷罘罔　捕禽獸的網。罔，同「網」。❸捆蒲葦　用蒲葦編織器物。據趙岐《孟子注》：「捆，猶叩掾也。」叩掾，即叩打。用粗鬆之材如草秸等編織器物，須邊編邊叩打使之結實，古稱「捆」。❹葩屨　麻鞋。❺踵門　登門。踵，腳後跟。❻晏子　名嬰，字仲，諡平，春秋時齊國賢相，繼其父桓子為齊卿。歷事齊靈公、莊公、景公三世。以節儉力行名顯諸侯，好賢士。❼說　悅。

【語　譯】齊國有個叫北郭騷的人，靠編結獸網、捆編蒲葦、結打麻鞋維持生計，尚且不足以奉養母親。一次他登門去求見晏子，說：「希望求得資助以奉養母親。」晏子的家臣對晏子說：「這個人可是齊國的賢人啊。他的高尚品節，是天子不能使其稱臣，諸侯不能與其交友；他對於利從不苟且取用，對於禍患絕不苟且求免。現在來尋求資助以供養母親，是欽佩先生您以道義自任，應該資助他。」於是晏子就派人把倉庫中的糧食、府庫中的金錢，拿出部分來給他，但北郭騷只收下糧食而謝絕了金錢。

〔三〕有間❶，晏子見疑於齊君❷，出奔，過北郭騷之門而辭。北郭騷沐浴❸而出見晏子曰：「夫子將焉適❹？」晏子曰：「見疑於齊君，將出奔。」北郭子曰：「夫子勉之矣。」晏子上車，太息而歎曰：「嬰之亡豈不宜哉？亦不知士甚矣。」

【章　旨】言晏子見疑出奔時，北郭騷卻能沐浴恭迎，鄭重勸勉，使晏子一嘆自己「不知士」。

【注　釋】❶有間　過了一段時間。❷見疑於齊君　受齊君的猜忌和懷疑。《晏子．雜上》為「晏子見疑於景公」。齊景公，名杵臼，在位五十八年（西元前五四七～前四九〇年）。❸沐浴　洗髮澡身，古人一種表示恭敬的待客禮節。此處指北郭騷不以晏嬰出走而冷遇之，仍能以禮相見。❹焉適　到哪裡去。

【語　譯】過了一段時間，晏子受到齊君猜忌，逃往國外。路過北郭騷家門口時，便去與他告別。北郭騷立即沐浴，恭敬地出來迎見晏子，說：「先生要去哪裡？」晏子說：「受到齊君的猜疑，準備逃亡國外。」北郭騷說：「先生多多珍重勉力啊。」晏子上了車，長嘆一聲說：「我逃亡出走，難道還不應該嗎？我也太不理解士了啊！」

〔四〕晏子行。北郭子召其友而告之曰：「說晏子之義，而當❶乞所以養母焉。吾聞之曰：『養及親❷者，身伉❸其難。』今晏子見疑，吾將以身死白之。」著❹衣冠，令其友操劍奉笥❺而從，造於君庭，求復者❻曰：「晏子，天下之賢者也，去則齊國必侵矣。必見國之侵也，不若先死。請以頭託❼白晏子也。」因謂其友曰：「盛吾頭於笥中，奉以託❽。」退而自刎也。其友因奉以託。其友謂觀者曰：「北郭子為國故❾死，吾將為北郭子死也。」又退而自刎。

【章旨】言北郭騷以死為晏子白冤於齊君，其友竟亦能從之而死。

【注釋】❶當　古通「嘗」。曾經。❷親　指父母親。❸伉　擔當。❹著　穿戴。❺奉笥　捧著竹製的方形盛器。❻復者　即門口負責稟報的謁者一類。❼託　告。❽託　託付。指託付給復者，以轉告齊王。❾國故　指國家的重大變故。

【語譯】晏子走後，北郭子叫來了他的朋友，並且告訴他說：「我很欽佩晏子講究道義的精神，又曾經向他乞求過糧食來奉養我的母親。我聽說，對凡是給養過自己父母的人，自身應該為他承擔一切危難。現在晏子受到齊君的猜忌，我將以死來洗清晏子蒙受的冤屈。」於是，他穿戴好衣冠，讓他的朋友一手持劍一手捧著竹匣子跟在後面。來到齊君的宮殿門口，他向謁者求告說：「晏子，是天下的賢人啊。他如果出走了，齊國必定會受到侵削。與其看到齊國受到侵削，不如早一點死了的好。願藉我的頭以證明晏子的清白無辜。」又轉身對他的朋友說：「請把我的頭放在竹匣子裡，捧去託付給那位官吏。」接著他就退下來自刎而死。他的朋友捧了裝著頭顱的竹匣託付給負責稟報的官吏，然後對旁觀的人們說：「北郭子是為國難而死的，我將為北郭子而死。」亦退下來當眾自刎了。

〔五〕齊君聞之，大駭，乘馹❶而自追晏子，及之國郊，請而反之。晏子不得已而反，聞北郭騷之以死白己也，曰：「嬰之亡豈不宜哉？亦愈不知士甚矣。」

【章旨】齊君終為北郭騷之死所動，追回晏子；晏子再嘆自己「不知士」。

【注釋】❶馹　古代驛站專用車。

【語譯】齊王聽到這件事，非常驚恐，匆匆搭了驛站傳車就親自去追趕晏子，直至國都郊外才追到。齊王請求晏子回朝。晏子推辭不得勉強同意回返。當聽到北郭騷是用死來為他證明清白時，晏子說：「我的逃亡出走難道還不應該嗎？我實在太不理解士啊！」

介立

【題解】「介立」，一作「立意」，意思都是要求士人須有自己獨立的人格和意志。本書後〈六論〉中有〈士容〉、〈務大〉等篇，專論士人的風範抱負，不妨聯繫著讀。

本篇通過介子推隨從晉文公出亡多年，返國後卻不願受賞賜而寧肯隱伏深山，以貶斥那些日思夜慮、追名逐利的俗士；又通過爰旌目餓昏於途為盜丘餔食所救，醒後卻憤而嘔吐至死，以鞭撻那些一旦遭逢困境，便相暴相殺唯求一己苟活的俗人。這二個故事，反映了作者的榮辱觀和生死觀，在一定程度上亦概括地表達了當時一些堅持節操的士人的人生態度，歷來為我國知識階層所傳頌。

當然，文章的主旨還是在提醒君主，應當理解、尊崇具有這樣節操的士人，才能在士大夫中培養起崇高的品德。所以，要像晉文公那樣，能於艱難時使人甘願事從；但又切不可像他那樣，尊為萬乘之君後反而不能與人同富貴，以致失去了介子推。介子推退隱後，晉文公「避舍變服」，且以高爵厚祿為賞賜，希望人們找回介子推；傳說中還有火燒介子推所隱居的綿山，原想逼他出山結果卻燒死了介子推的事。晉文公所以要這樣做，固然亦可能表示了他的追悔，但更主要的恐怕還是出於挽回自己聲譽的考慮。只是真情是無法用作秀來代替的。作者已經對他作了這樣的評價：「能其難，不能其易，此文公之所以不王也。」

〔一〕三曰——

以貴富有人易，以貧賤有人難。今❶晉文公出亡❷，周流❸天下，窮矣賤矣，而介子推❹不去，有以有之也。反國有萬乘，而介子推去之，無以有之也。能其難，不能其易，此文公之所以不王也。

【章　旨】言晉文公成為萬乘之君後就不能繼續使介子推事從自己，說明他能與人共貧賤卻不能與人共富貴，這亦是他只能稱霸而不能王天下的原因。

【注　釋】❶今　疑是「昔」字之誤（依松皋圓說）。❷晉文公出亡　晉文公出亡係因驪姬之亂。先奔狄，後經衛至齊，再至曹，過宋、鄭、楚，最後到秦國，由秦穆公送其返國，立為晉文公。如此出亡在外前後凡十九年，返國時重耳已六十二歲。其流亡事跡詳後〈上德〉篇。❸周流　遍行。❹介子推　春秋晉國隱士。曾跟隨晉文公出亡十九年，文公返國，他沒有受賞，亦厭惡那種邀功求賞的行為，寧可隱居綿山終身不仕。《左傳》僖公二十四年、《史記・晉世家》並記其事，與本篇所記略有出入。

【語　譯】憑藉富貴要人跟隨自己，比較容易；處於貧賤讓人跟隨自己就比較困難。過去晉文公逃亡國外，在各國流亡，困窮極了，貧賤極了，然而介子推仍緊隨晉文公不捨，這是由於晉文公具有的德行吸引了他。晉文公返國以後，成為擁有兵車萬乘的大國的君主，介子推卻反而離他而去，那是由於晉文公不再具備過去所有的那種德行的緣故。與人共貧賤這件非常難的事，晉文公能夠做到；與人共富貴這件看來比較容易的事，晉文公卻不能做到。這就是晉文公可以成為霸主卻不能王天下的原因。

〔二〕晉文公反國，介子推不肯受賞，自為賦詩曰：「有龍❶于飛，周徧天下。五蛇❷從之，為之丞❸輔。龍反其鄉，得其處所。四蛇從之，得其露雨❹。一蛇羞之，橋死❺於中野❻。」懸書公門，而伏於山下❼。文公聞之曰：「譆！此必介子推也。」避舍變服❽，令士庶人曰：「有能得介子推者，爵上卿，田百萬❾。」或遇之山中，負釜蓋簦❿，問焉曰：「請問介子推安在？」應之曰：「夫介子推苟不欲見而欲隱，吾獨⓫焉知之？」遂背⓬而行，終身不見。人心之不同，豈不甚哉？今世之逐利者，早朝晏退，焦脣乾嗌⓭，日夜思之，猶未之能得，今得之而務疾逃之，介子推之離俗遠矣。

【章　旨】以介子推不受富貴、寧願退隱深山與「世之逐利者」對比，說明人心和人們品節的距離何等遙遠。

【注　釋】❶龍　喻國君。❷五蛇　喻追隨晉文公出亡的五位賢士，即趙衰、狐偃、賈佗、魏犨和介子推。❸丞　輔佐。❹露雨　喻指晉文公之恩澤。❺橋死　當是「槁死」(依畢沅說)。❻中野　野外。❼伏於山下　隱居於山中。據《史記‧晉世家》記載，「懸書於公門」係介子推從者，非其本人。詩句文字亦與此有出入。❽避舍變服　古代國家有凶災禍亂時，君主為引咎自責，須離開宮室居住，改穿凶喪之服。❾田百萬　土地百萬畝。❿負釜蓋簦　背著釜子，戴著草簦。釜，煮飯用的炊器。簦，用竹或草編成的雨帽。⓫獨　豈；難道。⓬背　轉身以背向之。⓭焦脣乾嗌　因說話過多而嘴脣焦枯，咽喉乾燥。嗌，咽喉。

【語　譯】晉文公返還晉國以後，介子推不肯接受封賞，他為自己賦詩一首道：「有一龍在空中翱翔，把天下周遊；五蛇追隨其左右，甘當輔佐；龍返還自己家鄉，得到應有歸所；四蛇依舊追隨左右，受其恩澤雨露；一蛇為之羞愧，枯死於原野荒丘。」這首詩書寫後懸掛在晉文公的宮門外，介子推就去山裡隱居起來。文公聽說這首詩後，就說：「啊，這一定是介子推。」於是立即離開自己居住的宮室，改穿凶喪之服，向全國士庶百姓發布命令：「有能找到介子推的，爵賜上卿，田賞百萬畝。」有人曾經在山中遇到過一個人，可能就是介子推。那人背上背著釜子，頭上戴著雨笠，問他說：「請問介子推現在哪裡？」

他回答說：「既然介子推不想出仕而要隱居，我又怎麼能知道他的去處呢？」於是就轉身離開了，終身再也沒有被人看到過。人心的差異，難道不是太懸殊了嗎？當今世上那些追逐私利的人，每天清晨提前上朝，晚上很遲才退朝回家，勞累得嘴脣焦枯，喉嚨乾燥，日思夜慮希望得到恩賞，結果還是得不到。現在介子推可以得到名利，卻反而務求盡快地逃避它，足見他的高風亮節，離那些世俗之士太遠了。

〔三〕東方有士焉曰爰旌目❶，將有適❷也，而餓於道。狐父❸之盜曰丘，見而下壺餐❹以餔❺之。爰旌目三餔之而後能視，曰：「子何為者也？」曰：「我狐父之人丘也。」爰旌目曰：「譆❻！汝非盜邪？胡為而食我❼？吾義不食子之食也。」兩手據地❽而吐之，不出，喀喀然遂伏地而死。

【章旨】言餓昏的爰旌目醒後知為盜食所救，立即憤而嘔吐竟至死。

【注釋】❶爰旌目　人名。他書或作袁族目、旌瞀。其故事又見於《列子・說符》、《新序・節士》等。❷適　去；往。❸狐父　地名。在今江蘇碭山附近。❹壺餐　以壺盛著的飯。❺餔　同「哺」。餵。❻譆　感嘆詞。表示憎惡。❼食我　給我吃。❽據地　按在地上。

【語譯】東方有一個士人，名字叫爰旌目，將要到某地去，卻餓昏在半路上。狐父地方有一個盜賊，名字叫丘，看到他就把壺中剩下的飯去餵他。餵過三口之後，爰旌目便能睜開眼睛看了。他問道：「您是做什麼的啊？」回答說：「我是狐父地方人，名字叫丘。」爰旌目說：「呔！你不是盜賊嗎？為什麼要來餵我？我信守節義，絕不吃你的東西！」說完這番話，便兩手按地，要把吃的東西吐出來。但喀喀喀吐了好一陣子也沒有吐出來，就這樣伏在地上死去。

〔四〕鄭人之下虢❶也，莊蹻❷之暴郢❸也，秦人之圍長平❹也，韓、荊、趙，此三國者之將帥貴人皆多驕矣，其士卒眾庶皆多壯矣，因相暴以相殺，脆弱者拜請以避死，其卒遞而相食，不辨其義，冀幸以得活。如爰旌目已食而不死矣，惡其義❺而不肯不死，今❻此相為謀，豈不遠哉？

【章　旨】以爰旌目寧死以吐不義之食的高尚操守，與韓、楚、趙三國將士敗北時的卑劣行徑作對比，說明二者相距何等遙遠。

【注　釋】❶虢　字書無此字，按文義當為韓國的城邑名。陳奇猷據《史記》〈鄭世家〉、〈韓世家〉及〈六國年表〉均有鄭繻公十六年（韓景侯二年）鄭敗韓於負黍之記載，疑「鄭人之下虢」即指此役。虢可能就是對「負黍」音近的省稱。❷莊蹻　戰國時楚之大盜。❸郢　楚國國都。❹秦人之圍長平　秦昭王四十七年（西元前二六〇年），秦將白起在長平坑殺趙軍四十萬人。事詳《史記・廉頗藺相如列傳》。長平，古地名，在今山西高平西北。❺惡其義　憎惡盜丘之不義（依許維遹說）。❻今　疑為「令」之誤。

【語　譯】鄭人攻陷虢邑的時候，莊蹻劫掠楚都郢的時候，秦人圍困長平的時候，韓、楚、趙這三個國家的將帥貴人原都是很驕橫的，他們的士兵百姓也都很強壯有力；但他們卻為此在內部彼此欺陵，自相殘殺，脆弱的人則跪地以求免死，到最後，甚至落到人吃人的地步，根本不分辨什麼是該做的，什麼是不該做的，只希望能僥倖存活下來。像爰旌目那樣已吃到食物本可以不死了，但是由於憎惡狐父盜丘不義，寧可死也要把吃的東西吐出來。如果讓三國的將士與爰旌目一起議論一下這件事情，他們之間的距離，豈不是差得太遠了嗎？

誠廉

【題解】本篇所記述的古代「豪士」伯夷、叔齊故事，數千年來一直成為文人學士詠頌的題材，因而在我國幾乎婦孺皆知。

先秦諸子對伯夷、叔齊事跡大都有記載和論述，並多取頌揚態度。《莊子．讓王》所載，文字亦與本書此篇基本相同。稍有例外的是《韓非子》，在〈姦劫弒臣〉篇中認為他們「不畏重誅，不利重賞」，罰不能「禁」，賞又不能「使」，因而是「無益之臣」，在價值取向上，與其他諸子有明顯的不同。

本書多處把湯、武尊為古代「王天下」的楷模，但本篇卻又竭力歌頌反對武王伐紂的伯夷、叔齊。二人在對話中，對武王從道義、德行到伐紂的策略，都進行了嚴厲的抨擊，並得出了「以此紹殷，是以亂易暴」的結論。因而認為「竝乎周」便是「漫吾身」；為了「潔吾行」，寧願餓死首陽。這似乎是自相矛盾的。但細加分析便可發現，儘管同時肯定了雙方，側重點卻各不相同。對武王的評價是就整個歷史發展進程而言；對伯夷、叔齊的讚頌，則注重於作為士的名節的堅持。在這一點上，古人倒似乎頗為寬容，即容許一個人有相對獨立的信念和人格，縱使這種信念和人格與大時代並不一致；如果他能始終如一地純情執持，直至以死相殉，那還應當受到人們的敬仰。

篇名「誠廉」，是對伯夷、叔齊的評價。《韓詩外傳》特別稱道的亦正是這一個「廉」字：「伯夷、叔齊殺身以成其廉。」本書著重談廉的文章除本篇外，還有上卷的〈忠廉〉。要離伏劍而死，「不以貴富而忘其辱」；伯夷、叔齊餓死首陽，「出身棄生以立其意」，都是在保全名節的純潔這個意義上，使用「廉」字的。

〔一〕四曰——

石可破也，而不可奪堅❶；丹❷可磨❸也，而不可奪赤。堅與赤，性之有也。性也者，所受於天也，非擇取而為之也。豪士之自好❹者，其不可漫以汙❺也，亦猶此也。

【章旨】言士之操守不可玷汙，猶如石頭的堅硬、丹砂之紅色不可移易一樣，它是豪士的本性。

【注釋】❶堅　指石堅硬的本性。❷丹　硃砂。❸磨　指研磨成粉末。❹自好　自尊。❺漫以汙　玷汙；汙染。以，連詞，猶「而」。

【語譯】石頭可以被破碎，但不能使其失卻堅硬；丹砂可以被磨成粉末，但不能改變其朱紅的顏色。石頭的堅硬與丹砂的朱紅，原為它們本性所固有。所謂本性，就是事物天然所具有的，不是任意擇取然後追加上去的。豪傑之士所引以自尊自愛的操守名節之不可被玷汙，亦像這一樣。

〔二〕昔周之將興也，有士二人，處於孤竹❶，曰伯夷、叔齊❷。二人相謂曰：「吾聞西方有偏伯❸焉，似將有道者，今吾奚為處乎此哉？」二子西行如周，至於岐陽❹，則文王已歿矣。武王即位，觀周德❺，則王使叔旦❻就膠鬲❼於次四內❽，而與之盟❾曰：「加富❿三等，就官一列⓫。」為三書同辭⓬，血之以牲⓭，埋一於四內，皆以一歸。又使保召公⓮就微子開⓯於共頭⓰之下，而與之盟曰：「世為長侯⑰，守殷常祀，相奉桑林，宜私孟諸⑱。」為三書同辭，血之以牲，埋一於共頭之下，皆以一歸。伯夷、叔齊聞之，相視而笑曰：「譆，異乎哉！此非吾所謂道也。昔者神農氏之有天下也，時祀⑲盡敬而不祈福也。其於人也，忠信盡治而無求焉。樂正與為正，樂治與為治，不以人之壞自成⑳也，不以人之庳㉑自高也。今周見殷之僻亂也，而遽㉒為之正與治，上謀㉓而行貨㉔，阻丘而保威㉕也。割牲而盟以為信，因四內與共頭以明行，揚夢㉖以說眾，殺伐以要利，以此紹㉗殷，是以亂易暴也。吾聞古之士，遭乎治世，不避其任㉘，遭乎亂世，不為苟在㉙。今天下闇㉚，周德衰矣。與其竝㉛乎周以漫吾身也，不若避之以潔吾行。」二子北行，至首陽㉜之下而餓焉。

【章旨】記述伯夷、叔齊二位豪士，通過自己實地觀察，以為武王伐紂無非是「以亂易暴」，若從周就是對自己名節的玷汙，因而寧可離周北行，餓死首陽。

【注釋】❶孤竹　古國名。殷代諸侯孤竹國，在今河北盧龍南十二里。❷伯夷叔齊　《史記・伯夷列傳》載：伯夷、叔齊是孤竹君的二個兒子。父親要立叔齊，而叔齊要讓位給伯夷，伯夷不肯接受，便逃去，叔齊也不肯即位而逃去。《史記索隱》稱伯夷名允，字公信；叔齊名致，字公達。夷、齊是諡，伯叔表示其長少。❸偏伯　一方之長。此處指西伯姬昌。姬昌死，諡為周文王。❹岐陽　岐山之南。❺觀周德　顯示周德。觀，動詞使動用法。❻叔旦　即周公旦。❼膠鬲　殷代賢臣。❽次四內　次，范耕研等疑為衍文。四內，古地名。❾盟　在神前盟誓締約。❿富　俸祿。⓫就

官一列　官居第一等。⑫三書同辭　即一式三份。⑬血之以牲　即殺牲歃血。⑭保召公　召公即姬奭，封在召，故稱召公；成王時任太保，故又稱保召公。⑮微子開　即微子啟。⑯共頭　山名。又作共首。⑰長侯　諸侯之長。⑱宜私孟諸　把孟諸作為其私人封地。孟諸，古澤名，在今河南商丘東北。宜，語助，無義。⑲時祀　四時之祭祀。⑳不以人之壞自成　不利用他人之失敗為自己的成功鋪平道路。壞，敗。㉑庳　低下。㉒遽　急速。㉓上謀　崇尚計謀。㉔行貨　行賄。指與膠鬲、微子開盟誓中「加富三等，就官一列」等類許諾。㉕阻丘而保威　「丘」當為「兵」(依畢沅說)。指「武王東觀兵，至於孟津」(《史記・周本紀》)之事。阻，恃；倚仗。保，恃。㉖揚夢　宣揚武王受天命而伐殷之夢。事原載《周書・程寤》，今已散佚。《太平御覽》卷五百三十三記有此事之梗概：周文王妻太姒，夢見商的宮廷內長出荊棘，她的兒子姬發(即武王)拿周宮廷內的樟樹，種到商的宮闕，很快化為松柏或者柞。太姒驚醒以後告知文王，文王把兒子姬發召至明堂，拜謝這個吉夢，認為是姬發從上天承受了商的天命。㉗紹　續。㉘任　職責。㉙苟在　苟且偷生。㉚闇　即「暗」。㉛竝　同「並」。依附。㉜首陽　山名。在今山西永濟南。

【語　譯】從前周朝將要興起時，有賢士二人，住在孤竹那個地方，一個叫伯夷，一個叫叔齊。二人商量著說：「聽說在西邊有西伯昌，好像是一個有道的人，現在我們何必還待在這兒呢?」於是二人一起向西走，到周國去，走到了岐山的南麓。這時文王姬昌已經死去，武王姬發剛即位，正在顯示周的德行。武王派叔旦到四內去找殷的賢臣膠鬲，與他訂立盟約，伐紂事成後，膠鬲可以「加俸三級，官居一等」。盟誓一式三份，雙方歃血為盟，一份埋於四內，各持一份而歸。又派太保召公奭到共頭山下找微子開，訂立盟約，規定伐紂事成後，微子開「世代可為諸侯之長，繼續奉守殷代祖先，仍可保留桑林祭地，還可把孟諸作為微子開的私人封地」。同樣一式三份，歃血為盟，以一份埋於共頭山下，各持一份而歸。伯夷、叔齊聽說以後，互相望著笑道：「嘻，與原來聽說的大不一樣啊。這不是我們所說的『道』。過去，神農氏治理天下的時候，四時的祭祀畢恭畢敬，但不是為了給自己求福；對於百姓，以忠信為懷，盡心治理而一無求索。百姓樂於公正，就給與他們實現公正；百姓樂於有人治理，就幫助他們好好治理。絕不利用他人的缺失來使自己取得成功；亦不以他人德行之低下來抬高自己。現在周看到殷的邪僻混亂，就迫不及待地去替它糾正和治理，而採取的方法又是崇尚計謀，行使賄賂，倚仗武力，顯示威勢，把殺牲立盟當作誠信，在四內、共頭二地盟誓集中暴露了這種不道義行為。又用宣揚吉夢來取悅民眾，靠屠殺和攻伐謀求私利。用這樣的辦法繼承殷朝的統治，那就是以悖亂代替暴虐啊。我們聽說古代的賢士，生逢太平治世，絕不迴避自己的職責和使命；若是遭遇亂世，那就不苟且偷生。如今天下昏暗，周的德行衰微了，與其依附周而玷汙我們的名節，還不如避開它，以保持自己德行的清白與潔淨。」於是二人向北而去，到了首陽山下，便開始絕食，直至餓死在那裡。

〔三〕人之情莫不有重，莫不有輕。有所重則欲全之，有所輕則以養所重。伯夷、叔齊，此二士者，皆出身❶棄生以立其意，輕重先定❷也。

【章　旨】從伯夷、叔齊的範例，說到士當輕身以重名節。

【注　釋】❶出身　捨身。❷輕重先定　指伯夷、叔齊輕身重名的信念早已確立。

【語　譯】人之常情，莫不有所重，莫不有所輕。有所重的，就會設法保全它；有所輕的，就會用所輕來蓄養他的所重。伯夷、叔齊這二位賢士，都能做到用捨棄生命來確立他們的意志和名節。對於他們，什麼是輕，什麼是重，心目中早就預定了啊。

不侵

【題解】「不侵」，意謂士之名節不可侵犯，這從末章讚頌公孫弘不畏強秦「可謂不侵矣」得到證明。但本篇的主旨還是論述君主與士的關係。文章譏諷了當世俗主那種「得地百里則喜，四境皆賀；得士則不喜，不知相賀」的短視症，並以湯武千乘而「士皆歸之」，桀紂天子而「士皆去之」為對比，以智伯、孟嘗君知遇豫讓、公孫弘為範例，說明君主必須「自知士」，士才能甘願「以身為人」，這樣兩者才能做到「相得」。

文章通過誓死為智氏報仇的豫讓的口，說出了君主與士的關係原是雙向對應的一番道理：「眾人畜我者，我亦眾人事之」；「國士畜我者，我亦國士事之」。對這一點，孟子說得更透徹：「君之視臣如手足，則臣視君如腹心；君之視臣如犬馬，則臣視君如國人；君之視臣如土芥，則臣視君如寇仇。」（〈離婁下〉）

很顯然，公孫弘所以能不辱君命，為齊國贏得聲譽，是孟嘗君知遇的結果。出使前，他「盡力竭智」為孟嘗君獻策；出使時，面對萬乘嚴主，「直言交爭」，一旦受到奚落，甘願以七尺之軀，「必以其血汙其衣」，從而迫使秦昭王不得不以禮相待。順便提一下，公孫弘所以能不辱君命，秦昭王所以會說出要與孟嘗君交善並請他去作客那樣的話，是有更深層的政治原因的。東方六國「合縱」抗秦，秦以遠交近攻的策略分化六國力量：這便是當時外交的大背景。秦昭王所以要與孟嘗君交善，就是為了穩住這個離得最遠又是東方大國的齊，以期成為盟國，或至少使之中立，從而實現其蠶食韓魏的政策。

〔二〕五曰——

天下輕於身，而士以身為人。以身為人者，如此其重也，而人不知，以奚道❶相得？賢主必自知士，故士盡力竭智，直言交爭，而不辭其患，豫讓❷、公孫弘❸是矣。當是時也，智伯❹、孟嘗君❺知之矣。世之人主，得地百里則喜，四境皆賀，得士則不喜，不知相賀，不通乎輕重也。

【章　旨】言君主務必「自知士」，士方能「盡力竭智，直言交爭，而不辭其患」，以作為豫讓與公孫弘故事的導論。

【注　釋】❶奚道　何由。❷豫讓　晉國勇士。曾為晉卿智氏家臣，趙、韓、魏滅智氏，他改姓換名，漆身吞炭。一再謀刺趙襄子未成，後被捕，求得趙襄子衣服，拔劍擊衣後自殺。❸公孫弘　戰國齊孟嘗君之門客。❹智伯　即智伯瑤。❺孟嘗君　姓田，名文，靖郭君田嬰之子。

【語　譯】如果以天下與身體相比，那麼天下比身體輕，而士卻甘願以自己的身體為他人效命。能夠以身體為他人效命的人，那是何等的貴重！如果君主不懂得這一點，那又何由做到與士融洽投合呢？所以賢明的君主必須有自己過人的識見去理解士，士才能為君主盡心竭力，直言交鋒，任何艱難險阻在所不辭。豫讓、公孫弘便是這樣的士。在那個時候，智伯對豫讓，孟嘗君對公孫弘，真可算是知遇了。然而當世的君主，得到百里方圓的土地就歡天喜地，而且四境之內都來祝賀；得到賢士則反而無動於衷，不知道相互慶賀。這便是由於不通達何者為輕何者為重的道理啊。

〔二〕湯、武，千乘也，而士皆歸之。桀、紂，天子也，而士皆去之。孔、墨，布衣❶之士也；萬乘之主，千乘之君，不能與之爭士也。自此觀之，尊貴富大不足以來❷士矣，必自知之然後可。

【章旨】言富、貴、尊、大，並不足以招徠士，必須「自知士」，才能致士。

【注釋】❶布衣　古代平民所穿多為布衣，因而用來代指沒有做官的人。❷來　招徠。

【語譯】商湯、周武王，當初只是擁有兵車千乘的諸侯小國君主，而賢士們都去歸附；夏桀、商紂，當時貴為天子，而賢士們卻都離他們而去。孔子與墨子只是布衣之士，然而擁有萬乘兵車的君王，擁有千乘兵車的諸侯，都不能與他們爭奪賢士。由此看來，地位的尊貴和財物的富足並不足以招徠賢士，只有君主自己對士有深刻的理解，然後才可以做到。

〔三〕豫讓之友❶謂豫讓曰：「子之行何其惑也？子嘗事范氏❷、中行氏❸，諸侯盡滅之，而子不為報，至於智氏，而子必為之報，何故？」豫讓曰：「我將告子其故。范氏、中行氏，我寒而不我衣❹，我饑而不我食，而時使我與千人共其養，是眾人❺畜我也。夫眾人畜我者，我亦眾人事之。至於智氏則不然，出則乘我以車，入則足我以養，眾人廣朝❻，而必加禮於吾所，是國士畜我也。夫國士畜我者，我亦國士事之。」豫讓，國士也，而猶以人之於❼己也為念，又況於中人❽乎？

【章旨】借豫讓之口，說明君主與士的相對關係：君主以眾人待士，士亦以眾人事之；君主以國士待之，士亦以國士待之。

【注釋】❶豫讓之友　據下篇〈序意〉三章，豫讓之友當為青荓。但按《戰國策・趙策》、《史記・刺客列傳》所載，責問豫讓為什麼不替范氏等報仇，而一定要替智氏報仇的，不是他的友人，而正是他行刺的對象趙襄子。故陳奇猷疑此處有脫文。❷范氏　指范吉射，春秋時晉國六卿之一。❸中行氏　指中行寅，因其祖上曾為中行主將，故以中行為氏。❹不我衣　不給我衣服穿。❺眾人　指一般普通人。❻朝　朝會。❼於　對待（依范耕研說）。❽中人　指中等人品者。

【語譯】豫讓的朋友對豫讓說：「你的行為怎麼那樣令人無法理解呢？你曾經侍奉過范氏和中行氏，諸侯把他們消滅了，而你並沒有因此要為他們報仇。待到智氏被消滅，你就一定要替他報仇。這是什麼緣故？」豫讓說：「我可以告訴你其中的原因。范氏、中行氏在我受寒挨凍時，並不給我衣服穿；在我忍飢挨餓時，並不給我食物吃。他們待我，就像對其他上千門客一樣的供給我的給養，這是像對待眾人一樣對待我。既然他們以對待眾人那樣對待我，我也像一般眾人那樣回報他們。智氏待我就不一樣了。出門時讓我乘坐車輛，在家時則供給充分的給養；許多人在一起朝會時，一定給予我所在之處以特殊的禮遇。這是以國士來對待我啊。對於像國士那樣禮遇我的人，我也應該像國士那樣回報他。」豫讓是國士，尚且對於他人如何待他耿耿於懷，又何況是一般人呢？

〔四〕孟嘗君為從❶，公孫弘謂孟嘗君曰：「君不若使人西觀秦王。意者❷秦王帝王之主也，君恐不得為臣，何暇從以難❸之？意者秦王不肖主也，君從以難之未晚也。」孟嘗君曰：「善。願因❹請公往矣。」公孫弘敬諾，以車十乘之秦。秦昭王❺聞之，而欲醜❻之以辭，以觀公孫弘。公孫弘見昭王，昭王曰：「薛❼之地小大幾何？」公孫弘對曰：「百里。」昭王笑曰：「寡人之國，地數千里，猶未敢以有難也。今孟嘗君之地方百里，而因欲以難寡人猶可乎？」公孫弘對曰：「孟嘗君好士，大王不好士。」昭王曰：「孟嘗君之好士何如？」公孫弘對曰：「義不臣乎天子，不友乎諸侯，得意則不慚為人君，不得意則不肯為人臣，如此者三人。能治可為管、商之師，說義聽行，其能致主霸王，如此者五人。萬乘之嚴主，辱其使者，退而自刎也，必以其血汙其衣❽，有如臣者七人。」昭王笑而謝❾焉曰：「客胡為若此？寡人善孟嘗君，欲客之必謹諭❿寡人之意也。」公孫弘敬諾。公孫弘可謂不侵⓫矣。昭王，大王也。孟嘗君，千乘也。立千乘之義而不可凌⓬，可謂士矣。

【章　旨】記述公孫弘為孟嘗君出使秦國，與秦昭王「直言交爭」的故事，讚頌他面對強暴凜然不可侵犯，「可謂士矣」。

【注　釋】❶從　指合縱。戰國時東方六國聯合起來以抗強秦的政策。此章公孫弘使秦故事，並見於《戰國策・齊策》。

❷意者　抑或。❸難　對抗；為敵。❹因　就。❺秦昭王　即秦昭襄王，秦惠王之子，秦武王之弟，名稷，在位五十六年（西元前三〇六～前二五一年）。❻醜　羞辱。❼薛　齊邑，孟嘗君的封地，今山東滕縣南四十里。❽血汙其衣　用自己的血染汙對方的衣服，以向對方的侮辱表示抗議。❾謝　道歉。❿諭　說明。⓫不侵　不受侵犯。⓬淩　欺陵。

【語　譯】孟嘗君想要合縱抗秦。公孫弘對孟嘗君說：「您不如先派人到西方觀察一下秦王。倘若秦王是一個具有帝王才識的君主，那您恐怕連做他臣子都不可得，哪還有時間去合縱與他相抗衡呢？如果秦王是個不肖的君主，那時您再與他對抗也不算晚啊。」孟嘗君說：「好，那就請您去跑一趟吧。」公孫弘表示遵命後，帶了十輛車乘到了秦國。秦昭王聽說公孫弘要來，便準備要用言辭羞辱公孫弘一下，且看他如何應對。公孫弘前往拜見秦昭王。昭王說：「薛的地方有多大？」公孫弘回答說：「地方百里。」昭王笑著說：「寡人的國家，縱橫有數千里，還不敢跟什麼人去作對；而今孟嘗君的地方不過百里，卻想憑著這點地方與我秦國相抗衡，能行嗎？」公孫弘回答說：「孟嘗君能禮賢下士，喜好賓客，而大王不能這樣做。」昭王說：「孟嘗君是怎樣『好士』的呢？」公孫弘回答說：「為了信守節義，他們可以不向天子稱臣，不與諸侯交友，合乎其信念，他們絕不愧對君主；不合乎信念，則不屑為其臣下。像這樣的賢士，便有三人。能使天下致治，才智可以作為管仲、商鞅之師，如果聽從和貫徹他們的主張，那麼便能使君主成就霸王之業。像這樣的賢士，亦有五人。如果出使他國，即使在擁有兵車萬乘、威嚴無比的君主面前，一旦受到羞辱，便立即後退一步自刎而死，用他們的鮮血染汙對方的衣服以示抗議，亦就是說像我這樣的士，共有七人。」昭王趕緊笑著表示歉意說：「貴客何必如此當真？我對孟嘗君一向友好的，我想以貴賓之禮請他來秦國作客，務必請您代為誠摯地轉達我的這一番心意。」公孫弘恭敬地表示答應。公孫弘可以稱作凜然不受侵犯的士了。昭王是萬乘大國的國君，孟嘗君只是千乘小國的君主，而公孫弘能為只有千乘小國的君主，確立不可欺陵的正氣，可以稱得上是真正的士了。

序意

本篇為序文。但究竟是序全書的殘篇，還是原本就單序〈十二紀〉？按古人序文通常總是置後的習慣，它究竟是像現在這樣放在〈十二紀〉之末、全書之中，還是應殿於全書之後？抑或全書三個部分現在的這種次序是後人改排的，它本來的次序該是《史記・呂不韋列傳》所記載的〈八覽〉、〈六論〉、〈十二紀〉，這篇序文自然亦應隨同〈十二紀〉放在全書最後？注家對這些問題，歷來眾說不一。迄今未有定論。對此，我們已在〈導讀〉中作過簡單說明。至於本篇的歸屬及位置，我們覺得不妨作這樣理解：它應是全書序文，但因缺簡而只保留了〈十二紀〉部分，後人在編排時，便把它放到了現在這個位置上。

篇中對編撰〈十二紀〉宗旨的記述，出自呂不韋親口，可以視為理解〈十二紀〉的一把鑰匙，值得細讀。它告訴我們：㈠全紀的宗旨是論為君之道，核心為效法天地、順應自然。因此〈季春紀〉卷中的〈圜道〉篇可作為全紀的「綱」來讀；㈡全紀十二卷、六十篇文章，從主題到編排次序都通貫上述宗旨，即所謂春生、夏長、秋收、冬藏；㈢儘管全紀論述範圍幾乎涵蓋了歷史發展到那時為止的一切，但在這個宏大的時空網絡中，始終條理清晰，經緯分明。經：「上揆之天，下驗之地，中審之人」，即天、地、人三者關係；緯：達到「三者咸當」的方法：「行（其）數，循其理，平其私。」

本篇末章是豫讓刺趙襄子故事中的一段，與全篇文意不類。本書作者把這個著名故事截成三段，餘二段分別在前〈不侵〉和後〈恃君〉。注家多有以為本篇中的這一段係前〈不侵〉篇錯簡的，應與彼合而為一。考慮到作者已給三段各賦予相對獨立的含義，無論哪二段合到一起都難免不洽，我們以為它可能是前〈士節〉末章錯入於此，兩者含義十分接近，都是論人臣之節與交友之道的。

篇名又作「廉孝」，與全文內容全然無涉，這亦可以作為本篇有較多脫簡，另又雜以若干錯簡的一個證明。

〔一〕維秦八年❶，歲在涒灘❷，秋，甲子朔，朔之日，良人❸請問〈十二紀〉。文信侯❹曰：「嘗得學黃帝之所以誨顓頊矣，爰❺有大圜❻在上，大矩❼在下，汝能法之，為民父母。蓋聞古之清世❽，是法天地。凡〈十二紀〉者，所以紀治亂存亡也，所以知壽夭吉凶也。上揆❾之天，下驗之地，中審之人，若此則是非可不可無所遁❿矣。

【章旨】記述呂不韋對門下學士有關編撰〈十二紀〉的宗旨和方法的指示。

【注釋】❶維秦八年　維，同「惟」。語詞，無義。秦八年，據孫星衍考訂，係指秦代周而有天下的第八年，即秦王政即位的第六年（西元前二四一年）。秦莊襄王滅東周的第二年，歲次癸丑。從這時起，曆書上便不能以周來紀年，因而那年便紀為秦元年。如此推算下來，秦八年亦即秦王政六年，歲次庚申，恰好與下文相合。❷歲在涒灘　意謂歲星運行在天空中「涒灘」這個位置上。我國古代典籍最先大多採用王公紀年，至戰國時期，有的著作開始用歲星紀年。歲星即木星，大體上是十二年一周天，一年走三十度多一點。歲星每年在天空中的不同位置，古人給它們起了十二個名稱，這十二個名稱南方與北方不一樣。如《左傳》、《國語》等採用的是北方名稱；《呂氏春秋》、〈離騷〉及以後的《史記》、《淮南子》等採用的是南方名稱。南方十二個名稱是：攝提格、單閼、執徐、大荒落、敦牂、協洽、涒灘、作鄂、淹茂、大淵獻、困敦、赤奮若。在天空中，這十二個空間位置是根據北方星斗柄向左旋轉的方向來確定的，並依次用子、丑、寅、卯等十二支，亦即通常所說的十二辰來標誌。上面十二名稱與十二辰相配便成為：攝提格、寅；單閼、卯；執徐、辰；大荒落、巳；敦牂、午；協洽、未；涒灘、申；作鄂、酉；淹茂、戌；大淵獻、亥；困敦、子；赤奮若、丑。干支紀年始見於《史記》、《淮南子》，至東漢而被正式廣泛使用。從歲星紀年到干支紀年是一個進步。因為歲星的運行並非精確地以十二年為一周天，於是有人提出所謂「超辰」的辦法來加以彌補，但在實際運用中頗為繁複；用干支紀年就要簡便得多。❸良人　對男子的尊稱。義同「君子」。❹文信侯　指呂不韋。秦莊襄王三年（西元前二四九年）呂不韋受封為文信侯。❺爰　即「曰」。古「爰」、「曰」通用。❻大圜　指天。圜，同「圓」。❼大矩　指地。矩，方。❽清世　清平之世。❾揆　度量。❿遁　失。

【語　譯】秦八年，歲星的位置在涒灘、申，秋天，初一為甲子日。初一這天，門下學士請問〈十二紀〉的事。文信侯說：「我曾經有機會學習黃帝用以教誨顓頊的話。黃帝說：有皇天在上，大地在下，你如果能效法天地，那就可以為庶民的父母。我還聽說，大凡古代的清平盛世，都是效法天地的。〈十二紀〉，是用來記載國家的治亂興亡的，是用來察知君主自身壽夭吉凶的。為此，對上，要度量於天；對下，要檢驗於地；中間，要審察於人。如果能做到這樣，是還是非，可以還是不可以，就不會有任何失誤了。

〔二〕天❶曰順，順維❷生；地曰固，固維寧；人曰信，信維聽。三者咸當，無為而行。行也者，行其理❸也。行數❹，循其理，平其私。夫私視使目盲，私聽使耳聾，私慮使心狂。三者皆私設精❺則智無由公。智不公，則福日衰，災日隆，以日倪❻而西望❼知之。」

【章　旨】記述呂不韋對天地人三者關係的闡釋。

【注　釋】❶天　指四時、寒暑、日月、星辰。❷維　是。❸理　陶鴻慶認為，據下文此「理」當為「數」。數，指天數。❹行數　劉咸炘認為當作「行其數」。❺私設精　勉強可解釋為：三者都為私欲而設，而且已到了很嚴重的地步。精，甚。陳奇猷疑此處有脫文，「設精」係脫剩字。語譯姑依原文。❻倪　同「睨」。斜視。❼西望　日暮。

【語　譯】天時不斷運行，在運行中孕育萬物萌生；大地惟求穩固，在穩固中給萬物一個安寧的環境；社會講究誠信，在誠信中讓百姓發出更多的忠言。如果天、地、人這三方面都很適當，那麼自然和社會就能依其自身的軌道順利地運行。行的意思，就是適應事物發展的趨勢，按照天數，遵循事理，還有一條就是排除個人好惡及私欲之干擾。大凡帶著私心去看，就會使眼睛什麼也看不見；帶著私心去聽，就會使耳朵什麼也聽不見；帶著私心去思慮，就會使心志失去準則而狂亂。如果這三方面的私心太嚴重的話，那麼智慧就不可能公正。智慧不用到公正上，那麼福祉就會一天天地衰減，而災禍則日甚一日地嚴重。個中道理，可以從太陽出現偏斜就必定要西落的現象中，獲得明白的啟示。」

〔三〕趙襄子❶游於囿❷中，至於梁❸，馬卻不肯進，青荓❹為參乘❺，襄子曰：「進視梁下，類❻有人。」青荓進視梁下。豫讓卻寢❼，佯❽為死人，叱青荓曰：「去！長者吾且有事❾。」青荓曰：「少而與子友，子且為大事，而我言之，是失相與友之道。子將賊❿吾君，而我不言之，是失為人臣之道。如我者惟死為可。」乃退而自殺。青荓非樂死也，重失人臣之節，惡廢交友之道也。青荓、豫讓可謂之友也。

【章旨】以青荓寧肯自殺而不願出賣其友豫讓，說明他們才是懂得「交友之道」的真正朋友。

【注釋】❶趙襄子　名毋卹，趙簡子之子，前後在位三十三年（西元前四五七～前四二五年）。趙襄子立四年，智伯瑤奪韓魏地，又求地於趙襄子，趙襄子不與，智遂率韓、魏圍趙襄子於晉陽，而趙襄子私與韓魏通，反滅智氏，共分其地。下文智伯瑤家臣豫讓由此而欲刺殺趙襄子，為智氏報仇。❷囿　園林。❸梁　橋。❹青荓　趙襄子驂乘，豫讓之友。❺參乘　古代陪同君主乘車在右邊保衛的武士。參，同「驂」。❻類　似。❼卻寢　仰面睡臥於地。卻，仰。❽佯假裝。❾長者吾且有事　老子要幹一件重要的事。豫讓與青荓是舊友，所以用這種口氣說話。「有事」指要刺殺趙襄子。❿賊　傷害。

【語　譯】趙襄子在園囿中遊覽，乘坐的車子行駛到橋邊，馬忽而向後退，不肯再前進。這時青荓是趙襄子的陪乘。襄子說：「你去橋下看看，那裡好像有人。」青荓到橋下去察看，只見豫讓仰臥在地上，裝做死人。豫讓見是青荓便大聲呵責說：「快走開，老子在這裡要幹重要的事！」青荓說：「年輕時就和你交朋友，現在你將要幹大事，如果我說出這件事，就失去了交朋友的原則；你要傷害我的君主，如果我不說這件事，那我就失去了為臣之義。像我現在處於這種情況，只有死最適合。」於是就退出來自殺了。青荓這樣做，並不是喜歡去死，而是看重作為人臣的節操，厭惡背棄交友的原則。像青荓與豫讓這樣，真可稱得上是朋友啊。

卷第十三　有始覽第一

〈八覽〉以此卷為首，覽名取自首篇篇名，餘七覽均同此。從內容看，〈有始覽〉可說是其餘各覽之綱。本覽中各篇之末，都有「解在乎」之句，以引申出與該篇論旨相關的對應篇章。唯一例外是首篇〈有始〉，雖篇末也有「解在乎」云云，卻找不到相對應的篇章。以後各覽各篇均無此種體例。

〈八覽〉每覽八篇，獨此〈有始覽〉止七篇。本書體例在〈紀〉、〈覽〉、〈論〉三部分中都十分規整，〈有始覽〉當不會例外，疑有一篇脫去。

〈有始覽〉的中心是論君道。這一主旨大致由〈十二紀〉中的〈圜道〉而來。〈圜道〉為論君道而論天道，本卷首篇〈有始〉則承此而以天地始初為說。文章探索了天、地、萬物生成的奧祕，並以九為數，對天象、地貌作了大輪廓的劃分。這些記述可以看作是當時知識界對天象地貌認識所能達到的水準，但作者的用意則是為了說明「天地萬物，一人之身也，此之謂大同」。天地萬物的相互關係，可以譬作君臣關係，人之一身，心與九竅，也是君臣序位的喻體。這層意思，〈圜道〉中已有過詳盡論述。

在前〈季春紀〉卷旨中，我們簡略介紹了君主運用心術最根本的一條即君道；同時提到還有一條「主運」，或稱「五德終始」，則是本卷第二篇〈應同〉論述的一個重要內容。這種起始於稷下學者騶衍的理論，把五行相生相尅那一套附會於王朝興廢，似乎歷代統治者的更迭承續，都是上天早已安排好了的，任何一個新王朝的建立，都要據以證明自己係「奉天承命」、「應運而興」。當然〈應同〉更現實的主題，還在於說明其時周的火德已衰，水能滅火，代周而起的將是水德。藉此，為以水德自居的秦（據說秦文公獲黑龍，以為水瑞）爭奪原屬周的天子地位提供理論依據。

〈去尤〉、〈聽言〉、〈謹聽〉三篇題旨相類，都是從聽言這一角度闡述君道。〈去尤〉要求聽言者擺脫思想上的負累，不要有先入之見，不要人云亦云，不要把個人愛憎因素牽扯進去。〈聽言〉論對所聽之言要善於分辨，要區分善與不善，要與事實相驗證。在明確如何對待聽言內容的基礎上，〈謹聽〉論述如何聽的方式。文中對聽言時應有的禮節，以至姿態、語氣都作了具體規定。三篇中的聽言者自然都是指君主，聽言是君主作決策的一個前提。但文中所論涉及到一系列認識論問題，對尋常人們認識事物同樣會有啟發。

卷末二篇〈務本〉、〈諭大〉，從君與臣兩個方面論述了君道和臣道的實現。前者側重於臣子欲求聲譽與爵祿，必須「務」為君主、國家建功立業這個「本」；後者要求君和臣都應懂得「小大貴賤，交相為恃」的道理，要胸襟寬闊，具備宏圖大略。這樣即使「大義之不成」，退而得其次，也「既有成矣已」。

有始

【題解】本篇論述天地萬物之始初狀態，故以「有始」名篇。在首章闡述了天地形成、萬物生長的原理以後，就開始描述當時人們所能認識到的世界以至宇宙。先介紹天宇的九個分野，這是我們現在能夠見到的中國古籍對二十八宿第一次完整的記載。接著介紹地面九州的名稱及區域。敘述了著名的山川、險隘和水澤，即所謂九山、九塞、九藪等。在今天看來，這些認識是那樣粗略和朦朧，但它畢竟為我們提供了一個極為難得的地貌和天象的輪廓；聯繫到當時可資憑藉的考察、觀察工具是那樣原始，還是不由使我們對古人產生敬仰之情。如「六川」，如今還能找到與記載對應的幾條大河；如「九藪」，可以讓人們想像出那時大河南北還廣泛地分布著沼澤地帶，與今天黃土高原的面貌就大不相同。特別是七章中「極星與天俱游，而天極不移」這一記載，如果細加分析，似乎那時我們的祖先已對天文學上的「歲差」現象有所發現。這在當時世界上，真可謂是「慧眼獨具」了。

當然，篇中也有不少記述十分勉強。如什麼都要湊成「九」數，就反映了古人對這個數字的某種迷信；四海之內、四極之內的距離，則大多屬於單憑臆想的妄測等。

從思想淵源上看，本篇較多地吸收了騶衍的陰陽五行說。《史記・孟子荀卿列傳》記騶衍喜好「稱引天地剖判以來，五德轉移，治各有宜，而符應若茲」。此篇可說就是論述「天地剖判以來」的，下篇〈應同〉則將側重談「五德轉移」。

〔一〕一曰——

天地有始❶。天微以成❷，地塞以形❸。天地合和❹，生之大經❺也。以寒暑日月晝夜知之，以殊形殊能❻異宜❼說之。夫物合而成，離而生。知合知成，知離知生，則天地平❽矣。平也者，皆當察其情，處其形❾。

【章　旨】言天地形成和萬物演化的原理，並為後文具體描述天地萬物作引。

【注　釋】❶始　初。❷天微以成　天是極輕微之物擴散於太虛而成。微，指輕微之物。❸地塞以形　地是重濁之物凝滯充塞於一處而成。塞，指重濁之物。❹合和　交合、混和。❺經　道；根本。❻能　《漢書・高帝紀》注：「能，謂材也。」❼宜　《爾雅・釋詁》：「宜，事也。」❽平　成。❾處其形　細察天地形成的過程，審知萬物演化的形貌。據高誘注，「處」字古有「審」義。

【語　譯】天地有它的起源：天是由輕微之物上颺於太虛而生成，地是由重濁之物凝滯充塞於一處而形成。天地二氣互相交合混和，是萬物生成的根本。從寒暑變化、日月運行和晝夜更替，便可以知道這個道理，由萬物的不同的形態、不同的材質、不同的用途可以解說這個道理。萬物都是由天地交合而成形，由母胎分離出來而新生。因此知道交合，知道形成，知道分離，知道產生，也就懂得天地形成的原理了。所謂懂得天地形成的原理，就是要細察天地形成的過程，和審知萬物演化的形態。

〔二〕天有九野❶，地有九州，土有九山，山有九塞❷，澤有九藪❸，風有八等，水有六川❹。

【章　旨】總括介紹天地山川水澤，為下文分而述之作提示。

【注　釋】❶九野　九天。指天的中央及八方。野，星宿所在的空間區域。❷塞　險阻。❸藪　大澤。❹川　水之通流稱川。

【語　譯】天有九野，地有九州。境內有九座高山，山上有九處險隘。水澤有九大淵藪。風有八種，水流有六條大河。

〔三〕何謂九野？中央曰鈞天❶，其星角、亢、氐❷。東方曰蒼天❸，其星房、心、尾❹。東北曰變天❺，其星箕、斗、牽牛❻。北方曰玄天❼，其星婺女、虛、危、營室❽。西北曰幽天❾，其星東壁、奎、婁❿。西方曰顥天⓫，其星胃、昴、畢⓬。西南曰朱天⓭，其星觜嶲、參、東井⓮。南方曰炎天⓯，其星輿鬼、柳、七星⓰。東南曰陽天⓱，其星張、翼、軫⓲。

【章　旨】介紹天上九野的區域及與之對應的星宿名稱。

【注　釋】❶中央曰鈞天　指與其他八野距離相等，在天之中央，故稱鈞天。鈞，通「均」。❷角亢氐　都是二十八宿中星宿名稱。同屬東方蒼龍。❸東方曰蒼天　五方與五行相配，東方屬木，木色青，故稱蒼天。❹房心尾　都是二十八宿中星宿名稱，同屬東方蒼龍。❺東北曰變天　依五行說，東北為陰氣之盡，陽氣之始，萬物向生，故稱變天。❻箕斗牽牛　都是二十八宿中星宿名稱。箕屬東方蒼龍；斗、牽牛屬北方玄武。❼北方曰玄天　五方與五行相配，北方屬水，水色黑，故稱玄天。❽婺女虛危營室　都是二十八宿中星宿名稱，同屬北方玄武。❾西北曰幽天　依五行說，西北將即太陰，幽即陰的意思，故稱幽天。❿東壁奎婁　都是二十八宿中星宿名稱。東壁，屬北方玄武。奎、婁，屬西方白虎。⓫西方曰顥天　五方與五行相配，西方屬金，金色白，故稱顥天。顥，白。⓬胃昴畢　都是二十八宿中星宿名稱，同屬西方白虎。⓭西南曰朱天　依五行說，西南火之季，為少陽，故稱朱天。朱，陽。⓮觜嶲參東井　都是二十八宿中星宿名稱。觜巂、參，屬西方白虎。東井，屬南方朱鳥。⑮南方曰炎天　五方與五行相配，南方屬火，火炎上，故稱炎天。⑯輿鬼柳七星　都是二十八宿中星宿名稱，同屬南方朱鳥。⑰東南曰陽天　依五行說，東南木之季，將即太陽，陽氣所始，故稱陽天。⑱張翼軫　都是二十八宿中星宿名稱，同屬南方朱鳥。

【語　譯】什麼是天上的九野？天的中央叫鈞天，這裡的星宿是角、亢、氐。東方叫蒼天，這裡的星宿是房、心、尾。東北叫變天，這裡的星宿是箕、斗、牽牛。北方叫玄天，這裡的星宿是婺女、虛、危、營室。西北叫幽天，這裡的星宿是東壁、奎、婁。西方叫顥天，這裡的星宿是胃、昴、畢。西南叫朱天，這裡的星宿是觜巂、參、東井。南方叫炎天，這裡的星宿是輿鬼、柳、七星。東南叫陽天，這裡的星宿是張、翼、軫。

〔四〕何謂九州❶？河、漢之間❷為豫州，周也。兩河之間❸為冀州，晉也。河、濟之間❹為兗州，衛也。東方為青州❺，齊也。泗上❻為徐州，魯也。東南為揚州❼，越也。南方為荊州❽，楚也。西方為雍州❾，秦也。北方為幽州❿，燕也。

【章　旨】介紹九州的區劃及名稱。

【注　釋】❶九州　先秦多種典籍都把中國劃分為九州，其名稱及位置大同而小異。若以本篇此章所述與〈禹貢〉記載相比，則少了一個梁州，多了一個幽州；與《爾雅》相比，少了一個營州，多了一個燕州；與《周禮》相比，多了一個徐州，少了一個并州。此處所記九州位置，分別相當於當時周、晉、衛、齊、魯、越、楚、秦、燕之所在地，因而可能是春秋時人對於九州的一種說法。❷河漢之間　指黃河、漢水之間。其地域相當於現在河南省。❸兩河之間　指清河、西河之間。其地域約包括今山西、河北以及遼河以西，南抵河南的黃河段以北。清河在今河北省境內；西河即黃河在山西與陝西之間北南流向的那一段。❹河濟之間　黃河、濟水之間。其地域約在今河北的西南、山東的西北。

濟水源出河南濟源西王屋山，東流而入於黃河。❺東方為青州　其地域約包括今山東的濟南、青州、登州、萊州及遼河以東地區。❻泗上　指泗水的南面。其地域約在今江蘇西北、山東南部及安徽東北。泗水發源於今山東鉅野。❼東南為揚州　其地域在今長江下游、淮河以東地區。❽南方為荊州　其地域約在今漢水以南，包括湖北、湖南。❾西方為雍州　其地域約在今陝西渭水以北，包括相鄰的甘肅部分地區。❿北方為幽州　其地域約為今河北北部及遼西地區。

【語譯】什麼叫九州？黃河與漢水之間是豫州，屬於周的疆域。清河與西河之間是冀州，屬於晉的疆域。黃河與濟水之間是兗州，屬於衛的疆域。東方是青州，屬於齊的疆域。泗水南面是徐州，屬於魯的疆域。東南是揚州，屬於越的疆域。南方是荊州，屬於楚的疆域。西方是雍州，屬於秦的疆域。北方是幽州，屬於燕的疆域。

〔五〕何謂九山？會稽❶，太山❷，王屋❸，首山❹，太華❺，岐山❻，太行❼，羊腸❽，孟門❾。

何謂九塞？大汾❿，冥阸⓫，荊阮⓬，方城⓭，殽⓮，井陘⓯，令疵⓰，句注⓱，居庸⓲。

何謂九藪？吳之具區⓳，楚之雲夢⓴，秦之陽華㉑，晉之大陸㉒，梁之圃田㉓，宋之孟諸㉔，齊之海隅㉕，趙之鉅鹿㉖，燕之大昭㉗。

【章旨】介紹九山、九塞、九藪的名稱。

【注釋】❶會稽　山名，在今浙江紹興東北。❷太山　即泰山，是為東嶽，在今山東泰安。❸王屋　山名，山有三重，形如屋。在今山西陽城西南。❹首山　即首陽山。在今山西永濟南。❺太華　即華山，是為西嶽，在今山西華陰南。❻岐山　山名，為周的發祥地，在今陝西岐山東北。❼太行　山名，在今河南沁陽北。❽羊腸　山名。高誘注：「其山盤紆，譬如羊腸，在太原晉陽縣北。」晉陽在今山西太原西南。❾孟門　山名，在今河南輝縣西。❿大汾　即太汾，據《淮南子》注，在晉國。⓫冥阸　即冥山，一名後城山，地接今湖北應山，古屬楚地。⓬荊阮　古屬楚地。⓭方城　在古上庸東，有方城亭。上庸在湖北竹山東南。⓮殽　在今河南宜陽東。⓯井陘　在今河北井經北。⓰令疵　在遼西。⓱句注　在今山西雁門關西。⓲居庸　又稱軍都，在今北京市昌平縣西北，今存之居庸關建於明朝。⓳具區　即太湖。⓴雲夢　古澤名，在今湖北監利西北。㉑陽華　確址不詳。㉒大陸　在今河北任縣東北，與巨鹿、隆平接壤的地區。㉓圃田　在今河南中牟西。㉔孟諸　在今河南商丘東北接虞城。㉕海隅　古渤海灣沿山東半島北面的沼澤地區。自登、萊之黃縣、掖縣以西，歷青州之壽光、樂安以東，及武定之海豐、利津以北，均為其所屬。㉖鉅鹿　在今河北之隆堯、巨鹿、任縣之間。亦稱廣阿澤，一說可能就是晉之大陸。㉗大昭　在今山西祁縣西南。

【語譯】哪些叫九山？就是會稽山、泰山、王屋山、首陽山、太華山、岐山、太行山、羊腸山和孟門山。

哪些是九大險塞？就是大汾、冥阸、荊阮、方城、殽、井陘、令疵、句注和居庸。

哪些是九大淵藪？就是吳的具區、楚的雲夢、秦的陽華、晉的大陸、梁的圃田、宋的孟諸、齊的海隅、趙的鉅鹿和燕的大昭。

〔六〕何謂八風❶？東北曰炎風，東方曰滔風，東南曰熏風，南方曰巨風，西南曰淒風，西方曰飂風，西北曰厲風，北方曰寒風。

何謂六川？河水❷，赤水❸，遼水❹，黑水❺，江水❻，淮水❼。

凡四海之內❽，東西二萬八千里，南北二萬六千里，水道❾八千里，受水者亦八千里，通谷⑩六，名川六百，陸注⑪三千，小水萬數。

凡四極⑫之內，東西五億有九萬七千里，南北亦五億有九萬七千里。

【章旨】介紹八風、六川名稱和四海、四極之內距離。

【注釋】❶八風　漢代學者對八風的解釋，用八卦來附會，把東、西、南、北四方，東北、西北、西南、東南四隅，分別配以八卦。據此，高誘注八風為八卦之風。下文所記八風，依次為：炎風，又稱融風，艮氣所生；滔風，又稱明庶風，震氣所生；熏風，又稱清明風，巽氣所生；巨風，又稱凱風，離氣所生；淒風，又稱涼風，坤氣所生；飂風，又稱閶闔風，兌氣所生；厲風，又稱不周風，乾氣所生；寒風，又稱廣莫風，坎氣所生。又，《淮南子・天文》則是按一年時間均等排列八風的，每四十五天一風，一年正好八風。其名稱與高注稍異，依次為：條風、明庶風、清明風、景風、涼風、閶闔風、不周風、廣莫風。❷河水　指黃河。❸赤水　不詳。高誘注其源於崑崙山東南部。❹遼水　似指今之遼河。高誘注其出於砥石山，自塞北東流，直至遼東之西南入海。❺黑水　不詳。高誘注其源出崑崙山西北部。❻江水　指長江。❼淮水　指淮河。❽四海之內　即中國古時認為中國四周都是海。❾水道　指能通航的河道。❿通谷　指大河。意謂其能通達於窮荒深谷。⓫陸注　指小的河流。陸，漉。⓬四極　指東西南北四方之極遠處。

【語譯】什麼是八風？東北風叫炎風，東風叫滔風，東南風叫熏風，南風叫巨風，西南風叫淒風，西風叫飂風，西北風叫厲風，北風叫寒風。

哪些是六大河流？就是河水、赤水、遼水、黑水、江水、淮水。

整個四海之內，東西寬二萬八千里，南北長二萬六千里。通航的水道有八千里，受水的河道也有八千里。能通達窮荒深谷的大河有六條，著名的大川六百條，季節性的小河六千條，其他小溪數以萬計。

整個四極之內，東西寬五億零九萬七千里，南北長也是五億零九萬七千里。

〔七〕極星與天俱游，而天極不移❶。冬至❷日行遠道❸，周行四極，命曰玄明❹。夏至❺日行近道❻，乃參於上❼。當樞❽之下無晝夜。白民❾之南，建木❿之下，日中無影，呼而無響，蓋天地之中也。

【章　旨】記述天體運行情況和極地奇觀。

【注　釋】❶極星與天俱游二句　據陳奇猷考訂，「極星」指北極星；「天極」則為「黃極」。以地球為觀察點，所以會覺得「極星與天俱游，而天極不移」，這與天文學上一種稱之為「歲差」的現象有關。地球繞軸自轉，地軸又繞黃軸旋轉，地軸北端之一點稱為「赤極」，黃軸北端之一點稱為「黃極」；赤極繞黃極旋轉，二萬五千八百餘年而一周。這樣，每年春分點就要沿黃道向西退行五十又十分之二秒。這一現象便稱為「歲差」。正是這種歲差現象，使得在地球上看來赤極在不斷移動，而黃極始終不動（附〈赤極軌跡圖〉）。本書的這一記載說明，早在戰國時代，我國就已經對歲差現象有了觀察，這比古希臘天文學家依巴谷於西元前一二五年發現歲差要早一百餘年。及至東晉天文學家虞喜，更計算出了較為精確的歲差值：每五十年向西移動一度（按現在計算是七七・五年差一度）。以後南朝劉宋的祖沖之便開始把歲差規律實際應用於曆法。❷冬至　節氣名。每年陽曆十二月二十二日，在北半球的這一天晝最短，夜最長。❸遠道　即外道，太陽的直射點在南回歸線上。本書作者以北半球為觀察點，故有是說。❹玄明　冬至時，日光斜射北半球，相對於夏至較為暗弱，故稱玄明。❺夏至　節氣名。每年陽曆六月二十二日，在北半球的這一天晝最長，夜最短。❻近道　即內道、太陽的直射點在北回歸線上。❼參於上　指此時太陽正值北半球人們頭頂上。參，值。❽當樞　蔣維喬以為「樞」當作「極」。當極，指在極地。極地半年為晝，半年為夜。古人由此想像那裡晝夜不分，日下無影，呼叫無聲。❾白民　指極地人居處。高誘注：「白民之國，在海外極內。」❿建木　古代傳說中的一種神樹之名。

【語　譯】極星與天一起游移，而天極卻不移動。

冬至這一天，太陽行的是外道，環行於四方極遠處，稱為「玄明」。夏至這天，太陽行的是內道，因而正當人們頭頂，直射地面。在極地那裡，沒有晝夜之分。在白民以南，建木下面，中午沒有影子，大聲呼叫亦不會有聲響。因為那是處在天地的中心啊。

〔八〕天地萬物，一人之身也，此之謂大同。眾耳目鼻口也，眾五穀寒暑也，此之謂眾異。則萬物備也❶。天斟❷萬物，聖人覽焉，以觀其類。解在乎❸天地之所以形，雷電之所以生，陰陽材物之精❹，人民禽獸之所安平。

【章旨】言天地與人的「大同」和「眾異」，為後續各篇論天人感應及轉向人事方面的主題作好鋪墊。

【注釋】❶則萬物備也　據文意，疑此句為錯簡，似應在「以觀其類」之後。❷斟　會集（依畢沅說）。❸解在乎　〈有始覽〉卷七篇文章，末章都有這樣一個承上啟下的連接短語，意為上述道理，可從下面事實中得到解釋。而繫於這個短語之後的典實，又往往可在本書中找到與之相對應的篇章。唯一的例外是本篇：沒有對應的篇章。❹陰陽材物之精　陰陽生成萬物的精妙。材，裁製；生成。

【語譯】天地萬物作為一個整體，與一個人由身體各個部分組成是一樣的，這就叫「大同」。人有耳目口鼻等等差別，天地有五穀寒暑種種不同，這就是「眾異」。天聚集萬物，聖人既全面審視它們的整體，又仔細觀察各部類間的差異，這樣對萬物的認識就完備了。對這個道理的說明，就體現在天地所以形成，雷電所以發生，陰陽裁製萬物的精微，人和禽獸所以各得其所等方面。

陳奇猷先生繪製的〈赤極軌跡圖〉

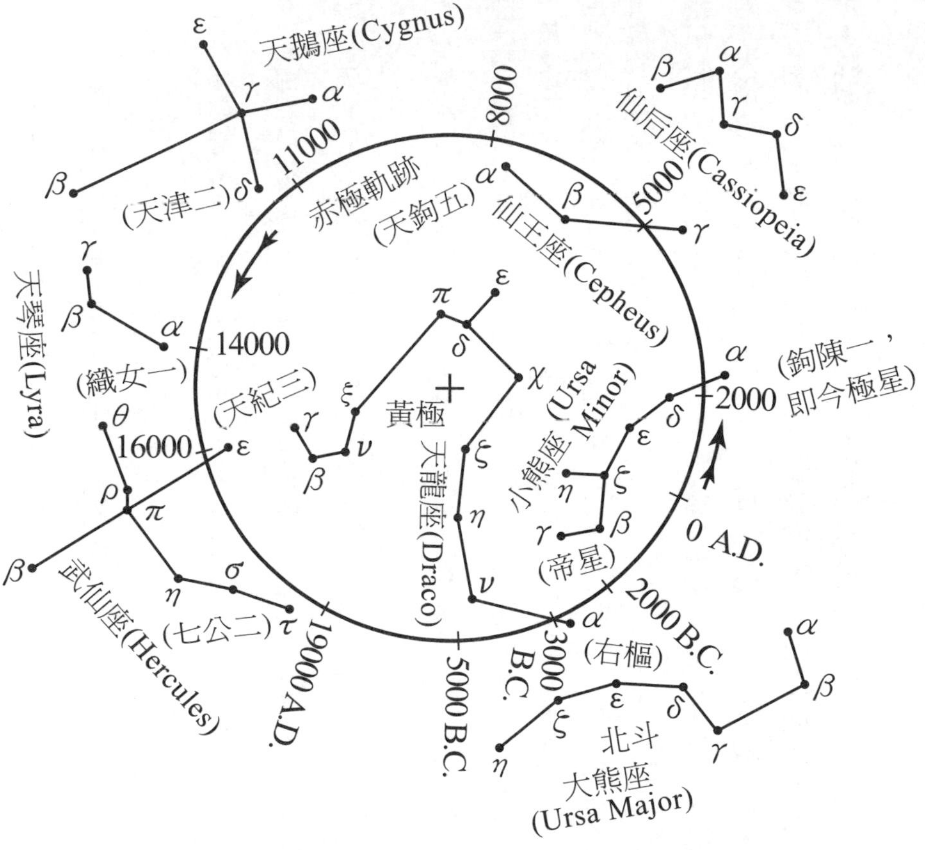

應同

【題解】本篇依篇名，主要論述萬物同類相召相應，但首章五德終始思想，亦十分重要。

五德終始說，首創自戰國的騶衍。司馬遷在《史記》中，把騶衍歸入〈孟子荀卿列傳〉，可能在學說上與思孟有一點淵源關係，至於其地位的顯赫，則遠在孟子之上。騶衍的著述早已散佚，僅有一鱗半爪散見於其他先秦典籍的引文中。本篇第一章，馬國翰據《文選・魏都賦》李善注引《七略》，認為是騶衍唯一較為完整地保留下來的佚文，該是可信的。

本篇所述的五德終始，乃指自黃帝至夏、商、周三代，是順應著上天五德轉移的意志依次嬗替而來：土—木—金—火。及至作者為文的戰國時代，火德亦已衰竭，取代火德的將是水德。顯然，這是為周王朝敲響了喪鐘，預言著將有一個代表水德的新朝，來取代周的天子地位。角逐周的天子地位，這是戰國末期三強——齊、楚、秦的共同願望。呂不韋接受並闡述這一觀點，無非是要秦國抓住這個可攫取周鼎的大好機會，切莫坐待水德亦天數盡竭而「徙于土」。真可謂時不我待，過期不候，急切之心，溢於言表。儘管秦始皇在思想體系上與呂不韋存在著嚴重的對立，但在秦將以水德代周這一點上，又是一致的。《史記・封禪書》就有秦始皇採納「終始五德之運」的記載。此後五德終始說盛極一時，漢高祖劉邦、漢武帝劉徹都是積極鼓吹者；篡漢的王莽更大肆渲染這一套，甚至連黃巾起義提出的「蒼天已死，黃天當立」的口號，也是對這種思想的一種襲用。

本篇「同類相召」的思想，源於《易經》。《易經・文言》稱：「同聲相應，同氣相求。水流濕，火就燥；雲從龍，風從虎，聖人作而萬物覩。」篇中主要論點，大致由此發展而來。文中例證，多採自尋常事類，用以說明同類相感相應的道理。其主旨，依然是對君主的勸諫：正是君主個人才智的或粗或精，決定了與其「相召」之同類的或粗或精。「故堯為善而眾善至，桀為非而眾非來。」依靠割地獻寶、屈服求和是無濟於事的，唯有勵精圖治，國家才能生存和發展。

有關同類相召的主題，後〈召類〉篇有續論。二篇題旨相連，有幾段文字也基本相同。繫於本篇篇末「解在乎」後面史墨來而趙簡子停止襲衛事，亦要在〈召類〉末章作詳細敘述。

篇名舊作「名類」，一名「應同」，今即以「應同」名篇。陳奇猷疑「名類」係原有〈名類〉篇脫剩的題目。〈八覽〉每覽八篇，獨〈有始覽〉脫去〈名類〉一篇，故今止七篇。

〔一〕二曰——

凡帝王者❶之將興也，天必先見祥❷乎下民。黃帝之時，天先見大螾❸大螻❹，黃帝曰「土氣勝❺」，土氣勝，故其色尚黃，其事則土❻。及禹之時，天先見草木秋冬不殺❼，禹曰「木氣勝」，木氣勝，故其色尚青，其事則木。及湯之時，天先見金刃生於水，湯曰「金氣勝」，金氣勝，故其色尚白，其事則金。及文王之時，天先見火，赤烏❽銜丹書❾集❿於周社，文王曰「火氣勝」，火氣勝，故其色尚赤，其事則火。代火者必將水，天且⓫先見水氣勝，水氣勝，故其色尚黑，其事則水。水氣至而不知，數備⓬，將徙于土。天為者時，而不助農於下⓭。

【章旨】論「五德終始」。列舉黃帝、夏、商、周四代的興廢，認為它們分別為木代土、金代木、火代金，從而預言水德將取代周之火德。

【注　釋】❶者　范耕研云：「者」字疑衍。❷祥　徵兆。❸螾　同「蚓」。蚯蚓。❹螻　螻蛄。❺勝　旺盛。❻其事則土　為政效法土德行事。則，效法。❼殺　凋零。❽赤烏　指由火幻化的赤色烏鴉。❾丹書　指上天所賜神書。❿集止。⓫且　將。按：以上是回述黃帝及夏商周的所謂「五德終始」。以下則是預測，故未能具體指出什麼將是水德勝的徵兆。⓬數備　天數已盡。⓭天為者時二句　天所為者只是時令，而不會幫助貽誤農時的人。此以天時與農事關係，喻指天數與世代交替關係，以強調不可讓「數備」而徙。大意為：天所為者只是時令，春生夏長秋收冬藏，人必須遵循天為之時以行事，天不會因為人的先時或後時而改變其既定之運行，以助成其先時或後時之農事。

【語　譯】大凡帝王將要興起，上天必定會顯現一種預兆，給在下的黎民。黃帝的時候，上天先顯現大蚯蚓和大螻蛄。黃帝便說：「這說明土氣很旺盛。」土氣旺盛，所以黃帝時的服色崇尚黃色，他的政事效法土德。到夏禹的時候，上天先顯現出草木到了秋天還不凋零的景象。夏禹便說：「這說明木氣很旺盛。」木氣旺盛，所以夏的服色崇尚青色，他的政事效法木德。到商湯的時候，上天先顯現水中出現刀劍的事情。商湯便說：「這說明金氣很旺盛。」金氣旺盛，所以商的服色崇尚白色，他的政事效法金德。到周文王的時候，上天先顯現由火幻化成紅色的烏鴉，銜著丹書棲歇在周的社屋上。周文王便說：「這說明火氣很旺盛。」火氣旺盛，所以周的服色崇尚紅色，他的政事效法火德。

代替火德的一定是水德，上天將要顯現水氣旺盛的徵兆。水氣旺盛，所以新王朝的服色將是崇尚黑色，他的政事將是效法水德。如果水氣到來而沒有察覺，那麼水的氣數一盡，又將轉移到土德上去。這就好比時令之於農事。上天做的只是使四時運行，並不會特意幫助那些貽誤了農事的人們啊。

〔二〕類固❶相召，氣同則合，聲比❷則應，鼓❸宮而宮動，鼓角而角動。平地❹注水，水流濕。均薪❺施火，火就❻燥。山雲草莽❼，水雲角鱗❽，旱雲煙火，雨雲水波，無不皆類其所生以示人。故以龍致雨，以形逐影❾。師之所處❿，必生棘楚⓫。禍福之所自來，眾人以為命，安知其所。

【章旨】以「類固相召」原理，說明禍福並非命定，而是各有緣由。

【注釋】❶固 必然。後〈召類〉一章「固」作「同」，亦通。❷比 並。此處為同的意思。❸鼓 敲擊。此處泛指演奏。❹平地 同樣平的地面。❺均薪 同樣的木柴。❻就 接近。❼山雲草莽 山區的雲像草莽一樣。❽水雲角鱗 角鱗，當為「魚鱗」之誤（依畢沅說）。水邊之雲其狀猶若魚鱗。❾以形逐影 憑藉形體可以找到追隨於形的影子。❿師之所處 經過戰爭的地方。⓫棘楚 叢生多刺的灌木叢。棘，多刺的草木。楚，叢生木，也稱荊。

【語譯】同類的事物會互相招引。氣味相同的，會彼此投合；聲調相同的，會一齊響應。敲擊宮音的樂器，其他宮音樂器會共鳴；演奏角音的樂器，其他角音樂器也會共振。在同樣高低的地面上傾倒水，水自然流向潮濕的地方；在同樣的木柴上點火，火焰先向乾燥的木柴燃燒。山裡的雲看上去像是草莽，水邊的雲看上去像是魚鱗。旱天的雲就像煙火，雨天的雲猶若水波：都無不近似它們之所以生成的物類以顯示給人們。所以說憑藉龍就能招來雨，依據形體便能找到它的影子。經過戰爭的地方，必然荊棘叢生。禍福之所以來到，一般人都認為是命中注定的，哪裡能知道它的原因啊。

〔三〕夫覆巢毀卵，則鳳凰不至；刳❶獸食胎，則麒麟不來；乾澤涸漁，則龜龍不往。物之從同，不可為記❷。子不遮❸乎親，臣不遮乎君。君❹同則來，異則去。故君雖尊，以白為黑，臣不能聽；父雖親，以黑為白，子不能從。黃帝曰：

「芒芒昧昧❺，因天之威❻，與元同氣❼。」故曰同氣賢於同義，同義賢於同力，同力賢於同居，同居賢於同名。帝者同氣，王者同義，霸者同力，勤❽者同居則薄矣，亡者同名則觕❾矣。其智彌觕者，其所同彌觕；其智彌精者，其所同彌精；故凡用意不可不精。夫精，五帝三王之所以成也。成齊❿類同皆有合，故堯為善而眾善至，桀為非而眾非來。《商箴》⓫云：「天降災布祥，竝有其職⓬。」以言禍福人或召之也。故國亂非獨亂⓭也，又必召寇⓮。獨亂未必亡也，召寇則無以存矣。

【章　旨】言君與臣的關係是「同則來，異則去」。君若「為善而眾善至」，君若「為非而眾非來」。一個國家如果由內亂而又招致外寇，則其國必亡。

【注　釋】❶剞　剖開。❷不可為記　記不勝記。❸遮　遏止。❹君　此字疑涉上文而衍（依陶鴻慶說）。❺芒芒昧昧　與上天廣大，純厚。❻因天之威　順應上天之法則。因，循；順。威，《爾雅・釋言》：「威，則也。」❼與元同氣　與上天元氣相通。元，天。氣，元氣。《漢書・藝文志》陰陽家有《黃帝泰素》二十篇，班固自注其為「六國時，韓國諸公子所作」，文早佚。此處所引黃帝語未詳其是否出自《泰素》。❽勤　勞。❾觕　粗。❿成齊　陳奇猷疑此二字由上文之注誤入而衍。⓫商箴　書名，屬於誡諫一類文字。書已亡佚。⓬竝有其職　都有與之相當的得主。竝，同「並」。職，主。⓭獨亂　指內亂。⓮寇　指外患。

【語　譯】打翻鳥巢，搗毀鳥卵，那麼鳳凰就不會來到；剖開獸腹，吃掉獸胎，那麼麒麟也不會再來；竭澤而漁，那麼魚兒也不會再去。事物同類相從這種情況，是記不勝記的。兒子不會一直受父親遏止，臣子也不會始終受君主控制。雙方志同道合，就會自然地相聚在一起；志不同，道不合，那就必然會各奔東西。因此君主雖然尊嚴，如果指白為黑，做臣子的也不會聽從；父親雖然至親，如果指黑為白，做兒子的也不會依順。

黃帝說：「宏大而又純厚，順應自然的法則，隨同上天的元氣。」所以說，同氣勝過同義，同義勝過同功，同功勝過同居，同居勝過同名。上古聖帝能夠與天同氣，稱王天下的可以同義，稱霸一方的只能做到同功。那些勞勞碌碌的君主，雖同居於世，相互關係卻十分淡薄；亡國的君主雖有同名，而其所聚合的就更為粗劣。才智越是粗劣的人，他所聚合的人或事物也越是粗劣；才智越是精邃的人，他所聚合的也越是精緻和美好。所以凡是思慮不可不精審。精審，正是五帝三王所以成就帝王之業的原因。只要是同類，便能互相聚合。因此，堯做好事，眾多的賢者和美好事物便紛至沓來；桀幹壞事，大批佞臣和醜惡事物也就接踵而至。

《商箴》說：「上天降災禍，布吉祥，都有它應得的對象。」這就是說，或禍或福，都是由人們自己招致的啊。所以國家出現內亂，往往不單是內亂而已，又必定會招來外患。只是內亂，國家還不一定會亡；再招來外患，那就無法存在了。

〔四〕凡兵之用也，用於利，用於義。攻亂則脆❶，脆則攻者利。攻亂則義，義則攻者榮。榮且利，中主猶且為之，況於賢主乎？故割地寶器，卑辭屈服，不足以止攻，惟治為足❷。治則為利者不攻矣，為名者不伐矣。凡人之攻伐也，非為利則因❸為名也，名實不得，國雖彊大者，曷為❹攻矣？解在乎史墨來而輟不襲衛❺，趙簡子可謂知動靜矣。

【章旨】言只有治理好自己的國家，才能制止外敵來犯；割地獻寶、卑躬屈膝都「不足以止攻」。

【注釋】❶脆　脆弱易破。❷為足　能；可。❸因　後〈召類〉作「固」，為是。❹曷為　何以。❺史墨來而輟不襲衛　趙簡子因史墨回報衛多賢佐而中止攻衛。詳見後〈召類〉末章。史墨，晉國史官。趙簡子，晉國世卿。

【語譯】大凡用兵爭戰，都是為了利益，為了正義。攻打那些有內亂的國家，就容易攻破；既然容易攻破，對進攻者來說亦就是容易得利。攻打那些有內亂的國家，是符合正義的；既然符合正義，對進攻者來說亦就得到了榮譽。既得到榮譽，又能有實利，即使只有中等才能的君主尚且能夠這樣做，何況賢明的君主呢？

所以，割土地，獻寶器，低聲下氣地表示屈服，都不足以制止外來的侵伐，只有把國家治理好了，才能做到這一點。國家治理好了，那些貪圖利益的君主就不會來進攻，那些貪圖名聲的君主也就不來侵伐了。大凡人們之所以進攻和討伐別的國家，不是為了利，就是為了名；既然名和利都得不到，即使他的國力再強大，又為什麼還要發動這種徒勞無益的進攻呢？這個道理可以從下列歷史事例中得到說明：趙簡子聽史墨回報說衛國輔臣多賢，便中止了襲衛之舉。趙簡子可以說是真正懂得動靜行止的道理了。

去尤

【題解】〈去尤〉論人對客觀事物的認識，必須解除思想上由種種內外原因造成的負累，去掉局限性。文中列舉的三個實例，就是三種不同的「尤」。亡鈇者的故事，是個著名的寓言，它說明人如果憑先入之見行事，會得出何等荒謬的結論。邾君的故事，說明論斷事物不能人云亦云，必須注重事實。公息忌提出的製作甲裳「以組代帛」的建議，可以增加牢度，因而是合理的。邾君本已首肯並推行，但聽中傷的人說公息忌家人都在做這種組，就又立刻下令禁止使用。這就在認識上犯了一個錯誤，即把以組代帛是否有利，與公息忌家人是否製作組這兩件雖有聯繫、但屬性不同的事，混同為一。魯國一個醜兒之父的故事，說明評價事物如果帶著個人愛憎因素，嚴重的就會弄到是非混淆、美醜顛倒的地步。這三種情況，確實是人們認識上發生偏差的常見原因。這樣的偏差發生在一般人身上，可能無人為意；如果發生在君主身上，那就會釀成嚴重的後果。文末提出去「尤」的辦法，應以老聃為榜樣，做到植木那樣獨立不倚，排除一切主觀偏執，才能獲得比較正確的認識。

本篇思想與宋鈃、尹文學派有較多聯繫。被認為是宋、尹一派作品的《管子・心術》，強調在認識過程中要「結其宮（指心），開其門（指九竅），去私毋言，神明若存」，說的也就是去「尤」。但宋鈃在政治上卻是主張「禁攻寢兵」的，與本書〈蕩兵〉、〈振亂〉、〈禁塞〉等篇又恰好形成對立。這說明《呂氏春秋》對當時各派學說有自己的取捨標準，合則取之，不合則捨之，於自己有礙者則伐之，不以哪家哪派為宗。

〔一〕三曰——

世之聽❶者，多有所尤❷，多有所尤則聽必悖矣。所以尤者多故，其要必因人所喜，與因人所惡。東面望者不見西牆，南鄉❸視者不覩北方，意有所在也。

【章　旨】認為聽他人言談若帶有個人好惡等因素，必然多「尤」，據此作出的結論很難避免錯誤。

【注　釋】❶聽　據《書・洪範》疏：受人言以察是非為「聽」。❷尤　通「宥」、「囿」。局限；蒙蔽。❸鄉　通「嚮」。向。

【語　譯】世人的認識和判斷，往往有所局限。有所局限，所以認識和判斷就必定是謬誤了。導致局限的原因很多，主要是人們主觀上有所喜好，有所厭惡。正如向東望的人看不到西牆，朝南看的人見不到北方。就由於人們心意專注於某一方面的緣故。

〔二〕人有亡鈇❶者，意❷其鄰之子，視其行步竊鈇也，顏色竊鈇也，言語竊鈇也，動作態度無為❸而不竊鈇也。相❹其谷而得其鈇，他日復見其鄰之子，動作態度無似竊鈇者。其鄰之子非變也，己則變矣。變也者無他，有所尤也。

【章　旨】以寓言「亡鈇」主人公失鈇、得鈇前後的心態變化，說明人們在認識事物時切忌先入之見。

【注　釋】❶鈇　通「斧」。❷意　懷疑。❸無為　無有。❹相　《說文》：「相，省視也。」

【語　譯】有個人丟失了斧，懷疑是他的鄰居的孩子偷的。於是他看那孩子走路的樣子像偷斧的，臉上的表情像偷斧的，說話也像偷斧的，總之那孩子的所有的動作、姿態，沒有一樣不像是個偷斧的竊賊。然而當他搜尋山谷找到了那把斧子，幾天後再見到鄰居那孩子時，看看孩子的動作、姿態，沒有任何一點像個偷斧的人。事實上，他鄰居的那個孩子絲毫沒有改變，而他自己的認識卻改變了。這個改變的原因，沒有別的，就是先入之見的局限啊。

〔三〕邾❶之故法，為甲裳以帛❷。公息忌❸謂邾君曰：「不若以組❹。凡甲之所以為固者，以滿竅❺也。今竅滿矣，而任力❻者半耳。且❼組則不然，竅滿則盡任力矣。」邾君以為然，曰：「將何所以得組也？」公息忌對曰：「上用之則民為之矣。」邾君曰：「善。」下令，令官為甲必以組。公息忌知說之行也，因令其家皆為組。人有傷❽之者曰：「公息忌之所以欲用組者，其家多為組也。」邾君不說，於是復下令，令官為甲無以組。此邾君之有所尤也，為甲以組而便，公息忌雖多為組何傷也？以組不便，公息忌雖無組，亦何益也？為組與不為組，不足以累❾公息忌之說。用組之心，不可不察也。

【章　旨】以邾君對公息忌提出的製甲建議，先首肯並推廣，聽人中傷後又下令停用一事，說明判斷一個建議應以是否有利為準，不該以別人的論說為據。

【注　釋】❶邾　古國名。初為魯國附庸，亦稱邾婁，魯穆公時改稱為鄒，後為楚所滅。故城在今山東鄒縣東南。❷為

甲裳以帛　用帛來聯綴戰衣。甲，戰衣。裳，下衣。帛，絲織品。❸公息忌　齊人。❹組　以絲編的綳帶。古代織絲為綬，用以穿佩玉的稱組綬，用來縫連戰衣的稱甲組。❺滿竅　密而無隙。滿，實而不虛。竅，孔。❻任力　指負載的力。❼且　然；但是。❽傷　中傷；詆毀。❾累　連累；損害。

【語　譯】邾國的舊法，製作甲裳用帛來聯綴。公息忌對邾君說：「不如用絲帶來聯綴。大凡甲之所以牢固，是因為甲的空隙處縫連得密實。目前的甲使用帛縫合固然也很密實，只是縫合處能夠承受的外力，只有甲的一半。但如果用絲帶來縫合就不是這樣。只要空隙處縫合得結實，就能發揮甲抵擋外力的全部力量。」邾君認為他說得對，就問：「那麼到哪裡去弄到這些絲帶呢？」公息忌答道：「只要君上決定要用它，那麼百姓就會去製造了。」邾君說：「好。」於是下命令：有關官府製作甲一定要用絲帶來縫合。公息忌知道自己的主張得到實行了，便要他的家人們都來製作絲帶。這時有人中傷說：「公息忌之所以主張用絲帶來縫合，是因為他的家人都在製作絲帶呀。」邾君聽了很不高興，又重新命令官府，製作甲裳不要用絲帶子。這是邾君認識上的偏頗呀。如果製甲裳用絲帶縫合確有優點，那麼即使公息忌製作了很多絲帶，又有什麼害處呢？如果用絲帶來縫合甲裳確實不好，那麼縱使公息忌一根絲帶也不製作，對這件事又有什麼益處呢？無論公息忌本人是否製作絲帶，都不應有損他那個建議的正確性。究竟當初決定用絲帶來縫合甲裳的本意是什麼，這是不能不明察的啊。

〔四〕魯有惡❶者，其父出而見商咄❷，反而告其鄰曰：「商咄不若吾子矣。」且其子至惡也，商咄至美也。彼以至美不如至惡，尤乎愛也。故知美之惡，知惡之美❸，然後能知美惡矣。莊子曰❹：「以瓦❺投❻者翔❼，以鉤❽投者戰❾，以黃金投者殆❿。其祥⓫一也，而有所殆者，必外有所重者也。外有所重⓬者，泄蓋內掘⓭。」魯人可謂外有重矣。

【章旨】以醜兒之父因宥於愛兒竟認為「至美不如至惡」，說明人對客觀事物的認識，必須擺脫外物對個人利害關係的拖累。

【注釋】❶惡 醜陋。❷商咄 人名。章太炎認為商咄即宋朝，春秋宋國的公子，以美貌著稱。❸知美之惡二句 此二句涉及到現代美學一個稱之為「主觀的美感」和「客觀的審美對象」之間的矛盾問題。正確的審美判斷總是以現實生活中美或醜的客觀條件為依據的，但由於它的表現形式是主觀的，因而自然亦不可能完全排斥主觀因素。通常的人們，這種主觀因素還會相當的多。而另一些像文中「惡者」之父這樣的人，則由於完全為自己的「所喜」或「所惡」所支配，更會得出與客觀美醜恰好相反的結論。作者認為懂得這一點非常重要，因而下文接著說，只有懂得了這一點，「然後能知美惡矣」。❹莊子曰 以下引文見《莊子・達生》，文字略有出入。❺瓦 古代紡絲用以持絲的紡磚。❻投 當是「豉」。通「投」。下賭注。❼翔 安詳；坦然。❽鉤 衣帶鉤。鉤，同「鈎」。❾戰 指有所憚懼。❿殆 疑懼。⓫祥 善。此處指賭技之精巧。⓬外有所重 指心理上受到外物所累。重，拖累。⓭泄蓋內掘 對外物有所迷戀，內心就會變得笨拙。泄，親近；狎弄。蓋，則。掘，古通「拙」。

【語譯】魯國有個長得很醜的人，他的父親出門看到商咄，回來對他的鄰居說：「商咄還不如我兒子呢。」但是他兒子是長得最醜的，而商咄卻是長得最美的啊。他把長得最美的說成不如最醜的，是受到他的偏愛之所局限啊。所以，只有明白了美的可以被人們認為是醜的，醜的可以被人們認為是美的，然後才能真正懂得什麼是美和醜了。莊子說：「用紡錘作賭注的，內心坦然；用衣帶鉤作賭注的，內心就有些發慌；用黃金作賭注的，更會憂心忡忡。但這三個人的賭技是一樣的，最後那個人內心所以表現得如此焦急不安，必然是由於那貴重的外物牽累著他的緣故。為外物所牽累的人，內心就會變得笨拙。」那個魯國人，可以說就是受外物的牽累了。

〔五〕解在乎齊人之欲得金❶也，及秦墨者之相妬❷也，皆有所乎尤也。老聃❸則得之矣。若植木而立乎獨，必不合於俗，則何可擴❹矣。

【章旨】為全篇作結語。除繫於「解在乎」下二例以與後〈去宥〉篇相應外，提出老聃是「去尤」的楷模，人應當像植木那樣，獨立不倚，方能不受外物蒙蔽。

【注釋】❶齊人之欲得金　—齊人公然在大庭廣眾前奪人之金，被縛時供認是由於只見金不見人。事詳後〈去宥〉三章。❷秦墨者之相妬　—墨者出於嫉妒而在秦惠王面前中傷即將來到的另一墨者，致使惠王宥於先入之見而「失所以為聽」。事詳後〈去宥〉一章。妬，妒。❸老聃　即老子。❹擴　擴充；充脹。指由於外物的拖累而心神不寧。

【語譯】關於必須去掉局限性的道理，還體現在齊國有個人想得到金子，秦國的墨者相互嫉妒這兩個例子上。老聃才是真正懂得去掉局限性的道理了。他像植木一樣，獨立不倚。這種處世之道必然不會與世俗合流，那麼還有什麼外物的牽累足以造成內心的不安寧呢？

聽言

【題解】本篇以君主聽臣下進言要區分善與不善為主旨。文章認為夏、商、周三代能夠區分善與不善，故能君臨天下；而當今為國君主，對內窮奢極侈，對外窮兵黷武，致使民不聊生，宗廟不安，社稷危殆。作者據此提出，在民眾亟盼聖王再世的當時條件下，只要有賢者能區分善與不善，那麼「其王不難矣」。

如何區分善與不善，是全文的重點。概而言之，其要義有三：一要「本於義，不（本）於愛」，即要以是否愛護和有利於民眾為標準；二要言論與事實相照應，即所謂「不知事惡能聽言？不知情惡能當言」；三要「習其心，習之於學問」，就是要專意修養心身和研習學問，「不學而能聽說者，古今無有也」。

本篇論旨與〈去尤〉相承，既有宋鈃、尹文等人的影響，亦與墨家有某些聯繫。如「攻無辠之國以索地，誅不辜之民以求利」等對攻伐的非難，就與《墨子・非攻》相類。「解在乎」引出的幾個實例，將在後〈淫辭〉、〈不屈〉、〈應言〉諸篇中展開，要旨在於駁詰以公孫龍為代表的名辨之說，指責他們「毀譽成黨，眾口熏天」，君主若聽信就會導致亡國。其中得失，我們將在後面〈審應覽〉卷旨及有關章旨中作簡單說明。

〔一〕四曰——

聽言不可不察。不察則善不善不分，善不善不分，亂莫大焉。三代分善不善，故王。今天下彌衰，聖王之道廢絕。世主多盛其歡樂❶，大其鐘鼓，侈其臺榭苑囿❷，以奪人財；輕用民死❸，以行其忿；老弱凍餒，夭膌壯狡❹，汔盡窮屈❺，加以死虜；攻無辜之國以索地，誅不辜之民以求利；而欲宗廟之安也，社稷之不危也，不亦難乎？

【章旨】強調聽言必須區分善與不善，三代能分善與不善故王，而當今世主對內窮奢極侈，對外窮兵黷武，致使宗廟殆、社稷危。

【注釋】❶歡樂　歡，舊校一作「觀」。奇觀。樂，音樂歌舞。觀、樂，與下鐘、鼓相對應。❷苑囿　種植花木、畜養禽獸的場所，大為苑，小為囿。❸輕用民死　濫用民力而毫不顧惜百姓生命。❹夭膌壯狡　使強壯有力的人夭折或瘠弱。膌，通「瘠」。壯狡，強壯有力。❺汔盡窮屈　幾乎都被折磨得走投無路。汔，幾乎。

【語譯】聽人說話不可不加以審察。不作審慎的辨察，便不能區分善與不善；善與不善不能區分，禍患沒有比這更大的了。夏、商、周三代能區分善與不善，所以能稱王天下。如今世道更加衰微，聖王之道已被廢棄滅絕。世俗庸主大多在不斷壯大奇觀和樂舞的規模，擴大鐘鼓等樂器的規制，又把臺榭園林修築得非常奢侈豪華，侵奪民眾財物；濫用民力，毫不顧惜百姓的生命，以發洩自己的私憤，致使年老體弱的人受凍挨餓，強壯有力的人被折磨得瘦弱不堪甚至夭亡，幾乎所有百姓都落到走投無路的境地。他們為了掠奪土地，就去攻打無罪的國家；為了謀取私利，大肆誅罰無辜的百姓。如此行事而要想讓宗廟得以安寧，讓國家不遭受危險，不是很困難嗎？

〔二〕今人曰：「某氏多貨，其室培濕❶，守狗死，其勢可穴❷也。」則必非之矣。曰：「某國饑，其城郭庳❸，其守具寡，可襲而篡之。」則不非之，乃不知類矣。《周書》❹曰：「往者不可及，來者不可待，賢明其世，謂之天子。」故當今之世，有能分善不善者，其王不難矣。善不善本於義，不於愛❺，愛利之為道大矣。夫流於海者，行之旬月，見似人者而喜矣。及其朞年❻也，見其所嘗見物於中國❼者而喜矣。夫去人滋❽久，而思人滋深歟！亂世之民，其去聖王亦久矣。其願見之，日夜無間，故賢王秀士之欲憂黔首者，不可不務❾也。

【章旨】以人們對「穴竇盜貨」與「襲城篡國」的不同反應，說明當世之人思想觀念已混亂不堪，亟盼盛世的再現，因而只要能區分善與不善，王天下就不難。

【注釋】❶培濕　房屋的後牆潮濕。培，壘土，引申為後牆。❷穴　用如動詞。挖洞。❸庳　低矮。❹周書　古代逸書。以下引文中「賢明其世」一句，《漢書·晁錯傳》引作「能明其世」。似應據彼改此。❺不於愛　應作「本於愛」(依范耕研說)。❻朞年　一週年。❼中國　中原之國。❽滋　愈益。❾務　努力。

【語譯】假如有人說：「某人家裡有很多財貨，他家的後牆很潮濕，看門的狗也死了，這可是挖洞行竊的好機會啊！」那麼大家一定要責備這個人。如果說：「某某國家正在遭受饑荒，它的城牆很低矮，用來防守的器具又很少，可以用偷襲的辦法來奪取這個國家。」說這種話的人卻不會受到責備。這就是不知道前後這二段話原是屬於同一類的啊。

《周書》上說：「逝去的不可追回，未來的不可等待，能使世道賢明的，就可稱之為天子。」所以當今之世，有能夠區分善與不善的君主，那麼他要君臨天下就不是很困難的事。區分善與不善的關鍵，在於義，在於愛；愛和利作為原則來說是太大了。人在海上漂流，經過十天半月，遠遠望見似有人在出沒時，就很高興了。如果在海外漂泊一整年，見到在中原故國曾是十分熟悉的物品，那就非常高興了。

大凡人們分離得越久，那麼想念也就越深啊。亂世的百姓，他們離開聖王盛世也太久了，因而對重見聖王之世的期望，無論白日黑夜，都不間斷。所以賢明的君主、傑出的士人，如果要為黎民百姓憂慮、解除他們痛苦的話，不可不趁此時機勉力為之啊。

〔三〕功先名，事先功，言先事。不知事惡能聽言？不知情惡能當言？其與人穀言也，其有辯乎？其無辯乎❶？造父始習於大豆❷，蠭門始習於甘蠅❸，御大豆，射甘蠅，而不徒人以為性❹者也。不徒之，所以致遠追急也，所以除害禁暴也。凡人亦必有所習其心，然後能聽說。不習其心，習之於學問。不學而能聽說者，古今無有也。解在乎白圭之非惠子❺也，公孫龍之說燕昭王以偃兵❻及應空洛之遇❼也，孔穿之議公孫龍❽，翟翦之難惠子之法❾。此四士者之議，皆多故❿矣，不可不獨論⓫。

【章　旨】提出聽辨言論應以事實真情作為鑒別依據，並以造父、蠭門專心一致學御、學射為喻，要求聽言者注重修養，研習學問，「不學而能聽說者，古今無有也」。

【注　釋】❶其與人穀言也三句　陳昌齊據《莊子・齊物論》：「其以為異於鷇音，亦有辯乎？其無辯乎？」認為此句之「穀言」當為「鷇音」之誤。鷇音，雛鳥鳴聲。辯，通「辨」。全句意謂既不知情，則言必無當，聽這樣的人說話，就如聽雛鳥「唧唧穀穀」鳴叫，是無法辨別的。❷造父始習於大豆　造父、大豆都是古代善於駕車的人。高誘注後〈分職〉二章：「造父，嬴姓，飛廉之子，善御，周穆王臣也。」❸蠭門始習於甘蠅　蠭門、甘蠅都是古代善射箭的人。

《列子・湯問》：「甘蠅，古之善射者。」❹不徙人以為性　王念孫疑句中「人」當為「之」。意謂不旁騖他事，養成專心一致於學業的本性。❺白圭之非惠子　白圭，名丹，字圭，魏國人。惠子，即惠施，宋人，仕於魏，曾為惠王相。白圭非惠子事，見後〈不屈〉四章。❻公孫龍之說燕昭王以偃兵　公孫龍，魏人，戰國時名家代表人物。燕昭王，戰國時燕國君主，在位三十三年（西元前三一一～前二七九年）。偃，止息。公孫龍說燕昭王事，見後〈應言〉二章。❼應空洛之遇　空洛，地名。後〈淫辭〉二章作「空雄」，陳奇猷認為「洛」係「雄」之誤。遇，盟會。秦昭王二十二年、趙惠文王十四年（西元前二八五年），秦趙會盟於中陽。其事見後〈淫辭〉二章。❽孔穿之議公孫龍　孔穿，字子高，孔子後裔。其事見後〈淫辭〉三章。❾翟翦之難惠子之法　翟翦，魏國人，翟黃（見後〈下賢〉七章注❸）之後。其事見後〈淫辭〉七章。❿故　智巧。⓫獨論　熟論。

【語　譯】建功立業之前，先要確定名義；行動舉事之前，先要衡量所需功力；審察他人言論之前，則先要弄清事實真相。不瞭解事實的真相，怎麼可能判斷別人的言論呢？不瞭解事物的真情，又哪能說出與事實相符的話來呢？這樣的說話，就像初生之鳥的鳴叫聲那樣，還能聽辨出一些什麼來呢？造父最初向大豆學習駕車，逢門最初向甘蠅學習射箭，讓造父做大豆的御者，逢門以甘蠅為箭靶，心志絕不旁騖，養成了聚精會神於學業的本性。心志專一，正是他們所以能學到致遠追急的馭術、除暴禁害的射技的原因。大凡人都一定要注意修養自己的身心，然後才能正確地聽辨別人的言論。即使做不到修養身心這一點，至少也要研習學問。既無修養又不學習而能正確地聽辨的，從古到今都沒有過。上面所論述的道理，體現在以下一些事例上：白圭責難惠施；公孫龍勸說燕昭王不要用兵；公孫龍對付趙秦的空洛盟約；孔穿非議公孫龍；翟翦抨擊惠施所制訂的法令。這四位士人的議論，都是非常善於巧辯的，對此我們不可不認真地加以辯論清楚。

謹聽

【題解】〈謹聽〉論君主應謹慎於聽言。文中對聽取臣下進言時應有的禮遇以至姿態、方式都提出了具體要求。從這個意義上說，本篇是上二篇〈去尤〉、〈聽言〉的續篇。但從全篇看，內容大於篇名，蘊含著遠比篇名所能概括的要多得多的思想。

文章賦予「知」這個本書經常提到的普通的詞以豐富的內涵，從而使之成為一個具有認識論意義的概念。文中要求君主「自知」：知道自己的才德遠不如五帝三王；「知世」：知道當今之世已不同於五帝三王之世。在揭示「人主之性」時，文中還作了一個頗有啟發性的概括：過錯往往不是發生在「所疑」、「所不知」之處，而是恰恰發生在「所不疑」、「所以知」的地方。作者特別指出：「太上知之，其次知其不知。」把認識自己的「不知」，亦列為一種「知」，這可說是一個深刻的發現。《論語．為政》也曾指出：「知之為知之，不知為不知，是知也。」的確，人只有不斷認識自己的「不知」，才能促使自己永不停息地去接近「知」。

「不知」怎麼辦？文章的回答是：「不知則問，不能則學。」對於君主來說，「問」和「學」都離不開賢者的輔佐。文中揭示了一個規律：「主賢世治則賢者在上，主不肖世亂則賢者在下。」而當時之世，昏亂已極，故欲求賢者，必須不避荒遠偏僻；幸而得之，則「何欲而不得？何為而不成」。篇中以太公呂尚為例，文王得之而王，紂王失之而亡，區別何在？仍歸結到一個「知」字上：「知之與不知也。」

〔一〕五曰——

昔者禹一沐而三捉髮，一食而三起❶，以禮有道之士，通乎己之不足❷也。通乎己之不足，則不與物❸爭矣。愉易平靜以待之，使夫自得之❹；因然而然之❺，使夫自言之。亡國之主反此，乃自賢而少人❻，少人則說者持容而不極❼，聽者自多❽而不得，雖有天下何益焉？是乃冥之昭，亂之定，毀之成，危之寧❾，故殷、周以亡，比干以死，誖❿而不足以舉⓫。故人主之性，莫過乎所疑⓬，而過於其所不疑；不過乎所不知，而過於其所以知。故雖不疑，雖已知，必察之以法，揆⓭之以量，驗之以數⓮。若此則是非無所失，而舉措無所過矣。

【章　旨】要求君主在聽言時，應抱「通乎己之不足」的虛靜態度，使對方能盡所欲言；如果自以為是，輕視別人，則「說者持容而不極，聽者自多而不得」，將給國家帶來莫大禍患。

【注　釋】❶一沐而三捉髮二句　二句都是形容禹為延攬賢士而恭謹地忙碌和操心，連洗一次頭髮、吃一頓飯，都要中斷多次。沐，指洗髮。捉，握。《淮南子・氾論》、《鬻子・上禹政》和本書此處，都把三捉三起記為夏禹事，《史記・魯周公世家》則記為周公事。❷通乎己之不足　指通過有道之士以彌補自己的不足。❸物　指人和事。❹使夫自得之　使臣下處於一種稱意自如的心理狀態，以便暢所欲言。夫，彼，代指進言者。❺因然而然之　隨著對方言談而然然諾諾。❻少人　輕視別人。❼持容而不極　人臣為了取容於主而不盡其所言。持容，指不論是非曲直，只圖苟且求容。極，盡。❽自多　自以為聰慧過人。❾冥之昭四句　楊樹達注云：「之猶其也。此言昭者冥之，安者亂之，成者毀之，寧者危之。」❿誖　悖亂。⓫不足以舉　舉不勝舉。⓬莫過乎所疑　不會在自己有所懷疑的地方發生過錯。過，用如動詞。⓭揆　揣度。⓮驗之以數　指用天文、占卜、曆法等方面的辦法，去檢驗其可否。數，術數。

【語　譯】從前，禹洗一次髮要三次握住頭髮停下來；吃一餐飯要三次放下碗筷站起來，都為的是要以禮接待那些不斷來進言的有道之士，因為他要彌補自己的不足啊。由於要彌補自己的不足，就能虛懷若谷，接受所言的人和事，而不與之相爭。談話開始時，能以平易虛靜的態度接待來言之人，使對方稱意自如，暢所欲言；談話過程中，能專注地傾聽，並不時然然諾諾，使對方盡所欲言。那些亡國之主則與此相反。他們自以為高明而輕視別人。輕視別人，那麼來進言的臣下為了保住爵位取容於君主，往往曲意逢迎，自然不可能直言而盡。聽的人由於自以為高明，也不可能從別人說話中有所得益。這樣即使擁有天下，對他又有什麼益處呢？照此行事，必然是以昏暗代替光明，以混亂代替安定，以毀敗代替成功，以危殆代替安寧。殷、周就是因為這個緣故滅亡的，比干亦因此而被處死。像這類悖亂之事，舉不勝舉。所以說人主的常情，往往不是在有懷疑的地方發生過錯，而是在無所懷疑的地方發生過錯；不是在自己所不懂得的事物上犯過錯，而是在自以為懂得的事物上犯過錯。因此，對於那些雖然無可懷疑的地方，即使已經懂得的事物，還要用法令加以考察，用度量來加以測定，用占卜和天文術數來加以驗證。如果做到了這樣，那麼在是非的判斷上就不會有錯失，所採取的舉止措施就不會有什麼錯誤了。

〔二〕夫堯惡❶得賢天下而試❷舜？舜惡得賢天下而試禹？斷之於耳而已矣。耳之可以斷也，反❸性命之情也。今夫惑者，非知反性命之情，其次非知觀於五帝、三王之所以成也，則奚自知其世之不可也？奚自知其身之不逮也？太上知之，其次知其不知。不知則問，不能則學。《周箴》❹曰：「夫自念斯❺，學德未暮❻。」學賢問❼，三代之所以昌也。不知而自以為知，百禍之宗❽也。名不徒立，功不自成，國不虛存，必有賢者。賢者之道，牟❾而難知，妙而難見。故見賢者而不聳❿則不惕⓫於心，不惕於心則知之不深。不深知賢者之所言，不祥莫大焉。

【章　旨】言君主應自知自身的不足和所處之世與五帝三王時代的不同；如果「不知而自以為知」，那便是「百禍之宗」。

【注　釋】❶惡　如何。❷試　用。❸反　違（據陳奇猷注）。❹周箴　古逸書。❺斯　此。❻暮　晚。❼學賢問　義不可通。「問」下當脫一「知」字（依高亨說）。❽宗　本源。❾牟　通「瞀」。幽暗。❿聳　通「竦」。肅敬。⓫惕　動。

【語　譯】堯怎樣獲得賢人於天下而任用舜的呢？舜怎樣獲得賢人於天下而任用禹的呢？那是依據耳聞作出決斷罷了。憑耳聞而可以作出決斷，是違反人的本性的真情啊。如今那些迷亂的人，既不瞭解那種做法本是違反人的本性的真情，又不知道觀察五帝、三王所以能成就王業的歷史條件，那麼自己又何以知曉當今之世已經不適宜那樣做了呢？又何以知曉自己的才德遠不如古代聖王因而也不具備那樣做的條件呢？最上等的是具有自知之明，次一等的是能夠知道自己的無知。不知就要問，不會就要學。《周箴》上說：「只要自己能想到這一點，那麼從事學習和修養德性也尚為未晚。」向賢人學習，向智者請教，這就是夏、商、周三代所以昌盛的原因。明明自己不知道，還自以為知道，這是一切禍患的根源。君主的名聲不可能無緣無故樹立，功業不可能自行成就，國家也不可能憑空存在和發展，必須得有賢者的輔佐。賢者的道術，幽遠而難知，奧妙而難見。所以君主如果見到賢者而不能恭恭敬敬，那就不能動心；不能動心瞭解就不可能深切。不能深切瞭解賢者所進之言，危害沒有比這更大的了。

〔三〕主賢世治則賢者在上，主不肖世亂則賢者在下。今周室既滅，而天子已絕❶。亂莫大於無天子，無天子則彊者勝弱，眾者暴❷寡，以兵相殘，不得休息❸，今之世當之矣。故當今之世，求有道之士，則於四海之內、山谷之中、僻遠幽閒之所，若此則幸於得之矣。得之則何欲而不得？何為而不成？太公釣於滋泉❹，遭紂之世也，故文王得之而王。文王，千乘❺也；紂，天子也。天子失之而千乘得之，知之與不知也。諸眾齊民❻，不待知而使，不待禮而令。若夫有道之士，必禮必知，然後其智能可盡。解在乎勝書之說周公❼，可謂能聽矣；齊桓公之見小臣稷❽、魏文侯之見田子方❾也，皆可謂能禮士矣。

【章　旨】根據「主不肖世亂則賢者在下」的規律，認為在當時欲求賢者必須不避偏僻荒遠，並以紂王失太公、文王得太公的對比實例說明，對待賢者「必禮必知，然後其智能可盡」。

【注　釋】❶周室既滅二句　秦昭王五十二年（西元前二五五年），秦滅西周；秦莊襄王元年（西元前二四九年），秦滅東周，周之宗廟至此全絕。周滅後，天下無主三十餘年，七雄並爭。下文所言，正是這個時期。❷暴　陵虐。❸休息　止息。❹滋泉　泉名。《水經注・渭水》：「渭水之右，磻溪水注之，水出南山茲谷，乘高激流，注於溪中。溪中有泉，謂之茲泉。」❺千乘　指諸侯。天子萬乘，諸侯千乘。❻齊民　平民百姓。❼勝書之說周公　指所謂勝書「能以不言說」，周公「能以不言聽」，事見後〈精諭〉二章。勝書，《說苑・指武》作王滿生。❽齊桓公之見小臣稷　指齊桓公求見小臣稷「一日三至」，禮賢下士心切意誠。事見後〈下賢〉五章。❾魏文侯之見田子方　事見後〈下賢〉七章。「田子方」當是「段干木」之誤。魏文侯為見段干木，「立倦而不敢息」，以示其禮賢之誠意。

【語　譯】君主賢明，世道太平，那麼賢者在上位；君主不肖，世道混亂，那麼賢者就在下位。現在周的王室已經滅亡，天子已經滅絕。世上的混亂，莫大於沒有天子。沒有天子，必然是勢力強大的壓倒那些衰弱的，人多地廣的陵虐那些勢單力薄的，相互以兵刃相見，自相殘殺，沒有終了的時候。現在的世道正處在這樣的狀態中，賢者必然都處於下位。所以處當今的世道下，要求得有道之士，就必須尋訪於四海之內、山谷之中，和僻遠幽閒的處所。只有這樣做了，方才有幸求得他們。一旦得到了有道之士，那麼還有什麼希望不能實現，還有什麼事情做不成功？太公呂尚因遭遇紂王暴虐亂世而隱於滋泉垂釣，文王得到了他因而君臨天下。文王，在當時只是諸侯，紂王是天子；萬乘的天子失去了太公，千乘的諸侯卻得到了他，那是由於前者能知遇、後者不能知遇的緣故啊。對於眾多的平民百姓，不用知遇他們就可以役使，無須以禮相待就能命令。至於有道之士，那就必須以禮相待，必須成為他們的知己，然後才能使他們的聰明才智全部貢獻出來。這些道理體現在勝書能以「不言之說」進說，周公能以「不言之聽」謹聽，周公真可說是能虛己傾聽了。還體現在齊桓公「一日三至」求見小臣稷，魏文侯「立倦而不敢息」，以求見到段干木。這幾位都可算是能禮賢下士的君主了。

務本

【題解】此篇論述臣道。本書涉及為臣之道的文章很多，以此為主旨的專文，除本篇外，後面還有〈不苟〉、〈處方〉等篇。

文章由臣子們最普遍的欲望，即名（聲譽）與實（爵祿）破題，以古代三王輔臣為範例，說明臣子欲求名榮實安，必須「功大」，必須「以公及其私」。功與公，就是篇中所說的「本」。臣子欲求名實，必「務」此「本」。反之，如果「功伐甚薄而所望厚」，那就是虛假；「無功伐而求榮富」，那更是欺詐。

在這裡，「功」與「公」，又是二而一的事。相對於臣子自身而言，天子、國家都被認為是公。因此，為君主的顯貴憂慮，為國家的強大辛勞，既是建功，也是為公。對此，文中描述了這樣一個循環圈：「安危榮辱之本在於主，主之本在於宗廟，宗廟之本在於民，民之治亂在於有司。」倒過來說，百官（有司）的勤於治理，既是為民，也是為宗廟、為君主，同時又是為了自身的榮華富貴。這可說是一幅相當完整的綱紀倫理圖畫。但實際上，循環圈中的所謂宗廟，往往只是君主個人的擺設，至於所謂民，在多數情況更是一個虛設的幌子。「功」也好，「公」也好，臣道所必須盡忠效命的，君主一人而已。

本篇一章又見於後〈務大〉篇，文字稍異。

〔一〕六曰——

嘗試觀上古記❶，三王之佐，其名無不榮者，其實❷無不安者，功大也。《詩》云❸：「有❹晻❺淒淒，興雲祁祁❻，雨❼我公田，遂及我私。」三王之佐，皆能以公及其私矣。俗主之佐，其欲名實也與三王之佐同，而其名無不辱者，其實無不危者，無公故也。皆患其身不貴於國也，而不患其主之不貴於天下也；皆患其家之不富也，而不患其國之不大也；此所以欲榮而愈辱，欲安而益危。安危榮辱之本在於主，主之本在於宗廟，宗廟之本在於民，民之治亂在於有司。《易》曰❽：「復自道，何其咎❾，吉。」以言本❿無異則動卒有喜。今處官則荒亂，臨財則貪得，列近⓫則持諫⓬，將眾則罷怯⓭，以此厚望於主，豈不難哉？

【章　旨】三王之佐與俗主之佐比較：前者以公及私，建有大功，故名榮實安；後者無公無功，故名辱實危。作者據此告誡為人臣者必須務本。

【注　釋】❶上古記　上世古書。❷實　指爵位俸祿等。❸詩云　此下引詩見《詩經・小雅・大田》。古代行井田制，土地有「公田」與「私田」之分。原詩描述農民種植公田和私田的情況。全詩共四節，引詩見第三節，取其「先公後私」之意。❹有　語助，無義。❺晻　陰雲。今本《詩經》作「渰」。❻祁祁　眾多的樣子，此處形容濃雲密布。❼雨　用如動詞。降雨。❽易曰　此下引文見《周易・小畜》。❾復自道二句　周而復始的天道來回往復，何來災禍。復，返於本位。❿本　指來回往復的天道及上文主、宗廟、民、有司。⓫列近　處於近習君主的地位。列，序列。此處指職位次第。⓬持諫　陳昌齊據《晏子春秋》有「持巧諛以正祿」句，疑「諫」當為「諛」。持諛，玩弄阿諛奉承伎倆。⓭罷怯　因膽怯而敗北。罷，「敗」的假字。

【語　譯】試觀上古的典籍記載，禹湯文武三王的輔佐之臣，他們的名聲沒有一個不榮耀的，他們的爵祿也沒有一個不安穩的，原因就在於他們功勞大。《詩經》上說：「陰雲冷淒淒，濃雲滾滾翻；時雨先潤公家的田啊，隨後來到我私田。」三王的輔臣都能憑有功於國家，從而獲得自己的私利。那些平庸君主的輔臣，他們想要得到名聲爵祿的心願與三王的輔臣是相同的，但是他們的名聲沒有一個不蒙受恥辱的，他們的爵祿沒有一個不危殆的，原因就在於他們沒有為公家立功。他們都只憂慮自身在國內能否顯貴，卻不憂慮他們的君主能否顯貴於天下；他們都只憂慮自己的家族能否富足，卻不憂慮自己的國家能否強大。這就是他們想要得到榮耀反而更加恥辱，想要得到安穩反而更加危殆的原因。安危榮辱的根本在於君主，君主的根本在於宗廟，宗廟的根本在於百姓，百姓的或治或亂在於百官。《易經》上說：「遵循正常的軌道來回往復，哪會有災禍。吉利。」這是說只要「本」沒有變異，舉止行動終究會是喜慶。如今世人居官就荒淫悖亂，看到財貨就貪得無厭；職位近習君主就阿諛奉承，率軍臨戰就膽怯敗北。憑著這些想從君主那裡滿足奢望，難道不是太困難了嗎？

〔二〕今有人於此，修身會計❶則可恥，臨財物資盡❷則為己，若此而富者，非盜則無所取。故榮富非自至也，緣功伐❸也。今功伐甚薄而所望厚，誣也；無功伐而求榮富，詐也；詐誣之道，君子不由❹。人之議多曰：「上用我則國必無患。」用己者未必是也，而莫若其身自賢，而己猶有患，用己於國，惡得無患乎？己，所制也，釋其所制，而奪乎其所不制，誖，未得治國治官可也。若夫內事親，外交友，必可得也。苟事親未孝，交友未篤，是所未得，惡能善之矣？故論人無以其所未得，而用其所已得，可以知其所未得矣。

【章　旨】言人臣榮華富貴的獲得，必須依據相應的功勞，不應走「詐誣之道」；君主對臣下的論定必須據其已經做到的事功，而不應「以其所未得」。

【注　釋】❶修身會計　以廉潔奉公修養自身，使之勝任理財職務。❷盡　財貨。❸伐　與功同義。《史記・高祖功臣侯者年表》：「古者人臣功有五品，以德立宗廟定社稷曰勳，以言曰勞，用力曰功，明其等曰伐，積日曰閱。」❹由　用。

【語　譯】假設有這樣一個人，他認為廉潔心志以便使自己勝任理財工作是可恥的，而一接觸錢財貨物就佔為己有。像這樣的人而居然能發財致富，除非偷盜，別無他途。所以榮華富貴不是自己跑來的，是要靠功勞得來的。如果功勞淺薄，而對爵祿卻期望很高，那是虛假；如果沒有功勞而謀求榮華富貴，那更是欺詐。虛假、欺詐的方法，是君子所不屑採用的。

人們的議論大多這樣說：「君主如果任用我，國家必定不會再有禍患。」真的用了他，結果又未必像他所說的那樣。對於這樣的人，最重要的莫過於加強使自身賢明的修養。如果自己尚且有禍患，使用這樣的人治國，國家怎麼能沒有禍患呢？自身，是自己所能控制的；放棄自身修養這件自己所能制約的事，卻去爭奪自己所不能制約的事，這是悖逆。悖逆的人，不讓他們擔任治理國家和管理官吏的職務是應該的。至於在家侍奉父母，在外結交朋友，是一定可以做好的；如果侍奉父母不孝順，結交朋友不誠信，連這些都不能做到，又怎麼治理好國家或管理好官吏呢？所以觀察和論定人不可根據他未能做到的，而要根據他已經做到的，這樣便可憑以推知他未及做到的那些事的能力了。

〔三〕古之事君者，必先服❶能然後任，必反情❷然後受。主雖過與❸，臣不徒取。〈大雅〉曰❹：「上帝臨❺汝，無貳❻爾心。」以言忠臣之行也。解在鄭君之問被瞻之義❼也，薄疑應衛嗣君以無重稅❽，此二士者皆近知本矣。

【章　旨】言事君之臣必須克盡其職，反躬自省；心志不得有「貳」，言行不可離「本」。

【注　釋】❶服　執持；具備。❷反情　內省。❸過與　過多的賜予。❹大雅曰　此下引詩見《詩經．大雅．大明》。原詩敘述周朝開國歷史，自王季娶太任而生文王起，到武王伐紂止。全詩共八節，引詩見第七節，係武王率軍伐紂誓辭。❺臨　從高處往低處看，引申為監視。❻貳　不忠誠；有二心。❼鄭君之問被瞻之義　事見後〈務大〉三章。鄭君，指鄭穆公，春秋鄭國國君。被瞻，春秋鄭人，曾事文公、穆公。義，指被瞻「不死君、不亡君」的主張。❽薄疑應衛嗣君以無重稅　事見後〈審應〉六章。薄疑，衛嗣君之臣。衛嗣君，即衛平侯之子孝襄侯，後被秦貶為君，故稱衛嗣君。

【語　譯】古代侍奉君主的人，必定要具備相應的才能然後才擔任官職；先反躬內省，然後才接受俸祿。君主即使有過量的賞賜，臣子也不應白白獲取。《詩經．大雅》中說：「上帝俯視著你們哪，你們不可有貳心。」這說的是忠誠之臣應有的品行。這個道理還體現在鄭君問被瞻的主張，和薄疑回答衛嗣君不可加重賦稅這兩個事例上。被瞻、薄疑這兩位士人，都接近於懂得根本了。

諭大

【題解】本篇論述君主和佐君之臣，理解、確立遠大志向和致力於大事、大局的重要意義，故以「諭大」名篇。

諭大的第一層意思是就事理發展說的。地大才有高山，山大、水大才有虎豹、蛟龍。只有胸懷宏偉、志向遠大，才能成就大業。文中列數從舜禹到孔墨多位聖君賢哲，說明他們都有宏圖大略，即使並沒有完全成功，卻亦已各有所成。這也就是通常所說的，欲得乎中必取法乎上的道理。

諭大的第二層意思是就人際關係說的。天下與國家，君主與臣下，既有大小與貴賤之別，又有整體與局部之分；它們之間的關係，儘管有「交相為恃」的一面，但從根本上說，還是「定賤小在於貴大」。因此，作為「小」、「賤」一方，應當認識到只有天下安才有國安，只有國安才有家（采邑）安，只有家安才有身安這個層層相依的道理，致力於為「大」為「貴」建功立業，不應像愚蠢的燕雀那樣，災禍將臨，卻猶營營苟苟於自身安樂，並以此危害社稷。

本篇一、三兩章又見於後〈務大〉，文字略異。

〔一〕七曰——

昔舜欲旗❶古今而不成，既足以成帝矣。禹欲帝而不成，既足以正殊俗❷矣。湯欲繼禹而不成，既足以服四荒❸矣。武王欲及湯而不成，既足以王道矣❹。五伯❺欲繼三王而不成，既足以為諸侯長矣。孔丘、墨翟欲行大道於世而不成，既足以成顯名矣。夫大義之不成，既有成矣已❻。《夏書》❼曰：「天子之德廣運❽，乃❾神，乃武乃文。」故務在事事在大❿。

【章　旨】列數歷代聖君賢哲雖大義不成卻各有所成，以闡明本篇題旨：「務在事大」。

【注　釋】❶旗　通「旂」。據《說文》：旂有鈴，以令眾也。故旂有號令之意。後〈務大〉四章作「舜欲服海外」。服與旂義亦近。❷殊俗　異方之俗。以當時中原地區為考察中心，則四方所謂蠻夷之俗皆被視為異俗。❸四荒　四方極遠之地。❹既足以王道矣　此句疑有脫訛。俞樾認為當作「既足以王通達矣」，後〈務大〉有「湯、武欲繼禹而不成，既足以王通達矣」二句可證。王通達，可以統轄到人力和舟車能夠達到的地區。❺五伯　指春秋五霸。❻既有成矣已　句中「矣已」二字當衍一。後〈務大〉中無「矣」字。但此處按句例似以刪「已」字為妥。❼夏書　古逸書。今傳偽古文《尚書‧大禹謨》中有「都，帝德廣運，乃聖乃神，乃武乃文」，與此處引文稍異。❽廣運　廣大深遠。❾乃　語助，無義。❿故務在事事在大　後〈務大〉為「故務事大」，疑此處衍「在事……在」三字。

【語　譯】從前，舜想要號令古今，雖然沒有成功，但已經足以成就帝業了。禹想要成就帝業，雖然沒有成功，但已經足以匡正四方怪異習俗了。湯想要繼承禹的事業，雖然沒有成功，但已經足以平服四方極遠之地了。周武王想要達致湯的成就，雖然沒有成功，但已經足以君臨舟車所達、人跡所至的地方了。五霸想要繼承三王的事業，雖然沒有成功，但已經足以擔當諸侯的霸主了。孔丘、墨翟想要在世上推行自己的政治主張，雖然沒有成功，但已經足以獲得顯耀的聲譽了。由此可見，有了宏圖大略，即使不能完全成功，亦已經有了相當成就。《夏書》上說：「天子的功德，廣大深遠，玄妙神奇，既勇武又文雅。」所以務必致力於宏圖大略。

〔二〕地大則有常祥、不庭、岐母、群抵、天翟、不周❶，山大則有虎豹熊蟂蛆❷，水大則有蛟龍黿❸鼉❹鱣鮪❺。《商書》❻曰：「五世❼之廟，可以觀怪；萬夫之長，可以生謀。」空❽中之無澤陂❾也，井中之無大魚也，新林之無長木也，凡謀物之成也，必由廣大眾多長久，信也。

【章旨】列舉多種自然現象，說明凡謀事之成功，必然由於「廣大眾多長久」。

【注釋】❶常祥不庭岐母群抵天翟不周　神話傳說中的大山名，參見《山海經》。❷蟂蛆　當是獸名，具體不詳。畢沅疑為「猨狙」。猨狙即猿猴。❸黿　即綠團魚，一種大龜，俗名癩頭黿。❹鼉　一種鱷魚，亦稱揚子鱷，俗稱豬婆龍。❺鱣鮪　二種大魚的古名，今稱鰉、鱘。❻商書　古逸書。❼世　古稱三十年為一世。❽空　通「孔」。小洞穴。❾陂　池。

【語　譯】地大了，才有常祥、不庭、岐母、群抵、天翟、不周等高山；山大了，才有虎、豹、熊、猿、猴等野獸；水大了，才有蛟龍、黿、鼉、鱣、鮪等水族。《商書》上說：「百年古廟，可以看到鬼怪；萬人首領，可以產生奇謀。」孔穴小洞沒有池沼，水井之中沒有大魚，新栽樹林沒有高樹。凡是謀劃事情能取得成功的，必定由於廣大、眾多、長久，這是確信無疑的啊。

〔三〕季子❶曰：「燕雀爭善處於一屋之下，子母相哺也，姁姁❷焉相樂也，自以為安矣。竈突決❸，則火上焚棟，燕雀顏色不變，是何也？乃不知禍之將及己也。為人臣免於燕雀之智者寡矣。夫為人臣者，進其爵祿富貴，父子兄弟相與比周❹於一國，姁姁焉相樂也，以危其社稷，其為竈突近也，而終不知也，其與燕雀之智不異矣。故曰：『天下大亂，無有安國；一國盡亂，無有安家；一家皆亂，無有安身。』此之謂也。故小之定也必恃大，大之安也必恃小。小大貴賤，交相為恃，然後皆得其樂。」定賤❺小在於貴大，解在乎薄疑說衛嗣君以王術❻，杜赫說周昭文君以安天下❼，及匡章之難惠子以王齊王❽也。

【章　旨】引季子語，以燕雀築巢不知災禍為喻，說明個人與國家、國家與天下的相互依賴關係，作為人臣不能只圖自己安樂，而應以天下為重。

【注　釋】❶季子　人名，生平不詳。後〈務大〉作「孔子」。據陳奇猷考訂，當為季子。並認為後〈有度〉之季子與此季子同為一人，約與孔子同時，其學說主張無私。❷姁姁　喜悅自得貌。❸竈突決　竈上煙囪破裂。❹比周　結黨營私。❺賤　此字疑因涉上文而衍（依陳奇猷說）。❻薄疑說衛嗣君以王術　事見後〈務大〉三章。❼杜赫說周昭文君以安天下　事見後〈務大〉三章。杜赫，戰國謀士，曾遊說東周及齊楚等國。昭文君，戰國時周分裂為東、西周。東周都洛陽，昭文君為東周國君。❽匡章之難惠子以王齊王　事見後〈愛類〉四章。匡章，又稱章子、匡子，戰國時齊國名將。惠子，即惠施，宋人，仕於魏，曾為魏王相，莊子之友。齊王，指齊威王，田氏，名田齊，一作嬰齊，在位三十七年（西元前三五六～前三二〇年）。齊威王十六年（西元前三四一年），大敗魏軍於馬陵，迫使魏惠王於齊威王二十三年（西元前三三四年）到徐州朝見，互尊為王。

【語　譯】季子說：「燕雀爭著在屋簷下找好地方築巢，母鳥哺著幼鳥，嘰嘰嬉叫著怡然相樂，自以為很安全。待到竈上的煙囪破裂，火向上冒出燒著了棟樑，可燕雀卻依然不變神色，這是什麼緣故呢？是不知道災禍很快就要降臨到自己啊。作為人臣能夠避免燕雀這種蠢見的人實在太少了。那些做臣子的，只顧增益自己的爵祿富貴，父子兄弟一起在國中結黨營私，像燕雀那樣嘰嘰嬉叫著相互狎樂，以此危害自己的國家。煙囪破裂、火焚棟樑的事已經降臨，而他們卻一無所知，這與燕雀的愚蠢程度已無有二致了。所以說：『天下大亂，就沒有安定的國家；一國全亂，就沒有安定的采邑；采邑全亂，就沒有平安的個人。』說的就是上面那種情況。因此，小區域的安定，必得有賴於整個大局的保障；整個大局的安定，亦有賴於各個小區域的支持。小與大，貴與賤，應該相互依賴，然後才能各自都得到自己的安樂。」要使「小」獲得安定，就得尊尚「大」。這個道理還體現在薄疑以君王之術進說衛嗣君、杜赫用安定天下之法勸諫周昭文王，以及匡章責難惠子尊齊王為王這些事情上。

卷第十四　孝行覽第二

本卷八篇，綜論治國和修身之本。

〈孝行〉提出，「凡為天下，治國家，必務本」，而「務本莫貴於孝」。把孝提高到萬事萬物綱紀的地位，反映了當時處於自然經濟條件下，上至君主王室，下至平民百姓，都由宗法關係來維繫的一個特點。孔子的儒學正是以維護這一特點為宗旨的。從文字上看，本篇亦與《禮記・祭儀》中的有關論述相類。〈本味〉、〈義賞〉二篇，則從不同角度論述了治國之本。〈本味〉以為「其本在得賢」。文中用雲譎波詭的文筆敘述了伊尹奇異的身世和後來以滋味說湯的故事，說明湯因得伊尹才成就了天子事業。〈義賞〉則認為要使一個國家「忠信親愛之道彰」，賞罰必須得當；而欲賞罰得當，又必須不為「一時之務」，而應以「百世之利」為準。而所謂百世之利就是「義」和「禮」。

卷中其餘〈首時〉等五篇，以論述修身待時為總旨，要求君子無論顯達或窮困都不應失去為人之本。各篇之間論旨緊密相連，對機遇與人事的關係作了多側面的闡述，頗能發人深思。功業離不開機遇，但機遇可遇而不可求。本書在〈孟夏紀〉的〈勸學〉篇中就提出「凡遇合也，合不可必」的命題。〈首時〉承此言對機遇須耐心等待；〈長攻〉論須經長期攻治其事，得到多種因素的遇合才能成功；〈慎人〉要求人們懂得儘管成事在天，但謀事在人。〈遇合〉中接觸到了一個深刻的主題：在「遇合也無常」的情況下，人們不應僥倖求逞。因為僥倖而不能勝任，那麼僥倖反會得禍，而且「其幸大者，其禍亦大」。這的確是一個已為許多事實證明了的真理。末篇〈必己〉論述在不遇的情況下，如何對待自己。文中列舉了人們種種兩難處境和在這些處境下的心態，最後歸結到求諸己：「君子必在己者，不必在人者也，必在己無不遇矣。」

總之，由於「外物不可必」，人無法控制千變萬化的外部世界，只能像花草樹木鳥獸蟲魚日益演化自己的形體組織以適應生存環境那樣，不斷調節自己的心理和行為，估計到外部世界可能會出現的種種情況，選擇對自己最有利的時空條件，以求保持自身的相對穩定，在穩定中謀求盡可能大的發展。這是本卷〈首時〉等五篇論述的重點，也是前〈先己〉、〈審己〉等篇中一以貫之的思想。

孝行

【題解】本篇旨在論述治國平天下須以孝道為根本。文章把孝說成是三皇五帝之本務，萬事萬物之綱紀，因而一切人，包括君主、臣子和士民，都必須奉行孝道。

孝是以血緣為紐帶的。文章正是以此為經緯來網絡整個社會的人倫關係。經線是：「論人必先以所親而後及所疏，必先以所重而後及所輕。」緯線是：全社會倡導五德：貴德，貴貴，貴老，敬長，慈幼。人們在對所親所重克盡孝道的同時，對於所疏所輕也不應「簡慢」。如果是君主，則在「愛敬盡於事親」的同時，還須把「光燿加於百姓，究於四海」。這就是作者所描述的一幅理想的宗法社會藍圖。

篇中對孝的具體要求規定得頗為詳盡。首先要極其謹慎地對待被視為父母「遺體」的自己這個身體，並由此引出「五養」。其次是侍奉父母的三「難」和一「善終」。第三，還要做到居處、事君、莅官、交友、戰陣等方面的「五行」。總之，幾乎須以孝包羅整個人生，才算盡了孝道。

文章所以把孝推尊到如此崇高的地位，這是與當時社會歷史條件聯繫在一起的。那時不僅一家一戶的小生產者要由血緣宗法關係來維持，就是整個王朝的統治，亦只是這種宗法關係的擴大化，作為王朝核心的王室內部同樣要以血緣關係來維繫。因而正如篇中所言，執住了孝道這個綱，就能達到「百善至、百邪去、天下從」的目的。

本篇所論孝道，大多源於儒學。《論語・學而》就把孝尊為治國之本：「君子務本，本立而道生，孝悌也者，其為人之本與？」篇中的曾子引語和有些段落，就直接採自作為儒家經典之一的《禮記》。

〔一〕一曰——

凡為❶天下，治國家，必務本而後末。所謂本者，非耕耘種殖❷之謂，務其人❸也。務其人，非貧而富之，寡而眾之，務其本也。務本莫貴於孝。人主孝，則名章❹榮，下服聽，天下譽。人臣孝，則事君忠，處官廉❺，臨難死❻。士民孝，則耕芸❼疾，守戰固，不罷北❽。夫孝，三皇五帝之本務，而萬事之紀也。

【章旨】言孝為治國之根本，萬事之紀綱，無論君主、人臣、士民都要行孝。

【注釋】❶為　治。❷種殖　即種植。❸務其人　指對人的培養與造就。❹章　通「彰」。彰明。❺廉　修身慎行。❻臨難死　指赴君父之難，視死如歸。❼芸　通「耘」。除草。❽罷北　即敗北。

【語譯】大凡治理天下，治理國家，必定先致力於根本，而把次要的事務放在後面。所謂根本，並非指耕耘種植的農事，而是致力於人的教養。致力於人的教養，不只是貧窮的使其富足，人口稀少的使之眾多，而是致力於人的教養的根本。致力於人的教養的根本，沒有比貴重孝道更為重要的了。如果君主做到了孝，那麼名聲就卓著榮耀，下面的臣民便順服聽從，天下的人都會讚譽。臣子如果做到了孝，那麼侍奉君主就會忠誠，居官時清明廉正，面臨君父之難時，就會視死如歸。士民如果做到了孝，那麼耕耘種植就會非常努力，戰鬥防守都非常堅決，不會戰敗而潰逃。所以，孝道，是三皇五帝的根本，是天下萬事的綱紀。

〔二〕夫執一術❶而百善至、百邪去、天下從者，其惟孝也。故論人必先以所親而後及所疏，必先以所重而後及所輕。今有人於此，行於親重，而不簡慢於輕疏，則是篤謹❷孝道，先王之所以治天下也。故愛其親，不敢惡人；敬其親，不敢慢人。愛敬盡於事親，光耀加❸於百姓，究❹於四海，此天子之孝也。

【章旨】言孝之功用能使善至邪去，天下順從；天子之孝應由親及疏，光耀加於百姓，極於四海。

【注釋】❶術 根本性的策略、原則。❷篤謹 謹慎篤厚。❸加 施予。❹究 窮；極。

【語譯】只要掌握好一個根本性的原則，所有的好事都會到來，所有的壞事都會離去，天下都會順從；這樣的根本性原則，大概只有孝道吧。所以論定一個人，一定要先看他對待自己親人的態度，然後再推及他對待一般人的態度；一定要先看他對血緣關係中比較重要的人的態度，然後再推及他對比較輕微的人的態度。如果現在有這樣一個人，對親近的、重要的人能行孝道，對疏遠、輕微的人亦不怠慢，那麼這就是謹慎篤厚於孝道了，這也正是先王用來治理天下的準則。所以熱愛自己親人，也就不會惡意待人；尊敬自己親人，同樣不會怠慢他人。把愛敬之心全部用在事親上，同時把光耀施於全體百姓，並推廣到普天之下，這就是天子的孝道啊。

〔三〕曾子❶曰：「身者，父母之遺體也。行父母之遺體，敢不敬乎？居處不莊，非孝也。事君不忠，非孝也。莅❷官不敬，非孝也。朋友不篤❸，非孝也。戰陳❹無勇，非孝也。五行不遂❺，災及乎親，敢不敬乎？」

《商書》❻：「刑三百，罪莫重於不孝。」

【章　旨】引曾子語，言孝道與居處、事君、居官、交友、戰陣這五種行為的關係，說明孝能帶動一切倫理行為。

【注　釋】❶曾子　孔子弟子，名參，字子輿，以孝著稱，著有《孝經》。相傳〈大學〉也是他的著作。《禮記》中載有他的言行。本篇有關曾子引文，大多見於《禮記・祭儀》。❷莅　到臨。❸篤　忠實。❹陳　古「陣」作「陳」。❺遂成。❻商書　古佚書。

【語　譯】曾子說：「身體是父母遺留給我們的。使用父母遺留給我們的身體，怎麼能不小心謹慎呢？日常起居不端莊，是不孝的行為；事奉君主不忠誠，是不孝的行為；居官臨事不謹慎，是不孝的行為；對朋友不誠信，是不孝的行為；臨戰膽怯不勇敢，也是不孝的行為。上面五種行為不能做好，災害就會連累到自己親人，怎麼能不小心謹慎呢？」

《商書》上說：「刑法共有三百條，沒有比不孝的罪行更為嚴重的了。」

〔四〕曾子曰：「先王之所以治天下者五：貴德，貴貴，貴老，敬長，慈幼。此五者，先王之所以定天下也。所謂貴德，為其近於聖也。所謂貴貴，為其近於君也。所謂貴老，為其近於親也。所謂敬長，為其近於兄也。所謂慈幼，為其近於弟❶也。」

【章　旨】引曾子語，言「五德」乃先王治天下之道。

【注　釋】❶弟　許維遹據《禮記・祭儀》，以為「弟」當作「子」。

【語　譯】曾子說：「先王用來治理天下的方略有五條：崇尚有德行的人，尊重有身分的人，尊敬年老的人，敬重比自己年長的人，愛護年幼的人。這五條，就是先王使天下得以安定之道。所以要崇尚有道德的人，是因為他們接近於聖賢；所以要尊重有身分的人，是因為他們接近於君主；所以要尊敬老人，是因為他們接近於自己的父母；所以要敬重年長的人，是因為他們接近於自己的兄長；所以要慈愛年幼的人，是因為他們接近於自己的子弟。」

〔五〕曾子曰：「父母生之，子弗敢殺。父母置之，子弗敢廢。父母全之，子弗敢闕❶。故舟而不游❷，道而不徑❸，能全支體❹，以守宗廟，可謂孝矣。」

養有五道：修宮室，安牀笫❺，節飲食，養體之道也。樹五色，施五采，列文章❻，養目之道也。正六律❼，龢五聲❽，雜八音❾，養耳之道也。熟五穀❿，烹六畜⓫，龢煎調，養口之道也。龢顏色，說言語，敬進退，養志之道也。此五者，代進而厚用之⓬，可謂善養矣。

【章　旨】從身為父母所生，必須保全，進而推論出五條養身之道。

【注　釋】❶闕　通「缺」。缺損。❷舟而不游　乘舟渡河而不涉水游過去。❸道而不徑　走大道而不抄小路。❹支體　四肢軀體。支，通「肢」。❺第　蓆子。❻文章　青赤相間謂之文，白赤相間謂之章。此處指錯綜華美的花紋。❼六律　古代按竹製的定音管的長短把樂音分為十二音，陰陽相間為六，陽聲稱六律，陰聲稱六呂。此處泛指樂律。❽龢五聲協調宮、商、角、徵、羽這五種聲調。龢，即「和」。❾雜八音　指八種樂器的合奏。據《樂記》所記，八種樂器為：「土曰塤，竹曰管，皮曰鼓，匏曰笙，絲曰弦，石曰磬，金曰鐘，木曰柷敔。」❿五穀　古代對五穀說法不一。本書按〈十二紀〉中的排列為：麥、菽、稷、麻、黍。此處泛指穀物。⓫六畜　指馬、牛、羊、豬、狗、雞。⓬代進而厚用之　不斷更替漸進而重用之。代，更替。厚，重。

【語　譯】曾子說：「父母生下兒子的身體，做兒子的不敢毀壞它；父母養大了兒子的身體，做兒子的不敢廢棄它；父母保全了兒子的身體，做兒子的不敢缺損它。所以渡水時要乘舟船而不應游涉，行路時要走大道不可抄小路。能保全自己的四肢軀體，以守住宗廟祭祀，這可說是盡到孝道了。」

養身之道有這樣五條：整修宮殿居室，安放好臥床床具，節制飲食，這是保養軀體的方法。設置五色，傳施五彩，排列花紋，這是保養眼睛的方法。調整六律，和諧五聲，使八種樂器協調地合奏，這是保養耳朵的方法。五穀的飯食要煮熟，六畜的肉要烹調好，精心調和五味，這是保養口胃的方法。臉色和善，談吐悅人，舉止恭敬，這是保養心志的方法。這五種方法，循序漸進，不斷臻於完善，就可以稱為善於保養身體了。

〔六〕樂正子春❶下堂而傷足，瘳❷而數月不出，猶有憂色。門人問之曰：「夫子下堂而傷足，瘳而數月不出，猶有憂色，敢問其故？」樂正子春曰：「善乎而問之❸。吾聞之曾子，曾子聞之仲尼：父母全而生之，子全而歸之，不虧其身，不損其形，可謂孝矣。君子無行咫步❹而忘之。余忘孝道，是以憂。」故曰：身者非其私有也，嚴親之遺躬❺也。

【章　旨】記述樂正子春因傷足而自責忘了孝道。

【注　釋】❶樂正子春　姓樂正，名子春，曾子學生，戰國時人。《韓非子・顯學》稱孔子死後儒有八派，其中一派即是樂正氏之儒。❷瘳　病癒。❸善乎而問之　你們問得好。而，汝。❹跬步　喻指距離極近。古代以八寸為跬。❺躬　身體。

【語　譯】樂正子春下堂時傷了腳。腳好了已有幾個月，依然足不出戶，而且面有憂色。學生們問他說：「老師您下堂時傷了腳，已經痊癒了，還是幾個月不出門，並且面有憂色，請問這是什麼緣故？」樂正子春回答說：「你們這個問題問得好啊。我曾從曾子那裡受學而得知，曾子則是從孔子那裡受學而得知的：父母完好地把兒子生育下來，兒子要完好地把身體歸還父母。不虧損自己的身子，不損壞自己的形體，這樣才可以稱為盡了孝。所以君子即使離開父母一步半步，也不能忘記這個道理。而我卻忘記了孝道，就為此而憂愁。」所以說，身體不是自己私有的，是父母遺留下來的啊。

〔七〕民之本教曰孝，其行孝曰養。養可能也，敬為難。敬可能也，安為難。安可能也，卒為難。父母既沒，敬行其身，無遺父母惡名，可謂能終矣。仁者仁此❶者也，禮者履❷此者也，義者宜此者也，信者信此者也，彊者彊此者也。樂自順此生也，刑自逆此作也。

【章　旨】言父母生前和死後，作為人子應盡孝道的種種規定，並認為仁、禮、義、信、強等美德，皆本於遵奉孝道。

【注　釋】❶仁此　以此為仁。❷履　實行。

【語 譯】對百姓的根本教化是孝道，遵行孝道就是要奉養父母。奉養父母還是可以做到的，對父母恭敬就困難了；對父母恭敬還是可以做到的，要使父母安寧那就困難了；使父母安寧還是可以做到的，要長年如一日直至父母壽終正寢，那就真是困難了。父母去世以後，自己的一切行為必須恭敬謹慎，不給父母帶來任何壞名聲，這樣才可以稱為能夠善始善終了。所謂仁，就是以能行孝道為仁；所謂禮，就是履行孝道；所謂義，就是以能行孝道為義；所謂信，就是以能行孝道為信；所謂強，就是以能行孝道為強。歡樂來自順行孝道，刑罰則是由於背逆了孝道而招致的啊。

本味

【題解】關於伊尹與湯的故事，本書〈先己〉、〈慎大〉、〈離俗〉等篇均有涉及，〈本味〉則是記述最完整的一篇。文章從伊尹的誕生伴隨著一個古老的神話說起，接著是湯的尋求伊尹，一波三折，最後才進入以「至味」說湯的主題。魯迅在《中國小說史略》中認為〈本味〉是中國現存最早的一篇小說，並論定其本於《漢書・藝文志》小說家《伊尹說》。

首章點明題旨，論述君主欲立功名，根本在於得賢，由此而引出伊尹說湯的故事。洋洋近千言，文辭恢閎詭譎，目的是為了說明治國猶若調和五味，其中奧妙，口不能言，志不能喻，關鍵是使自己成為具有做天子的條件，那就「必先知道」；要懂得「道」，不在人，而在己：「己成而天子成，天子成則至味具。」所以追求至味，必先務本，也即得賢和修己。這一主題與前〈十二紀〉中的〈先己〉篇是相通的。

本篇還保存了我國古老的烹飪技藝和理論的豐富資料。它們雖然未必產生於商湯時代，但至少說明到戰國時期，我們祖先已經掌握了何等高超的烹飪技藝。如「九沸九變，火為之紀」，把掌握火候作為烹飪的要訣，就很有道理。又認為調和五味要做到「久而不弊，熟而不爛，甘而不噥，酸而不酷，鹹而不減，辛而不烈，澹而不薄，肥而不腴」，也說得很精闢。篇中列舉的各地名產，不少是有所據的，有的屬於虛構。

〔一〕二曰——

求之其本，經旬必得；求之其末，勞而無功。功名之立，由事之本也，得賢之化❶也。非賢其孰知乎事化❷？故曰其本在得賢。

【章旨】言君主建功立業之根本，在於得賢者之點化，以為全篇伊尹說湯以至味點題。

【注釋】❶得賢之化　求得賢者之點化。❷事化　指事物之將然與變化。

【語譯】舉凡做事，若能抓到根本，只要經過十天半月，就必定有所成就，如果只抓住細枝末節，就會勞而無功。所以君主功名的建立，必然由於舉事務求根本，也就是要求得賢人的點化。不是賢人，又有誰能懂得事物將來的發展與變化呢？所以說治國的根本，在於得到賢人。

〔二〕有侁氏❶女子採桑，得嬰兒于空桑❷之中，獻之其君。其君令烰人❸養之。察其所以然，曰：「其母居伊水❹之上，孕，夢有神告之曰：『臼出水而東走，毋顧❺。』明日，視臼出水，告其鄰，東走十里，而顧其邑盡為水，身因化為空桑。」故命❻之曰伊尹。此伊尹生空桑之故也。長而賢。湯聞伊尹，使人請之有侁氏。有侁氏不可。伊尹亦欲歸湯。湯於是請取❼婦為婚。有侁氏喜，以伊尹為媵❽送女。故賢主之求有道之士，無不以❾也；有道之士求賢主，無不行❿也；相得然後樂。不謀而親，不約而信，相為殫⓫智竭力，犯危行苦⓬，志懽⓭樂之，此功名所以大成也。固不獨⓮。

【章　旨】記述湯得伊尹的經過，說明君主只有與有道之士相得，才能成就功名大業。

【注　釋】❶有侁氏　即有莘氏，古部落名。侁，通「莘」。❷空桑　桑林。一說為古地名。此處應是前說。❸烰人　庖人；廚師。烰，通「庖」。❹伊水　即伊河，洛水的支流，源出河南盧氏。❺毋顧　不要回頭看。❻命　取名。❼取　通「娶」。❽媵　隨嫁的人。❾無不以　無所不用。以，用。❿無不行　無所不做。⓫殫　竭；盡。⓬犯危行苦　奔赴危難，勤苦治國。⓭懽　歡。⓮固不獨　只靠單方面的力量必定辦不到。固，必定。

【語　譯】有侁氏的一個女子去採桑，在桑林中拾得了一個嬰兒。獻給有侁氏的君主，有侁氏的君主讓庖人撫養他。後來弄清了嬰兒在桑林中出生的來由，說是這樣的：「嬰兒的母親居住在伊水的上游，懷孕了，夢見神告訴她說：『如果你看見石臼裡冒出水來，便趕快向東走，不要回頭看。』第二天，果真看到石臼冒出水來。她便告別她的鄰居，一口氣向東走了十里，再回頭朝家鄉一望，已成一片汪洋。這時，她自己也變成了一片桑林。」所以給這個新出生的嬰兒取名為伊尹。這就是伊尹誕生在桑林裡的故事。

伊尹長大後，很有才德。商湯聽到了伊尹的名聲，便派人去向有侁氏請求要伊尹。有侁氏不答應。但伊尹本人倒想要歸附於商湯。湯於是就請求娶有侁氏的女子，結為姻親。有侁氏很高興地答應了，並讓伊尹作為陪嫁臣僕送女子一起過門。所以賢明的君主為求得有道之士，沒有什麼辦法不可以採用；有道之士為了求得賢主，也沒有什麼事不能做。賢主得到了有道之士，有道之士得到了賢主，雙方融洽投合，十分和樂。這樣的君臣關係，無需事先商量就能親密無間，不必相互約定便能彼此信任，共同竭盡智慧和力量，承擔風險和勞苦。他們心志歡暢，以共同治理好國家為最大樂事。這就是所以能功成名遂取得極大成功的原因。顯然，只靠單方面的努力，必定是辦不到的。

〔三〕士有孤而自恃❶，人主有奮而好獨❷者，則名號❸必廢熄，社稷必危殆。

故黃帝立四面❹，堯、舜❺得伯陽、續耳❻然後成，凡賢人之德有以知之也。伯牙❼鼓琴，鍾子期聽之，方鼓琴而志在太山❽，鍾子期曰：「善哉乎鼓琴，巍巍乎若太山。」少選❾之間，而志在流水，鍾子期又曰：「善哉乎鼓琴，湯湯❿乎若流水。」鍾子期死，伯牙破琴絕弦，終身不復鼓琴，以為世無足復為鼓琴者。非獨琴若此也，賢者亦然。雖有賢者，而無禮以接之，賢奚由盡忠？猶御之不善，驥不自千里也。

【章　旨】言士不可「孤而自恃」，君主不可「奮而好獨」；就像伯牙因有鍾子期為知音才能發揮其高超琴藝一樣，賢士須有君主的知遇，才能竭盡其建功立業之才智。

【注　釋】❶孤而自恃　孤傲而自負。❷奮而好獨　自矜而又喜歡獨斷專行。俞樾注：「奮，猶矜也。」❸名號　指美好的名聲。❹立四面　四處求賢，立之為輔佐。❺堯舜　陳奇猷認為「堯」字當衍。伯陽、續耳係舜七友中之二友，不應有「堯」字。❻續耳　相傳為堯舜任用之賢人。❼伯牙　相傳為春秋楚人，善彈琴。初學琴於成連，三年不成。後隨成連至東海蓬萊山，聞海水澎湃、群鳥悲號之聲，心有所感乃援琴而歌，從此琴藝大進。琴曲〈水仙操〉、〈高山流水〉，傳為其所作。❽志在太山　指以琴聲描摹泰山之高大、雄壯。太山即泰山，此處用以泛指高山。❾少選　須臾。
❿湯湯　大水浩蕩貌。

【語　譯】士人如果有孤傲而自負的，君主如果有自矜而又喜歡獨斷專行的，那麼一切好的名聲定會廢絕消失，國家必然岌岌可危。所以黃帝要派人四出尋找賢人，求而立為輔佐；堯舜亦是由於得到伯陽、續耳的佐助，然後才成就帝業的。

大凡賢德之人的品德，都是有辦法可以瞭解的。伯牙鼓琴，鍾子期聽賞。剛彈奏時，琴聲意在表現高山峻嶺雄偉之勢，鍾子期說：「彈得好極了！巍峨高聳，猶如泰山一般。」停了一會兒，伯牙又彈起了描摹流水滔滔的曲調。鍾子期又說：「彈得真妙啊，如同那浩浩蕩蕩的大江流水一般。」後來鍾子期死了，伯牙摔破琴，弄斷弦，終身不再彈琴，因為他覺得世上再沒有值得他去彈奏的人了。不僅彈琴如此，對待賢人也是這樣。即便有賢德之人，如果不以應有的禮遇接待他，那麼賢人又為什麼要盡心竭力效忠呢？這就如同駕馭得不好，那麼即使是駿馬亦不會自動日行千里的啊。

〔四〕湯得伊尹，祓❶之於廟，爝以爟火❷，釁以犧猳❸。明日，設朝❹而見之，說湯以至味，湯曰：「可對而為乎❺？」對曰：「君之國小，不足以具之，為天子然後可具。夫三群之蟲❻，水居者腥，肉玃者❼臊，草食者羶，臭❽惡猶美，皆有所以。凡味之本，水最為始。五味❾三材❿，九⓫沸九變，火為之紀⓬。時疾時徐，滅腥去臊除羶，必以其勝⓭，無失其理⓮。調和之事，必以甘酸苦辛鹹，先後多少，其齊⓯甚微，皆有自起。鼎中之變，精妙微纖，口弗能言，志不能喻⓰。若射御之微，陰陽之化，四時之數。故久而不弊⓱，熟而不爛，甘而不噥⓲，酸而不酷⓳，鹹而不減⓴，辛而不烈，澹㉑而不薄，肥而不腴㉒。肉之美者：猩猩之脣，貛貛之炙㉓，雋觾之翠㉔，述蕩之掔㉕，旄象之約㉖。流沙㉗之西，丹山㉘之南，有鳳之丸[29]，沃[30]民所食。魚之美者：洞庭之鱄[31]，東海之鮞[32]。醴水[33]之魚，名曰朱鱉，六足，有珠百碧[34]。雚水[35]之魚，名曰鰩[36]，其狀若鯉而有翼，常從西海夜飛，游於東海。菜之美者：崑崙之蘋[37]，壽木[38]之華[39]。指姑[40]之東，中容之國[41]，有赤木玄木[42]之葉焉。餘瞀[43]之南，南極之崖[44]，有菜，其名曰嘉樹，其色若碧。陽華[45]之芸[46]。雲夢之芹[47]。具區[48]之菁[49]。浸淵[50]之草，名曰土英。和之美者：陽樸[51]之薑，招搖[52]之桂，越駱[53]之菌，鱣鮪之醢[54]，大夏[55]之鹽，宰揭[56]之露，其色如玉，長澤之卵[57]。飯[58]之美者：玄山[59]之禾，不周[60]之粟，陽山之穄[61]，南海之秬[62]。水之美者：三危[63]之露；崑崙之井[64]；沮江之丘[65]，名曰搖水[66]；曰山[67]之水；高泉[68]之山，其上有涌泉焉，冀州[69]之原。果之美者：沙棠[70]之實；常山[71]之北，投淵[72]之上，有百果焉，群帝所食；箕山[73]之東，青鳥[74]之所，有甘櫨[75]焉；江浦[76]之橘；雲夢之柚[77]。漢上石耳[78]。所以致之馬之美者，青龍之匹，遺風之乘[79]。非先為天子，不可得而具。天子不可彊為，必先知道[80]。道者止彼在己[81]，己成而天子成，天子成則至味具。故審近所以知遠也，成己所以成人也。聖人之道要[82]矣，豈越越[83]多業哉！」

【章　旨】記述伊尹以至味說湯，提出欲得至味，必先為天子；但天子不可強為，必先致力於仁義之道。

【注　釋】❶祓　古代為除災辟邪而舉行的一種祭祀儀式。❷爝以爟火　點燃起驅除災邪之火。爝，束葦為炬，此處用如動詞。爟火，即權火。為使能高舉，要把火炬繫於猶如提取井水用的「桔皋」那樣一根橫杆之上，其狀若秤杆之於「權」，故有是名。❸釁以犧猳　用犧牲的血塗於祭器縫隙中，以驅除災邪。釁，以牲血塗祭器。犧，祭祀用的純色牲畜。猳，公豬。❹設朝　布置朝堂。❺可對而為乎　可以即刻去做嗎。《爾雅・釋言》：「對，遂也。」遂有「當即」之意。❻三群之蟲　指下文三類動物。群，獸類相聚。蟲，動物的泛稱。❼肉玃者　食肉動物。玃，攫取。❽臭　氣味。❾五味　鹹、苦、酸、辛、甘。❿三材　水、木、火。⓫九　表多數。⓬紀　節制。⓭必以其勝　必定靠火候來取勝。其，代指火。⓮理　指火候的適中。⓯齊　通「劑」。劑量。⓰志不能喻　有所意會，無法明白說出。志，內心感悟。喻，曉諭；說明。⓱弊　敗；壞。⓲噥　畢沅以為噥係「噮」之訛。噮，味過厚。⓳酷　《說文》稱酒味過厚為酷。此處借指酸過度。⓴減　減損。㉑澹　同「淡」。㉒𦞦　字書無此字。陳奇猷以為「𦞦」有「膩」意。他書或作「腴」，腴為過肥，與膩義近。㉓獾獾之炙　獾獾，狼的一種。炙，通「跖」。腳掌。㉔雋觾之翠　雋觾，一種鳥的名稱。翠，指鳥的尾巴。㉕述蕩之掔　述蕩，傳說中的長有兩個頭的野獸，又稱跊踼。掔，通「腕」。此處指獸的小腿。㉖旄象之約　旄牛和大象的尾巴。約，短尾。亦有訓「約」為鼻、為腰、為脂肪或為腹下肉的。㉗流沙　古地名。高誘注：在敦煌西八百里。㉘丹山　古地名。高誘注：丹山在南方，丹澤之山也。㉙丸　卵。㉚沃　傳說中的沃之國，在西方。見《山海經・大荒西經》。㉛鱄　產於洞庭湖的一種淡水魚。也有人認為是江豬。㉜鮞　海濱之細魚。也有人認為是魚子。㉝醴水　水名。在湖南西北部，源出桑植縣北，於醴縣新洲入洞庭湖。㉞有珠百碧　朱鱉的皮上有珠狀物，成串排列。陳奇猷認為「碧」當是「朋」之雙聲假借字。朋，串。百碧，即百串。㉟雚水　古水名，在西方。見《山海經・西山經》。㊱鰩　魚名，形狀不詳。㊲蘋　一種水生的野菜。㊳壽木　生長於崑崙山的一種樹。傳說食其果可長生，故稱壽木。㊴華　花。㊵指姑　傳說中之山名。㊶中容之國　傳說中的國名。㊷赤木玄木　傳說中的兩種樹名，其葉食之可成仙。㊸餘瞀　古山名，傳說在南方。㊹崖　邊緣。㊺陽華　古澤名。㊻芸　香菜名。㊼芹　水生的芹菜。㊽具區　即太湖。㊾菁　菜名。㊿浸淵　深淵名。其址不詳。(51)陽樸　地名，傳說在蜀郡。(52)招搖　山名。《山海經・南山經》稱：「招搖之山，臨於西海之上，多桂。」(53)越駱　古國名。(54)鱣鮪之醢　鱣鮪，兩種大魚的古名。

醢，肉醬。55大夏　古澤名，一說山名，傳為西方產鹽之地。56宰揭　古山名，其址不詳。57其色如玉二句　陳奇猷注以為此二句今本誤倒。長澤，古澤名，傳說在西方。《山海經．北山經》稱：「條營之水，西南流注於長澤。」卵，指石卵。據《本草經》，石卵有驅邪袪毒之功用。58飯　指糧食。59玄山　山名，其處不詳。60不周　山名，傳說在崑崙山西北。61陽山之穄　陽山，崑崙山之南。山南為陽，故稱陽山。穄，黍中不黏者。62秬　黑黍。63三危　古山名，傳說在西方，山上住著西王母三隻青鳥。64井　指泉水。65沮江之丘　沮江，古地名，其處不詳。丘，盆地。66搖水　疑為「瑤水」，即瑤漿玉露之意（依陳奇猷說）。67曰山　當是「白山」（依畢沅說）。白山，即天山，以其終年積雪故有是稱。68高泉　當作「高前」（依畢沅說）。《山海經．中山經》稱：「高前之山，其上有水焉。」69冀州　古代九州之一。70沙棠　果樹名，生於崑崙山。據《山海經．西山經》：其果實食之可禦水，使人不溺。71常山　即恆山，為五嶽之北嶽，今河北曲陽西北。72投淵　古地名，其址不詳。73箕山　山名，傳說堯時許由曾隱居於此山，在今河南登封東南。74青島　地名，在崑崙山之東。75甘櫨　當為甘樝（依梁履繩說），即甘楂，果味略酸。76江浦　長江之濱。浦，水濱。77柚　柚樹的果名。78漢上石耳　漢，漢水。石耳，菜名，類似地耳，屬地衣類食物。79所以致之馬之美者三句　俞樾以為「馬之美」三字疑衍。青龍、遺風皆駿馬之名。80知道　知曉仁義之道。81止彼在己　「止」當為「亡」之誤（依俞樾說）。亡彼在己，不在別人，而在自己。82要　約；簡約。83越越　用力的樣子。

【語　譯】商湯求得伊尹後，在宗廟裡為他舉行除災袪邪的儀式。一面點燃起爟火，一面用純色公豬的血來塗飾祭器。第二天，特為布置朝堂，在朝會上，接見了伊尹。伊尹為商湯說起了美味。商湯聽得有了興趣，問道：「可以即刻製作這些美味嗎？」伊尹回答說：「你的國家還小，暫時還不具備製作這些美味的條件。等你當了天子，然後才可以具備。有三類動物，生活在水裡的有腥味，食肉的有臊味，吃草的則有羶味。儘管這些氣味不好聞，但還是能做出美味佳餚來，都有派牠們用處的地方。大凡調和滋味的根本，水是第一位的。五種口味——酸、甜、苦、辣、鹹；三種材料——水、木、火，進行烹調，在鼎中經過多次煮沸，多次變化。在這過程中，火候的掌握是關鍵。時而熾火烈焰，時而文火燜燉。想要除去腥味、臊味、羶味，必須掌握火候，不能有所疏失。調和各類食料，必定要用甜、酸、苦、辛、鹹這五種調味品。投放次序的先後，劑量的多少，都須注意。雖然調味品的劑量極微，但各自都有它的作用。鼎中食品的變化，精妙而細微，既不能言傳，也很難意會，就如同射箭與御馬的技術那樣精微，陰陽二氣交會那樣變化多端，四季運行那樣有玄妙莫測的定數。一旦達到了這個境界，那麼燒的時間雖長，也不會有什麼損害，食品形質熟而不爛，食品口味甘而不過頭，酸而不過分，鹹而不澀嘴，辛辣而不太過刺激，清淡而不乏味，肥油而不膩口。

肉類中的佳品有：猩猩的嘴唇，獾獾的腳掌，雋觾的尾巴，述蕩的肘子，旄牛和大象的短尾。流沙的西面，丹山的南面，出產鳳凰的蛋，那是沃國人的食品。魚類的佳品有：洞庭湖的鱄魚，東海的鮞魚，醴水出產的一種名為朱鱉的魚，有六隻腳，皮上有一串串珍珠般的斑粒；雚水有一種名為鰩的魚，形狀像鯉魚，但是有翅膀，經常在夜間從西海飛到東海而游。蔬菜中的佳品有：崑崙山上的蘋草和壽木的花果；指姑山東面的中容之國，出產赤木、玄木樹上長的葉子；餘瞀山的南面，南極的邊崖上，出產一種菜名叫嘉樹，顏色如碧玉。此外，還有陽華澤的芸菜，雲夢澤的芹菜，太湖的菁菜，浸淵出的一種草，名叫土英。調味料的佳品有：陽樸出產的薑，招搖山出產的桂皮，越駱出產的菌和鱣魚鮪魚做成的醬，大夏的鹽，宰揭的露和潔白如玉的長澤的石卵。糧食的佳品有：玄山的禾穀，不周山的小米，陽山的穈子，南海的黑黍。水的佳品有：三危的露水，崑崙山的泉水，沮江畔盆地上的瑤水，白山的雪水，高泉山上作為冀州河流水源的湧泉。水果的佳品有：沙棠樹的果實，常山北面、投淵上面帝王們享用的各種果實；箕山東面，青島那個地方出產的甜山楂；還有長江之畔的橘子，雲夢澤出產的柚子，漢水沿岸生長的石耳菜。

要把上面這些美味佳餚都羅致到，那得有像青龍、遺風的駿馬為之跑遍天下。如果不先成為天子，那就不可能具有這些條件。天子是不可能勉強去當的，必須先懂得仁義之道。這仁義之道的能否施行，決定不在他人，而在於自己。自己能掌握仁義之道，自然就能成為天子。能成為天子，這許多美味佳餚也就可以齊備了。所以明察近處，就可以瞭解遠處；自己身體力行了仁義之道，也就能完成對他人的教化了。聖人倡導的為君之道很簡約，哪裡用得著費力去做許多瑣事呢？

首時

【題解】篇名「首時」，意即文中所謂「所貴唯時」，時機第一。又作「胥時」，胥為等待，胥時就是等待時機。二名與文章內容均可通。

時機亦即機遇。從文中所舉實例看，大多是指那些始所未料而能導致事態有突破性進展的偶發事件或機會。君主要想功成名就，一定要抓住這樣的時機。作者指出：「時固不易得」，因而要耐心等待。如周的伐紂，從季歷、文王，一直等待到武王即位十二年，才遇到甲子牧野誓師的機會；伍子胥的伐楚，先是想要晉見吳王，就費了不少周折，接著又退而耕於野達七年之久，最後才得到在柏舉大敗楚軍的機會，從而報了父兄之仇。這種等待的過程「似緩而急、似遲而速」，以為可以跳越而過，反會欲速則不達。等待也不應是消極的等待。要求「勤以待時」，「務在知時」。這裡強調的是「勤」和「知」兩個字，即要勤於修業，使自己具備豐富的知識和經驗，養成敏銳的識別和判斷事理的能力，並不斷觀察和分析時勢，以使主觀修養與客觀時機之間達到「若步之與影不可離」那樣的境界。這樣時機來到時，便能一舉而大事成。

末章針對當時現實特為指出，亂世之民所以對黑暗統治依舊默然無聲，是由於「未見賢者」；因而一旦若有賢者舉事，那就「往不可止」，人心所向，勢不可擋。文章反覆提醒「天不再與，時不久留」，與前〈應同〉首章「天為者時，而不助農於下」的用意是完全一致的，都是為著激勵當世「賢主秀士」切莫錯過這千載難逢的好機會。

〔一一〕三曰——

聖人之於事，似緩而急、似遲而速以待時。王季歷困而死❶，文王苦之，有不忘羑里之醜❷，時未可也。武王事之❸，夙夜不懈，亦不忘王門之辱❹，立十二年，而成甲子之事❺。時固不易得。太公望，東夷之士❻也，欲定一世而無其主，聞文王賢，故釣於渭❼以觀之。

【章　旨】言周室歷經季歷、文王、武王三代，才成就滅紂的功業，由此說明成就王業，必須耐心等待時機。

【注　釋】❶王季歷困而死　王季歷，古公亶父之子，文王昌之父，王為尊稱。困而死，指季歷為殷王所殺。《竹書紀年》殷文丁十一年，「王殺季歷」。但《史記・周本紀》只記「公季（即季歷）卒，子昌立」，未有季歷被殺事。❷羑里之醜　指文王被紂拘於羑里之辱。羑里，古地名。醜，恥辱。❸武王事之　指武王臣事於紂。❹王門之辱　王門當是玉門，係紂所築。據《戰國策・趙策》，文王被幽於羑里時，武王亦被羈於玉門。❺甲子之事　指武王伐紂，於二月甲子之日，在商郊牧野誓師，大敗殷師，紂自焚而死，周遂滅殷。❻東夷之士　據《史記》「太公望，東海上人也」，故此處稱其為「東夷之士」。一說太公望為河內汲人，如《水經注》。❼渭　水名，近豐、鎬，文王的發祥地。

【語　譯】聖人的行事，看起來好似很舒緩，而心志亦急於求成；舉事的過程看起來很慢，而實際上卻是很快，那是因為善於等待時機的緣故。王季歷困辱而死，文王為此非常痛苦，同時又不忘記自己被紂拘於羑里的恥辱；他所以不起兵伐紂，是因為時機尚未到來啊。武王臣事殷紂，從早到晚絲毫不敢懈怠，但他亦並未忘記自己曾被紂王羈於玉門的恥辱。武王繼位十二年，終於在甲子這一天大敗殷軍，滅了殷紂。這說明時機的獲得是多麼不容易啊。太公望是東夷的賢士，他想平定天下，可是沒有賢明的君主。聽說文王賢德，所以到渭水之濱垂釣，以便觀察文王的品德。

〔二〕伍子胥欲見吳王❶而不得。客有言之於王子光❷者，見之而惡其貌，不聽其說而辭❸之。客請❹之王子光，王子光曰：「其貌適❺吾所甚惡也。」客以聞伍子胥，伍子胥曰：「此易故❻也。願令王子居於堂上，重帷❼而見❽其衣若手，請因❾說之。」王子許。伍子胥說之半，王子光舉帷，搏❿其手而與之坐。說畢，王子光大說。伍子胥以為有吳國者必王子光也，退而耕於野七年。王子光代吳王僚為王，任子胥。子胥乃修法制，下賢良⓫，選練士，習戰鬥；六年，然後大勝楚於柏舉⓬，九戰九勝⓭，追北⓮千里，昭王⓯出奔隨⓰，遂有郢⓱，親射王宮，鞭荊平⓲之墳三百。鄉⓳之耕，非忘其父之讎也，待時也。

【章　旨】言伍子胥為等待時機，耕於鄉野七年，終於以吳的國力，敗楚而復父兄之仇。

【注　釋】❶吳王　指吳王僚，吳王夷昧之子，為王子光所使之專諸刺死，在位十二年（西元前五二六～前五一五年）。❷王子光　即吳王闔閭，在位十九年（西元前五一四～前四九六年）。❸辭　謝絕。❹請　問。❺適　恰好。❻故　事。❼重帷　雙層的帳幕。❽見　顯現。❾因　憑藉。❿搏　握住。⓫下賢良　禮賢下士。⓬柏舉　楚國南部邑名，在今湖北麻城東北。⓭九戰九勝　當是五戰五勝之誤。《左傳》、《史記》及本書〈簡選〉三章皆稱五戰五勝。⓮北　指敗逃的軍隊。⓯昭王　楚昭王，平王之子，在位二十七年（西元前五一五～前四八九年）。⓰隨　國名，春秋時為楚的附庸，在今湖北隨縣。⓱郢　楚的國都，在今湖北江陵西北。⓲荊平　即楚平王，楚恭王之子，名棄疾，後改名熊居，聽信費無忌之讒言，殺伍子胥父兄。前後在位十五年（西元前五二八～前五一四年）。⓳鄉　通「嚮」。往昔。

【語　譯】伍子胥想要晉見吳王僚，但一直沒能見到。有個門客向王子光介紹了伍子胥的情況，王子光見到伍子胥時，由於厭惡伍子胥的容貌，不聽他的進說便辭退了他。門客詢問王子光為什麼這樣，王子光說：「此人的長相恰好是我極為厭惡的。」門客把這話轉告了伍子胥。伍子胥說：「這是很容易的事情。就請讓王子光坐在堂上，我坐在雙重的帷幕裡，只露出衣服和手來，請允許我藉此來與王子光說話。」王子光答應了。伍子胥向王子光進說才到一半，王子光便撩起帷幕，握住伍子胥的手，然後一起坐下深談。伍子胥說完了，王子光非常高興。伍子胥認為今後能據有吳國的，必定是王子光。因而隱退鄉間，在田壟耕作達七年之久。後來王子光果然代吳王僚成了吳王，他啟用了伍子胥。伍子胥於是就整頓法制，禮賢下士，選拔和訓練士兵，進行戰鬥演習。六年以後，在柏舉大敗楚國的軍隊，九戰九勝，追趕楚國的敗軍千餘里。楚昭王只好離開國都郢，逃到隨。吳國的軍隊就這樣佔領了郢。伍子胥親自挽弓射楚國的王宮，鞭打楚平王的墳墓三百下，以報殺戮父兄之仇。他先前在鄉間耕作七年，並非忘了父兄的怨仇，那是為了等待時機啊。

〔三〕墨者有田鳩❶欲見秦惠王❷，留秦三年而弗得見。客有言之於楚王❸者，往見楚王，楚王說之，與將軍之節❹以如秦，至，因見惠王。告人曰：「之秦之道，乃❺之楚乎？」固有近之而遠，遠之而近者。時亦然。有湯武之賢而無桀紂之時不成，有桀紂之時而無湯武之賢亦不成。聖人之見時，若步之與影不可離。故有道之士未遇時，隱匿分竄❻，勤以待時。時至，有從布衣而為天子者，有從千乘而得天下者，有從卑賤而佐三王者，有從匹夫而報萬乘者，故聖人之所貴唯時也。水凍方固，后稷❼不種，后稷之種必待春，故人雖智而不遇時無功。方葉之茂美，終日采之而不知，秋霜既下，眾林皆羸❽。事之難易，不在小大，務在知時。

【章　旨】以眾多人事以至自然界例證說明：「所貴唯時」；故有道之士在未遇時機時，應「勤以待時」、「務在知時」，這樣時機一到，便能功成名就。

【注　釋】❶田鳩　即田俅，齊國墨者。《漢書・藝文志》有《田俅子》三篇。❷秦惠王　秦孝公之子，名駟。❸楚王　與秦惠王同時的是楚威王與楚懷王。此處楚王當是二者之一。❹節　符節。古代使者用作憑證。❺乃　竟。❻分竄　分別潛藏於各處。竄，藏伏。❼后稷　名棄，周的始祖。稷本是掌農業之官，堯任命棄為稷。后，君。周人因稱棄為后稷。❽羸　裸。

【語　譯】墨家有個學者叫田鳩的，想要拜見秦惠王，留在秦國三年還沒有見到。門客中有人把這個情況告訴了楚王，於是田鳩就去見楚王。楚王對他很欣賞，給了他將軍的符節，讓他代表楚國出使秦國。田鳩到了秦國，藉此機會見到了秦惠王。他出來後告訴別人說：「到秦國來拜見惠王的途徑，竟然要先到楚國去兜一圈才行啊。」事情本來就有離得近反而被疏遠，離得遠反而能接近的。時機也是這樣。有商湯和周武王那樣的賢者，而沒有夏桀、商紂的無道造成機會，就不能成就王業；有夏桀、商紂那樣無道君主所造成的時機，而沒有商湯、周武王那樣有賢德的君主，也不能成就王業。聖人的行事與時機的掌握，就如同步子與影子那樣，不可分離。

所以，有道之士在沒有遇到時機的時候，就隱居潛藏分散於各處，勤奮修業，以待時機的到來。機會來了，有的可以從平民一躍而為天子，有的可以從諸侯而得天下，有的從卑賤的地位進而輔佐天子，有的從一介武夫而能為知遇之主復仇於萬乘之王。因此，聖人唯一尊奉的就是時機。冰凍還非常堅固時，后稷不會去耕種；后稷的耕種必定要等待春天的到來。所以人君即使有足夠的智慧但不適逢時機，也無法建立功業。正當樹葉繁盛茂密的時候，即便終日採摘也不覺其減少；而秋天一降霜，縱使無人採摘，所有的樹木也都會葉落枝裸。所以事情的難易不在大小，關鍵在於掌握時機。

〔四〕鄭子陽❶之難，猘狗❷潰之；齊高國❸之難，失牛❹潰之；眾因之以殺子陽、高國。當其時，狗牛猶可以為人唱❺，而況乎以人為唱乎？飢馬盈廄❻，嗼然❼，未見芻❽也；飢狗盈窖❾，嗼然，未見骨也；見骨與芻，動不可禁。亂世之民，嗼然，未見賢者也，見賢人則往❿不可止，往者非其形，心之謂乎。齊以東帝困於天下而魯取徐州⓫，邯鄲以壽陵困於萬民⓬而衛取繭氏⓭。以魯、衛之細而皆得志於大國，遇其時也。故賢主秀士之欲憂黔首者，亂世當之矣。天不再與，時不久留，能不兩工⓮，事在當之⓯。

【章　旨】以種種實例和巧喻說明，抓準時機，一蹴即就；而當今亂世正是成就王業的最好時機，「天不再與，時不久留」，賢主秀士必須緊緊抓住。

【注　釋】❶鄭子陽　鄭國之相。《史記》則稱駟子陽。陳奇猷疑其既為鄭國之相，又被封以駟地，故有鄭、駟二稱。其人好刑罰，對下極苛嚴。家臣中有人折了弓，恐必死，恰逢國人追逐瘋狗，於是便乘亂殺了子陽。參見後〈適威〉六章。❷猘狗　瘋狗。❸齊高國　齊國之貴族高氏與國氏。❹失牛　從牛欄裡逃逸出來的牛。高氏國氏因逸牛而被殺事，未詳。❺唱　通「倡」。先導。❻廄　馬棚。❼嗼然　無聲。❽芻　餵牲畜的草料。❾窖　地窖。此處指狗窩。❿往　歸附。⓫齊以東帝困於天下而魯取徐州　齊湣王十六年（西元前二八八年）稱東帝，導致燕國聯合秦、楚、韓、趙、魏五國伐齊，湣王出走，魯國乘機取得齊之徐州。⓬邯鄲以壽陵困於萬民　指趙肅侯十五年（西元前三三五年）因修陵寢擾民而引起民眾騷亂。邯鄲，趙之國都，此代指趙國。壽陵，陵寢之名。⓭藺氏　趙之城邑。⓮兩工　同時在兩方面都做好。⓯當之　抓住恰當的時機。

【語　譯】鄭國子陽的遇難，正好發生在追捕瘋狗的混亂當中；齊國高氏國氏的遇難，也發生在追逐逃逸奔牛的混亂時刻，眾人就藉著這種機會殺了子陽和高、國二氏。遇上合適的時機，狗和牛尚且可以作為人們發難的開端，更何況以人作為舉事的先導呢？

飢馬滿馬棚，也可以默然無聲，因為沒有看到草料；餓狗滿狗窩，也可能默然無聲，因為沒有見到骨頭。一旦牠們見到了草料或骨頭，那麼騷動便不可禁止。亂世的百姓，所以默然無聲，那是由於還沒有見到賢者。一旦發現了賢德之人，就會成群結隊地爭著前去歸從，任何力量也阻擋不了。因為爭著歸附的，不是他們的身體，而是他們的心啊。當齊湣王僭稱東帝，而困於各國聯合起來的討伐大軍時，魯國便乘機襲取了齊國的徐州；當趙肅侯因修建陵寢擾民而困於成千上萬民眾的反抗時，衛國便乘機攫取了趙的藺氏。像魯、衛這樣弱小的國家，卻都能夠從大國那裡撈到便宜，因為它們恰好遇到了這樣的時機。所以如果有賢明的君主和傑出的人士要為百姓分憂解難的話，當今亂世正是最恰當的時候。一個好的時機上天不會給兩次，它也不可能久留，人的才能也不可能同時在兩個方面都精到。一切人事上的努力，就在於抓住恰當的時機和採取恰當的措施。

義賞

【題　解】本書專論賞罰的文章有二篇。此篇〈義賞〉，倡導按義禮行賞；後〈當賞〉則主張論賞當以德行為先，可說是前後相承。

在封建制度下，賞罰是君主制馭群臣的一種權術，荀子所謂「勉之以慶賞，懲之以刑罰」（《荀子・王制》）。本篇則把這種作用進一步延伸和擴大，強調它們的教化功能。認為賞罰得當，「忠信親愛之道彰」，賞罰不當，則「姦偽賊亂貪戾之道興」；因而告誡君主：「賞罰之所加，不可不慎。」文章根據行賞必須符合義、禮的題旨，各舉了一個範例。晉文公在城濮之戰後論賞先雍季後咎犯，依據的就是先道義後功利的原則；趙襄子晉陽解圍後論賞先高赦後張孟談，依據的則是先禮制後事功的原則。在作者看來，義、禮是「百世之利」，而功利只是「一時之務」。

本篇上述思想與儒家大致相合而與法家形成對立。法家主張賞罰以事功為先。《韓非子・難一》，更對本篇中晉文公、趙襄子行賞二事，作了完全不同的評析。針對晉文公「百世之利」與「一時之務」的說法，〈難一〉認為把二者割裂開來是不對的。關鍵在於能否戰勝：戰而勝，「萬世之利奚患不至」；戰而不勝，「安暇待萬世之利」。由此可見：「萬世之利在今日之勝，今日之勝在詐於敵，詐敵萬世之利而已。」至於趙襄子僅以高赦在晉陽之圍中不失君臣之禮而予首賞，〈難一〉認為是「失賞」。

從歷史上看，每逢大功告成君主對臣下論功行賞時，無論以義利為尚還是以事功為先，都無法解決、有時反會激化群臣爭功要賞的矛盾，直至鬧到兵戈相向的地步。當然，君主亦有採取殺功臣一手的，這時，那些所謂開國元勳就大多逃脫不了韓信就擒時說的那種結局：「狡兔死，良狗亨（「烹」之本字——引者）；高鳥盡，良弓藏；敵國破，謀臣亡。」（《史記・淮陰侯列傳》）

〔一〕四曰——

春氣至則草木產❶，秋氣至則草木落，產與落或使之❷，非自然也。故使之者至，物無不為；使之者不至，物無可為。古之人審其所以使，故物莫不為用。賞罰之柄，此上之所以使也。其所以加❸者義，則忠信親愛之道彰。久彰而愈長，民之安之若性，此之謂教成。教成則雖有厚賞嚴威弗能禁。故善教者，不以賞罰而教成❹，教成而賞罰弗能禁。用賞罰不當亦然。姦偽賊亂貪戾之道興，久興而不息，民之讎❺之若性，戎、夷、胡、貉、巴、越❻之民是以，雖有厚賞嚴罰弗能禁。郢人❼之以兩版垣❽也，吳起變之❾而見惡❿，賞罰易而民安樂；氐羌⓫之民，其虜⓬也，不憂其係纍⓭，而憂其死不焚也；皆成乎邪也。故賞罰之所加，不可不慎。且成而賊民⓮。

【章旨】言賞罰為君主所以使人之權柄；賞罰標準應符合道義；賞罰當與不當將直接影響民眾之教化；因而「賞罰之所加，不可不慎」。

【注釋】❶產　生長。❷或使之　有一種力量在促使它們這樣。或，無所指代詞，此處指春氣或秋氣。❸加　施行。❹不以賞罰而教成　陶鴻慶認為承上文當作「義以賞罰而教成」。❺讎　通「售」。售，使用；施行。❻戎夷胡貉巴越　古代對中原四周各少數民族的稱謂。❼郢人　即楚人。郢為楚國都。❽兩版垣　用兩塊夾板築土牆。版，即板。垣，土牆，此處用如動詞。❾吳起變之　吳起，衛人，先後仕於魏、楚。變之，據高誘注：吳起教楚人用四塊夾板築土牆。

❿惡　怨恨。⓫氐羌　古代對西部地區少數民族的稱謂。⓬虜　指被俘虜。⓭係纍　捆綁。引申為囚禁。纍，同「累」。⓮成而賊民　意謂邪行一旦形成為習俗，就會危害民眾。按：上述自「賞罰易而民安樂」至此一段文字，意義很難貫通，可能傳寫中有幾處次序被顛倒。依陶鴻慶校訂，原文應為：「郢人之以兩版垣也，吳起變之而見惡；氐羌之民，其虜也，不憂其係纍，而憂其死不焚也；皆成乎邪也。且成而賊民。賞罰易而民安樂。故賞罰之所加，不可不慎。」語譯姑依。

【語　譯】春氣來到，草木就生長；秋氣一來，草木就凋零。生長與凋零，是節氣支配使然，不是草木自己會這樣的。所以促使事物發生變化的原因一旦出現，萬事萬物沒有不隨之而變化的；原因不出現，那麼任何事物都不會自行發生變化。古人能審察那些促使事物變化的因素，所以萬物沒有不被他們利用的。

施行賞罰的權柄，便是君主用來役使臣民的。如果君主施行的賞罰是符合道義的，那麼忠誠、信用、相親相愛的原則就會發揚光大，長久地發揚光大而且日益增長，民眾信守這些原則就會如同自己的本性一樣，這時就可稱為教化的成功。教化成功了，即使再用厚賞嚴刑，也不能禁止。所以善於教化民眾的人，就是按照道義的要求來施加賞罰，因而教化能成功，教化成功，即使賞罰也不能加以禁止。如果賞罰使用不當，也是如此，那就是奸詐虛偽賊亂貪鄙暴戾的行為乘機興起。如果長久興行而不能止息，民眾行使這種邪惡的伎倆也會如同自己的本性，例如那些戎、夷、胡、貉、巴、越的人就是這樣。到那時，即使採取厚賞嚴罰也無法禁止它。郢人習慣用兩塊夾板築土牆，吳起下令改變這種落後的做法，卻反受到他們的怨恨；氐人羌人被俘虜時，擔憂的不是自己被囚禁，而是死後不能火化。這些都是由邪行形成的習俗。這種習俗一旦形成，就會危害百姓。如果能用賞罰來改變這種情況，民眾最終會感到安樂的。所以賞罰的施行，不可不謹慎啊。

〔二〕昔晉文公將與楚人戰於城濮❶，召咎犯❷而問曰：「楚眾我寡，奈何而可？」咎犯對曰：「臣聞繁禮之君，不足於文❸；繁戰之君，不足於詐❹。君亦詐之而已。」文公以咎犯言告雍季❺，雍季曰：「竭澤而漁，豈不獲得？而明年無魚。焚藪❻而田，豈不獲得？而明年無獸。詐偽之道，雖今偷❼可，後將無復❽，非長術也。」文公用咎犯之言❾，而敗楚人於城濮。反而為賞，雍季在上。左右諫曰：「城濮之功，咎犯之謀也。君用其言而賞後其身，或者不可乎？」文公曰：「雍季之言，百世之利也。咎犯之言，一時之務❿也。焉有以一時之務先百世之利者乎？」孔子聞之曰：「臨難用詐，足以卻敵。反而尊賢，足以報德。文公雖不終始⓫，足以霸矣。」賞重則民移⓬之，民移之則成焉。成乎詐，其成毀，其勝敗。天下勝者眾矣，而霸者乃⓭五，文公處其一，知勝之所成也。勝而不知勝之所成，與無勝同。秦勝於戎⓮而敗乎殽⓯，楚勝於諸夏⓰而敗乎柏舉⓱。武王得之矣，故一勝而王天下。眾詐盈國，不可以為安，患非獨外⓲也。

【章旨】言晉文公在城濮之戰中，採用咎犯詐偽之術而大敗楚軍，但行賞時，仍把反對詐偽之術的雍季放在咎犯之前；由此說明行賞標準必須符合「百世之利」的道義原則，而詐偽之術只是「一時之務」。

【注釋】❶城濮　春秋時衛國地名，在今河南范縣南。據《左傳》僖公二十八年（西元前六三二年）記載，這年四月，「晉侯、齊師、宋師、秦師及楚人戰於城濮，楚師敗績」。❷咎犯　即狐偃，字子犯，晉文公之舅，故稱咎犯。「咎」、

「舅」通。❸不足於文　對禮樂文采不會滿足。文，文采，指禮樂陳設之講究，規模之盛大。❹不足於詐　不厭詐偽。❺雍季　即公子雍，晉文公之子，季為其排行。❻藪　沼澤地。❼偷　苟且。❽無復　不可復得。❾文公用咎犯之言　然據《左傳》僖公二十八年、《史記・晉世家》等記載，提出詐偽之術的是先軫，不是咎犯，與此處相異。❿務　事。⓫終始　指終身皆能德善其身。⓬移　改變。⓭乃　才。⓮秦勝於戎　指秦穆公破西戎而稱霸。⓯敗乎殽　殽，殽山，在今河南省西部。秦穆公敗於殽事，詳見後〈悔過〉篇。⓰楚勝於諸夏　據《左傳》宣公十二年（西元前五九七年），楚軍討鄭，晉師救鄭，楚、晉戰於鄭地邲，晉大敗。即此一戰，使楚莊王一舉而服鄭勝晉。諸夏，中原地區各國。此處指鄭、晉。⓱敗乎柏舉　指吳國伍子胥率軍敗楚昭王軍於柏舉。柏舉，楚國南部邑名。⓲外　指對外的戰爭。

【語　譯】以前，晉文公將要與楚軍在城濮決戰召咎犯來商量，問他：「楚國兵多，我國兵少，怎樣做才能取勝？」咎犯回答說：「我聽說喜歡禮儀繁雜的君主，不會滿足於禮儀的盛大；作戰頻繁的君主，也不會厭足於戰爭中的詭詐之術。君上也採取詭詐之術好了。」文公把咎犯的話告訴了雍季。雍季說：「戽乾了池水而捕魚，當然能夠捕到魚，但是明年就沒有魚了；燒盡沼澤之地草木而圍獵，當然能夠打到野獸，但是明年便沒有野獸了。詐偽的辦法，雖然暫時苟且可以得利，但以後便不能再次得利了，因而絕非長久之策。」文公採取了咎犯的計謀，在城濮打敗了楚國的軍隊。但返師以後，論功行賞，雍季卻列在首位。左右侍從進諫說：「城濮之戰的成功，是靠咎犯的謀略；君上用了他的謀略，可是行賞卻把他放在後面，這或許有些不妥吧？」文公說：「雍季的話，關係到的是百世之利；咎犯的謀略，只是一時的權宜之計。哪有把顧及一時之需的放在百世之利的前面呢？」孔子聽到這件事後說：「遇到危難時，採用詐術，足以打敗敵人；班師回返後，尊重賢人，足以表明德義。文公雖然不能堅持始終，但也足以稱霸了。」賞賜重，可使民眾改變情性；民眾改變情性那就是教化的成功。如果成功來自虞詐，這樣的成功，最終總要毀壞；這樣的勝利，最終也還是要失敗。天下取得勝利的君主可多了，但能夠成就霸業的，只有五人，文公就是其中一位，這是因為他懂得勝利的原因之所在啊。如果勝利了，卻還不知道勝利之由來，與沒有勝利完全一樣。秦國能夠戰勝西戎而稱霸，但在殽之戰中卻敗於晉國；楚國在邲地一戰輕勝中原諸國，但在柏舉卻慘敗於吳國。只有周武王深得以道義、誠信取國的道理，因而能以牧野一戰的勝利而君臨天下。如果各種虞詐欺騙行徑充徹全國，那就不可能有國家的穩定與安寧。要知道禍患並非只是來自外部啊。

〔三〕趙襄子出圍❶，賞有功者五人，高赦❷為首。張孟談❸曰：「晉陽之中❹，赦無大功，賞而為首何也？」襄子曰：「寡人之國危，社稷殆，身在憂約❺之中，與寡人交而不失君臣之禮者惟赦，吾是以先之。」仲尼聞之曰❻：「襄子可謂善賞矣。賞一人而天下之為人臣莫敢失禮。」為六軍❼則不可易❽。北取代❾，東迫齊❿。今張孟談踰城潛行，與魏桓⓫、韓康⓬期⓭而擊智伯，斷⓮其頭以為觴⓯，遂定三家⓰，豈非用賞罰當邪？

【章　旨】言趙襄子在晉陽圍解賞賜有功之臣時，以被圍期間仍能不失君臣之禮的高赦為首功，被孔子讚為「賞一人而天下之為人臣莫敢失禮」。

【注　釋】❶趙襄子出圍　趙襄子，名毋卹，趙簡子之子，在位三十三年（西元前四五七～前四二五年）。據《史記》、《戰國策》等記載，智伯與韓、魏兩家圍趙襄子於晉陽，襄子令其家臣張孟談出城與韓、魏相約，共破智伯，智伯國破身亡，三家共分智氏。❷高赦　他書或作高赫、高共，趙襄子家臣。❸張孟談　趙襄子家臣，在晉陽解圍中立有首功。❹中　當作「事」（依許維遹說）。❺約　困。❻仲尼聞之曰　趙襄子事發生在孔子死後多年，此處顯係後人託名。❼六軍　泛指軍隊。周制天子設有六軍。後周室衰微，各大國諸侯的軍隊不受限制，故同以六軍稱諸侯軍隊。❽易輕慢。❾代　戰國時國名，在今河北蔚縣一帶，後為趙襄子所滅，事見後〈長攻〉四章。❿東迫齊　事未詳。⓫魏桓即魏桓子，名駒。⓬韓康　即韓康子，名虎。⓭期　相約日期。⓮斷　猶判也，分開。⓯觴　古代盛酒器。⓰遂定三家　指確定韓、趙、魏三家分晉的局面。

【語　譯】趙襄子從晉陽被圍的困境中解脫出來以後，賞賜了五個有功勞的人，以高赦為首賞。張孟談說：「在晉陽被圍事件中，高赦並沒有大功，賞賜時卻以他為首，這是為什麼呢？」襄子說：「在我的國家社稷遇到危險，我自身陷於憂困患難的那些日子裡，與我交往而不失君臣之禮的只有高赦。因此我把他放在賞賜的首位。」孔子聽到這件事以後說：「襄子可以說是善於賞賜了。賞賜了一個人，天下那些當臣子的就沒有人敢對君主失禮了。」趙襄子用這種辦法治理軍隊，軍隊就不敢輕慢。他北面滅掉代國，東面進迫齊國。派張孟談翻越城牆暗中去與魏桓子、韓康子相約日期，共同襲擊智伯。勝利以後，剖開智伯的頭顱以為酒器來慶賀勝利，由此而確定三家分晉的局面。這些，難道不正是由於他賞罰得當嗎？

長攻

【題解】篇名「長攻」，意為長期地攻治其事，耐心等待，一旦遇其事、遇其人，不惜依靠詐偽之術，以求事之必成。但通讀全篇，意義還不限於此。從首尾二章論述中，還反映了一個頗為獨特的歷史現象，值得注意。

篇中所舉越王句踐滅吳，楚文王滅息與蔡，和趙襄子滅代三例，有一個共同特點：靠的都是詐偽之術，有的還是以怨報德。特別是趙襄子為了取得代，不惜把自己的姊姊作為犧牲品，最終導致其姊自殺身亡，是很不近情理的。但是，他們卻都為後世所稱道。原因是他們都是成功者。歷史原只是成功者的記錄而已。對此，作者頗為感慨地得出了這樣的結論：「人主有大功，不聞不肖，亡國之主不聞賢。」並進而聯繫到歷史上幾乎公認的聖王和暴君，認為：湯武未必那麼賢，桀紂未必那麼不肖；如果桀紂不亡，雖不肖，羞辱未必會落到如此不堪的地步；如果湯武不王，雖賢，聲名也未必會頌揚到如此崇高的程度。這的確是一個頗有見地的論斷。在中國兩千多年的歷史中，即便是那些功業顯赫的君王，在謀取權力時，無論對內對外，都有本篇所說的「不備遵理」之處，只要撥開他們炫人眼目的「冕旒」，他們的那些所謂豐功偉績本身，同時也是某種罪惡的供狀，篇中所舉三例，便是一個明證。所以在權位爭奪過程中，像吳王夫差那種「不仁不義，雖得十越，吾不為也」的表白，只能被認為是傻子說傻話，坐待他人宰割而已。

〔一〕五曰——

凡治亂存亡，安危強弱，必有其遇❶，然後可成，各一則不設❷。故桀、紂雖不肖，其亡遇湯、武也，遇湯、武，天也，非桀、紂之不肖也；湯、武雖賢，其王遇桀、紂也，遇桀、紂，天也，非湯、武之賢也。若桀、紂不遇湯、武，未必亡也；桀、紂不亡，雖不肖，辱未至於此。若使湯、武不遇桀、紂，未必王也；湯、武不王，雖賢，顯未至於此。故人主有大功，不聞不肖，亡國之主不聞賢。譬之若良農，辯❸土地之宜，謹耕耨之事，未必收也；然而收者，必此人也始在於遇時雨，遇時雨，天地❹也，非良農所能為也。

【章　旨】言國家的治亂存亡，均「必有其遇」，所以湯武未必那麼賢，桀紂也未必那麼不肖，只是「人主有大功，不聞不肖，亡國之主不聞賢」而已。

【注　釋】❶遇　遭逢；機遇。❷各一則不設　意謂人事和機遇這兩種因素若不恰好相遇，便不能成功。不設，不成；不合。❸辯　通「辨」。辨別。❹地　疑為衍文（依俞樾說）。

【語　譯】大凡治與亂，存與亡，安與危，強與弱，一定要有人事與時機兩個方面的相互遇合，然後才能轉化成為現實；如果彼此不相遭逢，那就不可能成為現實的存在。所以，夏桀、殷紂雖然不肖，但他們之所以滅亡，是因為遇到商湯、周武王。他們恰好逢上商湯、周武王，這是天意，並非僅僅由於夏桀、殷紂的不肖。商湯、周武王雖然賢，他們之所以能夠稱王天下，是由於遇到夏桀、殷紂。他們恰好逢上夏桀、殷紂，那是天意，並非僅僅由於商湯、周武王的賢德啊。如果夏桀、殷紂沒有遭遇到商湯、周武王，那麼夏桀、殷紂未必會亡；他們雖然不肖，但也不至於受侮辱到如此不堪的地步。如果商湯、周武王沒有遭遇到夏桀、殷紂，也未必能稱王天下；他們雖然賢德，亦就未必會顯達榮耀到如此崇高的程度。

所以有大功業的君王，就不會聽到他們還有什麼不肖之處；亡國的君主，也就不會聽到他們還有什麼賢明的地方。這好比一個優秀的農民，雖然既善於辨別土質適宜於種植何種作物，又勤勤懇懇地耕耘鋤草，但卻未必一定有收成；而能夠獲得收成的，則必定是一開始種植就遇到及時雨的農民。但他們之所以獲得及時雨，那是天意，即使是善於經營的農民，也不是他們力所能及的啊。

〔二〕越國大饑，王❶恐，召范蠡❷而謀。范蠡曰：「王何患焉？今之饑，此越之福而吳之禍也。夫吳國甚富而財有餘，其王❸年少，智寡材輕，好須臾之名，不思後患。王若重幣❹卑辭以請糴❺於吳，則食可得也。食得，其卒越必有吳，而王何患焉？」越王曰：「善。」乃使人請食於吳，吳王將與之。伍子胥進諫曰：「不可與也。夫吳之與越，接土鄰境，道易人通❻，仇讎敵戰之國也，非吳喪越，越必喪吳。若燕、秦、齊、晉，山處陸居，豈能踰五湖九江❼、越十七阸❽以有吳哉？故曰非吳喪越，越必喪吳。今將輸之粟，與之食，是長吾讎而養吾仇也。財匱而民恐❾，悔無及也。不若勿與而攻之，固其數❿也，此昔吾先王⓫之所以霸。」且夫饑，代事⓬也，猶淵之與阪⓭，誰國無有？吳王曰：「不然。吾聞之：『義兵不攻服，仁者食⓮饑餓。』今服而攻之，非義兵也；饑而不食，非仁體⓯也。不仁不義，雖得十越，吾不為也。」遂與之食。不出三年而吳亦饑，使人請食於越，越王弗與，乃攻之，夫差為禽⓰。

【章　旨】言句踐以詐偽而勝，夫差因仁義而亡。

【注　釋】❶王　指越王句踐。❷范蠡　越大夫，佐助越王句踐雪會稽之恥。據《史記·越王句踐世家》載，建議句踐請糴於吳的，是大夫種，不是范蠡，與此處所記有異。❸其王　指吳王夫差。❹幣　禮物。❺糴　買進糧食。此處指借糧。❻道易人通　道路通暢，人民往來方便。易，無險阻。❼五湖九江　五湖，指太湖流域的湖泊。九江，又名九迴。此處泛指江湖之險阻。❽十七阸　十七，當為約數，言其多。阸，通「阨」。險要的地方。❾恐　疑為「怨」之誤。❿數　天數；天意。⓫先王　指吳王闔閭。⓬代事　交替出現的事。⓭阪　山坡。按：此處「且夫饑……誰國無有」十五字，楊樹達以為係吳王語倒錯於此，應接於後文「雖得十越，吾不為也」之後。語譯依此。⓮食　給人食物。⓯仁體　當為「體仁」(依譚戒甫說)，意謂體會仁義之實質。⓰禽　通「擒」。吳國為越所滅、夫差為越所擒事，詳見後〈知化〉篇。

【語　譯】越國遇上大饑荒，越王句踐很害怕，召范蠡來商量對策。范蠡說：「大王，您何必如此擔憂呢？如今的這個饑荒，正是越國的福運、吳國的禍患呀。吳國現在很富足，它的國王很年輕，缺少智謀和才能，喜好一時的虛名，卻不考慮後患。大王如果用貴重的禮品，卑恭的言辭向吳國請求借糴糧食，那麼糧食一定可以得到；如果得到了糧食，那麼最後越國還能佔有吳國。對此，大王何必有什麼憂慮呢？」越王說：「好。」於是派人去吳國請求糧食。吳王準備借糧食給越國了，伍子胥來進諫說：「不能給越國糧食。越國與吳國，土地相連，邊境相鄰，道路通暢，人們往來便捷，而相互之間又是有仇怨的敵對國家，不是吳國滅掉越國，越國就必定要滅掉吳國。至於像北方的燕、秦、齊、晉這些國家，它們處於山區和陸地，怎麼可能跨越五湖九江，穿越數十處險阻來佔有吳國呢？所以說，不是吳國滅掉越國，越國就必定要滅掉吳國。我們如果運送糧食，讓他們有得吃，那就是供養我們的仇怨，扶助我們的敵人哪！自己弄得錢財匱乏，百姓怨恨，將來後悔就來不及了。不如不給他們糧食，並乘此機會進攻他們，這原本是天數啊。而且這也正是過去先王闔閭所以能稱霸的一種做法。」吳王說：「不對。我聽說過這樣的話：『正義的軍隊不攻打已經臣服的國家，仁義的君主能救濟飢餓的民眾。』現在越國已經臣服，如果我們還向它發動進攻，那就不是正義的戰爭；越國正遭到饑荒，如果我們不給予救濟，那就不能體現出君主的仁義。不仁不義的事，即使能得到十個越國，我也是不會去做的。況且饑荒是輪流更替而有的，就像深淵與斜坡一樣，哪個國家沒有呢？」於是便給了越國糧食。不到三年，吳國也發生了饑荒，派人去越國請求糧食，越王非但不給，而且乘機向吳國發動進攻，結果吳國滅亡，夫差被擒。

〔三〕楚王❶欲取息❷與蔡❸，乃先佯善蔡侯❹，而與之謀曰：「吾欲得息，奈何？」蔡侯曰：「息夫人，吾妻之姨❺也。吾請為饗❻息侯❼與其妻者，而與王俱，因而襲之。」楚王曰：「諾。」於是與蔡侯以饗禮入於息，因與俱，遂取❽息。旋❾，舍❿於蔡，又取蔡⓫。

【章　旨】記述楚文王以詐偽之術兼併息、蔡二國。

【注　釋】❶楚王　指楚文王，名熊貲，在位十三年（西元前六八九～前六七七年）。❷息　古國名，西周分封的諸侯國，姬姓，為楚所滅。故址在今河南新息。❸蔡　古國名，周武王弟叔度及其子胡受封之地，為楚所滅。故址在今河南上蔡、新蔡一帶。❹蔡侯　即蔡哀侯，名獻舞，在位二十年（西元前六九四～前六七五年）。❺妻之姨　指其妻之姊妹。❻饗　以酒食款待人。❼息侯　息國君主。❽取　不動用軍旅而得謂之取。❾旋　返還。❿舍　住宿。此處指軍隊駐紮。⓫又取蔡　指順道又取蔡國。蔡哀侯被俘之楚，留九年而死於楚。《史記．管蔡世家》、《左傳》莊公十年、十四年均載有其事，與本篇所記稍有出入。

【語　譯】楚王想兼併息國與蔡國，於是先假裝向蔡哀侯表示友好，然後與他商量說：「我想得到息國，你看有什麼辦法？」蔡哀侯說：「息夫人是我妻子的姊妹，請允許讓我去饗宴息侯和他的夫人，請大王一起去，藉這個機會就能襲取它。」楚王說：「好。」於是楚王與蔡哀侯一起備了宴饗的禮品進入息國，藉機便佔有了息國。回返途中，楚王和他的軍隊臨時在蔡國駐紮，順便又襲取了蔡國。

〔四〕趙簡子❶病，召太子❷而告之曰：「我死，已葬，服衰❸而上夏屋❹之山以望。」太子敬諾。簡子死，已葬，服衰，召大臣而告之曰：「願登夏屋以望。」大臣皆諫曰：「登夏屋以望，是游也。服衰以游，不可。」襄子曰：「此先君之命也，寡人弗敢廢。」群臣敬諾。襄子上於夏屋以望代俗，其❺樂甚美，於是襄子曰：「先君必以此教之也。」及歸，慮所以取代，乃先善之。代君好色，請以其弟姊妻之❻，代君許諾。弟姊已往，所以善代者乃萬故❼。馬郡宜馬❽，代君以善馬奉襄子，襄子謁❾於代君而請觴❿之，馬郡盡⓫，先令舞者置兵其羽⓬中數百人，先具大金斗⓭。代君至，酒酣，反斗而擊之⓮，一成⓯，腦塗地。舞者操兵以鬥，盡殺其從者。因以代君之車迎其妻⓰，其妻遙聞之⓱狀，磨笄⓲以自刺，故趙氏至今有刺笄之證⓳與「反斗」之號。

【章　旨】記述趙襄子秉承其父遺志，以詐偽陰謀兼滅代國的經過。

【注　釋】❶趙簡子　即趙鞅。❷太子　指趙襄子，趙鞅之子，名毋卹。❸服衰　穿著喪服。古代為父服喪，三年為期，稱「斬衰」。斬為不緝邊，隨布之斬剪處絲縷外露，以示不飾。衰為綴於喪服胸前當心處長六寸、寬四寸的一塊麻布，因以代指喪服。衰後來寫作「縗」。❹夏屋　山名。代國之南山，在今山西代縣。❺其　當為「甚」(依陳奇猷說)。❻以其弟姊妻之　把姊姊嫁給代王為妻。此句中和後句首之「弟」，疑為衍文。❼故　巧故。❽馬郡宜馬　代國適宜於牧馬。代地以產馬著聞，故稱之為馬郡。❾謁　告訴。❿觴　以酒食款待。⓫馬郡盡　代國的善馬盡進於趙襄子。畢沅認為此句當接於「代君以善馬奉襄子」之下。語譯依此。⓬羽　舞者所持之舞具。⓭金斗　用以斟酒的器皿。其形方，有柄，青銅製，故稱金斗。⓮反斗而擊之　先舉斗翻至後，再重重擊出。⓯一成　一下。⓰其妻　代君之妻，即趙襄子之姊。⓱之　其。⓲笄　簪子。⓳刺笄之證　「刺笄」當為「磨笄」之誤。《史記・趙世家》云：「襄子姊，前代王之夫人。襄子令宰人科擊殺代王。其姊聞之，泣而呼天，摩笄自殺。代人憐之，所死地名曰摩笄之地。」又《史記正義・趙世家》注引《括地志》云：「摩笄山，一名磨笄山，亦名為山，在蔚州飛狐縣東北百五十里。」此處不稱山而稱「之證」，意謂對於趙襄子，至今尚有磨笄山可為其導致姊自殺的那種不義行為的證據。

【語　譯】趙簡子病重，召見太子囑咐他說：「我死了以後，安葬完畢。你還穿著孝服就可以登上夏屋山去觀望風光。」太子恭敬地表示遵命。簡子去世，安葬完畢。太子穿著喪服，召集大臣，告訴他們說：「我想登上夏屋山去觀望。」大臣們都勸諫說：「登夏屋山觀望，這就是外出遊覽呀。穿著孝服出去遊覽，這不可以。」襄子說：「這是先君臨終前的遺命，我不敢違背。」大臣都恭敬地表示聽命。這樣，襄子就登上夏屋山，觀望代國的風土人情，感到非常美妙，非常高興。於是襄子說：「先君一定是用這種辦法來教誨我的啊。」回來以後，襄子便謀劃用什麼辦法奪取代國，第一步便是想方設法討好代國君主。代君好女色，襄子便請求以自己的姊姊嫁給代君為妻。代君答應後，就把姊姊嫁了過去。就這樣，用來討好代君的，真可說做到了千方百計。代國地方適宜於養馬，故有馬郡之稱。代君選了上好的駿馬奉獻給襄子，幾乎獻盡了這號稱馬郡地方的所有好馬。這時襄子便邀請代君來一起舉行宴會。先讓幾百個準備在宴會上舞蹈的人把兵器暗藏在舞具內，並事先準備好很大的斟酒用的長柄銅斗。代君來到，酒喝到正當興濃的時候，突然操起銅斗向後一翻猛力朝代君頭部擊去。只一下子，代君已是腦漿塗地。這時，舞蹈的人就拿出兵器與代君的隨從格鬥，把他們全部殺死。接著就用了代君的車輦去迎接代君的妻子。代君妻子在遠處聽到代君被擊殺的情狀，就磨尖簪子自刺而死。所以有關趙襄子奪取代國的事實，至今還有磨笄山這個山名可作見證，有「反斗」這個稱號可為憑據。

〔五〕此三君者，其有所自❶而得之。不備遵理❷，然而後世稱之，有功故也。有功於此而無其失，雖王可也。

【章　旨】指出上列三君其行「不備遵理」，所以被後世稱道，乃出於「有功故也」。

【注　釋】❶有所自　指各有其所使用的方法。❷不備遵理　不盡遵循情理。備，完全。

【語　譯】這三位君主，他們各有自己獨特的辦法，去獲得自己所要的。他們並不完全遵照人情之常理，但後世仍然稱道他們，這是由於他們各有成就。如果能有這樣的功業，而又不失卻道義，那麼即使稱王天下，也是可以做到的。

慎人

【題解】本篇承上篇〈長攻〉續論時遇與人事的關係。文章一開頭把君主能否建功立業分解為二個因素：天意和人力，強調的是後者。認為不可因天意之故而「不慎其人」，仍應謹慎地作人為努力，故以「慎人」名篇。舊校篇名又作「順人」，「順」為「慎」之借字。

文章先分析了舜、禹、湯、武這些聖君的成功都包含著天意和人力二重因素，接著指出：「舜之耕漁，其賢不肖與為天子同。」這就是說，當舜盡有天下時，就他的才智品德而言，是與耕田打魚時同一的，所以能南面稱王，「時使然也」，是時勢造就了英雄，因而絕不可忘乎所以。文中還舉了百里奚的實例，說明不止是帝王，那些能夠功成名遂的大臣也莫不如此。「使百里奚雖賢，無得繆公，必無此名矣。」這些揭示，都包含著豐富的歷史內容。

既然人們在通達的時候，應該認識到權位不會給人以賢德，仍然必須注重自身修養，那麼在困窮的時候應持守什麼態度呢？末章孔子窮於陳蔡的故事便是回答這個問題的。文章以孔子在「七日不嘗食」的困境中依然弦歌不息為例，說明君主應像松柏那樣長青不凋，做到「內省而不疚於道，臨難而不失其德」，「窮亦樂，達亦樂」。

〔一〕六曰——

功名大立，天也；為是故❶，因不慎其人❷不可。夫舜遇堯，天也；舜耕於歷山❸，陶❹於河濱，釣於雷澤❺，天下說之，秀士從之，人也。夫禹遇舜，天也；

禹周於天下，以求賢者，事利黔首，水潦川澤之湛❻滯壅塞可通者，禹盡為之，人也。夫湯遇桀，武遇紂，天也；湯武修身積善為義，以憂苦於民，人也。

【章　旨】言天意與人力關係。舜遇堯、禹遇舜、湯武遇桀紂縱然都是天意，但功業的建立，都離不開他們自身堅苦卓絕的努力。

【注　釋】❶故　緣故。❷人　指人事上的主觀努力。❸歷山　山名，傳為舜耕作之處。其今址說法不一，有位於山東、山西、浙江、湖南等多處。此處可能指山東歷城南之歷山，又名舜耕山。❹陶　製作陶器。❺雷澤　古澤名，即雷夏，今山東菏澤東北。❻湛　通「沉」。沉積。

【語　譯】大凡顯赫的功業得以建立，靠的是天意。但如果由於這個緣故，就不再謹慎地作人為的努力，那也不能成功。舜遇到堯，是天意；但舜在歷山下耕作，在黃河邊上製作陶器，在雷澤之畔打魚，天下人都喜愛他，傑出賢士都跟從他，這可是他人為努力的結果。禹遇到舜，是天意；但禹周行天下，尋求賢德之人，事事都求有利於百姓，那些淤積阻塞常常為害的水潦河流湖泊，凡是可以疏通的，他全都把它們疏通了，這可都是他人為努力的結果。商湯遇到夏桀，周武王遇到殷紂王，那是天意；商湯和周武王都能修養自身的品德，積善行義，為百姓憂慮，為民眾勞苦，這也都是人為的努力啊。

〔二〕舜之耕漁，其賢不肖與為天子同。其未遇時也，以其徒屬❶，堀地財❷，取水利❸，編蒲葦，結罘網❹，手足胼胝❺不居❻，然後免於凍餒❼之患。其遇時也，登為天子，賢士歸之，萬民譽之，丈夫女子，振振殷殷❽，無不戴說❾。舜自為詩曰：「普天之下，莫非王土，率❿土之濱⓫，莫非王臣。」所以見⓬盡有之也。盡有之，賢非加也；盡無之，賢非損也；時使然也。

【章旨】言舜能登上天子之位為時勢使然，他的才智品德前後並沒有什麼不同。

【注釋】❶徒屬　部屬。❷堀地財　耕掘土地，種植五穀。堀，當作「掘」(依畢沅說)。地財，指由土地產出的五穀。❸水利　指魚鱉之類水產物。❹罘網　捕獸用的網。❺胼胝　手掌和腳底磨起的繭。❻居　停留；休息。❼餒　飢餓。❽振振殷殷　跳躍歡樂貌。❾戴說　擁戴和歡悅。❿率　沿著。⓫濱　邊界。⓬見　表現。

【語譯】從事耕作和捕魚時的舜，與後來做天子時的舜，那賢明或不肖的情況是一樣的。在還沒有遇到時機的時候，他帶領自己的部屬，耕地種植五穀，下水捕撈魚鱉，編紮蒲葦器物，結織獸罘魚網，手掌和腳底都起了老繭也顧不得休息，這樣才能免除受凍挨餓之苦。他在遇到時機以後，即位當了天子，賢德的人都來歸附他，萬民都來讚譽他，男男女女，都流露出歡欣鼓舞的樣子，沒有一個不是擁戴和喜歡他的。於是舜自己作詩道：「普天之下，沒有一塊不是我君王的土地；環繞土地四周，沒有一個不是我君王的臣民。」這詩句用來表現他全部據有了土地和百姓。雖然全部據有了，但他的賢德和才能並沒有增加；即使全部都沒有佔有，他的賢德和才能也不會有任何損減。這一切都是時勢造成的啊。

〔三〕百里奚❶之未遇時也，亡虢❷而虜❸晉，飯牛❹於秦，傳鬻❺以五羊之皮。公孫枝❻得而說之，獻諸繆公❼，三日，請屬事❽焉。繆公曰：「買之五羊之皮而屬事焉，無乃❾天下笑乎？」公孫枝對曰：「信賢而任之，君之明也；讓賢而下之，臣之忠也；君為明君，臣為忠臣。彼信❿賢，境內將服，敵國且畏，夫誰暇笑哉？」繆公遂用之。謀無不當，舉必有功，非加賢也。使百里奚雖賢，無得繆公，必無此名矣。今焉知世之無百里奚哉？故人主之欲求士者，不可不務博也。

【章　旨】以同一個百里奚，遇秦穆公前顛沛流離，遇秦穆公後事事成，說明世上當仍有「百里奚」在，人主應廣為訪求。

【注　釋】❶百里奚　百里氏，名奚。原為虞國大夫，虞亡奔虢而為晉所虜，後被作為秦穆公夫人的陪嫁奴隸進入秦，又逃亡至宛，為楚人所執，公孫枝以五張黑羊皮從楚人處贖回，進獻給秦穆公用為大夫，故號為五羖大夫，佐助秦穆公建立霸業。❷虢　春秋國名，姬姓，據有今三門峽和山西平陸一帶，建都上陽，西元前六五五年為晉所滅。❸虜　被虜。❹飯牛　餵牛。❺傳鬻　轉賣。傳，通「轉」。鬻，賣。❻公孫枝　春秋時秦大夫子桑。❼繆公　即秦穆公。❽屬事　屬以國事。屬，託付。❾無乃　恐怕；可能。❿信　誠；確實。

【語　譯】百里奚沒有遇上機緣的時候，從虞國出亡虢國，又在虢國被晉國俘虜，以後輾轉流落到秦國替人餵牛，直至以五張羊皮的價格給轉賣。公孫枝買得百里奚後非常喜歡他，就把他進獻給秦穆公。三天以後，又去請求秦穆公把處理國政的大任委託給百里奚。秦穆公說：「用五張羊皮買來的人而委託給他國家大事，恐怕會被天下人取笑吧？」公孫枝說：「信任賢人而委託他國事，這是君王的英明；讓位給賢人而自己甘居下位，這是臣子的忠誠。君主是英明的君主，臣子是忠誠的臣子。如果百里奚果真賢能，那麼境內都將順從，敵國都會畏懼，誰還會有閒暇來笑話這件事呢？」穆公於是就重用百里奚。他提出的謀略沒有不恰當的，他做的事情都必定成功。這並不是百里奚變得更加賢能。百里奚縱然賢能，如果沒有秦穆公重用他，那麼他必然不可能有如此的名聲。現在怎麼能斷定世上再沒有百里奚那樣的人才了呢？所以君主中期望求得賢士的，就不可不廣泛地去尋訪啊。

〔四〕孔子窮於陳、蔡之間❶，七日不嘗食，藜羹不糝❷。宰予❸備❹矣，孔子弦歌於室，顏回擇菜於外。子路與子貢相與而言曰：「夫子逐於魯❺，削迹於衛❻，伐樹於宋❼，窮於陳、蔡，殺夫子者❽無罪，藉❾夫子者不禁，夫子弦歌鼓舞，未嘗絕音，蓋君子之無所醜❿也若此乎？」顏回無以對，入以告孔子。孔子憱然⓫推琴，喟然而歎曰：「由與賜，小人也。召，吾語之。」子路與子貢入。子貢曰：「如此者可謂窮矣。」孔子曰：「是何言也？君子達於道之謂達⓬，窮於道之謂窮。今丘也拘⓭仁義之道，以遭亂世之患，其所⓮也，何窮之謂？故內省而不疚於道，臨難而不失其德。大寒既至，霜雪既降，吾是以知松柏之茂也。昔桓公得之莒⓯，文公得之曹⓰，越王得之會稽⓱。陳、蔡之阸，於丘其幸乎！」孔子烈然⓲返瑟⓳而弦，子路抗然⓴執干㉑而舞。子貢曰：「吾不知天之高也，不知地之下也。」古之得道者，窮亦樂，達亦樂。所樂非窮達也，道得於此，則窮達一也，為寒暑風雨之序矣。故許由㉒虞㉓乎潁陽，而共伯㉔得乎共首㉕。

【章旨】以孔子困於陳蔡的故事，說明君子得道，則無論窮達都不會改變自己的本志。

【注釋】❶孔子窮於陳蔡之間　事見《史記・孔子世家》。時孔子正在陳蔡之間，楚使人聘孔子，孔子將往拜禮。陳、蔡懼孔子將為楚所用而於己有害，「乃相與發徒役圍孔子於野，不得行，絕糧」。後來楚昭王派兵替孔子解圍。陳，古國名，嬀姓，相傳是舜的後代，周武王滅商後所封，建都宛丘（今河南淮陽），據有今河南東部與安徽一部分。蔡，古國名。❷藜羹不糝　只能以野菜煮湯充飢，裡面連米粒也見不到。藜羹，野菜羹。糝，以米和羹，即雜有菜的稀飯或粥。❸宰予　字子我，春秋魯國人，孔子弟子，以擅長言辭著稱。曾任齊臨淄大夫，在田氏政變中為田常所殺。❹備　高誘注：「當作憊。」憊，疲乏。此處指餓昏。❺逐於魯　孔子為魯大司寇，攝行相事。齊國送女樂與魯，秉魯國之政的季桓受齊女樂而怠於政事，孔子被迫離開魯國而周遊列國。❻削迹於衛　說文：「削，鞞也。」鞞為刀鞘，引申為匿藏。孔子在周遊各國時，以衛為出入中心，由於不為列國所用，常在衛棲身，故稱削跡於衛。❼伐樹於宋　《史記・孔子世家》稱：「孔子去曹適宋，與弟子習禮大樹下。宋司馬桓魋欲殺孔子，拔其樹。孔子去。」❽殺夫子者　指陳、蔡欲害孔子之大夫。❾藉　陵藉；陵辱。❿醜　恥。⓫慽然　即愀然。愀原意為愁，此處指不悅、作色。⓬達　通達。⓭拘　固守。⓮其所　適得其所。⓯莒　古國名，春秋初年遷於莒，在今山東莒縣。齊桓公在為公子時，遭無知之亂而出奔莒。⓰曹　古國名，西周分封的諸侯國，姬姓，建都陶丘，在今山東定陶西南。晉文公在為公子時遭驪姬之讒而出奔曹。⓱越王得之會稽　事指越王句踐與吳戰而敗，被困於會稽山。以上三句中的「得之」，意謂三位春秋霸主，都是在出亡、被困那種艱難險阻的環境中，獲得了後來建功立業的才智和信念的。⓲烈然　志氣高亢貌。⓳瑟　上文為琴，此處亦該是琴。《莊子・讓王》載此事，正作「反琴而弦歌」。⓴抗然　意氣昂揚貌。㉑干　盾。此處指舞具。㉒許由　堯時賢人。相傳堯要把君位禪讓於他，他逃到潁陽的箕山下農耕而食。㉓虞　通「娛」。娛樂。㉔共伯　本書二次提到共伯（另一處為後〈開春〉一章），注家均有二說。一為高誘，謂共伯為夏時諸侯；一為畢沅，謂其為周時之共伯和。此處據前後文義，似以取畢說為當。據《竹書紀年》，周厲王五十二年奔彘，此後即由共伯和攝行天子事，凡十四年。周厲王死，宣王立，共伯和歸還其國。㉕共首　山名。在今河南丘縣西。

【語　譯】孔子被困於陳國、蔡國之間，處境很艱難，已有七天沒有吃到食物，煮的野草羹裡面見不到一點米粒。宰予幾乎餓昏了，孔子卻照常在室內彈琴歌吟。顏回在外面揀野菜，遇到子路和子貢，他們兩個人一起說道：「先生在魯國被人驅逐，到衛國也只好棲棲身，在宋國一棵大樹下習禮，連這棵大樹也被人伐倒；現在來到陳國和蔡國，又陷入了這種困境。要殺先生的人沒有罪，陵辱先生的人不受禁止，而先生彈琴歌吟，擊鼓跳舞，卻從未中止過。原來君子的不知羞恥竟會到這種地步嗎？」顏回無法回答他們，進屋把他們的話告訴了孔子。孔子很不高興地把琴一推，嘆息一聲說：「子路和子貢都是小人啊。叫他們進來，我來對他們說。」子路和子貢一起進來了。子貢說：「像現在這樣境況，可以說很困窮了吧？」孔子說：「這算什麼話呀？君子能通達於道，就稱之為通達；在道義上困窮，才可說困窮。現在我孔丘固守仁義之道，因而遭到亂世的禍患，這正是有道之人在這種時勢下會有的處境，怎麼能說是困窮呢？所以我反躬自問並不覺得在道義上有什麼內疚，面臨艱難的處境，也沒有喪失自己做人的品德。嚴寒來臨，霜雪齊降，這時我正可以看到松柏不凋的高貴品節。過去齊桓公逃亡到莒，晉文公出奔到曹，越王句踐遭困於會稽山上，他們都正是在各自的困境中，獲得了後來成就功業的才智或信念。我孔丘這次在陳、蔡之間遭受的困阨，亦未嘗不是一件幸事吧？」孔子莊重地回到琴座重新彈奏起來。子路也隨著意氣昂揚地拿起舞具跳起了舞。子貢感慨地自責說：「我不知道天有多高，地有多廣啊。」古代掌握了道義的人，困窮時亦高興，通達時也高興。他們所高興的並非是困窮或通達。只要領悟了道義，就能視困窮與通達為同一，就如同寒暑和風雨交替出現一樣自然，所以許由在潁水北岸自娛自樂，共伯和在共首山下自在自得。

遇合

【題解】〈遇合〉著重論述的是一個「合」字。合即投合，文中主要是指下述二個方面的投合：一是客體，也就是時勢提供的機會，包括社會化的各種存在和觀念，或者說是外在於主體的動態的社會關係。沒有時勢發展提供的這個機會，任何人都難以有所作為。另一個便是知行主體。這個主體又包括君、臣二個方面，所謂「合」，除了時機的適當，還要求君臣雙方能配合得恰到好處。從君主來說，是能否通曉臣子論說所涉及的道義和事理，能否按他們的「志」、「事」、「功」依等次舉用；從臣子來說，是有否真正具備應付時勢的德行和才識或事功。以上說的是正常情況。然而君臣雙方的遇合有時卻往往是「無常」的，文中舉了若干帶有寓言色彩的故事來加以說明。如嫫母之執乎黃帝。嫫母雖醜，但在黃帝的才德、聲望能夠完全把握局勢的情況下，也能做到相安無事。如果君臣雙方都把握不了外在局勢，那就屬於僥倖相遇。僥倖「則必不勝其任」，而「任久不勝，則幸反為禍」，並且「非禍獨及己」，還會禍國殃民，陳侯與敦洽讎糜的相遇，就屬此例，結果是國滅身亡。所以作者提醒人們：「不處幸，不為苟，必審諸己然後任，任然後動。」這種有關僥倖遇合之害的論述，可說是本篇最有深意的地方。

〔一〕七曰——

凡遇，合也❶。時不合，必待合而後行。故比翼之鳥❷死乎木，比目之魚❸死乎海。孔子周流海內，再干❹世主，如齊至衛，所見八十餘君，委質❺為弟子者三千人，達徒❻七十人，七十人者，萬乘之主得一人用可為師，不為無人，以此游僅至於魯司寇❼，此天子之所以時❽絕也，諸侯之所以大亂也。亂則愚者之多幸❾也，幸則必不勝其任矣。任久不勝，則幸反為禍。其幸大者，其禍亦大，非獨及己也。故君子不處幸，不為苟，必審諸己然後任，任然後動。

【章　旨】言機遇的實現，必得主客觀各種因素的投合，僥倖相遇，往往反為禍害；故君子必須待時合而後行，審諸己而後任。

【注　釋】❶凡遇二句　機遇是多種因素的投合。❷比翼之鳥　比翼鳥。《爾雅．釋地》：「南方有比翼鳥焉，不比不飛。」傳說此鳥一目一翼，沒有找到合適的同行者不能起飛，故常常老死於木。❸比目之魚　比目魚。鰈形目魚類的總稱。《爾雅．釋地》：「東方有比目魚焉，不比不行。」由於與比翼鳥同樣的原因，而老死於海。❹干　求取。此處指謀求官職。❺委質　初次見面送上的禮物。質，通「贄」。古代幼卑往見尊長，不敢行賓主授受之禮，把禮物放在地上，然後退出，故稱委質。❻達徒　通達道義的門徒。❼司寇　古官名。西周置，春秋時各國沿用，掌刑獄。❽時　有時。❾幸　僥倖。

【語　譯】凡是機遇的實現，總是多種因素的投合，若是時運不合，便一定要等到洽合才能行動。所以，相傳比翼之鳥，有終身老死於樹上的；比目之魚，有老死於海裡的。孔子周遊天下，一次又一次向當世君主謀求官職，到過齊、衛等國，前後謁見過的君主便有八十多人，進獻過拜師禮的及門弟子三千，身通六藝的有七十人。這七十高足，擁有萬乘兵車的大國君主只要得到其中任何一個，都可以把他作為師者。這不能說是沒有人才了吧？但憑著這些條件周遊列國，孔子也只能做到魯國的司寇。這就是周天子所以應時而絕的原因，這也是諸侯各國所以大亂天下的原因。在亂世，愚蠢的人反而多有僥倖被寵任的機會，而僥倖寵任的人必然力不勝任；如果長期處於力不勝任的情況，那麼這樣的僥倖反而成為禍害。僥倖取得的權力越大，禍害也越大，而且不僅禍及自身。所以君子應心不存僥倖，行不為苟且，一定要審慎地衡量自身，然後才決定擔當職務；擔當了職務然後再行動。

〔二〕凡能聽說者，必達乎論議❶者也。世主之能識論議者寡，所遇惡得不苟？凡能聽音者，必達於五聲。人之能知五聲者寡，所善惡得不苟？客有以吹籟❷見越王者，羽角宮徵商不謬，越王不善，為野音❸而反善之。說之道亦有如此者也。人有為人妻者，人告其父母曰：「嫁不必生❹也。衣器之物，可外藏❺之，以備不生。」其父母以為然，於是令其女常外藏。姑妐❻知之，曰：「為我婦而有外心❼，不可畜❽。」因出❾之。婦之父母，以謂❿為己謀者以⓫為忠，終身善之，亦不知所以然⓬矣。宗廟之滅，天下之失，亦由此矣。

【章　旨】以幾個譬喻說明，由於世主不識臣下評論陳說之是非，而說者又往往苟且迎合，因而造成「宗廟之滅，天下之失」。

【注　釋】❶論議　指所評論和陳說的事理。❷籟　古代的一種管樂器，竹管有三個孔的龠，用以和聲。❸野音　指與「大樂」相對立的鄙陋之音。❹生　生育子息。古代婦女有所謂「七出」，第一出就是「無子」，不生育子息即可被夫家休棄。❺外藏　藏私財於外。❻姑妐　公婆。姑，夫之母。妐，夫之父。❼外心　異心。❽畜　容留。❾出　古代休妻稱出。盜竊，亦為「七出」之一。據《儀禮注疏・喪服》，七出為：無子；淫佚；不事舅姑（公婆）；口舌；盜竊；妒忌；惡疾。❿以謂　以為。⓫以　此為衍字（依陳奇猷說）。⓬所以然　指其女被夫家休棄的原因。

【語　譯】凡是能夠傾聽進說的君主，必定是通曉所陳說的道義和事理。如今的世俗君主，能夠理解道義和事理的人很少，在這種情況下，君主所遇合的怎麼能不是那些苟且求榮的小人呢？凡是能夠欣賞音樂的人，一定通曉五音，然而一般人能懂得五音的很少，那麼他們所喜歡的怎麼能不是那種卑俗之音呢？有一個以吹奏籟來求越王賞識的人，羽、角、宮、徵、商，他吹奏得一點也不走調，但是越王並不欣賞；轉而吹奏那些卑俗的音調，越王反而大為欣賞。進說的事也有這種情形。有個將出嫁的女子，有人告訴她的父母說：「出嫁以後不一定會生兒子，衣服器物可以拿到外面藏起來，以防備不生兒子而被休棄。」她父母認為這話有道理，於是女兒出嫁後，便經常要她把衣物拿到外面藏起來。公婆知道後說：「做我們的媳婦而有外心，不可容留。」因而休棄了她。這個女子的父母認為那個出主意的人對自己忠誠，因而終身與他交好。他們到終了也不知道自己女兒被休棄的真正原因。宗廟的毀滅，天下的喪失，也是由於這樣的原因呀。

〔三〕故曰遇合也無常。說，適然❶也。若人之於色也，無不知說美者，而美者未必遇也。故嫫母❷執❸乎黃帝，黃帝曰：「厲❹女德而弗忘，與女正❺而弗衰，雖惡❻奚傷？」若人之於滋味，無不說甘脆，而甘脆未必受也。文王嗜昌蒲葅❼，孔子聞而服之，縮頞❽而食之，三年然後勝之❾。人有大臭者，其親戚兄弟妻妾知識❿無能與居者，自苦而居海上⓫。海上人有說其臭者，晝夜隨之而弗能去。

【章　旨】以二個寓言式的故事，說明君臣之間遇合無常的道理。

【注　釋】❶適然　偶然。❷嫫母　古代醜女，相傳為黃帝之妻。❸執　服事。❹厲　磨礪。❺正　通「政」。❻惡　醜貌。❼昌蒲葅　醃製的菖蒲根。葅，醃菜。❽縮頞　皺眉。頞，鼻樑。❾勝之　指習慣於吃菖蒲葅。❿知識　相知相識。即朋友。⓫海上　地名。秦始皇〈琅邪臺刻石〉中曾提到列侯、五大夫等「從與議於海上」，可知海上即在山東諸城海邊琅邪山附近。

【語　譯】所以，遇合沒有常規可言，人們的喜愛也常帶有偶然性。就以人們對於女色來說吧，沒有一個不喜歡那長得漂亮的，可是長得漂亮的女子未必一定能碰上好機遇。所以長得極醜的嫫母反而得以侍奉於黃帝。黃帝對她說：「磨礪你的品德，不要中止；讓你掌管宮廷內政，切勿懈怠。雖然長得醜陋些，但這又有什麼妨礙呢？」再拿人們對於口味來說，沒有一個不喜歡又甜又脆的，但是甜而脆的食物，未必都被人受用。周文王喜歡吃醃製的菖蒲根，孔子聽說後也試著嚐嚐，皺著眉頭才勉強嚥下，過了三年才吃習慣。有個身上有奇臭的人，他的父母、兄弟、妻妾、親友沒有一個能與他一起住的，他自己為此感到很痛苦，便移居到海上。但海上偏偏有人喜歡他的臭味，日日夜夜跟著他不肯離開。

〔四〕說亦有若此者。陳有惡人焉，曰敦洽讎糜❶，雄顙廣顏❷，色如浹赬❸，垂眼臨鼻❹，長肘而盭❺。陳侯❻見而甚說之，外使治其國，內使制其身❼。楚合諸侯，陳侯病不能往，使敦洽讎糜往謝焉。楚王怪其名而先見之。客有進狀有惡其名言有惡狀❽，楚王怒，合大夫而告之，曰：「陳侯不知其不可使，是不知❾也；知而使之，是侮也；侮且不智，不可不攻也。」興師伐陳，三月然後喪❿。惡足以駭人，言足以喪國，而友之足於陳侯而無上⓫也，至於亡而友不衰。夫不宜遇而遇者則必廢⓬，宜遇而不遇者，此國之所以亂，世之所以衰也。天下之民，其苦愁勞務從此生。凡舉人之本，太上以志，其次以事，其次以功。三者弗能，國必殘亡，群孽⑬大至，身必死殃，年得至七十、九十猶尚幸。聖賢之後⑭，反而孽民，是以賊⑮其身，豈能獨哉？

【章　旨】以陳侯厚遇非人，導致禍國殃民，說明凡不宜遇而遇者，必然毀敗，因而君主舉人必須務本，依次注重其「志」、「事」、「功」。

【注　釋】❶敦洽讎糜　人名。敦，敦厚。洽，和合。讎，仇。糜，通「無」。意為敦厚和洽，與人無仇。此為善名，非惡名。❷雄顙廣顏　雄，畢沅據舊校「一作椎」改「雄」為「椎」。椎，椎擊器具，引申為狹而尖的意思。顙，額。顏，本指額，引申為臉面。全句意為寬臉尖額。❸浹頳　畢沅改為漆赭，指其膚色為黑紅色。❹垂眼臨鼻　眼睛下垂，甚至可以臨到鼻子。❺盭　古「戾」字。戾，乖戾。畢沅認為此下疑脫一「股」字。股，大腿。意為雙腿歪向兩旁。❻陳侯　陳國國君。據文意，當為陳湣公，在位二十四年（西元前五〇一～前四七八年）。❼制其身　主管陳侯的生活起居。❽客有進狀有惡其名言有惡狀　此句當為「客進，狀有惡，其言有惡」（依俞樾說）。有，通「又」。❾知　通「智」。❿三月然後喪　三個月後楚就滅了陳。喪，滅。據《史記・陳杞世家》，楚滅陳，在陳湣公二十三年（西元前四七八年）。滅陳的原因是陳在楚白公之亂時曾乘機侵楚，白公之亂平定後，楚惠王復國而出兵伐陳。可能楚在伐陳之前有召見陳侯之事，陳侯懼而使敦洽讎糜代往謝前侵楚之罪，楚王本有伐陳之意，敦洽讎糜貌醜言惡僅為藉口而已。⓫友之足於陳侯而無上　陳侯對於敦洽讎糜的友愛無人能夠超過。⓬廢　壞亂。⓭孽　病；災。⓮聖賢之後　指陳侯。陳國為媯姓，開國君主胡公，相傳為舜之後裔。⓯賊　殘害。

【語　譯】對人的喜愛亦有類似這種情形的。陳國有個容貌醜陋的人，名字叫敦洽讎糜。額頂削尖，臉面寬闊，膚色黑紅，眼睛倒掛到鼻子，胳膊附很長，大腿向兩側彎曲。陳侯看到後，卻非常喜歡他。對外，讓他處理國家大事；對內，讓他管理自己的飲食起居。楚國要盟會諸侯，陳侯有病不能前往，便派敦洽饑靡去表示歉意。楚王對他的名字感到奇異，就先接見了他。他進去了，相貌既醜陋，出言又不遜。楚王很生氣，召來大夫，告訴他們說：「陳侯如果不知道這個人不適宜於做使節，那是不明智；如果明知道這一點而還要派遣他，那就是輕慢。輕慢而又不明智，不可以不攻伐他。」於是便發兵攻伐陳國。三個月後，楚國便滅了陳國。容貌醜陋足以驚唬別人，出言不遜甚至可以喪國，而陳侯卻對敦洽饑靡友愛到了無以復加的地步，直到亡國，這種友愛都還沒有減弱。不應受到厚遇而受到厚遇的，最終必定敗壞事情；應該受到禮遇而沒有受到禮遇的，這就是國家所以混亂、世道所以衰微的原因啊。天下百姓，他們的痛苦和勞碌，也就由此產生。

大凡薦舉人才的根本，最上等的憑品德，其次憑才幹，再其次憑功績。如果這三種人都薦舉不上來，那麼國家一定會殘破滅亡，各種災害一齊降臨，君主自身也一定會遭到橫死，能活到七十、九十，算是大幸了。陳侯作為聖賢的後代，反而給百姓帶來災害——像這樣的殘害自身，哪裡會單是一個人受危害呢？

必　己

【題　解】本篇篇名取自文末「君子必在己者」之句，故稱「必己」。

必己的前提是因為「外物不可必」。所謂外物，就是整個外部世界，尤指外在於主體的正在變動中的各種社會關係。身外事物千變萬化，沒有定則，主體的同一行為舉措，在不同的外部條件下，卻會產生截然相反的結果。大樹以不材得天年，而鴈卻以不材被殺；牛缺因知而死，船人卻又以不知而遭殃。調和折衷於材與不材、知與不知之間如何呢？也不見得可靠，如果碰上不能辨知的人，厄運還是在所不免。譬如「紂為不善於商，而禍充天地」，調和折衷又有什麼用呢？張毅好恭，單豹離俗，卻都難免夭折，這更是一個人生價值取向上的兩難。至於孔子逸馬的故事，還說明了勸說也沒有定則可言，一切似乎都取決於偶然。如此等等，結論只能是：「外物豈可必哉？」

這些論述，雖有把偶然性推向極端之嫌，但也從一個側面真實地反映了身當亂世而處於逆境的人們那種困惑、徬徨和無奈的心理狀態。本篇的主旨正是論述在不遇的情況下如何加強自我修養，以待時來運轉。因而篇名一作「不遇」，一作「本知」。末章又特別強調：「君子必在己者，不必在人者也，必在己無不遇矣。」這些都還是有其積極意義的。

從本篇的論述，還可以看到儒道二家在思想上的互補作用。儒家偏重於事功和倫理規範，道家偏重於自然和出世超脫。當一個人處於「不遇」的那種孤寂冷落的境地時，會很自然地轉而從道家那裡尋求解脫。篇中倡說的所謂「一龍一蛇，與時俱化」，「一上一下，以禾（和）為量」，「物物而不物於物」等等，就直接引自《莊子》的言論，可說是對上述失落心理的一種平衡和調適。

〔一〕八曰——

外物❶不可必❷，故龍逢❸誅，比干戮，箕子❹狂，惡來❺死，桀、紂亡。人主莫不欲其臣之忠，而忠未必信，故伍員流乎江❻，萇弘❼死，藏其血三年而為碧。親莫不欲其子之孝，而孝未必愛，故孝己❽疑，曾子❾悲。

【章　旨】以多組古人有悖常理的遭遇，說明「外物不可必」的道理。

【注　釋】❶外物　《史記正義・樂書》：「物者，外境也。」此處外物意指相對於主體的整個外部世界，側重點為不斷發展變化中的人事關係。❷必　依憑；仗恃。❸龍逢　亦稱關龍逢，傳為夏桀時的賢臣，曾多次諫桀，被桀囚禁處死。❹箕子　紂的叔伯輩，封於箕，稱箕子，因見比干被戮而懼，佯狂。❺惡來　飛廉之子，紂的諛臣，慣毀讒，後為周武王所殺。❻伍員流乎江　指伍子胥因諫吳王夫差而被賜死，其屍體被盛以皮囊流於江上。❼萇弘　周敬王時大夫。在晉國六卿內鬨中幫助范氏，范氏失敗，晉人逼周殺萇弘。由於死不當罪，故傳說其血三年而化為碧玉。此事並見於《莊子・外物》。❽孝己　殷王高宗之子，有孝行。其生母早死，父聽信後母讒言，將其放逐，後憂苦而死。❾曾子　即曾參，以孝著聞，但父母憎惡他。常遭毒打，近乎死地，因而悲切。

【語　譯】外物變幻無常，不可依憑。所以龍逢遭殺，比干受戮，箕子裝狂，惡來被處死，桀、紂滅亡。作為君主，沒有一個不希望臣子忠於自己，然而真的忠臣卻又未必受到信任。因此伍子胥被流屍於江中，萇弘不當其罪而死，他的血三年後化為碧玉。作為父母沒有一個不希望子女孝順自己，然而真的孝子卻又未必受到父母疼愛。因此，孝己被他父親懷疑，曾子因常受到父母虐待而悲哀。

〔二〕莊子❶行於山中，見木甚美，長大，枝葉盛茂，伐木者止其旁而弗取，問其故，曰：「無所可用。」莊子曰：「此以不材得終其天年矣。」出於山，及邑，舍❷故人之家。故人喜，具酒肉，令豎子❸為殺鴈❹饗之。豎子請曰：「其一鴈能鳴，一鴈不能鳴，請奚殺？」主人之公❺曰：「殺其不能鳴者。」明日，弟子問於莊子曰：「昔者山中之木以不材得終天年，主人之鴈以不材死，先生將何以處❻？」莊子笑曰：「周將處於材、不材之間。材、不材之間，似之而非也，故未免乎累❼。若夫道德則不然❽：無訝無訾❾，一龍一蛇❿，與時俱化，而無肯專為；一上一下⓫，以禾為量⓬，而浮游乎萬物之祖⓭，物物而不物於物，則胡可得而累？此神農、黃帝之所法⓮。若夫萬物之情、人倫之傳⓯則不然：成則毀，大則衰，廉則剉⓰，尊則虧，直則骫⓱，合則離，愛則隳⓲，多智則謀⓳，不肖則欺，胡可得而必⓴？」

【章旨】藉莊子與其弟子關於大木「無所可用」而見存，鴈以「不能鳴」而被殺的對話，說明人只有順任自然，才能遠害全身，主宰外物而不為外物所累。

【注釋】❶莊子　名周，戰國宋之蒙人，曾在蒙為漆園吏。繼承、發展老子「道法自然」的學說，著有《莊子》五十二篇，現存三十三篇。本章即取自《莊子．山木》第一節。❷舍　止宿。❸豎子　僮僕。❹鴈　指鵝。❺公　父。❻何以處　何以自處。處，居。❼累　牽累。❽道德則不然　《莊子．山木》作「乘道德而浮遊則不然」。乘道德，指能夠順乎自然。❾無訝無訾　既不讚譽，也不非毀。訝，同「迓」。迎客。訾，毀謗；非議。❿一龍一蛇　喻指變化隨時，卷舒自如。龍指顯現；蛇指伏蟄。⑪一上一下　即一進一退。⑫以禾為量　以順應自然為則。《莊子．山木》作「以和為量」。和，順。量，度；則。⑬祖　始。⑭法　取法；效法。⑮人倫之傳　人們相傳的習慣。傳，習。⑯廉則剉　過於鋒利就會缺損。廉，鋒利。剉，缺損。⑰觚　本指骨彎曲，引申為彎曲。⑱隳　毀廢。⑲謀　指被人謀算。⑳必　偏執一端。

【語譯】莊子行走在山中，看到一棵極豐美高大的樹，枝葉長得很茂盛。但伐木的人停歇在樹旁，卻不去伐取它。問他什麼緣故，他說：「沒有什麼用處。」莊子說：「這棵大樹因為不成材而可以盡享它的天年了。」從山裡出來，到了縣城，住在老朋友家裡。朋友很高興，準備酒菜，叫僮僕特意殺鵝來款待他。僮僕請問說：「一隻鵝會叫，一隻不會叫，請問殺哪一隻？」主人的父親說：「殺那隻不會叫的。」

第二天，學生問莊子說：「昨天山上的樹木，因為不成材，所以能盡享天年；這回主人的鵝，又因為不成材而被殺。請問先生，在成材與不成材之間，將何以自處呢？」莊子笑著說：「我將處於成材與不成材之間。但是成材與不成材之間，只是近似，還不是我要處的那種境界，因而還是不能免於外物的累患。如果達到了順乎自然而處世的境界，那就不是這樣了。既沒有美譽，也沒有毀辱；或如龍那樣顯現，或如蛇那樣伏蟄，順隨時序一起變化，不偏執於任何一方。時進時退，以順任自然為準則，遊心於萬物之始源，主宰外物而不為外物所役使。達到了這個境界，怎麼還會受到外部世界的拖累呢？這就是神農和黃帝用來處世的態度。至於萬物之情、人們相傳之習慣，那就不是這樣了。成功了就會毀壞，強大了便會衰微；鋒利的物體總易受缺損，尊貴的高位轉眼也會傾覆；挺直的會彎曲，聚合了又會離散；受到寵愛就會被廢棄，智謀多了反會遭別人謀算，不賢德的就會受欺侮，如此等等。這些，怎麼可以作為依憑呢？」

〔三〕牛缺❶居上地❷大儒也，下之邯鄲❸，遇盜於耦沙❹之中。盜求其橐中之載❺則與之，求其車馬則與之，求其衣被則與之。牛缺出❻而去。盜相謂曰：「此天下之顯人也，今辱之如此，此必愬❼我於萬乘之主，萬乘之主必以國誅我，我必不生，不若相與追而殺之，以滅其迹。」於是相與趨❽之，行三十里，及而殺之。此以知故❾也。孟賁❿過於河，先其五⓫，船人怒，而以楫⓬虓⓭其頭，顧不知其孟賁也。中河，孟賁瞋目⓮而視船人，髮植⓯，目裂⓰，鬢指⓱，舟中之人盡揚播⓲入於河。使船人知其孟賁，弗敢直視，涉無先者⓳，又況於辱之乎？此以不知故也。知與不知，皆不足恃，其惟和調⓴近之。猶未可必，蓋有不辨和調者，則和調有不免也。宋桓司馬㉑有寶珠，抵㉒罪出亡。王㉓使人問珠之所在，曰「投之池中」，於是竭池而求之，無得，魚死焉。此言禍福之相及也。紂為不善於商，而禍充天地，和調何益？

【章　旨】以牛缺遇盜、孟賁渡河和桓司馬出奔三故事，說明無論知與不知，或處二者之間的折衷調和，都無補於事。

【注　釋】❶牛缺　姓牛名缺，戰國秦人。❷上地　地名，原屬趙，後屬魏，至秦惠王十年始入秦，約在今陝西綏德境內。❸下之邯鄲　邯鄲，趙國國都，今河北邯鄲。秦處西，地勢較高；邯鄲處東，地勢較低，故稱「下」。之，往。❹耦沙　地名。即耦水，又稱沙河，在今河北邢臺沙河。❺橐中之載　指袋中裝載的財物。橐，袋。❻出　當為「步」之誤。《列子．說符》記此事正為「步」。❼愬　同「訴」。❽趨　疾行。❾此以知故　意謂牛缺遇盜，因知道不吝財可以全生，故盡付資財予盜。而盜卻據此而見其不若常人，反追而殺之。故言其死因就在於「知」。⑩孟賁 古代勇士。⑪先其五 指孟賁不按次序先於他人登船。五，通「伍」。隊伍。⑫楫 船槳。⑬㩳 借為敲（依馬敘倫說）。⑭瞋目 怒目。⑮植 直立。⑯目裂 指裂眥（眼眶）。⑰鬢指 畢沅據《太平御覽》卷三百六十六作「鬚指」。鬚指，髭鬚直指於人。⑱揚播 騷動四散。揚，騷動。播，散開。⑲涉無先者 涉水登船時，沒有人敢於與孟賁搶先。⑳和調 折衷調和。㉑桓司馬 即桓魋。孔子習禮於宋國一大樹下，伐其樹而欲殺孔子者，即此桓魋。據《左傳》哀公十一年記載，桓魋獲美珠，「宋（景）公求珠，魋不與，由是得罪」。此處桓司馬故事，當是據此附會而成。㉒抵 當。㉓王 指宋景公，春秋末宋國國君。未稱王，此係誤記。

【語譯】牛缺是住在上地的著名大儒，他到邯鄲去，在耦沙遇到一夥強盜。強盜要他囊中的財物，他就全都給了他們；要他的車輛與馬匹，他又很爽快地給了他們；還要他帶的衣服被子，他也全都給了他們。最後牛缺孤身步行離開了這夥強盜。盜賊們商量說：「這個人一定是當今天下很顯要的人物，現在受到了這樣大的侮辱，他一定會到大國君主那裡去告發我們，大國君主必定會動用國家力量來誅伐我們，我們就一定沒有活路。不如現在一起追上去把他殺了，可以滅掉蹤跡。」於是就一起快速地追趕牛缺，追了三十里，追上了就把他殺掉。這是由於牛缺知道遇盜不吝財可以全生，而那夥強盜卻因而知道他為賢人的緣故啊。

孟賁要過河，搶在人群前面上了船。船工很生氣，操起船槳敲他的腦袋，這是由於不知道他是孟賁的緣故。船到了河心，孟賁憤怒地瞪大眼睛盯著船工，鬢髮矗立，眼眶瞪裂，髭鬚直指。船上的人因害怕而騷動起來，倉皇躲散，紛紛掉入河裡。設使船工知道他是孟賁，連正眼看看他都不敢，也不會有人搶在他前面涉水上船，更何況去侮辱他呢？這是由於船工不知道他是孟賁的緣故。

從上述二例可見，「知」與「不知」都不足以依憑，或許只有調和折衷近似超脫禍患的境界。然而這也未必盡然。這是因為還有不辨識調和折衷的人或物，在這種情況下，就是調和折衷也難於避免禍患。宋國的桓魋得了寶珠，卻亦因而犯了罪，出外逃亡。宋景公派人問他寶珠放在哪裡，他說：「丟在池塘裡了。」於是就把池塘水戽乾了來找寶珠。寶珠沒有得到，池塘裡的魚卻都被折騰死了。這說明禍與福是相互依存的。紂在商朝的宮廷裡幹壞事，禍患卻充徹於天地之間，調和折衷又有什麼用呢？

〔四〕張毅❶好恭，門閭❷帷薄❸聚居眾❹無不趨❺，輿隸❻姻媾❼小童無不敬，以定❽其身，不終其壽，內熱而死❾。單豹❿好術⓫，離俗棄塵，不食穀實，不衣芮溫⓬，身處山林巖堀⓭，以全其生，不盡其年，而虎食之。孔子行道而息，馬逸，食人之稼，野人⓮取其馬。子貢請往說之，畢辭，野人不聽。有鄙人⓯始事孔子者曰⓰請往說之，因謂野人曰：「子不耕於東海，吾不耕於西海也，吾馬何得不食子之禾？」其野人大說，相謂曰：「說亦皆如此其辯也，獨⓱如嚮之人？」解馬而與之。說如此其無方也而猶行，外物豈可必哉？

【章　旨】用張毅好恭、單豹好術以及孔子逸馬三個故事，說明外物變幻無常，不可依憑。

【注　釋】❶張毅　魯國人。關於張毅及下文單豹的故事，並見於《莊子・達生》。❷門閭　房屋里巷。指人們出入處。❸帷薄　帳幔。指人們居住處。❹聚居眾　眾人聚居之所。❺趨　疾步。表示恭敬。❻輿隸　奴隸差役。❼姻媾　姻親。媾，即「姻」。❽定　安。❾內熱而死　《莊子・達生》記張毅死因時稱：「行年四十而有內熱之病以死，……毅養其外而病攻其內。」❿單豹　魯國隱士，深居山穴，不與世事，卻為餓虎所食。⓫術　此處指方技家的所謂神仙術之類。⓬芮溫　細軟溫暖的衣服。芮，通「納」。絮棉。⓭堀　同「穴」。⓮野人　指農民。⓯鄙人　邊遠地區的人，或粗野的人。此處似指後者。⓰曰　陶鴻慶據上文「子貢請往說之」句例，認為此「曰」字不當有。⓱獨　豈。

【語　譯】張毅喜好恭敬待人，無論經過哪家門戶，或者掛著帳幔垂簾之處和人們聚居的場所，都要小步快行，以示恭敬。即使對待奴隸差役這些下人的姻親、僮僕，也沒有不尊敬的。他就是這樣想使自己得以安居。但他卻不能盡享天年，因病於內熱死去。單豹這個人喜歡道術，超塵離俗，虔修「辟穀」之法，冬天不著棉絮溫暖的衣服，住在山林巖穴之中，以圖保全生命的本性。可是他也不能盡享天年，被老虎吞食了去。孔子外出在路上休息時，馬逃跑了，吃了人家的禾苗。鄉下人扣住了那匹馬。子貢自請前往勸說，好話都說盡了，鄉下人還是不肯聽從。當時有個剛來師事孔子的粗人，接著自請前往勸說。於是他對那個鄉下人說：「你種田又不是種在東海，我種田亦不是種在西海，我的馬怎麼可能不吃你的莊稼呢？」那鄉下人聽了大為高興，對他說：「你這番話講得真有道理，哪像剛才那個人那樣呢？」解下馬交給了他。勸說而如此不講究方法卻偏偏行得通，身外事物哪有什麼定則可以依憑呢？

〔五〕君子之自行也，敬人而不必見敬❶，愛人而不必見愛。敬愛人者，己也；見敬愛者，人也。君子必在己者，不必在人者也，必在己無不遇矣。

【章　旨】為全篇作結語：既已論定外物不可依憑，所以君子應「必在己者」，而「不必在人者」。

【注　釋】❶見敬　被人尊敬。

【語　譯】君子自守的行為準則，應當是尊敬別人，而不期望必然為別人所尊敬；熱愛別人，而不希求必然為別人所熱愛。敬愛別人，主動權在自己；受人敬愛，主動權在別人。所以，君子只能依憑在自己這一邊的，不能依憑在別人那一邊的。一切依靠自己，那就不存在遇不遇的問題了。

卷第十五　愼大覽第三

愼大　權勳　下賢　報更　順說　不廣　貴因

察今

本卷為〈慎大覽〉，論述治國方略，要求君主謹慎處事，虛己求賢，貴因建功。八篇文章，大體可分為下述三組：

〈慎大〉、〈權勳〉，側重論謹慎。〈慎大〉篇首特意點出：「愈大愈懼，愈彊愈恐。」顯然對秦國自己含有激醒之意。文中再三說明「於安思危，於達思窮，於得思喪」的道理，告誡君主「勝非其難者也，持之其難者也」。這對將要勝利地兼併六國而稱王天下的秦國來說，無疑是一個很及時的忠告。〈權勳〉強調的是謹慎的又一側面：「利不可兩，忠不可兼。」君主切戒貪小失大，而應「去小取大」。

〈下賢〉、〈報更〉側重論求賢。君主對賢士應誠意而求，虛懷請教，「士雖驕之，而己愈禮之」。因為只有賢士所歸，才能贏得「天下從之」的局面。特別是對處於困阨中的賢士，更應廣博求致，倍加哀憐，這才是「大立功名與安國免身」之道。

〈順說〉、〈不廣〉、〈貴因〉、〈察今〉自成一組，都是對「因」的論述和闡發。

關於「因」這個概念，先秦諸子多有論及，如《管子．心術》：「因也者，舍己而以物為法者也。」所謂「貴因」，就是「因其能者言所用也」。本書貴因的思想便是承此而作了頗為系統的發展。書中其他篇章對「因」的論述，將在〈貴因〉篇題解中作簡略說明，這裡單介紹本卷中的四篇。〈貴因〉把「因」視為三代建功立業之「寶」。因，可以運用於各個方面：禹治水是「因水之力」，堯授位是「因人之心」，湯武之滅桀紂是「因民之欲」，總之是「因則功」，「因則無敵」。〈順說〉和〈察今〉分別論述因在進說和法制中的運用。〈不廣〉論謀事須「以其所能託其所不能」，這亦可說是一種「因」。這裡，因的內涵既包括人應該認識、尊重和服從的外部事物的發展趨勢，也含有人自身的願望、目的和能動作用，即通過「因」這個概念，把主觀的目的性與客觀世界的因果關係統一了起來。因而這個「因」就遠遠超越了作為通常詞語「因」的含義，發展為內涵豐富的哲學範疇，並成為本書君道理論體系中的一個重要組成部分。

慎大

【題解】本篇旨在勸諫君主，愈是勝利，愈是強大，愈應惶恐警惕，謹慎從事，這才是「持勝」之道。全文以主要篇幅，記述湯、武兩代聖君如何以「惕懼」的心態，謹慎地取得和安定天下的。他們的一個共同特點是，對於被戰勝一方從祖廟、朝官到百姓，處置都十分寬容。因而湯立為天子時，「夏民大說，如得慈親，朝不易位，農不去疇，商不變肆」。武王滅紂後，未下乘輿就先封歷代先王，包括成湯之後。繼而根據殷紂遺老進言，採取一系列寬厚仁慈濟貧振困的政令，然後才分封有功之臣和歸報祖廟。另一範例是趙襄子攻翟，一朝連克二城卻不以為喜反以為憂，原因是他想到自己德行淺薄，輕易獲得大勝將是禍患的先兆。文章根據這些實例，得出了這樣一個歷史真理：「勝非其難者也，持之其難者也。」因而凡勝者、強者務必使自己始終保持清醒頭腦：「若臨深淵，若履薄冰。」

聯繫到本文寫作之時，正是秦國兼滅六國前夜，以此告誡已成為一世之雄的秦王政，其膽其識都屬難能而可貴。但秦始皇哪裡聽得進這個「持勝」之道呢？結果是稱帝不過十五年，便「一夫作難而七廟墮，身死人手，為天下笑」（賈誼〈過秦論〉）。這一巨變是如此鮮明和深刻，以致使得漢初的統治者一想起來就悚懼惶恐。所以像陸賈「馬上得之，寧可以馬上治乎」（《漢書·陸賈傳》）那樣不順耳的話，劉邦也只好硬著頭皮聽下去。其實，〈過秦論〉提出的勝利前後「攻守之勢異也」的道理，都離不開本篇論述的持勝原則。古往今來勝利者可謂多矣，但真正能做到篇中提醒的「三至」（至公、至安、至信）、「三思」（於安思危、於達思窮、於得思喪）的，又能有幾人呢？

〔一〕一曰——

賢主愈大愈懼，愈彊愈恐。凡大者，小鄰國❶也；彊者，勝其敵也。勝其敵則多怨，小鄰國則多患。多患多怨，國雖彊大，惡得不懼，惡得不恐？故賢主於安思危，於達思窮，於得思喪❷。《周書》❸曰：「若臨深淵，若履薄冰❹。」以言慎事也。

【章旨】言國愈大愈強，則愈多患、多怨，故大國君主應居安思危，慎於行事。

【注釋】❶小鄰國　侵削鄰國。小，侵削使之小。❷喪　失。❸周書　《漢書・藝文志》著錄《周書》七十一篇，多數出自戰國時擬周代誥誓辭命之作，其中所記周初之事跡，當有所據。❹若臨深淵二句　喻指舉事必須小心謹慎。「若臨深淵」，恐墜落；「若履薄冰」，恐陷沒。履，踩；踏。《詩經・小雅・小旻》作「如臨深淵，如履薄冰」。

【語譯】賢明的君主，國家疆域越廣大，越感覺到憂懼；國家實力越強盛，越感覺到驚恐。這是因為，大凡疆域遼闊的，都由侵削鄰國而成；實力強盛的，都是戰勝敵國的結果。戰勝的敵國多了，就會招來眾多怨仇；侵削的鄰國多了，就會導致更多的禍患。禍患多了，怨仇多了，國家即使強盛並廣大，又怎麼能不感覺到憂懼，怎麼能不感覺到驚恐呢？因此，賢明的君主，在處於安寧的時候就要想到危險，在處於顯達的時候就要想到困窮，在處於得勢的時候就要想到失勢。《周書》上說：「猶如面臨深淵那樣，就像腳踩薄冰那樣。」這是說君主行事，總要謹慎小心啊。

〔二〕桀為無道，暴戾頑貪❶，天下顫恐❷而患之，言者不同，紛紛分分❸，其情難得。干辛❹任威，凌轢❺諸侯，以及兆民❻，賢良鬱❼怨。殺彼龍逢❽，以服群凶❾。眾庶泯泯❿，皆有遠志，莫敢直言，其生若驚⓫。大臣同患，弗周而畔⓬。桀愈自賢，矜過善非⓭，主道重塞，國人大崩⓮。湯乃惕懼，憂天下之不寧，欲令伊尹往視曠夏⓯，恐其不信，湯由親自射伊尹⓰。伊尹奔夏三年，反報于亳⓱，曰：「桀迷惑於末嬉⓲，好彼琬、琰⓳，不恤⓴其眾，眾志不堪，上下相疾，民心積怨，皆曰：『上天弗恤，夏命其卒㉑。』」湯謂伊尹曰：「若㉒告我曠夏盡如詩㉓。」湯與伊尹盟，以示必滅夏。伊尹又復往視曠夏，聽於末嬉。末嬉言曰：「今昔㉔天子夢西方有日，東方有日，兩日相與鬭，西方日勝，東方日不勝。」伊尹以告湯。商涸旱㉕，湯猶發師，以信伊尹之盟，故令師從東方出於國，西以進㉖。未接刃而桀走，逐之至大沙㉗，身體離散，為天下戮㉘，不可正㉙諫，雖後悔之，將可奈何？湯立為天子，夏民大說，如得慈親，朝不易位㉚，農不去疇㉛，商不變肆㉜，親郼如夏㉝。此之謂至公，此之謂至安，此之謂至信。盡行伊尹之盟，不避旱殃，祖伊尹世世享商㉞。

【章　旨】記述商湯滅夏桀時，如何誠惶誠恐地謹慎行事，使夏民同樣得以安居樂業；作者讚之為「至公」、「至安」、「至信」。

【注 釋】❶頑貪 貪婪無厭。❷顫恐 驚恐。顫，驚。❸紛紛分分 眾說紛紜，混亂不一。❹干辛 桀之諛臣。❺淩轢 欺壓。轢，車輪輾壓而過。❻兆民 指全天下之民眾。兆，形容其多。❼鬱 憂憤鬱積於心，不得宣洩。❽龍逢 桀之忠臣。❾凶 通「訩」。爭吵不休。此處指群臣諍諫不止。❿泯泯 紛亂貌。⓫其生若驚 指民眾像馬群受驚那樣，四處奔竄。驚，馬駭。⓬弗周而畔 不再依從於桀而背叛了他。周，親和；調合。畔，通「叛」。⓭矜過善非 矜持過錯，以非為是。⓮崩 壞散。⓯曠夏 即大國夏。曠，大。⓰湯由親自射伊尹 湯派遣伊尹去夏國探視情況，為使伊尹能取得夏的信任，所以揚言要親自射殺伊尹，製造伊尹因獲罪而出亡的假象。⓱亳 古邑名。商湯的都城，在今河南偃師。⓲末嬉 亦作妹嬉，夏桀的元妃，有施氏之女。⓳琬琰 夏桀的二個寵妾。《竹書紀年》注：「后桀十四年，命扁伐岷山，岷山女於桀二人，曰琬曰琰。」⓴恤 憐憫。㉑卒 盡；完結。㉒若 你。㉓詩 歌謠。指上文「上天弗恤，夏命其卒」二句。㉔今昔 即昨夜。㉕涸旱 乾旱。㉖令師從東方出於國二句 夏桀都城在洛邑，居西，商都城在亳，居東；為了應驗「西方日勝」的夢，湯命令軍隊從亳出師，繞道到洛的西面，然後再進攻桀的都城，實際上是抄了桀的後路。㉗大沙 即南巢，在今安徽巢縣西南。㉘戮 羞辱。㉙正 諫。㉚位 官位。㉛疇 田畝。㉜肆 店鋪。㉝親郼如夏 夏桀的百姓親殷如夏。郼，即殷，聲近通假。一說殷商統一天下前之封國稱郼，因以郼代殷。㉞世世享商 世代在商的太廟受祭祀。享，受祭祀。

【語 譯】夏桀暴虐無道，殘忍而又貪婪，天下人無不為此而驚恐、憂慮。種種議論，紛紛揚揚，混亂不堪，事物的真情很難為人知曉。干辛依仗夏桀的淫威，欺陵壓迫諸侯，連及萬千民眾。賢良的人們心中鬱結著幽怨和憤恨。夏桀殘殺忠臣龍逢，想以此來懾服忠言諍諫的群臣。然而人們卻越發動盪不安，都想遠走高飛。沒有一個人再敢於直言進諫。眾人都像驚駭的馬，大臣也懷著共同的憂患，不再親附夏桀，各自想叛離而去。夏桀卻越發自以為賢明，甚至矜誇自己的過失，炫耀自己的錯誤。這樣君道被重重阻塞，全國都處於分崩離析狀態。面對這種局勢，湯惕息憂懼，擔心天下從此不得安寧，想要派伊尹到大夏去探視動靜，又恐伊尹不能受到夏桀的信任，於是揚言自己要親自射殺伊尹。這樣，伊尹就得以偽裝逃亡來到夏國。過了三年，伊尹回到亳城稟報，說：「夏桀被末嬉迷惑住了，同時又寵愛琬、琰二個愛妾，一點也不憐恤民眾。人們已無法忍受，上下互相忌恨，民心充滿了怨恨，都這樣唱道：『上天不再保佑夏朝，夏朝的國運快要完了。』」湯對伊尹說：「你告訴我的夏國的情況，都像他們歌謠中唱的那樣。」於是商湯與伊尹訂立盟約，以表明一定要滅夏的決心。伊尹再一次去探聽夏國動靜，很受末嬉信任。末嬉對他說：「昨天夜裡，天子夢見西方有一個太陽，東方有一個太陽，兩個太陽互相爭鬥，西方的太陽勝利了，東方的太陽沒有勝利。」伊尹把這個夢告訴了湯。那時商的地域正遭遇乾旱，湯還是如期發兵進攻夏朝，以此來信守與伊尹訂立的盟約。他命令軍隊從東邊繞道到夏的都邑的西邊，再從西邊進攻夏的都城。結果沒有交戰，夏桀就逃走了。追逐到大沙，夏桀身首異處，體軀肢解，被天下的人們羞辱。當初不聽別人勸諫，此時即使再後悔，又能怎麼樣呢？湯被立為天子，夏朝的百姓都非常高興，就如同得到慈愛的雙親一般。朝廷不變更官位的設置，農民不離開田疇，商人不變更店鋪，人民親近殷朝的統治，猶如當初親近夏那樣。這就是最大的公正，這就是最大的安定，這就是最大的誠信。完全履行當初與伊尹訂立的盟約，不因旱災而拖延，獲得了成功。因此讓伊尹在商朝的太廟中，世世代代享受祭祀。

〔三〕武王勝殷，入殷，未下轝❶，命封黃帝之後於鑄❷，封帝堯之後於黎❸，封帝舜之後於陳❹；下轝，命封夏后❺之後於杞❻，立成湯之後於宋以奉桑林❼。武王乃恐懼，太息流涕，命周公旦進殷之遺老，而問殷之亡故，又問眾之所說、民之所欲。殷之遺老對曰：「欲復盤庚❽之政。」武王於是復盤庚之政；發巨橋❾之粟，賦❿鹿臺⓫之錢，以示民無私；出拘救罪⓬，分財棄責⓭，以振⓮窮困；封⓯比干之墓，靖⓰箕子之宮⓱，表商容之閭⓲，士⓳過者趨，車過者下；三日之內，與謀之士⑳封為諸侯，諸大夫賞以書社㉑，庶士施政去賦㉒；然後於濟河㉓，西歸報於廟；乃稅㉔馬於華山㉕，稅牛於桃林㉖，馬弗復乘，牛弗復服㉗；釁㉘鼓旗甲兵，藏之府庫，終身不復用。此武王之德也。故周明堂㉙外戶不閉，示天下不藏也。唯不藏也可以守至藏㉚。武王勝殷，得二虜而問焉，曰：「若國有妖乎？」一虜對曰：「吾國有妖。晝見星而天雨㉛血，此吾國之妖也。」一虜對曰：「此則妖也。雖然，非其大者也。吾國之妖，甚大者，子不聽父，弟不聽兄，君令不行，此妖之大者也。」武王避席再拜之。此非貴虜也，貴其言也。故《易》曰：「愬愬履虎尾，終吉㉜。」

【章　旨】言周武王滅殷紂後，虛心徵求殷人進言，謹慎處理各種善後，從而出現了馬放青山、甲兵入庫的昇平之世。

【注　釋】❶轝　同「輿」。車。❷鑄　古國名。《史記・周本紀》載：「武王封黃帝之後於祝。」「鑄」、「祝」音近而通。❸黎　古國名。在今山西黎城。《史記》作「薊」。❹陳　古國名。❺夏后　即夏君，指禹。后，君主。❻杞　古國名。在今河南杞縣。❼桑林　有二說。一為殷代祭祀的地方，如前〈順民〉二章：「湯乃以身禱於桑林。」一為殷人祭祀之舞樂，如前〈誠廉〉二章有「相奉桑林」，高誘注為「〈桑林〉之樂」。其實二說可通：「桑林」既為祭神之所，亦為樂舞之名。此處該是祭祀之地。❽盤庚　據《史記・殷本紀》，係商湯第九代孫，帝祖丁之子，陽甲之弟。商朝王位行兄終弟及制，無弟則傳子。自湯傳子丁未起，至盤庚，王位凡二十傳，遷都五次。盤庚復遷回湯之故居亳，行湯之政，故為殷代中興賢主。❾巨橋　糧倉名。殷紂王儲糧於此，在今河北曲周。❿賦　布施。⓫鹿臺　殷紂王儲藏財物的府庫。⑫出拘救罪　釋放為殷紂王拘禁的囚犯。⑬責　通「債」。⑭振　通「賑」。救濟。⑮封　增益堆土，使之高大。⑯靖　通「旌」。彰明。⑰宮　室。⑱表商容之閭　為原商容居住的閭里做出標識。表，標記。此處用如動詞。商容，殷之賢人，相傳為殷紂所廢黜。⑲士　當為「徒」（依俞樾說）。步行。⑳與謀之士　指參預武王伐紂之謀者。㉑書社　古代以二十五家為一社，有書記載其社之人名於籍，故稱書社。㉒施政去賦　解除禁令，免去徭賦。施，通「弛」。解除。政，禁。賦，徭役。㉓河　指孟津河。㉔稅　釋；放。㉕華山　即陽華山，在今陝西商州、洛南東北。㉖桃林　古地域名。約今河南靈寶以西、陝西潼關以東地區，古稱桃林塞。㉗服　役使。㉘釁　古代的一種祭禮，殺牲以血塗飾器物。㉙明堂　天子理政與起居處所。㉚至藏　高誘注為「至德之藏」，義仍不明。似應與上文不作私藏相對而言，指「公藏」。㉛雨　用如動詞，降落。㉜愬愬履虎尾二句　出自《易經・履卦》九四：「履虎尾，愬愬，終吉。」愬愬，恐懼貌。履虎尾，喻指遭遇強暴的敵人或觸犯險境險地。意謂在那種情況下，若能恐懼警惕，嚴加防範，還能逢凶化吉，志願得行，目的得達。

【語　譯】周武王戰勝了殷商，進入殷的都城，還沒有來得及下車，就下令封黃帝的後裔在鑄，封帝堯的後裔在黎，封帝舜的後裔在陳。下車後，又下令封夏后的後裔於杞，立成湯的後代在宋，使其承續桑林的祭祀。此時武王仍然懷著恐懼心理，一面長嘆流淚，一面命令周公旦召進殷朝的遺老，親自詢問殷紂所以滅亡的原因，又詢問民眾喜歡什麼，要求什麼。殷代的遺老們回答說：「人們希望恢復盤庚時代的德政。」於是武王就著手恢復盤庚時代的各項政制。散發紂王在巨橋積存的倉粟，布施鹿臺所貯存的錢財，向當地民眾表示自己對殷朝的財物沒有私心。釋放被紂王拘禁的無辜者和挽救犯了罪的囚犯。分發錢財，免除債務，以此來賑濟窮困的人們。擴建比干的墳墓，使之宏大；修繕箕子的故居，使之彰明。在商容的故居增設標記，行人經過時要加快腳步，乘車的要下車步行，以示尊敬。三天之內，參預謀劃伐紂的賢士，都分別封為諸侯。有功的大夫，則賞賜他們領民和土地。對普通的士庶百姓，亦解除了紂王加給他們的禁令，減免了賦役。然後班師在孟津渡河，向西進發回到豐鎬，在祭祀文王的祖廟內報功。於是把馬放到陽華山，把牛放到桃林，馬與牛不再被人乘騎、拉車服役了。戰鼓、戰旗、兵器、鎧甲祭祀時塗上牲血，然後放進倉庫，終身不再使用。這就是周武王的仁德。所以周天子的明堂，連大門也不關閉，向天下人表示沒有任何私藏。也正是因為沒有任何私藏，才能保持全天下這個「至藏」。

武王戰勝殷紂王後，得到二個戰虜，親自詢問他們說：「你們國家發生過妖異一類事嗎？」一個俘虜回答說：「我們國家有過妖異的事。大白天看到星星，天上降下血雨，這就是我們國家發生過的妖異之事。」另一個俘虜回答說：「這些固然是妖異，但還不是大的。我們國家的妖異之事，更大的是做兒子的不聽從父親，做弟弟的不聽信兄長，連君王的命令也無法推行，這才是妖異中最大的。」武王聽了以後，急忙謙恭地離開席位，一再拜謝他們。武王這樣做，並非以為這兩個俘虜如何尊貴，而是覺得他們說的這番話十分可貴。所以《周易》上說：「時時事事猶如踩著老虎尾巴，恐懼警惕，謹慎戒備，最終必能吉祥如意。」

〔四〕趙襄子攻翟❶，勝老人、中人❷，使使者來謁之❸，襄子方食摶飯❹，有憂色。左右曰：「一朝而兩城下，此人之所以喜也，今君有憂色何？」襄子曰：「江河之大❺也，不過三日；飄風❻暴雨，日中不須臾❼。今趙氏之德行，無所於積，一朝而兩城下，亡其及我乎？」孔子聞之曰：「趙氏其昌乎！」夫憂所以為昌也，而喜所以為亡也。勝非其難者也，持❽之其難者也。賢主以此持勝，故其福及後世。齊、荊、吳、越皆嘗勝矣，而卒❾取亡，不達乎持勝也。唯有道之主能持勝。孔子之勁❿，舉國門之關⓫，而不肯以力聞；墨子為守攻，公輸般⓬服，而不肯以兵加⑬。善持勝者，以術彊弱⑭。

【章旨】以趙襄子一朝下二城而面有憂色，說明君主持勝之道在於能以強為弱，始終謹慎勤奮行事。

【注釋】❶趙襄子攻翟　趙襄子，名毋卹，趙簡子之子。翟，通「狄」。古時對北方少數民族的通稱，分布於齊、魯、晉、衛、宋、邢之間。此事又見於〈晉語〉九、《列子‧說符》、《淮南子‧道應》等。❷老人中人　都邑名。「老人」當作「左人」（依畢沅說）。❸使使者來謁之　據〈晉語〉「趙襄子使新穉穆子伐翟」，則當是新穉穆子派使者來向趙襄子報告前方勝利消息。❹摶飯　飯糰。❺大　漲大水。❻飄風　旋風。❼日中不須臾　一日之「中」，不過頃刻而已。須臾，片刻。❽持　保持。❾卒　最終。❿勁　力氣。⓫關　門閂。⓬公輸般　古代巧匠。⓭加　當為「知」（依孫志祖說）。⓮以術彊弱　《列子》作「以強為弱」，義近。即自己雖是強者，卻保持弱者心態，不斷發憤求進。

【語譯】趙襄子派新穉穆子去攻打翟國，攻下了左人、中人兩個城邑。新穉穆子派使者來向趙襄子稟報。趙襄子剛巧拿了飯糰在吃，臉上當即顯出憂慮的神色。侍從在他身邊的人說：「一天連下兩個城邑，這是人們都感到高興的事，現在君上卻有憂色，這是為什麼呢？」襄子說：「長江、黃河發大水，不超過三天就會退落；狂風暴雨不會成日颳、整天下，烈日當頭轉眼西斜。現在我趙氏積德積善並不豐厚，一下子攻克二座城市，亡國之禍恐怕就要臨頭了。」孔子聽到這件事後說：「趙氏大概要昌盛了吧？」

大凡憂慮會帶來昌盛，而喜悅則往往引向滅亡。比較起來，取得勝利並不怎麼困難，如何長期保持勝利，才是最困難的事。賢明的君主正是憑藉著這種認識保持住勝利，因而子孫後代都蒙受他的福蔭。但像齊國、楚國、吳國、越國那樣，先後都曾取得過勝利，最後卻遭致敗亡，就是由於不懂得如何保持勝利成果。只有有道的君主，才能長期保持勝利。孔子的力氣，能舉起國都城門的門閂，但他從不肯以自己的力氣聞名於世。墨子善於攻城守城，連公輸般都為他所折服，卻不肯以善於用兵為人所知曉。善於保持勝利的人，有辦法使自己在強大以後仍保持弱者心態，始終謹慎勤奮行事。

權動

【題解】動，即功。「權動」，意謂在「利不可兩，忠不可兼」的情況下，君主必須權衡功利之大小，遵守一條原則：「去小取大」。

這個似乎平常的道理，一經用各種生動的歷史故事說明，就顯得頗為深刻而發人思索。在鄢陵之戰楚國已處於敗績的關鍵時刻，一個叫陽穀的小使出於忠心向主將司馬子反獻酒，子反卻因貪杯延誤軍機而招來殺身之禍；虞國之君貪圖晉獻公的美玉與駿馬，讓晉國借道以滅虢，結果晉在滅虢以後順便又滅了虞。文中評論前者為「小忠」賊「大忠」，後者為「小利」殘「大利」。還有厹繇國貪得智伯大鐘，齊湣王吝於向將士行賞，都是由於不懂得「去小取大」的道理，最終落到了可悲的結局。

篇中所舉歷史故事，分別見於《韓非子》、《戰國策》、《史記》、《淮南子》、《新序》、《說苑》等。先秦諸子都喜歡引用歷史典實來演說道理。孔子就曾說過：「我欲託之空言，不如載之行事之深切著明也。」《呂氏春秋》在寫作上亦有這個特點。這些故事大多來源於當時各國史籍，如晉之《乘》、楚之《檮杌》、魯之《春秋》等。原書幾乎全都毀於秦火，致使後人無緣目睹，司馬遷也曾為此連連感嘆「惜哉、惜哉」（《史記・六國年表》）。我們現在能從諸子包括本書的引述中間接地讀到這些材料，雖是一鱗半爪，也屬難能可貴。

〔一〕二曰——

利不可兩，忠不可兼❶。不去小利則大利不得，不去小忠則大忠不至❷。故小利，大利之殘❸也；小忠，大忠之賊也。聖人去小取大。

【章旨】言欲得大利、大忠，必去小利、小忠，聖人「去小取大」，為全篇之旨。

【注釋】❶兼　並。❷至　成。❸殘　與下文的「賊」，都是害的意思。

【語譯】利不可兩得，忠不可兼備。不放棄小利，那麼就不可能得到大利；不丟卻小忠，那麼大忠就不可能得到實現。因此，小利是大利的禍害，小忠是大忠的禍害。所以聖人總是放棄小的，擇取大的。

〔二〕昔荊龔王與晉厲公戰於鄢陵❶，荊師敗，龔王傷❷。臨戰❸，司馬子反❹渴而求飲，豎陽穀❺操黍酒❻而進之。子反叱曰：「訾❼！退！酒也。」豎陽穀對曰：「非酒也。」子反曰：「亟❽退，卻也。」豎陽穀又曰：「非酒也。」子反受而飲之。子反之為人也嗜酒，甘❾而不能絕於口，以醉。戰既罷，龔王欲復戰而謀，使召司馬子反。子反辭以心疾。龔王駕而往視之，入幄❿中，聞酒臭⓫而還，曰：「今日之戰，不穀⓬親傷，所恃者司馬也。而司馬又若此，是忘荊國之社稷，而不恤吾眾也。不穀無與復戰矣。」於是罷師去之，斬司馬子反以為戮⓭。故豎陽穀之進酒也，非以醉子反也，其心以忠也，而適足以殺之，故曰小忠，大忠之賊也。

【章旨】以陽穀出於忠心向子反進酒，結果反使子反因延誤軍機而受戮為例，說明小忠為「大忠之賊」。

【注釋】❶荊龔王與晉厲公戰於鄢陵　鄢陵之戰發生於楚龔王十六年、晉厲公六年（西元前五七五年），事詳《左傳》成公十六年；《史記》的〈晉世家〉、〈楚世家〉，以及《韓非子》的〈十過〉、〈喻老〉、〈飾邪〉亦有錄。荊龔王，楚莊王侶之子，名審，在位三十一年（西元前五九〇～前五六〇年）。晉厲公，晉景公據之子，名壽曼，在位八年（西元前五八〇～前五七三年）。鄢陵，地名，在今河南鄢陵西北。❷龔王傷　晉將呂錡射龔王，傷其目。❸臨戰　上文已云荊師敗，此處不當再稱「臨戰」。《韓非子》作「酣戰」，《史記》稱「復戰」。❹司馬子反　司馬，官名，掌管軍政。子反，楚公子側之子。司馬子反為此次戰役楚軍主將。❺豎陽穀　豎，小使；僮僕。陽穀，人名。《韓非子》作「穀陽」。❻黍酒　當是「參酒」之誤。參為量器，列於斗、升之間。《韓非子・十過》作「觴酒」。觴是受三升之量器名。❼訾　呵責之聲。❽亟　急；速。❾甘　陳奇猷據《韓非子》〈十過〉、〈飾非〉，疑「甘」下脫「之」字。甘之，覺得其味甜美。❿幄　帳幕。⓫臭　氣味。⓬不穀　諸侯自謙之稱。⓭戮　陳屍。

【語譯】從前，楚龔王與晉厲公在鄢陵交戰，楚國軍隊戰敗，龔王也負了傷。戰爭進行中，司馬子反渴了，要飲水。小使陽穀用容積為三升的觴斟滿了酒奉進給他。子反斥責說：「呔！拿下去，這是酒呀！」陽穀回答說：「不是酒。」子反說：「趕快拿回去，快走！」陽穀又說：「這不是酒。」子反接過來喝了下去。子反這個人平日酷愛飲酒，一喝就覺得甜美可口不能自制。就這樣一直喝到大醉。當天的戰事結束，龔王想再次交戰，要商量對策，便派人去召司馬子反來。司馬子反藉口心痛病沒有去。龔王乘著車子去探視他。一進入司馬子反的帳幕，便聞到撲鼻的酒氣，就返還了。龔王說：「今天的戰事，我自己受了傷，還能夠依靠的就是司馬子反了，他卻醉成了這副樣子。他忘記了楚國的社稷，又不體恤我們大家。我不能再與晉人作戰了。」於是收兵離去。回國後殺了司馬子反，並陳屍示眾。當時小使陽穀向司馬子反進酒，並不是要灌醉司馬子反，他心裡還認為是一片忠誠愛護子反，而結果卻恰好害了子反。所以說，小忠是大忠的禍患啊。

〔三〕昔者晉獻公使荀息假道於虞以伐虢❶，荀息曰：「請以垂棘之璧❷與屈產之乘❸，以賂虞公，而求假道焉，必可得也。」獻公曰：「夫垂棘之璧，吾先君之寶也；屈產之乘，寡人之駿也。若受吾幣❹而不吾假道，將奈何？」荀息曰：「不然。彼若不吾假道，必不吾受也。若受我而假我道，是猶取之內府而藏之外府❺也，猶取之內皁❻而著之外皁也。君奚患焉？」獻公許之。乃使荀息以屈產之乘為庭實❼，而加以垂棘之璧，以假道於虞而伐虢。虞公濫❽於寶與馬而欲許之。宮之奇❾諫曰：「不可許也。虞之與虢也，若車之有輔❿也，車依輔，輔亦依車，虞、虢之勢是也。先人有言曰：『脣竭⓫而齒寒。』夫虢之不亡也恃虞，虞之不亡也亦恃虢也。若假之道，則虢朝亡而虞夕從之矣。奈何其假之道也？」虞公弗聽，而假之道。荀息伐虢，克之。還反伐虞，又克之。荀息操璧牽馬而報。獻公喜曰：「璧則猶是⓬也，馬齒亦薄長⓭矣。」故曰小利，大利之殘也。

【章　旨】以虞公為貪小利而假道與晉伐虢，結果反被伐虢而返的晉師乘勝滅亡為例，說明小利為「大利之殘」。

【注　釋】❶晉獻公使荀息假道於虞以伐虢　事見《左傳》僖公二年及五年，並見《史記・晉世家》、《韓非子・十過》。晉獻公，晉武公之子，名詭諸，在位二十六年（西元前六七六～前六五一年）。荀息，晉大夫。虞，古國名。姬姓，始封君主為古公亶父，次子虞仲，其址在今山西平陸北。虢，古國名。姬姓，始封君主為季歷之子，因有兄弟數人，故有東虢、西虢、北虢之別。此處指北虢，在今河南三門峽和山西平陸一帶。此事《史記‧十二諸侯年表》繫於西元前六五八、六五五年。❷垂棘之璧　垂棘出產的美玉。垂棘，古地名，以產美玉著聞。璧，圓形中有孔的玉器。❸屈產之乘　屈地所產的良馬。屈，晉地名，在今山西省西南部，黃河東岸，秦置北屈縣，民國後改為吉縣。乘，四匹馬稱乘。❹幣　禮物。❺取之內府而藏之外府　內府與外府猶內庫與外庫，為同一屬主不同地點的儲藏財物處。此處以外府喻虞，視虞為晉之囊中物。❻皁　即「皂」，通「槽」。指馬槽。❼庭實　指禮品。諸侯之間相互聘問，把禮品陳設於中庭，故有是稱。❽濫　貪。❾宮之奇　虞大夫。屢次勸諫虞公不可借道與晉，預言虞將因此而亡。虞公不聽，宮之奇率族奔曹。後虞果亡。❿車之有輔　車，指車輪外圈的齒牙。輔，夾於齒牙兩旁之木。車、輔齗合後，車輪才可行駛。此處用以喻虞與虢之相互依存關係。⓫竭　盡；亡。⓬是　此。⓭馬齒亦薄長　晉向虞借道有兩次，相隔三年，故稱「馬齒亦薄長」。馬齒，指馬的年齡。薄，微。

【語　譯】從前，晉獻公派荀息向虞國借道準備去攻伐虢國。荀息說：「請把垂棘出產的玉璧和屈邑出產的四匹駿馬作為禮物，用來賄賂虞公，然後向他要求借道，一定可以達到目的。」晉獻公說：「那垂棘出產的玉璧，是我先王留下來的寶物；屈邑出產的那幾匹馬，是我喜愛的駿馬。如果虞公接受了我的禮物，卻不同意借道給我，那又怎麼辦呢？」荀息說：「不會的。他們如果不肯借道給我們，一定不會接受我們的禮物；如果接受我們的禮物而讓我們借道，那就如同我們把玉璧從內宮的府庫取出藏到宮外的府庫，把駿馬從宮中的馬槽牽出拴到宮外的馬槽裡。君上又有什麼可以擔憂的呢？」晉獻公就答應了。於是派荀息帶了屈邑出產的四匹駿馬，加上垂棘出產的玉璧，作為禮物獻給虞公，向虞國請求借道去攻打虢國。虞公貪圖寶玉與駿馬準備答應荀息的要求。虞國的大夫宮之奇勸諫說：「不能答應呀。虞國與虢國就像車輪上的齒牙與兩旁的輔木一樣，齒牙依存於輔木，輔木亦有賴於齒牙，虞國與虢國的形勢就是這樣。古人說過這樣的話：『脣亡而齒寒。』虢國的不被滅亡，要依靠虞國；而虞國要存在下去，也得有賴虢國呀。如果借道給晉國，那麼虢國早晨滅亡，到晚上就輪到虞國滅亡了，怎麼可以借道給晉國呢？」虞公不聽，借道給晉國軍隊。荀息帶了軍隊攻伐虢國，攻克以後，回師時，又乘便滅了虞國。荀息帶著玉璧、牽著駿馬回來稟報勝利。晉獻公高興地說：「玉璧還是那個樣子，只是馬的年歲稍長了一點。」所以說，小利是大利的禍害啊。

〔四〕中山❶之國有厹繇❷者。智伯❸欲攻之而無道也，為鑄大鐘，方車二軌❹以遺之。厹繇之君將斬岸堙谿❺以迎鐘。赤章蔓枝❻諫曰：「《詩》云：『唯則定國❼。』我胡則❽以得是於智伯？夫智伯之為人也貪而無信，必欲攻我而無道也，故為大鐘，方車二軌以遺君。君因斬岸堙谿以迎鐘，師必隨之。」弗聽。有頃，諫之，君曰：「大國為懽，而子逆之，不祥。子釋❾之。」赤章蔓枝曰：「為人臣不忠貞，罪也；忠貞不用，遠身可也。」斷轂❿而行，至衛七日而厹繇亡。欲鐘之心勝也，欲鐘之心勝則安厹繇之說塞矣。凡聽說，所勝⓫不可不審也，故太上先勝⓬。

【章　旨】由厹繇之君因貪智伯之鐘而亡國，以喻貪小利必失大利。

【注　釋】❶中山　古國名。春秋時白狄別族所建立，又稱鮮虞，在今河北正定東北。❷厹繇　春秋時古國名。在今山西盂縣一帶。他書或作仇由、仇酋、厹由、仇首等。厹繇因貪鐘而亡事，並見於《韓非子》〈喻老〉、〈說林〉、《史記・樗里子甘茂列傳》、《戰國策・周策》、《淮南子・精神》。❸智伯　即智伯瑤。❹方車二軌　併兩車為方車，兩車並行之軌即為二軌。❺斬岸堙谿　填溝平壑。斬，指裁截岸邊高地。堙，堵塞。❻赤章蔓枝　厹繇國臣子。姓赤章，名蔓枝。

❼唯則定國　此句當為逸詩。赤章蔓枝引此，說明國家行車之軌有一定法則，闢二軌之道，是違反了法則。❽胡則　根據什麼法則。❾釋　擱置。❿轂　車輪中心圓木，中間有孔，用來穿軸。此處指車軸兩端。⓫所勝　據上文，似指欲鐘之心與安國之心究竟何者為勝這個問題。⓬先勝　指先戰勝私欲小利。

【語　譯】中山國內有個厹繇國，智伯瑤想攻打它，卻無路可通。於是鑄造了一口大鐘，準備用兩輛車並排裝載，再開闢一條雙軌道路，以便運去贈送給厹繇國。厹繇的國君為此將要削平高地，填塞低窪，迎接智伯送來的鐘。赤章蔓枝勸諫說：「古詩說：『只有遵守確定的準則，才能安定國家。』現在我們根據哪一條法則，要開拓道路來接納智伯的鐘呢？而且智伯為人向來貪而無信，一定是他要攻打我們而無可通之路，所以造了這口大鐘，用雙車雙軌裝運來送給君上的。君上如果因此而削平高地、填塞低窪來迎接這口大鐘，那麼智伯的軍隊一定會隨著這口鐘來到。」厹繇的君主不聽。過了一些時間，赤章蔓枝再次勸諫。厹繇的君主說：「大國要來跟我們交好，而你卻要拒人於外。這是不祥之兆，你快住嘴吧！」赤章蔓枝說：「當臣子的如果不忠貞，這是有罪的；忠貞而不被信用，脫身遠去是可以的。」於是砍斷車軸的兩端，加速行駛。在他出奔到衛國後七天，厹繇國果然滅亡了。這是由於厹繇的君主想得到鐘的欲念佔了首位的緣故。想得到鐘的欲念佔了第一位，那麼赤章蔓枝安定厹繇的主張就被阻塞了。所以，凡是聽別人陳說，自己的心意究竟讓什麼佔首位的問題，不可不審慎對待。最好的辦法是，先戰勝自己的私欲小利。

〔五〕昌國君❶將五國❷之兵以攻齊。齊使觸子❸將，以迎天下之兵於濟上。齊王❹欲戰，使人赴❺觸子，恥而訾❻之曰：「不戰，必剗❼若類，掘若壟❽。」觸子苦之，欲齊軍之敗。於是以❾天下兵戰，戰合，擊金❿而卻之，卒北，天下兵乘⓫

之，觸子因以一乘⓬去，莫知其所，不聞其聲。達子⓭又帥其餘卒，以軍於秦周⓮，無以賞，使人請金於齊王。齊王怒曰：「若殘豎子之類⓯，惡能給若金？」與燕人戰，大敗，達子死，齊王走莒⓰。燕人逐北入國，相與爭金於美唐⓱甚多。此貪於小利以失大利者也。

【章　旨】言齊湣王在樂毅率五國聯軍攻齊時，由於吝賞而導致大敗，其事說明了「貪於小利以失大利」的道理。

【注　釋】❶昌國君　即樂毅。魏人，入燕，任燕昭王亞卿。西元前二八四年，為燕聯合各國率軍破齊。後因功封於昌國，號昌國君。❷五國　指秦、楚、韓、趙、魏。❸觸子　齊國將領。《戰國策・燕策》作蜀子，〈齊策〉作向子。❹齊王　即齊湣王。❺赴　告。❻訾　責難。❼剗　消滅。❽壟　墳墓。❾以　與。❿擊金　金，金屬製成的音響器。擊金鳴響，是古代作戰時退兵的信號。⓫乘　乘勝逐擊。⓬一乘　指一輛戰車。⓭達子　齊國的將領。⓮以軍於秦周　屯兵於齊國都門秦周。秦周，齊城門名。軍，駐紮。⓯若殘豎子之類　此為罵人語。意謂你這個該殺的賤人。殘，殺。豎子，僮僕或下賤的人。⓰莒　古邑名。屬齊，在今山東莒縣。據《史記・田敬仲完世家》，齊湣王先走衛，再走鄒、魯，然後奔回莒。樂毅攻齊，唯莒與即墨未下。⓱美唐　齊國藏金之所。

【語　譯】昌國君樂毅率領五國的軍隊去攻打齊國。齊國派觸子為將，在濟水之畔迎戰各諸侯國的聯軍。齊湣王急於反攻，派使者到觸子的軍營，羞辱並責難他說：「你再不開戰，我一定要消滅你這個醜類，掘掉你的祖墳！」觸子感到很氣憤，存心想讓齊軍戰敗，便匆忙與聯軍開戰。剛一交鋒，就鳴金收兵退卻，終於導致齊軍敗逃，諸侯聯軍乘勝追擊齊軍。觸子於是乘了一輛兵車離去，不知他去了哪裡，從此再也聽不到他的消息。接替觸子的是達子，他率領殘餘的軍隊，駐紮在秦周。因無以犒賞軍隊，便派人向齊王請求賞金。齊湣王發怒說：「你們這些該殺的賤貨，怎麼能給你們賞金！」殘餘的齊軍與燕人一戰，被打得大敗。達子戰死，齊湣王逃到莒。燕軍追逐齊軍進入國都臨菑，在美唐爭相搶奪齊國珍藏的大量財寶。這是吝嗇小利，最後卻喪失了大利的教訓啊。

下賢

【題解】〈下賢〉旨在論述君主必須禮賢下士。

本篇的士指有道之士，即所謂「得道之人」。這樣的士「五帝弗得而友，三王弗得而師」，不受世俗毀譽左右，卻能「與物變化而無所終窮，精充天地而不竭，神覆宇宙而無望」。有的學者把這裡說的「得道之人」，比為《莊子・逍遙遊》中的「神人」，〈大宗師〉中的「真人」，似乎不那麼確切。「神人」、「真人」是出世的；本篇中堯求訪的善綣，周公旦所朝於窮巷甕牖的七十人，齊桓公、子產分別求見的小臣稷、壺丘子林，和魏文侯禮敬的段干木等，顯然並非出世之人。他們在諸侯並列、群雄爭強的形勢下，卻因在野而心無瓜葛、身無牽累，對紛繁的世事有更為清醒、明析的認識。加上這些人，往往不僅才智出眾，而且在社會上，特別在士人中具有廣泛的影響，因而成為在位者爭取的對象。但所謂「得道之人」又大多自鳴清高，「官之則不肯，祿之則不受」，所以君主必須「去其帝王之色」，才「近可得之」。

本篇與前〈謹聽〉可說是姊妹篇，題旨相續，文意相承。〈謹聽〉末章「解在乎」下所繫齊桓公、魏文侯「禮士」，只是出了題目，具體故事則見於本篇。兩篇參照著一起讀，可收到互為闡發之效。

〔一〕三曰——

有道之士固驕❶人主，人主之不肖者亦驕有道之士，日以相驕，奚時相得❷？若儒、墨之議與齊、荊之服矣。賢主則不然，士雖驕之，而己愈禮之，士安得不歸之？士所歸，天下從之，帝❸。帝也者，天下之適❹也；王也者，天下之往也。

【章　旨】此章言賢主能虛己下賢，為士所歸，也就是為天下所歸。

【注　釋】❶驕　傲視。❷相得　相互投合。❸帝　陶鴻慶疑此「帝」字為衍文，陳奇猷則以為此處文義未完，疑有脫文，「帝」為脫剩之字。❹適　往。

【語　譯】有道的士人原本就傲視君主，而君主中的不肖者，也傲視有道的士人。他們天天互相傲視，什麼時候才能做到彼此投合呢？這正好似儒、墨二家的互相譏議，齊、楚兩個大國的彼此不服氣一樣。賢明的君主就不是如此。士雖然傲視他，他卻能更加以禮對待他們，這樣，士怎麼能不歸從於他呢？賢士都歸從於他，那麼天下的人也會跟隨著歸從於他。所謂帝，就是天下所歸依；所謂王，就是天下所歸往。

〔二〕得道之人，貴為天子而不驕倨❶，富有天下而不騁夸❷，卑為布衣而不瘁攝❸，貧無衣食而不憂懾❹，狠❺乎其誠自有也，覺❻乎其不疑有以❼也，桀❽乎其必不渝移❾也，循❿乎其與陰陽化也，悤悤⓫乎其心之堅固也，空空⓬乎其不為巧故也，迷⓭乎其志氣之遠也，昏⓮乎其深而不測也，確⓯乎其節之不庳⓰也，就就⓱乎其不肯自是，鵠⓲乎其羞用智慮也，假⓳乎其輕俗誹譽也，以天為法，以德為行，以道為宗⓴，與物變化而無所終窮㉑，精充天地而不竭，神覆宇宙而無望㉒，莫知其始，莫知其終，莫知其門，莫知其端，莫知其源，其大無外㉓，其小無內㉔，此之謂至貴。士有若此者，五帝弗得而友，三王弗得而師，去其帝王之色㉕，則近可得之矣。

【章　旨】言得道之士的種種特徵，君主只有去掉「帝王之色」，才近乎可與他們「相得」。

【注　釋】❶驕倨　傲慢。❷騁夸　放縱、誇耀。❸痒攝　失意、屈辱。攝，屈。❹憂慴　憂慮、恐懼。❺狠　忠懇。狠，即狠。狠為懇之本字。❻覺　徹悟。❼以　依據。❽桀　突出。❾渝移　變更移易。❿循　順。⓫悤悤　「勿勿」之誤（依俞樾說）。勿勿，同「密密」。勤奮勉力。⓬空空　通「悾悾」。謹慎、忠誠。⓭迷　悠遠。⓮昏　幽深。⓯確　剛強。⓰庳　低下。⓱就就　猶豫。此處意為謹慎。⓲鵠　浩浩蕩蕩。⓳假　通「嘏」。遠大。⓴宗　根本。㉑窮　極；盡。㉒無望　沒有界限。㉓其大無外　謂道至大，大至無所不包。㉔其小無內　謂道至小，小至無所終其極。㉕色　神態。

【語　譯】得道的人，即使尊貴為天子，也不驕橫傲慢；富裕到佔有天下，也不恣縱自誇；卑下到當平民百姓，也不感到失意屈辱；貧困到無衣無食，也不感到憂愁恐懼。他們忠懇坦蕩，確信自己掌握了道；他們大徹大悟，毫不懷疑自己的依據；他們卓爾不凡，在任何情況下都堅定不移；他們順應天道，隨著陰陽的變化而變化；他們勤奮勉力，心志堅定牢固；他們嚴謹純樸，不做任何巧智詐偽之事。他們崇高的心志，遠大無邊；他們精邃的思想，深不可測；他們節操剛強，從不卑躬屈膝；他們舉止謹慎，不肯自以為是；他們德行浩蕩，羞於使用智謀；他們胸襟寬廣，輕視世俗毀譽。他們以天為法則，以德為品行，以道為根本。他們隨著萬物的變化而無窮無盡。他們的精神充沛於天地而永不衰竭，布滿於宇宙而無邊無涯。他們所掌握的道深廣無比，無法知道它從何起始，到哪裡終止；無法知道哪裡是進入之門，何處是執掌之端，更無從知曉它的由來之源。總之是大則大到無所不包，小則小到不能再小。這就是無比尊貴的道。士人能達到這種境界，那就五帝也不能與他們交友，三王也不能以他們為師。只有去掉那種作為帝王的神態，才能大致接近於可與這樣的賢士交友或認他們為師。

〔三〕堯不以帝見善綣❶，北面而問焉。堯，天子也；善綣，布衣也。何故禮之若此其甚也？善綣得道之士也，得道之人，不可驕也。堯論其德行達智而弗若，故北面而問焉，此之謂至公。非至公其孰能禮賢？

【章　旨】言堯能自知德智不如善綣，因而恭敬地北面請教，達到了「至公」。

【注　釋】❶善綣　傳為堯時得道之人，姓善名綣。《莊子・讓王》作「善卷」。舜以天下讓善卷，善卷不受，稱自己「日出而作，日入而息，逍遙於天地之間而心意自得」，於是去而入深山，莫知其處。

【語　譯】堯不以帝王的身分去會見善綣，面北恭立向他請教。堯是天子，善綣是百姓，為什麼要用這樣隆重的禮節去會見他呢？因為善綣是得道賢士啊。對於得道的人，是不可以傲慢地對待他們的。堯衡量自己的德行和智慧，都不如善綣，因而北面向他請求教益，這就是公的最高境界。不是達到這種公的最高境界，有誰能這樣禮遇賢士呢？

〔四〕周公旦，文王之子也，武王之弟也，成王之叔父也，所朝於窮巷❶之中、甕牖❷之下者七十人。文王造❸之而未遂，武王遂之而未成，周公旦抱❹少主❺而成之，故曰成王，不唯以身下士邪。

【章　旨】以周公旦求訪窮巷賢士七十，終於輔佐成王完成大業，說明禮賢之重要。

【注　釋】❶窮巷　陋巷。❷甕牖　用瓦罐遮擋作為窗戶。喻指居處貧困簡陋。甕，陶製器皿泛稱。牖，窗戶。❸造開始。❹抱 奉。❺少主 指周成王。

【語　譯】周公旦是文王的兒子，武王的弟弟，成王的叔父，尚且求訪過住在窮巷陋室的賢士七十人。滅殷建周的事業，文王開創而沒有達到，武王達到而沒有完成，周公旦輔助幼主成王最後完成了大業，因而稱幼主為成王。這不單是周公旦一個人以身下士而已。

〔五〕齊桓公見小臣稷❶，一日三至弗得見。從者曰：「萬乘之主，見布衣之士，一日三至而弗得見，亦可以止矣。」桓公曰：「不然。士驁❷祿爵者，固輕其主；其主驁霸王者，亦輕其士。縱夫子驁祿爵，吾庸❸敢驁霸王乎？」遂見之，不可止。世多舉桓公之內行❹，內行雖不修，霸亦可矣。誠❺行之此論而內行修，王猶少❻。

【章　旨】以齊桓公「一日三至」求見賢臣小臣稷的故事，說明他「內行雖不修」卻仍能成就霸業，原因就在於禮賢下士。

【注　釋】❶小臣稷　小臣為複姓，稷是名。春秋時齊國隱士。齊桓公見小臣稷事，見於《韓非子‧難一》、《韓詩外傳》六、《新序‧雜事喻》。❷驁　通「傲」。輕視。❸庸　何。❹內行　指宮廷生活。《韓非子‧難二》稱：「桓公宮中二市，婦閭二百，被髮而御婦人。」故下文謂其「內行不修」。❺誠　果真。❻王猶少　稱王尚且不止。

【語　譯】齊桓公親自去求見小臣稷，一天去了三次未得會面。跟隨的人說：「大王作為萬乘之主，求見一個布衣之士，一天求見三次而見不到面，可以到此為止了吧？」桓公說：「不能那樣。看輕爵位和俸祿的賢士，固然會傲視君主，看輕王霸之業的君主，也會傲視賢士。縱使小臣稷看輕爵位和俸祿，但我豈敢看輕王霸之業呢？」齊桓公終於見到了小臣稷，隨從沒有能阻止他。世人大多指責桓公的內廷生活。他的內廷生活雖然不那麼檢點，但能如此禮賢下士稱霸還是可以的。齊桓公如果真按上述他自己說的原則去辦，而且能夠檢點自己的內廷生活，那麼恐怕還不只稱王呢。

〔六〕子產❶相鄭，往見壺丘子林❷，與其弟子坐必以年❸，是倚❹其相於門也。夫相萬乘之國而能遺之，謀志論行❺，而以心與人相索，其唯子產乎？故相鄭十八年❻，刑三人，殺二人，桃李之垂於行❼者莫之援❽也，錐刀❾之遺於道者莫之舉❿也。

【章　旨】言子產身居萬乘大國相位而能師事有道之士壺丘子林，因而相鄭十八年，政績卓著。

【注　釋】❶子產　名僑，字子產，鄭穆公之孫，子國之子。因其父為鄭之公子，故又稱公孫僑。為鄭國著名賢相。❷壺丘子林　鄭國著名高士，複姓壺丘，名子林。❸年　年齡。❹倚　置。❺謀志論行　議論為人之志向，品評為人之德行。❻相鄭十八年　子產相鄭的年限，記載不一。《左傳》把為相為卿計在一起，共三十三年。《史記》則是二十六年。❼行　道路。❽援　攀。❾錐刀　小刀。❿舉　拾。

【語　譯】子產在鄭國為相，去見壺丘子林，如果與他的弟子們坐在一起，必定按年歲次序就座，這就把自己相位的尊貴擱到了一邊。身為萬乘之國的宰相，而能拋棄為相的架子，與大家一起議論為人志向，品評為人德行，推心置腹地與人相互求索，真能這樣做的，大概只有子產吧？所以他在鄭國為相十八年，只有三個人被處刑罰，二個人被處死刑。桃李的果實下垂到道路邊，不會有人去採摘；小刀子一類物件丟失在大路上，也沒有人會去拾取。

〔七〕魏文侯❶見段干木❷，立倦而不敢息，反見翟黃❸，踞❹於堂而與之言。翟黃不說。文侯曰：「段干木官之則不肯，祿之則不受。今女欲官則相位，欲祿則上卿，既受吾實❺，又責❻吾禮，無乃難乎？」故賢主之畜人也，不肯受實者其❼禮之。禮士莫高乎節欲，欲節則令行矣，文侯可謂好禮士矣。好禮士故南勝荊於連隄❽，東勝齊於長城❾，虜齊侯❿，獻諸天子，天子賞文侯以上卿。

【章　旨】以魏文侯禮敬段干木為例說明，賢主必須節制自己的情欲，對越是不肯接受實利的賢士越應謙恭。

【注　釋】❶魏文侯　戰國時魏國始封之侯，姬姓，名斯，在位三十八年（西元前四二四～前三八七年）。以禮賢好士著名，四方賢士多歸之，魏以是稱強於中原，得譽於諸侯。❷段干木　複姓段干，名木。守道不仕，為魏著名隱士。後〈期賢〉三章有「魏文侯過段干木之閭而軾之（表示尊敬）」的記述。❸翟黃　魏文侯之上卿。後〈舉難〉三章作「翟璜」。❹踞　兩腳底和臀部都著地，兩膝上聳，狀如簸箕，故又稱箕踞。如此見客是一種不禮貌的表示。❺實　實利。即爵位與俸祿。❻責　要求。❼其　則。❽連隄　楚國地名。❾長城　指齊境內之長城。《水經注・濟水》：「平陰城南有長城，東至海，西至濟。」❿虜齊侯　《竹書紀年》周威烈王十八年：「王命韓景子、趙烈子及我師（指魏）伐齊，入長垣。」長垣即長城。《淮南子》還記有當韓趙魏伐齊，兵圍平陸時，齊國的括子提出了一個解圍的辦法：「請以齊侯往。」這個齊侯便是齊宣公。此時齊之國政已落入田氏手中，田氏便以齊宣公去換取韓趙魏的撤軍。三國獻俘於周天子，於是韓趙魏始封為侯（以上據蘇時學說）。

【語 譯】魏文侯去見段干木，站著說話疲倦了卻不敢歇息。回來後見到翟黃，魏文侯卻在堂上箕踞席地與翟黃說話。翟黃對此不高興。魏文侯說：「段干木讓他做官他不肯做，給他俸祿他不接受。而你呢，想要做官，便讓你官居相位；想要俸祿，就給你上卿的俸祿。你既已接受了我給你的這些實利，又要我以禮相待，那恐怕很難辦到吧？」所以賢明的君主待養士人，對不肯接受實利的，就要講究以禮相待。要禮遇賢士，沒有比節制自己的欲望更為重要的了。欲望得到了節制，命令就可以被執行了。魏文侯可稱得上喜好以禮待士了。正由於他喜好以禮待士，所以南面能在連隄戰勝楚國，東面能在長城戰勝齊國，還俘虜了齊侯，並獻俘與周天子。周天子賞賜文侯，於是魏便始封為諸侯。

報更

【題解】「報更」意為報償。本篇旨在論述君主與賢士的相互報償關係。君主若能「與天下之賢者為徒」，特別是哀憐困阨中的士，那就必能得到士的報償。趙宣孟救助骫桑之餓者，後因此人之助而得以脫身於晉靈公謀害之難；周昭文君禮遇過境的張儀，後賴張儀之力而得以名號顯於天下；孟嘗君禮遇淳于髡，淳于髡為之勸齊王出兵援救，孟嘗君之薛邑因而得以安存。文章據此三例得出結論說：「大立功名與安國免身者，其道無他，其必此之由也。」這個「此」，也就是禮賢下士。

本篇與上篇〈下賢〉題旨相類。篇末藉淳于髡說齊王故事，提出進說應注意方法：「善說者，陳其勢，言其方，見人之急也，若自在危厄之中，豈用彊力哉？」這同時又是對下篇〈順說〉要旨的提示。

〔一〕四曰——

國雖小，其食足以食天下之賢者，其車足以乘天下之賢者，其財足以禮天下之賢者，與天下之賢者為徒❶，此文王之所以王也。今雖未能王，其❷以為安也，不亦易乎？此趙宣孟❸之所以免❹也，周昭文君❺之所以顯也，孟嘗君❻之所以卻荊兵也。古之大立功名與安國免身者，其道無他，其必此之由也。堪❼士不可以驕恣屈也。

【章旨】言君主與天下賢者「為徒」，是「大立功名與安國免身」的必由之路；為全篇引言。

【注釋】❶為徒　引為同輩，平等相處。❷其　代指上文與賢者「為徒」的做法。❸趙宣孟　即春秋時晉國正卿趙盾，趙衰之子，宣孟為其諡。❹免　指免於難。❺周昭文君　東周國君。❻孟嘗君　齊公子田嬰之子田文，以禮賢下士著名，有食客三千。❼堪　通「媅」。樂；喜愛。

【語譯】國家即使小，它的食物總還足以供養天下的賢者，它的車輛也還足以供天下賢者乘用，它的錢財也足以用來禮遇天下賢者。與天下賢者引為同輩平等相處，這便是周文王所以能稱王天下的原因。如今雖然未能稱王，用這種做法來安定國家，那不是很容易嗎？這也就是趙宣孟之所以免於被殺、東周的昭文君得以顯耀、孟嘗君能使楚軍從薛退卻的原由所在。古代建立大功名、安定國家和免除自身災難的人，沒有別的什麼捷徑，只有遵循與賢者引為同輩平等相處這一條必由之路。喜好賢士，是絕不可用驕橫的姿態去屈致他們的啊。

〔二〕昔趙宣孟將上之絳❶，見骫桑❷之下，有餓人臥不能起者，宣孟止車，為之下食，蠲❸而餔之，再咽而後能視。宣孟問之曰：「女何為而餓若是？」對曰：「臣宦❹於絳，歸而糧絕，羞行乞而憎自取，故至於此。」宣孟與脯一朐❺，拜受而弗敢食也。問其故，對曰：「臣有老母，將以遺之。」宣孟曰：「斯❻食之，吾更與女。」乃復賜之脯二束與錢百，而遂去之。處二年，晉靈公欲殺宣孟，伏士於房❼中以待之，因發❽酒於宣孟。宣孟知之，中飲而出。靈公令房中之士疾追而殺之。一人追疾，先及宣孟，之面❾曰：「嘻，君轝❿！吾請為君反死。」宣孟曰：「而⓫名為誰？」反走⓬對曰：「何以名為！臣骫桑下之餓人也。」還鬭而死。宣孟遂活。此《書》之所謂「德幾無小⓭」者也。宣孟德⓮一士猶活其身，而況德萬人乎？故《詩》曰：「赳赳武夫，公侯干城⓯。」「濟濟多士，文王以寧⓰。」人主胡可以不務哀⓱士？士其難知，唯博⓲之為可，博則無所遁⓳矣。

【章旨】以趙宣孟束脯救餓士而免靈公之難，說明君主若能廣施德行於眾士，就將擁有一道由「濟濟多士」組成的衛護自己的「干城」。

【注釋】❶上之絳　據《左傳》宣公二年，趙宣孟「田於首山」。杜預注：首山在河東蒲阪，今山西永濟；絳為晉首都，今山西翼城東南。絳在涑水的上游，蒲阪在涑水的下游，因而自蒲阪至絳稱「上之絳」。❷骫桑　枯萎的桑樹。骫，古「委」字，通「萎」。❸斶　陳奇猷疑為「續」之假字。❹宦　僕隸。此處用如動詞。❺脯一朐　一束彎曲的肉乾。脯，肉乾。朐，彎曲的肉乾。❻斯　盡。❼房　正室二側的房舍。❽發　酒宴中一種禮節的名稱（依洪頤煊說）。❾之面　孫鏘鳴認為當是「面之」。面之，不正視；不面向。❿轝　車子。此處用如動詞，即乘車。⓫而　你。⓬反走　退避。以示恭敬。⓭德幾無小　此句當引自《逸書》。大意為：恩德不在多寡，期在正當困厄之時，則小亦大。幾，微。⓮德　施恩德。⓯赳赳武夫二句　雄赳赳的武士，是捍衛公侯的盾和城。干，盾。見《詩經・周南・兔罝》。⓰濟濟多士二句　眾多的賢士，文王賴之而得安寧。見《詩經・大雅・文王》。⓱哀　憐愛。⓲博　廣。指廣為尋求。⓳遁　失。

【語譯】從前，趙宣孟將要到晉的國都絳去，途中看到在一棵枯萎的桑樹下，有個因餓昏而躺著起不來的人。宣孟停下車，讓人給他餵食，慢慢地連續幾次餵他。那人嚥下幾口以後，能張開眼睛看了。趙宣孟問他說：「你怎麼會餓到這種地步？」他回答說：「我在絳給人家充當僕隸。這回歸家，路上斷了糧，既羞於向人乞討，更不願意去偷竊，因而餓到這副樣子。」宣孟便給了他一束彎曲的肉乾。他拜謝收下了再不敢食用。問他為什麼，他回答說：「我家中有老母親，想把這些乾肉帶回去孝敬她老人家。」宣孟說：「你全部吃了它吧，我另外再給你。」於是又賞賜給他乾肉二束，錢幣一百，然後才分手。過了兩年，晉靈公想殺趙宣孟，在正廳的二側埋伏了兵士，等待宣孟的到來。酒宴開始時，靈公乘機向宣孟發酒令。宣孟察覺情況異常，飲至中途便退席而出。靈公命令埋伏在側房的士兵趕快去追殺趙宣孟。有一個人追得最快，先追到宣孟，卻又立刻轉身說：「喂，你快快上車逃走吧，我願為你回去拼死抵擋！」宣孟說：「你叫什麼名字？」那人一邊退走一邊說：「要知道名字幹什麼呢？我是當年躺在枯桑之下的餓漢呀！」他就這樣返回身去與追來的兵士拼鬥而死，趙宣孟因此而得以活命。這就像《尚書》上說的「恩德再微薄，當時不謂小」的意思啊。趙宣孟僅對一個人施恩德，尚且能使自己藉以活命，更何況作為君主可以對成千上萬人廣施恩德呢？所以《詩經》上說：「赳赳一介武夫，公侯倚為屏障。」「濟濟滿堂賢士，文王得以安康。」由此，君主怎麼可以不致力於愛惜憐憫處於危難之中的賢士呢？賢士是很難瞭解到的，只有廣事尋求才可以；廣事尋求才不會有遺漏啊。

〔三〕張儀❶，魏氏餘子❷也，將西遊於秦，過東周。客有語之於昭文君者曰：「魏氏人張儀，材士❸也，將西遊於秦，願君之禮貌之也。」昭文君見而謂之曰：「聞客之秦。寡人之國小，不足以留客。雖游然豈必遇哉？客或不遇，請為寡人而一歸也，國雖小，請與客共之。」張儀還走，北面再拜。張儀行，昭文君送而資之，至於秦，留有間❹，惠王❺說而相之。張儀所德於天下者，無若昭文君。周，千乘也，重過萬乘也，今秦惠王師之，逢澤之會❻，魏王嘗為御❼，韓王為右❽，名號至今不忘，此張儀之力也。

【章　旨】以昭文君禮遇並資送張儀遊秦，後因張儀之力而得以名顯天下，說明君主欲立功名則禮賢為必由之路。

【注　釋】❶張儀　魏國人，縱橫家。秦惠文君（後稱惠王）十年（西元前三二八年），任秦相，封為武信侯，推行連橫政策，遊說各國服從秦國，瓦解齊楚聯盟。❷餘子　卿大夫嫡子之同母弟，即貴族之支庶。❸材士　多才之士。❹有間　一段短時間。❺惠王　秦惠王。❻逢澤之會　指秦在逢澤盟會諸侯。逢澤，澤藪名，故址在今河南開封東南。據《史記・秦本紀》載，秦孝公二十年（西元前三四二年），孝公「會諸侯逢澤，朝天子」。但此時張儀尚未入秦，張儀相秦更在秦惠文君十年，前後相差十數年。此處記載當有誤。❼為御　指給周天子當御者。❽為右　指給周天子當車右衛士。

【語　譯】張儀是魏國卿大夫的庶子。他準備到西方的秦國去遊說，要經過東周。賓客中有個人對東周的昭文君說：「魏國人張儀，是個多才善辯之士，將要到西邊秦國去遊說，希望君上能以禮待他。」昭文君會見了張儀並對他說：「聽說客人要去秦國，我的國家很小，不足以留住客人。雖然客人去秦國遊說，但未必一定能遇到相知的君主吧？客人如果得不到知遇，那麼請看在我的面上再回來吧。我的國家雖然小，願與客人共同來掌管。」張儀聽後立即退後幾步，面北拜了兩拜。張儀走的時候，昭文君親自給他送行，並且資助錢財。張儀到了秦國，逗留了一段時間，秦惠王很喜歡他，讓他為相。張儀在遊歷各國中所受到的恩德，沒有比昭文君更大的了。從國力來說，周只是一個千乘小國，但在張儀心目中，它重於萬乘大國。張儀還勸說使秦惠王師事昭文君。逢澤會盟期間，魏王曾經為昭文君御車，韓王亦為他充當車右。至今，周昭文君的名號還沒有被人遺忘。這些，都是張儀的力量啊。

〔四〕孟嘗君前在於薛❶，荊人攻之。淳于髡❷為齊使於荊，還反，過於薛。孟嘗君令人禮貌而親郊送之，謂淳于髡曰：「荊人攻薛，夫子弗為憂，文❸無以復待❹矣。」淳于髡曰：「敬聞命矣。」至於齊，畢報。王❺曰：「何見於荊？」對曰：「荊甚固❻，而薛亦不量其力。」王曰：「何謂也？」對曰：「薛不量其力，而為先王立清廟❼，荊固而攻薛，薛清廟必危，故曰薛不量其力，而荊亦甚固。」齊王知顏色❽，曰：「嘻！先君之廟在焉。」疾舉兵救之，由是薛遂全。顛蹷❾之請，坐拜❿之謁，雖得則薄⓫矣。故善說者，陳其勢，言其方⓬，見人之急也，若自在危厄之中，豈用彊力哉？彊力則鄙矣。說之不聽也，任不獨在所說⓭，亦在說者。

【章旨】以孟嘗君禮待淳于髡，後藉淳于髡之助才得以使楚軍解除對其封地薛邑之圍，說明禮士能安國。

【注釋】❶薛　孟嘗君的采邑。在今山東滕縣南。❷淳于髡　齊國人，是齊威王在稷下招攬的著名學者。姓淳于，因曾受髡刑（剃去頭髮），故稱淳于髡。曾多次諷諫齊威王和騶忌改革內政。楚國攻齊，他曾引趙兵救齊。後至魏，遊說魏惠王三日三夜而無倦意。惠王欲位以卿相，髡辭謝，一時名耀諸侯。❸文　孟嘗君自稱其名。❹待　接待。❺王　即下文齊王，當是齊湣王。❻固　固陋。此處指其貪婪成性。❼清廟　即宗廟。以其肅然清靜，故又有是稱。❽知顏色　動於顏色。知，猶「動」。❾顛蹷　顛沛；偃仆。❿坐拜　即跪拜。據《禮記・曲禮》，坐可通名跪。⓫薄　少。⓬方　道；主張。⓭所說　指被說的人。

【語　譯】從前，孟嘗君在薛的時候，楚國人對薛發動進攻。淳于髡為齊國出使去楚國，回返途中經過薛，孟嘗君下令人們用盛大的禮儀去接待並親自到郊外送行。他對淳于髡說：「楚國人現在正在攻打薛，如果先生不為此事分憂的話，我田文今後將沒有可以用來接待先生的地方了。」淳于髡回答說：「我遵命了。」淳于髡回到齊國，使楚之事稟報完畢，齊王便問道：「在楚國你看到些什麼？」淳于髡回答說：「楚國固然很貪婪，但薛也太自不量力。」齊王說：「這話從何說起？」淳于髡回答說：「薛不自量力，在那裡為先王立了清廟；楚國貪得無饜，就攻打薛。這一來薛的清廟必然受到威脅。所以說薛太自不量力，而楚國也太貪婪。」齊王頓時變了顏色，說：「噢，先王的宗廟在那裡呀！」於是急速派兵救援薛，薛因而得以保全。趴在地上向人請求，又跪又拜對人哀告，雖然也能有所得，但那是很微少的。所以善於進說的人，陳說形勢，講述主張，看到別人危急，就如同自己也處在危難之中，這樣，哪裡用得著聲嘶力竭地去說呢？聲嘶力竭地強為勸說，那就會使自己處於鄙薄的地位。進說不被聽從，責任不單單在聽說者一方，亦在勸說者自己。

順說

【題解】本篇論述進說技巧。

春秋戰國時期，各國的士大夫都要經歷一個或長或短的遊說過程，才能取得君主的信用。因而研究進說的技巧成了一門時興的學問。本篇強調的是「因人之力以自為力；因其來而與來，因其往而與往」。就是要求進說者能揣摩君主心理，順其思路，投其所好，然後因勢利導，以達到自己的目的。文章列舉了惠盎說宋康王、田贊說楚王二個實例，來說明順說的方法和功用。惠盎能始終順著宋康王喜好「勇有力」這一思路，一層接一層地推演，逐漸引出「愛利仁義」這一主題，最後使得連宋康王這樣的俗主也不得不承認「客之以說服寡人也」。田贊則藉「補衣」作為話題，很自然地過渡到鎧甲、兵事，以此宣說其偃兵息民之理。二例所闡發的都是一個「因」字，即因勢利導。其實這類實例本書還有很多。如〈知士〉中的劑貌辨說齊湣王，〈本味〉中的伊尹說成湯，〈開春〉中的惠公說魏太子，和〈貴當〉中楚善相者的說楚王等，只是都不是取義於進說技巧罷了。這類故事在《戰國策》中更為屢見，著名的如觸讋說趙太后，與本篇所記可說有異曲同工之妙。

田贊說楚王，意在偃兵息民。有些學者據此而論定本篇要旨在偃兵，屬公孫龍、惠施一派。但細讀全文，可知作者強調的是其「說雖未大行，田贊可謂能立其方矣」，著眼點在進說的技巧，而不是偃兵息民的具體主張。對這個主張，作者似乎是抱否定態度的：「若夫偃息之義，則未之識也。」本篇在這裡表述的思想，與前〈振亂〉、〈禁塞〉諸篇中反對偃兵的主張，還是一致的。

〔一一〕五曰——

善說者若巧士，因❶人之力以自為力；因其來而與來❷，因其往而與往❸；不設形象❹，與生與長；而言之與響❺；與盛與衰❻，以之所歸❼；力雖多，材雖勁，以制其命❽。順風而呼，聲不加疾也；際❾高而望，目不加明也；所因便也。

【章　旨】言善說者善於揣摩君主心理，順其思路，因勢利導，以達到自己的目的。

【注　釋】❶因　憑藉。❷與來　與之俱來。❸與往　與之俱往。❹不設形象　指不先布陳自己見解或目的的形跡。❺而言之與響　此處句法整齊，且有韻，不當雜一五字句，疑有脫文。可能是：「因而言之，與影與響。」意謂順應被說者之意向而言之，猶如影之於形，聲之於響（回聲）（依陳奇猷說）。❻與盛與衰　衰，指被說者已無意聽信，說者不可再勉強而應與之俱衰，即結束進說。❼以之所歸　使聽者有所記取。《周易・說卦傳》注：「歸，藏也。」如下章惠盎說宋康王，雖最終未被採納，但康王自己的想法已有所鬆動，對惠盎所說私下裡已承認「服寡人也」。❽以制其命　陳奇猷認為「以」當為「不」之誤。意謂說者即使「力多、材勁」，也不應遏制被說者而強為之說。❾際　疑為「隥」之誤。

【語　譯】善於進說的人像靈巧的勇士一樣，善於憑藉別人的力量，使它轉化為自己的力量；能順著對方的來勢同它一起來，順著對方的去勢同它一起去。不先布陳自己預設目的的形跡，而是隨著對方思路的發生、發展而發生、發展，如同言語與回聲那樣，自然地相依相隨。隨著對方興致的旺盛而旺盛，衰微而衰微。這樣即使不被聽取，至少使對方有所記取，常念不忘。說者即使雄辯有力，才智強勁，也不應違逆對方意志勉強進說。順風呼叫，聲音沒有加大，卻可以傳得更遠；登高眺望，目力沒有加亮，卻可以見得更廣。這都是因為有了憑藉的緣故啊。

〔二〕惠盎❶見宋康王❷。康王蹀足❸謦欬❹，疾言曰：「寡人之所說者勇有力，而無為❺仁義者。客將何以教寡人？」惠盎對曰：「臣有道於此，使人雖勇，刺之不入；雖有力，擊之弗中。大王獨❻無意邪？」王曰：「善！此寡人所欲聞也。」惠盎曰：「夫刺之不入，擊之不中，此猶辱也。臣有道於此，使人雖有勇弗敢刺，雖有力不敢擊。大王獨無意邪？」王曰：「善！此寡人之所欲知也。」惠盎曰：「夫不敢刺、不敢擊，非無其志也。臣有道於此，使人本無其志也。大王獨無意邪？」王曰：「善！此寡人之所願也。」惠盎曰：「夫無其志也，未有愛利❼之心也。臣有道於此，使天下丈夫❽女子莫不驩❾然皆欲愛利之，此其賢於勇有力也，居四累❿之上。大王獨無意邪？」王曰：「此寡人之所欲得。」惠盎對曰：「孔、墨是也。孔丘、墨翟，無地為君，無官為長，天下丈夫女子莫不延頸舉踵而願安利之⓫。今大王，萬乘之主也，誠有其志，則四境之內皆得其利矣，其賢於孔、墨也遠矣。」宋王無以應。惠盎趨而出。宋王謂左右曰：「辨⓬矣。客之以說⓭服寡人也。」宋王，俗主也，而心猶可服，因矣。因則貧賤可以勝富貴矣，小弱可以制彊大矣。

【章　旨】記述惠盎如何順著對方思路進說，最後終於使宋康王這樣的俗主也口不言而心已服，說明只要因勢順說，「貧賤可以勝富貴」，「小弱可以制彊大」。

【注　釋】❶惠盎　戰國時宋人，惠施之族人。❷宋康王　名偃，性暴虐昏淫。❸蹀足　頓足。❹謦欬　咳嗽。❺為通「謂」。謂即「說」(悅)。❻獨　豈；難道。❼愛利　此為墨家用語。《墨子．經上》：「仁，體愛也。義，(體)利也。」據原注：博愛於人為仁，以交相利為義。本篇則是把儒、墨關於仁義、愛利的說法融合在一起。❽丈夫　成年男子。❾驩　歡。❿四累　四個層次。指上文四種行為：刺不入、擊不中；不敢刺、不敢擊；無其志；驩然愛利。累，層累。⓫安利之　據上文句例，疑為「愛利之」之誤。安、愛形近而訛。⓬辨　通「辯」。⓭說　言論。

【語　譯】惠盎謁見宋康王，宋康王一邊踩腳一邊咳嗽，大聲說：「我喜歡的是勇武有力的人，不喜歡講究仁義的人。客人將有什麼道理來教我呢？」惠盎回答說：「我有這樣的道術，能夠讓人即使勇猛，刺你也刺不入；雖然有力，擊你也擊不中。大王您難道無意於這種道術嗎？」康王說：「好啊，這是我很願意聽的。」惠盎接著說：「雖然刺沒有刺人，擊沒有擊中，但這畢竟還是受到了侮辱。我現在有一種道術，可以使人雖然勇猛卻不敢刺，雖然有力卻不敢擊。大王您難道對這種道術無動於衷嗎？」康王說：「好啊，這正是我想知道的。」惠盎又說：「說那些人不敢刺、不敢擊，並不是他們沒有想要刺、想要擊的企圖呀。我有一種道術，能使人根本不會產生刺人、擊人的企圖。大王您難道無意於這種道術嗎？」康王說：「很好，這正是我所希望的呀。」惠盎就說：「雖然沒有了這方面的企圖，但也還沒有尊愛和利便大王之心。我現在有一種道術，能夠使天下的男子和婦女沒有一個不愉快地想尊愛和利便大王。這種道術遠遠勝過大王開頭說的勇武和有力，它在上述四個道術層次中也居於最上層。大王您難道無意於這種道術嗎？」康王說：「這正是我想要得到的。」於是惠盎回答說：「孔、墨的品德就能達到這樣的境界。孔丘、墨翟，他們沒有領土，卻能得到國君一樣的榮貴；他們沒有官職，卻能像官長一樣受到人們尊愛。天下的男子婦女沒有一個不伸長了頸脖、踮起了腳踵企望能尊愛和利便於他們。現在大王您是擁有萬乘兵車的大國國君，如果真有孔墨那樣的志向，那麼四境之內都能受到您的恩惠，百姓對您的擁戴也會遠遠超過孔墨了。」宋康王無話可以回答。惠盎快步退了出去。宋康王對身旁隨從說：「真會辯說啊！客人的那一席話，把我說服了。」宋康王是一個很平庸的君主，可是他的心思還是可以被說服，這是由於惠盎能夠因勢利導。只要善於因勢利導，那麼貧賤的可以勝過富貴的，弱小的也能制勝強大的。

〔三〕田贊❶衣補衣❷而見荊王。荊王曰：「先生之衣何其惡也？」田贊對曰：「衣又有惡於此者也。」荊王曰：「可得而聞乎？」對曰：「甲❸惡於此。」王曰：「何謂也？」對曰：「冬日則寒，夏日則暑，衣無惡乎甲者。贊也貧，故衣惡也。今大王，萬乘之主也，富貴無敵，而好衣民以甲，臣弗得❹也。意者❺為其義邪？甲之事，兵之事也，刈❻人之頸，刳❼人之腹，隳❽人之城郭，刑❾人之父子也，其名又甚不榮。意者為其實❿邪？苟慮害人，人亦必慮害之；苟慮危人，人亦必慮危之。其實人⓫則甚不安。之⓬二者，臣為大王無取焉。」荊王無以應。說雖未大行，田贊可謂能立其方⓭矣。若夫偃息⓮之義，則未之識也。

【章旨】言田贊藉補衣說楚王以偃兵之義，雖未獲廣泛推行，但已能「立其方」。證明了順說的功用。

【注釋】❶田贊　齊國人。❷衣補衣　穿著破舊的衣服。❸甲　鎧甲。❹弗得　不取；不贊成。❺意者　料想；或許。❻刈　砍斷。❼刳　剖挖。❽隳　毀壞。❾刑　殺。❿實　實利。⓫人　俞樾疑為「又」之誤。⓬之　此。⓭方正（據高誘前〈圜道〉四章「必使之方」注）。⓮偃息　偃兵息民。

【語　譯】田贊穿著破舊的衣服去見楚王。楚王說：「先生的衣服怎麼這樣破舊呢？」田贊回答說：「還有比這更壞的衣服呢。」楚王說：「你能說給我聽嗎？」田贊回答說：「鎧甲就比我的衣服更壞。」楚王問：「這是什麼意思呢？」田贊接著說：「冬天穿著冰冷，夏天穿著灼熱，論衣服沒有比鎧甲更壞的了。我田贊貧窮，所以穿這樣的破衣服。而大王您是擁有萬乘兵車的大國君主，論富貴天下沒有超過您的，然而您卻喜歡讓老百姓穿上鎧甲，我以為這是不可取的。或者這樣做是為了推行仁義吧？然而鎧甲的事，實際上就是進行戰爭的事呀，那是要砍斷人家的頭頸，剖挖別人的腹腔，毀壞別人的城郭，刑殺他人的父子的呀，那『名』是很不光彩的。或許這樣做是為了獲取各種實利吧？但您如果算計損害別人，人家也必定會反過來設法損害您；您隨意的讓別人遭遇危險，人家也會謀劃使您遭遇危險，所以這個『實』也是很不安穩的。從名、實這二方面看，我認為大王還是不要選擇這種做法的好。」楚王無話可以回答。雖然田贊的主張並沒有得到廣泛推行，然而他可以說是善於樹立自己方正的品格了。至於偃兵息民的說法，那倒未必見得是一種有識見的理論。

〔四〕管子得於魯，魯束縛而檻❶之，使役人載而送之齊，其謳歌而引❷。管子恐魯之止而殺己也，欲速至齊，因謂役人曰：「我為汝唱，汝為我和。」其所唱適宜走❸，役人不倦，而取道甚速。管子可謂能因矣。役人得其所欲，己亦得其所欲。以此術也，是用萬乘之國，其霸猶少❹，桓公則難與往❺也。

【章　旨】以管仲唱歌促差役而達到快速離魯至齊為例，說明他是何等善於因勢利導，要不是齊桓公德才未能相當，成就本可在霸業之上。

【注 釋】❶檻 用如動詞，關在囚籠中。❷謳歌而引 役人邊唱歌邊輓囚車而行。引，輓車。❸走 快跑。❹其霸猶少 不止於僅僅成就霸業。❺桓公則難與往 指桓公不能與管仲配合前進，因而只能成就霸業而不能王天下。桓公不能配合事，前〈下賢〉五章有所揭示，即所謂「內行不修」。

【語 譯】管仲在魯國被捉住，魯國把他綑住關進囚籠，然後派遣差役用囚車載送他去齊國。差役一面哼著歌一面牽引著囚車緩緩行進。管仲擔心魯國中途扣住把他殺掉，想加快速度趕到齊國。於是就對差役說：「我為你們領唱，你們為我應和。」管仲所唱的是快節奏的歌，適宜於快步行進。這樣差役一點也不感到疲倦，行進速度卻很快。像管仲這樣真可說是善於因勢利導了。差役們滿足了自己的喜好，而管仲也達到了自己的目的。如果用這種方法來調動萬乘之國的國力，那麼就不僅僅是稱霸諸侯而已。後來事實上沒有成就王業，那是由於桓公不能配合管仲行進步伐的緣故。

不廣

【題解】本篇篇名取自篇首第一句：成事固然要善於利用時機，但「其人事則不廣」。廣，通「曠」。意謂人事的謀劃和努力也不可曠廢。文章以人們遠行得依靠舟車，某些特殊動物得相依共生等為喻，說明無論時機能否獲得，人都應發揮自己的主體力量，即所謂「以其所能託其所不能」。

讀完全篇，「不廣」似乎還包含著這樣一層意思，即在人事的謀劃和努力方面，往往又不是只有一種可能，一種策略，一個目的，因而不可偏廢，而應盡可能設想得周到些。在鮑叔、管仲、召忽三人討論安齊大計時，召忽認為只有一種可能：「公子糾為必立。」而管仲卻認為國人愛憐公子小白，因而「事未可知」，即認為有兩種可能。在趙國大敗齊軍後，統帥孔青準備把齊軍的三萬屍體壘成二個高丘，以炫耀自己的軍威；而甯越則主張將屍體還給齊國，以收到從政治上瓦解敵國之效，即前者只懂得武的一種策略，而後者卻能同時運用文武兩種策略。最後一例是晉文公單從一個「利」出發，過早提出了要稱霸的主張；而咎犯則全面地考慮了「義」和「利」兩個方面，所以建議文公先「定（周）天子于成周」，用這一行動使天下知道文公之「義」，這樣霸業便能水到渠成。以上三例，後來的實踐都證明了二種謀劃和努力，遠勝於只有一種。當然即使作了多種謀劃和努力，也仍然會有不成功的，作者說那是屬於「天意」了，「人事則盡之矣」。

末章文字難以讀解，與全篇主旨似也不洽，疑有錯脫。注釋從簡，語譯姑從字面作了些猜測性的解釋。

〔一〕六曰——

智者之舉事必因時。時不可必成❶，其人事則不廣❷，成亦可，不成亦可。以其所能託其所不能，若舟之與車。

【章　旨】此章言無論得時與不得時，人事均不可曠廢。

【注　釋】❶成　得。❷不廣　不可曠廢。廣，通「曠」。廢棄（依俞樾說）。

【語　譯】聰慧的人做事情必然重視依憑時機。但時機並不一定能得到，在這種情況下，人為的努力絕不可曠廢。這樣得到時機也好，得不到時機也好，用自己能夠支配的人事的努力，彌補自己無能為力的時機的不得，正如人們遠行時，藉助於舟車以彌補自己的不足一樣。

〔二〕北方有獸，名曰蹷❶，鼠前而兔後，趨則跲❷，走則顛，常為蛩蛩距虛❸取甘草以與之。蹷有患害也，蛩蛩距虛必負而走。此以其所能託其所不能。

【章　旨】以「蹷」與「蛩蛩距虛」二種動物之間的共生關係，說明人們亦應該「以其所能託其所不能」的道理。

【注　釋】❶蹷　獸名。❷跲　絆倒。❸蛩蛩距虛　古代傳說中的獸名。前足高而後足短，善走而不善求食，與前足短而後足長之蹷相互依賴生存。或謂蛩蛩、距虛為二獸名。蛩蛩，青獸，狀如馬。距虛，似騾而小。

【語　譯】北方有一種野獸，名叫蹷，前腿像鼠足一樣短，後腿像兔足一樣長。走時顛簸不穩，跑快了就會跌倒。蹷常常替不善尋食的蛩蛩距虛採集鮮美的草料供牠食用，而一旦蹷遇到侵襲時，蛩蛩距虛就一定會來背了牠逃走。這就是雙方用自己能夠做到的換得對方幫助，來彌補自己所不能做到的。

〔三〕鮑叔❶、管仲❷、召忽❸，三人相善，欲相與定齊國❹，以公子糾❺為必立。召忽曰：「吾三人者於齊國也，譬之若鼎之有足，去一焉則不成。且小白❻則必不立矣，不若三人佐公子糾也。」管仲曰：「不可。夫國人惡公子糾之母，以及公子糾；公子小白無母，而國人憐之。事未可知，不若令一人事公子小白。夫有齊國必此二公子也。」故令鮑叔傅公子小白，管子、召忽居公子糾所。公子糾❼外物則固難必。雖然，管子之慮❽近之矣。若是而猶不全也，其天邪，人事則盡之矣。

【章　旨】以管仲等三人在討論定齊國策時，對二位公子究竟是單獨輔佐其中一位，還是同時輔佐兩位為例，說明外部事物很難有必然性可言，因而應作多種考慮，儘管成事在天，但謀事在人。

【注　釋】❶鮑叔　即鮑叔牙，春秋時齊國大夫。❷管仲　名夷吾，後為齊桓公相。❸召忽　周召公奭之後，仕於齊。遭齊襄公昏庸和無知之亂，與管仲共同輔佐公子糾奔魯。後公子糾被殺，召忽自殺。❹欲相與定齊國　是時齊國正處於內亂前夕，故有此語。據《史記・齊太公世家》記載，齊襄公與魯桓公夫人（即齊襄公自己胞妹）私通，又醉殺魯桓公，並多次欺騙群臣，公子糾、公子小白等恐禍及己，紛紛外奔。齊襄公十二年（西元前六八六年），公孫無知乘亂殺襄公，並自立為齊君。次年春，無知遊雍林為雍林人所殺。同年，奔於莒之公子小白入齊為君，是即齊桓公。❺公子糾　齊襄公諸兒之次弟，因襄公昏亂而奔魯。❻小白　即公子小白，齊襄公諸兒之弟，因襄公昏亂而奔莒，鮑叔傅之。齊人殺無知，小白先入齊，即位為齊桓公。❼公子糾　俞樾認為此三字因涉上文而衍。❽慮　謀。

【語　譯】鮑叔、管仲、召忽三人彼此都很友好，想要一起幫助齊國得以安定，認為公子糾將來必定能被立為齊國君主。召忽說：「我們三個人，對於齊國來說，猶如鼎的三隻腳一樣，少一個也不行。而且小白是一定不可能被擁立為齊國君主的了，不如三人一起來輔佐公子糾。」管仲說：「不行。齊國人憎惡公子糾的母親，因而連累到公子糾；公子小白沒有母親了，齊國人因而很憐愛他。事情的發展還很難說得準，不如讓一個人去輔佐小白，反正將來能立為齊國君主的，必定是在這二位公子中間的一位。」所以就讓鮑叔去輔助公子小白，管仲與召忽仍留在公子糾那裡。外部事物發展變化多端，很難有必然性可言。即使如此，管仲的謀劃接近於周全了。做到這樣如果還有什麼不完備的地方，那大概是天意了吧，人事方面應該算是盡心竭力了。

〔四〕齊攻廩丘❶。趙使孔青❷將死士❸而救之，與齊人戰，大敗之。齊將❹死。得車二千，得尸三萬以為二京❺。甯越❻謂孔青曰：「惜矣，不如歸尸以內攻之。越聞之，古善戰者，莎隨賁服❼，卻舍延尸❽，車甲盡於戰，府庫盡於葬。此之謂內攻之。」孔青曰：「敵❾齊不尸❿則如何？」甯越曰：「戰而不勝，其罪一。與人出而不與人入，其罪二。與之尸而弗取，其罪三。民以此三者怨上，上無以使下，下無以事上。是之謂重攻之。」甯越可謂知用文武矣。用武則以力勝，用文則以德勝。文武盡勝，何敵之不服？

【章 旨】藉甯越向孔青提出如何處理敵屍的建議，說明在對敵鬥爭中不僅要在軍事上取得勝利，還要在政治上瓦解敵人；如果做到「文武盡勝」，那就「何敵之不服」。

【注　釋】❶齊攻廩丘　齊宣公五十一年（西元前四〇五年），田會以廩丘叛於趙，齊派田布率軍隊圍攻廩丘。廩丘，原為齊邑，在今河南范縣一帶。❷孔青　趙國將領。齊攻廩丘，韓、趙、魏三國聯合發兵討伐齊國。孔青為這次統率趙軍的將領。這一戰役齊國大敗，即前〈下賢〉七章所記：魏文侯「東勝齊於長城，虜齊侯，獻諸天子」。❸死士　能決死戰之士兵。❹齊將　即率齊軍攻廩丘之田布。❺京　京觀。古代戰爭中，勝利者收集敵屍封土而成高丘，稱之為京觀，以顯示勝利者的威勢。❻甯越　趙國中牟人，曾為周威公師。❼莎隨賁服　進不能、退不得，皆匍匐於地。莎隨，即「委隨」，亦作「委惰」。不能屈伸。賁服，匍伏。❽卻舍延尸　勝方軍隊退卻一舍（三十里），讓敗方收斂屍體。延，《爾雅・釋詁》：「延，進也。」❾敵　若。❿不尸　不收屍體。尸，用如動詞。收屍。

【語　譯】齊國發兵攻打廩丘。趙國派孔青率領精銳敢死的將士前往救援，跟齊國的軍隊作戰，大敗齊軍。齊國的統帥被打死。俘獲的戰車有二千輛，屍體三萬具。孔青想把這些屍體堆成二個高丘，以作「京觀」，顯示自己軍威。甯越對孔青說：「這太可惜了。不如把屍體還給齊國，讓齊國來收屍，用這個辦法使它在內部自己攻自己。我聽說過，古代善於作戰的將領，能夠迫使敵人處於進不能、退不得的境地，只好匍匐以待斃。然後後撤一舍距離，讓敵人收屍。這樣使敵人在戰鬥中喪盡戰車鎧甲，在埋葬屍體中又耗盡財物，這就叫作從內部打擊敵人。」孔青說：「如果齊國不來收屍，那又怎麼辦呢？」甯越說：「出來作戰，不能打勝仗，這是他們的第一條罪狀；率領士兵出去作戰，卻不能平安地帶他們回來，這是他們的第二條罪狀；還給他們屍體又不敢收，這是他們的第三條罪狀。民眾將以這三條怨恨在上位的君主，於是在上位的君主就沒有辦法去役使在下位的民眾，在下位的民眾也沒有什麼可以去侍奉在上位的君主。這就叫作從內外兩面夾攻敵人。」甯越可以說是精通文武兩種策略了。用武就是以力勝敵，用文則是以仁德壓倒敵人。文武兩個方面都取得了勝利，那還有什麼樣的敵人不能使之屈服呢？

〔五〕晉文公欲合諸侯❶。咎犯❷曰：「不可。天下未知君之義也。」公曰：

「何若？」咎犯曰：「天子避叔帶之難❸，出居于鄭。君奚不納之，以定大義？且以樹譽。」文公曰：「吾其能乎？」咎犯曰：「事若能成，繼文之業❹，定武之功❺，闢土安疆，於此乎在矣。事若不成，補周室之闕❻，勤天子之難❼，成教垂名，於此乎在矣。君其勿疑。」文公聽之，遂與草中之戎、驪土之翟❽，定天子于成周❾。於是天子賜之南陽之地❿，遂霸諸侯。舉事⓫義且利，以立大功。文公可謂智矣。此咎犯之謀也。出亡十七年⓬，反國四年而霸⓭，其聽皆如咎犯者邪！

【章旨】以晉文公根據咎犯建議「定天子于成周」，從而得以稱霸諸侯的範例，說明謀事必須考慮到義和利兩個方面，成與不成兩種可能，而且要估計到在不成功的情況下也仍然有所得，才能使自己立於不敗之地。

【注釋】❶合諸侯　會盟諸侯。❷咎犯　隨重耳（即後來的晉文公）出亡的五賢士之一，是其妻弟。❸天子避叔帶之難　天子，指周襄王。襄王母早死，後母惠后，生叔帶。叔帶召周附近居於伊水、雒水之間的戎人，以攻京師，周襄王因而奔鄭，歷史上稱之為叔帶之難。❹繼文之業　文，指晉文侯仇。文侯十年（西元前七七一年），戎人殺周幽王，文侯幫助幽王太子宜臼（即周平王）東徙雒邑。「繼文之業」即指此事。❺定武之功　武，指曲沃武公，晉文公的祖父，滅晉侯緡，統一晉國。❻闕　通「缺」。缺失。❼勤天子之難　盡心竭力為天子排除危難。❽草中之戎驪土之翟　戎、翟（即狄）都是古代對少數民族的稱謂。草中、驪土，二邑名，在晉東折城、王屋之間。指晉文公召居於折城、王屋間少數民族如戎、翟，一起使周天子能安居於雒邑。❾成周　即雒邑。在今洛陽。❿南陽之地　在今河南濟源至獲嘉一帶。因在太行山以南，黃河之北，故稱之為南陽。⓫舉事　治理國事。⓬十七年　當是「十九年」之誤。⓭反國四年而霸　晉文公出亡十九年，返國後第四年，即晉文公五年（西元前六三二年），在城濮之戰中敗楚，周天子命晉侯為

「伯」。晉文公始稱霸於天下。

【語譯】晉文公打算會盟天下諸侯，咎犯說：「還不可以，天下人還沒有瞭解你處事所體現出來的道義呢。」晉文公說：「那該怎麼辦？」咎犯說：「現在周天子為了躲避叔帶之難，流亡在鄭國。君上何不接納他讓他回歸故國，以此來確立天子地位和君臣大義，而且藉此還可以樹立君上自己的聲譽。」文公說：「我能做得到嗎？」咎犯說：「這件事如果能夠做成功，那麼繼承晉文侯的事業，確立晉武侯那樣的武功，開闢疆土，安定邊疆，就全在此一舉了。如果不能成功，至少也可以補償周王室的過失，盡心竭力為周天子排除危難，成就教化，留名青史，也全在此一舉了。希望君上不要再有什麼猶豫。」文公聽從了他的主張。於是就會同草中地區的戎人、驪土地區的翟人，一起把周天子重新安置在成周。這樣，周天子就把南陽地區的土地賞賜給晉文公，晉文公因而得以稱霸於諸侯。這件事做得既符合道義，又取得實際利益，建立了大功業。文公可以說是明智的了，但這也是咎犯為之出謀劃策的結果。晉文公出亡了十九年，返國只四年時間就能稱霸於諸侯各國，這是因為他聽信的大概都是像咎犯那樣的人的謀劃吧？

〔六〕管子、鮑叔佐齊桓公舉事，齊之東鄙人有常致苦❶者。管子死，豎刁、易牙❷用，國之人常致不苦，不知致苦。卒為齊國良工❸，澤及子孫。知大禮，知大禮雖不知國可也。

【章旨】言管仲、鮑叔輔佐桓公執政時，連邊陲百姓亦能常來反映疾苦，故能澤及子孫；後豎刁、易牙當政則相反。

【注釋】❶致苦　反映民間困苦。❷豎刁易牙　齊桓公寵信的兩個倖臣，繼管仲而掌齊國國柄，造成桓公死後五子爭立無人主喪，以致屍蟲流出門戶。豎刁，又作「豎刀」。❸良工 功臣。

【語 譯】管仲與鮑叔輔佐齊桓公治理國事時，齊國東部邊境地區的百姓經常有來向上反映他們疾苦的。管仲死後，豎刁、易牙執掌國政，國內的民眾經常報告好的消息，似乎不知道報告民間存在的疾苦。管仲終究成為治理齊國優秀的大臣，他的恩澤惠及子孫後代，這是因為他懂得大禮，也就是治國之根本。掌握了根本，即使不知道國家的具體事務也可以。

貴因

【題解】本篇把「因」作為一個重要哲學範疇加以系統論述，啟示人們能自覺地把主觀目的性與客觀世界因果關係結合起來。果真做到這樣，那就如篇末結語所說的「因則功」，「因則無敵」。

文章以「因」為軸心，從三代至當代，從自然現象到民俗民情，作了廣泛的論證。如認為禹通三江五湖是「因水之力」，堯禪位於舜是「因人之心」，湯武以千乘制夏商是「因民之欲」；孔子的藉彌子瑕見釐夫人，墨子的錦衣吹笙見荊王，以至「察列星而知四時」、「視月行而知晦朔」等等，無不各有所「因」。

文章對武王伐紂的論述佔到三章，是本篇重點。作者認為武王之所以能一舉而成滅殷大業，是在「因民之欲」的前提下，還做到了二條：一是言而有信，甚至對敵方的偵察者也能把交戰的時間地點明言直告；二是「因其（敵）所用」，即利用敵方「其亂至矣」的時機，達到「不耕而穫」的目的。值得注意的是，文中把「百姓不敢誹怨」列為一個國家混亂到達極點的標誌。可見連古代的政治家亦懂得民眾敢於誹上是好事，不是壞事。

〔一〕七曰——

三代所寶莫如因，因則無敵。禹通三江、五湖❶，決伊闕❷，溝迴陸❸，注之東海，因水之力也。舜一徙成邑，再徙成都，三徙成國，而堯授之禪位，因人之心也。湯、武以千乘❹制夏、商，因民之欲也。如秦者立而至，有車也；適越者坐而至，有舟也。秦、越，遠塗❺也，竫❻立安坐而至者，因其械❼也。

【章旨】言因時、因勢行事之重要。禹因水之力治理水患，堯舜湯武因人心、因民欲興邦建國，遠行之人因舟車之利而靜立安坐達到目的地。

【注釋】❶三江五湖　泛指長江下游眾多的河道湖泊。❷伊闕　山名，又名龍門，春秋時稱為闕塞，因伊水流經中間，故名伊闕，在今河南洛陽南。❸溝迴陸　迴陸即圍陸，亦即前〈有始〉五章之大陸，為一低窪沼澤地帶。溝，溝通；使積水入海。❹千乘　代稱諸侯。❺塗　通「途」。❻竫　通「靜」。❼械　工具；器具。

【語譯】夏商周三代最可寶貴的治國經驗，沒有比得上「因」的了。凡是能因就能所向無敵。大禹疏通三江、五湖，鑿開伊闕山，溝通迴陸沼澤地，使洪水一瀉入東海，都是憑藉了水由高趨低的勢頭。舜第一次遷徙形成城邑，第二次遷徙便成為都城，第三次遷徙更形成了國家。所以堯禪位於舜，便是順應了人心所向。商湯與周武王所以能以千乘的諸侯國，分別制服夏桀和商紂，亦是順應了民眾的願望。去秦國的人站著就能到達，因為有車代步；去越國的人坐著便能到達，因為有船渡水。從中原到秦、越，路途都十分遙遠，靜立安坐而能到達，那是由於藉助了像車、船這一類交通工具呀。

〔二〕武王使人候❶殷，反報岐周❷曰：「殷其❸亂矣。」武王曰：「其亂焉至❹？」對曰：「讒慝❺勝良❻。」武王曰：「尚未也。」又復往，反報曰：「其亂加矣。」武王曰：「焉至？」對曰：「賢者出走矣。」武王曰：「尚未也。」又往，反報曰：「其亂甚矣。」武王曰：「焉至？」對曰：「百姓不敢誹怨矣。」

武王曰：「嘻！」遽❼告太公❽。太公對曰：「讒慝勝良，命曰戮❾；賢者出走，命曰崩❿；百姓不敢誹怨，命曰刑勝⓫。其亂至矣，不可以駕⓬矣。」故選車三百，虎賁⓭三千，朝要甲子之期⓮，而紂為禽⓯，則武王固知其無與為敵也。因其所用，何敵之有矣？

【章　旨】以武王等待和利用殷紂內亂以取勝，說明「因其所用，何敵之有」的道理。

【注　釋】❶候　伺望；偵探。❷岐周　城邑名。周人祖先太王亶父自邠遷至岐山下的周原，建築城郭，因名岐周。在今山西岐山東北。❸其　殆；幾乎。❹焉至　到達何種程度。❺讒慝　指邪惡小人。讒，邪。慝，惡。❻良　指賢良之士。❼遽　急速。❽太公　即呂尚。❾戮　暴。❿崩　壞。⓫刑勝　刑罰太過。⓬駕　加。⓭虎賁　指勇士。言其狀若虎之奔走逐獸。賁，奔。⓮朝要甲子之期　武王在朝會上與諸侯約定在甲子之日於牧野與紂交戰。朝，朝會。要，約定。甲子之期，即甲子那一天。⓯禽　通「擒」。擒獲。

【語　譯】周武王派人刺探殷商動靜。那人回到岐周稟報說：「殷商大概就要出亂子了。」武王說：「它的混亂，現在到了何種程度？」回答說：「邪惡的人壓倒了賢良人士。」武王說：「混亂還沒有達到極點。」那個人又前往殷商，過了一段時間回來稟報說：「那裡混亂的狀況又加重了。」武王說：「已經到達何種程度？」回答說：「賢良的人相繼出走離開殷商了。」武王說：「還不行，混亂還未達到極點。」於是那人又去了。再過一段時間回來稟報說：「那裡的混亂到達極點了。」武王說：「究竟到達何種程度？」回答說：「老百姓不敢再說怨恨責難的話了。」武王說：「啊！」急忙去告訴太公望。太公望回答說：「邪惡的人壓倒賢良的人，叫作暴虐；賢良的人紛紛外逃，叫作崩潰；百姓不敢講怨恨責難的話，叫作刑罰苛酷。它的混亂確實到了極點，已經無以復加了。」於是武王挑選了戰車三百輛，勇士三千名，朝會諸侯時，約定甲子日會師牧野，果然一舉而紂王被擒獲。可見武王原已知道殷紂王再也沒有力量與自己為敵。所以像武王那樣善於利用敵方自身矛盾的人，那還有什麼敵手可以與之對抗呢？

〔三〕武王至鮪水❶。殷使膠鬲❷候周師，武王見之。膠鬲曰：「西伯將何之？無欺我也。」武王曰：「不子欺，將之殷也。」膠鬲曰：「朅❸至？」武王曰：「將以甲子至殷郊，子以是報矣。」膠鬲行。天雨，日夜不休，武王疾行不輟。軍師皆諫曰：「卒病❹，請休之。」武王曰：「吾已令膠鬲以甲子之期報其主矣。今甲子不至，是令膠鬲不信也。膠鬲不信也，其主必殺之。吾疾行以救膠鬲之死也。」武王果以甲子至殷郊。殷已先陳❺矣。至殷，因戰，大克之。此武王之義也。人❻為人之所欲，己❼為人之所惡，先陳何益？適令武王不耕而穫。

【章旨】言武王行師牧野，甚至會戰的時間、地點都向敵方通報，紂王雖因而得以先行陳師，卻亦未能改變勝敗定局，原因在於武王是因「人之所欲」，而紂王則「為人之所惡」。

【注釋】❶鮪水　水名，在今河南鞏縣北。❷膠鬲　紂王臣。原隱居為商，經文王推舉而為紂任用。❸朅　通「曷」。何。❹病　疲困。❺陳　通「陣」。用如動詞，擺好陣勢。❻人　指武王。與下句「己」字指紂王為相對。❼己　指紂王自己。

【語譯】武王的軍隊到達鮪水，殷紂王派膠鬲去那裡刺探周軍的情況。武王親自接見了膠鬲。膠鬲說：「西伯的軍隊將要到哪裡去？可不要騙我。」武王說：「我不騙你，將要去殷商。」膠鬲說：「何時能到達？」武王說：「將要在甲子那天抵達殷郊的牧野，你就拿這話回去稟報吧。」膠鬲就走了。天下起了雨，晝夜不停。武王的軍隊冒雨快速行進不止。軍隊的將領都勸諫說：「士卒都已困乏，希望得到休息。」武王說：「我已讓膠鬲把甲子這一天到達殷郊這個期限去報給他的主子了。如果甲子那天到不了那裡，那就會使膠鬲失信於他的主人；膠鬲不守信用，他的主子必定會殺他。所以我這樣急速行軍，是為了救膠鬲的性命啊。」武王果然在甲子這天到達了殷都郊外。殷紂王已經先期擺好了陣勢，武王軍隊到達後就開始交戰，結果把殷商打得大敗。這件事充分體現了武王的道義。武王做的事正是人們所希望做的，而紂王自己做的事，卻是人們所厭惡的。在這種情況下，事先擺好陣勢又有什麼用呢？恰好反而讓武王不戰而獲得勝利。

〔四〕武王入殷，聞殷有長者。武王往見之，而問殷之所以亡。殷長者對曰：「王欲知之，則請以日中為期。」武王與周公旦明日早要期❶，則弗得也。武王怪之。周公曰：「吾已知之矣。此君子也，取不能❷其主，有❸以其惡告王，不忍為也。若夫期而不當，言而不信，此殷之所以亡也，已以此告王矣。」

【章　旨】言武王、周公旦從約見殷長者而長者失約一事，悟解到殷亡的原因正是「期而不當，言而不信」。

【注　釋】❶要期　約定的日期。❷能　親近；親善。❸有　通「又」。

【語　譯】武王進入殷都，聽說殷民中有位德高望重的長者，武王就親自前往求見，向他請教殷所以亡的原因。殷的這位長者對他說：「王上想要知道的話，那就請約定明天中午見面。」武王與周公旦第二天提前來到，卻沒有等到那位長者來。武王對此感到奇怪。周公說：「我已經懂得了他的意思。這是一個君子。他既採取了與自己君主不親善的態度，又準備把君主的壞處稟告您王上，但內心卻又不忍心這樣做。至於約定了時間不履行，說了話不守信，這正是殷商所以亡國的原因啊，他已經用這種方式稟告王上您了。」

〔五〕夫審天❶者，察列星而知四時，因也。推歷❷者，視月行而知晦朔❸，因也。禹之裸國❹，裸入衣出，因也。墨子見荊王❺，錦衣吹笙，因也。孔子道彌子瑕❻見釐夫人❼，因也。湯、武遭亂世，臨苦民，揚其義，成其功，因也。故因則功❽，專則拙❾。因者無敵。國雖大，民雖眾，何益？

【章旨】列舉多個自然、社會現象作為例證，說明「因則功，專則拙」、「因者無敵」，以為全篇結論。

【注釋】❶審天　觀察天象。❷推歷　推算曆法。歷，通「曆」。❸晦朔　分別指夏曆月終這一天和月初這一天。❹裸國　指沒有穿衣服習慣的部族。❺荊王　墨子見到的荊王當是楚惠王畬章。前〈遇合〉四章楚惠王因陳國使者貌醜而滅陳，可知楚惠王喜好外表俊美的人。故此處言墨子雖尚儉非樂，也只得衣錦吹笙而見楚惠王，是為了順應其所好。❻彌子瑕　衛靈公的倖臣。❼釐夫人　當指衛靈公夫人南子。《論語・雍也》載有孔子見南子事。❽功　成功。❾專則拙　單憑個人主觀專斷，就會遭受挫敗。拙，屈。此處意為挫敗。

【語　譯】觀察天象的人，察看天上的列星運行，便能知道一年四季節氣的變化，是因為有所憑藉；推算曆法的人，觀察月亮的盈虧，便能知道一年每個月的始終，亦是因為有所憑藉。禹到裸國，便裸著身體進去，穿著衣服出來，是為了順應那裡的習俗；墨子去見楚王，又是穿華麗的衣服又是吹笙，亦是為了順應楚王的愛好。孔子通過彌子瑕求見釐夫人，是為了順應衛國那時的狀況；商湯與周武王遇上混亂的世道，面臨處於苦難中的百姓，弘揚自己的道義，終於成就功業，靠的也是因勢利導。所以能夠遵循和依憑事物發展趨勢，就能成功；單憑個人主觀專斷，就會挫敗。善於順應、憑藉外物的人所向無敵。像桀、紂那樣，國家雖大，臣民雖多，又有什麼益處？

察今

【題解】本篇疾非效法古代先王之法，力主審察當今時勢而變法，故以「察今」名篇。

全篇以生動的比喻和寓言故事，邏輯嚴密的論證，反覆說明死守先王成法的危害和隨「世易時移」變法的必要。文章認為當世之君所以不應效法古代先王之法，不僅因為那些流傳至今的成文法屢經益損，早非原貌，還因為時代、地域有異，語言典章各別，即使無人益損，也不可機械搬用。那麼先王之法是否一無是處了呢？作者經過層層分析，得出結論說：「故擇（釋）先王之成法，而法其所以為法。」即捨棄其成文教條，而汲取其「所以為法」的基本原則。應當說，這個原則不單可以用來對待古代法制，也大體可以用來對待其他歷史文化或外來文化，具有相當寬泛的意義。

文章接著還論述了「所以為法」這一抽象原則的具體內容：先王制定法令的基本原則所依據的是「人」。這「人」不會是個別的人，也不止是一個人、一個人加起來的「眾人」，而應當是一個「類」的概念。根據是後面〈愛類〉一章已提到了這個「類」：「仁也者，仁乎其類者也。」從單個的或眾多的人上升到「人類」這一概念，這在認識上該是一次重大的超越。當然這「人類」遠不是現代觀念上的全人類，也不會是「一視同仁」地包容當時所能觀察和推想到的一切人。因為後文作者明確指出人是不一樣的，單是對待法這個問題上，就至少有下面三種區別：不能議法的「眾庶」，死守成法的「有司」，和能因時變法的「賢主」。但無論如何這個「人」的含義，還是值得細細體會。

文中刻舟求劍、循表夜涉、引嬰投江等寓言故事，不僅含義雋永，而且早已膾炙人口。此外，如「以近知遠」，「以今知古」，「察己則可以知人」等，都簡練而概括地說明了由已知推知未知、由直接知識擴向間接知識的道理。再如「審堂下之陰，而知日月之行」，「見瓶水之冰，而知天下之寒」，「嘗一脟肉，而知一鑊之味」等，都生動地揭示了事物之間的相互聯繫，由特殊導向普遍，由個別達到一般。這些名句錦言，都有豐富的認識意義。

本篇論旨，與法家多有相通之處。如《韓非子・五蠹》就有「世異則事異」、「事異則備變」的著名命題。《史記・秦始皇本紀》引李斯語稱：「五帝不相復，三代不相襲，各以治，非其相反，時變異也。」「三代之事，何足法也。」這些都與本篇論旨相類。

〔一〕八日——

上❶胡不法先王之法，非不賢也，為其不可得而法。先王之法，經乎上世而來者也，人或益之，人或損之，胡可得而法？雖人弗損益，猶若不可得而法。東、夏之命❷，古今之法，言異而典❸殊，故古之命多不通乎今之言者，今之法多不合乎古之法者。殊俗之民，有似於此。其所為❹欲同，其所為欲異。口惽之命不愉❺，若舟車衣冠滋味聲色之不同，人以自是，反以相誹。天下之學者多辯，言利辭倒❻，不求其實，務以相毀，以勝為故❼。先王之法，胡可得而法？雖可得，猶若不可法。凡先王之法，有要於時❽也，時不與法俱至。法雖今而至，猶若不可法。故擇❾先王之成法，而法其所以為法。

【章旨】總論對古代先王之法應持的態度。認為古今時異、四方語殊，其法又幾經增損，且天下學者解說亦不相同，故古代先王成文之法不可效法，應該效法的是古人據以為法的根本原則。

【注　釋】❶上　君主。❷東夏之命　夷夏對事物之名稱。東，東夷。夏，華夏。命，名稱。❸典　典章制度。❹其所為　此為衍字（依譚戒甫說）。❺口惛之命不愉　各地方言口音各不相曉諭。惛，通「吻」。愉，通「諭」。❻言利辭倒　言談犀利而辭意顛倒。❼故　事。❽有要於時　符合當時時代。要，得也。❾擇　舊校一作「釋」。擇、釋聲同字通。

【語　譯】當今的君主為什麼不效法古代先王法制呢？並不是先王的法制不完善，是因為它不可能被效法。先王的法制，是經過上古世代流傳下來的，有人對它作過增補，有人對它作過損減，這樣如何能效法到先王原來的法制呢？即使沒有被人增刪修補過，也還是不可能被效法。這是因為東夷與華夏的名物稱謂，古代與當代的法令制度，言詞各異，典章不一。所以古代的名物稱謂不能與今天的語言直接溝通；今天的法制也大都不會符合古代先王的法制。不同風俗人民之間的差異，與此相似。他們都有作為和欲求這一點是相同的，但是他們所作為的具體事物、所欲求的具體方式，卻各不相同。這正如各地的方言土語互相不能溝通一樣。舟車衣帽聲色滋味，各地的愛好大不相同。並且都自以為是，反過來還相互責難。天下有學識的人大多善於辯論，言談雖犀利，是非卻顛倒，不探求實際，只顧相互詆毀，以爭勝為能事。在這種情況下，先王的法制怎麼可能得到效法呢？即使得到先王當初的法典，也無從效法。凡是古代先王的法制，都是符合當時形勢的。當時的形勢不可能與法制一起流傳下來，雖然這些法典至今還在，也還是無法效法。所以應當捨棄先王那些成文的法令制度，而效法他們制定這些法度所依據的原則。

〔二〕先王之所以為法者何也？先王之所以為法者人也。而己亦人也，故察己則可以知人，察今則可以知古，古今一也，人與我同耳。有道之士，貴以近知遠，以今知古，以益所見，知所不見。故審堂下之陰❶，而知日月之行、陰陽之變；見瓶水之冰，而知天下之寒、魚鼈之藏也；嘗一脟肉❷，而知一鑊❸之味、一鼎之調❹。

【章　旨】言察今可以知古，察己可以知人，由近及遠、由個別到一般的認知方法。

【注　釋】❶陰　指由日、月照射產生的影子。❷一脟肉　一塊肉。脟，通「臠」。切成塊狀的肉。❸鑊　無足的鼎稱鑊。鼎與鑊都是古代烹煮的器具。❹調　指調和滋味。

【語　譯】古代先王制定法令制度所依據的原則是什麼呢？先王制定法制的原則依據的是人。而自己也是人，因此明察自己也就可以瞭解別人。明察當代也就可以懂得古代。古今的道理是一樣的，別人與我都一樣是人。有道的人，他們的可貴之處在於能夠由近處推知遠處，以當代推知古代，藉此增益自己的見聞，由直接知識擴展到間接知識。所以觀察堂下的陰影，可以推知日月運行的位置，陰陽變化的情況；看到瓶裡水結成冰，可以推知天時已進入寒冷的冬季，河裡的魚鱉進入潛藏時期。嚐一塊肉，可以知道整鑊肉的味道，全鼎滋味調和的好壞。

〔三〕荊人欲襲宋，使人先表❶澭水❷。澭水暴益❸，荊人弗知，循表而夜涉，溺死者千有餘人，軍驚而❹壞都舍。嚮❺其先表之時可導也，今水已變而益多矣，荊人尚猶循表而導之，此其所以敗也。今世之主，法先王之法也，有似於此。其時已與先王之法虧❻矣，而曰「此先王之法也」，而法之以為治，豈不悲哉？

【章　旨】以楚軍不知水已暴漲，仍按原來標記涉水過渡所遭致的失敗為喻，說明盲目效法先王法制結果必然可悲。

【注釋】❶表　動詞。做標記。下文「表」為名詞。表記。❷澭水　古水名，流入黃河的一條支流。約在今河南省境內。❸暴益　指水暴漲。❹而　如。❺嚮　以前。❻虧　通「詭」。差異。此處指不相適應。

【語譯】楚國人想攻打宋國，派人先在澭水設置水位標記。後來澭水暴漲，楚國士兵不知道，仍舊按照原來設置的標記所指引的途徑，在深夜涉水過河，淹死了一千多人。軍隊過河時，因碰到深水區而驚慌失措，其勢猶如城郭崩潰，房舍倒坍。最初在他們設立標記時，是可以循此而涉水渡河的，現在水勢已經發生變化，水位升高了，而楚人仍然按照原來標記指引的途徑渡河，這就是他們所以失敗的原因。當今世上的君主，如果再去效法先王的法制，就有點類似這種情況。當今的時勢與古代先王的法制已經不相適應了，卻還要說「這是先王的法制呀」，因而效法它來治理當今的國家，難道不是很可悲嗎？

〔四〕故治國無法則亂，守法而弗變則悖❶，悖亂不可以持❷國。世易時移，變法宜矣。譬之若良醫，病萬變，藥亦萬變。病變而藥不變，嚮之壽民，今為殤子❸矣。故凡舉事❹必循法以動，變法者因時而化。若此論則無過務❺矣。

夫不敢議法者，眾庶也；以死守者，有司也；因時變法者，賢主也，是故有天下七十一聖❻，其法皆不同，非務相反也，時勢異也。故曰良劍期乎斷，不期乎鏌鋣❼；良馬期乎千里，不期乎驥驁❽。夫成功名者，此先王之千里也。

【章旨】言法制須隨「世易時移」而不斷變化；賢主所致力的是功業和名聲，不計較是否遵行先王法制，正如良馬不在乎是否被稱為「驥驁」，而期待著日行千里。

【注釋】❶悖　謬誤。❷持　保持。❸殤子　未成年而夭折的孩子。❹舉事　用事；行事。此處指治理國家。❺過務　錯失的事。務，猶「事」。❻七十一聖　泛指古代聖君賢主之多。當係約數，他書亦有不同此數的，如《史記・封禪書》引《管子》、司馬相如〈封禪文〉，均為七十二聖。❼鏌鋣　古代名劍。相傳為春秋吳王闔閭所有。亦作「鏌鋣」、「鏌邪」或「莫邪」。❽驥驁　二種駿馬名稱。

【語譯】所以，治理國家沒有法制就會混亂，只知死守舊法不加改變，也會發生謬誤；混亂和謬誤是不能保持國家的。時代變了，社會發展了，只有變更法制，才能適應。這好比一個高明的醫生，對付變化的病情，用的藥亦應多種多樣。如果病情變了而藥方不變，那麼過去可以延長壽命的，現在卻只會使人短命夭折。所以大凡興舉政事，都要依照法制辦理，變法的人要隨著時代的變化而變化。如果按照這個道理去做，那就不會出現過失和謬誤了。

大體說來，不能議論法制的，那是一般的平民百姓；死守法制的，是各種官吏；能夠順應時勢的變化而不斷變更法制的，那就是賢明的君主。因此，古代曾經享有天下的七十一位聖君賢主，他們的法制各不相同，倒並非他們有意要彼此相反，而是時勢差異的緣故啊。所以說，對好劍的期望在於牠能斷物，不在乎牠有沒有「鏌鋣」的美名；對駿馬的期望在於牠具備日行千里的能力，不計較牠是否有「驥驁」這樣的稱號。只要能成就功名，那就是古代帝王所期望達到的「千里」這個目標啊。

〔五〕楚人有涉江者，其劍自舟中墜於水，遽契❶其舟曰：「是吾劍之所從墜。」舟止，從其所契者入水求之。舟已行矣，而劍不行，求劍若此，不亦惑乎？以此故法為其國與此同。時已徙矣，而法不徙，以此為治，豈不難哉？有過於江上者，見人方引嬰兒而欲投之江中，嬰兒啼，人問其故，曰：「此其父善游。」

其父雖善游，其子豈遽❷善游哉？此任❸物亦必悖矣。荊國之為政，有似於此。

【章旨】用刻舟求劍、引嬰投江二個寓言故事，說明以過時的法制去治理國家，只會誤國害民。

【注釋】❶契　刻。❷豈遽　難道就。❸任　用；對待。

【語譯】有個楚國人，在渡江的時候寶劍從船上掉進水裡。他趕快在船邊刻上記號，說：「這是我寶劍落水的地方。」等船停下，他就從刻著記號的地方下水去尋找失落的寶劍。船的位置已經移動了，而寶劍掉下去後沒有移動，像這樣去尋找寶劍不是太糊塗了嗎？用已經過時的舊法去治理國家，與這個刻舟求劍的故事一樣。時間已經遷徙了，而法制卻不隨著變化，用這樣的辦法想要治理好國家，難道不是太困難了嗎？有人經過江邊，看到一個人正帶著一個嬰兒就要把他拋入江去。嬰兒啼哭不止。那人問他為什麼要這樣做，他說：「這個嬰兒的父親很會游泳。」嬰兒的父親雖然善於游泳，他的兒子難道就善於游泳嗎？用這種辦法來處理事物，也一定是荒謬的了。楚國處理政事的情況，就有與此相似之處。

◎新譯傳習錄

李生龍／注譯

王陽明不但是明代文韜武略兼備的人物，更是最具代表性的思想家。他所提倡以「尊德行」、「致良知」、「知行合一」為核心的心學，在中國、日本、韓國以及東南亞國家都有重要而深遠的影響。《傳習錄》一書則是由其弟子輯錄整理陽明之論學語及論學書簡而成，是研究王陽明哲學思想及心學發展的重要著作。本書不僅注譯詳贍精當，對於王陽明的心學亦頗多闡發，能幫助讀者深入了解王陽明的為人、心靈轉折與思想精華。

◎新譯鄧析子

徐忠良／注譯　劉福增／校閱

鄧析是春秋末期鄭國大夫，先秦名家和法家的先驅者，長於辯說，又精通法理，善教民訴訟、為百姓仗義執言。他勇於挑戰舊觀念、舊道德，並為新道德的建立提供可能性。本書展現他敢言敢辯的思辨色彩，及其豐富的政治倫理思想。書中譯注大量吸收了前哲時賢的相關研究成果，全書最後更附有關於鄧析學說及鄧析史實等資料，讓讀者對鄧析有更完整的認識。

◎新譯學庸讀本

王澤應／注譯

《大學》的「三綱領」、「八條目」與《中庸》的「中庸之道」，影響了中國一代又一代的讀書人。本書的注譯者王澤應教授精研中西倫理學，尤其對儒家的倫理思想，有獨到的研究。本書編排完全依據朱熹的《大學章句》與《中庸章句》為底本，連同其章前章後的提示文句一併注譯，引領讀者進入學庸的世界。

國家圖書館出版品預行編目資料

新譯呂氏春秋(上)／朱永嘉,蕭木注譯;黃志民校閱.－－三版一刷.－－臺北市：三民，2024
冊；　公分.－－(古籍今注新譯叢書)

ISBN 978-957-14-7744-2（上冊：平裝）
ISBN 978-957-14-4675-2（下冊：平裝）
1. 呂氏春秋 2. 注釋

121.871　　112021515

古籍今注新譯叢書

新譯呂氏春秋(上)

注譯者　朱永嘉　蕭　木
校閱者　黃志民

創辦人　劉振強
發行人　劉仲傑
出版者　三民書局股份有限公司(成立於1953年)

三民網路書店
https://www.sanmin.com.tw

地　址　臺北市復興北路386號　(復北門市)　(02)2500-6600
臺北市重慶南路一段61號(重南門市)　(02)2361-7511

出版日期　初版一刷 1995年8月
二版三刷 2019年8月
三版一刷 2024年2月
書籍編號　S031120
ISBN　978-957-14-7744-2